METİN AYDOĞAN

# KÜRESELLEŞME VE SİYASİ PARTİLER

Umay Yayınları

3. Basım

## METİN AYDOĞAN

**Metin Aydoğan**, 1945'de Afyon'da doğdu. İlk ve Orta öğrenimini İzmir'de, yüksek öğrenimini Trabzon'da tamamladı. 1969'da Karadeniz Teknik Üniversitesi, Mimarlık Fakültesini bitirdi. Yüksek öğrenimi dışında tüm yaşamını İzmir'de geçirdi. Örgütlü toplum olmayı uygarlık koşulu sayan anlayışla, değişik mesleki ve demokratik örgütlere üye oldu, yöneticilik yaptı. Çok sayıda yazı ve araştırma yayınladı, sayısız panel, konferans ve kongreye katıldı. Sürekli ve üretken bir eylemlilik içinde olan **Metin Aydoğan**, yaşamı boyunca *yazdı, yaptı* ve *anlattı*. Evli ve iki çocuk babası olan **Aydoğan**'ın, *Küreselleşme Ve Siyasi Partiler*'den başka, yayımlanmış; *Nasıl Bir Parti Nasıl Bir Mücadele, Bitmeyen Oyun–Türkiyeyi Bekleyen Tehlikeler, Yeni Dünya Düzeni Kemalizm ve Türkiye, Avrupa Birliği'nin Neresindeyiz?, Ekonomik Bunalımdan Ulusal Bunalıma, Antik Çağ'dan Küreselleşmeye Yönetim Gelenekleri ve Türkler, Ülkeye Adanmış Bir Yaşam(1)-Mustafa Kemal ve Kurtuluş Savaşı, Türkiye Üzerine Notlar (1923-2005), Ülkeye Adanmış Bir Yaşam (2)- Atatürk ve Türk Devrimi, Batı ve Doğu Uygarlıkları*, ve *Türk Uygarlığı* adlı 11 kitabı daha vardır.

### İLETİŞİM İÇİN

**Metin Aydoğan**
1437 Sokak No:17/7
Alsancak / İZMİR

Tel : 0.232.422 31 14
Belgegeçer: 0.232.464 41 37
e – posta : aydoganmetin @ hotmail.com
e – posta : metaydogan @ yahoo. Com

Metin Aydoğan

# KÜRESELLEŞME
## VE
# SİYASİ PARTİLER

Umay Yayınları

ARAŞTIRMA

KÜRESELLEŞME VE
SİYASİ PARTİLER

METİN AYDOĞAN
İZMİR

1.Basım / Mart 2006
3.Basım / Mayıs 2006

YAYINCI
Umay Yayınları

KAPAK TASARIMI
Yunus KARAASLAN

MİZANPAJ
Aynur ABANCI

BASKI
Trend Yayın Basım Dağıtım Rek. Org. San. Tic. Ltd. Şti.
Merkez Efendi Mah. Davutpaşa Caddesi
İpek İş Merkezi 6/3  7-9-10-11  Topkapı/İSTANBUL
Tel:0.212.674 92 53

UMAY YAYINLARI
1437 Sokak No:17/7
Alsancak / İZMİR

Tel : 0 232 422 31 14 / 0.232.839 14 62
Belgegeçer: 0 232 464 41 37 / 0.232.839 14 63

e - posta : umayyayinlari @ hotmail. com
e - posta : umayyayinlari @ yahoo. com
www.umayyayinlari.com

# İÇİNDEKİLER

1. BÖLÜM : Küreselleşme ve Siyaset ... 7
   - Küreselleşme ve Siyasi partiler ... 9
   - Parti ve Demokrasi ... 20
   - Görülmesi Gerekenler ... 26
   - Küreselleşme ve Uluslararası Şirketler ... 35
   - Küreselleşme ve Yoğunlaşan Emperyalist İlişkiler ... 42

2. BÖLÜM : Küreselleşmeyi Doğru Kavramak ... 47
   - Küreselleşme ve Faşizm ... 49
   - Küreselleşme ve İşçi Hakları ... 61
   - Küreselleşme ve Din ... 73
   - Küreselleşme Sonuçları ... 82

3. BÖLÜM : Parti Örgütlenmesinde Temel Kavramlar . 91
   - Parti ve Örgütlenme ... 93
   - Parti Nedir, Örgüt Nedir? ... 96
   - Mustafa Kemal Ne Diyor? ... 97
   - Proğram ve Tüzük ... 102
   - Parti Birliği ve Yapısı ... 107
   - Mücadele Anlayışı ve Örgütlenme Biçimi ... 116
   - Parti Disiplini ve Demokratik Merkeziyetçilik ... 119
   - Parti Liderleri ve Önderlik Sorunu ... 123
   - Profesyonel Kadrolar ... 128
   - Parti Okulları Parti Yayınları ... 132
   - Parti ve Kitle Çizgisi ... 139
   - Parti Eyleminde İnsan İlişkileri ... 143

4. BÖLÜM : Batı'da Siyasi Partiler ... 153
   - Batı'nın Özgünlüğü ... 155
   - İngiltere'de Siyasi Partiler ... 157
   - ABD'de Siyasi Partiler ve Amerikan Demokrasisi ... 166
   - Alman Siyasi Partileri ... 183
   - Batı Partilerinden Çıkarılacak Sonuçlar ... 197

5. BÖLÜM : Türkiye'de Siyasi Partiler ... 203
   - Evrensellik ve Özgünlük ... 205
   - I.Meşrutiyet ... 211
   - II.Meşrutiyet ... 215
   - Jön Türkler ... 218
   - İttihat ve Terakki Cemiyeti / Fırkası ... 237
   - Hürriyet ve İtilaf Fırkası ... 251
   - Müdafaa – i Hukuk Örgütleri ... 255
   - Birinci Meclis ... 271

## 6. BÖLÜM : Cumhuriyet Dönemi Partileri ... 293

Cumhuriyet Halk Partisi ... 295
Müdafaa-i Hukuk'tan "9 Umde" ye ... 296
Atatürk Döneminde CHP ... 301
İsmet İnönü ve Kemalizm'den Geri
Dönüş (1938-1945) ... 318
Batı'yla Bütünleşme, Kemalizmi yadsıma
ve yok oluş (1945-1980) ... 327
Terakkiperver Cumhuriyet Fırkası ... 338
Serbest Cumhuriyet Fırkası ... 347
Demokrat Parti ... 352

## 7. BÖLÜM : Türkiye'de Siyaset ve Parti Türleri ... 369

Batıcılığın Yeni Biçimleri :
"İslamcılar", "Kürtçüler", "Sosyalistler" ... 371
Türkiye İşçi Partisi (TİP) ... 382
Milliyetçi Hareket Partisi (MHP) ... 385
Siyasi Partilerin Para Kaynakları ... 392
Türkiye'de Aydın Kırımı ... 397
İlk Hedef : Köy Enstitüleri ... 401
68 Kuşağı ... 407
"Ülkücüler", "Devrimciler" ... 413
1974 – 1980: Katliam ve Vahşet Dönemi ... 421
Kahramanmaraş'ta Ne Yapıldı? ... 427
12 Eylül'ün Gerçek Yüzü ... 437
Darbe Hazırlamak ... 440
Son ve Kesin Vuruş ... 445
Türkiye Partilerinden Çıkarılacak Sonuçlar ... 449

**DİPNOTLAR** ... 461

# BİRİNCİ BÖLÜM
# KÜRESELLEŞME VE SİYASET

## Küreselleşme ve Siyasi Partiler:

Uluslararası medyanın *Dünyanın en önemli gelecek bilimcisi* olarak tanıttığı küreselleşme ideologlarından **John Naisbitt,** *Global Paradox* adlı kitabında şunları yazıyor: *"Demokrasinin evriminde temsili demokrasi dediğimiz dönemin sonuna geliyoruz. Artık bizim yerimize karar alacak insanlara ihtiyacımız yok. Elektronik devrimi sayesinde hem temsili demokrasi hem de ölçek ekonomisi çağdışı kaldı. Artık dolaysız demokrasiye, tüketici odaklı 'serbest piyasa demokrasisine geçiyoruz.. Küresel ekonomi büyüdükçe, uluslardan oluşan oyuncuları küçülüyor. Eğer dünyayı tek pazarlı bir dünya haline getireceksek parçaları küçük olmalı.. Bugün dünyamızda tanık olduğumuz gelişmeler, birbirinden ayrı ve karmaşık bir olaylar yumağı değil, bir süreç; hükümetsiz bir yönetim yayılmasına doğru ilerleme süreci.. Evrenselleştikçe küçülüyor ve kabileselleşiyoruz. Etnik köken, dil, kültür ve din gibi konularda kendi türüne sadakat giderek artıyor.. Yeni liderler, devletler arasındaki değil bireyler ve şirketler arasındaki stratejik ittifakları kolaylaştıracak ya da en azından bu ittifakların karşısına çıkmayacaktır.. Siyasi partiler öldü. Liderler bunu fark etmiyor mu?'"*[1]

**John Naisbitt,** her yıl Amerika, Avrupa ve Asya'da iş dünyasının liderleri ve karar verme konumundaki yöneticilerle *"görüşmeler"* yapan ve küreselleşme adı verilen büyük devlet politikalarının oluşumuna önemli katkısı olan bir kişidir. Küresel güçlerin dünyaya yayılarak yaratmak istedikleri yeni egemenlik düzeninin en özlü anlatımı olan bu sözler; özellikle azgelişmiş ülkelerde, daha şimdiden önemli ölçüde gerçekleştirilmiş ve olumsuz sonuçlarıyla yaşanan bir olgu haline gelmiştir.

Bu tür görüşleri, yalnızca **John Naisbitt** değil, büyük sermaye gurupları ve kendisini küreselleşmeci olarak gören herkes değişik biçimlerde dile getirmekte ve yaşanan sürecin, ekonomik gelişmenin zorunlu sonucu olduğunu ileri sürmektedirler. Küreselleşme filozofları, *"telekomünikasyon devriminin"* insanların yaşamlarında ve düşüncelerinde kalıcı dönüşümler yaptığını, sınırların ve ülkelerin önemini yitirdiğini ve milli kimlik konusundaki geleneklerin yıkıldığını ileri sürüyorlar. Onlara göre, *"Ekonomi büyüyor ve dünya küçülüyor, merkezi denetimin yerini 'yerelcilik' alıyor, elektronik posta(e-mail) yeni bir toplum biçimi yaratıyor; bilginin egemen olduğu, sınıflar ve ülkeler üstü yeni bir döneme geçiliyor. 'Bacasız Sanayinin' ileri teknolojinin ve serbestliğin egemen olduğu baskısız ve bağlantısız yeni bir çağa giriliyor. İnsanlar, endüstri sonrası çağın gelişiyle çalışmanın zulmünden kurtuluyor; muazzam küresel pazar içinde aileleriyle birlikte diledikleri zaman diledikleri yerde yaşama ve çalışma olanaklarına kavuşuyorlar. Sıcak ve sevgi dolu aile ilişkileri yeniden canlanıyor; aileler iş bulma nedeniyle artık parçalanmıyor. Şirketler, toplumların uluslararasılaşmasının en güçlü aracıları haline gelerek, barış ve zenginliğin tek gücü haline geliyor."*[2]

\*

Kulağa hoş gelen bu sözlerin ne kadarı doğrudur. Söylendiği gibi insanlık *"bolluğun ve barışın"* yaşandığı yeni bir çağa mı gidiyor? Serbest ticaretin yarattığı *"zenginlik"*, insanlara diledikleri gibi hareket edebilecekleri özgür bir dünya veriyor mu? İnsanlar yaşamsal gereksinimlerini, kimliklerini yitirmeden sağlayabiliyorlar mı? Yoksulluk ve savaşlar bitti mi?

Yaşanan gerçekler, küreselleşme filozoflarının söylediklerini doğrulamıyor. Dünya, parası olanlar için gerçekten *'küçülüyor'* ama çok büyük bir çoğunluk için dünya değil, ülkeler ve hatta kentler bile hala çok *'büyük'*. Dünyada küresel bir göç yaşanıyor, ama bu göç ne *"sıcak ve sevgi dolu aile ilişkilerini canlandırıyor"* ne de *'özgürlüğe'* dayanıyor. Küresel sermaye, yoksul ülkelere giderken, bu ülke insanları yasadışı yollardan ve herşeyi göze alarak zengin ülkelere gidiyor; kendisini ve ailesini besleyemeyen milyonlarca insan, doğduğu topraklardan, yerleşik alışkanlıklarından ve kimliklerinden koparak, kıtalararası göç ediyor.

Sürekli olarak serbest ticaretten söz ediliyor, ama dünya ticaretinin büyük bir bölümü söylendiği gibi serbest değil. Dünya serbest ticarete doğru gitmek yerine bundan sürekli uzaklaşıyor. Azgelişmiş ülkelerde gümrük vergileri kaldırılırken gelişmiş ülkelerde, dışalımın gittikçe artan bölümüne *gümrük dışı kısıtlamalar* getiriliyor.[3] Azgelişmiş ülkeler kendi ulusal işletmelerini koruma hakkını yitirirken, gelişmiş ülkeler patent, know-how ve kopya edilebilir entellektüel mallarına daha fazla koruma istiyor.[4] Uluslararası şirketler, pek çok önemli açıdan politik güç sahibi olmuş ve dünyayı yönetir hale gelmiştir. Sosyal haklar, çevre düzenlemeleri, sanayileşme ya da yeni iş sahası açma politikalarını artık hükümetler değil, küresel finans piyasaları yönlendiriyor, şirketler kamusal alanları hızla denetim altına alıyor. Ancak, denetim altına alınan bu alanlarda şirketler herhangi bir sorumluluk yüklenmiyor ve herhangi bir yük altına girmiyorlar. Şirket başkanları, seçimleri ve yasama organlarını etkileme konusunda anayasayla güvence altına alınmış hakları büyük bir serbesti içinde kullanıyorlar, ancak yaptıklarının ve yapacaklarının sosyal sonuçları konusunda hiçbir kaygı duymuyorlar. Şirketler yerel, ulusal ya da uluslararası düzeyde politik kurumların işleyiş sınırlarını belirlerken, ulusal hükümetlerin ekonomik ve siyasal konular üzerindeki denetimlerini onların ellerinden alıyor. Dünya, günümüzün *'uygarlık çağında'*, eşi ve benzeri görülmemiş bir yetki bunalımıyla karşı karşıya kalıyor.[5]

Yaşanan gerçeklerle ileri sürülen görüşlerin birbirinden bu denli uzak ve aykırı olması, küresel boyutta bir sorun yaşandığının açık kanıtıdır. Artık herkesin açıkça gördüğü gerçek şudur; bugün insanlığın tümünü içine alan ve yaratıcıları az sayıdaki şirket ve büyük devlet yöneticisinin olduğu, gerçek bir uygarlık sorunu yaşanmaktadır. Farklı konum ve istem içinde bulunan milyonlarca insanın, sınırları ve kuralları önceden belirlenmiş olan eşitsiz koşullarda ve gücün belirleyici olduğu bir ortamda yaşamaya *"mahkum"* edilmesi, çağa yakışmayan bir durumdur. Bu duruma son verip toplumsal gelişimi sürekli kılmak, elbette bir gelişkinlik ölçütüdür. Bu ölçütün en belirgin göstergesi ise eşitsizliğe ve baskıya karşı direnmektir; bu da örgütlü olmayı, özellikle de iktidar hedefleyen siyasal partiye sahip olmayı gerekli kılar.

Bugün yeryüzünde yaşayan 6 milyar insanın üçte ikisi, sosyal güvenceden yoksun, işsiz ve koyu bir yoksulluk içindeyse[6]; dünya nüfusunun yüzde 20'si, yaratılan zenginliğin yüzde 83'nü alıyorsa[7]; *Ford* ya da *Philip Morris*'in yıllık satışı, Suudi Arabistan ya da Yeni Zelanda'nın gayri safi milli hasılasından fazlaysa[8]; dünyanın en zengin üç kişisinin toplam serveti 48 yoksul ülkenin ulusal gelirine eşitse[9]; gelişmiş-az gelişmiş ülke farkları sürekli artıyorsa; zengin daha zengin, yoksul daha yoksul oluyorsa; *"serbest piyasa ekonomisinin"* yarattığı zenginlik ve bolluğun insanları birbirine yakınlaştıracağından, barış ve özgürlük-ten söz etmek nasıl mümkün olabilir? Küresel havarilerin vaazlarında dile getirdikleri sanal cennetten, nasıl bir umut çıkarılabilir?

Sayıları sürekli artan gösterişli alışveriş merkezlerinde, vitrin seyretmekten başka bir olanağı olmayan insanlar, yalnızca bugün değil gelecek umutlarını da yitiriyorlar. Varlığı tüketim artışlarına bağlı olan ekonomik sistem, açtığı süpermarketlerin araba parklarını sürekli doldurmak zorunda, ama bu iş, dünyanın üçte ikisini yoksullaştırarak ve çalışma alanlarını daraltıp insanları işsizliğe mahkum ederek olabiliyor. Küreselleşmenin *'camküresi'* çabuk kırılıyor ve ortaya saçılan gerçekler, insanların, küresel işleyişin kendilerine sunduğu geleceğin açlık, yoksulluk ve işsizlikten başka bir şey olmadığını görmelerini sağlıyor. Küreselleşmeye karşı tepkiler artıyor ve örgütlenmenin özellikle de siyasi örgütlenmenin önemi yeniden kavranıyor. **John Naisbitt**'in söylediği gibi siyasi partiler *"ölmüyor"*, *"öldürülmeye"* çalışılan bu örgütlerin azgelişmiş uluslar ve çalışan kitleler için önemi her geçen gün daha çok öne çıkıyor.

\*

Küreselleşme düşüncesini savunan ve uygulayan güç merkezleri, hemen her konuda, bilinçli ve önceden tasarlanmış bir kavram kargaşası ve tanım bozulması yaratmaktadır. Eskiden gelen, varlığını sürdüren ve genel kabul gören tanımlar, ya farklı anlamlar yüklenerek çarpıtılıyor ya da yenileriyle değiştiriliyor. Emperyalizme küreselleşme, tekel egemenliğine yeni-liberalizm, ekonomik çatışmaya serbest pazar ekonomisi denmesi ve bunların ısrarla tek doğru olarak ileri sürülmesi amaçsız yapılmıyor. Kapitalizmin vahşi dönemine ait anlayışlar, iş ve siyaset çevrelerinde yeniden geçerlilik kazanıyor. *"Ekonomik olarak zayıf olanların toplum dışına sürülmesi"*'ne ve *"güçlü olanların ekonomideki görevinin zayıfları yok etmek"* olduğuna inanan 19. yüzyıl ekonomisti **Herbert Spencer** (1820-1903), küreselleşmeciler arasında yeniden *saygınlık* kazanıyor.[10] Özellikle ABD'de savunulan görüşler, **Spencer**'in etkisindedir ve *'güçlünün sağ kaldığı kapitalizme'* geri dönüşü önermektedir. Üstelik bu görüşler, geçmiştekilerden daha acımasızdır. **Richard J.Herstein** ve **Charles Murray**'ın birlikte yazdıkları *The Bell Curve* (Çan Eğrisi) adlı kitapta şunlar söylenmektedir: *"Eğer bireyler açlıktan ölme gerçeğiyle yüz yüze gelmeye zorlanırlarsa, çok çalışırlar. Korku onları o kadar yoğun çalıştıracaktır ki,* (işlerine y.n.) *sıkıca yapışacaklar ve düşmeyeceklerdir. Ekonomik sistemin en altındakiler, orada olmayı hak ederler. Kişisel yetersizlikleri nedeniyle, onlara yardım edilemez."*[11]

Siyasi partiler, kitleleri örgütleyen ve doğrudan iktidara yönelen örgütlerdir. Bu nedenle, iktidarda olanlar, denetimi altında olmayan parti örgütlenmesini engellemektedirler. Yalnızca bugüne yönelik bir uygulama olmayan bu tutum, son derece anlaşılır bir davranıştır. İktidarı ele geçirme ve onu elde tutmanın tarih kadar eski bir yöntemidir bu. Yönetenler, ne denli iyi örgütlenmişse ve yönetilenleri örgütlenmekten ne denli uzak tutuyorsa, iktidarını o denli iyi koruyor demektir. *Partilerin ölümünden* söz etmenin ne anlama geldiği, açıkça ortaya konmalıdır. Yaşanan gerçek nedir? Partiler, toplumsal gelişimin doğal sonucu olarak, yaşam sürelerini doldurdukları için mi güç yitiriyor, yoksa baskı yöntemleriyle ve doğal olmayan bir yokedilmeyle mi karşı karşıyalar?

Bugün, gerçek etkisini azgelişmiş ülkelerde gösteren ve herkesin açıkça gördüğü, yaygın bir parti bunalımı yaşanmaktadır. Bu ülkelerde; köklü dönüşümler gerçekleştiren, emperyalizme karşı duran ve milyonlarca insanı harekete geçirerek devrim yapan partiler yok artık. **Sukarno**'nun *Ulusal Partisi* (Endonezya), ABD Ordusunu yenen *Vietkong*, **Habib Burgiba**'nın *Yeni Destur*'u (Tunus), **Nehru**'nun *Kongre Partisi* (Hindistan), **Messali Hac**'ın *Ulusal Devrim Konseyi* (Cezayir) ya da **Mustafa Kemal**'in *Cumhuriyet Halk Partisi* artık yaşamıyor. Azgelişmiş ülkelerde, ulusal hakları savunan parti neredeyse kalmamış durumda. Partilerin sayıları artarken, etkileri azalıyor, ülkesine ve halkına karşı yabancılaşıyor. Bunlar dünyanın pek çok yerinde yaşanıyor. Örneğin *Berlin Özgür Üniversitesi*'nin İletişim Profesörü **Stephan Russ-Mohl**, *"Burada (Almanya'da y.n.) politik tartışma, hızla politikadan yozlaşmaya verilen öneme kayıyor"* diyor.[12]

Azgelişmiş ülke partilerinin güç yitirmesi, partilerin varlık nedenlerini artık yitirdiği ve yok olma sürecine girdiği anlamına gelebilir mi? Yaşananlardan, *"partilerin artık işlevini yitirdikleri ve temsili demokrasinin çağdışı kaldığı"* sonucu çıkarılabilir mi? İleri sürülen sava karşı, gelişmeleri açıklayan başka bir yaklaşım biçimi var mıdır, varsa nedir?

Azgelişmiş ülkelerde parti enflasyonu yaşanıp ortaya etkisiz ve güçsüz partiler çıkarken, gelişmiş ülkelerde bu konuda önemsenecek bir değişim görülmemektedir. Bu ülkelerde sistemle bütünleşmiş az sayıdaki parti, varlığını yüzyıl öncesi konumlarının hemen aynısıyla sürdürmektedir. ABD'nin *Demokrat* ve *Cumhuriyetçi*, İngiltere'nin *Muhafazakar* ve *İşçi*, Fransa'nın *Cumhuriyet İçin Birlik* ve *Sosyalist*, Almanya'nın *Hıristiyan* ve *Sosyal Demokrat* partileri dün olduğu gibi bugün de politik yaşam üzerinde etkililer ve sırayla ülkelerini yönetiyorlar.

Azgelişmiş ve gelişmiş ülke partileri arasında, kesin ve mutlak bir ayırım sözkonusudur. Gelişmiş ülkelerde partiler güç ve etkilerini korurken, azgelişmiş ülkelerde partiler etkilerini yitirmektedir. Bu gelişmenin açık anlamı şudur; gelişmiş ülkelerde önce kendi ülkesinde partileri denetim altına alan büyük sermaye güçleri, daha sonra etkili olduğu azgelişmiş ülkelerde siyasi yaşam ve partiler üzerinde egemenlik kurmuşlardır. Ekonomik çıkara ve sömürüye dayanan ilişkiler, karşımıza uluslararası şirket faaliyetlerini ve emperyalizmi çıkarmaktadır. Bugün emperyalizmin küreselleşme adıyla aldığı yeni biçim, kökleri sömürgeciliğe giden bir anlayışla, egemenlik kurulan ülkelerin siyasi ve idari yapısına doğrudan yön verme üzerine kuruludur.

Ulusal pazarlara girmek ve bu pazarda olabildiğince serbest hareket etmek için yalnızca ekonomik değil, onunla birlikte siyasal etkinliği de gerekli kılar; bu ise siyasal düzeni ve onun önemli unsurlarından olan siyasi partileri denetim altına almakla mümkündür. Küresel sermaye güçleri bu denetimi, yarattıkları yerli işbirlikçiler aracılığıyla başarılı bir biçimde sürdürmektedirler. Eğer bugün siyasal partilerin *ölümünden* söz edilecekse, bu *ölümün* azgelişmiş ülkelerde görüldüğü ve durumu anlatan gerçek tanımın, *ölme* değil *öldürülme* olması gerektiği herhalde kabul edilmelidir.

Azgelişmiş ülkelerde ulus–devlet başta olmak üzere tüm örgütler, özel olarak da siyasi partiler üzerinde kurulmuş olan dış denetim; yalnızca siyasi partileri değil, tüm kamu kurum ve kuruluşlarını ortadan kaldırmaya ya da etkisizleştirmeye yönelmiştir. Küreselleşme olgusunun temel amacı, halkın ve ulusun haklarını savunan kurumları etkisizleştirerek ulus–devlet yerine küçük ve karmaşık yönetim birimlerinin oluşmasını sağlamaktır. *Kent devletleri, yerel yönetimcilik* ya da *federasyonculuk* adı verilen ve uluslararası şirket faaliyetleriyle dolaysız ilişkisi olan yeni yönetim biçimi; tutuculuğu bile değil, açık biçimde geriye dönüşü ve bölünmeyi hedeflemektedir. Küreselleşme tartışmalarında sıkça kullanılan *yeni feodalizm, kabilecilik* ya da *yeni–Osmanlıcılık* tanımları bu gerçeği anlatmaktadır. Küreselleşme için; *"temsili demokrasinin bitişi", "serbest piyasa demokrasisine geçiş", "kabileselleşme"*[13] gibi tanımlar kullanan **John Naishbitt**, ülkelerin parçalanmasını *"demokrasi"* nin gereği sayıyor ve şunları söylüyor: *"Demokrasi arttıkça ülke sayısı, yani küresel ekonominin giderek küçülen parçalarının sayısı da artıyor. Önümüzdeki yılları,* (herkesin y.n.) *kendi kendini yönetme hakkının yayılması, ayırt edecek"*.[14]

\*

1970'lere dek büyük birimler halinde örgütlenen uluslararası şirketler, bu tarihten sonra; değişime kolay uyum gösteren, pazar esnekliğine sahip, müşteri duyarlılıklarına daha iyi yanıt verebilen, bürokratik giderleri düşük, küçük ve özerk birimler halinde yapılanmaya başladılar. Tekelci şirketler, küçük alt birim şirketleri açıp işgücünün ucuz, ham maddenin yakın olduğu azgelişmiş ülkelere yayıldılar. Bu yöntemle, az ve ucuz işçi çalıştıran ve yerel ölçülere uyum gösteren birimler halinde örgütlenerek daha çok kâr sağlıyorlardı.

Uluslararası şirket faaliyetlerinin küresel örgütlenmede aldığı yeni biçim, bu biçime uyum gösteren pazar türünü yaratma isteğini de beraberinde getirdi. Küresel pazar, uluslararası şirketlerin istem ve gereksinimine uygun hale getirilecekti. Bu eğilim, temelinde şirket özgürlüğünün sınırsızlığı bulunan iki tür gelişmeye yol açtı. Bir yandan gelişmiş ülke merkezli ortak pazarlar ortaya çıkarken diğer yandan azgelişmiş ülkelerde, ulus–devlet yapılarını etkisizleştiren dağılma ve bölünme eğilimleri yaygınlaştı. Küçük birimler halinde örgütlenen şirketler, kendi yapılarına uygun düşen güçsüz ve küçük ülkeler istiyorlardı. Bu istek azgelişmiş ülkelere karşı, şiddet ve baskı içeren büyük devlet politikalarına dönüştü ve parçalanmalar yoluyla, 1990–2000 arasındaki on yılda 25 yeni ülke ortaya çıktı.

İktidarı amaçlayan örgütler olarak siyasi partilerin, bu gelişmeden etkilenmemeleri mümkün değildi. Azgelişmiş ülke partileri başta olmak üzere, yapısı ve temsil gücü ne olursa olsun dünyadaki tüm partiler bu gelişmeden etkilendiler. Bu etkileşim, gelişmiş ülkelerdeki siyasi parti işleyişini fazla etkilemedi. Bu ülkelerde, sistemi ayakta tutan siyasi ve yönetimsel denge, partileri de içine alarak çok önceden kurulmuş ve siyasi partiler denetim altına alınmıştı. Adları ve siyasal görünümleri ne olursa olsun az sayıdaki parti, sistemde herhangi bir değişime yol açmadan sırayla iktidara geliyordu. Buna, kendilerine seçmen tabanı bulabilmiş olan sosyalist ya da komünist partiler de dahildi.

Azgelişmiş ülkelerde ise durum farklıydı. Sorunları bol ve mücadele gücü yüksek bu ülkelerde siyasi örgütlenme, küresel güçlerin her zaman birinci sırada önem verdikleri bir konuydu. Halkın ve ulusun haklarını savunan partilere karşı önce yoğun ve ağır bir şiddet uygulandı. Daha sonra varlığına izin verilen partiler tam olarak ele geçirildi ya da yeni partiler kuruldu. Politik yaşam o denli denetim altına alındı ki, değişik ad ve siyasi görünüm taşısa da parlamentoya giren tüm partiler, küresel güçlerin belirlediği tek bir politikayı uyguladılar; siyasi yaşam, *bir tür tek parti rejimi* haline geldi. Artık bu partilere bile pek gereksinim duyulmuyor; *teknokrat* ya da *uzman* görünümlü elemanlar aracılığıyla doğrudan yönetim dönemine geçiliyor. Hükümetler ya da parti üst yönetimleri dışarda belirleniyor ve belirlenen kişiler, hiçbir ulus-devlet yöneticilerinin sahip olmadığı yetkilerle, ülkeyi yönetiyor. Sömürgecilik döneminin genel vali işleyişine çok benzeyen bu gelişme, siyasal partileri, doğal ve kaçınılmaz olarak, partiden başka herşeye benzeyen örgütler haline getiriyor.

Azgelişmiş ülkelerde halk içinde, bağımsızlık isteği ve ulusçu eğilimler, güçlü bir biçimde yaşamaktadır. Ancak, büyük devlet çıkarlarıyla çelişen ve özellikle Sovyetler Birliği'nin dağılmasından sonra küresel egemenliğin tek hedefi haline gelen azgelişmiş ülkeler; bugün ekonomiden politikaya, kültürden yönetim işleyişine dek çok yönlü ve kapsamlı bir sarılmışlık içindedir. Mali ve siyasi güç ya da şiddetle sağlanan örgütsüzleştirme ve partisizleştirme girişimleri, söz konusu edilen sarılmışlığın somut sonuçlarıdır. Baskıyla sağlanan örgütsüzlük bugün ne kadar gerçekse, baskıya karşı toplumsal tepkinin gelişecek olması da o kadar gerçektir. Yaşam süresini doldurmamış olguların, yaşanmamış süreçlerin, zor gücüyle ortadan kaldırılması ya da bir başka deyişle baskı ve şiddetin toplumsal yaşamın kurallarını belirlemesi sürekli olamaz. Bu nedenle, bugün yaşanan parti bunalımı, olumsuz bir baskı döneminin geçici olgularıdır. İçinde yaşadığı koşullardan hoşnut olmayan insanlar, bu koşullardan kurtulmak için örgütlenmekten başka yollarının olmadığını görecek ve bu yönde yeniden mücadele edeceklerdir. Bu, yalnızca bugün değil, tarihin tüm dönemlerinde böyle olmuştur.

Tekelci şirket egemenliğinin aşırı yoğunlaştığı bir dönemden geçiliyor. Yaşadıkları sorunlara çözüm bulmak isteyen ülke ve parti yöneticileri; küreselleşmeyi, küreselleşmenin oluşturduğu uluslararası ilişkileri ve bu ilişkilerin insanlar üzerinde kurmuş olduğu baskıyı, her yönüyle görmek ve kavramak zorundadır. Ülke sorunlarını çözmenin ön koşulu olan bu kavrayışın somut sonucu, anti-emperyalist bilince sahip olmak ve bu bilincin gereğini yerine getirmek için örgütlenmektir. Siyasi partiler bu örgütlenmenin en önemli unsurlarından biridir.

*

Partileri ve onlara yaşam veren *"demokrasiyi"*, gelişmiş ülkeler dahil dünyanın her yerinde denetim altına alan tekelci şirket egemenliği, açık ya da örtülü ve her zaman geçerli, sistemli bir şiddete dayalıdır. Gerçek yaşamda herhangi bir değer taşımayan ancak sürekli dile getirilen *"demokrasi"* ve *"özgürlükten"* söz edilecek ise bu sözcüklerin gerçek karşılığının, *"tekel demokrasisi"* ve *"tekel özgürlüğü"'* den başka bir şey olmadığı bilinmelidir. Bu nedenle tekelci şirket gereksinimlerinin yön verdiği küresel sistem için kullanılan, *"yeni-feodalizm"* ya da *"yeni-faşizm"* tanımları, bu sistemin niteliğiyle büyük oranda uyuşmaktadır. Yönetim yöntemlerinde geçerli olan kurallar ve bu kuralların uygulanış biçimleri incelendiğinde, feodalizm ya da faşizm tanımlarının küreselleşmeyle dikkat çekici bir örtüşme içinde olduğu görülecektir.

Prof.Dr. **Türkkaya Ataöv** bu örtüşmeyi, ABD için şöyle dile getirmektedir: *"Amerika'da her türlü muhalefet, üniversiteler dahil, dizginlenmiş ve* **'yapısal'** *bir baskı altına alınmıştır. İki partiye dayanan siyasi sistem, düzen dışına taşan muhalefete izin vermez. Beyaz Saray'da, Kongre'de ya cumhuriyetçiler olur ya da demokratlar. Üçüncü bir partinin güçlenme olanağı yoktur. Eskilerin itibarlı kurumları kimi üniversiteler bile, aykırı düşünenleri, sözleşmelerini yenilememekle tehdit etmektedirler. Yurttaşların bilgi edinme yolları kapalı olmaktan başka, bazı arşivler yeni emirlerle gizli tutulmaktadır. Askeri mahkemelerin yetki sınırının genişletilmesi, yüksek bilgisayar teknolojisinden yararlanarak insanların fişlenmesi ve egemen düzenden ayrılanlara* **'gereğinin yapılması'** *gibi demokrasi karşıtı uygulamalar, muhalefeti daha da sindirmeye yöneliktir. Amerika'da demokrasi yerine faşizmin saltanat sürdüğünü görmek için, saygın bir Amerikan kaynağı olan Webster Büyük Sözlüğü'ndeki faşizm tanımına bakmak yeterlidir."* [15]

Tekel egemenliğine yönelik saptamalar artık, *"sol kuramsal belirlemeler"* denilerek tecrit edilemiyor. Her geçen gün daha çok insan, küreselleşmenin yarattığı sorunları yaşayarak, gerçekleri görüyor ve küreselleşmeye karşı örgütlenerek tepki veriyor. Dünya politikasına yön veren büyük devlet politikacıları ve kimi şirket patronları bile, *"küresel uygulamaların aşırılıklarından"* ve *"yaratacağı tehlikelerden"* söz ediyor. Dünya sermaye piyasalarından büyük paralar kazanmış olan küresel spekülatörlerden **George Soros** şunları söylüyor: *"Bırakınız yapsınlar bırakınız geçsinler kapitalizminin ve piyasa değerlerinin yaşamımızda denetimsiz yayılması, açık ve demokratik toplumumuz için büyük bir tehlike oluşturuyor. Denetimsiz kapitalizmin, bireysel çıkarları genel çıkarın üzerine koyması ve parayı bütün değerlerin tek ölçüsü olarak yerleştirmesi, gelir dağılımında bozukluk ve yoksul-*

*luk yaratmaktadır. Demokrasiye en büyük tehdit bizzat kapitalizmden geliyor."*[16] Amerikalı araştırmacı **William Greider**'ın saptamaları ise, dünyada nasıl bir demokrasi olduğunu ve siyasal partileri kimlerin *"öldürdüğünü"* açık bir biçimde ortaya koyuyor. **Greider**, *Halka Kim Söyleyecek?* adlı kitabında şunları söylüyor: *"Şirketler doğaları gereği demokratik örgütler olarak işlemezler. Ancak yine de politik platformları, siyasal partileri ve diğer temsili kavramları ele geçiren onlardır. Demokrasinin kendisi artık paranın esiri olmuştur."* [17]

Sovyetler Birliği'nden kaçarak İsviçre'de 20 yıl yaşayan ünlü Rus yazarı **Aleksandr Zinoviev** ise, 24 Temmuz 1999 tarihli Fransız *Le Figaro* gazetesinde şunları yazıyor: *"Dünya; büyük şirketlerin, bankaların ve uluslararası organizasyonların oluşturduğu tek bir gücün egemenliği altına girmiştir. Ulusların egemenliği eskiden dünya çapındaki çoğulculuğun ve demokrasinin temel unsurlarından biriydi. Şimdi ise küresel güçler egemen devletleri ezip geçiyor. Uluslarüstü bir dünya iktidarı için çoğulculuk yok ediliyor. Artık çaresiz durumdaki insanların haklarını savunabilecek siyasi bir güç kalmamıştır. Aralarındaki fark her geçen gün azalan siyasi partilerin varlığı, artık formaliteden ibarettir. Şimdi yaşanan şey 'demokratik totalitarizm' ya da 'totalitarizmin demokrasisinden' başka bir şey değildir."*[18]

## Parti ve Demokrasi

Siyasal partilerle demokrasi arasındaki ilişki, kapsamı ve şiddeti değişerek yüzelli yıllık bir mücadeleye dayanan ve birbirini dolaysız etkileyen bir sürecin ürünüdür. İktidar gücünü ellerinde bulunduranlar, örgütlenme hakkını da içeren demokrasiyi, önce devlet gücüne dayanan zor yöntemleriyle engelledi. Daha sonra demokratik mücadelenin zorlamasıyla, siyasi partilere izin veren, ancak denetim altında tutulan bir düzen geliştirdi. Bu düzene *demokrasi* adını verdi; egemenliğini siyasi partiler aracılığıyla yürütmek zorunda kaldı. Sürecin içinde, birbirini etkileyen çelişkili iki iç süreç vardı. Sosyal tepkiyi örgütleyerek yayılmaya çalışan düzen karşıtı partiler demokratik hakları geliştirirken; düzenin egemenleri kabul etmek zorunda kaldıkları bu hakları, kendi çıkarlarını savunan partiler kurmak için kullandı. Düzeni savunan partiler iktidara getirildi ve yönetimdeki egemenlik bu partiler aracılığıyla sürdürüldü. Sahip oldukları mali ve idari ayrıcalıklar, egemenlere bu olanağı veriyordu. Sosyal muhalefeti, *"barışçı yöntemlerle" "demokratik"* sınırlar içinde tutmak, olmazsa sınırları kaldırarak zor yöntemleriyle ezmek, Batı demokrasilerinin yüzyıldır değişmeyen özelliğidir. Batı'da önemli olan demokrasinin güçlenip yaşaması değil, sistem değişikliğine yol açmayacak bir *"demokrasinin"* varlığını sürdürmesidir. Bu, şirket çıkarlarının hiçbir koşulda zarar görmemesi demektir. Batı demokrasilerinin gerçek sınırını, halkın değil şirket çıkarlarının belirlemesi, yalnızca bugünün değil son ikiyüz yılın çıplak bir gerçeğidir. ABD Dışişleri Bakanlarından **Henry Kissenger** bu gerçeği, Şili'nin seçilmiş Başkanı **Salvador Allande**'nin bir darbeyle devrilip öldürüldüğü zaman şöyle dile getirmişti: *"Bir ülkenin halkı komünizmi seçecek kadar sorumsuzluk gösterirse biz buna demokrasi adına seyirci mi kalacağız."*[19] Benzer görüşleri aradan 30 yıl geçtikten sonra, Venezüela Başkanı **Chaves**'e karşı darbe örgütleyen bir başka ABD yetkilisi açıklamıştır. *The New York Times* haber yazarı **Christopher Marquis**'in *"Chaves seçilmiş bir devlet başkanı olduğuna göre meşruluğunun kabul edilmesi gerekmez mi?"* sorusuna ABD hükümet sözcüsü şu yanıtı vermiştir: *"Meşruiyet yalnızca seçmenin oy çokluğuyla gelen bir şey değildir."*[20]

Politik sistemi şirket çıkarlarının belirler hale gelmesi, Batı'da demokratik hakların bulunmadığı anlamına gelmez. Batı demokrasileri kendi içinde yoğun bir demokratik mücadele birikimini de taşımaktadır. Sanayi devriminin bir gereği olarak, Batı'daki sistem karşıtı partiler, konumları ve hedefleri nedeniyle daha gelişkin ve daha mücadeleci olmak zorundaydılar; bu nedenle, gereksinim duydukları demokratik ortamı, uzun süren sert mücadelelerle kendileri yarattılar. Mücadeleyle sağlanan ve demokratik haklar içeren politik düzen, sürekli olarak sermaye güçleri tarafından denetlendi ama içinde her zaman çatışma barındıran bu düzen, muhalefet partilerine varlıklarını sürdürebilecekleri bir ortam yarattı. Demokratik haklar içeren bu ortam muhalefet partileri için önemliydi. **Friedrich Engels**, Alman Sosyal Demokrat Partisi Program Taslağına 1891 yılında yaptığı eleştiride; *"Mutlak olarak kesin olan bir şey varsa, o da, Alman Sosyal Demokrat Partisi'nin ve işçi sınıfının egemen duruma, ancak demokratik cumhuriyet şekli altında gelebileceğidir"* diyordu.[21] Günümüzdeki demoktarik cumhuriyetler, **Engels**'in düşündüğü demokratik cumhuriyetten çok farklı bir konuma gelmiş olsa da, partiler açısından önemini bugün de sürdürmektedir.

İktidarın partisiz rejimlerle sürdürülemez hale gelerek siyasi partilerin meşruiyet kazanması, politik mücadele ile sağlanan demokratik bir gelişmedir ama bu gelişme, siyasal parti ya da partilere meşruiyet veren her rejimin demokratik olduğu anlamına gelmemektedir. Yönetim gücünü elinde bulunduran sınıf ya da sınıflar, sosyal mücadelenin yeni koşullarına uyum göstererek siyasi partilerin varlığını kabullendiler ve hızla partileşerek bu örgütleri, iktidarlarını sürdürmenin yeni ve etkili araçları haline getirdiler. Başlangıçta, tanınmış olan parti meşruiyeti, kendilerine ait olan ya da kesin biçimde denetlenen birkaç partiyle sınırlıydı ve kabul edilen politik sistem ne özgür, ne de demokratikti.

Denetim dışında örgütlenip güçlenen partiler her tür yöntem kullanılarak sistemin dışında tutuldu. Bu dönem, sistem karşıtı parti faaliyetinin; yasaklar, kısıtlamalar, hapis ve sürgünler dönemiydi. Her şeye karşın politik mücadele sürdü ve birçok ülkede partiler yasal statü elde ettiler. Ancak bu kez parti faaliyeti, giderek artan biçimde halkın sahip olmadığı mali güce dayalı bir eylem haline getirildi ve elde edilmiş olan ekonomik–demokratik kazanımlar kağıt üzerinde kaldı. Parti kurma ve örgütlenme özgürlüğü herkese tanınmıştı ancak, bu yalnızca görünüşte böyleydi. Partileri, mali ve idari gücü olanlar kuruyor ve örgütlenme özgürlüğünden gerçek anlamda onlar yararlanıyordu. Herkesin parti kurma özgürlüğü vardı, ama bu özgürlüğü yalnızca onu kuracak parası olanlar kullanıyordu. Egemen güç yararına işlese de partili bir rejimin daha az tutucu olacağı bir gerçektir. Ama bundan, partili rejimlerin tümünün ilerici olacağı anlamı elbette çıkarılmayacaktır. Siyasal etkinliğin azınlık egemenliğine dayandığı toplumlarda, rejimin adı ve biçimi ne olursa olsun, sistemin niteliğini belirleyen temel öge tutuculuktur. Değişmemeyi savunan iktidar ve güç sahiplerinin rejim üzerinde kurmuş olduğu egemenlik, doğal ve kaçınılmaz olarak siyasal partileri de içine almakta ve bu egemenlik bir zamanların düzen karşıtı partilerini, düzeni savunan partiler haline getirmektedir (Avrupa sosyal–demokrat ve sosyalist partileri). Bunun gerçek nedeni, parti yöneticilerinin görüşlerini geliştirip bugüne uyum sağlamaları değil, parti yönetimlerinin egemen sınıf tarafından ele geçirilmiş ya da denetim altına alınmış olmasıdır. Burada artık, halkın haklarını savunan partilerden söz etmek mümkün değildir. Bu tür partiler ya kapatılmış ya da yaşayamaz hale getirilmiştir. Kitlelerin sorunlarına çözüm getirmenin aracı olan siyasal partiler, tersine işleyen bir süreç içine sokulmuştur. Küreselleşme söylemlerinin yarattığı karmaşa içinde günümüzde yaşanan somut gerçek, *siyasi partilerin gerçek kullanıcılarının, ona en çok gereksinim duyan halk kitlelerinin değil, varlığını halkın örgütsüzlüğü üzerine oturtmuş olan* egemenlerin olmasıdır. Dünyayı, tek bir küresel pazar haline getirmek, uluslararası şirketlere cazip gelmektedir ama, bu girişim kaçınılmaz olarak *"demokrasinin"* yadsınmasını gündeme getirmektedir. Amerikalı ekonomist Prof. **Lester C.Thorow** Kapitalizmin Geleceği adlı yapıtında konuyla ilgili olarak şunları söylemektedir: *"Küresel ekonomiye karar vermek, ulusal egemenliğin bir kısmından vazgeçmek demektir. Bunun demokratik olmadığını söyleyen politik sol ve sağın her ikisi de bu konuda haklıdır. Demokratik olmayan kurallar, bazen yabancılar tarafından, bazen de uluslararası bürok-*

*rasi tarafından dayatılmaktadır. Eğer seçimle iktidara gelen bir dünya hükümeti söz konusu olsaydı.. küresel dünyanın kuralları belki o zaman demokratik olarak değerlendirilebilirdi."*[22] Bugün, devlet ve toplum üzerine etkili bir denetim kurulmuş, halka öncülük edecek partiler son derece etkisizleştirilmiştir. Halk o denli yoksullaştırılmıştır ki, sosyal muhalefete öncülük edebilecek siyasi bir hareket ortaya çıkamamaktadır. Kitleler üzerine kurulan dolaylı dolaysız baskı ve etkileme öylesine yoğundur ki, insanlar kendi hak ve çıkarlarını göremeyen, görse de birşey yapamayan kalabalıklar haline getirilmiştir. İngiliz filozof ve mantıkçı **Bertrand Russel,** Batı toplumlarında iktidarın insanlar üzerinde kurduğu baskı ve geçerli politik sistem konusunda şu saptamayı yapmaktadır. *"Siyasi iktidar, insanlar üzerinde doğrudan güç uygulayarak, yani hapsedip öldürerek; kandırma ve belli bir yöne sevketme aracı olarak ödül ya da ceza vererek, yani iş vererek ya da işsiz bırakarak ya da fikirlerini etkileyerek, örneğin en geniş anlamı ile propaganda altına alarak baskı kurar. Ordu ve polis beden üzerinde zorlayıcı güç uygular; ekonomik örgütler, esas olarak teşvik edici ve vazgeçirici olarak ödüllerle cezalara başvurur; okullar, kiliseler ve siyasi partiler fikirleri etkilemeyi hedef tutar.."*[23]

İktidar gücünü elinde bulunduran günümüz egemenleri, artık kendilerine hizmet eden partileri bile atlamakta ve yönetime doğrudan sahip olma eğilimi içine girmektedir. Küresel işleyişin zorunlu kıldığı bu eğilim, özellikle azgelişmiş ülkelerde, kararlı bir biçimde uygulanmakta ve bu ülkelerdeki işbirlikçi partilerin bile güç yitirmesine yol açmaktadır. Azgelişmiş ülkelerin büyük çoğunluğu artık, seçim *kazanmış* partilerce değil, görüntüsü öyle olsa da, küresel güç merkezlerinin belirlediği *"görevliler"* tarafından yönetilmektedir. İşbirlikçi partiler artık, küresel güç merkezleriyle bütünleşmiş, kuralsız ve devletsiz bir toplum biçiminin yerleştirilmesinde kullanılan, aracı örgütler haline gelmişlerdir.

*

Halkın örgütlenmeye en çok gereksinim duyduğu günümüzde yaşanan parti bunalımı, aynı zamanda bir demokrasi bunalımıdır. Halk, politik karar süreçlerinden kesin bir biçimde uzaklaştırılmış, üstelik bu, demokrasi adına yapılmıştır. Oysa demokratik haklar ve örgütlenme özgürlüğü, uzun mücadeleler sonucunda, siyasi demokrasinin ön koşulu olmuştu. Şimdi yalnızca örgütlenme özgürlüğü değil, siyasi demokrasi tümüyle denetim altına alınmıştır. **Maurice Duverger,** kitlelerin örgütlenme özgürlüğüne ve yöneticilerini seçme hakkına sahip olmasını, demokrasinin koşulu saymış ve 1950 yılında şunları söylemişti: *"Demokrasiyi gelişim süreci içinde, kendi bünyesinde sakladığı zehirlere karşı korumanın gerçek yolu; onu çağdaş yöntemlerden koparmadan, kitlelerin örgütlenmesine ve kendi yöneticilerini seçip yetiştirmesine olanak verecek bir sistem haline getirmekten geçecektir. Bu yapılmadığında, demokrasi boş bir biçim, gerçek dışı bir görüntü haline gelecektir."*[24]

Demokrasi bugün, *"boş bir biçim ve gerçek dışı bir görüntü haline"* getirilmiştir. Siyasi partilerin gerçek anlamda parti haline gelebilmesini, demokratik bir siyasi düzenin yaratılmış olmasına bağlayan yaklaşım; kabul gören, yaygın bir görüştür. Var olan durumu yeterince açıklamasa da bu görüşü kabul etmek gerekir. Geçmiş dönem baskılarından kurtarılarak bugüne taşınan örgütlenme hakları, halk için kağıt üzerinde kalsa bile hiç olmamasından daha iyidir. Mali ve idari yetersizliklere karşın, izlenecek doğru politikalarla kitlelere ulaşılabilir ve gerçek parti gücünü oluşturacak halk desteği kazanılabilir. Partileşme önüne çıkarılmış olan görünür-görünmez engelleri aşmayı başararak halka ulaşan özgürlükçü partilerin, iktidara yaklaştıkları oranda baskı ve engellemelerle karşılaşacak olmaları, yöneticilerini mahkeme ve hapishane demokrasisinin beklemesi, siyasal partilerin en sağlıklı gelişme ortamını demokratik sistemler içinde bulacağı gerçeğini değiştirmeyecektir.

İktidar için mücadele, yönetenlerle yönetilenler arasındaki, güce dayanan bir denge sorunudur. Siyasi mücadelenin üzerine örtülen *"demokratik"* örtünün türü ve kullanılan yöntemler ne olursa olsun mücadelenin sonucunu, her zaman ve her koşulda güç belirleyecek ve güçlü olan iktidarı ele geçirecektir. En kısıtlı örgütlenme hakkı bile, onu kullanmasını bilenler için, sonu iktidara ulaşacak bir mücadelenin başlangıcı olacak ve demokratik haklar örgütlü mücadele içinde gelişecektir. Bu süreçte parti mücadelesi demokratik hakları, demokratik haklar da parti mücadelesini güçlendirecektir. Prof.Dr.**Tarık Zafer Tunaya**, *Türkiye'de Siyasi partiler* adlı kitabında bu konuda şöyle söylemektedir: *"Amaç, halkın siyasete ve devlet yönetimi için gerekli kararların oluşumuna katılması ise; bu amaç, değişik kesim ve düşüncelerin serbestçe hareket ve birbirleriyle mücadele etmelerinin kabul edildiği bir toplumu gerekli kılar. Siyasi partinin gelişebileceği çevre demokratik ve aktif olmalıdır. Hürriyetle siyasetin bulunmadığı yerde, partinin yaşamasına imkan yoktur. Partilerin doğup yaşayabilmeleri için demokrasi iklimi gereklidir."*[25]

## Görülmesi Gerekenler

İnsanlar ve toplumlar arasında, şimdiye dek hiçbir dönemde görülmeyen bir ilişki yoğunlaşması yaşanıyor. Dünyanın herhangi bir yerinde ortaya çıkan bir olay, uydu ve bilgisayar teknolojisi, telefon ve bilgi–işlem merkezleriyle aynı anda dünyanın her yerine ulaşıyor. İletişim yoğunlaşması aynı zamanda baskı ve bozulmayı da yayıyor. Üretimin yerini para ticareti, kültürün yerini yozlaşma, dayanışmanın yerini bireycilik alıyor. Reklamcılık, komisyonculuk, danışmanlık, borsa simsarlığı ve lobicilik günümüzün kolay ve çok para kazanılan işleri haline geliyor.

Büyük devletler tarafından yönlendirilen ekonomik, politik ve kültürel etkinlikler; önem ve boyutuna göre yalnızca ortaya çıktığı ülkeyi değil, değişik oranlarda birçok ülkeyi etkisi altına alıyor. Ülke sınırları artık savaşla değil, mali ve siyasi güçle değiştiriliyor. Soğuk savaş döneminin barış dengeleri bozuluyor ve askeri bloklarla oluşturulan güvenlik kuşakları ortadan kalkıyor. Ekonomik çatışmanın yarattığı gerilimler politik alana yayılıyor ve ekonomik bloklar kendi askeri gücünü oluşturuyor. Dünya küçülüyor ama bütünleşemiyor. Ülke ekonomileri küresel sisteme bağlandıkça uluslar, bölgeler ve kentler birbirinden uzaklaşıyor. Küresel ekonomi, politik ve sosyal çözülmeyi hızlandırıyor. İnsanlar kimliklerini yitiriyor ve kendi yaşam çevrelerine yabancılaşıyor. İnsanlar farkında olsunlar ya da olmasınlar, anlasınlar ya da anlamasınlar; karar ve uygulama süreçlerine katılmadıkları, kendilerinden çok uzaklarda oluşturulan politikaların etkisine giriyorlar. Dünya şimdiye dek hiç olmadığı kadar, karışık ve karmaşık bir döneme giriyor. Amerikalı ekonomistler **Richard Barnet** ve **Cohn Cavanagh**, küreselleşmenin yarattığı ortam için şu saptamayı yapıyor: *"Şirketler yerel, ulusal ve uluslarüstü düzeyde politik kurumların sınırlarını aştıklarından, ulusal liderler ekonomik konular üzerindeki denetimlerini giderek yitirmektedirler. Sonuçta dünya, uygar çağda eşi benzeri görülmemiş bir yetki bunalımıyla karşı karşıya gelmektedir."*[26]

Dünyanın küçülmesinden çok söz ediliyor ama, ülkelerarası eşitsizliği ele alan olmuyor. Küresel ekonomiye yön veren güçlüler, kendilerini dünyanın efendileri olarak görüyor. Dünyanın tek bir pazar haline gelerek bütünleşme sürecine girdiği söyleniyor, ama bu süreç bütünleşmeyi değil, politik ve sosyal dağılmayı hızlandırıyor. Sosyal ilişkiler, aile bağları ve ulusal kimlikler, küresel *'kültür'* piyasasının düzeysiz ürünleri tarafından yozlaştırılıyor. Uluslararası güç merkezlerine karşı kendilerini koruyamayan ülkeler, bölünme ve parçalanma ile karşı karşıya kalıyor.

Olayların birbirini etkilemesi ve gücün egemenliği, tarihin her döneminde vardı, bugün de var. Doğal ya da toplumsal yaşamda her süreç, kendinden önceki süreçten etkilendi, sonrakini etkiledi ve sönüme giden her dönem bir başka dönemin başlangıcı oldu. Kendiliğinden gelen ve kendi kurallarını kendisi yaratan insan iradesinden bağımsız bu nesnel devinim, doğal yaşamın temelini oluşturdu. Bu temel, sosyal yaşam için de aynısıyla geçerli oldu; ne zamanı gelmeyen yeni bir düzen yaratılabildi, ne de doğal ömrünü bitirmemiş toplumsal ilişkiler ortadan kaldırılabildi. Bugün açığa çıkarılması, daha doğru bir deyişle insanların bilgisine sunulması gereken ana sorun; küreselleşme adıyla yaşanmakta olan sürecin, toplumsal gelişimin nesnelliğine uyan ve insanlığı ileri götüren bir olgu olup olmadığıdır. Küreselleşme, doğaya ve yaşama uygun ileri bir gelişme mi, yoksa gelişimini tamamlayarak asalaklaşan bir düzenin, değişime ayak diremesi midir? Bu soruya açık bir yanıt verilmesi gerekir.

Toplumsal ilişkilerin, buna bağlı olarak politikanın düzey ve niteliğini, ekonomik işleyişin aldığı biçim belirler. Bu biçim, aynı zamanda siyasi demokrasinin gelişkinlik düzeyinin de belirleyicisidir.

Sosyal yaşamın uyumlu ve sürekli bir gelişme içinde olması için, ekonomik yapıyla siyasi düzen arasında birbirini tamamlayan bir dengenin sağlanmış olması gerekir. Bu denge, üretimin ve üretici güçlerin özgürce gelişebileceği koşulların yaratılmasıyla korunabilir. Geçerli siyasi düzen, yaşam süresi dolan eski ilişkileri korumaya çalışıyorsa, gelişim önünde aşılması gereken engel haline gelmişse, baskı ve şiddete dayanıyorsa, bu düzen yaşam süresini doldurmuş demektir ve değiştirilmesi kaçınılmazdır. Değişim er ya da geç gerçekleşecek ve insanlığın gelişimine olanak veren yeni bir siyasi düzen kurulacaktır. Tarihte hep böyle olmuştur.

\*

Toplumsal dönüşüm ve siyasi rejim değişikliği insan isteğine bağlı olmayan nesnel zorunluluklardır. İnsanlar başlangıçta bu zorunluluğun bilincinde olmasalar da, toplumsal koşullar insanlarda bu bilinci yaratır ve onları, nesnel gerçeğe uygun hareket ederek değişimi gerçekleştiren bir eylem içine sokar. Yaşamın sürekli gelişimine uygun düşen bu eylem, karşısına çıkan tutucu engelleri ortadan kaldırır ve insanlığı ileri götüren devrimci bir hareket haline gelir.

Küreselleşme ideolojisinin kuramsal çerçevesi *değişim, yenileşme* ya da *ilerleme* gibi tanım ve savlar üzerine oturtulmuştur. *Tarihin Sonu*, *Sanayi Ötesi Toplumların Kurulması* ya da *Post-Modern Çağa Geçiş* gibi yaklaşımlarla küreselleşmenin kuramını oluşturmaya çalışan *"ideologlar"*, ileri sürdükleri görüşlerde hep bu tanımları kullanmışlardır. *"Küreselleşme çağın zorunlu bir gereğidir"*, *"Küreselleşmeye karşı çıkmak tutuculuktur"*, *"Küreselleşmeye hiçbir güç karşı koyamaz"*... Söylenenler bunlardır ve bu söylemlerin olağanüstü yoğunlukta propagandası yapılmaktadır.

İşsizlik ve yoksulluğun yaygınlığı, gelir dağılımındaki aşırı dengesizlik, sosyal güvensizlik, silahlanma yarışı ve savaşlar, ileri sürülen tezleri yadsıyor, gerçeklerin çok farklı olduğunu gösteriyor; küreselleşme ideologlarının gösterişli *"kuramlarını"*, kaba bir propaganda haline getiriyor.

İleri sürülen görüşler, propaganda düzeyinde bırakılmıyor elbette. Mali ve siyasi müdahaleler ve kabul ettirilen programlarla, özellikle azgelişmiş ülkelerde, toplumsal ilerleme yönündeki tüm birikim ve eğilimler ortadan kaldırılıyor. Yoğun bir baskı, tüm dünyaya yayılıyor. Güce dayalı saldırgan tutum, küresel politikanın belirleyicisi haline geliyor. Kalkınma ve gelişmenin vazgeçilmez aracı olan ulus-devletler bozulmaya uğratılıyor; yozlaşmanın adı *değişim*, bozulmanın adı *yenileşme* oluyor. Baskı ve şiddetle sağlanan ve ayakta tutulmaya çalışılan küresel düzen, dünya uluslarının gelişimi önünde, ortadan kaldırılması gereken engel haline geliyor, gelişimin doğal evrimi, durdurulmaya; insanların ve ulusların yaşanmamış gelecekleri ellerinden alınmaya çalışılıyor. Ve bütün bunlar *değişim, yenileşme* ya da *ilerleme* gibi tanımlar kullanılarak, *demokrasi* ve *özgürlük* adına yapılıyor. Küresel politikaları tekelci şirketlerin belirlediği, rantiye kârlarının ekonomiye yön verdiği ve üretici güçler üzerinde ağır bir baskının oluşturulduğu bir dünyada; sürekli yinelenen ve sonuçları ortada olan, *demokrasi* ve özgürlüğün neyin ve kimin özgürlüğü olduğunu herkesin ama öncelikle yoksulların görmesi gerekir.

Gelişimin doğal evrimiyle çatışmanın olduğu yerde *zor* ve *şiddet* de vardır ve *zorun* tarih içinde her zaman önemli bir işlevi olmuştur; bu anlamıyla *zor* ve *şiddet,* hem gelişimin hem de tutuculuğun kullandığı bir araçtır. Hem eskiden gelen ayrıcalıklarını yitirmek istemeyenler, hem de eşitsizliklere ve haksızlıklara karşı direnenler, *zora* başvurur. Bu çatışma her zaman, gelişimin önünde engel oluşturan tutucu ve baskıcı geleneklerin ortadan kaldırılmasıyla sonuçlanır ve insanlık sürekli olarak gelişir. Toplumsal gelişmeyi kaçınılmaz kılan niteliksel öz budur.

Günümüzde *zor* ve *şiddetin* kapsamı genişlemiş ve teknolojik gelişimin sağladığı olanaklarla toplumsal yaşamın hemen her alanına yayılmıştır. Bugünün *zor* kavramı artık, politik teröre bağlı silahlı şiddetle sınırlı değildir. Silahlı şiddet sistemin ayakta tutulması için temeldir ve gerektiğinde kullanılmaktan çekinilmez. Ancak yeğlenen, silahlı şiddetin gizlenmesi ve küresel işleyişin *"barışçıl"* yöntemlerle sürdürülmesidir. Bu amaçla ekonomik, mali ve kültürel alanlara geniş kapsamlı *"barışçı saldırılar"* yöneltilmiş ve yaratılan kaos ortamında bilgiden koparılmış insanlar, kendi haklarıyla çelişen uygulamalar içine sokulmuşlardır. Politik propagandayla toplumun tümüne yöneltilen ekonomik ve kültürel şiddet, düşünsel terör düzeyine vararak, kitleler üzerinde silahlı şiddetten daha etkili olmaktadır. Burada artık söz konusu olan yalnızca *"hapishane"* ya da *"toplama kamplarının"* varlığı değil, tüm toplumun, açık şiddetin gizlenmeye çalışıldığı bir *"toplama kampı"* haline getirilmesidir. Fransız Siyaset Bilimcisi **Jean-Marie Domenach**, politik propagandanın kitleler üzerinde kurduğu baskıyı: *"Çağdaş totalitarizm"* olarak tanımlarken şunları söylemektedir: *"Çağdaş totalitarizmin güçlerinin sıralanışında ilk sıra, tartışma götürmez bir biçimde politik propagandadır. Propaganda polisten önce gelir... Politik propaganda, devlet ya da para güçlerinin elinde, kitlelerin potansiyel et-*

*kisini durdurmak, uyutmak ve kendi yararına kullanmak için en güçlü araçtır."*[27] Politik propagandanın gücü konusunda **Bertrand Russel**'ın görüşleri farklı değildir: *"Propaganda eğer, toplumun hemen tümünde ortak bir görüş yaratabilirse, karşı konulamaz bir iktidar doğurabilir."*[28]

\*

Ülkeler üzerinde, uluslararası geçerliliği olan kalıcı bir egemenliğin kurulabilmesi için, insanların ulusal bilinçten yoksun bırakılması ve toplumun kendisine yabancılaştırılması gerekir. Bunun için, halkın düşünce yapısına, yaşam biçimine ve gelecek umutlarına yön verilmeye çalışılır. Kültürel yozlaşma hızla yayılır. Yozlaşma yabancılaşmayı, yabancılaşma da yozlaşmayı üretir. Küresel *"kültür"* piyasasının düzeysiz ürünleri; TV programları, video, plak, kaset, CD ve filmlerle dünyanın her yerinde yozlaşmaya temel oluşturacak *"kültürel ideoloji"* pazarlanır. Radyo, TV, yazılı basın, haber ajansları, uydu ve bilgisayar teknolojisi, telefon ve bilgi işlem merkezleriyle tüm dünya bugün, hemen hepsi gelişmiş ülkelere ait olan muazzam bir iletişim ağıyla sarılmıştır. Bu ağın oluşturduğu medya gücü, siyaset ve silahtan daha etkili yöntemlerle, ulusal kültürlerin *"soykırımını"* planlayan merkezler durumuna gelmiştir. **Duverger**, iletişim teknolojisinin insanlar üzerinde kurduğu bilinçli baskı konusunda şunları söylemektedir: *"Kapitalist iletişim sistemi 'halkın ahmaklaştırılması' diye adlandırabileceğimiz bir sonuç doğurmaktadır. İnsanları, entelektüel düzeyi çok düşük, çocukça bir evren içinde hapsetmek amacını gütmektedir. Sürekli olarak gönül maceralarının şişirilmesi, krallar, kraliçeler ve öteki sözde büyüklerin giyinişleri, içinde yaşadıkları dekorun şatafatı, içi boş tarihsel hatıralar halkı ahmaklaştırmak için kolayca kullanılır. Bu araçlarla halk, gerçek dışı, yapay düşsel ve çocukça bir aleme daldırılır; dikkatler böylece gerçek sorunlardan başka yönlere çevrilir. Kapitalist iletişim araçlarının kurbanları, vatandaşlık görevlerini yerine getirmeye çok az hazırlıklıdır.."*[29]

Kültürel yozlaşmayla sağlanan sosyal bozulma ve ulusal bilinçten uzaklaşma, daha sonra gündeme getirilecek politik ve ekonomik uygulamalar için uygulama sahiplerine, üzerinde özgürce hareket edebilecekleri serbest bir alan yaratır. Ulus-devletin küçültülerek denetim altına alınması, ekonomik kaynaklara el konulması, enerji ve iletişim kurumlarının ele geçirilmesi ve mali denetimin sağlanması küresel egemenliğin yerleşmesi için gerçekleştirilmesi zorunlu uygulamalardır. Toplumsal yaşamın her alanında mutlak bir egemenlik anlamına gelen bu uygulamalar, bir bütün olarak incelendiğinde karşımıza, sömürgecilikle başlayan, emperyalizme ve küreselleşmeye ulaşan bir süreç çıkacaktır.

Bugün küreselleşmeyi savunan hiç kimse kendisini, emperyalizmi savunuyor olarak görmek ya da göstermek istemez. Emperyalizm yıpranmış bir tanımdır. Oysa küreselleşme; işleyiş yöntemleri gelişmiş, teknolojik donanımı çeşitlenmiş, yoğunluğu ve baskı gücü artmış emperyalizmin tam olarak kendisidir. Bunu görmek için fazla akıllı olmaya ya da zahmetli araştırmalar yapmaya gerek yoktur. 20.yüzyıl başındaki ekonomik veriler, rekabet gerilimleri ve politik ilişkiler, günümüz koşullarıyla kıyaslanacak olursa, durum açıkça ortaya çıkacaktır. Aradan yüzyıl geçmiştir, ama mal ve sermaye üstünlüğüne dayanılarak azgelişmiş ülkeler üzerine kurulan baskı, sağlanan disiplin ve bunları oluşturan uluslararası ilişkilerin niteliği değişmemiştir. Emperyalizmin bugün açıkça savunulamamasının nedeni, sömürge ve yarı-sömürgelerde 20.yüzyıl boyunca verilen anti-emperyalist mücadelenin, kuramsal ve eylemsel olarak emperyalizmin gerçek niteliğini ortaya çıkarmış olmasıdır.

Azgelişmiş ülkelerde bugün, kapsamı ve olumsuz sonuçları giderek artan bir ulus-devlet bunalımı yaşanmaktadır. Bu herkesin gördüğü ve kabul ettiği bir gerçektir. Görülmeyen ancak görülmesi gereken ana sorun, ulus-devlet bunalımını yaratan nedenlerdir. İleri sürüldüğü gibi, ulus-devletler yaşam sürelerini doldurarak ortadan kalkmakta olan kurumlar mıdır? Ulus-devletler neden güçsüzleşiyor? Güçsüzleşme, sönüme giden doğal ve demokratik bir süreç mi, güce dayalı bilinçli bir girişim mi? Ulus-devlet bunalımı hangi ülkelerde yaşanıyor? Bunlar yanıt verilmesi gereken sorulardır.

Ulus-devletlerin güçsüzleşmesiyle, tekelci şirket çıkarları ve bu çıkarları temsil eden büyük devlet politikaları arasında dolaysız bir bağ vardır. Denizaşırı pazarlara açılmak zorunda olan büyük şirketler, milli pazarını koruma olanaklarından yoksun pazarlara girdiğinde, önce ekonomi sonra politik işleyişi ele geçirirler. Milli şirketlerini uluslararası şirketlerle rekabet edebilecek hale getiremeyen (bunu başarabilen ülke zaten kalkınmış demektir) azgelişmiş ülkeler, kısa sürede bağımsızlığı *"kağıt üzerinde"* kalan sömürgeler haline gelir. Bu ülkelerin; *demokrasileri, parlamentoları, seçilmiş hükümetleri* vardır; dört ya da beş yılda bir *seçim* yaparlar; ancak kimsenin memnun olmadığı bu sanal demokrasinin arkasında, muhalefet edenleri yok eden, uluslararası bağlantılı, örgütlü bir şiddet vardır. Ülkenin yeraltı ve yerüstü zenginlikleri, bankaları, fabrikaları, enerji ve iletişim yapıları ve doğal olarak yönetim sistemi tam olarak teslim alınmıştır. Üst düzey yöneticiler ve politikacılar, yönetsel ve siyasal kariyerlerini korumak ya da yükseltmek için kendilerini küresel güç merkezlerine kabul ettirmek zorundadırlar; işbirlikçilik buralarda en geçerli meslek haline gelmiştir.

Ulus-devlet varlığının baskı altına alınarak güçsüzleştirilmesi ve ulusal *"liderlerin"* giderek artan biçimde küresel işleyişe bağlanmaları, onları ulusuna ve halkına karşı yabancılaştırır. Milliyetçi ya da sosyalist, liberal ya da sosyal demokrat siyasal sözlüğün hangi tanımı kullanırsa kullanılsın, dinsel ve etnik öğeler üzerinden *"siyaset"* yapılır. Varlık nedenleri, giderek artan biçimde küresel sisteme gösterdikleri uyuma bağlanmış olan liderler, doğal ve kaçınılmaz olarak kendilerine iletilen küresel programları uygulamaktan başka bir şey yapmazlar.

Ulus-devlet liderleri kendi ülkeleri üzerinde bir zamanlar sahip oldukları denetimin büyük bölümünü artık yitirmişlerdir. Yabancılar içeri girmiş ve ulusal varlığın dayanak noktaları ele geçirilmiştir. Ulus-devlet yetkilileri, politik kariyerlerini korumak için ülke zararına işleyen bağımlılıklara karşı çıkmamak ve dış dünyanın isteklerine gittikçe daha fazla boyun eğmek zorundadırlar. Uluslararası örgüt ve şirketler, ülkenin yalnızca yönetim merkezlerine değil, en uzak yöresine dek girmiş, yasama, yargı ve yürütme işleyişini bozuş ve geleneksel yönetim düzenini önemli oranda çalışamaz hale getirmiştir.

Küreselleşme, denizaşırı ülkelerde mal ve hizmet üretme, maden işletme, mali-sermaye ticareti yapma ve kâr transfer etmede; ortaya çıkacak sorunları çözmek için kurulan bir dünya sistemidir. Satılamayan mal, yatırıma dönüştürülemeyen para sahibinin elinde patlamaya hazır bir bomba gibidir. Para da, mal da az sayıdaki zengin ülkenin elindedir ve bu ülkeler ellerindeki para ve malı mutlaka satmak, bunun için de pazar bulmak zorundadır. Küreselleşme, bu zorunluluğu yerine getirmek için geliştirilen ilişkiler bütününden başka bir şey değildir.

Azgelişmiş ülkelere küresel işleyiş içinde verilen rol, mali ve teknolojik üstünlüğü ele geçirmiş olan gelişmiş ülkelere sürekli olarak kaynak transfer etmektir. Azgelişmiş ülkeler, geçmişte sömürgelere sahip olmamıştır (kendileri sömürgeydi). Kaynakları kıt, sermaye birikimleri yetersizdir; sanayileşememişlerdir; ellerinde satacakları birkaç çeşit tarım ürünü ve ulusal mülkiyette kalabilmişse, işlenmemiş maden vardır. Emek yoğun alanlara yönelmiş olan yabancı sermaye yatırımları, tüketime dönük montaj yatırımlarıdır. Kalkınmak için üretime yönelmek zorunda olan azgelişmiş ülkelerde, milli pazarın küresel ilişkilere açılarak korumasız kılınması, üstelik bunun bilerek yapılması ulusal bir dramdır.

Bugün Türkiye'de, Asya, Afrika, Güney Amerika ülkelerinde kapsamlı programlar halinde uygulanan borçlandırma, yoksullaştırma ve yolsuzluk girişimlerinin arkasında, ulus-devletin çökertilme amacı vardır. Devletin etkisizleştirilmesiyle ortaya çıkan boşluğu, yerel halk hareketleri, etnik ve dinsel yapılanmalar ve büyük çoğunluğu kayıt dışı olan ticari ilişkiler almaktadır. Devletin etkisi dışında kalan ve şaşırtıcı bir biçimde gelişen bu ilişkiler, beraberinde resmi olmayan anlaşmaları ve yasadışı işleyiş kurallarını, toplumsal yaşam içine sokmaktadır.

Azgelişmiş ülkelerde, ulus-devlet gücü küçülüp etkisizleşirken gelişmiş ülkelerde bunun tersi olmaktadır. Ulusal çıkarlara dayalı milliyetçi eğilimler, büyük devlet politikalarının hala ana doğrultusudur. Bu ülkelerde, ulusal güvenlik stratejileri elli ya da yüzyıllıktır ve ödünsüz uygulanır. Azgelişmiş ülkelerde, kitleleri ulusal bilinçten uzaklaştıran anti-milliyetçi propaganda, her alanda ve her tür araçla sürdürülürken; gelişmiş ülkelerde milliyetçilik hala, toplumsal ilişkilerin tümünü etkileyen ve her sosyal kesimden destek gören, mevcut düzen ideolojisidir. Gelişmiş ülkelerde bilinenden ya da sanıldığından çok daha yüksek bir kamusal korumacılık anlayışı vardır. ABD'nin kuruluşundan beri, *"geniş bir ulusal çıkar anlayışını savunan güçlü akımlar vardı."*[30] **Thomas Paine**, *"Kamu yararı, her bireyin ayrı bir paya sahip olduğu, bir ortak banka gibidir. Eğer 'banka' zor durumda kalırsa, bireyler bundan zarar görür"* diyordu.[31]

## Küreselleşme ve Uluslararası Şirketler

Hükümet yetkilileri, üst düzey bürokratlar ve parti liderleri arasında, özellikle 1980'den sonra; *"küçülen dünyada bağımsızlığın ve ulusal hakların artık bir anlam ifade etmediği"*, *"sınırların önemini yitirdiği"* ve hiçbir ulusun *"kendi içine kapanarak ayakta kalamayacağı"* yönünde görüşler ileri sürülmeye başlandı. Bu tür görüşler, iletişim teknolojisinin etkili araçlarıyla, azgelişmiş ülkeler başta olmak üzere tüm dünya ülkelerine yayıldı ve bu doğrultudaki uygulamalar insanların yaşam koşullarını belirleyen ve *"seçeneği olmayan"* küresel bir politika haline getirildi.

Küresel politikanın *"seçeneği olmayan"* görüş ve uygulamalar olarak sunulmasının öncülüğü, görünüşte medya gücünün desteklediği *politik–akademik* bir ittifak tarafından yapıldı. Ancak bu yalnızca görünüşte böyleydi. Küreselleşme girişiminin gerçek öncüleri, politikacılar ya da öğretim üyeleri değil, uluslararası şirketlerdi. Kurulmak istenen dünya düzeninin işleyiş ve sonuçlarına esas olarak onların gereksinimi vardır. Bu gerçek; küreselleşmenin temelinde yer alan *"serbest ticaret"* düzenine biçim veren koşullar, bu kuralların uygulanmasını sağlayan uluslararası örgütler ve büyük devlet politikaları incelendiğinde, açık olarak ortaya çıkmaktadır.

Toplumsal yaşama, politik ve sosyal işleyişe, uluslararası ilişkilere yön veren, gerçek belirleyici güç, ekonomidir. Ekonomi ise, üretim eylemine dayanan ve bu eylemin içinden çıkarak birbirini etkileyen ilişkiler bütünüdür. Bu bütünlük içinde doğal yaşamda olduğu gibi her olay ve olgunun nedeni ve buna bağlı sonuçları vardır. Tarihin tüm dönemlerinde geçerli olan bu kural, kaçınılmaz olarak, tekelci şirket egemenliğine dayanan günümüz küresel ilişkileri için de geçerlidir.

Tekelci şirket çıkarlarının belirleyici olduğu küresel ekonomide, *şirket gereksinimine yanıt verecek pazara sahip olmak* temel sorundur. Satacak malı olan pazar, parası olan yatırım yapacak yer arar. Para için mal, mal için pazar gereklidir. Bu sınırsız bir istektir. Oysa her ülkenin, kendi pazarlarının büyüklüğü sınırlıdır ve sınırlı alanların sınırsız istekleri karşılaması olası değildir. Çözümü olmayan bu durumun kaçınılmaz sonucu; sınırdışı ilişkilere girerek toprak ve egemenlik alanları elde etmek, güçlü olmak ve çatışmayı göze almaktır. Ancak bu da, kesin bir çözüm değildir, çünkü ülkelerin olduğu gibi dünyanın da büyüklüğü sınırlıdır. Roma İmparatorluğu'ndan 20.yüzyıl emperyalizmine uzanan tüm gelişmelerin temelinde; sınırsız istekleri karşılamayı amaçlayan fetih, zenginliklere el koyma ve bunlara bağlı olarak *dünyayı kendine mal etme* anlayışı vardır. Küreselleşme bu anlayışın günümüzdeki uygulamasıdır.

*

Kapitalist sistemin oluşturduğu politikalarda, *küresel düşünmenin* gerekliliği herkesin kabul ettiği ve yeni olmayan bir gerçektir. Yeni olan, günümüzde bu işi yalnızca, uluslararası hale gelen tekelci şirketler ve bu şirketlerin denetim altında tuttuğu uluslararası örgütlerin yapabilmesidir. En tepedeki 300'ünün toplu varlıkları, tüm dünyadaki üretim varlıklarının dörtte birini aşmış olan bu şirketler, küresel ölçekte düşünüp planlama yapan insanlar tarafından yönetilmektedirler.[32]

Ulaştıkları mali ve ekonomik güç aracılığıyla tüm dünyada sosyal ve siyasi yaşama yön veren uluslararası şirketler, ticari ilişkilerin sınırlarını aşarak bugün her türlü işi yapan karmaşık örgütler haline gelmişleridir. Yaptıkları işin gereği olarak ilgi alanları genişlemiş ve çalışma yöntemleri çeşitlenmiştir; yasal, yarı–yasal ya da yasa–dışı her tür işi yaparlar ve denetlenemezler. Uluslararası şirketler Amerikan *Economist Dergisi*'nin yazdığı gibi artık, *"Herkesin bir numaralı canavarı"* [33] haline gelmişlerdir.

Kanadalı araştırmacı **Russell Mokhiber**, uluslararası şirketlerin işledikleri suçların, insanlar için sokak suçlarından çok daha zararlı olduğunu açıklamaktadır. Ona göre; *"ABD ve diğer gelişmiş ülkelere ait, gelişmiş ve yaygınlaşmış büyük şirketlerin işledikleri organize suçlar ciddi bir biçimde kurumsallaşmıştır. Organize suç kapsamına giren faaliyetlerde bulunan* **Acoa, Bristol–Myers, Kodak, Exxon, General Elektrik, Chevron, IBM, Eeastman, Mitzubishi, Squibb** *gibi tanınmış şirketler son yüzyılın suç dosyaları en kabarık şirketleridir."*[34]

*

Uluslararası şirketler, politikacıları ve politik yaşamı denetim altına almak için büyük miktarda para harcarlar. Politik partilerin ayakta kalması ve seçim giderlerini karşılayabilmeleri için paraya gereksinimleri vardır. Demokrasi salt oy vermeye, oy verme de insanları *etkileyip yönlendirmeye* indirgendiği için, seçim kampanyaları ve parti içi yarış, paranın gücüne bağlanmış durumdadır. Delegelerin denetim altına alınması için akçeli ya da siyasi vaatlere, seçmenlerin *etkilenmesi* için de reklama dönüşen medyatik gösterilere gereksinim vardır. Bu gereksinimi karşılayacak olan para ve medya ise şirketlerin elindedir.

Parti yöneticileri, yalnızca seçim dönemlerinde değil sürekli olarak kişisel hesaplarına yatacak olan paranın da peşindedir. Yasal destekler dışında, kamuoyu önünde yapılan politik iltifatlar, sabah kahvaltıları, ödüller, onur belgeleri ya da hediyeli konuşmalar, miktarlarını politik kariyerin belirlediği ücrete tabi işlerdir ve hiç de ucuz değildir.

İş dünyasıyla politikacılar arasındaki ilişkiler her zaman gizlidir. Bu ilişkiler, ender de olsa kimi zaman açığa çıkar ve gazete manşetlerine taşınır. Ancak büyük şirketlerden partilere (bunlara artık politik şirket demek belki de daha doğru olacaktır) yönelmiş olan nakit akışı büyük oranda gizlenmekte ya da yasal bir kılıfa uydurularak kamuoyunun dikkatinden ustalıkla gizlenebilmektedir. Ayrıca şirketler, partilere yaptıkları yasallaştırılmış *"nakit aktarımları"* vergiden de düşmektedirler. Şirketlerle akçeli ilişkilere giren partiler seçim kazandıklarında, kendilerine *"yardım"* eden şirketlere, teşvik kredileri ve devlet ihaleleri yoluyla borçlarını ödemek zorundadırlar; bu zorunluluk, onların yerine getirmeleri gereken bir görev, bir başka deyişle, yazılı olmayan bir anlaşmanın gereklerindendir.

\*

ABD'nde politik ikiz durumundaki Cumhuriyetçi ve Demokrat Parti, şirketlerden gelen paralara o denli bağımlıdırlar ki bunlar hiçbir konuda, şirketlerle karşı karşıya gelmeyi göze alamazlar ve kendilerinden istenen hemen her isteği yerine getirirler. İstekler, ekonomik alanla sınırlı kalmaz, toplumsal yaşamı ilgilendiren tüm konuları, özellikle yönetimle ilgili olanları kapsar. Devlet organları içinde şirketleri denetleyen kurumların başına şirket adamlarının atanması, kökleri yüzyılın başına dek uzanan eski bir öyküdür. Büyük holdinglerin politik partiler ve yasama süreci üzerindeki muazzam etkileri, kampanyalara yaptıkları katkıların yanı sıra, çalıştırdıkları avukat, lobici ve halkla ilişkiler elemanları ordusundan kaynaklanmaktadır.[35]

Devletin ele geçirilmesinde rüşvetten sonra en etkili yol, 19.yüzyılda borsaydı. 20.yüzyılda buna, daha etkili olmak üzere bankalar da katıldı. Paranın *"tek güç"* olduğu bir düzende, paraya yön veren bankaların önemi açıktır. Mali-sermaye ticaretinin dünya ekonomisi içinde birinci sıraya oturması, bankaların önem ve gücünü olağanüstü arttırmış, 19.yüzyılın basit kredi aracıları olan bankaları, dünyaya yön veren büyük güç merkezleri haline getirmiştir. Bu güç, sermayenin devlet üzerinde egemenlik kurmasının en etkili aracı olarak kullanılmaktadır.

Tekelci şirketlerin siyasal partiler üzerinde kurdukları etkili disiplin, kaçınılmaz olarak, politik yaşamın tüm alanlarında ve devlet üzerinde kalıcı bir hegemonyanın kurulmasına yol açmıştır. 19.yüzyıl liberalizminde, ekonomik olduğu kadar politik demokrasinin sınırları tüm burjuva sınıfını kapsarken, tekelci şirketlerin ortaya çıkmasıyla bu sınır daralmış ve 20.yüzyılı kapsayan emperyalist dönemde ise demokrasi *"tekelci şirket demokrasisi"*, devlet *tekellerin devleti* haline gelmiştir. Bu sürecin doğal sonucu, yönetim sisteminin oligarşik bir yapıya dönüşmesidir. Emperyalist dönemde artık ne *piyasalar serbesttir* ne de *sistem demokratiktir*. Tekelci şirket egemenliği üzerine kurulmuş olan siyasal düzen işleyişi öz olarak, gelişmiş ülkelerin tümünde aynıdır. Ancak, Batı Avrupa ve Amerikan demokrasilerinde geçerli kurallar, *şiddetin* gizlenmesi üzerine kurulmuşken, Alman ya da İtalyan faşizminde *şiddet*, sürekli ve açık bir uygulama haline getirilmiştir.

\*

Tekelci şirketlerin büyük devlet politikalarıyla dünyaya yayılması ve ekonomiden sonra siyasi ve idari alanları da işgal etmesi, bu şirketleri kaçınılmaz olarak, küresel sisteme yön veren büyük bir güç haline getirmiştir. Tekeller ve tekel guruplarının devletle bütünleşen gücü bugün o denli artmıştır ki; bu güç, egemenlik alanlarında kendisine rakip olabilecek ya da faaliyetlerini denetleyecek ulus-devlet dahil, hiçbir güç bırakmak istememektedir. Bu nedenle, özellikle azgelişmiş ülkeler üzerine kurulmuş olan baskıcı egemenlik, açık şiddete başvurmaya gerek kalmadan sürdürülebilmektedir. Son kırk yıl içinde, pek çok ulus-devlet değişik yöntemlerle denetim altına alınmıştır. Seçilmiş ulusçu liderler ve demokratik gelişimi hedefleyen yönetimler, mali ve siyasi müdahaleler ya da darbelerle ortadan kaldırılmış ve dünyaya uzun süren bir *darbe demokrasisi* yaşatılmıştır. Bugünün *"demokratik"* sorunu artık, dünya pazarlarının denetim altına alınmasıyla kurulan küresel dengenin sürdürülmesi ve dünyanın her yerinde *şirket demokrasisinin* ya da bir başka deyişle *şirketler için demokrasinin* geçerli kılınmasıdır. Artık gizlenmeyen bu gerçek, *"uzun süren temsili demokrasi dönemi artık sona erdi. Şimdi dolaysız demokrasiye, **serbest piyasa demokrasisine geçiyoruz**"[36]* biçiminde ifade ediliyor.

18. ve 19.yüzyıl liberalizminin *İnsan Hakları Evrensel Bildirisi*, 20.yüzyıl küreselleşmesinde *Şirket Hakları Evrensel Bildirisine* dönüşmüş ve küreselleşmenin anayasası haline getirilmiştir. Artık dünya, mali gücü yüksek, küçük bir azınlığın egemenliği altına girmiştir.

Gelişmiş ülkelerde, tekelci şirket çıkarlarıyla devlet işleyişi o denli iç içe girmiştir ki bu iki etkinlik arasında bir sınır çizmek, artık olanaksız hale gelmiştir. Görünüşte yasa çıkaran, bürokrasiyi denetleyen ve uygulama süreçlerinde yer alanlar, politikacılar ve onların emrindeki bürokratlardır. Ancak bu yalnız görünüşte böyledir; gerçek iktidar politik partilerde değil, sermaye güçleri ve bu güce hizmet eden uluslararası örgütlerin elindedir.

Şirket-devlet ilişkilerinin aldığı yeni biçim, devlet etkinliğini, bütün *şeffaflık* söylemlerine karşın, gizliliği bol *esrarengiz* bir işleyişe sürüklemiştir. Devlet her yerde *derin*'dir ama en *derini*, batılı büyük devletlerdir. ABD'nde, dünyanın en büyük mali-sınai tekellerinden birinin sahibi olan **Rockfeller**'in; *"Standart Oil için iyi olan Birleşik Devletler için de iyidir"*[37] (Standart Oil Rockfellerin petrol şirketidir) biçimindeki sözleri birlikte ele alınırsa, ABD'ndeki tekelci şirket-devlet bütünleşmesinin geldiği boyut açık bir biçimde görülecektir.

İşadamı-politikacı ilişkisinin doğal sonucu, politikanın kirlenmesi ve politikacıların *görevli elemanlar*, partilerinse büyük şirket çıkarlarını savunan örgütler haline gelmesidir. Şirketler ve *politikanın* birinci sınıf aktörleri olan parti liderleri, parlamentoya girecek insanların, toplumsal amaçları olan, dürüst, fazla çalışan ve kişilik sahibi olmalarını istemezler. Ün ve zenginlik peşindeki politikacılar, bilgisiz ama ünlü bürokratlar ya da sözdinler parti görevlileri en ideal parlamenter tipidir.

Amerikalı yazar **H.L.Mencken** ABD'nde yaşanan politik kirliliği *Notes On Democracy* adlı kitabında incelemiş ve bu kitapta Amerikalı politikacıların niteliğiyle ilgili olarak şu saptamayı yapmıştır: *"Amerikan Kongresi üyelerinin yaşam öykülerini içeren Kongre kılavuzuna şöyle bir bakmak, Temsilciler Meclisi'nin ne kadar çapsız insanlardan (scrub stock) oluştuğunu anlamak için yeterlidir.. Senato'da görev alan kişiler için de durum farklı değildir. Ortalama bir senatör, tıpkı ortalama bir temsilci gibi her türlü fikirsel yeterlilikten ve kişilikten yoksun bir yaratıktır.."*[38]

ABD'nde, **Ross Perot** adlı çok zengin bir kişi, 1992 yılında çok ilginç bir işe girişti. Şirketlere ve büyük mali-sermaye guruplarına *"gebe"*, *"açgözlü"* politikacılara karşı halkın çıkarlarını korumak için 1992 seçimlerinde başkanlığa aday oldu. Kişisel servetinden oldukça büyük bir pay ayırarak, siyasi kirliliği protesto etmek için *parayla oy satın alacağını* açıkladı ve Amerikalı seçmenlerin tam yüzde 19'unu etkilemeyi başardı.[39]

Uluslararası şirketler 1960 ve 1970'li yıllarda; *"insanlığın barış gücü"*, *"toplumları kaynaştıracak uygarlık aracı"* ya da *"yeni bir dünya senfonisi"* söylemleriyle selamlanıyor ve *"uygarlık ötesi toplumun"* yapıtaşları olarak tanıtılıyorlardı. Ulusal hükümetlerin güçsüzleşmesi, Doğu Blokunun dramatik çöküşü ve dünyanın her yerinde işçi hareketinin zayıflamasıyla uluslararası şirketler güçlerini arttırdılar. Ancak, şirketlerin gücü artarken bu güce karşı entelektüel eleştiriler ve kitlesel tepkiler de yükselmeye başladı. Küreselleşme karşıtı kuramsal ve eylemsel mücadelenin şiddeti ve boyutu artarak dünyanın her yerine yayıldı.

## Küreselleşme ya da Yoğunlaşan Emperyalist İlişkiler

Sosyal yaşamı ayakta tutan ekonomik etkinlik, insanlar ve ülkeler arasındaki ilişkilerin niteliğini belirlemekle kalmaz; geçmişten gelen, bugünü belirleyen ve geleceğe yön veren bir süreklilik içinde toplumsal gelişimin gerçek gücünü oluşturur. Bu gücün ortaya çıkardığı zorunlu sonuç, toplumsal yaşam düzeyinin kendisini ortaya çıkaran üretim biçimine uygun olmasıdır. Üretim biçimi, insanlar arasındaki ilişkileri *belirler*; insanlar da üretim ilişkilerinin gelişimini *etkiler*.

Toplumsal değişim, nesneldir ve kendi yasalarına uygun olarak gelişir. Gelişim süreklidir, önlenemez ve durdurulamaz. Toplumsal değişimin bağlı olduğu yasalar, insan iradesi ve öznel tercihlerden bağımsızdır. Toplumsal düzeni, insanların düşünce ve eylemi değil aksine, insanların düşünce ve eylemini toplumsal düzen belirler.

Egemen üretim biçiminin geçerli kıldığı her türlü kültürel ya da kurumsal oluşum, o üretim biçiminin özelliklerine uygun olarak gelişir ve gelişimine neden olan üretim ilişkileri sürdükçe varlığını korur. Yönetim sistemleri, hukuk, kültürel yapılanma gibi toplumsal örgütlenmeyi oluşturan sosyal kurumlar, ne kendilerini yaratan üretim biçiminden önce var olabilir ne de bağlı oldukları üretim biçimi sürdükçe ortadan kaldırılabilir. Ulus ve ulus–devlet örgütleri, parlamentarizm ya da serbest piyasa işleyişi, Ortaçağ'da ortaya çıkmadı; çıkamazdı, çünkü bu oluşumlar feodal değil, kapitalist üretim biçiminin ürünleriydi. Bugün, tekel işleyişiyle emperyalist aşamaya ulaşan kapitalist üretim ilişkileri, feodalizm içinde gelişmeye başladı ve beşyüz yıllık çatışmalı bir dönemden sonra dünyaya egemen oldu. Batı Avrupa kaynaklı ekonomik ilişkiler, koşulların yarattığı gereksinimler nedeniyle, güdümlü bir sistem haline getirilerek dünyanın diğer bölgelerine yayıldı. 19.yüzyıl sonuna dek sömürgeci, 20.yüzyılda ise emperyalist yöntemlerle sağlanan bu yayılma, denizaşırı ülkelerde kapitalist ilişkileri göreceli olarak geliştirdi. Ancak, bu ilişkiler elbette kapitalizmin bir karikatürü olmaktan ileri gidemedi. *Sömürgeci kapitalizmi, komprador kapitalizmi* ya da *azgelişmiş ülke kapitalizmi* olarak tanımlanan bu gelişme, doğal bir süreç değil, gelişmiş ülkelerin pazar gereksinimlerini karşılamaya yönelik girişimlerdi; nesnel değil özneldi. Kapitalist gelişim, anavatanında ne denli doğalsa denizaşırı ülkelerde o denli yapaydı. Yalnızca bugün değil her zaman baskıcı ve küreselleşmeci bir eğilim içindeydi.

Küreselleşme kimilerince yeni bir tarihsel döneme geçiş olarak değerlendirilmektedir. Bu değerlendirme doğruysa yeni bir üretim biçimine geçilmekte olduğu ileri sürülüyor demektir. Bu biçimin ekonomik çözümlenmesi, sınıfsal dayanakları ve sosyal kurumları ortaya konulmalıdır. Kapitalist üretim ilişkileri ortadan kalktı mı? Küreselleşme kapitalizme ait bir olgu ise, kapitalizmin ortaya çıkarmış olduğu ulus–devletler yok olabilir mi? *"Sınırları ortadan kaldıran"* ekonomik bir *"devrim"* yaşanıyorsa bu devrimin sosyal dayanakları hangi sınıflardır? İnsanlık gerçekten *"bilgi çağına"*, *"enternasyonel bir uygarlığa"* ulaştıysa, eğitimsizlik ve yoksulluk neden bu denli yaygın?

\*

Sovyetler Birliği'nin dağılmasından sonra gelişmiş ülkeler arasındaki ekonomik rekabet, dikkat çekici bir biçimde sertleşmeye başlamıştır. Sertleşmenin odağında, üç büyükler (ABD-Almanya-Japonya) arasındaki gerilimler bulunuyor. Bu ülkeler, şiddetli bir ekonomik rekabet içindeler, ama ekonomik işgalle yeniden boyunduruk altına alınmış olan azgelişmiş ülkelere karşı birlikte hareket ediyorlar. Olaylar, yoğunluklar ve olanaklar değişti, ama uluslararası ilişkilerin niteliği değişmedi. 20.yüzyıl başındaki İngiltere'nin yerini bugün ABD aldı. İngiliz-Fransız sömürgeciliğiyle Alman yayılmacılığının yerinde bugün üç büyükler arasındaki çekişme var. Yüzyıl başında dünyanın temel paylaşım alanları ve çatışma bölgeleri, *Ortadoğu* ve *Balkanlar* (Türkiye) ile *Uzakdoğu* (Çin) idi. Şimdi Çin'in yerini Ortaasya ülkeleri aldı. Türkiye, kendisini Çin'den daha önce kurtarmıştı ancak bugün aynı yere geri döndü; Balkanlar yine cadı kazanı.[40] Emperyalizmin adı bugün, küreselleşme oldu ama; ekonomik rekabet, sermaye ihracı ve pazar çatışmaları, boyutları büyümüş sorunlar olarak varlığını sürdürüyor. Teknolojik gelişme ve sermaye dolaşımındaki yoğunlaşma arttı, şirket egemenliği ve tekelleşme olağanüstü yoğunlaştı, ama küresel ekonominin güçlüden yana işleyen kuralları değişmedi. **Garten**'in söylediği gibi; *"Dünyanın 21.yüzyılda alacağı biçimi görmek istiyorsak ABD, Almanya ve Japonya arasındaki ilişkilere bakmamız gerekecektir. Soğuk savaş sırasında bu uluslar arasındaki ilişkilerin nasıl değiştiğini ve 1990'larda nasıl değişmekte olduğunu incelememiz, geçmişteki Japon ve Alman faşizmini, uzun ve kanlı 2. Dünya Savaşı'nı, ABD'nin askeri işgallerini, soğuk savaş ittifaklarını ve şimdiki güvenlik alanlarındaki belirsizlikleri araştırmamız gerekecektir."*[41]

\*

Küreselleşmenin gerçek sahibi olan uluslararası şirketler, uluslararası kullanıma açılan azgelişmiş ülke Pazarlarına çok önem verirler. Buraları onlar için, hammadde ve insan gücü sağlanan, kâr transfer edilen vazgeçilmez alanlardır. Azgelişmiş ülkelere sermaye yatırırlar ama yatırılan sermayenin güvenliğinin sağlanması ve kâr transferi yollarının açık tutulması gerekir. Bunun için, ekonomik ve hukuksal önlem yanında, siyasi ve askeri önlem de alınmalı, milli pazarlarda ya da geliştirilmekte olan ekonomik bloklarda, yatırılan sermayenin güvenliği sağlanmalıdır. Küreselleşme, bu önlemlerin toplamından oluşan dünya düzenidir. Sermaye ürkektir ve güvenli olmayan yere asla gitmez. Sermaye ihraç eden, onun güvenliğini de sağlamak zorundadır. Bu ise, baskı ve ülkelerin iç işlerine karışma demektir. Bu nedenle, azgelişmiş ülkeler, aldıkları yabancı sermaye oranında, *"istikrarı sağlayan"* küresel bir baskı altına alınırlar. Toplumsal yaşamın her alanına karışılır; her alanda güçlü işbirlikçiler yaratılır ve emperyalizm bir iç olgu haline gelir. Burada artık sözkonusu olan, kalkınmaya çalışan bağımsız ülkeler değil, karar inisiyatifleri ellerinden alınmış, ekonomik ve siyasi işgal altındaki yeni sömürgelerdir.

Sermayenin denizaşırı gücü ve bu gücün neden olduğu küresel ilişkiler, azgelişmiş ülkeleri her zamankinden daha önemli hale getirmiştir. Bu önem yalnızca, azgelişmiş ülkelerin gelişmiş ülkelere kâr transfer eden açık pazarlar olmasından değil, bununla birlikte gelişmiş ülkelerin de her geçen gün daha çok bu ülkelere bağımlı hale gelmesinden kaynaklanmaktadır. Bu bağımlılığın doğal sonucu, özgür olamamak ve şiddetle karşılaşmaktır. Büyük devletlerin varlık ve gelecekleri, her zamankinden daha çok, azgelişmiş ülkelerin sömürülmesine bağlanmış durumdadır. *"Dünyanın küçülmesi"* ya da *"dünyanın tek bir pazar haline gelmesi"* biçiminde dile getirilen anlayış gerçekte bu bağlanmışlığın ifadesidir. Bilinen bir gerçektir ki, *yalnızca sömürülen değil sömüren ülke de asla özgür olamaz*. Güçlü durumda görünse bile, zaman içinde, bağımlı olduğu ülkelerin etkisine girerek, geleceklerini onların alacağı davranış biçimine bağlamış olur. Dışa bağımlı hale gelme çürümenin de başlangıcıdır. Hiçbir devlet, ne denli güçlü olursa olsun, sömürgen varlığını *"sonsuza dek"* sürdüremez. Sovyetler Birliği'nin dağılacağını 15 yıl önce görüp açıklayan Fransız tarihçi **Emmanuel Todd**, bu gerçeği Amerika Birleşik Devletleri için şöyle açıklıyor: *"Süper güçlerin çöküş hastalıklarının tüm özellikleri ABD'nde var. İçten bir çürümüşlük yaşıyor. Askeri oligarşik bir güçle yönetiliyor."*[42] Azgelişmiş ülkelerde kâr her zaman yüksektir. Buralarda sermaye kıt, toprak fiyatları düşük, ücretler az, hammadde ucuzdur.[43] Hammaddeye yakın olmak, nakliye masraflarını azaltmak, sosyal güvenlikten yoksun ucuz ve bol işgücü kullanmak, çevre kirliliğinden kurtulmak, ucuz enerjiden yararlanmak, yüksek kârla çalışmak ve *"zahmetsiz"* rantiye kârları elde etmek, sermaye ihracını cazip kılan nedenlerdir.

Sermayenin ülkesinden çıkarak dünyanın tümünü yatırım alanı haline getirerek küreselleşmesi, 20.yüzyıl başında tüm boyutuyla incelenmiş ve bu sürecin yarattığı etki, nedenleri ve sonuçları açık olarak ortaya konmuştur. Geçmişte yapılan kuramsal saptamalar ve ulusal kurtuluş hareketleri incelenecek olursa, bugün yaşanan sorunların ve bu sorunları çözecek yöntemin çok önceden saptanmış olduğu görülecektir. Emperyalizmi ele alış biçimi ve yürütülen anti-emperyalist eylem, dünya halklarına ve ezilen uluslara kurtuluşlarını sağlayacak bir iktidar seçeneği sunmuştu. Tam bağımsızlığa dayanan ve bugün de geçerli olan bu seçenek, 20.yüzyılı, *"ulusal kurtuluş mücadeleleri çağı"* haline getirmişti.

İKİNCİ BÖLÜM

# KÜRESELLEŞMEYİ DOĞRU KAVRAMAK

## Küreselleşme Ve Faşizm

*Faşizm* ve *Nazizm*, Birinci Dünya Savaşı'ndan sonra ortaya çıktı. İtalya'da *Ulusal Faşist Parti* ve Almanya'da *Nasyonel Sosyalist İşçi Partisi* adıyla ortaya çıkan siyasal hareket, Batı dünyasında her zaman İtalyan ve Alman ırkçılığı olarak ele alındı; gerçek niteliğiyle yeterince irdelenmedi. Oysa, *faşizm* ve *nazizm*, ekonomik dayanakları ve sınıfsal temelleriyle birlikte incelendiğinde, bunların tekelci şirket çıkarlarıyla dolaysız ilişkileri olduğu görülecektir.

*Faşizm* ve *nazizm*, günümüzdeki küreselleşme uygulamalarından öz olarak, hiç de farklı değildir. İtalya ve Almanya'da, açık şiddet ve terörle sağlanan ekonomik işleyişin; İngiltere, Fransa ya da ABD'nde *"demokratik"* yöntemlerle sağlanmış ve sağlanmakta olduğu, kolay görülebilir bir gerçektir. Kendilerini uygarlığın gerçek yaratıcıları olarak sunan batılılar, bu nedenle İtalya ve Almanya'da, 20. yüzyılın ilk yarısında yaşanan vahşete, Batı'da hâlâ geçerli olan ekonomik sistemin değil; **Mussolini** ve **Hitler**'in *"çılgın hırslarının"* ve *"demokrasiden yoksunluğun"* yol açtığını söylerler; pazar paylaşımından, şirket egemenliğinden ve tekelleşmeden söz etmezler.

Bu tutum, son derece anlaşılır bir davranıştır. Milyonlarca insanın ölümüne neden olan savaşın sorumluluğu, bir takım *"çılgınların"* politik hırslarına yüklenecek olursa, gerçekler gizlenebilecek ve Batı'nın dillerden düşürülmeyen *"uygarlığı"* zarar görmeyecekti. Halka söylenen ya da okul kitaplarında yer alan neden; Birinci Dünya Savaşı'nda Boşnak bir suikastçı, ikincisinde ise Polonya'nın askeri işgalidir. Askeri savaşın, ekonomik savaşın devamı olduğundan, ekonomik gerilim süreçlerinden, sömürgelerden ve emperyalizmden söz edilmez, söz edilmesi de hoş karşılanmaz. Bir Boşnak *milliyetçisinin* Avusturya *veliahtını* öldürmesiyle, Almanya'nın Rusya ve Fransa'ya (1914) ya da Alman Ordusu'nun *Dantzig*'e girmesiyle, İngiltere ve Fransa'nın Almanya'ya savaş ilan etmesi arasında (1939), ne gibi bir ilişkinin olabileceği düşünülmez ve faşizm; ismen yasaklanarak, üstü örtülmeye çalışılan, anımsanmaması gereken *"kötü"* bir anı haline getirilir. *"Demokratik nezaketinden"* asla ödün vermeyen *'Batı uygarlığı'*, işlenen insanlık suçunun sorumluluğunu, her zaman kendisinden uzak tutmak ister. Oysa *açık olan gerçek, yalnızca iki dünya savaşının değil, 20.yüzyıldaki çatışmaların tümünün Batı kaynaklı olmasıdır*. Söz konusu pazar ve para olduğunda, Batı'nın *"ilkeli demokratları"* karşınıza kolayca *"kararlı faşistler"* olarak çıkabilir ve seçimler ya da toplama kampları, hemen *"basit ayrıntılar"* haline gelebilir.

Sanayi devriminin yol açtığı üretim bolluğu, üretimi gerçekleştiren şirketlerin; önce iç pazara, daha sonra dünyaya açılmasını zorunlu kılmıştı. Dışarı açılma üretim artışının, üretim artışı da dışarı açılmanın itici gücü olmuş ve şirketler dünya ekonomisine, bağlı olarak da siyasetine yön veren büyük güç merkezleri haline gelmişti. Tekelleşerek büyüyen şirketler, içerde uysal ve söz dinler işçi kitleleri, dışarda sınırsızca kullanacakları bir pazar istiyordu. Bu isteğin yerine getirilmesi için kurulan baskı ve sağlanan toplumsal disiplin, içerde yoğun bir sınıf sömürüsüne, dışarda ise sömürgeci ilişkilere dayandırılmıştı.

Gelişmiş ülkelerde, iç ve dış sömürü arasında, ters orantılı bir ilişki vardır. İçerde uygulanan sınıfsal baskı, dış sömürü arttıkça hafifler, dış sömürü azaldıkça artar. Bu ikili ilişki aynı zamanda, içerde geçerli kılınan *"demokrasinin"* sınırlarını ve siyasal mücadelenin de şiddetini, belirler; dışardan ne kadar çok kâr getirilirse içerde o kadar *"demokrat"* olunur.

Şiddet, tekelci şirket bilançolarının büyüyen ya da küçülen kâr toplamlarına bağlı olarak, açık ya da örtülü, biçimde her zaman vardır. Tekel egemenliği süreç içinde, toplum üzerinde o denli etkili bir egemenlik kurar ki, rejimin meşruiyeti, tekelci şirket egemenliğinin sürdürülmesinden ibaret hale gelir. Burada artık geçerli olan demokrasi ve özgürlük, *"tekelci şirket demokrasisi"* ve *"özgürlüğüdür"*. Küreselleşmenin temelini oluşturan bu gerçek, Batı Avrupa ve Amerika'da, işçi eylemleri ya da sistem karşıtı politik hareketlerin şiddetle bastırılmasını, tarihsel bir gelenek haline getirmiştir.

\*

Faşizm, tekelci şirket egemenliğinin, açık şiddetle kurulması ve sürdürülmesidir. Tekelci sermayenin yapısından kaynaklanan ve hiçbir kısıtlamayı kabul etmeyen hükmetme eğilimi, *"demokrasi"* geleneklerinin yetersiz kalması durumunda faşizmi gündeme getirir. Esas olan, tekel eğilimlerine yanıt verecek bir sistemin kurulması ve bu sistemin güvenlik altına alınmasıdır. Bu ise, yönetim gücünün, kesin ve mutlak olarak elde tutulmasına bağlıdır. İktidarın elde tutulması esastır, bu iş için kullanılan yöntemler ikincildir.

Faşizm ya da demokrasi, toplumsal muhalefetin yaygınlığına bağlı olarak, her an birbirlerinin yerine geçebilecek devlet biçimleridir. Aynı üretim biçimine ve kültüre sahip batılı ülkeler, bir bütün olarak ele alınırsa bu ülkelerde, tekelci şirket egemenliği ve bu egemenliğin geçerli kıldığı ekonomik işleyişte, niteliksel bir farklılığın olmadığı görülecektir. Ayrı sosyal kavramlar haline getirilmeye çalışılan faşizm ve demokrasinin gerçek yaşamda birbirine olan yakınlığı, Batı'da geçerli olan ve tekel egemenliğine dayanan sistemin doğal bir sonucudur. 1930 Almanyası ile 2000 Amerikası arasındaki şaşırtıcı benzerliğin nedeni bu sonuçtur.

Batılı ülkelerde, rejime karşı politik muhalefet örgütlü hale gelip güçlendiğinde, silah ve oy pusulası arasındaki ayrılık önemini yitirir ve açık şiddet hemen devreye girer. Açık şiddetin düzey ve yaygınlığını rejimin değiştirilmesine yönelen muhalefetin gücü belirler. Muhalefet ne denli güçlüyse, uygulanan şiddet de o denli güçlüdür. Muhalefetsiz egemenlik istenendir ve bunu sağlamak için, kültürden spora, eğitimden örgütlenmeye dek yaşamın her alanında, halkı politikadan uzak tutacak her tür yöntem kullanılır. Ancak, yine de sisteme yönelen politik muhalefet ortaya çıkarsa, bu muhalefete asla hoşgörü gösterilmez ve hemen ezilir. Batı'nın yakın tarihi bu tür eylemlerle doludur.

Almanlar 1930'larda rejim karşıtlarını toplama kamplarına yığarken aynı işi *"demokrat"* Amerikalılar Japon kökenli yurttaşlarına uyguladı. *Pearl Harbor* baskınından sonra Japonya ile savaşa giren ABD hükümeti, savaşla hiç ilgileri bulunmayan ve daha önce göç ederek ABD vatandaşı olan Japon kökenli insanları Nevada çöllerinde kurduğu toplama kamplarına topladı. **Hitler**, Milletler Cemiyetine haber vermeden Polonya'ya girerken, NATO Birleşmiş Milletler'in geçerli kurallarını yok sayarak Yugoslavya'yı bombaladı. **Hitler** ve **Mussolini**, 1930'lar da, en barışçıl eylemleri bile silahla eziyordu. Bugün, Avrupa'nın *"demokratik"* ülkeleri, küreselleşme karşıtı kitle gösterilerini ateşli silahlarla dağıtıyor, insanlara işkence ediyor, gerekirse öldürüyor. *Cenova 2001* protestolarında bir kişinin ölmesi seksen kişinin kaybolması üzerine, küreselleşme yanlısı eski İtalya Başbakanı **D'Alema** bile şunları söylemişti: *"Güvenlik güçleri tarafından uygulanan şiddet yöntemlerinin, üst düzey siyasi kesim tarafından korunduğu, kabullenildiği ve teşvik edildiği yolunda kuşkular var. Bunun adını koymak için faşizmden başka tanım bulamıyorum."*[1]

Cenova'daki G–8 toplantısını, barışçıl bir yöntem olarak müzikle protesto etmek için İtalya'ya giden İsveçli **Anne Assehm**, 22 Temmuz 2001 günü bir otobüste gözaltına alındı ve yargılanmadan 22 gün bir hücreye kapatıldı. **Assehm**, başından geçenleri şöyle anlatıyor: *"Koridorda yere oturmuştuk. Odalarda dayak yiyenlerin haykırışları, duvarlara çarpma sesleri geliyordu. Kadınlar tecavüzle tehdit ediliyordu. Cinsel tehditte bulunan polislerden biri elindeki gamalı haç dövmesini gösterdi. Korkudan ölüyordum."*[2] Bunlar, rejim için hiçbir tehlikenin bulunmadığı İtalya'da ortaya çıkan, basit *"demokratik"* uygulamalardı.

**Hitler**'i iktidara getiren tekelci şirketlerden biri olan, büyük demir–çelik tröstü *Krupp*'un sahibi **Alfried Krupp** 1933 yılında *"Biz Krupp'çuların istediği, iyi işleyen ve bize rahat çalışma imkanı sağlayan bir sistemdir"*[3] diyordu. ABD

Başkanı **Bill Clinton** 1993 yılında; *"ABD'nin çıkarlarına ters düştüğünde müdahale etmekten çekinmeyiz"*⁴ diyor. ABD'nin çıkarlarının ne olduğu ise, Amerikan otomotiv devlerinden *General Motors*'un Başkanı **Charles E.Wilson**'un sözlerinde bulunuyor: *"Şirketim için neyin iyi olduğunu biliyorum, dolayısıyla Birleşik Devletler için neyin iyi olduğunu biliyorum."*⁵

Fransa Cumhurbaşkanı **François Mitterand**'ın danışmanı eski *Avrupa Bankası* Başkanı **J.Attali** geçerli dünya düzenini şöyle açıklıyor: *"Avrupa'da bir ideolojik boşluk var. Bu boşluğu piyasa ekonomisi dolduramaz. Pazar düzeni pazarın diktatörlüğünü koruyor. Yarattığı boşluk bin bir hevese yol açıyor: Faşizm, köktendincilik ve aşırıcılık, iflas eden sistemin arka koridorlarında geziyor.. Ölen hayallerin yerinde fanatizmin yeşermesi istenmiyorsa yeni projeler ortaya çıkarılmalıdır."*⁶

\*

20.yüzyıl başında İtalya ve Almanya, özel girişimcilik sınırlarının daha geniş olduğu ABD ile, temel yatırım alanlarındaki kamusal işletmeleri koruyan liberal gelenekli İngiltere ve Fransa'dan farklıydı. Bu ülkeler sanayi gelişimlerini İtalya ve Almanya'dan daha önce tamamlamış ve dünyaya açılmışlardı. ABD, Güney Amerika'yı 20.yüzyıl başında ele geçirmişti ve alım gücü yüksek geniş bir iç pazara sahipti. İngiltere ve Fransa'nın çok sayıda sömürgesi vardı. Almanya ve İtalya ise sanayi gelişimine yanıt verecek dış pazara sahip değillerdi.

İtalyan sanayisi, iç pazarın darlığı ve dış pazarlara da açılamaması nedeniyle kendi sınırları içine sıkışıp kalmıştı.⁷ Ağır sanayisi büyük bir güce ulaşmasına karşın, iç tüketime dönük sanayisi yeterince gelişmemiş olan Almanya, kendi kendine yeterli (otarşik) bir ekonomik yapıyla ayakta duramayacak bir ülkeydi.⁸ İtalyan kapitalizmi cılızdı ve başından beri devlet yardımına gereksinim duymuştu. İtalyan burjuvazisi, ancak devlet koruması ve desteğiyle zenginliğe ulaşabilirdi. Bu olgu, ulusal birliğini İtalya gibi geç sağlayan Almanya için de geçerliydi. Bu iki ülkedeki ekonomik uygulamaları kısaca incelemek; bugün, *"sınırsız bir özgürlükle"* dünyaya yerleştirilmeye çalışılan küreselleşme uygulamalarının, hangi ideoloji ile örtüştüğünü göstermesi açısından yararlı olacaktır.

**Mussolini** siyasi partileri ve tüm kitle örgütlerini kapatıp iktidarını sağlamlaştırdıktan sonra, 1927 yılında ekonomik gerçeklere uygun düşmeyen bir kararla ve propaganda amaçlı olarak liretin değerini yükseltmişti. İhracat daralmasına yol açmasına karşın bu uygulama hammadde ve ara mallar ithal eden büyük sanayi gurupları için yararlı olmuştu.[9] Yeterli sermaye birikimine sahip olmayan küçük ve orta işletmeler, bu dönemde büyük şirketler tarafından yutularak tasfiye edildiler.[10]

Liretin değerinin ani ve aşırı yükselmesinin büyük sanayinin bir bölümünde yarattığı hoşnutsuzluk ise devletin ekonomik varlığının bu kesimin emrine verilmesiyle giderildi. **Mussolini**, politik terörün kendisine verdiği güçle, devleti çok kısa bir süre içinde tekelci şirket çıkarlarını gözeten bir örgüt haline getirdi, önemli kamu mal ve işletmeleri bu firmalara devredildi. Devlet yatırım fonları, kredi ve teşvikler şirket kasalarına akıtıldı. 21 Nisan 1927'de kabul edilen *Çalışma Bildirisi'nin (Carta del Lavaro)* 7. ve 9.maddeleri şöyle diyordu: *"Ulusal çıkarların sağlanmasında en etkili ve yararlı araç özel girişimdir.. Devletin üretime müdahalesi ancak, özel girişimin olmadığı durumlarda sözkonusu olacaktır."*[11] Oysa **Mussolini** iktidara gelene dek, *"çürümüş liberalizme"* karşı olduğunu söylüyordu.

Büyük şirket istemlerinin egemen devlet politikası haline gelmesi bugün olduğu gibi, halkın yaşam düzeyinin düşmesine ve işsizliğin yayılmasına yol açtı. Ücretlerdeki reel düşüşlere karşın, sendikaları kapatılmış, öncüleri hapsedilmiş işçiler doğal olarak herhangi bir tepki gösteremediler. İşgücü ve sermaye, endüstri ve tarım; *"ulusal uyuşum"* (armoni) adı verilen ve büyük sermaye ile toprak sahiplerinin belirleyici olduğu *korporasyon* örgütlenmelerinde biraraya getirildiler. Faşist hükümet, işçi–patron, kapitalist–emekçi gibi ayırımları örtmek amacıyla bunların hepsine birden *üreticiler,* oluşturulan örgütlere de *üreticiler birliği* adını verdi. Otoyollardan, sulama ve bataklık kurutma projesine kadar bütün devlet yatırımları, önce ihale, daha sonra özelleştirme adıyla büyük sermaye gurupları ile toprak sahiplerine devredildi. Hükümet yetkilileri ve başta *Popolo D'İtalia* olmak üzere faşist basın, bu uygulamaları İtalya halkına abartılmış propagandalarla *"İtalya'nın güçlü kılınmasını sağlayacak çağın gereği gelişmeler"* olarak duyurdular. **Mussolini'**nin, devletin ekonomideki yeri konusundaki görüşleri, günümüz politikacılarının görüşleriyle hemen hemen aynıydı. **Mussolini,** *Marcia Roma'*nın birinci yıldönümünde şunları söylüyordu: *"Biz devleti, bütün ekonomik yetkilerin pisliğinden temizlemek istiyoruz. Demiryolcu, postacı, sigortacı devlet yeter."*[12]

Faşist diktatörlük altındaki İtalya'da *İlva Grubu*, *Ansoldo*, *Fiat*, *Breda*, *Pirelli*, *Burgo* gibi sanayi guruplarıyla *Banco di Commerciale, Banco di Sconto, Credito D'İtalia, II Credito D'İtalia* ve *Banco di Roma* gibi bankalar, devlet kaynaklarını ve kamusal işletmeleri devralan ya da sınırsız bir biçimde kullanan büyük sermaye guruplarıydı. Tekelci sermayenin tek amacı, totoliter bir biçimde kamu otoritesine hükmetmekti. Bu amaç imtiyazlar şebekesinin hizmetindeki faşist parti yönetimi ile gerçekleştiriliyordu.[13]

**Mussolini**, iktidara gelir gelmez devletin elinde bulunan *telefon, hayat sigortası, belediye işletmeleri ve tüm devlet tekellerini* özelleştirdi (bunların büyük bölümü 2.Dünya Savaşı'ndan sonra tekrar devletleştirildi). Devlet, 1924 yılında iflas eden *Banco di Sconto* ve *Banco di Roma*'nın bütün borçlarını üzerine aldı ve bu bankalara 1926'ya kadar süren bir dizi kurtarıcı destekler verdi. Büyük şirket ağırlıklı olan nama yazılı hisse senetlerinin tamamı devlete ödettirildi. Savaş sırasında yasadışı yollarla elde edilen zenginlikleri soruşturan *Araştırma Kurulu,* **Mussolini** iktidara geldikten 20 gün sonra kaldırıldı. Topraksız köylülere toprak edinme olanağı veren *Visocchi Kanunu* iptal edildi. Tarıma yapılan teşvikler üretici köylülere değil, *L'associazione dei geogofili* ve *Federconsorzi* adıyla büyük toprak sahiplerinin oluşturduğu örgütler aracılığıyla, tarım tekellerine verildi. Devlet, bankalar başta olmak üzere büyük sanayi işletmelerinin zararlarına karşı garanti oluşturan sigorta organı haline getirildi. Anonim şirketlerin gelirlerinden alınan vergiler indirildi, fiyatların ve kazançların belirli olması yolu kaldırıldı.[14] SIP adı verilen bir yapılanma ile, kazançların büyük özel işletmelere, zararların ise devlete yüklendiği bir sistem oluşturuldu. 1933 yılında, *"zorluk içinde"* olan işletmelere mali yardım yapmakla görevli IMI ve zarar eden kuruluşları devralan IRI adlı devlet örgütleri kuruldu. IRI savaş sonuna kadar firmalara 8 milyar liret dağıttı. Bu para İtalyan halkının aynı dönem içinde ödediği vergilerin toplamı kadardı.[15] Bunun açık anlamı halktan alınan vergilerin hemen tamamının, bir avuç büyük sanayici ve bankere dağıtılmasıydı.

Faşist diktatörlükle yönetilen İtalya'daki ekonomik uygulamalarla, günümüzdeki özelleştirme uygulamaları arasındaki benzerlik, birçok kişiye şaşırtıcı gelebilir. Ancak bunlar yaşanmış gerçeklerdir. **Mussolini**, sınırsız bir özgürlük içinde devlet kurumlarını özelleştirerek İtalyan halkını sonu kanla bitecek bir maceraya sürüklerken; aynı yıllarda **Atatürk**, yoksul Anadolu'da devletçilik yoluyla *mucizeler* yaratıyor, sosyal bir halk devleti kuruyordu.

*

Tekelci şirket çıkarlarını gözeten uygulamaların yoğun olarak uygulandığı bir diğer totaliter ülke *Nazi* Almanya'sıdır. Nazizmin ekonomik uygulamaları, aynı İtalya'da olduğu gibi, siyasi despotizmin hemen arkasından gelmişti. Sürekli hale getirilen terör ortamında tekelci sanayi sermayesinin ve büyük toprak sahiplerinin istemleri, herhangi bir engelle karşılaşmadan hızla yerine getirildi. Dünyanın her yerinde olduğu gibi Almanya'da da, politik terörü *ekonomik terör* takip etti. İktidara gelince *Nazi Partisi*'nin program ve propagandasından anti–kapitalist söylemler çıkarıldı ve büyük şirket istemleri, hükümet politikalarına tam olarak yerleşti. Toplumda duruma itiraz edecek örgütlü bir güç kalmamıştı. *"Kapitalizmin dizginlenmesini"* isteyen *"inançlı nazilerden"* oluşan SA'lar (Hücum Kıtaları) bile yok edildi. İçlerinde **Hitler**'in eski *"dava arkadaşlarından"* **Röhm** ve **Strasser**'in de bulunduğu ve iktidar öncesinde dile getirilen anti–kapitalist söylemlerin uygulanmasını isteyen yüzlerce *SA* yöneticisi, büyük sanayi guruplarının ısrarlı isteği üzerine 30 Haziran 1934 gecesi *SS*'ler tarafından topluca öldürüldü.[16]

İtalya'da **Mussolini**'yi destekleyen büyük şirketler, Almanya'da **Hitler**'i desteklediler. *Krupp, Thyssen* ve *Schact,* 1 Haziran 1933'de **Adolf Hitler**–*Spende der Deutschen Wirtschaft*'ı (Adolf Hitler Bağışı) kurumlaştırarak, başta **Hitler** olmak üzere *Nazi* önderlerini açıkça kâra ortak ettiler.[17] Bu karardan 45 gün sonra, büyük sermayenin temsil örgütü *Generaltrat der Wirtshaft (Genel Ekonomi Konseyi),* devlete ve partiye karşı özerkliği olan bir örgüt haline getirildi ve Alman ekonomisine yön vermeye başladı. Aynı yıl uygulamaya konulan Dört Yıllık Plan, tamamen büyük sermayenin önceliklerini gözetiyordu.[18]

**Hitler**, **Mussolini**'nin ekonomik politikasının hemen aynısını daha kapsamlı bir biçimde Almanya'da uyguladı. 1929 dünya bunalımının olumsuz etkilerini azaltmak için tekelci sermayeye büyük devlet yatırımlarının ihaleleri verildi (bu uygulamayı aynı dönemde **Roosvelt** yaygın olarak ABD'nde gerçekleştirdi). Bunların çoğu *şirkete göre iş* biçimindeydi ve devlet açısından işe yaramayan verimsiz yatırımlardı. Tekelleşme büyük bir istekle desteklendi. 15 Temmuz 1933'te çıkarılan bir yasayla, Ekonomi Bakanlığı'na, şirketleri birleştirme yetkisi verildi. 1933 Temmuzu ile Kasımı arasında 30 kartel birleşmesi (tekelci sermaye piyasasında, şirketlerin daha çok kazanmak ya da başka birliklere karşı tutunabilmek için kurdukları birliktelik) gerçekleştirildi. Sermaye yoğunluğunun daha düşük olduğu sanayi dallarında 38 yeni kartel kuruldu.[19] Karteller, 1936'ya dek biçimsel olarak, Ekonomi Bakanlığı'nca denetlenirken, 1936'dan sonra yönetim ve denetim tamamen sermaye sahiplerine bırakıldı.[20]

Naziler iktidara gelir gelmez, kendinden önceki hükümetlerin devletleştirdiği bütün işletmeleri özelleştirdi. Daha sonra diğer devlet işletmeleri de hızlı bir biçimde büyük sermaye guruplarına devredildi. 1929 büyük bunalımı nedeniyle iflas eden ve 1931 yılında devlet denetimi altına giren bankalar, sermaye artışları devlet bütçesinden karşılanıp mali güçleri arttırıldıktan sonra yeniden özelleştirildiler. Gemi yapımı ve deniz ulaşımı ile belediye işletmelerinin tamamı özel kesime devredildi. İflas eden şirketleri kurtarmak amacıyla daha önce devlet tarafından satın alınan hisse senetleri şirketlere geri verildi.

Özel girişimin yatırım yapmadığı alanlara devlet yatırımları yapıldı. Verimsiz sayılan bu alanlara yatırılan sermaye için hisse senetleri çıkarıldı. Yatırılan sermaye için temettü garantisi verildi. Zararları ise, devlet üzerine aldı. Yatırım riskleri azalınca da bu kuruluşlar özel şirketlere devredildi. Büyük yol, bina, santral, iletişim vb. yatırımları yapıldı. Buralarda hem işsizlerin düşük ücretle örgütsüz olarak çalışmaları sağlandı hem de ayrıcalıklı büyük firmalara kolayca sermaye birikimi sağlayacak kârlı iş alanları yaratılmış oldu. Teşvikler ve krediler firma kasalarına akıtıldı. Sonuçta büyük şirketlerle devlet iç içe girdi. Daha doğrusu devlet, tam olarak büyük sermayenin devleti haline geldi. Bu kaynaşmaya en çarpıcı örnek, kısa sürede büyük bir sanayi devi haline gelen *Rheinmetall Börsig* şirketinin Denetleme Kuruludur. Bu kurulda, *Karl Bosch, Börsig, Deutsche Bank* ve *Dresten Bank* temsilcilerinden ayrı olarak şu üyeler vardı: nasyonal sosyalizmi kabul ettiğini açıklayan eski aristokrasinin temsilcilerinden Gota Dükü **Soxe Cobourg,** Devlet Bakanı **Trendelenburg,** maliye bakanlığından bir temsilci, Ordu temsilcisi olarak emekli albay **Thomas** ve kamu nitelikli bir kredi kuruluşu olan *Reichskredigesellschaft*'ın bir temsilcisi. Almanya'da, *Vögler, Reusch, Thyssen, Krupp, Von Bohlen, Bosch, K.F.Siemens, Frowein, Cuno* gibi büyük sanayiciler ve bankerler, nazilerin devlet destekleri ve özelleştirme uygulamalarıyla çok kısa zamanda sermaye imparatorlukları haline geldiler.[21]

\*

**Mussolini** ve **Hitler,** bugün tüm Batılı ülkeler tarafından yeriliyor ama, kurdukları ekonomik düzen hemen hiç eleştirilmiyor, tersine bu düzen, etki alanı genişletilerek mutlaklaştırılıyor ve uygulanıyor. Bugün, Batı'da geçerli olan ekonomik işleyiş ve tekelci yapı, 1930 İtalya ve Almanya'sındaki uygulamalardan çok daha yoğun ve geniş kapsamlıdır.

1914'ler ve 1930'larda da küreselleşmiş olan dünya bugün daha çok küreselleşmiştir. Bu doğrudur. Doğru olmayan, dünyayı yoksul ülkeler ve tüm dünya çalışanları için *"nefes alamaz"* hale getiren küreselleşmenin yeni bir olguymuş gibi ileri sürülmesidir. Savaşlar, darbeler ve açlıkla teslim alınan dünya, ulusötesi yeni bir uygarlığa ulaşmış gibi gösterilmektedir; doğru olmayan budur. Şirket evlilikleri ve birleşmeleriyle sağlanan uluslararası sermaye entegrasyonunun, dünyayı küçülttüğü ve savaşları önlediği söyleniyor. Aynı şeyler 1914 ve 1930'larda da söyleniyordu. İngiliz *Unilever, Brown–Boveri,* Amerikan *Ford, General Motors* başta olmak üzere birçok batılı sermaye gurubu nazi Almanya'sında büyük yatırımlar yapmışlar, şirket satın almışlar ve ortaklıklar kurmuşlardı. Almanya o yıllarda, Fransa'dan sonra dünyada en fazla sayıda uluslararası şirket birleşmesi olan ülkeydi. **Hitler** hükümeti, dışarıya açılan Alman şirketlerini ve ihracatçı firmaları bir çok muafiyet ve teşvikle desteklemişti.[22] Ancak tüm bunlar, tırmanan siyasal gerilimleri ve gelen savaşı önlemeye yetmemişti.

Faşizm bir araçtır, tekelci şirket egemenliğinin tehlikeye düştüğü anda devreye sokulan bir araç. Tehlike oluşmadığı sürece, dünyaya yön veren büyük sermaye elitleri ve onların politik uzantıları; *inanmış barış severler* ve kararlı *anti–faşistlerdir;* ancak, çıkarlarına ve sisteme yönelecek en küçük bir tehdit söz konusu olduğunda kolayca barbar savaşçılar haline gelirler. Bu gerçeği, 1930'larda **Hitler** bile açıkça dile getirmiyordu. Ancak Amerikalılar bugün yaptıklarını açıkça ilan etmekten çekinmiyorlar: *Çıkarlarımıza ters düşen her yere müdahale ederiz.*

1930 Almanya'sı ile günümüz ekonomik uygulamaları arasındaki benzerlikleri inceleyen Fransız ekonomist **Charles Bettelheim** şunları söylemektedir: *"Nazi Almanya'sında devletle büyük sermayenin iç içe geçmesi, tekelci kapitalist ekonominin eğilimlerinin son aşamasına vardığını gösterir. Zorunlu karteller, yoğun devlet siparişleri, kredi garantisi, dünya pazarlarıyla saldırgan ilişkilerin yerleşmesi, ekonomik sübvansiyonlar ve fiyatların düzenlenmesindeki işleyiş varılan noktayı gösteren örneklerdir. Örneklerin günümüz uygulamalarıyla benzerlikleri rastlantı değildir. Bu benzerlikler, güncel kapitalizmin gizli olarak nazi Almanya'sının ekonomik yapısına benzer bir ekonomik yapı içerdiğini gösterir."* [23]

Küreselleşme ile faşizm arasındaki ekonomik yapı benzerliği kaçınılmaz olarak, siyasal ve hukuksal alandaki yapısal uyumun da maddi temelini oluşturmaktadır. Ortak ekonomik temel; ortak düşünce, ortak davranış ve ortak kültür demektir. Geçerli kılınmaya çalışılan demokratik düzen anlayışı, emperyalist dönem demokrasisiyle faşizmi birbirinden ne denli ayırmaya çalışırsa çalışsın; aynı temel üzerine oturan bu iki anlayış benzerliklerini korumaya devam etmektedir. Siyasi demokrasinin günümüzde geçerli olan işleyiş kuralları içinde insanlar, kendi geleceklerine nereye kadar karar verebileceklerini bilmemektedirler. Demokrasi sınırının, halk kitlelerini dışarda bırakarak daralması ve bu sınırın, küçük bir azınlığın çıkarlarıyla örtüşür hale gelmesi, demokrasiden söz etmeyi olanaksız hale getirmiştir. Eğer günümüzde demokrasiden söz edilecekse bu demokrasinin, elbette *"tekelci şirket demokrasisinden"* başka bir şey olmayacağını, bir kez daha yinelemek gerekiyor.

Rus yazarı **Aleksandr Zinoviev**, demokrasi denilerek geçerli kılınan siyasi sistemi *"demokratik totalitarizm"* olarak tanımlıyor ve şunları söylüyor: *"Bugün demokratik bir totalitarizmin oluşumuna şahit oluyoruz. Şimdi tek bir gücün, tek bir ideolojinin, dünya çapında tek bir partinin egemen oldu-*

*ğu bir dünyada yaşıyoruz. Küresel egemenliğin yarattığı dünya partisi kavramı; uluslarüstü yapıların, ticari şirketlerin, bankaların, siyasi oluşumların ve medya kuruluşlarının oluşturduğu iyi örgütlenmiş bir gücü ifade etmektedir. Bu güç, demokrasiyi tüm batılı ülkelerin toplumsal yaşamından çıkarmak üzeredir. Totalitarizm her yana yayılıyor, çünkü uluslarüstü yapı, uluslara kendi kurallarını dayatıyor. Demokratik olmayan bu üst yapı emirler veriyor, cezalandırmalarda bulunuyor, ambargolar koyuyor, bombalıyor, insanları aç bırakıyor. Finans diktatörlüğüyle kıyaslandığında, siyasal diktatörlük çok masum kalır. Çünkü en katı siyasi diktatörlüklerin içinde bile belli bir direniş göstermek mümkündü. Ancak 'Bankaya' karşı direniş mümkün değildir. Paranın musluklarını ellerinde tutanlar istemezse ihtilaller bile artık olamaz.. Batı'da son elli yılda gelişmiş olan 'süper ideoloji', komünizmden ya da nasyonal sosyalizmden çok daha güçlü bir baskı oluşturmuştur. Batılı insan, bu ideolojiyle öylesine aptallaştırılmıştır ki, 1930'lu yıllardaki orta bir Sovyet ya da Alman vatandaşı bile bu kadar aptallaştırılmamıştı.*"[24]

## Küreselleşme ve İşçi Hakları

İşçi haklarıyla şirket çıkarları arasında birbiriyle çelişen yapısal bir karşıtlık vardır. Kapitalist sistemin doğasından kaynaklanan bu karşıtlığın zorunlu sonucu olarak işçiler, bugüne dek elde ettikleri ekonomik, sosyal ve demokratik tüm hakları mücadele ederek elde etmişlerdir. İşçi–işveren ilişkilerini sürekli gerilim içinde tutan ve işçilerin sınıf olarak ortaya çıkışı kadar eski olan bu mücadele, ikiyüz yıldır Avrupa'nın politik yaşamına yön vermiş ve siyasi demokrasinin sınırlarını genişleterek *Batı demokrasisinin* itici gücü olmuştur. Bu nedenle, günümüz küreselleşme uygulamalarının işçi hakları açısından ne anlam ifade ettiği ve taşıdığı önemin ne olduğunu görmek için; işçi sınıfı mücadelesinin ortaya çıkışını, gelişimini, dünya siyasetine yaptığı etkiyi ve bugünkü durumunu incelemek gerekecektir.

\*

Batı Avrupa kapitalizminin gelişip güçlenmesi için gerekli olan işgücü gereksinimi, doğal olarak önce, sanayileşen ülkelerin kendi milli pazarlarından karşılanmıştır. Feodalizmin ortadan kaldırılmasıyla, emeğinden başka satacak bir şeyi olmayan *özgür* yurttaşlar haline gelen *serfler*, (toprağa bağlı köylüler) kentlere akın ederek, büyük bir işçi ve yedek işçi ordusu haline gelmişti. *"Vahşi kapitalizm"* adı verilen bu dönem, Batı'daki emek sömürüsünün, hiçbir kısıtlamaya bağlı olmadan yoğun olarak sürdürüldüğü acılı bir dönemdi.

19.yüzyılda işçiler üzerinde kurulan baskı ve sağlanan disiplin, kendi içinde doğal tepkisini de yaratarak, işçilerin sınıf bilincine ulaşmasına ve örgütlü mücadele içine girmesine yol açmıştı. 19.yüzyıl Batı tarihi bu mücadelelerin tarihi gibidir ve sert çatışmalarla doludur. 20.yüzyılla birlikte yoğunlaşan dışarıya açılma, dışardan elde edilen gelirlerin artmasına ve bu artışa bağlı olarak metropollerdeki refah düzeyinin yükselmesine yol açmıştı. Bu artış, işçi sınıfı mücadelesine temel oluşturan ekonomik ve demokratik taleplerin bir bölümünün karşılanmasını sağlamış ve artık siyasi hedeflere yönelmiş olan işçi hareketinin rejim sınırları içinde tutulabilmesini olanaklı kılmıştı. 19. yüzyıl Avrupa'sındaki işçilerin yaşam koşulları, günümüzde özellikle azgelişmiş ülkelerdeki koşullar gibi çok ağırdı ve bir insanlık dramı haline gelmişti.

1840 yılında Almanya'nın 30 bin nüfuslu *Elberfeld* kentinde 2500 çocuk, *okulda değil fabrikada büyümüştü*. 1848 yılında Prusya'da, yaşları 14'ten küçük 32 bin çocuk günde 14-15 saat ağır sanayi işlerinde çalışmaktaydı. Bir Optik Sanayi kuruluşu olan *Rothenower*'in yetkilileri işletmelerinde, *"Yalnızca 8-13 yaşlarında oğlan çocuklarını çalıştırdıklarını ve bunların okullarını aksatmadıklarını"* söyleyerek övünüyorlardı. *Wuppertal*'de dokuma sanayindeki işçilerin yüzde 70'i çocuktu. *Aachen*'li fabrikatörler çocukları, *"Geceleyin ama yalnızca 11 saat"* çalıştırdıklarını ancak *"Gündüz okula göndermeyi ihmal etmediklerini"* bir özveri örneği olarak açıklıyordu.[25]

Fransa ve İngiltere'de de durum farklı değildi. Fransa'da 1847'ye dek çalışma süresi günde en az 15 saatti. Çocuk emeği ucuz olduğundan ve çocuklar, makinalar arasında kolaylıkla dolaşıp büyüklerin yapamayacağı ince işleri başarabildiklerinden dolayı tercih ediliyorlardı. Çalışma yaşı 3-4 yaşlarından başlıyordu. 1841'de çıkarılan bir yasayla 8 yaşından küçük çocukların çalışmaları yasaklandı, ancak bu yasak denetlenemediği için yasa etkili olamadı. İngiltere'de 6-18 yaş arasında değişen tüm yaş guruplarını içeren çocuk işçiler, gündüz vardiyasında haftada 5 gün 12 saat ve bir gün 18 saat, gece vardiyasındakiler ise 5 gece 12 saat ve bir gece 6 saat çalışıyorlardı.[26]

İngiltere'de o yıllarda çocuk işçi aranırken verilen ilanlar, çoğu kez Amerikan dergilerindeki siyah köle aranırken verilen ilanlara benzerdi. Çocuk işçi çalıştırma ABD'nde de farklı değildi. Evde ailelerinin baskı ve dayağıyla karşı karşıya kalan çocuklar, günde 12-13 saat çalıştırılıyorlar ve çalıştıkları süre içinde de patron tarafından dövülerek *"eğitiliyorlardı"*.[27]

İşçiler, sayıları ve bilinç düzeyleri arttıkça örgütlenmeye başladılar. Ancak bu yöndeki girişimleri, 19.yüzyıl boyunca zor yöntemleri ve yasal engellerle bastırılmaya çalışıldı. Basit ya da kapsamlı her türlü örgütlü eylem ve hak isteme, sert müdahalelerle karşılaştı ve hemen her eylemde kan döküldü. Yaptıkları işin bir gereği olarak birbirlerine yakınlaşan ve dayanışma duyguları gelişen işçiler giderek yaygınlaşan bir biçimde gizli örgütlenmelere yöneldiler. Meslek esasına göre örgütlenmeyi bile yasaklayan yasalar, sınıf örgütlenmelerini *"topluma karşı işlenmiş suçlar"* kapsamına almıştı. Bu dönemde işçiler, dernek adı altında, ama uzun bir süre siyasal parti ve sendika işlevini gören gizli örgütler kurdular; *Aileler Derneği, Mevsimler Derneği, İnsan Hakları Derneği, Eşitler Derneği* gibi adlar kullandılar.

19.yüzyıl ortasında Fransa'da kurulan *"La Société Des Voraces" (Aç Oburlar Derneği)* bu tür derneklere ilginç bir örnektir. Derneğin görünen amacı, meyhanelerde şarabın litre yerine şişeyle satılmasına karşı çıkmaktı. Oysa derneğin kurucuları demir-döküm işçileriydi. Dernek, üyelerle şehir dışında ormanlık ve kırlık yerlerde piknikler yapar, buralarda birlik ve dayanışmayı arttıran etkinlikler düzenlerdi. Örgütün yazılı amaçları yasalara uygun olduğu için siyasi polise müdahalede bulunma fırsatı verilmiyor ve dernek, yasa dışı siyasal çalışmalar için gizliliği örten bir şemsiye işlevi görüyordu. Bu nedenle, sıkı bir izleme altında olan *İnsan Hakları Derneği, Eşitler Derneği* gibi örgütler de, daha sonra *Aç Oburlar Derneği*'ne katıldılar. Derneğe üye olmak için yapılan yemin o günlerdeki işçi hareketini anlamak açısından önemlidir. Edilen yemin şöyleydi: *"Derneğin kurallarına sadık kalacağıma, bana emanet edilen sırları hiçbir zaman açıklamayacağıma, dernek yolunda kanımı akıtacağıma, yardıma muhtaç kardeşlerimin yardımına koşacağıma yemin ederim. Eğer yeminime sadık kalmazsam öldürülmeyi kabul ediyorum. Cesedimin rüzgarda uçan külleri kardeşlerime örnek olsun."*[28]

19.yüzyılın ortalarından sonra, sermaye yoğunluğu arttı ve üretim çeşitlenmeye başladı. Bu gelişme herbiri ayrı üretim özelliklerine sahip, çok işçi çalıştıran büyük işletmelerin ortaya çıkmasına neden oldu. Aynı işletmede çalışan işçilerin sayılarının artması ve bu işçilerin üretim süreci içinde aldıkları rollerin benzer hale gelmesi, onları işyeri esasına göre örgütlenmeye götürdü. Paylaştıkları sorunların artmasıyla dayanışma duyguları daha da gelişen işçiler, örgütsel düzeylerini yükselttiler ve işyeri düzeyinde giriştikleri mücadelelerle, somut ekonomik ve sosyal haklar elde etmeğe başladılar. Sendikal örgütlenme bu dönemde ortaya çıktı. Sendikalar ücret artışları, sosyal haklar ve işyerine özgü sorunların çözümünde başarı sağlamakla kalmadı, işçilerin demokratik ve politik istemleri yönünde de mücadele etti; sendikal mücadele, işçilerin sınıf bilincine ulaşmasında önemli bir işleve sahip oldu. Batı demokrasisi, sendikal mücadeleden geçerek siyasal partilerini kuran ve politik mücadele içine giren işçi mücadeleleriyle biçim buldu; sendikal haklar, ülkelerin demokratik gelişiminin bir göstergesi haline geldi.

20.yüzyıla girerken, 1850–1900 arasındaki elli yıllık mücadele, işçi sınıfını eskisiyle kıyaslanamayacak düzeyde geliştirmişti. İşçiler, bu gelişim için ağır bir bedel ödemişti, ancak ödenen bedel sonucunda, hiçbir sosyal hakkı olmayan, aldığı ücretle geçinemeyen, günde 15 saat çalışan ve gizlice örgütlenen işçiler yerine; ideolojik donanıma sahip, sendikalarda örgütlenen ve politik mücadeleye girişen direngen ve güçlü bir sınıf ortaya çıkmıştı.

İşçilerin, sınıf bilincine ulaşarak ekonomik–demokratik kazanımlarını yükseltmeleri ve bununla yetinmeyerek politik hedeflere yönelmeleri; kaçınılmaz olarak işçi hareketi üzerindeki baskının da daha kapsamlı ve daha sistemli hale getirilmesine neden oldu. Baskının boyutu, biçimleri ve şiddeti değişti, ama niteliği değişmedi; yasal ya da yasa dışı baskı, varlığını yoğunlaşarak sürdürdü.

\*

Batı Avrupa'da, 1850'li yıllarda bir işçinin; 1 kg. şeker almak için 7, 1 düzine yumurta için 5, 1 kg. et için 10 saat çalışması gerekiyordu.[29] Usta bir işçi haftada 35, ortalama bir işçi 20-25, kadın işçiler 10-15, çocuk işçiler ise 3-5 şilin ücret alıyordu.[30] 19.yüzyılda işçi ücretleri ve bu ücretlerin alım gücü çok düşüktü, ama ilginçtir; 21.yüzyılda *"küreselleşen"* dünyada, Türkiye dahil pek çok ülkede işçi ücretleri ve bu ücretlerin alım gücü daha da düşüktür.

19.yüzyıl sonlarıyla 20.yüzyıl başlarında, örgütlü işçi mücadelesinde belirgin bir yükselme yaşandı; grevler artarken politik yönelişler de artmaya başladı. Hükümetler işçi eylemlerine karşı, her zaman olduğu gibi önce polisi, yeterli olmazsa ordu birliklerini kullandılar. ABD'nde *Pennsylvania* maden işçilerinin 1875 grevleri, önce işletmenin silahlı adamları tarafından basıldı, öncü işçiler öldürüldü, işin geri kalanını devlet üstlendi ve hukukla ilgisi olmayan yargılamalar sonucu 19 grevci işçi idam edildi. 1886'da *Belçika*'da, 1889'da *Ruhr*'da, ve 1892'de *Ostrava*'da

(Çekoslavakya), hükümet birlikleri grevci işçilere ateş açtı ve çok sayıda işçi öldürüldü. 3 Mayıs 1986 da *Chicago*'da, *Mc Cormick* işçilerine polisin ateş açması sonucu 4 işçi vurularak öldürüldü.[31] Rusya'da *Lena* altın madeni işletmesinde grev yapan işçilere, ordu birlikleri müdahale etti ve yüzlerce işçi öldürüldü. 1905 yılında, Çar'a çocuklarıyla birlikte dertlerini anlatmaya giden işçilere ateş açılması sonucu 1300 işçi öldürüldü.[32] Fransa'da *Courriere* kömür madenlerinde 10 Mart 1906 da ortaya çıkan grev 1200 işçinin ölümüyle sonuçlandı.[33]

Uygulanan şiddet, işçileri sindirmedi, tersine onların daha mücadeleci bir davranış içine girmelerine neden oldu. Silahla bastırılan her eylem, daha kararlı ve daha yaygın eylemlere yol açıyor ve işçiler yalnızca ulusal sınırlar içinde değil, uluslararası düzeyde de dayanışma içine giriyordu. Bu gelişmeye karşılık İngiltere'de, günümüzdekilere çok benzeyen yeni bir uygulamaya geçildi. İşçi hareketi polis ve silahla değil, işçilerin en az donanımlı olduğu hukuksal alanda baskı altına alınmaya çalışıldı.

1900 Ağustos'unda işçiler İngiltere'de, *Taff Vale Demiryolları Şirketi*'ne karşı grev ilan ettiler. Şirket avukatları başvurdukları mahkemeden, grev sırasında meydana gelecek zararlardan, sendikanın sorumlu olacağını kabul eden bir karar çıkardılar. Temyiz edilen bu karar, *Lordlar Kamarası*'nda onaylandı ve sendika, 30 bin sterlin gibi büyük bir para cezasına çarptırıldı. Tarihe *Taff Vale Kararları* olarak geçen bu uygulamayla; *"sendikacılığın anayurdu"*, *"demokrasinin beşiği"* İngiltere, zor yöntemlerinden daha etkili bir baskı uyguluyor ve *silahla değil, yasayla* sendikal mücadeleyi denetim altına alıyordu.[34] Bu yöntem, değişik biçimleriyle 20.yüzyıl boyunca birçok ülkede uygulandı ve 21. yüzyıl küreselleşmesinin de temel işleyişi oldu.

İşçi hareketleri ve sendikal mücadele, 20.yüzyıl boyunca değişik yoğunluklarla tüm dünyaya yayıldı ve hemen her ülkede toplumsal yaşamı belirgin bir biçimde etkiledi. Mücadelenin sınırları, ekonomik ve sosyal alanları aşarak iktidar da dahil, geniş kapsamlı politik hedeflere yöneldi. Birçok ülkede işçi eylemleri iktidarı amaçlayan bir strateji izledi ve bu strateji, 20.yüzyıl dünya politikalarına yön verdi. Örgütlü işçi eylemleri ve bu eylemlere gösterilen tepkiler uluslararası hale gelerek küresel bir boyut kazandı. Yüzyılın ilk yarısında işçi eylemlerinin, son elli yılında ise sermaye güçlerinin üstün göründüğü bu mücadele, farklı biçim ve yoğunlukla, ancak aynı çelişkileri taşıyarak bugün de devam etmektedir.

20.yüzyılda birçok politik ve sosyal değişim yaşandı, yeni kavramlar yeni alışkanlıklar, yeni anlayışlar ortaya çıktı; yaşam biçimleri ve gereksinimleri değişti, görkemli bir teknolojik gelişme yaşandı; bilimsel araştırma teknikleri ve uzmanlaşma çeşitlendi, bilgisayar ve robotlar üretimin etkili parçaları haline geldi, ama emekle sermaye arasındaki çelişkinin niteliği değişmedi. Üretim biçiminin niteliğinden kaynaklanan bu çelişki, toplumsal yaşam içinde, yüzyıl öncesinin yöntemleriyle baskı ve sorun üretmeye devam ediyor. İşçi mücadelesinde belirgin bir düşüş yaşanıyor ama, dünya 21.yüzyıla emek-sermaye çelişkisi bakımından da 20.yüzyıla girdiği koşullarla giriyor. 20. yüzyıl başında, uygulanan baskıların bir sonucu olarak işçi eylemlerinde, dikkat çekici bir düşüş yaşanmıştı.

İngiltere'de 1899 yılında 719 grev gerçekleşmiş, kaba şiddet ya da hukuksal baskılar sonucu bu sayı 1904 yılında yarı yarıya azalarak 346'ya düşmüştü. 1890'lı yıllardaki grevlerin yüzde 40'ı işçilerin başarısıyla sonuçlanırken bu oran 1905 yılında yüzde 23'e düşmüştü.[35]

ABD'nde 1893-1898 arasında 1,7 milyon işçiyi kapsayan 7029, 1899-1904 yılları arasında ise 2,6 milyon işçiyi kapsayan 15 463 grev meydana gelmişti. Amerikan şirketleri grev dalgasının yayılması üzerine profesyonel grev kırıcılarını devreye soktular ve sonuçta kan döküldü. Özellikle göçmen işçiler arasında ırk, dil, din ayrılıkları kullanıldı; bu yolla işçilerin birliği önlenmeğe çalışıldı. *Pinkertonizm* denilen ajan büroları hemen her yerde şiddet yöntemleriyle grevlere müdahale ettiler. İşverenler, *İmalatçılar Ulusal Birliği* adıyla örgütlenerek sendika yöneticileriyle grevci işçilerin ABD'nin hiçbir yerinde işe alınmamasını sağlayan bir örgüt ağı kurdular. Mahkemeler grevleri erteledi ve önceden planlanmış provokatif eylemlerin yasal sorumluluğu hemen her yerde grevci işçilere yüklendi. Yoğunlaşan çift yönlü baskı sendikal mücadeleyi küçülttü. Örneğin 1904 yılında 1.676.000 üyesi olan *Amerikan İşçi Federasyonu* (AFL) yavaş yavaş çökmeye başladı.[36]

\*

ABD ve Batı Avrupa ülkelerinde, işçi hakları ve sendikal mücadele sorunlarının yüzyıl öncesine benzer hale gelmesi; işsizlik, düşük ücret, sosyal güvensizlik gibi sorunların işçilerin günlük yaşamına yeniden ve daha yoğun olarak girmesine neden olmaktadır. Gelişmiş ülkelerde bugün yaşanan iş ve işçi sorunlarının eskisiyle olan şaşırtıcı benzerliği, doğal olarak şirket çıkarlarının belirlediği piyasa işleyişinin değişmezliğine dayanmaktadır. Üretim teknikleri, teknolojik olanaklar ve hukuksal düzenlemeler değişmektedir, ama *"maksimum kâr eğilimi"* ve bu eğilimin bağlı olduğu emek-sermaye çelişkisi, varlığını uzlaşmaz niteliği ile sürdürmektedir. Son ikiyüz yıl içinde Batı'da, sermaye güçleriyle işçiler arasında zaman zaman değişen güç dengeleri, birbirlerine karşı dönemsel üstünlükler sağladı ama, mücadelenin niteliği değişmeden devam etti. Şimdi, küreselleşme adıyla sermaye güçlerinin üstün göründüğü bir dönem yaşanıyor, ancak yalnızca işçilerin değil, hemen tüm insanlığın, hatta doğanın bile şikayetçi olduğu bu üstünlüğün uzun süre devam etmesi mümkün değildir.

Büyük sermaye çıkarlarının yön verdiği küreselleşme uygulamalarının yıkıcı sonuçları, kaba ve ilkel gerçekler halinde tüm insanlığın karşısına dikilmektedir, ama gerçek bozulma ve baskı, küreselleşmeye karşı mücadelenin temel gücü olan ulusal bağımsızlık hareketlerine ve işçi hareketlerine yönelmiştir. Azgelişmiş ülkeler üzerinde ağır bir egemenlik kurulmuş, grevler azalmış, sendikalı işçi sayısı düşmüştür. Fabrikaların denizaşırı ülkelere taşınması nedeniyle metropollerdeki işsizlik olağan dışı artmıştır. Eğitim düzeyi düşmekte ve *sinizm* yayılmakta (Sinizm; insanın erdem ve mutluluk için hiçbir değere sahip olmaması), suç oranları ve uyuşturucu bağımlılığı artmaktadır. Yalnızca yabancı sermaye alan azgelişmiş ülkelerde değil, gelişmiş ülkelerin anavatanlarında da, 1850'lerin çalışma koşulları geri gelmiştir. Batı'nın büyük kentlerinde sosyal güvenlikten yoksun, günde 12 saat çalışılan *"işyerleri"* ortaya çıkmaktadır. Yaygınlaşan *"ücretsiz fazla çalışma"* tam bir angarya durumundadır. Aile üretimi, parça başına ücret, fason üretim, mal değiş tokuşu, çocuk işçi çalıştırma yeniden yaygınlaşıyor. Dünya feodalizme böyle geri götürülüyor ve geriliklerle dolu bu çöküş sürecine küreselleşme adı veriliyor.

Tekelci şirketler bugün, artan mali güçleri, politik nüfuzları ve örgütlü yapılarıyla, örgütsüz işgücü karşısında ezici bir üstünlük sağlamış durumdadır. Bu bir gerçektir. İşçi haklarını savunan partiler, politika sahnesinden adeta çekilmişlerdir; işçi temsilcileri artık parlamentolara girememektedir. Sendikalar eski güçlerini yitirmiş, grevler etkin birer silah olmaktan çıkmıştır. İşçiler, işlerini yitirmemek için sendika ve grevlerden uzak durmaktadır.

*Ford,* 1987 yılında Cuautitlan'daki yirmi üç yıllık fabrikasını, yaşanan bir grev nedeniyle kapattı. Üç hafta sonra fabrikayı yeniden açtığında, ücret artışı için grev yapan işçilere eski ücretlerinin yarısını veriyordu. *General Motors,* zarar ettiği gerekçesiyle Michigan ya da *Texas'*daki fabrikalarından birini 1992 yılında kapatacaktı. *General Motors,* nakliye bedelleri yüksek olmasına karşın Texas'daki fabrikayı değil, Michigan'daki fabrikayı kapattı. Çünkü Texas'daki işçiler, fazla mesai ücreti almadan üç vardiya çalışmayı kabul etmişlerdi.[37]

ABD'nde, bin ya da daha fazla işçiyi ilgilendiren grevlerin sayısı 1960'larda yılda 300 iken bu sayı 1991 de 40'a düştü.[38] Aynı ülkede üretim birimlerinin denizaşırı ülkelere taşınması nedeniyle 1969-1979 yılları arasındaki on yılda tam 35 milyon Amerikalı işçi işsiz kaldı.[39] 1990'ların başında ABD'nde çalışan tüm işçilerin yalnızca yüzde 16'sı sendika üyesiydi. 1993 yılında Amerikan iş gücünün yüzde 18'i haftada 40 saat çalışıyor, buna karşılık yoksulluk sınırının altında yaşamlarını sürdürebilecek ücretler alıyordu.[40]

İş ve işçi sorunları Avrupa'da da yoğun biçimde yaşanmakta ve işsizlik sürekli artmaktadır. İngiltere'de 1966-1976 arasında, bir milyondan fazla fabrika işi kaybedilmiştir. Aynı dönemde motorlu araçlar, gemi yapımı, metal işleme, makina ve elektrik mühendisliği alanlarında iş sahası yüzde 10 ile yüzde 20 arasında azalmıştır. *Lancashire*'da tekstil endüstrisinde 500 bin işçi işini kaybetmiştir. Fransa'nın Kuzeydoğusu ile Belçika'nın Batısı'ndaki endüstri bölgelerinde işsizlik oranı 1973'de yüzde 1 iken 1990'da yüzde 12'ye yükselmiştir.[41] Avrupa Giyim ve Deri İşçileri Sendi-kası Genel Sekreteri **Patrick H.Schert** 1997 yılında şunları söylüyordu: *"Şu anda Avrupa Birliği içinde 20 milyondan faz-la işsiz var. Sendikalar çok zayıfladılar. Buna karşı çıkmak için yeni bir sendikal yapı, yeni bir iş bölümü ve yeni bir eğitim şart."*[42]

19.yüzyıl başlarında görülen ve el işçiliğine dayanan *"ev üretimi"* ya da *"aile üretimi"* dünyanın her yerine yayılmaktadır. *"Gölge Ekonomi"* adı verilen bu tür üretim etkinliklerini inceleyen Amerikalı ekonomist **Ann Misch** şunları söylüyor: *"Yunanistan'ın kuzeyinde evde oturan çocuklu kadınlar, çocuklara bakmanın ve ev işi yapmanın yanı sıra, günde en az on iki saat dikiş dikerler. Hollanda'da sütyenlere kopça takarlar. İtalya'da ayakkabı dikerler. Meksika'da oyuncak ve kalem montajı yaparlar.."*[43] Uluslararası *Hazır Giyim İşçileri* Birliği'nden **Sunan Cowell** ise şu saptamayı yapıyor: *"Ev işi, Amerikan hazır giyim sanayisinin önemli bir bölümüdür. Hareketli sezonlarda, Paskalya ya da Noel'de mağazalara mal yetiştirebilmek için kadınlara evlerinde fason iş verilir."*[44]

ABD'nde yayınlanan *News Week* gazetesi, 10 Eylül 1990 tarihli sayısında şunları yazıyor: *"New York Manhattan'daki harap atölyelerde işçiler kemerlere boncuk takmakta ve bu işçilere Meksika'da blucin diken kadınlara ödenen ücret ö-*

*denmektedir. Tıpkı yüzyıl öncesinde olduğu gibi, bugünün köle fabrikaları da bir emek-yoğun üretim alanı olan konfeksiyon işinde bulunmaktadır."*[45]

\*

Küreselleşme politikalarının işçi hakları ve örgütlü mücadele açısından dünyanın tümü üzerinde kurduğu baskı, kesin ve mutlak olarak bir geri dönüş uygulamasıdır. Yaşam koşullarından memnun olmayanların, özellikle işçiler ve diğer çalışanların şikayetçi oldukları koşullardan kurtulmaları için, her şeyden önce bu durumun nedenini ve niteliğini anlamış olmaları gerekir. Siyasi parti kavramının, günümüzde aldığı biçimi doğru algılamak, uygulanabilir programlar üretmek ve bu programları yaşama geçirmek, ancak dünya ve ülkeyi tanımakla mümkün olabilir. Küreselleşme savlarının ne anlama geldiğini kavramak bu nedenle önemlidir.

Küreselleşme olgusu, küreselleşme yandaşlarının yaptığı gibi, yeni ve ileri bir olay gibi ele alınırsa, şimdiye dek yapılan kuramsal saptamalar, verilen mücadeleler ve bu mücadelenin birikimi olan ekonomik-politik kazanımlar anlamını yitirecektir. Sendikaların ve politik partilerin doğal olarak önemi kalmayacaktır. Küreselleşme stratejisinin temeli; insanların, eskinin bittiğine, örgütlü mücadelenin maddi temelinin ortadan kalktığına *"ikna"* edilmesi üzerine kurulmuştur. Sendikaların, siyasal partilerin ve ulus-devletlerin artık ortadan kalkmak üzere olduğu yönündeki yoğun propaganda kapsamlı bir biçimde sürdürülmektedir. Kesin ve net amaç; insanların geçmişlerinden koparılarak geleceğe yönelik gelişme umutlarının denetim altına alınması ve kitlelerin mücadele gücünün kırılmasıdır. İletişim teknolojisi ve mali gücün sağladığı olanaklarla son derece başarılı olan bu propaganda, gerçeklerle örtüşmeyen sanal bir dünyayı geçici de olsa yaratabilmiştir. Ancak doğal ve kaçınılmaz olarak, gerçekler uzun süre gizlenememekte ve yaşamın somut gerçekliği, büyüyen ve ağırlaşan sorunlar olarak insanların karşısına dikilmektedir. Tüm dünya işçileri, emeğiyle geçinenler, yoksul ülke insanları artık boş vaatlere kanmıyorlar; gerçekleri yaşayarak görüyor ve küreselleşmeye karşı tavır alıyorlar.

İş ve işçi sorunlarıyla ilgili olarak verilen örnekler, dünyanın yüzelli yıllık yakın geçmişi içinde niteliksel bir değişimin olmadığını açıkça ortaya koymaktadır. Büyük bedeller ödenerek verilmiş olan işçi mücadelesi bugün, elde ettiği tüm kazanımlarıyla birlikte yok sayılmaya çalışılmaktadır ama, mücadeleye kaynaklık eden nedenler, biçimsel değişikliklerle varlığını hala sürdürmektedir. Bunu görmek için işçi olmaya gerek yoktur. Ancak herkes bilir ki; sınıf çelişkileri var olduğu sürece, sınıf mücadelesi de var olacaktır.

Sermayenin sürekli hareket halinde olduğu günümüz dünyasında, işçiler hak elde etme ve çıkarlarını korumada giderek zorlanmaktadırlar; bu durum yaşanan bir gerçektir. Ancak, nedenleri ortadan kalkmamış sonuçların, biçimsel değişikliklere, baskıcı uygulamalara karşın varlığını sürdüreceği de bir başka gerçektir. Sermayenin olduğu yerde işçi, işçinin olduğu yerde ise mücadele vardır. Kurulan küresel baskı nedeniyle güç yitiren ve gerileyen işçi hareketi, geçici bir durgunluk dönemi yaşamaktadır. Gelişip güçlenmesi, dünyanın tümünün bir mücadele içine girmesi kaçınılmazdır. Çünkü bu mücadeleyi zorunlu kılan, toplumsal gelişimin önünde engel oluşturan tekel egemenliği, sorun ve çatışma üreterek varlığını sürdürmektedir. İşçilerin ve diğer tüm emek güçlerinin ulusal bağımsızlık hareketleriyle birleşerek, ulusal ya da uluslararası düzeyde sürdürecekleri mücadele, güncel olmasının yanısıra, gereksinim duyduğu örgütsel deneyim ve entellektüel birikime de fazlasıyla sahiptir. 21.yüzyıl, 20.yüzyılın bir tekrarı gibi olacak ve 20.yüzyılda yaşanan toplumsal mücadeleler, biçim ve yöntem farklılıklarıyla daha üst düzeyde yeniden yaşanacaktır.

## Küreselleşme ve Din

Küreselleşme uygulamalarının tekelci şirket çıkarlarına dayandığı ve bu uygulamaların büyük devlet politikalarının stratejik öncelikleri olduğu; bugün herkesin gördüğü somut bir gerçektir. Kolay görülebilecek bir başka gerçek ise, küresel politikaların gelişip güç kazanmasıyla, feodal geleneklerin ve inanç sistemlerinin yozlaşarak güçlenmesidir. Din, dil, mezhep, etnik köken farklılıkları uluslararası boyutu olan örgütlenmelerle hemen tüm azgelişmiş ülkelerde ayırımcı politik hareketlere dönüşmektedir. Etnik ve dinsel örgütlenmenin; ulusal varlık üzerinde baskı oluşturacak kadar güçlenmesi, tarihsel gelişime ve toplumsal ilerlemeye uygun düşmese de yayılmasını sürdürmeye devam ediyor.

Etnik ve dinsel ayrılıkların siyasallaşması, kendiliğinden ortaya çıkan doğal ve zorunlu bir olgu değildir. Yaratılması ve ayakta tutulması, mali ve siyasi güce dayanan planlı uygulamalardır. Bu nedenle gücü ve varlığı yapaydır. Kökleri sömürgeciliğe ve 20.yüzyıl emperyalizmine dayanan, şimdi küreselleşme adıyla yeni bir olguymuş gibi ileri sürülerek yaygınlaştırılan bu uygulama, büyük devlet politikalarının doğal sonucudur. Azgelişmiş ülkelerin, güçsüzleştirilerek parçalanmalarında etkili bir araç olarak kullanılmaktadır.

*"Böl ve yönet"* anlayışına dayalı bu politikalar, inanç ayrılıklarını; sömürgecilikten emperyalizme, bölgesel çatışmalardan dünya savaşlarına dek, dörtyüz yıldır sürekli bir biçimde kullanmıştır. Aynı anlayış, yaratılan *"zengin"* birikimle bugün mali ve teknolojik olanakların itici gücüyle, amacı değişmeden kullanılmaya devam edilmektedir. *"Dinin"* siyasileşmesi, doğrudan ve kesin olarak küreselleşme politikalarına bağlı olan bir gelişmedir.

İkinci Dünya Savaşı'ndan sonra ABD öncülüğünde geliştirilen Yeni Dünya Düzeni politikaları tüm Müslüman ülkelerde uygulandı. ABD tarafından geliştirilen bu *"kurama"* göre: *"Komünizme karşı, İslam ve İslam ülkeleri kullanı-*

*lacak ve Sovyetler Birliği Çin'den Yunanistan'a dek uzanan bir güvenlik kuşağı ile sarılacaktı."* Yarım yüzyıla yakın uygulanan bu kuram, kuşak içinde yer alan İslam ülkelerinde, dinsel ya da etnik ayrılıkları dirençli siyasal hareketler haline getirdi. Sovyetler Birliği'nin dağılması, İran, Irak ve Afganistan'daki gelişmeler ve *"ikiz kuleler"* olayı bile *"Yeşil Kuşak"* anlayışını değiştirmedi. Kurulup geliştirilmesine karşın denetim dışına çıkan örgütlere saldırıldı ancak bu saldırıda başka dinsel ya da etnik guruplar kullanıldı; *"dinin"* siyasileştirilmesinden vazgeçilmedi; vazgeçilmesi de olası değildi. Çünkü bu politikayı oluşturan nedenler siyasi değil, ekonomikti. *"Dinin"* siyasileştirilmesinin arkasında yatan temel neden, uluslararası şirket faaliyetleri ve bu faaliyetleri düzenleyen emperyalist politikalardı.

1980'lerden sonra dünyanın tümünü kapsayan, doğal olarak Müslüman ülkeleri de içine alan, yeni bir politik söylem ve bu söyleme uygun uygulamalar geliştirildi; küreselleşme sözleri bu dönemde yaygınlık kazandı.

Küreselleşme, insanlara yeni ve ileri bir dünya düzeninin habercisi olarak sunuldu ama, toplum yaşamında ortaya çıkan somut sonuç, sosyal yaşamın çok hızlı bir biçimde ortaçağ geleneklerine doğru kayması oldu. Ekonomik yetmezlik ve ulusal çözülme içine giren azgelişmiş ülkelerde, paranın yaptırım gücünün, politik bir araç haline gelmesi; ona sahip olanlara, toplumsal yaşamın her alanına diledikleri biçimi verme olanağını sağlamaktadır. Etnik ayrılıkların yayılıp güçlenmesi, örgütlü *"dinsel"* yapılanmaların sayı ve etkilerinin artması, uluslararası sermayenin mali gücüne dayanılarak gerçekleştirilmiştir. Bu tür gelişmelerin temelinde, ulusal ya da sınıfsal nitelikli demokratik örgütlenme biçiminin güçsüzleşmesi, ulus devlet işleyişinin çözülmesi ve geleneksel partilerin etkisizleşmesi yer almaktadır. Günümüzün yaşanan gerçeği, siyasi partilerin, toplumsal gelişime uyum gösteren atılımları gerçekleştirecek demokratik bir yapıya kavuşmaları değil, inanç temeli üzerinde siyaset yapan kuruluşlar haline gelmeleridir. Bugün, *"dinsel"* ya da etnik yapılar partileşirken; partiler, inanç temelinde siyaset yapan yapılar haline gelmektedir.

Yüzyılların demokratik mücadele birikimi ortada dururken, Batı'da feodalizm tasfiye edilmişken ve birçok ülke uluslaşma sürecini henüz yaşamamışken; tarihin akışına, sosyal gelişime ve demokratik yaşama ters düşen bu tür gelişmeler, bu denli yaygınlıkla neden, nasıl ortaya çıkıyor? İnancın ve etnik kimliğin özgürleşmesi olarak ileri sürülen bu gerici yönelme nereye dayanıyor? Kime, nasıl hizmet ediyor?

Soruların yanıtları vardır ve bu yanıtlar, tekelci şirket çıkarlarının yön verdiği küresel ilişkiler düzeninin içinde bulunmaktadır. Demokrasi sorunu olarak ileri sürülüp saldırgan bir politikaya dönüştürülen etnik ayrımcılık ya da teokratik düzen arayışı, birçok insanın sandığı gibi, demokrasinin ya da insan haklarının sınırları içine giren bir çaba değil; şirket çıkarlarıyla doğrudan uyum gösteren, ekonomik kaynaklı, küresel bir politikadır. Ekonomik temeli olmayan politik bir hareket var olamaz. Bilinen bir gerçektir ki, her politik açılım temsil etmeye çalıştığı gücün çıkarlarını savunur. Geniş kapsamlı mali ve politik destekle güncelleştirilip küresel bir boyut kazandırılan etnik ve dinsel yapılanmaların, uluslararası şirket çıkarlarıyla, ekonomik anlamda nasıl örtüşme içinde olduğunun, açık bir biçimde ortaya konulması gerekir.

*

Etnik ve dinsel yapılanmaların, azgelişmiş ülkelere yönelik büyük devlet politikalarında temel stratejik unsur haline gelmesinin, uluslararası şirketlerin küresel faaliyetleriyle doğrudan ilişkisi vardır. Bu ilişkiyi gerçek boyutuyla kavramak için; uluslararası şirketler arasında 1980-lerden sonra yoğunlaşan *"küçülme"* eğilimlerini, bu eğilimin şirketler ve ülkeler üzerinde yaptığı etkiyi ve bu etkinin sonuçlarını incelemek gerekecektir. Bu yapıldığında, etnik ve dinsel yapılanmalarla tekelci şirket çıkarları arasındaki ilginç ilişki kendiliğinden ortaya çıkacaktır.

**John Naisbitt**, *Global Paradox* adlı kitabında şunları söylemektedir: *"Büyük şirketlerin özerk ve küçük ünitelere bölünerek daha iyi çalışabileceklerini görüyoruz. Aynı durum ülkeler için de geçerli.* **Tek bir dünya haline gelmemizle birlikte parçalar küçülüyor ve şirketler için iyi işliyorlar.**. *Din, kültür, dil ve etnik köken, insanlarda ait olma duygusunu güçlendiriyor. Yeni toplumlar bu bağlardan yaratılacak.. Bu bağları korumak için gelişen yeni küresel eğilim zamanla tüm toplumları aynı davranış standartlarına ulaştıracak. Bu standarta uymayanlar* **uluslararası topluluğun sorgusuna** *uğrayacaklardır."*46

Uluslararası şirketler, 1980'den sonra, çok sayıda alt birim örgütleri ve şirket şubeleri açarak küçük birimler halinde örgütlenmeye başladılar. Şirket alt birim sayıları yüzbinlerle ifade edilmeye başlandı. Şirket bültenleri, küçülmenin sağladığı büyük kâr artışlarından söz ediyor ve küçülmeye dayalı yeni şirket örgütlenmesinin yararlarını anlatıyordu.

Küreselleşmeciler, şirket alt birim sayılarındaki artışları *"yeni bir liberal dalganın"* yayılması olarak göstermeye çalıştılar. Oysa, şirket alt birim sayıları artıyor ancak birleşme ve satın almalarla, tekelci şirket sayısı sürekli azalıyordu; tekel yoğunlaşmasının ileri düzeyde arttığı bir süreç yaşanıyordu ve bu sürecin liberalizmle hiçbir ilişkisi bulunmuyordu; sayısal artışlar, büyük şirketlerin kendilerini büyüten iç örgütlenmeleriyle ilgili bir sorundu. Bugün, küresel ekonominin tüm alanlarında birkaç büyük tekel, piyasa denetimini eline geçirmiş durumdadır. Şirket alt birim sayılarındaki artışlar, uluslararası şirketlerin zaten var olan tekel olanaklarını arttıran yeni araçlar olarak ortaya çıkmaktadır.

Bir merkezden yönetilerek tek bir bütün halinde dünyaya açılmış olan şirketlerin, küçük ve özerk birimler halinde yeniden örgütlenmeleri, doğal olarak maksimum kâr eğilimine bağlı bir gelişmedir. Küçük şirket birimleri; değişime kolay uyum gösteren, pazar esnekliğine sahip, müşteri duyarlılıklarına daha iyi yanıt veren ve bürokratik giderleri azaltan bir yeteneğe sahiptirler. Bu birimler, üretim ve pazarlamada daha hızlı hareket ediyor, personel rejiminde kısıntı kolaylıkları sağlıyor ve yönetici sayısını arttırarak sorumluluk performansını yükseltiyor, böylece şirket kârını arttırıyorlardı.

Uluslararası tekelci şirket işleyişinin küresel örgütlenmede aldığı yeni biçim, bu biçime uyum gösteren pazar koşullarını yaratma zorunluluğunu beraberinde getirdi. Bu da; merkezi yönetim otoritesinden yoksun kılınmış, korunmasız ve hukuksal işleyişi yabancılaştırılmış küçük ülkeler yaratılmasıydı. 20.yüzyıl boyunca bağımsızlığına kavuşan azgelişmiş ulusların küçük ve yerel bir takım topluluklar haline getirilmesi, küçük şirket birimlerine, içinde rahat hareket edebilecekleri *"küçük"* ve *"özgür"* bir ortam yaratacaktı. *"Heyecanlı"* küçülme *"filozoflarının"* ortaya çıkarak, saldırgan bir politikanın ideolojisini oluşturmaları ve bu politikayı demokrasi ya da insan hakları kılıfı ile örtmeye çalışmaları; şirket çıkarlarına dayanan büyük devlet politikalarının yön verdiği programlardı. Mali ve siyasi bağımlılık, yetmezse *"askeri"* güçle uygulanan *"tank"* demokrasisi ve estirilen ideolojik *"fırtına"* bir tek hedefe yönelmişti; azgelişmiş ülkelerde devletin küçülmesi ve ulus-devlet etkinliğinin kırılması. Küçük alt birimler halinde örgütlenerek dünyaya yayılan uluslararası şirketler, küçülen yapılarına uygun, serbestçe kullanabilecekleri küçük (özellikle dirençleri küçük) ülkeler istiyordu.

Bu girişimin açık anlamı, bölünme ve parçalanmayı hedefleyen, yaptırım gücü yüksek ve zora dayanan küresel bir politikaydı. Büyük güçlerin kararlı birlikteliğiyle uygulanan bu politika, sonuçlarını kısa bir sürede verdi ve yalnızca 1990-2000 yılları arasındaki on yılda 25 yeni ülke ortaya çıktı.

\*

Uluslararası şirketlerin bugünkü geçerli sloganı: *"Yerel düşün küresel davran"* dır. Oysa 1960-1970'li yıllarda bu slogan, *"küresel düşün yerel davran"* dı. Bunun açık anlamı şudur: Şirketler, girdikleri ulusal pazarda, piyasa işleyişine diledikleri biçimi verirken o günkü merkezi yapılarına uygun hareket ediyorlar ve faaliyetlerini girdikleri pazarda etkin olmakla sınırlıyorlardı. Şimdi ise; şirketler, alt birim örgütleri aracılığıyla girdikleri ülkelerde, hem iç pazarı ve hem de civar pazarları hedefleyen imalat ve montaj üsleri kuruyorlar; yalnızca ekonomiye değil, girdikleri pazarın tüm yerel özelliklerine uyum gösteren bir anlayışla çalışıyorlar; ülkenin sosyal-siyasal sistemine de yön veriyorlar.

"*Yerel düşünüp küresel davranan*" yeni şirket anlayışı, önce kendi pazarını koruma eğilimi içindeki ulus-devletleri baskı altına aldı; daha sonra eylemli olarak varlığına son vermeye yöneldi. Ulus-devletin ekonomik alandaki varlığı, bu varlığın dayanak noktaları olan korumacı yasalar, gümrük rejimi, milli mali politikaların çökertilmesiyle büyük oranda ortadan kaldırıldı; azgelişmiş ülkelerin ulusal pazarları, küresel ticaret işleyişinin rekabet gücü olmayan tüketim alanları haline getirildi. Ulus-devlet varlığıyla şirket egemenliğinin karşıtlığı, 20.yüzyılın özellikle son çeyreğinde dünya politik sisteminin temel çelişkisi oldu.

Uluslararası tekelci şirketler, yatırımlardan pazarlamaya, kâr transferinden vergilendirilmeye dek her alanda denetimsiz bir ortam isterler. Faaliyetlerini kısıtlayacak en küçük ulusal önlem ve gelişmeye bile katlanamazlar. Ulus-devlet gelenekleri onlar için; "*ekonomik gelişmenin önündeki kaldırılması gereken engellerdir.*" '*Kabile ekonomisi*', '*yeni Osmanlıcılık*', '*eyaletçilik*', '*kent devletleri*' ya da '*yerel yönetimcilik*' gibi tanımlarla açıkça dile getirilen ve mevcut sistemin çöküşü anlamına gelen bu gelişme, sosyal yapıyı, kaçınılmaz olarak yerelleştirmektedir. Tekelci şirket isteklerine dayanan yerelleşmenin sonucu, söylendiği gibi yönetim sisteminin demokratikleştirilmesi değil, tam tersine "*kabileselleştirilmesi*" olmaktadır. Mali ve teknolojik olanaklar ve zor yöntemleriyle, insanlık adeta feodalizme geri götürülmektedir. Gelişmiş ülkelerde yeni emperyalist bloklar oluşurken, az gelişmiş ülkelere geri, karmaşık ve düzensiz bir sosyal yapı yerleştirilmekte, etnik ve dinsel ayrılıklar bu yapının temel taşları haline getirilmektedir.

Din, dil, etnik köken ve bölge farklılıkları gibi yerel ayrılıkların, küreselleşme ideolojisi açısından stratejik bir önemi vardır. Yerel ayrılıkların hegemonya aracı olarak kullanılması, sömürgeciliği anlatan eski bir hikayedir, ama yeni olan, bu tür ayrılıkların küresel şirket yapılanmasıyla tam bir uyum içinde olmasıdır. Şirketler küçülecekse ülkeler de küçülmelidir; tek bir dünya pazarı yaratılacaksa bu pazarın uluslardan oluşan parçaları küçük olmalıdır.

Ulusların küçülmesi, fiziki küçülmeyle sınırlı olan bir yaklaşım değildir. Ulus-devletin temelini oluşturan merkezi yönetim yetkilerinin yerelleştirilmesi, ulusal pazarın sınır değişikliğine gerek kalmadan küçültülmesi anlamına gelir. Korumasız kılınan ulusal pazar, uluslararası şirketlerin egemenliği altına girer; tarım, sanayi, ticaret alanlarında önce küçülme, daha sonra yok olma süreci başlar. Ulusal ekonominin yok olması, ulusal varlığın yok olması demektir. Azgelişmiş ülkeleri sömürge haline getiren ve yönetim bozulmasıyla başlayan bu süreç, yerelleşmeyi yaygınlaştırır; etnik ve dinsel yapıların siyasallaşmasını gündeme getirir.

Etnik ve dinsel ayrılıklar, küçülme *"projesinin mimarlarına"*, düşüncelerini uygulamaları için neredeyse hazır bir sosyal yapı sunar. Bu nedenle, çözülme sürecine girmiş olan etnik ve dinsel yapıların canlandırılması gerekir. Kurulmak istenen *"yeni"* düzenin gerçekleştirilmesi, para ve politikanın etkili gücü ve bağlayıcı uluslararası anlaşmalarla sağlanır. Gereksinim duyulan birikim, uzun yıllara dayanan bağımlılık ilişkileri ile yaratılmıştır. Hükümetler kapsamlı programlarla elde edilmiş, kitleler örgütsüz kılınarak sindirilmiş, yoksulluk ve eğitimsizlik yaygınlaştırılmış, yerel ayrılıklar uluslararası düzleme taşınmış, ulusal bilinç köreltilerek yerine sosyal ve kültürel yozlaşma geçirilmiştir. Yaratılan ortam, gerçekleştirilmek istenen amaç için son derece uygun bir zemin oluşturmaktadır.

*

Geçmişte gerçekten yerel olan ve ülkenin inanç kimliğini oluşturan kimi gurupların, hükümet desteği ile *"cemaat"* olmaktan çıkarak küresel bir güç haline gelmesinin arkasındaki temel güç büyük devlet politikalarıdır. Dünyayı tanımayan, örgütlenme birikimi olmayan, mali kaynaktan yoksun, geri, eğitimsiz insanlardan oluşan etnik ve dinsel yapılanmaların; ekonomik ve siyasi gücü yüksek küresel imparatorluklar haline gelmesi bunun en açık kanıtıdır.

Büyük devletlerin etnik ve dinsel ayırımları siyasi malzeme olarak kullanmaları yeni değildir. Yeni olan, bu işin istihbarat birimlerinin ilgi alanından çıkarılarak yasal düzlemlere taşınmış olmasıdır. ABD Temsilciler Meclisi, Mayıs 1998'de 41'e karşı 375 oyla kabul ettiği ve adına *Uluslararası Dini Özgürlükler Yasası* dediği bir yasayla; dinsel inançlara baskı uygulayan ülkelere yaptırım uygulanmasını kabul etti.[47] ABD yönetimi ayrıca, Pentagon'un istek ve önerileriyle *Virginia*'da bir *İslam ve Sosyal Bilimler Yüksek Okulu* açtı. 2 Eylül 1999'da ilk mezunlarını veren *"Yüksek Okul"*un mezuniyet töreni, hükümet yetkililerinden kordiplomatiğe dek uzanan *geniş yelpazeli* bir katılımla gerçekleştirildi.[48] Bu katılım, doğal olarak, Amerika Birleşik Devletleri'nin *"Müslümanlık İşleri"* çalışmalarına verdiği önemi göstermektedir.

ABD bugün, *"Müslümanlık İşlerine"* önem veren ülkelerin başında gelmektedir, ama bu *"önem"* ne bugüne aitti ve ne de ABD ile sınırlıydı. 20.yüzyılın başlarında Almanya, Türkiye üzerindeki etkisini arttırmak için İslam Dinini yoğun olarak kullanmıştı. Osmanlı topraklarındaki cami ve pazar yerlerinde; Alman İmparatoru **Wilhelm**'in gizlice İslam Dinini seçtiği, kılık değiştirerek Mekke'ye hacca gittiği ve ismini **Hacı Wilhelm Muhammet** olarak değiştirdiğine dair söylentiler yayıldı. Almanlara yakın birtakım *"din bilginleri"*, Kur'ân'da **Wilhelm**'in müminleri kafir boyunduruğundan kurtarmak için, Allah tarafından görevlendirildiğini gösteren esrarengiz *"ayetler"* bile buldu.[49]

Şirketlerin küçülme eğilimlerini gösteren pek çok açıklama ve uygulama vardır. Sonuçlarını herkesin yaşadığı ancak nedenlerini çok az insanın kavradığı bir süreçten geçilmektedir. Kitlelere, medyanın etkili gücüyle, yanlışlarla dolu sanal bir dünya vaad edilmektedir. İnsanlar, aptallaştırılmış tüketim araçları haline getirilirken, dünyaya yayılan şirketler muazzam boyuttaki kârları ülkelerine taşıyor. Şirket yetkilileri, yaptıklarını ve yapacaklarını açıklamaktan çekinmiyorlar. Ulus-devlet varlığının temelinde yer alan laikliğin, uluslararası şirket faaliyetlerine ve bu faaliyetlerin somut ifadesi olan büyük devlet politikalarına karşı çıkmadan korunamayacağı bilinmelidir. Bu ise anti-emperyalist mücadele demektir.

*General Elektric*'i 1990'larda adeta yeniden yaratan **Jack Welch**'in, şirket birimlerine uygulanma zorunluluğuyla verdiği kesin ve net emir şuydu: *"Küçük düşünün, büyük şirket kütlemize, küçük şirket ruhunu ve küçük şirket hızını kazandırmak için amansız bir mücadele veriyoruz."*[50] **Welch**, dev boyutlu şirketini, daha etkili hale getirmek için, küçük birimler halinde yeniden örgütledi. Bu yöndeki uygulamalar kısa süre içinde sonuçlarını verdi ve şirketin eleman sayısı 368 binden 268 bine düşerken, yıllık satışlar 1992 rakamlarıyla 27 milyar dolardan 62 milyar dolara, net kâr ise 1.5 milyar dolardan 4.7 milyar dolara çıktı.[51]

Dünyanın en büyük güç üretim gurubu olan *Asea Brown Boveri* (ABB), Zürihten yönetilen merkezi şirket yapısını, özerklik haklarına sahip 1200 küçük şirket şubesine böldü. Ortalama 200 kişinin çalıştığı şubeler, ana şirket gelirlerini kısa sürede 30 milyar dolara çıkardı. Genel Müdürlük'te çalışan eleman sayısını 4000'den 200'e indirmesine karşın, gelirleri arttı. Genel Müdür **Percy Barnevik**, küçülmeyle ilgili olarak şunları söylüyor: *"Sürekli büyüyor ama aynı zamanda sürekli küçülüyoruz. Biz yalnızca küresel bir* *işletme değil, aynı zamanda güçlü bir küresel koordinasyona sahip yerel işletmeler topluluğuyuz."*[52]

Amerika dahil 40 ülkede yayın yapan *New Perspectives Quarterly Dergisi*'nin yayın yönetmeni, Dünya'nın alacağı yeni biçim için şunları söylüyor: *"Yeni Dünya Düzeninin önemli yapı taşları, silahlı uluslar yerine global ölçekli şirketlere ev sahipliği yapan, teknolojik olarak gelişmiş şehir devletleri olacaktır."*[53] Küreselleşme adıyla kurulmak istenen dünyayı, feodalizmin *"geri dönüşünü"*, kozmopolitizmi ve toplumsal kaosu bu sözlerden daha iyi ne anlatabilir? Şirket yöneticileri, herşeyi en açık biçimde ortaya koymuyorlar mı?

### Küreselleşme Sonuçları

Başta yönetici kadro olmak üzere siyasal partilerle ilgilenen herkes; küreselleşmeyi, geçerli dünya koşullarını, ülkesinin özelliklerini, uluslararası ilişkilerin işleyiş biçimini anlamak ve somut politikalar üretmek zorundadır. Dolaysız bir biçimde iktidarın elde edilmesine yönelmiş olan siyasal parti eylemi, yapılan işin önemi nedeniyle; yöneticiler başta olmak üzere, parti üyelerine ve sempatizanlarına dek herkese büyük bir sorumluluk yükler. Her koşulda geçerli olan bu sorumluluğun gerekleri, ulusal sınırlar içinde kitleleri örgütlemek, dışarda ise benzer nitelikteki örgütlerle dayanışma içinde olmakla yerine getirilebilir. Bu davranış, ülkesinin ve halkının haklarını savunmak isteyen insanlar için anti-emperyalist olmak demektir. İktidar sorununun göstermelik bir parlamentarist işleyiş ve oy vermekle sınırlı *"basit"* bir iş haline getirilmesi bu sorumluluğu ortadan kaldırmaz. Ayrıca taşınması gereken sorumluluk parti yönetici ve üyeleriyle sınırlı da değildir. Ülkesinin, buna bağlı olarak kendisinin haklarını savunmak ve kendi geleceğine kendisi karar vermek isteyen herkes, ülkesini ve dünyayı tanımak, koşullarını bilmek, geçerli ilişkileri anlamak zorundadır. Bunu yapmadıkları sürece, her dört ya da beş yılda bir, *"haklarını kimlerin gas-*

*pedeceğini"* bilmeden seçmekten başka bir şey yapmamış olacaklardır.

İktidarın gerçek anlamda el değiştirmesi, salt oy vermekle sağlanamayacak kadar ciddi ve kapsamlı bir iştir. Seçim kazanmakla iktidarın elde edilmesi arasında, politika ve askeri güçle doldurulması gereken geniş bir alan vardır. Bu boşluğun doldurulması için, çoğunluk tarafından kabul gören, halka dayanan, kitlelere güven veren ve uygulama yeteneği yüksek bir siyasi otoriteye gereksinim vardır. Yalnızca seçim kazanarak hükümet oluşturmak, iktidara gelmek demek değildir.

Seçimlere ve meclise izin veren küresel güçler ve onların yerel temsilcileri, bu ilişkileri kullanarak gerçek iktidar değişimine yönelen (ve yönelecek olan) ulusal ya da sınıfsal nitelikli siyasi hareketlere karşı gerekli önlemleri almışlardır. Tüm dünyayı içine alan önlemler düzeninin, işleyiş ve uygulamaları biçimsel olarak değişiktir, ama temel amacı her yerde aynıdır.

Yasal ya da yasal olmayan ve kısıtlamaları içeren baskı sisteminin kurulması, öncelikli olarak ekonominin, siyasal işleyişin ve iletişim teknolojisinin denetim altına alınmasını gerekli kılar. Bu yöntemle sağlanan gizli baskı sistemi, kitleler üzerinde çok etkileyicidir.

Parti çalışmaları ve seçim kampanyaları büyük paralarla yapılabilecek bir eylem haline gelmiştir. Ulusal ya da sınıfsal örgütler ve sendikalar ya satın alınmışlar ya da medyada kurulan tekel nedeniyle seslerini duyuramaz olmuşlardır. Parayla beslenen, sistemin savunuculuğunu yapan bir takım *"sivil toplum örgütleri"* ortaya sürülmüş, siyasetin kendisi artık para haline gelmiştir. Paraya sahip olanlar ekonomik, siyasal ve kültürel önceliklerini; toplumsal yaşamın tüm alanlarında egemen kılmak için her türlü olanağa sahiptir. Bu, o denli açık, eşit olmayan ve etkili bir üstünlüktür ki; toplumun çoğunluğunu oluşturan ve her zaman sıkıntı içinde yaşayan kitleler kendi temsilcilerini *serbest seçim haklarını* kullanarak parlamentoya gönderemezler. Ancak ülkede *demokrasi(!)* vardır ve bu *demokrasi* günümüz dünyasında, yalnızca azgelişmiş ülkelerde değil, dünyanın her yerinde bir *"peri masalından"* başka bir şey değildir. Eğer bugün bir demokrasiden söz edilecekse, bu demokrasi insanların tümünün değil, *"paraya sahip olanların demokrasisidir."*

Seçim sosyolojisi ve siyasi partiler üzerine kapsamlı araştırmalar yaparak anayasal sistemler üzerine yeni bir kuram geliştiren Fransız hukukçu ve siyaset bilimcisi **Maurice Duverge**, yaşanmakta olan demokrasi işleyişinin ne olduğu konusunda şunları söylemektedir: *"18.yüzyıl filozoflarının görüşlerine dayanarak hukukçuların uydurdukları tümüyle gerçek dışı bir demokrasi anlayışı içinde yaşıyoruz. 'Halk tarafından halk hükümeti', 'ulusun, kendi temsilcileri tarafından yönetilmesi'.. bunlar coşkunluk uyandıracak ve nutuklarda işe yarayacak güzel sözlerdir, hiçbir anlam taşımayan güzel sözler. Bir halkın kendi kendini yönettiği hiçbir zaman görülmemiştir, hiçbir zaman da görülmeyecektir. Bütün hükümetler oligarşiktir; bu da, zorunlu olarak, az sayıdaki kişinin çoğunluğa egemenliğini içerir. Jean Jacques Rousseau, yorumcularının okumayı unuttukları bir cümlesinde bunu çok iyi görmüştür; 'Kelimenin tam anlamıyla gerçek demokrasi hiçbir zaman olmamıştır ve olmayacaktır da.. Çoğunluğun yönetmesi ve azınlığın yönetilmesi doğal düzene aykırıdır'.."*[54]

Devlet biçimi olarak demokrasinin, toplumsal sistemin belirlediği yönetim yapısı içinde; azınlığın egemenliğinde olması, zora ve güce dayalı bir siyasi düzeni gerekli kılar. Açık ifadesini Batı toplumlarının gelişiminde bulan köleci, feodal, kapitalist ya da sosyalist devlet biçimlerinin ortak özelliği, temsil ettiği sınıfın çıkarlarını savunması ve zora dayanmasıdır. Devlet biçimi olarak demokrasiden söz edildiğinde, *kimler için* sorusuna verilecek yanıt, konu edilen demokrasinin kapsam ve niteliğini belirleyecektir. İnsanlık, herkes için eşit ve toplumun tümü-nü kapsayan bir demokrasiyi henüz yaşamadı. Konunun can alıcı noktası, demokrasiden söz edildiğinde; *kimin için* sorusunun sorulması ve bu soruya doğru yanıt verilmesidir. Demokrasiden (devletten) gerçek olarak yararlananlar kimlerdir?

Siyasal ve hukuksal özgürlüğe kimler sahiptir? Ekonomik güçle siyasi demokrasi arasındaki ilişki nedir? İşin özü, bu sorulara verilecek yanıtlarda saklıdır.

\*

Siyasi katılımcılığı ve parti eylemini halk için olanaksız hale getiren mali ve teknolojik yetmezlik, yalnızca yüksek bilinç, özveri ve kitle dayanışması ile aşılabilir. Kitle dayanışması örgütlenme, yüksek bilinç ise aydınlanma ile sağlanır. Bu gerçek, halkın ve ulusun kurtuluşunu amaç edinen aydınları ortaya çıkarır ve bu aydınlar amaca yönelik olarak kitlelerin örgütlenmesinde öncü rol oynarlar. Dünya üzerinde, aydınların öncülük etmediği ilerici bir hareket şimdiye dek görülmemiştir.

Aydınların kitlelere doğru bilinci götürebilmesi için, her şeyden önce kendilerinin doğru bilinçle donanmaları gerekir. Politik tavır alan özellikle de parti yöneticisi olmak isteyen insanlar, dünyayı, ülkeyi ve halkı tanımak, günün sorunlarını kavramak, doğru programlar üreterek bu programları uygulayabilecek kararlılıkta olmak zorundadır. Bu konumda değillerse hem kendilerini hem de halkı kandırmış olurlar. Bunun sonucu kuşkusuz ki, başarısızlık, üzüntü ve yenilgidir.

Bugün, küreselleşme uygulamalarının etkilerini görmek ve gerçek boyutuyla kavramak; özellikle, küreselleşmenin yaşattığı ulusal ve toplumsal sorunları ağır bir biçimde yaşayan azgelişmiş ülke insanları için yaşamsal önemdedir. Küresel politikaların yarattığı yıkıcı sonuçları kitleler dolaysız bir biçimde yaşadığı için, küreselleşmeyi halka anlatmak zor değildir. Bu işi zorlaştıran bilgi, bilinç ve örgüt eksikliğidir. Küreselleşmeyi, eş deyişle emperyalizmi bilmeyen, anlamayan ya da yeterince anlamayan parti yöneticileri ne denli özverili olurlarsa olsunlar, ulusal boyuttaki sorunları çözemezler ve halkın gereksinimlerini karşılayacak politikalar üretemezler. Küresel işleyişin kural ve koşullarını öğrenip kavramak ve bu işleyişe karşı doğru tavır almak, yurtsever bir siyasi mücadelede başarılı olmanın ön koşuludur.

20.yüzyıldaki uluslararası ilişkilerin evrimi, ekonomik ve politik gerilimler, savaşlar, ulusal ve toplumsal hareketler, bütünlüğü olan bir nesnellik içinde ele alınırsa şu gerçeklerle karşılaşılacaktır.

1.Yoğun olarak ileri sürülen; ulusal sınırların önemini yitirdiği, dünyanın küçüldüğü, ulus-devletler döneminin sona erdiği ve politik partilerin öldüğü gibi savlar doğru değildir, gerçeği yansıtmamaktadır. Azgelişmiş ülkeler için ulusal sınırlar bugün, her zamankinden çok daha önemlidir. Bu ülkeler, sınırları içinde ekonomik varlıklarını, siyasal ve hukuksal haklarını, ulusal bağımsızlıklarını ve geleceklerini koruma altına almak zorundadır. Yaşanmakta olan süreç, emperyalist hegemonyanın anlaşmalar ya da zor yöntemleriyle azgelişmiş ülkeler üzerinde ağır bir baskı kurduğu geçici bir süreçtir. Sürecin olumsuzluklarından kurtulabilmek için, başta partiler olmak üzere her alanda örgütlenilmesi gerekmektedir. Partiler, küreselleşme ideologlarının ileri sürdüğü gibi *"artık ölmüş"* değil, denetim altına alınarak *"öldürülmüştür."* Azgelişmiş ülke halklarının, politik partilere bugün her zamankinden daha çok gereksinimleri vardır.

2.Yeni olarak sunulan küreselleşme olgusu, ne yeni ne de ileridir; tekelci şirket egemenliğinin en yüksek, en asalak ve çözülmeye en yakın üst evresidir; 20.yüzyıl başında dünyaya yayılan emperyalist sistemin devamıdır. Yüz yıllık geçmiş içinde teknolojik gelişme, sermayenin küresel dolaşımı ve *mali-sermaye (finans-kapital)* yoğunlaşması olağanüstü artmıştır, ama emperyalist sistem niteliksel bir değişime uğramamıştır. Dünya 21.yüzyıla, 20.yüzyıla girdiği koşulların hemen aynısıyla girmiştir.

3.Emperyalizmin en belirgin özelliği olan tekelleşme, şirket satınalma ve birleşmelerle 19.yüzyıl sonunda başlamıştı. Tekelleşme, bugün ileri bir boyuta varmıştır ve hala sürmektedir. Her biri, kendi üretim dalında dünya tekeli haline gelen az sayıdaki büyük şirket, dünya ekonomi ve siyasetine, 20.yüzyıl başında olduğu gibi bugün de yön vermektedir. Bu şirketlerin mali gücü pek çok ülkenin ulusal gelirinden fazladır. Yüz yıllık küresel şirket faaliyetleri içinde; yatırım ve ihracat politikası, maksimum kâr hedefi ve kâr transferi gibi temel konularda niteliksel bir değişim yaşanmadı. Üretim teknolojisi, şirket yapılanması, yönetim teknikleri gibi konularda önemli değişiklikler oldu, ama bu değişiklikler öze değil, biçime yönelik yeniliklerdir. Bu nedenle, yüz yıldır varlığını sürdüren dünya sistemine, küreselleşme adıyla yeni ve ileri anlamlar yüklemek tam bir yanıltmacadır.

**4.**Büyük devletler, 20.yüzyıl boyunca kendilerine ait şirketlerin dışarıya açılmalarını teşvik ettiler ve şirketlerin gereksinimlerini karşılayacak küresel ölçekli politikalar geliştirdiler. Şirket rekabetini askeri savaşa dönüştürmekten çekinmediler; çatıştılar ya da uzlaştılar, ama kendi şirketlerinin çıkarlarından asla ödün vermediler. Şirketler uluslararası hale geldi, ancak milli niteliklerini hep korudular. Şirket satın alma ve birleşmeleriyle hisseler alınıp satıldı, ama yönetimde söz sahibi olmayı sağlayacak hisse payları her zaman bir ülkeye ait şirket mülkiyetinde kaldı. Sermayenin küreselleşmesine rağmen şirketler, hiçbir zaman uluslarüstü bir niteliğe ulaşamadı; her şirket elde ettiği kârı kendi ülkesine taşıdı. Bu yüz yıl önce de böyleydi, bugün de böyledir. Şirket satınalma ve birleşmelerinde niceliksel artışlar oldu, ama emperyalist sistem yoğunlaşarak işlemeye devam etti.

**5.**Sanayileşmiş ülkeler, 20.yüzyıla, pazar gereksinimlerinin yarattığı rekabet gerilimleriyle girdiler. Silahlı çatışma dahil her tür mücadeleyi içeren bu gerilim, 20.yüzyılın ilk yarısında iki büyük savaşa ve sayısız bölgesel çatışmaya neden oldu. 2.Dünya Savaşı'ndan sonra Sovyetler Birliği'nin geniş bir müttefik ülkeler gurubuna kavuşarak güçlenmesi, soğuk savaş dönemini başlattı. Daha önce birbirleriyle savaşan tüm Batılı ülkeler, bir araya gelerek *ortak pazarlar* oluşturdular ve bu yolla rekabet gerilimlerini ekonomik mücadele ile sınırlamaya çalıştılar. ABD liderliğinde yürütülen bu politika, 1990'a dek başarılı oldu. Ancak Sovyetler Birliği'nin dağılmasından sonra, büyük devletler arasındaki ekonomik rekabet yeniden sertleşmeye başladı. Soğuk savaş dönemi boyunca askeri harcamalara kaynak ayırmayan Almanya ve Japonya, muazzam bir ekonomik büyüme gerçekleştirdi ve güçlü ekonomik rakipler olarak ABD'nin karşısına dikildiler. Üç büyükler, ortak pazarlar aracılığıyla kendi arka bahçelerini kurdular. Pazar rekabetini ekonominin sınırları içinde tutmak için geliştirilen *ortak pazarlar* bu kez, ticari bloklar arasındaki rekabetin öğeleri haline geldi. ABD, Japonya ve Almanya arasındaki ticari gerilim, bugün 1914 ya da 1939'da olduğundan daha az değildir. 20.Yüzyıl başları, adeta yeniden yaşanmaya başlandı.

6.Küreselleşme olarak ifade edilen uluslararası ilişkiler, kesin olarak tekelci şirket egemenliği üzerine kuruludur. Şirket egemenliğinin toplumun tümü üzerinde belirleyici bir disiplin sağlaması, ancak ve yalnızca, zor yöntemleriyle olanaklıdır. Zor ve şiddetin biçimi, yoğunluğu, kapsadığı sosyal kesimler, sisteme yönelik örgütlü karşı çıkışın direnci ve gücüyle ilgili bir sorundur. Faşizm ile demokrasi arasındaki ayırım, rejimi bekleyen tehlikenin gücüyle orantılı, biçimsel bir farklılıktır. Esas olan demokrasi ya da faşizm arasında bir seçim yapmak değil, tekelci şirket egemenliğinin sürdürülmesidir. *Küreselleşme bu nedenle, demokratikleşen faşizm ya da bir başka deyişle faşistleşen demokrasidir.*

7.Düşük ücret, sosyal güvenlikten yoksunluk, işsizlik ve sendikasızlaştırma gibi iş ve işçi sorunları, kronikleşerek dünyanın her yerine yayılmaktadır. İşçilerin yaşam düzeylerini düşüren ve onları artan bir hızla işsiz kılan bu gelişme, yalnızca işçileri ilgilendiren bir konu olmaktan çıkarak toplumsal ve ulusal bir sorun haline gelmiştir. 19.yüzyıl kapitalizminin işçiler ve işsizler üzerinde kurduğu sınırsız ve kuralsız baskı, bugün yoğun olarak azgelişmiş ülkelerde yaşanmaktadır, ama gelişmiş ülke işçileri de, giderek bu ilkel baskının etkisi altına girmektedir. Yalnızca işçiler değil tüm çalışanlar, 20.yüzyıl boyunca mücadele ile elde ettikleri ekonomik ve demokratik hakları yitirme sürecine girmişlerdir. Çalışma şansı kalmamış işsizler, sokakta yaşayan evsizler, sosyal yardıma muhtaç kimsesizler ve cezaevlerini dolduran suçlular, gelişmiş ülkelerdeki sosyal çözülüşün göstergeleri olarak sürekli artmaktadır. Kronikleşen işsizlik nedeniyle, *"işçiler sanki işsizlik tarafından işe alınmış"* durumdadırlar. Bunun doğal sonucu olarak bugün, yalnızca işçiler değil, emeğiyle geçinen herkes aynı yüzyıl başında olduğu gibi, güçlerini birleştirip örgütlü mücadeleye yönelmenin arayışı içindedirler. Tepki karşı tepkiyi yaratmakta ve küreselleşme karşıtı eylemler, dünyanın her yerine yayılmaktadır.

    Toplumsal sorunlarla ilgilenenlerin özellikle de siyasi partilerde görev alanların, kendilerinin ve ülkelerinin sorunlarına yanıt verecek bir çalışma içine girebilmeleri için; geçmişlerini ve içinde yaşadıkları dönemin özelliklerini doğru kavramaları ve buna göre davranmaları gerekir. Dünya ve ülke gerçeklerini öznel yönelmelere ve günlük siyasal çıkarlara kapılmadan, tam bir nesnellik içinde ele almak, üretici güçlerin gelişimini sağlayacak programları ortaya koymak ve bu programları uygulayarak kitlesel bir güç haline gelmek, siyasal mücadeleyi başarıya götürmenin temel koşullarıdır. Yalnızca bugüne ait olmayan bu durum, sermaye gücünün ağır kuşatması altındaki sınıfsal ya da ulusal partilerin ayakta kalabilmelerinin de ön koşuludur.

    Siyasi partiler tarihi, başarıyı sağlayacak koşulları yerine getirmiş parti örnekleriyle doludur. Günümüzün sorunu, bu örneklerin sağladığı politik mücadele birikiminden yararlanarak, günümüz sorunlarına çözüm üretecek partilerin yaratılmasıdır. Siyasi mücadele açısından eskiyi güncel kılan; *20.yüzyıl boyunca yeni bir üretim biçiminin ortaya çıkmamış olmasıdır.* Günümüz partilerinin yapmaları gereken birincil iş, başarıları açık, somut olan ve bugün unutturulmaya çalışılan eski parti deneyimlerinden yararlanmanın yol ve yöntemlerini bulmaktır. Emperyalist sistemin varlığını sürdürüyor olması, sahip olunan mücadele geleneklerini günümüzde yeniden geçerli kılmaktadır. Emperyalizm ortadan kalkmadığı sürece, ona karşı sürdürülen parti mücadelesinin niteliği de değişmeyecektir ve sağlanmış olan anti-emperyalist birikim, güncelliğini koruyacaktır.

Halk kitlelerinin siyasal parti örgütlenmesine belki de en çok gereksinim duydukları bir dönemden geçilmektedir. Yaşam koşullarından hoşnut olmayan kitlelerin, haklarına ve geleceklerine egemen olmak için, örgütlenmek ve örgütlü mücadele içine girmekten başka bir seçenekleri yoktur. Bu nedenle örgütlenmenin önem ve gereksinimini öğrenmek ve öğrendiklerini uygulamak zorundadırlar. Küreselleşmeci ideologların ileri sürdükleri gibi, parti ve örgütlenme sorunları, ezilen insanlar ve uluslar için önemini yitirmemiş, tam tersine bugün olağanüstü bir önem kazanmıştır. Parti ve örgütlenme için yaratılmış olan kuramsal, pratik uygulamalar birikimi, bugün dikkatlice incelenmeli ve önceki deneyimlerden dersler çıkartılarak uygulanabilir örgütlenme biçimleri geliştirilmelidir. Tekelci şirket egemenliğinden başka bir şey olmayan küreselleşmeye karşı mücadele edip başarılı olmanın başka yolu yoktur.

# ÜÇÜNCÜ BÖLÜM

# PARTİ ÖRGÜTLENMESİNDE TEMEL KAVRAMLAR

## Parti Ve Örgütlenme

Halk kitlelerinin örgütlü olması, yalnızca bugün ve yalnızca azgelişmiş ülkelerde değil, tarihin her döneminde ve özellikle Batılı ülkelerde; yönetenlerce istenmeyen bir durumdur. Yönetim sisteminin işleyiş biçimi ve görünümü ne olursa olsun; azınlığın çoğunluk üzerine egemenlik kurduğu bir düzenin ayakta tutulabilmesi, çoğunluğun örgütsüz kılınmasıyla ancak mümkün olabilir. İktidarın gerçek sahiplerinin, tarih boyunca kendi dışındakilere örgütlenme olanağı vermek istememesi ve örgütlenme girişimlerinin baskıyla karşılanan bir çatışma sorunu haline gelmesi bundandır. Sınıfların ve buna bağlı olarak *silahlı adam guruplarının* ortaya çıkmaya başladığı ilkel toplumdan, modern devletin oluştuğu günümüze dek tüm toplum biçimlerinin ortak özelliği budur.

İnsanlık tarihi, bir anlamda, iktidarı ele geçirme ya da korumaya yönelen mücadelelerin ve bu mücadelelerin temel unsuru olan örgütlerin tarihidir. Bu nedenle sosyal mücadelelerin bir aracı olarak örgüt sorunu, insanlık tarihi kadar eski bir sorundur. Bu eski sorunda, başından beri var olan ortak özellik; yönetenlerin, yönetilenler üzerinde egemenlik kurmaya çalışmaları, bunun için de onların örgütlenmesine engel olacak her türlü önlemi almış olmalarıdır. Ancak hiçbir önlem, baskı altında tutulan kitlelerin mücadelesini durduramamış; tersine bu mücadeleler, toplumsal gelişimin nesnel koşullarına uyum gösterdiği oranda, barışçı ya da barışçı olmayan yöntemlerle, siyasal ve toplumsal dönüşümler gerçekleştirmiştir. Egemenlerin zora dayalı egemenlikleri sürgit devam etmemiş, insanın olduğu her yerde ve her zaman, zora karşı mücadele de var olmuştur.

İktidar için mücadele ve bu mücadelenin araçları olarak geliştirilen örgüt biçimleri, uzun bir geçmişe ve zengin bir çeşitliliğe sahiptir. Ancak siyasi partiler, insanlık tarihinin belirli bir döneminin, Batı'da gelişen kapitalist dönemin ürünüdür ve aynı dönemde ortaya çıkan diğer ekonomik, sosyal ya da kültürel örgütlerden farklıdır. *Tüm siyasi partiler, sözcüğün geniş anlamıyla birer örgüttür, ama her örgüt bir siyasi parti değildir.*

\*

İnsan, gelişiminin belirli bir aşamasında, üretim eyleminde bulunarak diğer canlılardan ayrılıp *"insanlaşma"* sürecine girmiştir. Üretim eylemi bilinç ve dili ortaya çıkarıp insanı sosyalleştirmiş, insanın sosyalleşmesi de üretimi geliştirmiştir.

Üretim ve tüketimin ortak yapıldığı avcılık döneminde, insan üzerinde baskı kurmaya yönelen bir örgüte rastlanmıyor. Hayvancılığa geçiş, tarımın bulunması ve madenciliğin gelişmesi; yaşamı sürdürmek için gerekli olandan daha çok üretim yapılmasını sağladı ve insanlar arasında sosyal farklılaşmaların ortaya çıkmasına neden oldu. Köle çalıştırılan toplumlarda, daha önce beslenmeleri sağlanamadığı için öldürülen köleler, üretim faaliyetine sokularak, tükettiğinden fazla üreten ve toplumsal zenginliği yaratan *"üretim araçları"* haline getirildiler. Bu gelişme egemenlik kavramının ortaya çıkmasına, buna bağlı olarak da, *zor* ve *şiddete* dayanan örgütlerin oluşmasına yol açtı. Bu örgütler aracılığıyla; savaş ve üretim araçlarını, üretilen ürünleri ve yönetim gücünü ele geçiren insanlar gurubu; ayrıcalığı olan, toplumsal yaşamı denetleyen egemenler haline geldiler. İçinden çıktığı topluma yabancılaşan bu insanlar, yönetim gücünü elinde bulunduran egemenler sınıfı haline gelerek, daha geri durumdaki insan toplulukları üzerinde mutlak bir üstünlük sağladı.

İnsanlar üzerinde kurulan egemenlik, yapılan işin doğal sonucu olarak *zor* ve *şiddete* dayanıyordu. Ancak, örgütlü bir toplumsal disipline kavuşmaya başlayan zor yöntemleri aynı zamanda, insanlığı ileri götüren bir süreci başlatıyor; kölelerin yarattığı fazla ürünle ortaya çıkan zenginlik, devleti ortaya çıkararak insanlığı yeni bir dönemin başlangıcına getiriyordu; *"İnsanlık uygarlığın eşiğine gelmiş bulunuyordu."*[1]

İnsanlar üzerinde egemenlik kurma ve kurulan egemenliği sürdürme, ancak örgütlü ve silahlı bir eylemle mümkün olabilir. Sömürü ve baskıyı ortaya çıkarmasına karşın, zor ve şiddetin sosyal gelişimin etkili araçları haline gelmesi, *"insan saflığının ve temizliğinin yitirilmesi"* ya da *"kötülük ve bencilliğin, erdemin yerini alması"* değil; biyolojik gelişime çok benzeyen toplumsal gelişim yasalarının zorunlu bir sonucuydu. Güçlünün yön verdiği sosyal düzenin, toplumun azınlığını oluşturan egemenlerin gönenç ve varsıllığını (zenginliğini) sağlaması ve bu varsıllığın, çoğunluğun sömürü ve yoksulluğuna dayanması tarihin yalın gerçeğiydi. İnsanlar, güç ve varlıklarını, kaotik bir ortam içinde tüketmemek için, kuralları belirlenen toplumsal bir düzene ve bu düzeni sağlayan bir yetkeye (otoriteye) gereksinim duydular. Bu yetke devletti ve devlet her zaman ve her dönemde güce dayanan bir örgüt oldu. Egemenler sınıfının çıkarlarına hizmet etse de, toplumun daha geniş kesimlerini kapsamasa da devlet, sosyal ilerlemenin etkili aygıtı, güç ise bu aygıtın temel dayanağı oldu. *Zor* ve *şiddet*, toplumsal dönüşümlerin ebesi haline geldi.

Yaratılan toplumsal değerlerin paylaşılmasından kaynaklanan ekonomik politik ilişki ve çatışmalar, başta devlet olmak üzere, örgütler aracılığıyla yürütüldü. Devlet, toplumun tümünü kapsayan ve kamusal yaşam alanlarını düzenleyen bir örgüt olarak ortaya çıkmıştı, ama zamanla toplumun tümüne değil, çoğu kez onu ele geçirmiş olan azınlığın çıkarlarına hizmet etmeye başladı. *Köleciliğin* kalıcı düzen haline geldiği Batı toplumlarında, devlet işin başından beri azınlığın çoğunluk üzerine kurduğu baskının aracı oldu. Doğu toplumlarında, özellikle de Türk toplumunda ise, daha eski olan devlet gelenekleri, çok farklı özellikler üzerinde gelişti. *Paylaşımcılığa* ve *katılımcılığa* dayanan bu gelenek, farklı devlet anlayışları ve örgütlenme biçimleri geliştirdi. Devlet burada, iç çatışmanın değil, toplumu oluşturanların tümünün haklarını gözeterek, kural koyan ve dışa karşı korunmayı sağlayan bir örgüt olarak gelişip güçlendi. *İnsanların örgütlenip haklarına ve geleceklerine sahip çıkan bir eylem içine girmeleri, onları bilinçli sosyal varlıklar haline getirdi. Bu anlamıyla insan, örgütlendiği oranda insanlaştı.*

## Parti Nedir, Örgüt Nedir?

Üzerinde tam olarak anlaşılmış, herkesçe kabul gören tek bir parti tanımının bulunmadığını işin başında belirtmek gerekir.[2] Her parti, başka partilerin yapısına benzemeyen, kendine özgü bir yapıya sahiptir[3] ve onların rakibidir. Birbiriyle çatışan çıkarların örgütsel ifadesi olan siyasi partilerin, farklı anlayış ve algılamalarla ele alınması doğaldır. Ancak bu sonuç, en aykırı çıkarları temsil etse de partilerin, ortak özellikler ve benzerlikler taşımayacağı anlamına gelmez. Parti kavram ve işleyişini, birbiriyle örtüşen kurallar sistemi içinde benzer kılan neden; tüm partilerin, *yönetim gücünü ele geçirmek için siyasi mücadele yapmalarıdır.* İktidar için mücadele, karşıt amaçlarla da olsa, siyasi partileri işleyiş olarak bir noktada buluşturur; onları, birbirlerine karşı benzer yöntemler kullanan örgütler haline getirir.

Siyasi parti en genel anlamıyla, *kabul edilmiş programları uygulamak amacıyla bir araya gelen bireylerin kurduğu örgüt* diye tanımlanabilir. Partiyi, *ortak politik inançları olan ve toplumsal yaşamı, inançlarına uygun olarak yeniden örgütlemek için, benzer yöntemlerle mücadele eden insanların gönüllü birlikteliği* ya da *temsil etmeye çalıştığı toplumun en ileri ve en bilinçli unsurlarının oluşturduğu, merkezi bir örgüt* olarak da tanımlayabiliriz.

Fransız siyaset bilimcisi **Benjamin Contant** 1816 yılında partiyi; *"Aynı siyasal doktrine inanan insanlar topluluğu"*[4] olarak tanımlamaktadır. Siyasal partiler üzerine kapsamlı araştırmalar yapmış olan **Maurice Duverger** ise partileri, *"Siyasal iktidarı ele geçirmek ve kullanmak"* için son yüzelli yıl içinde ortaya çıkan ve ağırlıklı olarak *"parlamento guruplarının ve seçim komitelerinin"* doğuşuna bağlı olan örgütler olarak görmektedir.[5]

Türkiye'de siyasal parti konusunu derinlemesine incelemiş bir bilim adamı olan Prof.Dr.**Tarık Zafer Tunaya**, *"Üzerinde tamamen anlaşılmış bir parti tanımının olmadığını"* belirterek partiyi şu biçimde tanımlar: *"En geniş anlamıyla parti, belirli bir siyasal program üzerinde birleşmiş kişilerin, bu programı, özellikle normal seçim yollarıyla gerçekleştirmek amacıyla kurmuş oldukları örgüttür.. Siyasi parti, insanların ve toplulukların* (cemiyetlerin) *en gizli taraflarına kadar giren ve onların kuvvet ve zaaflarını meydana getiren malzemeleri yani fikirleri, menfaat ve ihtirasları, duyguları, gelenekleri, geçmişe sevgiyi ve gelecek özlemlerini sürekli olarak ve başarıyla kullanan bir örgüttür."*[6] Prof. Dr. **Münci Kapani**'nin parti tanımı ise **Duverger**'nin tanımına benzemektedir: *"Partiler bir program etrafında toplanmış, siyasi iktidarı elde etmek ya da paylaşmak amacını güden, devamlı bir örgüte sahip örgütler topluluğudur."*[7]

**Mustafa Kemal Ne Diyor?**

Siyasi partileri, *"ekonomik yarar ve yaşamsal çıkarları sağlayan mücadele örgütleri"*[8] olarak gören **Atatürk**'ün parti tanımı; Türkiye'nin özgün koşullarına bağlı olarak, sınıfsal değil, ulusal partilere örnek olacak bir anlayışı içerir. 19 Ocak 1923 tarihinde, İzmit'de halkla yaptığı söyleşide, sahip olduğu parti anlayışını şöyle ifade eder: *"Milletimiz çok zamandan beri siyasi partiler ve onların ihtirasları ve çatışmaları yüzünden, çok büyük zararlara uğramıştır; kendi çıkarları unutturulmuştur; şunun bunun çıkarlarının hizmetine konmuştur. Ulusal çeşitli sınıflardan bir ya da üçünü alıp, diğerlerinin zararına olarak, yalnızca o sınıfın yararını sağlamakla uğraşan bir siyasi parti, bizim ulusumuz ve ülkemiz için zararlıdır. Bizim ihtiyacımız, tüm ülke insanının el ele vererek çalışması ve bu çalışmadan elde edilecek sonuçlardan ibarettir."*[9]
**Mustafa Kemal**, İzmit konuşmasından 14 gün sonra, 2 Şubat 1923 tarihinde, İzmir'de yaptığı konuşmada görüşlerini yineler ve şöyle söyler: *"Sosyal guruplara* (partiler aracılığıyla y.n) *sağlanan yarar çoğu kez, toplumun tüm katmanlarının yararını kapsayamaz. Bazı sınıfların yararları başka*

*yönde, bazı sınıfların yararı ise bir başka yöndedir. Bu sınıfların yararlarını sağlamak için onlara dayanan, onları temsil eden partiler kurulabilir. Ancak, kurulacak her partinin karşısında, kendi haklarını temsil eden bir başka zümrenin partisi bulunacaktır. Ben, ulusun içinden şu ya da bu sınıfı almak, diğer bir sınıfın aleyhine çalışmak fikrinde değilim. Çünkü böyle bir düşüncede bulunmaya bizim ülkemizde gereksinim yoktur. Zira, inceleyerek görüyoruz ki* (Türkiye'de y.n.), *çıkarları birbirine denk sınıflardan oluşan bir halktan başka bir muhatap bulamıyoruz."*[10]

Parti konusunda kuramsal ve pratik olarak yoğun araştırma ve inceleme yapan, vardığı sonuçları uygulamaya döken **Lenin**; parti kavramını, Rusya'nın 20.yüzyıl başındaki koşullarına bağlı olarak sınıfsal temeller üzerine oturtur ve bir sınıf savaşı örgütü olarak gördüğü partiyi şöyle tanımlar: *"Parti, bütün ülkeyi kucaklayacak kadar büyük, sıkı ve ayrıntılı bir iş bölümünü gerçekleştirecek kadar geniş ve çok yanlı, her türlü şart altında kendi çalışmasını dosdoğru sürdürecek kadar sınanmış olan, kendisinden çok daha güçlü düşman karşısında açık savaştan kaçınacak, ama bu düşmanın gafletinden yararlanarak ona en umulmadık zamanda ve en umulmadık yerde saldırabilecek kadar esnek bir örgüttür."*[11]

\*

Partiler, içinde bulundukları ülke ve dönemin özelliklerine bağlı olarak, bu tanımların hemen tümünde ortak özellikler ya da çelişkiler taşıyan sosyal mücadele örgütleridir. Ancak tanımlar, ne denli kapsamlı ve *"doğru"* olsalar da parti kavram ve ilkelerini tam olarak açıklamaya yeterli olamazlar. Parti konusu, tanımların ötesinde; dünyanın içinde bulunduğu koşullar, uluslararası ilişkiler, ülkelerin gelişim düzeyleri ve kitlelerin gereksinimleriyle biçimlenerek gelişen, değişen ve değişmekte olan sosyal bir olaydır.

Parti işleyiş ve yapısının, yeni süreçlerin ortaya çıkardığı sınıfsal ya da ulusal gereksinimlerle değişime uğraması, somut bir gerçekliktir. Ancak değişmeyen bir başka somut gerçek, ulusal ya da sınıfsal sömürü devam ettiği sürece, parti ve parti mücadelesinin, öneminden hiçbir şey yitirmeyecek olmasıdır.

Diğer sosyal örgütlerden önemli farklılıkları olan siyasi partiler, doğrudan iktidarı hedefleyen mücadele örgütleridir. Partiler, insanlık tarihinin belirli bir döneminde, 19.yüzyıl sanayi devrimiyle ortaya çıkan ve yüzelli yıllık bir geçmişe sahip olan siyasal örgütlerdir. 1850'lerde, dünyanın hiçbir ülkesi kelimenin bugünkü anlamıyla siyasi partileri tanımıyordu. O dönemde, fikir akımları, halk kulüpleri, felsefi dernekler ve parlamento gurupları vardı, ancak gerçek partiler yoktu.[12]

Partilerin siyasi iradenin oluşumunu belirleyen örgütler olarak ortaya çıkması, 19.yüzyıla dek gitmektedir ama, anayasal kurumlar haline gelmeleri, ancak II.Dünya Savaşı'ndan sonra olmuştur. İlk kez, 1947 yılında İtalyan Anayasası, *"Tüm yurttaşların demokratik yöntemle, ulusal siyasetin belirlemesine katılmak üzere partiler halinde serbestçe birleşmek hakları vardır"* (madde 49) diyerek, siyasal partileri bir kurum olarak kabul etti.[13] Ardından, 1949 yılında kabul edilen Alman Anayasası'nın 21.maddesi, siyasal partileri bir anayasa kavramı haline getirdi ve bir siyasal partiler kanunu çıkarılmasını öngördü. Bu kanun 1967'de çıkarılacaktır. Fransa'da, siyasi partilerle ilgili kapsamlı bir gelişme görülmez. 1875 Anayasası, siyasi partilerden hiç söz etmez. 1946 Anayasası, partilerin parlamento çalışmalarına gurup olarak katılacağını öngörür. 1958 Anayasası ise, yalnızca partilerin seçimlerde oynadıkları role işaretle yetinir. 1976 Portekiz Anayasası, siyasi partilere kurum olarak yer verir, ancak özel bir kanundan söz etmez. 1978 İspanyol Anayasası siyasi partilerden söz etmez, ama İspanya'da partilerin hukuksal statüsünü düzenleyen bir yasa kabul edilir.[14]

Siyasi demokrasinin temsili kurumları olarak ortaya çıkan partiler, her ülkenin toplumsal yapısına, ulusal gereksinimlerine ve uluslararası ilişkiler ağının koşullarına bağlı olarak zengin bir çeşitlilik yaratmışlardır. Benzerlikleri giderek artıyor olsa da mücadele anlayışı, örgütlenme biçimi ve temsil kapsamı bakımından değişik özellikler taşıyan parti türleri ve yaptıkları mücadeleler, evrensel boyutta bir toplumsal mücadele birikimi yaratmıştır. Gücünü ve etkisini giderek arttıran küresel egemenliğe karşı koyacak, kalıcı bir iktidar seçeneği oluşturulmak isteniyorsa, bu birikimden yararlanılması gerekir.

Partilerin; kitle ya da kadro partileri, sağ ve sol partiler, *yasal (legal)-yasadışı (illegal)* partiler, düzen partileri-düzen dışı partiler, parlamento içi-parlamento dışı partiler, sınıf partileri, ulusal partiler gibi birçok türü vardır. Toplumun nesnel koşullarının biçim vereceği parti türünün doğru seçimi, güçlü bir parti örgütünün yaratılmasının ön koşuludur. Bu koşulun yerine getirilmesi, gerek fakat yetmez şarttır. Partinin gücünü, esas olarak türü değil, kitlelerden aldığı destek belirler.

Parti türleri arasındaki en belirgin ayırım, iktidar gücünü ele geçirmiş olan sınıf ve zümrelerin haklarını savunan partilerle, halkın haklarını savunan partiler arasındaki farklılıktır. İktidar partilerinin temel amacı, kurulu düzenin sürdürülmesini sağlamak ve muhalefet partilerinin güçlenip iktidar seçeneği olmalarını önlemektir. Bu amaç için yeterli mali ve siyasi olanaklara sahiptirler. Bu nedenle, güçleri parti yapısının örgütsel düzeyine ve kitle desteğine değil, bu tür olanaklara dayanır. İktidar partilerinin yönetim gücüne bağlı olarak, görünüşte kabul edilen *politik eşitlik* ve *demokratik haklar* gerçekte, siyasal düzenin kaba bir eşitsizliği içeren işleyişinin gizlenmesinden başka bir şey değildir. Mali güce sahip olanlar, iletişim teknolojisinin etkili gücü ve ekonomik etkinliklerle, politikaya yön verme olanaklarına fazlasıyla sahiptirler. Bu olanaklara dayanarak, halk muhalefetinin partileşmeye yönelmesini *barışçı* yöntemlerle işin başında önlemek; olmazsa zor yöntemlerini devreye sokarak kazanılmış *demokratik haklardan* sıyrılmak, küresel siyasetin en temel işleyişi durumundadır.

İktidar olanaklarından uzak muhalefet partilerinin, mali gücün siyaset üzerinde kurmuş olduğu egemenliği aşmak ve iktidara yürüyebilmek için dayanabileceği güç, yalnızca halkın desteğidir. Bu destek, halkın sorunlarına çözüm üretme ve üretilen çözümleri uygulama konusunda verilen güvenle sağlanabilir. Bu güven, kitleleri örgütleyebilmenin ön koşuludur. Parti örgütlenmesine gerçek anlamda gereksinimi olanlar, çözüm bekleyen sorunların baskısı altında olan geniş halk kitleleridir.

\*

Siyasi partiler, kuramsal tartışmaların yapıldığı düşünce kulüpleri değil, eylem örgütleridir. Ancak bu gerçek, parti yaşamına yön veren eylemin abartılarak, kuramın gözardı edilmesine yol açmamalı; kuram ve eylem, dengeli bir bütünlük içinde, parti örgütünün tüm birimlerine egemen kılınmalıdır. Kitlelerin gereksinimlerine ve yaşamın gerçeklerine yanıt veren mücadele biçiminin oluşturulması, bu dengenin sağlanmasıyla mümkün olacaktır.

Siyasi partiler, insanlara, siyasi otoriteyi ve kamusal işleyişi etkileme olanağı veren örgütlerdir. İyi örgütlenmiş bir parti, iktidardan uzak olduğu dönemlerde bile, toplum üzerinde etkili olabilir ve siyasal yaşama yön verebilir. Kişiler siyasi parti örgütlenmesi içine girmeden, yani örgütlenmeden, ne denli bilinçli, özverili ve cesur olurlarsa olsunlar, toplum içinde siyasi bir güç oluşturamazlar. Düşünce ve eylem alanında, kişiyi bireysel tepkiden kurtaran parti, onu siyasi ve düşünsel olarak eğitip kendisine bağlar ve diğer üyelerle birleştirir. Bu birleşme insanları, ortak hareket etmenin güçlü dayanışmasıyla; kendi kaderine yön veren, haklarına sahip çıkan ve halkı etkileyen sosyal bir güç haline getirir.

Toplumsal muhalefetin maddi yapısı hazır olsa bile, örgütlü parti mücadelesi ortaya çıkmadığı sürece, kitleler çıkarlarını savunan ve sonuç getiren bir hareketlilik içine giremezler. **Tunaya**'nın söylemiyle; *"Kamuoyu, çoğu kez* *karmaşık, karışık ve hareketsizdir. Siyasi parti, kitleleri uyandırır, kamçılar, ona ufuk ve yol gösterir."*[15]

Kitlelere yönelen parti mücadelesi ve bu mücadelenin hedefleri son derece açık ve somut olmalıdır. Partiler, seçimden seçime oy verilen soyut bir kavram değil, somut bir güç haline gelmelidir. Parti gücünü eylem, eylemi de parti üyeleri yaratır. Türü ne olursa olsun partiler, temsil etmeye çalıştığı kitlenin tümünün değil, o kitlenin en bilinçli en ileri ve en etkin unsurlarının örgütüdür. Parti üyeleri, kitlesini temsil eden öncülerdir ve partilerin gerçek gücü, örgütlediği ileri unsurların tek tek güçlerinin matematiksel toplamından çok daha fazladır. Dün olduğu gibi bugün de, ileri düzeyde örgütlenip, örgütünü yetkinleştirmeyen hiçbir sınıf, gurup ya da ulus, amaç ve istemlerini gerçekleştiremez, bağımsızlığını koruyup gelişimini sürekli kılamaz. Bilinen açık gerçek şudur: *Örgütlü halk her şeydir, örgütsüz halk hiçbir şeydir.* Bu gerçeği, Fransız Profesör **Georges Bordeau** şöyle dile getiriyor: *"Kendisi gibi düşünenlerle birleşmeyen adam, bugünün siyasal yaşamında, düşüncelerini gerçekleştirmek bakımından hemen hiçbir etkiye sahip olmayan adamdır."*[16]

## Program Ve Tüzük

Program her partinin kendi *"anayasasıdır"*. Siyasi partiler, kısa ve uzun dönemlerde gerçekleştirmek istedikleri amaçlarını, yapmak istedikleri toplumsal dönüşümleri, en özlü ve açık biçimde programlarına yansıtmak zorundadırlar. Parti programları, özellikle çok partili düzenlerde, yalnızca ait oldukları partiyi ve üyelerini değil, onlarla birlikte toplumu oluşturan tüm bireyleri ilgilendiren belgelerdir. İktidar olma durumunda uygulanacak olan program, sınıfsal konumları ve düşünce yapıları ne olursa olsun tüm toplum kesimlerini etkileyecektir. Bu etki, ülkenin ve partinin güç ve konumuna bağlı olarak, uluslararası bir boyuta da sahiptir.

Parti programları, ideolojik temelleri, gelişim ve değişim hedefleri açısından çok iyi düşünülmüş; toplumsal araştırma ve çözümlemeleriyle bilimsel temele oturtulmuş, uygulanabilir, somut ve net olmak zorundadır. Partinin temsil etmeye çalıştığı kitle, ekonomik ve sosyal istemlerini ve bu istemlerin nasıl gerçekleştirileceğini programda açıkça görmelidir. Programlar, parti kurulurken açıklanan *"güzel sözlerle"* yüklü, gerçekleşmesi mümkün olmayan *"bol keseden"* vaatlerde bulunulan, daha sonra *"rafa kaldırılan"* propaganda malzemeleri değil; parti çalışmalarına yön veren, toplumsal yapıyı çözümleyen ve yaşamın gerçeklerine dayanması gereken belgelerdir. Değişime açık, canlılığı olan, sağlam ve tutarlı programlara sahip olmayan partiler, başarısız olmaya mahkumdurlar. Partilerde eylem esastır, ama eyleme yön veren programdır.

Programlar, partilerin eylem kılavuzları ve mücadelelerinde onlara doğru yönü gösteren pusulalardır. Programa uymayan eylem ya da eylemsiz program, partiler için, yalnızca yararsız değil, aynı zamanda tehlikelidir de. Kuram ve programdan kopuk eylemin, başarısızlıkla sonuçlanması kaçınılmazdır. Program, ilke ve pratik çalışma arasındaki dağınıklık ve eylemden kopuk kuramsal tartışma, partiye büyük zarar verir.

İskoçyalı tarihçi ve ekonomist **Davit Hume**, 18. yüzyıl sonlarında yazdığı *Partiler Hakkında Deneme* kitabında; *"Programın partileşmenin ilk evrelerinde, dağınık bireyleri bir araya getirirken önemli bir rol oynadığını, fakat sonraları örgütün ön plana çıktığını ve programın ikincil nitelik aldığını"* ileri sürer.[17] Bu, doğru ancak eksik bir saptamadır. Başlangıçta insanları aynı amaçlar çerçevesinde bir araya getiren program, örgütlü harekete ilk ivmesini verir ve mücadele, program doğrultusunda eyleme dönüşür. Sürdürülen eylem, programın öngördüğü amaçlar yönünde yürüdüğü ve başarılı olduğu sürece; programın önemi, işlevini yerine getirmiş olmanın olumluluğuyla ikincil hale gelir. Bu durum, programın yenilenmesi gerektiği anlamına gelir. **Friedrich Engels**, Alman Sosyal Demokrat Partisi'nin *Gotha Programı*'nı eleştirirken parti programı üzerine şunları söylemişti: *"Genel olarak, bir partinin resmi programının, o partinin hareketlerinden daha az önemli olduğu doğrudur. Ancak yeni bir program, herkesin gözü önünde yükseklere çekilen bir bayrak gibidir ve herkes parti hakkındaki hükmünü buna göre verir."*[18] Fransız siyaset bilimcisi **Paul Marabuta**, 1948 yılında yazdığı *Dördüncü Cumhuriyette Sosyal Devrimler ve Siyasal Partiler* adlı kitabında, programları, partinin ideolojik zenginliği olarak görür ve şu saptamayı yapar: *"Partilerin düşüncesel ve eylemsel programları, onların bütün enerjisini aldıkları bir hazinedir."*[19]

\*

Program, partinin kitlelere verdiği ve yerine getirmek zorunda olduğu *sözdür*. Partiye katılanlar, destekleyenler ya da seçimlerde adaylarına oy verenler; iktidara geldiğinde ondan, programını uygulamasını ve verdiği *sözleri* yerine getirmesini bekleyecektir. Programa sadık kalmayan, bu nedenle yükümlülüklerini yerine getirmeyen partiler, aldıkları desteğin düzeyi ve yoğunluğu ne olursa olsun, bu desteği kısa bir süre içinde yitirmekle karşı karşıya kalırlar. İtalya'nın ünlü siyaset yorumcusu **Miriam Mafaai**, bu gerçeği şöyle dile getirmektedir: *"Siyasal partiler kollektif olarak ortaya çıkar, taleplere ve umutlara karşılık verdiği sürece yaşar. Yurttaşın güvenini yitiren, seçmenden kopan, sorunlara yanıt getirmeyen siyasi partiler ölür."*[20]

Parti programı, toplumun tarihsel, kültürel ve ekonomik özelliklerini, bu özelliklere dayanan gereksinimlerini tam olarak yansıtmalıdır. Program, *"mümkün olduğu kadar kısa, sınırları belli ve açık seçik olmalıdır"*[21] Bu kısalık, ancak bilimsel ve geniş kapsamlı bir araştırmayla sağlanabilir. Her ülkenin sosyal ve tarihsel yapısı, sınıfsal ya da ulusal gereksinimleri, geçerli mücadele biçimi ve bunlara bağlı olarak toplumsal öncelikleri birbirinden farklıdır. Bu farklılıklar, programlara yansıtılmak zorundadır. Parti programları, ülke gerçeklerine dayanarak gelişmeyi öneren, uygulanabilir ve özgün olmalıdır.

**Atatürk** 15 Ocak 1923'de, Eskişehir'de halkla yaptığı söyleşide, program konusunda şunları söylemiştir: *"Ülkemizde bağımsızlığının ve egemenliğinin korunmasını isteyen ve çeşitli zümreleri içeren bir halk vardır. Ulusun bağımsızlık ve egemenliğine dayanan gerçek çıkarlarını sağlamak için bir parti gereklidir. Böyle bir partinin programı, özel olarak, yalnızca bir kişinin kafasından çıkamaz.. Program yapmak ve bu programı başarıyla uygulayabilmek için kesin olarak ülkenin bütün insanlarını, zekâsını, bilgilerini ve uzmanlıklarını bir araya toplamak gerektiği kanısındayım. Kitleleri, yalnızca kendi kendime düşündüğüm, hayal ettiğim ve tasarladığım bir takım düşünce ve duygunun peşinde sürüklemek emelinde değilim. Allah beni böyle bir hatadan korusun.. program yaparken hayallere kapılmamak gerekir. Bu nedenle, biz haddimizi ve girişimimizde atacağımız adımın derecesini düşünerek program yapmalıyız. Bizim şimdiye kadar* (Osmanlı döneminde y.n.) *işlerimizdeki başarısızlığımız, sonsuz istek ve hayaller peşinde dolaşmamızdandır. Program, gerçek ve akıl çerçevesinde kalmalıdır, öznel yargılara değer vermemeliyiz. Hedefe ulaşmak için izleyebileceğimiz yolu, duygularımızla değil aklımızla çizmeliyiz."*[22] *"Benim bütün çalışmalarda ve yapılan işlerde hareket kuralı saydığım bir şey vardır. O da meydana getirilen kurum ve kuruluşların kişilerle değil, gerçeklerle yaşatılabileceğidir. Bu nedenle herhangi bir program, şunun ya da bunun programı olarak değil, fakat ulus ve ülke gereksinimlerine yanıt verecek düşünce ve önlemleri içine alması nedeniyle değer ve saygı kazanabilir."*[23]

\*

Parti tüzüğü, programla belirlenmiş kısa ve uzun vadeli hedeflerin gerçekleşmesi için sürdürülecek olan çalışmalarda; örgütün işleyiş biçimini, uygulama yöntemlerini ve en üstten en alta kadar tüm parti birimlerinin bağlı olduğu kuralları belirleyen, koşullar bütünüdür. Partinin anayasası program ise, uygulama yasaları tüzüktür.

Programı inceleyerek partiye üye olan insanlar, üyelik görevlerini yerine getirirken uymak zorunda oldukları kuralları, sahip oldukları yetki ve sorumluluğu, parti örgütleri arasındaki ilişki ve işleyişi, tüzükten öğrenirler. Bu nedenle tüzükler kolay anlaşılır, hızla uygulanabilir ve bürokratik yapıların oluşmasına izin vermeyen sadelikte olmalıdır. Hiçbir tüzük maddesi, belirsizlik içermemeli, yoruma açık olmamalıdır.

Programı yaşama geçirecek olan partinin yapısını ve işleyişini belirleyecek olan tüzük, program amaçlarıyla uyumlu olmalı ve programla hiçbir biçimde çelişmemelidir. Başlangıçta önemi anlaşılmayan ya da ayrıntı gibi görünen program-tüzük çelişkileri, zaman içinde, yalnızca anlayış farklılıklarına değil, ileride önlenmesi olanaksız ayrılıklara ve bölünmelere de yol açabilir. Devrim yapma amacıyla yola çıkan, yasadışı çalışan ve profesyonel kadrolara sahip Rus Sosyal Demokrat İşçi Partisi, üyelik aidatlarıyla ilgili olan ve küçük gibi görünen tüzüksel bir ayrılık nedeniyle, bir daha bir araya gelmemecesine bölünmüştü.

Tüzük, düşünceyi eyleme dönüştüren parti organları arasındaki ilişkileri düzenlerken, parti örgütüne biçim veren yapıyı da kurmuş olur. Bir partinin türünü ve mücadele anlayışını anlamak için tüzüğüne bakmak yeterlidir. Gizli çalışmalardan parlamentarizme, sınıfsal mücadeleden ulusal örgütlenmeye dek çok değişik parti türleri, örgütsel yapılarını tüzükleri aracılığıyla oluştururlar. Tüzük, ideolojik ve örgütsel yapılanmayı ortaya koyan bir aynadır.

Tüzük, parti birliği ve disiplinini sağlamanın aracıdır. Her parti üyesi, örgütlü çalışma içinde uymak zorunda olduğu kuralları, yetki ve sorumluluk sınırlarını tüzükten öğrenir. Partiye üye olan her kişi, üye olduğu anda ve özgür iradeyle parti çalışmalarında uyacağı koşulları da kabul etmiş demektir. Burada, parti tüzel kişiliğinin üyeye karşı taşıdığı sorumluluklar ile üyenin partiye karşı yükümlülüklerini içeren bir tür *"sözleşme"* yapılmış olmaktadır. Tüzük, bu *"sözleşmenin"* koşullarını belirleyen bir *"belge"* dir.

Binlerce insanın aynı örgüt çatısı altında bir araya gelip, başarı ya da riskleri paylaşarak politik mücadele içine girmesi ve bu mücadelenin uyumlu parçaları haline gelmesi, başarılması zor bir iştir. Üye, bu zor işin üstesinden gelmenin koşullarını, genel eğitim ve eylem birlikteliği yanında, tüzükten öğrenir. Güçlerin en yararlı biçimde, en etkin yollarla ve en hızlı biçimde birleştirilmesi ve bu birleşik gücün amaç doğrultusunda en etkili biçimde kullanılması gerekir. Örgüt işleyişinin kurallarını belirleyen tüzük, sağladığı ilişkiler düzeni ve sıkıdüzen (disiplin) ile bu kullanımı sağlayacak gücü, parti üst yönetimine verecektir.

Tüzük, parti kuruluşunda şu ya da bu biçimde hazırlanıp, kendi kurallarına kendini esir eden, durgun ve değişmez maddeler toplamı değildir. Tüzük, örgütlü eyleme, kazanılan deneyimlere ve gelişen süreçlere uygun olarak yenileşmeye açık olan, buna karşın istikrarlı bir sürekliliğe de kavuşturulması gereken kurallar toplamıdır.

## Parti Birliği ve Yapısı

Parti, programında yer alan ilkelerin yaşama geçirilmesi mücadelesinde, en üst organdan en alt birime dek tüm örgüt birimlerinde ve üyeler arasında, düşünce birliğine dayanan inanç ve irade bütünlüğüne ulaşabilmiş ise başarılı olabilir. Parti üyelerinin tümü birlik ve dayanışma içinde olmalı, parti yaşamının vazgeçilmez öğesi olan tartışmalar, örgütsel ayrılıklara ve hizip oluşumuna yol açmamalıdır.

Politik mücadele yürüten partilerin örgütsel gücü; ülke çıkarlarını her türlü kişisel çıkarın önüne koyan, inanç ve amaç birliğine sahip, kararlı ve özverili insanların parti çatısı altında örgütlenmesine ve bu kadroların kitlelerle kurdukları ilişkilere dayanır. Baskının her türüne ve siyasal saldırılara karşı direnebilmenin ve ayakta kalmanın tek yolu bu dayanışmanın sağlanmasıdır. Gizlilik koşulları altında çalışmasına karşın profesyonel devrimciler örgütü haline getirdiği partiyle Çarlığı deviren **Lenin**, parti birliği ve dayanışması konusunda şöyle söylüyor: *"Bir gurup halinde uçurumlu ve zor bir patikada ilerliyoruz, birbiri-*

*mizin ellerini sıkı sıkıya tutuyoruz. Her taraftan düşmanlarla çevriliyiz ve hemen hemen sürekli olarak onların ateşi altında hareket etmeye zorlanıyoruz. Özgür seçimimizle düşmanlarımızla savaşmak için bir araya geldik. Yanımızdaki bataklığa kaymamaya dikkat etmeliyiz. Bu bataklıkta yaşayanlar bizi, birbirimizden ayrılmamaya ve uzlaşma yerine, mücadele yolunu seçmeye mecbur etmişlerdir."*[24]

**Mustafa Kemal**'in Kurtuluş Savaşı'na başlarken, 1919'da en yakın arkadaş gurubuna söylediği sözler; kararlılık, inanç sağlamlığı ve gönüllü birlik konusuna verilebilecek en iyi örneklerden biridir. **Mustafa Kemal** Erzurum Kalesi'nde şunları söylüyordu: *"İdealimizi gerçekleştirmek için şimdiden kişi kişi yükleneceğimiz görevler ağır, zor ve tehlikeli olacaktır. Büyük karşı koymalar, ihanet ve hıyanetlerle karşılaşacağımız kuşkusuzdur. Ulusal mücadeleye atılanların ortadan kaldırılması için, saray, hükümet ve yabancı devletler kuşkusuzdur ki ilk andan itibaren harekete geçeceklerdir. Yürüyeceğimiz yol tehlikelerle, çetinliklerle, hatta ölmek ve öldürmek ihtimalleriyle doludur. Sarp ve haşin bir yoldur. Bu tehlikelere göğüs germeye kendisinde güç, azim, imkan ve cesaret görmeyen arkadaşlarımız varsa, şimdiden aramızdan ayrılabilirler. Hiçbir arkadaşın vicdanı, düşüncesi, karar serbestliği, genel ve özel durumunun gerektirdiği koşullar üzerinde etki yapmak istemem. Her arkadaş vicdanı ile başbaşa kalarak serbestçe düşünmeli ve öyle karar almalıdır.. Memlekette ve elimizde tek tepe ve kurşun kalıncaya kadar mücadele etme azmimiz, sürekli olarak var olacaktır ve olmak zorundadır."*[25]

İnanç sağlamlığı ile, çoğu kez kan bağından bile daha ileri bir yakınlığı oluşturan bu tür birlikteliklerin yaratılması kolay değildir. Kültürel gelişkinlik, bilinç, ülke ve halk sevgisi ile eylem içinde sınanmış karşılıklı güven duygusu, örgütlü mücadeleyi yenilmez kılan ve belirleyici olan öğelerdir. Örgütsel eylem, bu öğeler üzerine oturtulmalıdır. Başlangıçta sağlanan birliktelik, mücadele süreci içinde daha da pekişecek ve ortaya dirençli ve mücadele yeteneği yüksek bir örgüt çıkacaktır.

Parti, genel merkezden mahalle ve köy birimlerine dek tüm üyelerini, olayları aynı bakış açısıyla yorumlayan ve aynı tepkiyi gösteren bir bilinç düzeyine çıkarmalıdır. Bu bilinçli gücü, doğru bir örgütlenmeyle, doğru biçimde mücadeleye sokabilirse, bu partinin başarısız olması mümkün değildir. Buna karşın parti içinde, birbirinin siyasal rakibi haline gelerek, kuralı ve sınırı belli olmayan bir iç mücadeleye girişen kişi ve guruplar bulunuyorsa, bu partinin güçlenmesi mümkün değildir. Partilerde, farklı çıkar duygularıyla güvensiz ve saygısız ilişkiler içinde, *"parti içi particikler"* haline gelen hizip oluşumları, örgütü içten çürüten hastalıklardır. Belirli konulardaki düşünce farklılıklarının parti içinde var olmasıyla, hizip oluşumları birbiriyle karıştırılmamalıdır. Görüş çeşitliliği ve tartışma, partilerin *"zenginliğidir"* ve parti organlarındaki tartışmalarla, daha ileri bir *"zenginlik"* olan parti birliğine ulaşılır; hiziple görüş çeşitliliği, farklı şeylerdir.

Parti birliğinin sağlanmasında, üyelerin bilincini ve örgütsel düzeylerini yükseltecek parti içi eğitimin önemi büyüktür. Ancak önemi büyük de olsa, parti içi eğitim, tek başına parti birliğini sağlamada yeterli olamaz. Bunun için, eğitim yanında parti örgütlerinde gurup çalışmalarının yapılması, birlikteliklerin eylem içinde geliştirilmesi ve kitlelerin gereksinimlerine yanıt veren bir mücadelenin içinde olunması gerekir. Eylem; birliğin (ya da ayrılığın), dayanışmanın (ya da bireyciliğin), inancın (ya da çıkarcılığın) en sağlam göstergesidir. Cesaret, inanç, bilgi, kararlılık, atılganlık, inisiyatif yeteneği, özveri ya da bunların karşıtı olan nitelikler, eylem içinde açıkça ortaya çıkar. Eylem içinde sınanmışlık, parti birliğinin en önemli öğesidir.

Aynı eylem içinde birlikte olan insanlar, başarı ya da başarısızlığı paylaşmanın yarattığı yakınlaşma ile birbirini etkileyen, tamamlayan ve geliştiren unsurlar haline gelirler. İyi işleyen bir örgütsel ilişkinin oluşumunu sağlayan bu süreçte önemli bir ilke ortaya çıkar. Bu ilke, parti ilişkilerinde ortaya çıkan sorunları ve bu sorunların yaratacağı bozulmayı önleyecek olan *eleştiri* ve *özeleştiri* ilkesidir.

Örgütlü parti mücadelesinin birikiminden tüm üyelerin yararlanması, eylem içinde görülen yanlış ve doğruların açıkça ortaya konulması ile mümkün olabilir. Üyelerin, bilgi ve deneyimlerini arttırarak kendilerini yenilemeleri ve bu yenilenmeyi, parti birliğini geliştirecek yaratıcı bir girişim haline getirmeleri, ancak *eleştiri* ve *özeleştiri* ile sağlanabilir.

\*

Parti yapısını, partinin hedefleri ve içinde yaşadığı toplumun koşulları belirler. Gelişme düzeyleri farklı da olsa, siyasi demokrasi işleyişinin geçerli olduğu ülkelerle, örgütlenmenin her türünün yasaklandığı ülkeler arasında, parti yapısı ve çalışma biçiminin aynı olmayacağı açıktır. Yasadışı ya da yarı-yasal koşullar içinde çalışmak ya da demokratik haklara sahip olmak, kaçınılmaz olarak farklı parti yapılarının ortaya çıkmasına neden olacaktır.

Siyasi partilerin gelişip yetkinleşmesi ve kurumlaşarak sürekliliği olan bir güç haline gelmesi için, kurallarına uyulan ve güvencesi olan demokratik bir toplumsal yapıya gereksinim vardır. En gelişkin ve güçlü partiler, en demokratik ve özgür toplumsal ilişkiler içinden çıkarlar. Burada söz konusu edilen demokratik işleyişin, yasalarla kabul edilmesine karşın, özellikle mali güçten yoksun halk kitlelerinin yararlanma olanağı bulamadıkları ve kağıt üzerinde kalan göstermelik bir *"demokratik"* işleyiş olmadığı bilinmelidir. Siyasi demokrasinin gerçek sınırını, yalnızca kabul edilmiş olan yasalar değil, onunla birlikte, bu yasaların uygulanabilirliği belirler. Ekonomik ve siyasi gücün azınlık tarafından ele geçirildiği, mali ve teknolojik gücün toplum üzerinde açık ya da örtülü, kültürel ya da siyasal baskı oluşturduğu bir düzende; kabul edilmiş gibi görünen *"demokratik"* haklarla, bu hakların uygulanması arasında ayırt edici bir çelişki vardır. Önemli olan herkesin kullanımına açık yasaların kabul edilmesi değil, bu yasaların herkes tarafından kullanılabilir olmasıdır. Siyasal ve hukuksal haklar ise ancak ekonomik kazanımlarla kullanılabilir hale gelebilir. Bugün herkesin otomobil alma hakkı vardır, ancak bu hakkı yalnız, otomobil alabilecek parası olanlar kullanabilir.

Göstermelik ve sınırlı olsa da sağlanan demokratik ortam, siyasal partilerin güçlenmesine, partilerin güçlenmesi de demokratik ortamın gelişmesine yol açar. Bir başka deyişle partiler siyasi demokrasiyi, siyasi demokrasi de partileri güçlendirir. Ancak, burada konu edilen partiler, halkın ya da ulusun haklarını savunan partilerdir. İktidardaki azınlığın haklarını savunan, bu nedenle var olan durumun korunmasını amaç edinen partilerin, demokrasinin sınırlarının genişletilmesi gibi bir sorunlarının olmayacağı açıktır. Bu partilerin varlık nedeni, demokrasinin sınırlarını halk için genişletmek değil, tersine denetim altında tutmak, gerektiğinde daraltmak ya da ortadan kaldırmaktır. Mali-sermaye gücüne dayanan Batı'nın oligarşik partileri, *nazist* ya da *faşist* partiler bu tür partilerdir.

\*

Partinin örgütlenme biçimi isteğe ya da özleme değil, ülkenin ve kitlelerin konum ve gereksinimlerine bağlıdır. *Açık* (legal) ya da *gizli* (illegal), ulusal ya da sınıfsal, bağımsızlıkçı ya da işbirlikçi, parlamenter ya da ihtilalci parti türleri; yapılarını, doğal olarak yürüttükleri mücadeleye yanıt verecek bir örgütlenme biçimiyle oluştururlar.

İktidar gücünü elinde bulunduran partilerle, onu ele geçirmek amacındaki partilerin, örgütsel yapıları elbette farklıdır. Ancak hangi türde olursa olsun, başarılı olmak isteyen partilerin tümü, siyasi mücadeleyi ekonomik mücadele ile birlikte yürütmek zorundadır. Tek başına siyasal ya da tek başına ekonomik mücadele, iktidarı ele geçirmeye yönelen partiler için, başarısızlığı baştan kabul etmek demektir. Siyasetsiz ekonomi ya da ekonomisiz siyaset, her iki alanı da denetim altına almış olan küresel güçlerin, kendi dışındakilere önerdiği ve çıkarlarına uygun düşen bir yaklaşımdır.

Ekonomi ve siyaseti olduğu kadar devlet örgütünü de denetim altına alan egemenler, kurdukları denetim ağının sağladığı güç nedeniyle kendi partilerini, örgütsel yapı olarak fazla yetkinleştirmezler; buna gereksinim duymazlar. Onların parti dışında kullanabilecekleri yedek güçleri vardır. Egemenler için gerekli olan, oy alabilmeyi başaran ve kolay yönlendirilen gevşek parti yapılarıdır. **Maurice Duverger**, bu partileri daha 1950 yılında şöyle tanımlar: *"Günümüzde liberal ya da muhafazakar partiler olarak yaşamını sürdüren 19. yüzyıl 'burjuva' partileri, dar bir çevreden devşirilmiş, birbirinden oldukça bağımsız ve genellikle yerel komitelere dayanırlar. Amaçları, üye sayılarını arttırmaktan ya da kitleleri örgütlemekten çok, seçkinleri bir araya getirmektir. Çalışmaları tam olarak seçimlere ve parlamento kombinezonlarına dönük ve bu yüzden de yarı-mevsimliktir. Yönetsel yapıları ilkel düzeydedir."*[26]

Kurulu düzenin sürdürülmesini sağlamak için, yönetim gücünü en geniş bir biçimde kullanan, liberal ve muhafazakar (artık sosyal demokrat ve sosyalist) partilerin gevşek ve hareketsiz örgüt yapısına karşın; iktidarı barışçı yöntemlerle değiştirme şansına sahip olmayan, bu nedenle gizli çalışmanın zorlu koşullarında örgütlenen partiler sıkıdüzenli (disiplin), kapalı ve savaşkan bir parti yapısına sahiptirler. *Rus Sosyal Demokrat İşçi Partisi* böyle bir partiydi ve kendisini bir savaş örgütü olarak görüyordu.

Toplumsal gereksinimler ve mücadele biçiminin belirlediği parti yapısının ülkeden ülkeye, görüşten görüşe zengin bir çeşitlilik içinde olması, bu tür aykırı partiler arasında herhangi bir ortak özelliğin olmayacağı anlamına gelmez. Uzun yıllara dayanan parti mücadelelerinin, herkesin yararlanabileceği ortak özellikleri ve birikimi vardır. Bu birikim, parti yapılarında evrensel benzerliklerin kaynağını oluşturur. Bu olumlu bir şeydir. Ancak, özellikle son dönemlerde, parti eyleminin, sınırları daraltılan ve denetlenen bir siyasal düzen içinde oy elde eden ve milletvekili çıkaran bir tür *"şirket"* işi haline gelmesi; partileri, birbirine benzeyen, aynı işi yapan, devlet yardımları ve bağışlarla yaşayan *"kurumlar"* haline getirmiştir. Ekonomiye ve siyasete egemen olan güç, hangi yöntem ve araçla olursa olsun partilere sızmayı ve onların yönetimini ele geçirmeyi, artık fazla zorlanmadan başarabilmektedir.

Günümüzdeki politik ve ideolojik öncelikler ne olursa olsun, partilerin her geçen gün daha çok birbirine benzeyerek aynı politikaları uygulayan örgütler haline gelmesinin nedeni, sermayenin partiler ve politik sistem üzerinde kurmuş olduğu egemenliktir. Bu gerçek doğal olarak, siyasi partilerin halkın gözünde saygı ve güvenilirliğini yitirmesine sebep olmaktadır. Partiler bugün, kendi varlık nedenlerini ortadan kaldıran bir süreç içine sokulmuşlardır.

\*

Partilerin en üst organı kongredir. İdeolojik ve örgütsel tüm temel sorunlar, burada belirlenir ve karar altına alınır. Kongre kararları, tüm parti birimleri için bağlayıcıdır ve değiştirme yetkisi yine bu organa aittir. İki kongre arasında, alınan kararları uygulama ve partiyi yönetme yetkisi, kongrenin seçtiği merkez yönetim kurallarına aittir. Merkez yönetim organları, kendi altında ülkelere ve partilerin özelliklerine göre değişen alt örgütlere sahiptirler. Bu örgütler eyalet, bölge, il, ilçe ve köylere dek yayılırlar ve mahalle, işyeri, kadın ya da gençlik birimlerinde örgütlenirler.

Parti, kitlelere yönelik olarak yalnızca kendi örgüt birimlerinin yapacağı çalışmalarla yetinmez. Parti örgütleri, kitle çalışmalarına yön veren belirleyici güçtür. Ancak, parti kadrolarının dolaylı ya da dolaysız ilişkide olduğu ve parti üyesi olmayan insanlardan oluşan demokratik örgütler; partinin kitleler içinde yayılması ve onların içinde maddi bir güç haline gelmesinin etkili araçlarıdır. Bu örgütler içinde çalışan parti üyeleri, ne denli yetenekli ve özverili ise, kitle tarafından ne denli sayılıp seviliyorsa, o parti kitle içinde o denli güçleniyor ve yayılıyor demektir.

İktidara gelerek sosyal ve ulusal sorunları çözmek ve toplumu yönetmek gibi önemli bir amaçla ortaya çıkan siyasi partiler, bu zor ve kapsamlı amaçlarında başarılı olabilmek için; değişik nitelikli çok sayıda örgütsel ilişkiyi, bütünlüğü olan bir örgütsel ağ haline getirmelidirler. Bu ise, düşünce ve örgüt birliğini sağlamakla mümkün olabilir. Genel merkez organlarından ülkenin her yerindeki örgüt birimlerine dek tüm üyeleri, aynı inanç sağlamlığı, aynı irade gücü ve aynı bilinç düzeyine ulaştıran; kendi içinde uyumlu, iletişim ve dayanışması yüksek, siyasi öngörüye sahip ve hareketli devasa bir örgütsel aygıtın kurulması gerekir. İktidara gelmek ve halkın sorunlarını çözerek toplumu bağımsızlık ve özgürlüğe götürmek, ancak böyle bir örgüte sahip olmakla mümkün olabilir.

Bu aygıta savaş sırasındaki modern orduların örgütlenmesi iyi bir örnek olabilir. Bu örgüt, milyonlarca insandan oluşur. Bu insanlar, hiçbir karışıklığa yol açmadan görev alacakları yerlere ulaştırılır. Buralarda eğitilir, beyin ve beden olarak yapacakları işe hazırlanır. Bunların giyecek, yiyecek ve diğer yaşamsal gereksinimleri sürekli olarak ve aksatılmadan çözülür. Ulusal görevi yerine getirme günü geldiğinde, başkomutanlığın emirleri en kısa sürede aksamadan milyonlarca insana iletilir. Cephede savaşanlara silah, malzeme ve yiyecek ulaştırılır. Yaralılar için hastaneler kurulur. Cephe gerisinde acemiler eğitilir, gereksinimler karşılanır. **Atatürk**, büyük bir örgüt olarak gördüğü orduyu, *"canlı bir makine"* kabul eder ve şu değerlendirmeyi yapar: *"Bir orduyu oluşturan her kişi, canlı bir makinenin canlı organları ve parçalarıdır.* (Ancak y.n.) *bu makineyi işleten her organ ve parçalarını harekete geçiren her araç, buharla işleyen bir motor değildir. Hareket ettirici güç, ordu makinesini meydana getiren canlı organların bilinçleri ve ruhsal yapılarıdır. Zihinlerde; bilgi, yargılama, anlayış yeteneği ve kavrama gücü olmazsa makine durur ve hiçbir kuvvet onu işletemez. Böyle bir makinenin çalıştırılabilmesi için, bir ya da birkaç makinistin sanat ustalığı, yeterli ve yararlı olamaz. Çünkü, durgun beyinlerden oluşan kitleler; taş, demir ve odun yığınlarından daha hareketsizdirler."*[27]

Bu mükemmel aygıt, insan topluluklarının aynı amaç için örgütlenmesine ve güçlerin birleştirilmesine iyi bir örnektir. Partiler, örnekteki örgütsel düzeyi, sosyal ve siyasal yaşamda gerçekleştirmek durumunda olan örgütlerdir. Bu kolay bir iş değildir. Çünkü,partiler özgür irade ve gönüllü birliğe dayanmanın, hem gücüne hem de zaafiyetine sahiptir. Bilince dayanan gönüllü katılım, mücadeleyi yenilmez kılar, ancak bu yenilmezlik, kesin olarak, üst düzeyde nitelikli bir parti yapısının gerçekleştirilmesiyle olanaklıdır.

Savaş sırasındaki ordu örneğini, seçime hazırlanan bir siyasi partiye uygularsak, ortaya şöyle bir çalışma ve bu çalışmaya uyan parti yapısı çıkacaktır: Yine bu örgüt, yüzbinler ya da milyonlarca üyeden oluşur. Çalışmada görev alanlar kendi yörelerinde, parti merkez örgütünden gelen milyonlarca bildiri, afiş ve diğer tanıtım malzemelerini kitlelere ulaştırırlar. Aktif üyeler, her türlü propaganda ve örgütsel faaliyet için eğitilmişlerdir. Evler, işyerleri tek tek dolaşılır. Semtlerde ve kent merkezlerinde büyüklü küçüklü miting ve kapalı salon toplantıları yapılır. Eylemler için gerekli olan bürokratik girişimleri yapacak, eylem alanlarını düzenleyecek ya da güvenlik önlemlerini alacak görevliler, önceden belirlenir ve gereksinimleri karşılanır. Basınla sürekli ilişki kurulur. Parasal kaynak sağlayacak komiteler kurulur. Parti adaylarını kitlelere tanıtacak kampanyalar düzenlenir. Seçim sandıklarında görev alacak sorumlular seçilir ve bunlar eğitilir. Seçim günü, sandıkları dolaşacak ve oradaki parti görevlilerine hizmet verecek gezici ekipler oluşturulur. Parti, bütün üye ve sempatizanlarını örgütlü bir bütünlük içinde, aynı hedefe yönlendirerek ve tüm gücünü; seçimde başarılı olmak için ortaya koyar.

Örgüt yapısını bu düzeye çıkarmış bir parti, doğaldır ki, yalnızca seçimlerde değil, diğer tüm parti çalışmalarında da başarıya ulaşacak demektir. Esnek, hızlı hareket eden, her koşulda varlığını sürdüren ve halka dayanan, mücadele biçimlerini çabuk yenileyebilen, değişime yetenekli bir parti yapısı; örgütlü mücadele içinde oluşan kuramsal ve eylemsel birikime dayanılarak sağlanabilir.

## Mücadele Anlayışı ve Örgütlenme Biçimi

İrade dışında oluşan sosyal koşulların, irade (insan eylemi) ile değiştirilmesi elbette, koşullara uygun düşen bilinçli ve örgütlü insan eylemleriyle mümkün olabilir. Nesnel çözümlemelerin yön vereceği örgütlü eylemi yaratmak için, toplumsal gelişimin düzey ve niteliğini doğru kavramak gerekir. Siyasal partilerin örgütlenme biçimi ve mücadele anlayışını, bu kavrayış belirleyecektir.

Her sorun, o soruna uygun düşen araçlarla çözülür. Feodal ilişkilerin sürdüğü, bağımlı kılınmış ve azgelişmiş bir ülkede; toplumun ve kitlelerin gereksinim duyduğu mücadele türü, bağımsızlığı ve demokrasiyi temel alan bir mücadeledir. Burada sınıfsal değil, ulusal mücadele esastır. Programını, örgütlenme biçimini ve mücadele anlayışını bu amaca yönelten partiler, ülkenin ve halkın gereksinimlerini karşılayabilir ve başarılı olabilir. Ülke emperyalist işgal altındaysa (gizli ya da açık işgal fark etmez), program bağımsızlık programı, örgütlenme ulusal örgütlenme; ülke ileri kapitalist bir ülkeyse, program ve örgütlenme sınıfsal ağırlıklı olacaktır. Her mücadele türü ona uyan teknikleri ve aygıtları gerektirir. Nesnel koşullara bağlı olarak, parlamenter mücadele geçerli ise parti örgütü kendini kaçınılmaz olarak parlamenter mücadeleye uydurur. Bunun tersine olarak, nesnel şartlar kitlelerin mücadelesini genel bir ulusal bağımsızlık mücadelesine götürürse, parti bu tür mücadele türleriyle ilgilenecek biçimde koşullara uydurulmalı ve bu örgüt tabii ki parlamenter aygıttan tümüyle farklı olmalıdır.

Ulus ve halk yararına mücadele eden partilerin, toplumun içinde bulunduğu nesnel koşullara ve bu koşulların ortaya çıkardığı gerçeklere uygun hareket etmesi gerektiği konusunda **Mustafa Kemal** şunları söylemiştir: *"Ulus ve ülkeden kaynak ve dayanak almayan ve onların gerçek çıkarları için, gerçeklerle hiç ilgisi olmayan kuramsal, duygusal ve kişisel programlar etrafında parti kurmaya çalışacak olan insanlar, ulus tarafından benimsenmeyecektir."*[28]

Örgütlenme biçimi ve mücadele anlayışı konusunda yapılacak yanılgının kaçınılmaz sonucu, partinin kitlelerden uzaklaşmasıdır; bu ise parti için yok olmak demektir. Siyasal örgütün biçim ve doğrultusunu ülke koşullarının belirliyor olması, parti yöneticilerinin, olayların peşine takılan edilgen unsurlar olduğunu düşündürmemelidir. Yönetici konumunda olanlar, içinde bulundukları toplumun niteliğini ve gelişim doğrultusunu belirleyerek partiye yön verirler. Örneğin, Türkiye emperyalizme bağımlı yarı-sömürge bir ülkedir; içinde bulunduğu koşullar bağımsızlığı, kalkınmayı ve demokrasiyi hedefleyen bir mücadeleyi gerekli kılmaktadır. Böyle bir ülkede, sosyalist programlarla sınıfsal mücadele ve örgütlenme içine girmek, nesnellikten, bağlı olarak da kitlelerden uzaklaşmak demektir. Nitekim, sosyalist partiler Osmanlı Sosyalist Fırkası'nın kurulduğu 1910 yılından beri yaklaşık yüz yıllık bir mücadele sürecine karşın herhangi bir başarı gösterememişlerdir. Oysa, ülkenin ve halkın konumuna, gereksinimlerine ve gelişme isteklerine uygun düşünce ve programlarla mücadeleye atılan **Mustafa Kemal**, 3,5 yıl içinde silahla sürdürülen bir anti-emperyalist mücadeleyi ve 15 yıl içinde de büyük bir toplumsal dönüşümü gerçekleştirmeyi başarmıştır.

\*

Örgütlenme ve mücadele biçiminin kendi gerçeğine dayandırılması ve özgün bir parti yapısının ortaya çıkarılması; değişik ülkelerdeki (başarılı ya da başarısız), parti mücadelelerinin incelenmemesi ve bu mücadelelerden dersler çıkarılmaması anlamına gelmez. Partiler tarihinin tüm deney ve birikiminden yararlanmak yalnızca yararlı değil, aynı zamanda zorunludur. Ancak yararlanma, özenmeye ve öykünmeye (taklide) yol açmamalı; program ve onu yaşama geçirecek yöntemler isteğe, özleme ya da kişisel eğilimlere dayanmamalıdır. **Duverger** bu konuda şunları söylemektedir: *"Her partinin temel unsurlarının kendine özgü bir yapısı vardır. Fransız Sosyalist Partisi'nin ocakları, A-*

merikan partilerinin komiteleri, İtalyan Faşist Partisi'nin 'Fasces'i... Bütün bunlar birbirlerinden derin farklarla ayrılan parti kurumlarıdır. Her parti, diğer partilerin yapısına benzemeyen, kendine özgü bir yapıya sahiptir."[29]

**Mustafa Kemal**, her ülkenin ve her partinin kendine özgü niteliklere sahip olması gerektiğini ısrarla belirtmiş, yürüttüğü mücadelenin tüm dönemlerinde bu yönde hareket etmiştir. 13 Ekim 1920'de, *"Rusya'daki Bolşevik modelin Türkiye'de de uygulanmasını"* isteyenlere karşı şunları söylemiştir: *"Rusya'da Bolşevik partisinin kullandığı devrim yöntemlerini burada, yani Türkiye'de uygulamayı düşünmek kadar devrimcilikten haberdar olmayış düşünülemez. Her şeyde körü körüne taklitçilik kötüdür, özellikle de devrimcilikte."*[30]

Devrimcilikle öykünmecilik arasındaki uzlaşmaz çelişki, devrimci siyaset gütme savındaki partileri, yaratıcı ve üretken olmaya, yürütecekleri mücadeleyi yaşamın gerçekleri üzerine oturtmaya zorlar. *Unutmamak gerekir ki, yaşamın kendisi devrimcidir ve yaşamdan kopmamak, devrimci olmaya yeter.* Örgütsüzlük ve yoksulluk içindeki kitleler ile küresel sömürü altındaki ülkelerin sorunlarına çözüm getirmeye çalışan partiler, bu çabalarında içten iseler, adları ve siyasi tanımları ne olursa olsun devrimci parti konumundadırlar.

Gelişmiş ve azgelişmiş ülkeler arasındaki farklılıkların parti yapılarına yansıması, benzer konumdaki ülkelerde, partiler arasındaki benzerliklerin artmasına yol açar, ama bu durum partilerin özgünlüğünü ortadan kaldırmaz. Partinin temel niteliğini geçerli üretim ilişkileri, biçimini ise siyasal-hukuksal düzen belirler. İleri kapitalist iki ülkede, işçi ya da burjuva partilerinin nitelikleri aynı, mücadele ve örgütlenme biçimleri farklı olabilir. Bu iki ülkeden birinde açık (legal) kitle partisi, diğerinde ise gizli (illegal) kadro partisi geçerli olabilir. 1930'lu yıllarda ileri kapitalist bir ülke olan Fransa'da, sosyal demokrat ve sosyalist partiler kitle partisi olarak parlamentoda bulunurken; aynı yıllarda, yine ileri kapitalist bir ülke olan Almanya'da, tüm partiler yer altına çekilerek gizli çalışma yapmak zorunda kalmıştı. Azgelişmiş bir ülke olan Türkiye'de bugün yasal çalışma olanakları varken, benzer konumdaki İran ya da Irak'da bu olanak yoktur. Bu tür farklılıklar, siyasal ve hukuksal düzenin taktiksel sonuçlarıdır.

Parti mücadelesinin doğru temeller üzerine oturtulması yaşamsaldır. Ülke ve halkın sorunlarına çözüm getiremeyen, mücadele ve örgütlenme taktiklerini geliştiremeyen, toplumsal gelişime uyum göstererek kendini yenileyemeyen partiler varlıklarını sürdüremezler. Ya halk ve ulus yararına işlemeyen bir düzeni koruyan partiler ya da bir şey üretmeyen halktan kopuk *"tartışma kulüpleri"* haline gelirler. Parti mücadelesi, kitleler için; düşüncelerde yaratılan idealler uğruna yapılan bir mücadele değil, somut gereksinimlerin karşılanması için gerçekleştirilen bir eylemdir. Özellikle, karar yetkisine sahip parti yöneticileri, *olmasını istedikleri* ile *olan* arasındaki önemli ayrımı, görebilme olgunluğuna gelmiş olmalıdırlar. **Mustafa Kemal** bu gerçeği 1923 yılında şu sözlerle açıklamıştır: *"Bir ulusta, güzel şeyler düşünen insanlar, olağanüstü işler yapmaya istekli kahramanlar bulunabilir. Böyle kimseler ulusun ortak duygularını kavrayıp bu duyguları ifade ve temsil etmezse hiçbir şey olamazlar."*[31]

### Parti Disiplini ve Demokratik Merkeziyetçilik

Partiler, bir merkezden yönetilen *merkezi örgütlerdir*. Üyeler üzerinde etkisi olan tek bir yönetici merkez olmaksızın, parti birliğinin sağlanması mümkün olamaz. Binlerce insanı aynı ilkeler çevresinde biraraya getirerek, aynı amaç için mücadeleye yöneltmek; deneyim ve mücadele birikimi yüksek, saygı ve güvene dayanan bir yetkeye (otoriteye) sahip, merkezi bir yönetim gücünün varlığıyla mümkün olabilir. Bu güç, partinin merkez organlarıdır.

Politika belirleme ve uygulama yetkisine sahip merkez yönetim organlarının varlığı, partinin merkeziyetçiyanını oluşturur. Ancak liderliğin üyeler üzerindeki saygı ve yetkisi ne denli yüksek olursa olsun partiyi yönetmek için tek başına yeterli olamaz. Partide sıkıdüzen (disiplin) ve birliğin sağlanması için merkeziyetçi yetke yanında, en üstten en alta dek tüm parti birimlerinde, geniş katılımlı demokratik bir işleyişin geçerli olması gerekir. *Sözde kalmayan ve her aşamada uygulanan demokratik işleyiş, partinin gerçek gücüdür.*

Parti birliği ve sıkıdüzeni merkezden gönderilen emir ve kararnamelerle sağlanamaz. Gerçek sıkıdüzen, kararların özgür tartışma ve gönüllü katılımla oluşturulması ve uygulanmasıyla sağlanır. Karar almada demokratik işleyiş, uygulamada merkeziyetçilik öne çıkar. Bu iki eğilimin, birbirini tamamlayan bir bütünlüğe ulaştırılarak parti işleyişinde geçerli yöntem haline getirilmesi, *deokratik merkeziyetçilik* ilkesini ortaya çıkarır. Parti organlarında demokratik işleyiş geçerli değilse, üyelerin ortak iradelerini temsil eden kararlar alınmaz; yukardan aşağıya merkezi bir uygulama yoksa, alınan kararlar sağlıklı uygulanamaz.

*Demokratik merkeziyetçilik* ilkesi, *katılımcılığın* ve *merkezciliğin* üst düzeydeki bileşimidir. Parti, üyeler arasındaki dayanışmayı ve kitlelere ulaşmayı *katılımcılık*, sıkıdüzen ve eylem yeteneğini geliştirmeyi ise *merkeziyetçilik* ile sağlar. Demokratik tartışma ve merkeziyetçilik birbirini yadsıyan değil tamamlayan ögelerdir. Sıkıdüzen adına özgür tartışmayı yasaklayan ya da yeterince uygulamayan partiler, gerçek güç kaynaklarını kurutuyor demektir.

Organ kararlarının özgür tartışma ortamlarında alınması, partinin ideolojik ve entelektüel düzeyini yükseltir, üyeleri yaratıcı, üretken bir çalışmaya yöneltir. Bu araştırma, partiye düşünsel alanda canlılık getirir. Diyelim ki, ulusal ya da örgütsel, önemli bir konuda karar oluşturmak üzere, parti kendi içinde bir tartışma başlatacaktır: Konu, en alttaki mahalle ve köy birimlerinden başlamak üzere, en üst organlara dek tüm parti birimlerinde, demokratik bir biçimde tartışılır. Her birimde oluşan kararlar, merkez yönetim organlarına ulaştırılır. Merkez yönetimi kararları değerlendirir ve oluşan ortak kararı parti görüşü haline getirerek açıklar. Açıklanan karar yönündeki uygulamaların, parti ya da ülke düzeyinde yaşama geçirilmesini sağlar. Üyelerin tümü, oluşan karara ve uygulamalara katılmak zorundadır. Bu aşamada artık herhangi bir parti örgütü ya da üyesi, oluşan parti kararına oy vermediği gerekçesiyle çalışmalara katılmamazlık yapamaz.

Siyasi partilerde, *demokrasinin* abartılması karmaşaya, *merkeziyetçiliğin* abartılması buyrukçuluğa yol açar. Bu iki yanlış eğilim, önlem alınmadığında, partileri kısa bir süre içinde, iş yapamayan güçsüz örgütler haline getirir. Siyasi partilerin evrimi içinde, aşırı *merkeziyetçilik* eğilimi, lider sultasına dönüşerek daha çok yaşanmıştır. Parti yöneticilerinin *merkeziyetçiliği* abartarak yönetim yetkilerini genişletmeye yatkın olmaları, iktidar gücünü arttırma isteğinden kaynaklanır. Bu tutum, parti yöneticileriyle sınırlı olmayan eski bir sorundur. *Yönetenler*, yönetim yetkilerini her zaman arttırma eğilimi içinde olmuşlardır. Bu eğilimin, siyasi parti yönetimlerine de yansıyor olması, sınıflı toplum yapısının doğal sonucudur. Bu nedenle, özellikle toplumun genel çıkarlarını savunan partilerde yönetici kadrolar, kendilerini yönetim gücünün çekiciliğine kaptırmamak için özel çaba harcamalıdırlar.

Partilerin, özellikle iktidara gelen partilerin yöneticileri, parti gücünün yanında hükümet gücünü de elde ederler. Bu nedenle tüm özgürlük söylemlerine karşın, yönetim anlayışı ve yetke konusunda hızla kendilerinden önceki yöneticilere benzemeğe başlarlar. İktidar, her zaman daha çok yetki ister ve bu istek yönetme eyleminin içinde her zaman var olan bir eğilimdir. **Maurice Duverger** bu eğilimi şöyle dile getirmektedir: *"Partilerin genel evrimi, bunların giderek demokratik işleyişten sapmakta olduklarını göstermektedir. Artan merkeziyet, üyelerin liderler üzerindeki etkisini azaltırken, liderlerin üyeler üzerindeki etkisini arttırmaktadır. Siyasi partilerin örgüt yapıları, kesindir ki geleneksel demokrasi kavramına uygun değildir. Partilerin iç yapıları genel olarak, otokratik ve oligarşiktir; liderlerde, üyelerden kopmuş bir yönetici sınıf ve az ya da çok kendi içine kapanmış bir kast oluşturma eğilimi vardır. Parti liderlerinin seçimle göreve* *gelmeleri durumu değiştirmez. Bu durumda parti oligarşisi genişler, ancak hiçbir zaman demokrasi haline gelmez, çünkü bu seçimi yapanlar, genel seçimlerde partiye oy verenler değil, bu kişilere oranla bir azınlık olan üyelerdir."*[32]

Parti liderlerinde her zaman var olan yönetim yetkilerini sınırsızlaştırma eğilimi, *demokratik merkeziyetçi* işleyişin önemini arttıran bir olgudur. Bu eğilimin, liderlerin yönetim inisiyatifine ve saygınlığına zarar vermeden, parti içi demokrasiyle dengelenmesi gerekir. Bunu sağlayacak girişim, *demokratik merkeziyetçiliğin* parti örgütlerinde geçerli kılınmasıdır. Parti üyelerinin tümü, ama özellikle parti yöneticileri, içinde yaşadıkları toplumun yaratabileceği her türlü bozulmayı dikkate alarak bu işleyişe, kendilerini de kapsayacak biçimde özel önem ve duyarlılık göstermelidirler.

Parti liderleri, sahip oldukları yönetim yetkilerini, demokratik işleyişin etkili gücüyle sınırlamayı ya da bütünleştirmeyi başarmak zorundadır. Bu yapılmadığında lider buyruklarıyla sağlanan *"sıkıdüzen"*, sıkıdüzen olmaktan çıkar ve parti hızlı bir biçimde, lider egemenliğinin mutlak olduğu bir tür mezhep ya da çıkar örgütü haline gelir. Örneğin Batınîlerde sıkıdüzen o denli sıkıdır ki, tarikat lideri müritlerinden kayıtsız koşulsuz bir bağlılık ister ve gerekirse onlara ölmeyi bile emredebilir. [33]

Partinin varlık nedeni, buyrukçuluğun geçerli olduğu bir örgüt yaratmak değil, özgür katılıma dayanan, topluma ve insana hizmet eden düzenli bir örgüt yaratmaktır. Fransız hukukçu Prof. **Georges Burdeau** *Politika Biliminde Anlaşmalar* kitabında şöyle söylemektedir: *"Partiler, tüm sosyal örgütler gibi, insanın hizmetinde bulunması gereken örgütlerdir. Parti insanı esas almak yerine bizzat kendisini amaç haline getirirse, kişi özgürlüğünü konformizm* (yerleşmiş kurallara uyma y.n.) *altında ezebilir. Partinin bir makine olduğu doğrudur. Ancak bu makine insanı özgürleştiriyor mu, yoksa köleleştiriyor mu ona bakmalıyız. Makine insana değil, insan makinaya egemense sorun yok demektir."*[34]

## Parti Liderleri ve Önderlik Sorunu

Partiler, içinden çıkardığı deneyimli kadrolar tarafından yönetilmelidir. Bu kadrolar, uzun mücadeleler içinde yetişmiş; azim ve kararlılıklarıyla güven kazanmış; yüksek ideolojik düzeye ve girişimci ruha sahip önderlerdir. Parti, temsil etmeye çalıştığı sınıf ya da ulusun nasıl öncüsüyse, önderler de partinin öncüleridir.

Parti önderleri, ülke ve dünya koşullarını temelden kavramış, halkını tanıyan, mücadele ve örgütlenme yeteneği yüksek, en ileri unsurlardır. Kolay ve bol olarak yetişmezler. Onlar doğal yeteneklerini, örgütlü mücadelenin eylemi içinde geliştirerek; güçlü bir irade sağlamlığına, yüksek bilince ve sarsılmaz bir inanca yükselmiş insanlardır. Halkın sorunlarını ve ülkenin koşullarını bilirler. Partinin yönetiminde olmaları ve bulundukları yeri doldurabilmeleri, atanmışlığa ya da seçilmişliğe değil, esas olarak bu niteliklere sahip olmalarına bağlıdır. Partinin yönetimine ya da başkanlığına gelmiş olmak, önder olunduğu anlamına gelmez. Önder, gerçek gücünü bulunduğu makamdan değil, kendi nitelik ve yeteneklerinden alır.

Gerçek önderlerin sık ve bol olarak yetişmemesi, onların parti yönetiminde bulunma süresinin uzun olmasını gerekli kılar. Bir parti, gerçek önderler tarafından yönetiliyorsa ve bu parti iktidara geldiğinde bozulmaya uğramamışsa, burada önderler sıkça değiştirilmez.

Kuramsal ve örgütsel sürekliliği sağlamak için görev süreleri uzun tutulan önderlerin, kendilerini sürekli yenilemeleri ve geliştirmeleri gerekir. Yenileşmede gösterilen yetenek, önderlik niteliklerinin temel unsurlarından biridir.

Gelişmiş ülke partilerinde sıkça yapılan ve demokratik bir gelenek gibi sunulan lider değişimleri, gerçek anlamda lider değişimi değil, oturmuş düzen ve bu düzeni ayakta tutan güçlerle bütünleşmiş partilerdeki görev değişimleridir; bu tür partilerde yönetici değişimi önemli değildir, çünkü değişimin niteliği ne olursa olsun parti politikalarında bir değişim olmamaktadır.

Önderlerin parti yönetiminde uzun süre kalmaları, parti içi demokrasinin zayıflığı anlamına gelmez. Önderlik niteliklerine sahip parti yöneticilerinin, parti üyelerinin saygı ve desteğini alarak uzun süre görevde kalması, parti içi demokrasinin büyük bir çoğunluğun katılımıyla gerçekleşmesi demektir. Bu saptama, gerçek önderlerin varlığı durumunda geçerlidir. Buradan, genel başkanı uzun süre değişmeyen bir partinin, parti içi demokrasiyi işleten bir parti olduğu anlamı çıkarılmamalıdır. Burada söz konusu edilen kavram, *genel başkanlık* değil *parti önderliğidir*.

\*

Önderlik sorunu yalnızca siyasi partiler için değil, tüm örgüt ve olaylar için de önemlidir. Öndersiz hiçbir siyasi ya da sosyal hareket, varlığını sürdüremez. En basit bir kitle gösterisi, en küçük bir grev ya da en sıradan kültürel bir etkinlik bile, *önder*'lerce yönetilir. Kendiliğinden gelişen hareketler, kendisi ile birlikte *önderlerini* de hemen ortaya çıkarır. Önceden tasarlanmamış bir toplu harekette, hareket o anda ortaya çıkan bir ya da birkaç kişi tarafından yönlendirilir. Onlar artık o hareketin *önderleridir*.

Hiçbir sosyal hareket öndersiz olamaz, ya da bir başka deyişle, her sosyal hareket kendi önderini içinden çıkarır. Tüm örgüt biçimleri için geçerli olan bu genel gerçek, elbette, iktidar mücadelesi veren partiler için de geçerlidir. *Önder* yetiştirmek, siyasal partiler için yaşamsal önemi olan sorunların başında gelir. Tarihte hiçbir siyasi hareket önderlerini yani hareketi örgütleyip yönetebilecek temsilcilerini yaratmadan, iktidarı elde edememiştir. Deneyimli ve etkin parti liderlerinin yaratılması ise zaman alan güç bir iştir, ancak partinin güçlenip amacına ulaşması için, bu işin başarılması şarttır. Toplumsal olaylar açısından *önder*'in önemi konusunda **Mustafa Kemal**, şu değerlendirmeyi yapar: *"Tarih, yadsınamaz bir biçimde kanıtlamıştır ki,* *büyük sorunların çözümünde başarı için, yete-neği ve iktidar gücü yüksek bir önderin varlığı şarttır".*³⁵

Önderler, siyasi partiler için yaşamsal önemdedir ama bu önem onları mutlaklaştırmaz. Önderliğin parti için öneminin kavranmaması ne denli sakıncalı ise, abartılması da o denli sakıncalıdır. Parti liderleri, doğa dışı yeteneklerle donatılmış *ilahi güçlere* sahip sıradışı *varlıklar* değildir; dokunulmazlıkları yoktur; başka önderlerle değiştirilmeleri önemlidir, ama olağanüstü bir olay değildir.

Önderlere yüklenen misyon, olması gerekenden ne kadar fazla ise, kitleler o kadar güdülecek *'sürü'* olarak görülüyor demektir. Unutulmamalıdır ki, ne denli yetenekli, bilgili ve deneyimli olurlarsa olsunlar parti önderleri; eğer, kitle içinde kök salmış, canlı, güçlü ve iyi işleyen bir örgütün başında değillerse hemen hiçbir şey yapamazlar. Parti örgütü esastır. Parti önderini yaratır, önder partisini geliştirir. Önderi putlaştırma, partiye ve öndere yapılabilecek en büyük kötülüktür. "*Parti disiplini, liderin putlaştırılması ve parti içinde baş gösteren kendini beğenmişlik, üyelerin kısa sürede kitlelerden kopmalarına ve kitlelerin gerçek tepkilerini göremez olmalarına yol açar. Parti lideri, neredeyse Versailles'deki XIV. Louis kadar halktan kopmuş duruma düşer.*"³⁶

Geleceğin ülke yöneticileri olan parti önderleri, parti üyelerinin sesine, *"küçük insanlar"* denenlerin sesine, halkın sesine dikkat etmek ve bu sesleri gerçekten duyup hissetmek zorundadır. Bu konuda gösterilen duyarlılık ve yetenek, yönetici olmanın vazgeçilmez koşuludur. **Mustafa Kemal Atatürk**, yönetici konumundaki kadroların bu yeteneği ancak, kitleler içinde yaşamak ve onlarla birlikte olmakla kazanabileceklerini belirtir ve şöyle der: "*Bu ülkeyi yönetmek isteyenler, ülkenin içine girmeli ve bu milletle aynı koşullar içinde yaşamalıdır ki, ne yapmak gerektiğini ciddi olarak hissedebilsinler... Yönetimden sorumlu yöneticilerin kişisel ihtirasları, kişisel çelişmeleri, yurt ve ulus görevlerinin gerektirdiği yüksek duyguların üzerine çıkan ülkelerde, dağılmak ve batmaktan kurtulmak mümkün değildir.*"³⁷

Yönetme eyleminin doğasında var olan yetke ve baskıya kayma eğilimi, bilince dayanan katılımcı parti işleyişiyle önlenebilir. Katılımcılığın yarattığı organ denetiminden uzak lider yetkesi, parti gücünün temelini oluşturan demokratik canlılığı yok eder; parti üyelerini buyruk, kitleleri kurtarıcı bekleyen edilgen nesneler haline getirir; iktidarın kişiselleşmesine ve çoğu kez mistik *bir nitelik* almasına yol açar; eski bir otorite biçimi olan *"parti-kral"* sistemi güncel versiyonlarıyla ortaya çıkar. Bu gelişmelerin doğal sonucu olarak, parti hızla kitlelerden uzaklaşır, topluma yabancılaşarak gücünü yitirir ve zamanla ortadan kalkar.

Konu lider egemenliği olduğunda, komünist ya da faşist partilerle, parlamenter mücadele yürüten *"demokratik"* partiler arasında, önemli benzerlikler olduğu görülmektedir. *"Demokratik"* partiler daha gevşek örgütsel yapılanma içinde görünüp gösterişli seçimler yaparlar, ama bu partilerdeki lider egemenliği, üstelik kişiselliği aşıp kurumsallaşmış olarak, en az diğerleri kadar belirleyicidir. Üstelik bu tür partilerde *"liderlerin"* elinde bulunan yönetim yetkisi, yalnızca *"liderin"* kullandığı bir güç değildir. Bu gücün gerçek kullanıcıları, *"lideri"* bulunduğu yere getiren ve orada tutan, parti dışı sermaye güçleridir. *"Demokratik"* partiler ve bu partilerdeki yönetimin niteliği konusunda **Duverger**, bugünkü konumlarından çok daha *"demokratik"* oldukları 1951 yılında şu saptamayı yapmıştır: *"Bu tür partiler, gelişim süreçleri içinde giderek, parlamento oturumlarında, parti gurup toplantılarında görüşmelerle gün geçiren bir yapıya gelmiş ve kitlelerden uzaklaşmışlardır. Bu sonuç onları, kaçınılmaz olarak oligarjik ve otoriter bir yapıya getirmiştir. Bu partiler, çok parti ile donatılmış parlamenter işleyiş içinde, liderlerine mutlak bağlı, kapalı siyasi örgütler haline gelmişlerdir."*[38]

\*

Sermaye gücünün siyasal sistem, bağlı olarak da partiler üzerinde yaygın ve belirleyici bir etki kurması, kitlelerin partilerden ya da bir başka deyişle partilerin kitlelerden uzaklaşmasına yol açmıştır. Oysa seçimin ve oy vermenin, siyasal düzeni belirleyen temel ögeler olarak kabul edildiği bir ortamda, bunun tersi olmalı ve partiler kitlelere yakın olmalıydılar. Bu *'küçük'* sorun, sermaye güçlerinin ekonomi, siyaset, yönetim ve iletişim alanlarında gerçekleştirdiği egemenlik ile aşılmıştır. Halktan oy alma olanağına sahip hemen tüm partilerin yönetimleri elde edilmiş ve denetim dışında gelişebilecek partilerin yaşam alanlarına el konmuştur. Mali güç, medya ve seçim barajlarıyla halk denetim altına alınmış, belirli partilerden başkasına oy verme şansı olmayan siyaset dışı *kalabalıklar* haline getirilmiştir. Partilerin kitlelerden uzaklaşmalarıyla, oy almak zorunda olmaları arasındaki çelişki, bu yöntemle aşılmıştır.

Lider egemenliği bugün o denli yaygın ve olağan hale gelmiştir ki, partilerin hemen tümünde milletvekillerini artık halk değil, parti liderleri seçmektedir. Liderlerin milletvekili adaylarını belirlemesi yerleşik bir işleyişe dönüşmüş ve bu durum seçimleri, yasası olmayan bir tür *iki turlu seçim* haline getirmiştir. Kimi partilerde milletvekili adayları, seçimden önce tarihsiz bir istifa mektubu imzalamak zorunda bırakılmaktadırlar. Milletvekili adayları, seçildikten sonra itaatsizlik gösterirse, lider boş yerleri doldurarak istifa mektubunu işleme sokar. Fransız Sosyalist Partisi Tüzüğü'nün 16.maddesi, milletvekillerinin partiden ayrıldıkları takdirde milletvekilliğinden de istifa edecekleri yönünde *şeref sözü* vermelerini öngörmektedir.[39] Parlamentolar artık, karşıt siyasal gurup ve sınıfların temsil edildiği yer olmaktan çıkmış ve ayrı partilerden de olsa aynı nitelikte insanların toplandığı bir yer haline gelmiştir. **Robert de Jouvenel** bu gerçeği şöyle dile getirmektedir: *"Ayrı partilerden iki milletvekili arasındaki benzerlik, aynı partiye mensup bir milletvekili ile o partinin üyeleri arasındaki benzerlikten daha büyüktür."*[40]

## Profesyonel Kadrolar

Partiler, tüm zamanını parti çalışmalarına ayıran profesyonel kadrolar tarafından yönetilmelidir. Profesyonel kadro, işi parti çalışması olan insandır, ancak her parti çalışanı bir *profesyonel kadro* değildir. Burada söz konusu edilen profesyonel kadro, kendisini her yönden yetiştirmiş olan partinin öncü kadrolarıdır. Bu kadrolar ne denli çok ve iyi yetişmiş ise, partinin gücü ve siyasal başarısı da o denli yüksek olacaktır.

Kadro sorunu, iktidar mücadelesi yapan partilerin en önde gelen sorunlarından biridir. Politik mücadele ve bu mücadelenin aracı olan parti çalışmaları, bu çalışmaya katılanların tümüne, ama özellikle de yönetimde görev alanlara ağır sorumluluklar yükler. Görev alan kişilerin, yüklendiği sorumluluğu taşıyabilecek nitelikte olması gerekir. Bu sorumluluğu taşıyabilecek olanlar *profesyonel kadrolardır*. Bunlar bütün güç ve olanağıyla parti çalışmasına katılan yüksek bilince sahip, kitlelerle bağ kurmada yetenekli, özverili, cesur, dürüst ve güvenilir insanlardır. Partinin tüm örgütsel ve yönetsel yükünü taşıyan *profesyonel kadrolar* bunlardır.

Siyasal partiler tarihsel olarak, halk kitlelerinin siyasal yaşama katılmaya başlamasından sonra gelişmişlerdir. Ağır koşullar altında yaşayan ve çoğunluğu oluşturmalarına karşın iktidardan uzak tutulan kitleler, haklarını savunmak için önce ekonomik daha sonra politik nitelikli örgütlerde örgütlenmeye başladılar ve kendi partilerini kurdular. Parti örgütlenmesine duydukları gereksinim, iktidarı elinde bulunduran egemenlerden çok daha fazlaydı. Ekonomik ve siyasi gücü yüksek egemenler, bir de fazladan iktidar gücünü kullanıyor, devleti denetliyordu. Bu nedenle, haklarını almak için örgütlenmekten başka bir olanağı olmayan halk kitleleri, siyasal mücadeleye katılmaya başladı. Kurdukları partiler kaçınılmaz olarak değişimi, yenileşmeyi ve toplumsal ilerlemeyi temel alan ilerici devrimci partiler oldu.

İlerici-devrimci partiler, yalnızca halka dayanarak ayakta kalabilir. Bu nedenle katılımcılık, dayanışma ve örgütlenme düzeyi, tutucu partilerden daha ileri, mücadele yeteneği daha yüksektir. Tutucu partiler, iktidar olanaklarına dayanırken, devrimci partiler kaçınılmaz olarak kitleleri harekete geçirebilen, iyi örgütlenmiş ve güçlü bir örgüt yapısına sahip olmak zorundadırlar. Böyle bir partinin yaratılıp yaşatılması ise elbette iyi yetişmiş, özverili ve mücadele azmi yüksek kadrolarla olanaklıdır. Bu nedenle kadro sorunu, değişimi ve ilerlemeyi öngören partiler için yaşamsal bir sorundur. *Profesyonel kadroların* önemini bu yaşamsallık belirlemektedir.

Siyasi partiler amaçlarına ve içinde bulundukları toplumun koşullarına uygun olarak, *profesyonel kadro* sorununu, farklı öncelik ve yoğunlukla ele almışlardır. Alman Sosyal Demokrat Partisi'nin 1910 yılında bir kısmı memur 3000 *profesyonel kadrosu* vardı. Bunlar görevleri nedeniyle, üye tabanıyla hergün ilişki halinde olduklarından kongre delegesi seçilebiliyor ve bu sayede yönetim organlarının oluşturulmasında etkili oluyorlardı.[41] Rus Sosyal Demokrat İşçi Partisi, varlığını *profesyonel kadrolar* üzerine oturtmuştu. Bunlara, *"meslekleri devrimcilik olan insanlar"*[42] ve *"parti çalışmasına boş akşamlarını değil, tüm yaşamlarını adayan kişiler"*[43] deniyordu. Bu partiye göre; *"Belli bir yeteneğe sahip ve parti açısından ilerisi için ümit veren hiçbir işçi militan, günde 11 saat fabrikada çalışmak zorunda olmamalı ve bu insanların geçimi, parti tarafından sağlanmalıydı."*[44]

\*

*Profesyonel kadroların* günümüz partilerinde, özellikle de iktidar partilerinde, *partide çalışan memurlar* konumuna gelerek profesyonel kadro niteliğini yitirmeleri, profesyonel kadro kavramının partiler için önemini azaltmaz. Yaşanan durum yenileşmeyle tutuculuğun, devrimcilikle durumu korumanın çatışma sınırları içinde kalan geçici bir süreçtir. Sermaye gücüne bağlı küresel baskı, parti dışı iktidar odaklarının artmasına ve partilerin güç yitirmesine neden olmaktadır. Bu yaşanan bir gerçektir. Üstelik, artık yalnızca düzen karşıtı partiler değil, düzen partileri de güç yitirmektedir. Yönetim gücünü ellerinde bulunduranlar bu gücü kullanırken, partilerin dışında paradan iletişime, hukuksal ayrıcalıklardan açık şiddete dek yeni güç alanları ve dolaylı dolaysız baskı yöntemleri geliştirmişlerdir. Yoksulluk ve örgütsüzlük içinde doğruyu yanlışı göremez hale getirilen kitleler örgütsüz kılınmıştır. Bu nedenle, gücünün ve olanaklarının tümünü toplumsal ilerleme mücadelesine ayıran *profesyonel kadrolara* ve bu kadroların içinde çalışacakları partilere, halkın her zamankinden çok, bugün gereksinimi vardır.

Mali ve teknolojik güçten yoksun halk kitlelerinin, kapsamı giderek artan küresel baskıya karşı, haklarını savunmak ve kendileriyle birlikte tüm insanlığı kurtuluşa götürecek gelişmeyi sağlamak için dün olduğu gibi bugün de, örgütlü bir parti gücünü yaratmaktan başka çaresi yoktur. Kitleler üzerinde etkili olan ve onları harekete geçirebilen bir partinin yaratılması ve buna bağlı olarak *profesyonel kadroların* ortaya çıkarılması, öneminden hiçbir şey yitirmediği gibi, günümüzde olağanüstü artmıştır.

\*

*Profesyonel kadro* sorunu, yalnızca politik alanda yer alan partiler için değil, ekonomik ve sosyal alandaki tüm kurum ve kuruluşlar için de önemli bir sorundur. Şirketlerden kamusal kurumlara, demokratik örgütlerden gönüllü yardım kuruluşlarına dek tüm örgütlerin, kendisini tam olarak yaptığı işe veren ve işini iyi yapan elemanlara gereksinimi vardır. Alanında uzmanlaşmış, edindiği bilgi ve deneyimi verimli bir biçimde kullanan ve sonuca gitmeyi bilen inisiyatif sahibi insanlar, hem kendilerini hem de görev yaptıkları kurumu geliştirirler. Bu insanlar, profesyonellerdir; yapılan işin gerçek yükünü bunlar yüklenirler. Holdinglerden küçük şirketlere, spordan sanata, bilimsel araştırmalardan basın yayına dek; yaşamın her alanında başarıyı yakalayanlar bu insanlardır. Boş zamanlarında şirket işleriyle ilgilenen bir yönetici ya da canı isteyince üniversiteye giden bir akademisyen nasıl düşünülemezse, bu tür işlerden çok daha fazla zorluk ve sorumluluk taşıyan siyasal mücadele ve parti yöneticiliği hiç düşünülemez. Parti yöneticiliği, *"akşamüstü işten çıkıp yapılacak bir iş"* değildir.

Parti, *profesyonel kadroların* seçim ve atamalarına özel önem vermelidir. Yüksek yetkiyle donatılan ve kilit görevlere getirilen bu kadroların seçim ve atamalarında yapılacak en küçük yanlış, partinin önemli zararlar görmesine yol açabilir. *Profesyonel kadrolar,* kuramsal ve eylemsel düzeyleri, mücadele birikimleri ve parti geçmişleri titiz bir biçimde incelenerek seçilmelidir. Partilerde profesyonel görevliler gurubu yaratmak, parti içi görevleri yerine getiren ve kitlelerle kalıcı bağlar kuran örgütsel bir yapı oluşturmak demektir. Bir yanıyla yapılması zorunlu olan bu girişim, dikkatli davranılmazsa, partiyi kendi içinden çürütecek bir bürokrasinin ve oligarşik bir yönetim yapısının ortaya çıkmasına neden olacaktır. Profesyonel kadro sorunu, doğru ya da yanlış seçim halinde, en yüksek yararla en kalıcı çürüme arasında her tür olasılığı içerecek olan ve yüksek duyarlılık gösterilmesi gereken bir sorundur.

*Profesyonel kadroların* sayısını ve diğer üyelere göre oranını; ülkenin içinde bulunduğu siyasal-hukuksal durum, kısa dönemli hedefler ve partinin yürütmekte olduğu mücadele biçimi belirler. Sınıfsal ya da ulusal mücadele yürüten partilerin tümü, sosyal bunalım dönemlerinde, daha çok *profesyonel kadroya* gereksinim duyarlar. Açık ya da gizli çalışan partilerde, profesyonel kadro oranları birbirlerinden farklıdır. Parlamenter mücadele yürüten kitle partilerinde profesyonel kadrolar, profesyonel olmayan ya da yarı-profesyonel olan üyelerden daha azdır.

Sayısal oranları, nicelik ve nitelikleri ne olursa olsun *profesyonel kadrolar,* parti için her zaman önceliği olan önemli bir konudur. Bir parti, niteliği yeterli olmak koşuluyla, sahip olduğu *profesyonel kadro* sayısını ne kadar çok arttırabilmişse, yürüttüğü mücadelede başarılı olma şansını da o kadar yükseltmiş demektir.

## Parti Okulları, Parti Yayınları

Genel olarak tüm parti üyelerinin, özel olarak da *profesyonel kadroların* bilinç düzeylerini geliştirmek, yönetim inisiyatifi ve örgütsel yeteneklerini geliştirmek için; iyi işleyen, etkili ve yaygın bir eğitim düzeninin kurulması gerekir. Parti çalışmalarına katılan üyeler, ne denli özverili ve kararlı olurlarsa olsunlar, eğer kuramsal donanımları eksik ve bilinç düzeyleri yetersizse başarılı olamazlar. *"Kuramsız uygulama ya da uygulamasız kuram olmaz"* özdeyişi, her alan ve konu için geçerlidir, ama herhalde en çok, siyasi partiler için geçerlidir.

İktidar mücadelesi veren, bu nedenle halkın desteğine gereksinimi olan partilerin, eylemle söylemi, bilinçle özveriyi üst düzeyde bütünleştirmeleri, bu bütünlüğü de kalıcı parti işleyişi haline getirmeleri gerekir. Bu ise, iyi işleyen örgütsel ilişkiler ve eğitimle sağlanabilir. Üyelerin kuramsal düzeyinin yükseltilmesi, kitle çalışmalarında kullanacakları bilgiyle donatılmaları için parti yönetiminin oluşturduğu eğitim organları, *parti okullarıdır.*

Üyelerin eğitilmesi sorunu, partilerin ortaya çıkışıyla gündeme gelip, süreç içinde önem kazanarak, *parti okulu* kavramını ortaya çıkaran eski bir konudur. Toplumsal muhalefeti üstlenmeyi amaçlayan partiler başta olmak üzere, pek çok parti değişik biçim ve oranlarda parti içi eğitim konusuna eğilmiştir. Başlangıçta, parti yönetimine gelecek kadroları yetiştirmek için devamın şart olduğu *"lider kursları"* açılıyordu. Bu sistem ilk kez sosyalist partilerde, işçi sınıfı içinden öncü kadrolar çıkarmak için kullanılıyordu. Alman Sosyal Demokrat Partisi, *"parti kadrolarının eğitimlerini tamamlamak"* ve *"parti ya da sendika görevine aday olan kişileri eğitmek"* amacıyla 1906'da Berlin'de *Parteischule* adlı parti okulunu kurmuştu. *Parteischule*'ye 1910-1911 yıllarında 141 *"öğrenci"* devam etmiş, bunların 49'u partide profesyonel kadro olarak istihdam edilmişti.[45]

Sosyalist ve komünist partiler, Alman *Sosyal Demokrat Partisi*'nin uygulamalarını sonraki dönemlerde geliştirip yaygınlaştırdılar. Fransız *Komünist Partisi*, üç tür parti okulu geliştirdi. *Temel* ve *federasyon okulu* adı verilenlerde sıradan parti üyeleri; *merkez okulu* adı verilende ise parlamento üyeleri, merkez komite üyeleri ve federasyon delegeleri gibi yüksek düzey yöneticiler eğitildiler. Merkez okulunun kurslarına 1947-1948 yıllarında 96 yönetici katıldı. Özellikle köylü liderler ve yandaş örgütlerin liderleri için düzenlenen *"dört haftalık kurslara"* aynı yıllarda 292 militan, *"iki haftalı federasyon kurslarına"* ise 2071 kişi katıldı. Bu *"kurslardan"* ayrı olarak, yalnızca Fransız Komünist Partisinin en yüksek ve güvenilir unsurlarının değil, dünyanın hemen her ülkesinden komünist parti liderlerinin katıldığı Moskova'daki *"okullar"* vardı. Bu okullara devam etmiş olanlar, komünist partilerin en üst *"aristokrasisini"* meydana getiriyordu.[46]

Komünist parti liderlerinin Moskova'daki okullarda *"eğitim"* görmesi, *parti okulu* kavramının dışına çıkan ve sistemler çatışmasının ortaya çıkardığı uluslararası bir uygulamaydı. Bu uygulamanın bir başka türü ABD tarafından yürütüldü ve dünyanın hemen her ülkesinden parti ya da ülke yöneticisi, değişik gerekçelerle ABD'ye getirilip eğitildiler. ABD Savunma Bakanı **Mc Namara** 1962 yılında Temsilciler Meclisi'nde yabancıların eğitilmesi konusunda şunları söylüyordu: *"Birleşik Devletler ve yabancı ülkelerdeki eğitim merkezlerimizde seçme kadroları ve önemli mevkilerde bulunacak uzmanları eğitmemiz askeri yatırımlarımızdan sağlanan yararlardan herhalde en önemlisidir. Bu öğrenciler ülkelerine döndüklerinde eğiticilik görevlerini orada sürdürecek olan ve hükümet yetkililerince seçilmiş görevlilerdir. Bunlar gerekli bilgilerle donatılmışlardır."*[47]

Faşist partiler ve özellikle Alman Nasyonel Sosyalist Parti, militan ve yönetici eğitimine en az sosyalist ve komünist partiler kadar önem vermiştir. Nasyonel Sosyalist

Parti iktidara geldikten sonra yüksek ve orta düzeydeki liderlerini yetiştirmek için *liderlik okulları* açmıştı. Geleceğin liderlerinin seçilmesi ve yetiştirilmesi amacıyla çok iyi örgütlenmiş olan bu okullar, her yönden donanımlı ve etkili eğitim kurumları haline getirilmişti. Her yıl bin kişi, *Hitler Gençlik Hareketinin* tüm üyeleri arasından seçiliyor ve *Adolf Hitler Okulları*'ndaki ilk eğitimden sonra, yeni ve sıkı bir elemeden daha geçiriliyordu. Daha sonra az sayıdaki lider adayları, üç yıllık özel eğitim kursuna alınıyordu.[48]

Parti içi eğitime önem vererek parti okulu kavramını geliştiren ve seçilmiş üyeleri bu okullarda eğiten partiler, yalnızca komünist ve faşist partiler değildir. Biçimi, niteliği, kapsamı ve yoğunluğu değişik olsa da, her parti, kendine uygun bir eğitim sistemi geliştirmiştir. Partiler bilirler ki, programlarını gerçekleştirmek için iktidar olmak, iktidar olmak için de üyeler arasında amaç ve düşünce birliğini sağlamak gerekir. Birbirini etkileyen bu ikili süreç, eğitimi partinin temel sorunlarından biri haline getirir.

Avusturya Sosyalist partisi, eğitim konusunu tüzük maddesi yaparak, gerçekleştirilmesi zorunlu bir parti görevi haline getirmiştir. Tüzüğün birinci maddesi, yönetici olarak yetiştirilmek üzere seçilen parti üyelerinin, merkezi eğitim *kurslarına* alınmasını ve bu *kursların* sürekli kılınmasını öngörür. *Kurslar*, yönetici adaylarının getirileceği görevin düzeyine göre değişkenlik gösterir. Adaylar, yöresel parti birimlerinin delegeleri tarafından belirlenir, ancak il ya da ilçe yönetim kurullarının lider okullarına katılacaklar için öneride bulunma hakları vardır. Avusturya Sosyalist Partisi'nin 1950 yılında, kayıtlı 614 bin üyesinden 50 bini, parti okullarına gidecek adayları seçme hakkına sahipti.[49]

İsveç ve Danimarka Sosyal Demokrat Partilerinde lider yetiştiren parti okullarından başka, tüm üyelerin katıldığı ve düzenli bir biçimde yapılan eğitim çalışmaları vardır. Her üyenin yılda bir kez katılmak zorunda olduğu bu çalışmalar iki gurupta toplanır. Birinci gurupta ağırlıklı olarak siyasal konu ve kavramlar, ülke ve dünyadaki gelişmeler işlenir. İkinci gurupta ise somut sorunlar ve bunların çözüm yöntemleri ele alınır.[50]

Alman Sosyal Demokrat Partisi'nin parti okullarından ayrı olarak, *Sosyal Demokrat Bilim Forumu* ve *Sosyal Demokrat Kültür Forumu* adlı iki önemli kurumu vardır. *Bilim Forumunda* akademisyenler, aydınlar ve araştırmacılar; *Kültür Forumunda* ise sanatçılar, yazarlar, sinemacılar, kültür adamları görev alır. Forumlara katılan bu insanlar, yılda en az iki kez bir araya gelerek tartışma ve araştırmalar yapar. Tartışma sonuçları bildiri ya da kitap haline getirilir ve tüm parti üyelerine dağıtılır. Bu çalışmalar, özellikle son on yıldır, 21.yüzyıla ait sosyal demokrat yaklaşımlara yönelmiş durumdadır.[51]

İsveç Sosyal Demokrat Partisi'nin bugün yaygın olarak uyguladığı eğitim çalışmaları geniş kapsamlıdır ve özellikle gençliğe yöneliktir. Gençlik okullarını, *Sosyal Demokrat Parti Gençlik Örgütü (SSU)* ile *İsveç İşçi Sendikaları Konfederasyonu (LO)* birlikte düzenlerler. Üç günlük kurslar halinde düzenlenen *Sendika Gençlik Okullarına* katılan gençlerin her türlü masrafı karşılanır. Gece yatısı dahil her türlü hizmet ücretsizdir. Kursa katılanlar eğer bir işte çalışıyorlarsa işlerinden izinli ayrılma hakkına sahiptir. Kursiyer, kurs nedeniyle herhangi bir gelir kaybına uğruyor ise bu kayıp sendika tarafından karşılanır.[52]

Parti yönetimleri, parti okullarında uygulanacak eğitim programlarının oluşturulmasına, eğitmen olarak görev alacak yetkililerin seçimine özel önem vermektedirler. Parti okulları ve bu okullara bağlı olarak çalışan eğitim kuruluşları, kadroların eğitilmesi yanında, ülke ve dünya sorunlarıyla ilgili bilimsel inceleme ve araştırmalar da yapar, bu konularda oluşturulacak parti görüşünün oluşmasına katkıda bulunur. Bu nedenle, öğretim kademesinde yer alacak görevlilerin, parti ilkelerine ve program hedeflerine tam uyum gösteren nitelikte insanlardan oluşması gerekir. Bilinen bir gerçektir ki, parti okulları her görüşün temsil edildiği *"tartışma klüpleri"* değil, her görüşün tartışıldığı, ancak parti ilkelerinin öğretildiği birimlerdir. Parti eğitimi, genel ve kapsamlı genel eğitimden farklı, özel bir eğitimdir.

*Parti okulları*, sistemli eğitim çalışmaları yanında, kendine bağlı araştırma ve inceleme kurulları aracılığıyla, özellikle seçim dönemlerinde yürütülecek parti propagandasının temel hedeflerini saptar, anketler ve araştırmalar yapar. Elde edilen sonuçlar, merkez yönetiminin bilgi ve onayına sunulur. Yalnızca parti kadrolarına değil, kitlelere yönelik bilim, sanat ve kültür araştırmaları yapılır. Partiyi ilgilendiren yasal ve bürokratik işleyişler konusunda aydınlatıcı ve yol gösterici yayınlar yapılır, bunlar üyelere ulaştırılır.

\*

Partilerin, görüş ve amaçlarını halka ulaştırmak ve onların desteğini almak için, iyi işleyen, yaygın bir örgüt ağına sahip olmaları gerekir. Parti örgütü, her konuda olduğu gibi tanıtım ve iletişimin geliştirilmesinde de esastır. Bu iş, parti örgütüne bağlı yayın çalışmaları ile yürütülür. Örgütsel yapıyla yayın arasında, birbirini dolaysız etkileyen bütünleştirici bir ilişki vardır. Yayın örgütü güçlendirir, örgüt ise yayını geliştirir ve bu ikili etkileşim, partinin kitleler içinde maddi bir güç haline gelmesinin itici gücünü oluşturur.

Parti yayınları ve kitle iletişimi konusu, siyasal partilerin ortaya çıkışından bugüne dek, her zaman ve her dönemde, parti mücadelesinin başarısını ya da başarısızlığını belirleyen temel konulardan biri olmuştur. En basit bildiriden, iletişim teknolojisinin günümüzdeki en ileri araçlarına dek hangi türden olursa olsun, kitlelerle bağ kurmayı sağlayan her yayın, partiyi halka tanıtan ve güvenini kazanarak onun bitmeyen gücünü partiye yöneltecek olan örgütsel bir değerdir. Partinin kuruluş aşamasında düzenli aralıklarla dağıtılan gazete ya da dergiler, parti görüşlerini yalnızca halka ulaştırmakla kalmaz, aynı zamanda örgütleyici bir işlevi yerine getirir. Gazete dağıtımında görev alan her parti üyesi, halkla ilişki kurmak için bir dağıtım ağı kurar ve bu ağ, büyüyecek olan parti örgütüne, üzerinde yükselebileceği kitlesel bir temel hazırlar. Basın, yayın ve dağıtım çalışmaları, parti örgütünü yaratacak olan kapsamlı ve kollektif çabanın ön uygulamalarıdır.

Rus Sosyal Demokrat İşçi Partisi'nin kuruluş aşamasında, yayın çalışmalarıyla örgütlenme arasındaki ilişki konusuna önem veriliyor ve şunlar söyleniyordu: *"Gazetenin rolü, yalnızca düşüncelerin yayılması, siyasal eğitim ve müttefiklerin kazanılmasıyla sınırlı değildir. Bir gazete yalnızca kollektif bir tanıtıcı ve kollektif bir harekete geçirici değil, aynı zamanda kollektif bir örgütleyicidir. Bu bakımdan gazete, inşa halindeki bir binanın çevresine kurulan iskeleye benzer; bu iskele yapının sınırlarını belirler, inşaat işçileri arasındaki bağlantıyı kolaylaştırır ve böylelikle onların yapılacak işleri dağıtmalarını ve örgütlü çalışmadan çıkardıkları ortak sonuçları görmelerini sağlar."*[53]

Gazete dağıtımı bugün profesyonel dağıtım şirketlerince para ile yapılıyor. Radyo ve özellikle televizyon, kitleler üzerinde büyük bir etkiye sahip, bu nedenle sermaye güçleri bu alanları adeta *kapatmış* durumdadır. Politika kaynaklı fiziki baskı, eskisi kadar yoğun değil, şimdi gündemde olan, *terör* düzeyine varan ekonomik baskıdır. İletişimin güncel olanaklarından yararlanamayan partiler, kendilerini ifade etmekte zorlanıyorlar. Bunlar herkesin gördüğü yaşanan gerçekler. Ancak bu gerçek, teknolojik düzeyi ve yayın olanakları ne olursa olsun, düzenli çıkarılan parti yayınının önemini azaltmamakta, iletişimin ileri tekniklerine sahip olmayan partiler için arttırmaktadır.

Halkın ve ulusun çıkarlarını savunan hiçbir parti, özellikle kuruluş ve gelişim dönemlerinde, siyasi rakiplerinin elinde bulunan kitle iletişim araçlarına ve mali olanaklara sahip olamaz. Bu partilerin dayanabileceği tek güç, halktır. Halkın sorunlarını bilen ve onu anlayan bir partinin, yayıncılık olanakları ne denli sınırlı olursa olsun halka ulaşması kolaydır. Çünkü bu parti, halkın gereksinimlerini ve gerçeği dile getirecek ve böylece, yayının teknik düzeyinden çok, niteliği önemli olacaktır.

Parti yayınlarında niteliğin birincil önemde olması, elbette iletişim teknolojisindeki gelişmelerin gözardı edileceği anlamına gelmeyecektir. Halkın ve ulusun çıkarlarını savunan partilerin de televizyon, radyo ve günlük gazete gibi gelişkin yayın olanaklarına sahip olmaları yalnızca yararlı değil, aynı zamanda zorunludur da. Ancak, bunlara sahip olmak için gerekli mali olanakları yaratacak kadar güçlenilmesi gerekir; bu ise zaman ve yoğun çaba ister. Bu süreç içinde, parti yayını, olanakları ne denli sınırlı olursa olsun, düzenli yayımlandığı sürece örgütlenmeye yaptığı katkıyı sürdürecek ve daha gelişkin iletişim olanaklarını yaratarak güçlü bir parti örgütünün ortaya çıkarılmasına katkı sağlayacaktır.

Partinin yayın çalışmaları, parti okulu ile bağlantılı olarak ve merkez yönetim organlarının denetimi altında yürütülür. Parti yayınları; değişik sosyal kesimlerden meslek ve yaş guruplarına, kültürel ve kuramsal olanlarından bilimsel araştırmalara dek geniş bir alanı kapsar. Bu geniş alan içinde, partinin kendisine doğrudan bağlı yayınlar yanında, parti çizgisine uyumlu ve dolaylı ilişkide bulunulan yayınlar da vardır. Göreceli olarak ya da tümden bağımsız olan bu yayınlar, özellikle parti politikalarına henüz kazanılamamış ve parti yayınlarını tek yanlı propaganda olarak gören halk kesimleri üzerinde etkili olacaktır.

Sınıfsal ya da ulusal mücadelede iletişimin taşıdığı önem, en az mücadelenin kendisi kadar yaşamsaldır. Gerek silahlı çatışmayı içeren ulusal direniş dönemlerinde ve gerekse siyasal mücadelenin barışçıl dönemlerinde iletişim, parçaları birleştiren, bilgiyi sağlayan ve strateji oluşturmaya olanak veren belirleyici unsurdur. Savaşta düşmanın iletişimini önlemek, barışta rakip siyasi gurup ve partilerin yayınlarına yanıt oluşturacak yayın yapmak ve basın dünyasında etkili olmak, mücadelede başarılı olmanın ön koşulu gibidir. Küresel güçlerin medya üzerinde tekel oluşturma konusunda gösterdiği hırs ve kararlılığın nedeni budur. Sermaye güçleri, halkın ve ulusun haklarını savunan görüşlerin halka ulaşmasını ve halkın bilgilenip bilinçlenmesini önlemek için basını siyasi *"terör"* aracı haline getirmeyi başarmıştır. Bu güce karşı koymak, bunun için de en gelişkin olanından en basitine dek hangi türden olursa olsun geniş bir iletişim ağının kurulup geliştirilmesi şarttır. Bu yalnızca düşüncelerin yayılması sorunu değil, kitlelerle kurulacak bağın, eylemsel bir örgütlülüğe yani partiye dönüştürülmesi sorunudur. Yaşamsal önemde olmasının nedeni budur. Kurulacak olan yayın ve dağıtım ağı, olayların önemine göre, kitlelere anında ulaşabilmeli ve onlara doğru bir yön verme olanağına sahip olmalıdır.

**Mustafa Kemal** iletişimin yaşamsal önemini bildiği için, Kurtuluş Savaşının ilk günlerinde *Anadolu Ajansı*'nı kurmuş ve bu ajansı *Anadolu ve Rumeli Müdafaa-i Hukuk* örgütlenmesinde etkili biçimde kullanmıştı. 8 Nisan 1920 tarihinde *Heyeti Temsiliye* adına *Sivas Kadınlar Cemiyeti*'ne Ankara'dan çektiği telgrafta şunları söylüyordu: *"Anadolu Ajansı'nın en hızlı araçlarla vereceği haber ve bilgiler, heyeti Temsiliye'nin öz kaynakları ve belgelerinin ürünü olacağı için; ajans bildirilerinin, oraca bilinen ve Müdafaa-i Hukuk örgütümüz için de toplanma ve geçiş noktaları olan yerlere asılması, bunların basılması, çoğaltılması, dağıtımı, hatta bucak ve köylere kadar ulaştırılarak mümkün olduğunca fazla yayılabilmesi için, acele önlem alınması ve sonuç hakkında bilgi verilmesi önemle rica olunur."*[54]

## Parti Ve Kitle Çizgisi

Siyasal partiler, içinde yaşadığı ülkenin koşullarını bilmek ve haklarını savunacağı kitleyi tanımak zorundadır. Toplumun tarihsel özellikleri, geleneği, istem ve öncelikleri, kültürel yapısı, özlemleri bilinmeli ve parti çalışması bu bilinç üzerine oturtulmalıdır. Toplumu yeterince tanımayan bir partinin, kitlelerle bağ kurabilmesi, onlara güven vermesi, buna bağlı olarak da başarılı olması mümkün değildir.

Parti kadrolarının çok *bilgili* ya da çok *okumuş* olmaları değil, kitlelerle kaynaşmış ve halkla sıcak bağlar kurabilmiş olması önemlidir. Partinin gerçek gücünü bu bağın nitelik ve yoğunluğu belirleyecektir. Sorun kahramanca işler yapmak değil, kitlelerle sıkı ilişkiler kurmak, onlara yaklaşmak, onların umutlarının aracı olmayı öğrenmek ve onları parti saflarına toplamaktır.[55]

Parti kadrolarının bilgi ve bilincinin gelişmesi, yalnızca kuramsal eğitimle sağlanamaz; kadrolar, kuramsal bilgilerini kitle içinde çalışarak pekiştirmek ve böylece gerçek parti eğitimini kitle içinde tamamlamak zorundadır. Kadrolar halka, onun gereksinim duyduğu bilgi ve bilinci götürürken, dolaysız olarak yaşamın ve üretimin içinde bulunan halktan da çok şey öğrenir. Bu ikili etkileşim, birbirini tamamlayan ve bütünlüğü olan bir süreçtir. Halk, parti kadrolarından bilgi alırken, kadrolara yaşamın gerçeklerini öğretir. Halkın içinde çalışan *aydın*'a ya da *aydın*'ı olmayan halka sahip bir ülkede, ileriye dönük sosyal bir gelişme söz konusu olamaz.

**Mustafa Kemal** bu önemli gerçeği, Kurtuluş Savaşı'ndan hemen sonra, 19 Ocak 1923 günü İzmit'de halka yaptığı konuşmada şöyle dile getirmiştir: *"Bu ülkede çok bilmiş, çok okumuş bir takım insanlar, ama neyi bilmiş efendiler, bir takım teoriyi bilmiş! Ve neyi bilmemiş efendiler? Kendini bilmemiş, hayatın gerçeklerini bilmemiş! Yaşamak için gerekenleri bilmemiş ve (kendisi de) aç kalmıştır!.. Bu ülkede çalışmak isteyenler, bu ülkeyi yönetmek isteyenler, ülkenin içine girmeli, milletle aynı koşullar içinde yaşamalı ki, ne yapmak gerektiğini ciddi olarak hissedebilsinler.. Aydınlarımız içinde çok iyi düşünenler vardır, fakat şu hataları da vardır. Aydınlarımız, belki bütün dünyayı tanır, bütün ulusları tanır, ancak kendilerini bilmezler. Araştırma ve incelemelerimize zemin olarak daha çok, kendi ulusumuzu, kendi tarihimizi ve ihtiyaçlarımızı almalıyız."*[56]

\*

Parti yönetici ve üyeleri için düşünsel düzeyde *aşılmış* ve *çözülmüş* birçok konu, halk kitlelerince henüz kavranmamış olabilir. Kadrolar kendi düşünsel dünyalarında, çok *ileri* ve çok *mükemmel* ideallere sahip olabilirler. Ancak önemli olan, kitlelerin olaylara nasıl baktığı ve nasıl değerlendirdiğidir. Halkın yararına olan politikaların bulunup geliştirilmesi yeterli değildir, halkın bu politikaları anlaması gerekir. Önemli olan budur.

Kitleleri esas alan ve onu kazanmaya yönelik çalışma yöntemlerinin geliştirilmesi, kuramsal donanımı ihmal eden, bilgi ve bilince önem vermeyen *halk kuyrukçuluğu* değildir. Bu bir yöntemdir. Parti kadroları bu yöntemi kullanarak halkın içinde bulunduğu koşulları öğrenip, *halkın dilinden* konuşmak zorundadırlar. Bu yeteneği kazanmak elbette, kitle içinde olmak ve onun gereksinimlerini yaşayarak öğrenmekle olasıdır. Parti propagandası, halkın günlük yaşamına dayandırılmalı ve bu propagandada kitlelerin kolayca anlayacağı bir dil kullanılmalıdır.

Politik mücadele, halk için uğrunda mücadele verilecek bir ülkü değil, içinde bulunduğu koşulların iyileştirilmesi için bir araçtır; soyut bir kavram değil, sonucunu görmek istediği somut ve anlaşılabilir bir eylemdir. Bu nedenle halk partilerden söz değil, iş bekler. Girişimci, atak ve kararlı görünüm veren partilere önem verir, onları destekler ve yaşatır. Kitlelerin sorunlarına eğilerek bu sorunların çözümü yönünde güven uyandıran partiler, halkla kalıcı bağlar kurmakta fazla zorlanmazlar. Çünkü, halk yaşamın içindedir ve sürekli değişim içindeki yaşama tutunmak için üretken ve yenilikçi olmak zorundadır. Bu gerçek, *"insan, hareket ve çalışmasının yani dinamizmin ifadesidir."*[57] **Mustafa Kemal**, 1925 yılında şöyle söyler: *"Gerçek devrimciler onlardır ki, ilerleme ve yenileşme yolunda devrime katmak istedikleri kitlelerin ruh ve vicdanlarındaki gerçek eğilimi kavramayı ve* (bu eğilime y.n.) *nüfuz etmesini bilirler."*[58]

Kitle içinde çalışan parti kadroları, kitlelerden yalnızca *"bir kol boyu"* önde olmalı, çok ilerde ya da geride olmamalıdır. Kitleden fazla ilerde olmak *katılığı* ve *bireysel-*

*liği*, geride kalmak ise *kitle kuyrukçuluğu* ve *eylemsizliği* getirir. *Kitle çizgisi*, bu iki yanlışlığa düşmeden sürdürülen, halkı ve toplumu geliştirecek olan çalışma yöntem ve anlayışıdır. *Halkın içinde olmak*, gerekli ancak yeterli değildir. Partinin halk içinde maddi bir güç haline gelmesi için, *kitle çizgisinden* sapmadan halkın içinde olunması gerekir.

\*

Politik mücadelenin düzeyini, toplumsal gelişimin ortaya çıkardığı gereksinimler belirler. Farklı gelişim düzeyine ve farklı gereksinimlere sahip ülkelerde, *kitle çizgisini* oluşturan ölçütler ve yaklaşımlar da elbette farklı olacaktır. Gelişmiş-azgelişmiş, bağımlı-bağımsız, varsıl-yoksul, güçlü-güçsüz gibi ayrımlar, politik mücadelenin doğrultusunu belirleyecek ve farklı toplumsal öncelikler, ulusal çıkarlar açısından birbirleriyle çelişen politikaları gündeme getirecektir. Çelişkiler, politik örgütler olan partilere dolaysız bir biçimde yansıyacak ve bir ülke için doğru olan politik çizgi, diğeri için yanlış olacaktır.

Partinin *kitle çizgisini* belirleyen kararları, her konuda olduğu gibi ve kesin olarak uygulamanın sınavından geçirilmelidir. Sözle eylem, kuramla uygulama birlikte ele alınıp, yapılan saptamanın doğruluğu kanıtlanmadıkça; *kitle çizgisi*, belirgin, somut ve anlaşılır duruma gelemeyecektir. Belirsizliğe yol açan bu durum, kitle çalışmasını ve parti üyelerini, özgüvenden yoksun, kararsız unsurlar haline getirecektir. Oysa söz ve eylem birliğinin sağlanması ve bu birliğin çalışmalara egemen kılınması, parti kadrolarının kitleyi, kitlenin de kadroları tanımasına yol açacak ve yaşamın içinden çıkarılan *kitle çizgisi*, gerçek anlamda o zaman ortaya konulmuş olacaktır.

Varlıkları kitlelerden alacakları desteğe bağlı olan partiler, kadroları aracılığıyla kitlelere güven vermek zorundadır. Bu güven, *kitle çizgisine* uyum gösteren çalışmalarla sağlanabilir. Parti, kitlelere güven verdikten sonra, onların desteğini alacak ve hızla büyüyecektir. Bu aşamadan sonra, parti eylemi herhangi bir somut kazanım elde edememiş bile olsa, kitleler duydukları güven nedeniyle partiye verdikleri desteği sürdürecek ve onu iktidara getirerek deneyecektir. Ancak destekledikleri partilerde, sorunlarına karşı en küçük bir içtensizlik hissettiklerinde de desteklerini hemen çekeceklerdir. Partinin kitle gözünde değer kazanması için önemli olan, ele aldığı sorunu hemen çözmüş olması değil, çözmeye yönelmesi ve bu yönelişte içtenlikli olmasıdır. Kitleler bu yönelişi çabuk hisseder ve kendi ölçüleriyle sınayarak kısa sürede genel bir kanıya varırlar. Yanılgısı olmayan bu kanı, *kitlenin ya da halkın sağduyusudur.*

Günümüzde, her dört ya da beş yılda bir halkın önüne sandık koyarak ondan oy istemek, elbette *kitlelere gitmek, onu kazanmak* ya da *siyasi çalışma yapmak* değildir. Denenmiş ve seçeneksiz hale getirilmiş partilerin sırayla iktidara gelmeleri, aldıkları oy oranları ne olursa olsun; kitlelerin desteğini aldıkları ve *kitle çizgisini* yakaladıkları anlamına gelmez. Halkın olanaksızlıklar içinde siyasi açmaz içine sokulduğu bir düzende, ne denli bol ve *"demokratik"* seçim yapılırsa yapılsın, değişmeyen gerçek işleyiş; halkın kendisini yönetecek partiyi seçmesi değil, kendi haklarını *"gasp"* edecek insanlara oy vermeye mahkum edilmesidir. Bugünkü kurulu düzen işleyişinin özü budur. Burada artık halk, sorunlarına eğilinip kazanılacak bir güç değil, seçim dönemlerinde akla gelen bir oy deposudur. Seçim sandıkları ve oy pusulalarıyla yaratılan *"demokratik"* yıkım ve bu yıkımın önde gelen unsuru olan *"partilerle"*, burada anlatılmaya çalışılan ve kitleleri kazanmayı temel alan partiler, çok farklı şeylerdir.

## Parti Eyleminde İnsan İlişkileri

Üretim ilişkilerinin belirlediği sosyal düzen, insanlar arasındaki ilişkilerin niteliğini ve toplumsal yaşamın değer yargılarını da belirler. İnsanlar, farkında olsunlar ya da olmasınlar, içinde yaşadıkları koşullardan etkilenerek bu koşulların belirlediği bir bilinç düzeyine sahip olurlar.

Toplumsal koşullar insan bilincini *belirler*, insan bilinci ise toplumsal koşulları *etkiler*. Toplumların gelişim ve değişim süreçleri, insan iradesinden bağımsız olarak ortaya çıkar, ama değişimi insan müdahalesi gerçekleştirir ve karşılıklı olan bu etkileşim insanlık gelişiminin itici gücünü oluşturur. İnsan eylemi, toplumsal koşulları oluşmayan bir sosyal dönüşümü gerçekleştiremez, ancak hiçbir sosyal dönüşüm de insan eylemi olmadan gerçekleşemez. Bilinçli insan eylemi, toplumsal dönüşümlerin ebesidir.

Yaşadığı ortamı geliştirme ve kendi geleceğine egemen olma bilincine varan bir insan, gerçekleştirmek istediği değişim amacına uygun olarak, önce kendisini yenilemeli ve geliştirmelidir. Kendini yenilemek ise yaşamın içinde olmak, üretmek ve sürekli çalışmakla mümkün olabilir. Bunun açık anlamı, üreten ve sonsuz bir hareketlilik içinde bulunan halkın bir parçası olmaktır. Tarihi ve sosyal yaşamı var eden halktır ve her türlü toplumsal değeri var eden halk, içinde bulunduğu koşullara ve yaptığı işin niteliğine bağlı olarak, her zaman gelişime açık bir konumdadır. Parti üyeleri, kitlelerin içinde bulunduğu bu konuma uygun düşen bir anlayışta olmalı ve bu yönde davranmalıdır.

Parti çalışmaları, belirlenmiş olan kurallara ve parti içi dengelere uyularak, verilen görevlerin yerine getirildiği bürokratik işler toplamı değil, temelinde özveri ve dayanışma bulunan, zor ve riskli, ama onurlu bir mücadeledir. Mücadeleyi onurlu kılan, halkın ve ulusun çıkarlarına dayanması ve toplum çıkarı için kişiselliğin aşılmasıdır. Halkın sorunlarını çözmeye yönelen politika, dünyanın belki de en erdemli işidir. Bu nedenle, iktidara geldikten sonra halka sırt çeviren ve çıkar örgütüne dönüşen partileri, gerçek anlamda parti saymamak gerekir. Bu tür partilerin yöneticileri, görevlerini yapmamakla kalmayıp halka karşı suç işlemektedirler.

Parti yaşamında, insan ilişkilerinde geçerli olan, kendine özgü değer yargıları ve ahlak kuralları vardır. Her parti, içinden çıktığı ve temsil ettiği toplumsal kesimin ahlakına sahiptir. Ahlak, toplumda egemen olan değer yargılarının ve davranış kurallarının genel toplamıdır. Sınıflı toplumlarda her sınıfın ahlak anlayışı, kendi yaşam koşullarının biçim verdiği özelliklere sahiptir.

Ezen-ezilen, yöneten-yönetilen ya da varsıl-yoksul çelişkileri, değer yargıları ve öncelikleri farklı olan ahlak anlayışlarının ortaya çıkmasına neden olur. Ezen sınıf ya da ulusta geçerli olan ahlak anlayışı ile ezilen sınıf ya da sömürülen ulusta geçerli olan ahlak anlayışı, birbirinden farklıdır. Bu farklılık doğal olarak, sınıf ve ulusu temsil eden partiler için de aynısıyla geçerlidir.

Sahip olduğu ahlak anlayışı ne olursa olsun, insanlar arasındaki davranışları, hazırlanan kurallar listesi ya da reçetelerle belirlemek ve tek tip uygulama ortaya çıkarmaya çalışmak, ne doğru ne de mümkündür. Ancak bu gerçek, davranış biçimleri ve insan ilişkileri konusunda görüş geliştirmemek, tartışmamak ve eğitilmemek anlamına elbette gelmeyecektir. Unutmamalı ki her türlü ilerlemenin temelinde eğitim vardır.

Bir sınıfın ya da bir ulusun, özgürlük ve mutluluğu için verilen parti mücadelesinde, bireyselliğin aşılması ve temsil edilen kesimin çıkarlarının savunulması, yapılan işin zorunlu ve kaçınılmaz gereğidir. Bu zorunluluk türü ve biçimi ne olursa olsun, tüm partiler için geçerlidir. Parti mücadelesi sonuçta, hakların savunulmasını öngören bir çabadır; varlık nedeni bireysel değil, toplumsaldır.

Parti mücadelesi, özgür seçime bağlı, zorlamaya dayanmayan, gönüllü bir mücadeledir ve insanlar bu gerçeği bilerek partiye üye olurlar. Öncelikli amaç kişilerin değil, toplumun çıkarlarını savunmaktır. Bu gerçeği bilmeyen ya da kavramayan insanlar, parti üyesi olduklarında hem kendilerine hem de partiye zarar verirler. Üye adayları, görevlerinin yetenek ve olanaklarının elverdiği ölçüde halka bilinç götürmek, onu örgütlemek ve toplumu ileri götürecek bir parti gücünü yaratmak olduğunu bilmeli ve bunu bilerek parti üyesi olmalıdır. Parti üyesi olmak isteyen herkesin, *örgütlemek için örgütlenmek gerektiğini*, bunun da özveri isteyen ve kolay olmayan bir iş olduğunu bilincine çıkarmış olması gerekir.

\*

Örgütlü olmak, partiye yalnızca üye olmak demek değil, örgütsel görevlere katılmak demektir. Eğer bu katılım, halkın ve ulusun çıkarlarını savunan, onların ilerleme ve mutluluğu için çalışan bir partide yapılıyorsa, bu devrimci olmak demektir. Devrimci olmak ise; öğrenmek, araştırmak ve edindiği bilgi birikimini örgütlü mücadele içinde uygulamaya dökmektir.

Ülke ve halk için mücadeleye atılan devrimciler; bilinçli, kararlı ve direngen insanlardır. Bencilliği ve bireyciliği aşmışlar, ülke ve halk sevgisini örgütlü mücadeleyle birleştirmişlerdir. Toplumun en ileri unsurlarıdır. Yaptıkları iş, güçlü bir irade sağlamlığı ve özgüveni gerektirir. Halkın ve ulusun içinde bulunduğu sıkıntıları içinde duymak, bu sıkıntıları onlarla paylaşmak ve olumsuzlukları ortadan kaldırmak için, içinde bulunulan koşulların olanaksızlığına bakmadan mücadeleye atılmak, devrimci politikanın en belirgin özelliğidir.

\*

**Mustafa Kemal**'in yaşamı ve yaptıkları, halk ve ulus sevgisine, bu sevginin yön verdiği devrimci mücadeleye gösterilebilecek en iyi örnektir. Kurtuluş Savaşı'nı başlatmak için Ankara'ya geldiği ilk günlerde, mücadele amaçlarının yüksekliği ve eldeki olanakların yetersizliği karşısında ürken kimi kişiler, geldikleri yerlere, ailelerinin yanına dönmeye başlamışlardı. Zaten kurtuluş mücadelesine katılmak için Ankara'ya gelen *aydınlar*'ın toplamı, yalnızca 1500 kişiydi.[59] **Atatürk**, TBMM'nin açılışından bir gün sonra, 24 Nisan 1920'de Meclis'te yaptığı konuşmada, devrimci kararlılığını ve irade sağlamlığını ortaya koyan şu sözleri söylemişti: *"Bazı arkadaşların yoksulluk içinde bu büyük davanın başarılamayacağını zannederek, memleketlerine dönme arzusunda olduklarını duydum. Arkadaşlar; ben sizleri bu milli* *davaya silah zoruyla davet etmedim, görüyorsunuz ki sizi burada tutmak için de silahım yoktur. Dilediğiniz gibi memleketinize dönebilirsiniz. Fakat şunu biliniz ki, bütün arkadaşlarım beni yalnız bırakıp gitseler, ben bu yüksek Meclis'te tek başıma kalsam da mücadeleye karar verdim. Düşman adım adım her tarafı işgal ederek Ankara'ya kadar gelecek olursa, ben bir elime silahımı, bir elime de Türk bayrağını alıp Elmadağı'na çıkacağım. Burada tek başıma son kurşunuma kadar düşmanla çarpışacağım. Sonra da mukaddes bayrağı göğsüme sarıp şehit olacağım. Huzurunuzda buna ant içiyorum."*[60]

Halkın ve ulusun yararını gözeten politik mücadelede, özveri esastır ve özveri kişinin mücadeleye özgür iradesiyle gönüllü katılımıdır. Hiçkimse özverili olmaya zorlanamaz. Paylaşma ve katılma duygusu, halk ve ülke sevgisinin bilince dayanan örgütlü bir hareket haline getirilmesiyle kazanılır. Özverili olmayan devrimci olamaz. Politik mücadele, herhangi bir kişi ya da gurubun etkisi ya da hatırı için girişilmeyecek kadar önemli bir iştir. Kişi, girdiği eylemin doğuracağı sorun ve sonuçları bilmeli, yükümlendiği risklerin bilincinde olmalıdır.

*

İlke olmadan, örgütlü mücadele de olmaz. İlke sorunu, hem örgütü hem de üyeyi kapsar. Yalnızca örgüt içinde ilkeli olup kişisel yaşamında ilkeli olmayan, yani konumuyla yaşamı uyumsuzluk içeren kişilerin, ne kendilerine ne de örgütlerine yararı olur. İlkelilik, aynı zamanda bir sıkıdüzen (disiplin) sorunudur. Ve birbiri içine giren bu iki kavram, dengeli bir bütünlüğe ulaştırılmalıdır. Sıkıdüzeni abartma inisiyatifsizliği, hafife alma ise düzensizliği doğurur. Sıkıdüzenli olmak, ne yaratıcılığı yitirmek ne de duygusuz olmaktır. Gerçek sıkıdüzen, bilgi ve bilince dayanan gönüllü katılımla, bu ise eğitimle sağlanabilir. Sıkıdüzenin en büyük düşmanı, yaratıcılıktan ve üretimden uzaklaşmaktır.

Politik çalışma, sorumluluk yüklenebilecek kadrolarca yürütülür. Parti kadroları, aldıkları eğitim edindikleri bilgi ile herşeyden önce, kendilerine karşı sorumluluk duyan insanlar haline gelmişlerdir; bu kişisel sorumluluktur. Kişisel sorunluluktan ayrı olarak, örgüt birimlerindeki çalışmalarda yüklenilen ve paylaşılan ortak sorumluluk vardır; bu da örgütsel sorumluluktur.

Parti üyeleri, kişisel ya da örgütsel sorumluluk almaktan çekinmemeli, ancak taşıyamayacakları kadar sorumluluk da almamalıdır. Her kişi ya da organın sorumluluğu, sahip olduğu yetkiyle uyumlu olmalıdır. Örgütlü çalışma içinde yüklenilen kişisel ya da örgütsel sorumluluğun üyelerce paylaşılması; dayanışmayı, dostluğu ve saygıyı geliştiren önemli bir parti işleyişidir. Bu işleyiş, üyeleri, ileride ülke yöneten insanlar haline getirecektir.

Parti organlarında görev alan üyeler, inançlarına, bilgilerine ve yaratıcılık yeteneklerine güvenen, önderlik niteliklerine sahip ve çevresinde saygı uyandıran insanlar olmalıdır. Özgüvene sahip olmak, üyenin; acemiliklere, inisiyatifsizliğe ve çekingenliğe kapılmasını önler. Kendine güvensizlik ve yanlış yapma korkusu, üyeyi eylemsizliğe götürür, onu mücadeleden uzak durmaya iter. Yanlış yapmaktan korkulmamalıdır. Unutulmamalıdır ki, insan iş yaptığı sürece yanlış da yapar; yanlış yapmayan insan ölü insandır. *Yanlış yapmaktan değil, yapılan yanlıştan ders almamaktan korkulmalıdır.* Yanlıştan korkmamak, yanlışı sürekli yinelemek anlamına gelmemelidir. Her yanlış, kasıtlı bir nedeni yoksa, bilgi ve deneyim eksikliğinden kaynaklanıyor demektir. Bilgi ve deneyim arttıkça, yanlışlar da ortadan kalkacaktır.

\*

Parti üyeleri, örgüt içi ya da dışında insanlarla kurdukları ilişkilerde, alçak gönüllü ve hoşgörülü olmalıdır. Kendisini herkesten bilgili ve akıllı sanarak, halka doğru yolu gösteren *bilgiç* rolüne bürünen üyeler, partiye yarar değil, zarar verirler. Edindiği kuramsal bilgileri papağan gibi yineleyip pratik çalışma içinde olmamak, örgütsel değeri olmayan lafazanlıktır. Bu tür insanlar gösterişli söylevler verirler, ama sıra iş yapmaya gelince, ortadan yok olurlar. Bazıları ise, sürekli olumsuzlukları dile getirir, ama olumsuzlukların giderilmesi için bir şey yapmazlar. Bunlar kendilerini buyurgan bilgiçler konumunda gören söz cambazlarıdır. Oysa *az laf çok iş, parti çalışmasının temelidir.*

Halka ve ulusa hizmet etmek isteyen bilinçli kadrolar, halka doğru yolu gösteren *öğreticiler* olmak için, önce onların *öğrencisi* olmak gerektiğini bilirler. Kitle çalışmalarında egemen kılınan *alçakgönüllülük;* göstermelik, iki yüzlü ve yapay bir tutum değil, içten gelen, duyarlı ve olgun bir davranıştır. Yapaylığın ya da iki yüzlülüğün uzun süre gizlenmesi mümkün değildir; bu tür özellikler mücadele içinde hemen ortaya çıkar.

*Alçakgönüllü* ve içten olmak, kendi niteliklerini bilmeyen ya da bu niteliklere gereken önemi vermeyen, etkisiz ve edilgen bir tutum içinde olmak değildir. Alçakgönüllülüğün abartılarak, kendine güvensizlik duygusuna dönüşmesine izin verilmemelidir; alçak gönüllülükte ataklık, bütünlüğü olan bir davranış haline getirilmelidir.

*Hoşgörü* kavramı da benzer biçimde ele alınmalıdır. Hoşgörünün, eksikleri görmemek ve yapılan yanlışlıkları dile getirmemek olmadığı bilinmeli; bu kavram, insan kazanma ve yetiştirmede kullanılan bir davranış biçimi olarak ele alınmalıdır. Hoşgörünün sınırlarını; var olan koşullar, ilişki kurulan insanların bilinç düzeyi ve yapılan yanlışlıkların kabul edilebilirlik sınırları belirleyecektir.

Parti üyeleri, zamanın kullanımı konusuna büyük önem vermelidir. Zaman, yalnızca siyasal çalışma yapanlar için değil, sosyal yaşamın her alanındaki ilişkiler için de önemlidir. Örgütsel çalışmaya, eğitim etkinliklerine ya da kitap okumaya yeterince zaman bulamadığını söylemek, gerçekte; düzensizliği, savrukluğu ve tembelliği savunmaktan başka bir şey değildir. Verilen sözleri yerine getirmemek, toplantılara geç gelmek ya da zamanını boşa harcamak, yalnızca parti üyelerinde değil, hiçkimsede olmaması gereken zayıflıklardır. Televizyon izlemeye, sinema ya da kahveye gitmeye zaman bulurken, kitap okumaya zaman bulamadığını söylemek, bir parti üyesinin herhalde en son söyleyeceği söz olmalıdır. Halka ve ulusa yararlı olmak isteyenler, zamanı en iyi kullanan insanlar olmak zorundadır. Örgütlü çalışmaya, eğitime, kültüre ve kişisel yaşama; var olan koşul ve olanaklara uygun ve verimli olacak biçimde zaman ayrılmalıdır.

\*

Parti üyelerinin, örgütsel çalışmalarda yapılan yanlışlıkları görmelerini ve bu yanlışlardan ders çıkarmalarını sağlamak için, eğitimden sonra en etkili yol, *eleştiri-özeleştiri* işleyişinin örgüt birimlerinde geçerli yöntem haline getirilmesidir. *Eleştiri-özeleştiri* yöntemiyle üyeler, yapılan yanlışlıkları kendileri saptayacak, gündeme getirecek ve karar vereceklerdir. Üyelerin kişiliklerini ve özgüvenlerini geliştirecek olan bu yöntem aynı zamanda, parti içinde büyük bir canlılık ve katılımcı güç yaratacaktır. Yanlış ve eksiğini görmek ya da görmesini sağlamak, üyelerin örgütlü mücadelenin anlam ve boyutunu kavramalarının itici gücü ve kendilerini geliştirebilmelerinin etkili bir aracıdır. Üyenin kendisini yenilemesi demek, partinin kendisini yenilemesi demektir. Bu nedenle, eleştiri-özeleştiri işleyişi yalnızca üyeye yönelik bir eylem değil, doğrudan partinin gelişip güçlenmesiyle ilgili bir iştir. Bir parti ne denli güçlü ise, *eleştiri-özeleştiri* işleyişini o denli uyguluyor ya da bir başka deyişle, *eleştiri-özeleştiriyi* ne denli uyguluyorsa o denli güçleniyor demektir.

Eleştiri, örgüt birimleri içinde ve herkesin önünde yapılmalıdır; kanıtsız savlara değil, maddi verilere dayanmalı, dedikoduyla gerçek birbirine karıştırılmamalıdır. Zamanı geçirilmiş eleştirilerin unutkanlıklar ve güncelliğin yitirilmesi nedeniyle yararlı olamayacağı bilinmeli ve *eleştiri* anında yapılmalı, yanlışa karşı doğru, açık biçimde ortaya konulmalıdır. *Eleştirisi* yapılan yanlış yinelenmedikçe, aynı konu yeniden *eleştiri* konusu yapılmamalıdır. *Eleştirinin* bir suçlama olmadığı bilinerek; moral bozucu ve kırıcı olmayan, gerçekleri ortaya çıkaran ve insanların gelişimini sağlayacak biçimde eleştiri yapılmalıdır. *Eleştiri* önyargısız ve dostça yapılmalı, işlev ve kapsamı gereğinden fazla abartılarak, sağlıksız ve yararsız bir davranış biçimi haline getirilmemelidir; sonuç almada aceleci olunmamalı ve eleştirinin sihirli bir değnek olmadığı bilinmelidir. Yaş ve deneyim farklılıkları, eleştiri yapmayı engelleyici bir olgu haline getirilmemeli, saygılı olmak koşuluyla yaş ve deneyimi ne olursa olsun herkes eleştirilebilmelidir.

*Eleştiri* ne denli önemli ise, onu bütünlüğü olan yararlı bir yönteme dönüştüren *özeleştiri* de o denli önemlidir. Kişi ya da organlar, yetki ve sorumlulukları ne olursa olsun, yaptıkları yanlış ortaya konulduğunda, bu yanlışı kabul edip *özeleştiri* yapmaktan çekinmemelidirler. Makam, ün ve ünvan, deneyim ya da yüksek görev özellikleri, *özeleştiriyi* zorlaştırıcı etkenler haline getirilmemelidir. Herkesi eşit biçimde kapsayan *özeleştiri*, bir gurur ve onur sorunu olarak ele alınmamalıdır; yanlışı kabul etmenin zayıflık değil, erdem olduğu bilinmelidir.

*Özeleştiri* yanlışın yalnızca kabul edilmesi değil, yanlışın kaynağını oluşturan olay ve koşulların kavranması ve ders çıkarılmasıdır. Yapılan *eleştiriye* mutlaka yanıt verilmeli, gerçeğin ortaya çıkması sağlanmalı ve haksız yapılan eleştiriler *"iş uzamasın"* diye yanıtsız bırakılmamalıdır. Kişi yaptığı yanlışı önce kendisi görecek olursa, birinin *eleştiri* yapmasını beklememeli ve kendiliğinden *özeleştiri* yapabilmelidir. *Özeleştiri*, ne inat sorunu haline getirilip savunma aracı olarak kullanılmalı, ne de bir rahatlama yöntemi ya da *"günah çıkarma"* gibi görülerek yozlaştırılmalıdır.

# DÖRDÜNCÜ BÖLÜM
## BATI'DA SİYASİ PARTİLER

## Batı'nın Özgünlüğü

Günümüzdekilere benzeyen ilk parti örnekleri, 19. yüzyıl başlarında Batı toplumlarında ortaya çıktı. İktidarı korumayı ya da ele geçirmeyi amaçlayan devlet dışı politik birliktelikler, değişik biçimleriyle tarihin her döneminde vardı. Ancak, 19.yüzyıl Avrupası'nda, ekonomik ve sosyal gelişimin gereklerine uygun olarak, o güne dek görülmemiş derecede yaygın, yeni bir siyasi örgütlenme türü ortaya çıktı. Üretim ilişkilerinin belirlediği, toplumsal sistemin biçim verdiği bu örgütler, yönetimi ele geçirmek için mücadele eden *parti*'lerdi.

*Parti*'ler, ortaya çıktıkları günden günümüze dek, *halkın yönetime katılımını amaçlayan demokratik kurumlar* olarak değerlendirildi. Yönetimi belirleme, içinde yer alma ya da denetleme gibi *iktidar* sorununun kritik konuları, *"halkın seçimine"* bırakılacak ve bu seçim oy hakkına dayanılarak partiler aracılığıyla yapılacaktı. Söylenen buydu.

İktidar için mücadele eden örgüt olarak partiler, kendilerinden önce bu yönde mücadele eden diğer örgütlerden daha geniş ve kitleseldi. Daha çok insanı içine alıyor ve eyleme yöneltebiliyordu. Toplumun değişik kesimlerine, sınırı giderek genişleyen oy hakkı veriliyordu; parti kurmak, üye olmak, kişilerin seçimine bağlı bir olay haline getirilmişti. Herkes dilediği partiye girebilir, aday olabilir, oy verebilir, böylece *halkın iradesi* yönetime yansıyabilirdi. Bunların görünüşte hepsi doğruydu. Ancak doğru olmayan ve değişmeyen tek gerçek *"halkın iradesinin"* yönetime hiçbir zaman yansıyamamasıydı. İktidarın görünür-görünmez gerçek sahipleri, siyasi demokrasinin kitlelere tanıdığı hakları kabul eder görünüyor, ancak halkın bu hakları gerçekten kullanabilmesine engel olacak önlemleri, ustalıkla alabiliyordu.

Partiler, Batı'daki ekonomik-sosyal gelişimin ve bu gelişimi sağlayan toplumsal koşulların, siyasal alanda yarattığı örgütlerdir. *Köleci* ve *feodal* düzenin birikimi üzerinde gelişen *Avrupa kapitalizminin* zorunlu ürünleridirler ve üretim ilişkilerinin yarattığı sosyal-siyasal gereksinimlere yanıt verirler.

*Kapitalizmin* belirlediği bir kültür üzerine otururlar, ancak *feodalizmden* hatta *kölecilikten* beri gelen tarihsel-sosyal mirasın etkilerini üzerlerinde taşırlar. Geçmişten gelen tarihsel birikim, giderek sönümleniyor olsa da, alışkanlıklar ve toplumsal gelenekler halinde etkilerini hala sürdürmektedir. Bireye kalıtımsal bir özellik kazandıran ve onbinlerce yıllık bir evrime sahip gen oluşumu insan için ne ise, toplumsal bellek için de tarih odur. Bu nedenle; Batı tarihinin özel bir evresi olan *kapitalist* dönemin ürünü olan siyasi partiler, bu dönemin yarattığı siyasi ilişkilerin bir ifadesidir ve aynı zamanda, geçmişten gelen toplumsal alışkanlıkları değişik oranlarda bünyesinde barındıran bir özgünlüğe sahiptir. Siyasi partiler, Batı toplumlarının yarattığı örgütlerdir.

Siyasi partiler, *burjuva demokratik devriminin* siyasi sonuçları olarak ortaya çıktılar ve başından beri içinden çıktıkları toplumun ekonomik-sosyal yapısına, yönetim geleneklerine ve gelişim isteklerine uygun düşen bir yapılanma içinde oldular. Aydınlanma ve sanayi devrimiyle Batı'da gelişen kapitalist süreç, Avrupa ve Amerika'da birbirine benzeyen ve ortak özelliklere sahip siyasal sistemler oluşturdu. Benzerliği sağlayan ana unsur, doğal olarak geçerli olan üretim biçimiydi. Eşit olmayan gelişim düzeylerine ve kimi ulusal özelliklerine karşın, ekonomik yapı gereksinimlerine yanıt veren siyasi sistemleri kuruyor ve Batı toplumları giderek birbirine benzeşir hale geliyordu; iktidarı belirleyen ve yönetim düzenine biçim veren sınıfsal egemenlik, siyasi partilere de biçim veriyordu.

Gelişmiş sanayi ülkelerinde, partiler arasındaki farklılıklar biçimsel ve nicelikseldir. Örgütlenme biçimi, yönetim işleyişi, örgüt içi yapılanma, yöntem ve taktikler farklılık gösterebilir, ancak sınıfsal önceliklerin gündemde tuttuğu mücadele anlayışı değişmez. Görünüşte, ama yalnızca görünüşte, her tür partinin kurulması *serbesttir*, ama bu partilerden sistem karşıtı olanların iktidara gelmesi asla *serbest* değildir. Batı'nın iktidar gücü ve *parayla* bütünleşen *"demokratik!"* ortamı, böyle bir değişimi önlemek için gereken araçları içinde barındırmakta ve gerçek iktidar sahiplerine geniş bir önlemler düzeni sunmaktadır. İngiliz *İşçi Partisi*'yle, Alman *Hıristiyan Birlik Partisi*, Amerikan Demokrat Partisiyle, Fransız Sosyalist Partisi arasında; kurulu düzenin korunması ve demokratik de olsa rejime yönelik değişim isteklerine izin verilmemesi konusunda, en küçük bir anlayış farklılığı yoktur.

### İngiltere'de Siyasi Partiler

İngiltere'de yönetim işleyişini belirleyen kurumların ve buna bağlı olarak partilerin geçirdiği siyasal evrim, Avrupa'nın birçok ülkesine örnek olmuş ve dünya siyasetine yön veren bir etki yapmıştır. Bu doğal bir sonuçtur. Eriştiği ekonomik düzey ile İngiltere, üretim tekniklerinin ve *Batı aydınlanması*'nın gelişiminde olduğu gibi, siyasal sistemin geliştirilmesinde de öncü rol oynadı ve benzer yapıdaki Batı Avrupa ülkelerine ve Amerika Birleşik Devletleri'ne örnek oldu. İngiltere'nin özelliği, 19.yüzyılda gelişip yayılmaya başlayan partilere temel olacak siyasal oluşumların, daha önce orada ortaya çıkmış olmasıydı.

\*

17.yüzyıl İngiltere'sinde, *kral* otokrasisine karşı yürütülen mücadele, uzun çatışmalar ve iki iç savaştan sonra 1648 ve 1689 *devrimleriyle* sonuçlanmıştı. 1648'de Kral **I.Charles** idam edilmiş ve iktidar Cumhuriyet adı altında; aristokratlar, Katolikler dışındaki ruhban sınıfı ve burjuvaların çıkarlarını dengeleyen **Oliver Cromwell**'in eline geçmişti. **Cromwell**'in askerlerin de desteğini alarak kurduğu yeni siyasal düzenin, cumhuriyet ya da demokrasi düşüncesiyle bir ilişkisi yoktu; kral otokrasisinin yerine bir anlamda *"Cromwell otokrasisi"* kurulmuştu. **Cromwell,** hem *"Rump Parlament"*in (askerlerin Cromwell'le birlikte belirlediği atanmış parlamento), hem *"Ordu Konseyi"*nin, hem de 41 üyeli *"Devlet Konseyi"*nin üyesiydi; idam edilen kralın bile kullanmadığı yetkilerle donanmıştı. Kralın idam edildiği 30 Ocak 1649 tarihinde, İngiliz devletinin adı *"Crommon Wealth"* olmuş, *Anayasa*'nın *"İnstrument of Government"* kabul edildiği 16 Aralık 1653'te ise

**Cromwell**, *"İngiltere, İskoçya ve İrlanda'nın Protectoru"* adını almıştı. (Protector: Roma İmparatorluğu'nda subaylar arasından seçilmiş, imparatorun özel muhafızları, koruyucuları). **Cromwell** önce *"Rump Parlament"*i, sonra kendi seçtiği *"parlamento"*yu fesh etti. 40 bin İrlandalı'yı öldürdü ve yerini oğluna bırakarak 1658'de öldü.[1]

**Cromwell**'in damgasını vurduğu 17.yüzyıl, İngiltere için; siyasi çatışmalar, askeri darbeler, iç ve dış savaşlarla dolu bir yüzyıl oldu. Ekonomik ve sosyal gelişmeler, siyasal yapıyı değişime zorluyor, çatışmalara dönüşen bu zorlama, yeni ve daha ileri bir yönetim yapısını ortaya çıkarıyordu. İngiltere'de, ilerde partileşmeye gidecek ilk siyasi guruplaşmalar, bu dönemde ortaya çıktı. Kurulu düzenin kral otoritesine bağlı kalmasını isteyenlerle, seçilmiş kurullar aracılığıyla yönetimde pay sahibi olmak isteyenler, kendi aralarında örgütlenmeye başladılar. *Troy* adı verilen gurup kralın, *Whig* adı verilen gurup ise parlamentonun yetkilerini savunuyordu.

Günümüzdeki iki partili siyasal sistemin ilk öncüleri olan bu iki gurup, başlangıçta, iktidarın niteliği ve yönetim işleyişi konusunda farklı düşünen siyasi rakiplerdi. Yönetim yetkisi, temsil hakları, din ve devlet ilişkileri konularında karşıt görüşler savunuyor ve birbirlerine karşı sert muhalefet yaparak çatışıyorlardı. Ancak, Kral **II.James**'in despotik yönetimi, her iki gurubu da korkutmuş ve birbirine yakınlaştırmıştı. Bunlar, 1688 yılında Kral'ı tahttan indirerek 1689 *"reformlarını"* birlikte gerçekleştirdiler. Karısı **II.Mary** ile birlikte tahta çıkardıkları **III.William**'a *"Haklar Bildirisi"*ni, *(Bill of Rights)*, parlamentoya da *"Dinsel Hoşgörü Yasası"*nı *(Toleration Act)* kabul ettiren bu guruplar, o günden sonra İngiliz siyasi sisteminin temel unsurları haline gelerek parti oluşumlarına yön verdiler.

1689 *"Haklar Bildirisi"*, yalnızca İngiltere'de değil tüm Avrupa'da, Batı demokrasisi ve anayasa tarihinin en önemli metinlerinden biri kabul edilir. Oysa, bu bildirinin, İngiltere'de geleneksel hale gelen *kral-aristokrat-burjuva* çatışmasının, 1689 yılı koşullarında krala karşı sonuçlandığını belgeleyen basit bir amacı vardı. Bu nedenle, tüm dünyayı ilgilendiren *"evrensel"* bir *"demokrasi"* çabası değil, *burjuvalarla "ruhani ve dünyevi lordları"* ilgilendiren bir girişimdi. Bildirinin 4, 6. ve 11.Maddeleri bunu açıkça ortaya koyuyordu ve şöyleydi: *"Veto hakkı bahanesiyle, parlamentonun onayı olmadan tahtın yararına para toplamak yasadışıdır.. Barış zamanında Krallık sınırları içinde Parlamentonun onayı olmadan sürekli bir ordunun kurulması ve hazır bulundurulması yasadışıdır.. Protestan inancına bağlı uyruklar, mevkilerinin gerektirdiği ve yasanın izin verdiği ölçüde, kendi güvenlikleri için silah taşıyabilirler.. Yüksek ihanetle suçlanan insanların mahkemesine* (siyasi davalara y.n.) *katılan jüri üyelerinin, kendi adlarına mülk sahibi olmaları gerekir..."*[2]

*"Haklar Bildirisi"* İngiliz halkının tümünün değil, mali ve politik gücü yüksek bir azınlığın haklarını kapsıyordu. Bildiriyle kabul edilen ve hukuksal sistemin temeline yerleştirilen *"özgürlük"* çoğunluğu Troy olan *büyük mülk ve toprak sahipleriyle,* çoğunluğu Whig olan *ticaret burjuvazisinin* kullanabileceği özgürlüklerdi. Bu işleyiş, hem İngiliz *"demokrasisinin"* Magna Charta'ya dek giden siyasi geleneğinde, hem de diğer Avrupa ülkelerinin *"özgürlük bildirgelerinde"* yer alan, temel unsur durumundadır. Magna Charta'nın 41.maddesinde, *"Tüm İngiliz tüccarlar, İngiltere'den ayrılmak, yeniden geri dönmek, karada ve denizde alışveriş amacıyla, haksız harcamada bulunmadan eski ve olumlu geleneklere uyarak serbestçe dolaşmak olanağına sahiptir. Onların bu olanağı kısıtlanmamış olup tersine güvence altına alınmıştır"* denilirken, 1581'de kabul edilen *"Hollanda Bağımsızlık Bildirisinde"* şunlar söyleniyordu; *"Halk prens için değil, tersine prens halk için yaratılmıştır; çünkü halk olmasa prens de olmazdı. Prens uyruklarını hak ve adalete uyarak yönetmeli, onları bir baba evlatlarını nasıl severse öyle sevmeli, bir çoban sürüsünü nasıl güderse aynı bağlılıkla öyle gütmelidir."*[3]

\*

1689 devriminin gerçek kullanıcıları Whig'ler oldu. Gemi sahipleri, sömürge yatırımcıları ve gelişmekte olan sanayi burjuvazisinin de katılımıyla güçlenen Whig'ler, yaklaşık 70 yıl parlamentoda mutlak bir çoğunluk elde ettiler. Bunlar diledikleri kişiyi kral yapıyor ve diledikleri yasayı kolayca çıkarıyordu. 1714'de kral yapılan **I.George**, İngilizce bile konuşamayan Hannover'li bir Almandı; doğal olarak devlet işlerine pek karışmıyor, hükümet toplantılarına katılmıyor ve tüm yetkileri, *Whig*'leri temsil eden atanmış görevlilere bırakıyordu.

*Troy* ya da *Whig* temsilcilerin oluşturduğu parlamentoyu halk seçmiyordu. Bu iki grup, oy verme hakkını kendilerine uygun gördükleri yüksek gelir guruplarıyla sınırlı tutuyor ve halk üzerinde baskı uygulayarak sırayla yönetime geliyorlardı. 1689'dan 1760'a dek *Whig*'ler, 1760'dan 1820'ye dek *Troy*'lar iktidardaydı. Kaynağını İngiltere'den alan ikili parti sistemi, temsil ettiği kesimin çıkarlarını her zaman koruyarak, Amerika başta olmak üzere tüm gelişmiş ülkelerde, yerleşik ve meşru siyasi işleyiş haline gelecektir.

*Whig* ve *Troy* iktidarları, çıkara dayalı o denli kötü ve baskıcı bir yönetim gösterdiler ki, İngiliz halkını *"halkı düşünen iyi kralları"* özleyen ve siyasi davranış geliştirmeyen, sinmiş kitleler haline getirdi. Geçerli olan siyasal düzen, halk için demokrasi değil, tam bir azınlık *oligarşisiydi*. Parlamentodaki temsilciler, tümüyle mülk sahiplerinin ve şehir tüccarlarının seçtiği kimselerdi, o dönemde gelişmekte olan sanayiciler bile parlamentoda temsil edilmiyordu (bu hakkı 1832'de elde ettiler). Halk perişan duruma düşmüş, köylüler neredeyse serf haline gelmişti. Katolikler, İrlandalılar sert bir baskı altında yaşıyorlardı, en küçük bir hırsızlığın bile halka yönelik cezası idamdı.

Durumun doğal sonucu olarak, adını halktan alan *Avam (Halk) Kamarası*'nda tek bir halk temsilcisi bulunmuyordu. Halkın oy verme hakkı yoktu. 18.yüzyıl ortalarında bile İngiltere'de oy verme hakkına sahip insanlar, oy verme yaşındaki nüfusun ancak yüzde 10'u, tüm nüfusun ise yüzde 5'i kadardı. 1867 yılında *"ileri bir demokratik reform"* olarak kabul edilen yasa, o tarihte 33 milyon nüfusu olan İngiltere'de, ancak 2,5 milyon kişiye oy verme hakkı tanıyordu. Bu hak, 1913 yılında 45 milyonluk nüfus içindeki 15 milyon reşit erkeğin ancak 8 milyonunu kapsıyordu, kadınların oy verme hakkı yoktu. Ayrıca, oy verme hakkına sahip olanlar, sahip oldukları zenginliğe bağlı olarak *bir*'den çok oy hakkına sahipti. Bu *"hak"*, sahip olunan servetin miktarına göre iki, üç, hatta yirmi oya kadar çıkıyordu.[4]

Seçme ve seçilme hakları olmayan ve sayıları giderek artan işçiler, başlangıçta gizli olarak kurdukları dernek ya da birliklerde örgütlenmeye çalıştılar. Teröre varan bir siyasi baskı altındaydılar. Hemen hiçbir yasal hakka sahip değildiler. İlk yasal örgütlerini 1825 yılında; *Meslek Birlikleri (Trade-Union)* adıyla, o da *"grev yapmaya teşebbüs etmemek"* koşuluyla kurabilmişlerdi. Siyasi bir program çerçevesinde birleşerek mücadele etmeğe çalışan ilk girişim, 1837'den 1848'e dek ayakta kalabilen *Chartism* adı verilen akım oldu. *Chartist'*lerin; *"20 yaşını geçen tüm erkeklere oy hakkı"* (kadınlara oy hakkı işçi örgütlenmesinde bile konu edilemiyor), *"Parlamentonun her yıl toplanması"*, *"Parlamento üyeliği için mülkiyet koşulunun kaldırılması"* ve *"Oyların sözle değil, oy pusulası ile kullanılması"* (İngiltere'de 1872'ye dek oylar, seçim kurullarının önünde sözle bildiriliyor, bu durum oy verenler üzerinde büyük bir baskı oluşturuyordu) gibi son derece basit ve sıradan istekleri bile kabul edilmedi. Bu tutum; işçileri, etkisi bugüne dek sürecek bir biçimde politikadan uzaklaştırdı ve onları seçimlere ilgi göstermeyen bir eğilim içine soktu.

Demokrasinin *"beşiği"* olarak gösterilen İngiltere'de, örgütlenme hakları üzerinde kurulmuş olan sistemli baskı, her zaman var olan ve bugüne dek süren siyasi bir gelenek durumundadır. Şu anda yürürlükte olan İngiliz ceza yasasına göre, 3 kişiden çok üyesi olan gizli bir örgütün yaptığı toplantıya katılmanın, katıldığını söylemenin, toplantıyı düzenlemenin ya da yardım etmenin cezası 10 yıl; yasaklanmış faaliyetlerde kullanılmak üzere para ve mal toplamanın, kabul etmenin ya da vermenin cezası 14 yıl; rejime karşı işlenmiş suçlar hakkında bilgi sahibi olduğu halde bu bilgiyi polise bildirmemenin cezası ise 5 yıl hapistir.[5] 1988 yılında çıkarılan *"Kuzey İrlanda Suç Delili Yasası"* na göre, ceza davalarında sanık hakkında herhangi bir delil olmasa da mahkemenin, sanığın *"tutum ve davranışlarından sonuç çıkararak"* ceza verme yetkisi vardır.[6] İngiltere İçişleri Bakanı, *"suç övücü"* ya da *"devlet otoritesini zayıflatıcı"* bulduğu bütün radyo, televizyon ve gazete yayınlarını, mahkeme kararı olmadan 12 ay süreyle yasaklama yetkisine sahiptir.[7]

18.yüzyıl sonlarında kısa aralarla ortaya çıkan Amerikan ve Fransız devrimleri, İngiltere'deki egemenlerin baskıyı daha da yoğunlaştırmasına neden oldu. Kendi ülkelerinde bir başka devrimin ortaya çıkmasından korkan büyük mülk sahipleri, en küçük reform talebini bile reddederek, *Troy*'ları 1832 yılına dek iktidarda tuttu. Ancak, güçlenen sanayi burjuvazisinin siyasi gücünü arttırmaya başlaması durumu değiştirdi ve liberalleşen *Whig*'ler bazı ılımlı reformların yapılmasını kabul etti. 1832 yılında kabul edilen ve sanayi burjuvazisine bazı haklar tanıyan *"Siyasi Reform" (Reform Bill)* ile, o güne dek parlamentoda temsil edilmeyen sanayi kentleri, yeni seçim bölgeleri haline getirilerek parlamentoda temsil edilmeye başlandı. Oy verme hakkı, önceleri olduğundan daha kesin bir biçimde belli bir servete sahip olmaya bağlanarak bu servetin sınırları belirlendi; bu yolla, burjuva sınıfının yarısı, oy verebilir hale getirildi.

1850-1860 yılları arasında, *Troy*'lar ve *Whig*'lerin politik mirası üzerinde iki yeni parti kuruldu. Yapılan iş gerçekte, yeni partiler kurulması değil, iktidarı elinde bulunduran egemenlerin, sahip oldukları politik örgütleri, gelişmekte olan yeni koşullara uygun olarak yeniden yapılandırmasıydı. 19.yüzyılda ekonomide, bağlı olarak sosyal ilişkilerde meydana gelen gelişmeler, siyasi sistemin işleyiş biçimlerinde yenileşmeyi gerekli kılıyor, bu gereklilik İngiltere'de iki yeni parti oluşumunu ortaya çıkarıyordu.

Ekonomik olarak eski güçlerini yitiren aristokratların azalan desteği yerine, güçlenmekte olan sanayi burjuvazisinin desteğini alan *Whig*'ler, kendilerine yavaş yavaş Liberal demeye, ve bu adla anılmaya başladılar. Buna karşılık *Troy*'lar kendilerine *Muhafazakar* diyordu. Bu iki oluşum, siyasi guruplaşmaların yeterince kurala bağlanmamış örgüt ilkelerini, çağdaş parti işleyişine doğru götürüyordu. Biçimselliği aşmayan *"yeniliği"* yalnızca bundan ibaretti; temsil edilen sınıflar ve yürütülen politikalarda niteliksel bir değişim sözkonusu değildi. Nitekim bu iki parti, öncesinde olduğu gibi sonrasında da ve bugüne dek (1906 yılında kurulan ve daha sonra *Liberal Parti*'nin yerini alan *İşçi Partisi* dahil) sırayla iktidara gelerek, İngiltere'de büyük mülkiyet ve sermaye egemenliğine dayanan ve sömürgecilikten güç alan kurulu düzeni, adeta bir tek parti gibi savunmuşlardı.

Görünüşte *liberallerle muhafazakarlar* iki ayrı partiyi oluşturuyordu. Seçim *"yarışı"*, *"sert"* tartışmalarla geçiyor bu iki eğilim, kendilerini siyasi karşıtlar gibi göstermede son derece başarılı oluyordu. Ancak karşıtlık, yalnızca görünüşteydi. **Maurice Duverger** bu durumu şöyle açıklamaktadır: *"Büyük Britanya'da Liberaller, resmen Muhafazakar Parti'den ayrı bir parti olmakla beraber, gerçekte bu iki parti arasındaki ittifak o kadar sıkıdır ki, Liberallerin tümüyle Muhafazakar Parti'nin bir parçası sayılması gerekir."*[8]

*

*İşçi Partisi*'nin *(Labour Party)* 1906 yılında kurulup siyasi sistem içinde giderek bir güç haline gelmesi, büyük sanayi ve finans çevrelerinde, geçici bir tedirginliğin ortaya çıkmasına neden oldu. Ancak bu tedirginlik çabuk ortadan kalktı. Çünkü adı işçi olmasına karşın bu parti, işçilerin hakları için değil, kurulu düzenin sürdürülmesi yönünde politika yürütüyordu. Entellektüel olgunluğa sahip aydın işçi önderlere sahip değildi. İdeolojik bir yapısı yoktu; sosyalizmden değil, *"monarşiye ve onun geleneklerine sadık kalmaktan"* söz ediyordu. *Whig*'ler ve *liberaller*'in siyasi gereksinimlerine sahip çıkıyor, *liberaller*'in yumuşak sol kanadı gibi hareket ediyordu. Sanayi sermayesinin siyasi temsilcilerinden **Lord Grey** ve **Lord Haldane**'ın *İşçi Partisi* için söylediği şu sözler, gerçeği anlaşılabilir biçimde ortaya koymaktadır. *"Bu baylar* (İşçi Partililer y.n.) *'centilmenlerden'* (Muhafazakarlardan y.n.) *daha makul ve anlayışlılar. Bunların idare edilmelerinin, daha kolay ve zahmetsiz olduğu görülmektedir."*[9]

*Whig* geleneğini sürdüren *Liberal Parti*, Birinci Dünya Savaşı'ndan hemen sonra bölündü ve bölünme *Liberal Parti*'nin sonu oldu. O günlerde hem başbakan hem de parti başkanı olan **Lloyd George**'un, Türk Kurtuluş Savaşını önleyememesi, İngiliz sömürgeciliğinin sarsılmasına, sanayi ve ticaret burjuvazisinin bu partiden desteğini çekmesine neden oldu. 1924 seçimleri sonunda ilk kez hükümete katılan *İşçi Partisi*, giderek dağılan *Liberal Parti*'nin yerini aldı ve iki partili siyasi sistemin temel unsurlarından biri haline geldi. *İşçi Partisi*, 627 üyeli parlamentoya 1929'da 287, 1935'de 154, 1945'de ise 393 milletvekili soktu.[10]

17.yüzyılda *Whig*'ler ve *Troy*'lar aracılığıyla yürütülen iki partili sistem, 20.yüzyılda *Muhafazakarlar* ve *İşçi Partisi* tarafından sürdürüldü. 19.yüzyıl ortasından günümüze dek geçen 150 yıl içinde, partilerin iktidarda bulunma dönemleri şöyleydi: 1857-1874 *Liberal Parti*, 1874-1880 *Muhafazakar Parti*, 1880-1886 *Liberal Parti*, 1886-1892 *Muhafazakar Parti*, 1892-1895 *Liberal Parti*, 1895-1906 *Muhafazakar Parti*, 1906-1918 *Liberal Parti*, 1918-1923 *Muhafazakar Parti*, 1923-1924 *Liberal* ve *İşçi Partisi* Koalisyon, 1924-1929 *Muhafazakar Parti*, 1929-1931 *Liberal* ve *İşçi Partisi* Koalisyon, 1931-1945 *Muhafazakar Parti*, 1945-1951 *İşçi Partisi*, 1951-1964 *Muhafazakar Parti*, 1964-1970 *İşçi Partisi*, 1970-1974 *Muhafazakar Parti*, 1974-1979 *İşçi Partisi*, 1979-1995 *Muhafazakar Parti*, 1995-2003 *İşçi Partisi*.

\*

İngiltere'de siyasal yaşam, dün olduğu gibi bugün de, mali gücü yüksek, büyük mülk ve sermaye sahipleri tarafından denetim altında tutulmaktadır. Denetim, pek çok yasal önlem yanında, para ve siyasi rüşvetin belirleyici olduğu ilişkiler ağıyla sağlanmış ve bu ilişkiler, siyasi sisteme yön veren temel unsurlar haline getirilerek *"meşrulaştırılmıştır"*. İngiltere, bu konuda da diğer ülkelere örnek olan, öncü bir rol oynamıştır. Parayla siyaset arasındaki ilişki, İngiliz siyasetinin kökleri eskiye giden bir geleneğiydi.

İngiliz *"demokrasisinin"* başlangıç dönemlerinde, krala danışmanlık görevi yapmak için meclislerde toplanan senyörler, bu *"görevi"* para karşılığı burjuvalara *"satmakla"* daha başlangıçta, parayı siyasi işleyişin içine yerleştirmişlerdi. Bu nedenle para, hem parlamentoyu oluşturan milletvekillerinin seçiminde, hem de parlamento içi görüşmelerde her zaman önemli olmuştur. İngiliz tarihçi **M.Ostrogorski** bu konuda şunları söylemektedir: *"Rüşvet, İngiliz parlamento guruplarının gelişiminde oldukça büyük bir rol oynamıştır. Uzun süre İngiliz bakanları, parlamento üyelerinin vicdanlarını değilse bile, oylarını satın almak suretiyle, 'sağlam' çoğunluklar sağlamışlardır. Bu usul uzun süre yarı-resmi bir nitelik taşımıştır. Eskiden Lordlar ya da Avam Kamarası'ndaki milletvekillerinin, verdikleri oyların mükafatını almak için 'ziyaret' ettikleri bir gişe vardı. 1714 yılında, parlamentodaki bu akçeli işleri üstlenmek üzere* **'Siyasi Hazine Sekreterliği'** *adıyla resmi bir örgüt kurulmuştu. Örgütün sekreteri, hükümet görevlerine yapılacak atamaları, rüşvet olarak kullanmış; bu nedenle* **'Patronaj Sekreteri'** *adıyla anılmaya başlanmıştı.. Daha sonraları parlamento ahlakının gitgide düzelmesine karşın bu yapı, daha sonra da devam etmiştir."*[11]

İngiliz yazarlardan **Simon Haxey**, *"Troy M.P."* adlı yapıtında, İngiltere'deki parti sistemini ve bu sistemin oturduğu sosyal yapıyı geniş olarak incelemiştir. **Haxey**'e göre parti yetkililerinin büyük bir çoğunluğu, İngiltere'de ekonomiye yön veren egemen sınıftan gelmektedir. 1940 yılında *Avam Kamarası'*ndaki 415 Muhafazakar milletvekilinin 181'i şirket yöneticisi, yüzde 44'ü ise doğrudan işverendi; birkaç milletvekili dışında tümünün demiryolları, telgraf, demir, çelik, kömür, petrol, kimya gibi sanayi şirketlerinde hisseleri vardı.[12]

*İşçi Partisi'*ndeki milletvekillerinin niteliği de pek farklı değildir. Başlangıçta parti tabanının çoğunluğunu *meslek (trade-union)* ve *kooperatif birliklerinden* gelen kimseler oluşturuyordu, ancak bu kesim gücünü giderek yitirdi. Özellikle *Liberal Parti'*den gelen ve siyasi anlayışları *Whig* geleneklerine bağlı çok sayıda insan partiye üye olarak, *İşçi Partisi'*ni liberal bir parti haline getirdiler. *Trade Union'*lardan gelen parti üyelerinin de büyük bölümü, hiçbir zaman kol işçiliği yapmamıştı. 1945 yılında, *İşçi Partisi'*nden parlamentoya giren milletvekillerinin 214'ü sanayici, tüccar, avukat, doktor ve subay gibi, gelir dağılımın üst bölümünde yer alan kimselerden oluşuyordu. Bu insanların servet ve refah düzeyleri mevcut sisteme o denli bağlıydı ki, bunların herhangi bir köklü değişime onay vermesi mümkün değildi. *İşçi Partisi*, tüm tarihi içinde bir tek işçi kökenli parti başkanı çıkarabilmiştir. *İşçi Partisi* hükümetleri, ortaya çıkan işçi-işveren uyuşmazlıklarında ve grevlerde her zaman işverenlerden yana tavır almıştır.[13]

\*

Basının İngiliz siyasal yaşamı üzerinde, belirleyici nitelikte bir etkisi vardır ve basın her dönemde deliksiz bir biçimde büyük sermayenin tekelindedir. Basın-yayın kuruluşları, birkaç gurup halinde birleşen *"milyoner lordlar"*ın elindedir ve İngiliz basını yalnızca İngiltere'de değil, dünyanın hemen her yerinde etkilidir. Dünyanın 4 büyük haber ajansından biri olan *Reuter*, kamuoyunu yönlendirmede çok ustadır. İşçi Partisi'nin organı olan *Deily Herald*, işçi gazetesi olmak bir yana, çoğu kez muhafazakar yayınları geride bırakacak kadar tutucu ve yanıltıcı yayınlar yapmaktadır.[14]

İngiltere'de *Muhafazakar* ve *İşçi Partisi*'nden başka, kimi dönemlerde ortaya çıkan, daha sonra yok olan, ya da siyasi etkisi bulunmayan küçük partiler de vardır. Bunların önemli bir bölümü, adına parti bile denemeyecek bir takım siyasi guruplaşmalardır. *Milli İşçi Partisi (National Labour), Milli Liberal (Liberal National), Bağımsız İşçi Partisi (İndependent Labour Party), Commenwealth Partisi, Komünist Parti*, bu partilerden bazılarıdır.

### ABD'de Siyasi Partiler ve Amerikan Demokrasisi

Amerikan siyasi sistemi, günlük dilde sürekli kullanılan, ancak kullanıldığı oranda ondan uzak durulan, *"demokratik"* bir anlayış üzerine kuruludur. *Önseçimler, gösterişli seçim kampanyaları, partiler arası politik çekişme*, Amerikan demokrasisinin yüksek değerleri ve *kıran kırana* süren siyasi bir yarışın göstergeleri olarak sunulur. Oysa gerçek, Amerika'da bu sunumla çelişen ve herhalde demokrasiden en son söz edilebilecek bir düzenin yaşanmakta olduğudur. Milletvekili ve senatörler, seçim büroları, partiler ya da *görkemli* salonlarıyla meclisler, birçok kişiye katılımcılığın göstergeleri ve demokrasinin *göz alıcı* kurumları gibi gelebilir. Ancak, bu kurumların oluşturduğu siyasi sistemin içine girildiğinde, bambaşka bir *dünyayla* karşılaşılacaktır.

Amerika Birleşik Devletleri, 18. yüzyıl sonlarında kurulduğunda, siyasi sistemini varlığının kaynağı olan Batı Avrupa'dan, özellikle de İngiltere'den almıştı. Amerikan parti sistemi, İngiltere'de kurulmuş olan *iki partili* sistemden farklı değildi. Amerikan partilerinin örgütsel yapısı, iç işleyişi ve mücadele biçimleri kendine özgü özellikler içeriyor, ancak iktidar gücünü ele geçirme, onu koruma ve sınıfsal çıkarlar için kullanma yönelişi olarak, İngiltere'deki partilerde geçerli olan anlayışı hemen aynısıyla koruyordu.

Amerikan *demokrasisinin* temeli sayılan *Virginia İnsan Hakları Bildirisi* (1776), yüzyıl önce İngiltere'de yayınlanan *Haklar Bildirisi*'nin (Bill of Rights-1689) adeta tercümesi gibidir. *Virginia Bildirisi*'nin 6, 9 ve 13.Maddeleri, *Haklar Bildirisi*'nin 4, 6 ve 11.maddelerinin aynısıydı ve bu maddelerde şunlar söyleniyordu: *"Kamu yararı için, kendisinin ya da seçtiği temsilcilerin onayı olmadan, kimse ne vergi ödemeye zorlanabilir ne de mülkü elinden alınabilir.. Hiç kimseden aşırı kefalet akçesi istenemez, hiç kimseye zulüm sayılabilecek para cezası verilemez.. Barış zamanında sürekli ordular bulundurmak, ülkenin iç özgürlüğü için tehlikeli sayılmalı ve bundan kaçınılmalıdır.. Herkes, dinin gereklerini yerine getirme hakkına sahiptir; birbirlerine karşı Hıristiyan sabrını, sevgisini ve merhametini göstermek herkesin görevidir."*[15]

Siyasi yapılanma konusunda İngiltere ve ABD arasındaki benzerlik, kapitalist üretim ilişkilerinin her iki ülkede benzer düzeyde gelişmiş olmasına bağlıdır. 17.yüzyılda Amerika'ya gelmeye başlayan Avrupalılar arasında, İngilizler çoğunluktaydı ve burada kurulan toplumsal düzene onlar biçim verdiler. İngilizler, ülkelerindeki kapitalist gelişimin sonuçlarını Amerika'ya taşıdılar, burada bilgi ve görgülerine uygun bir düzen kurdular; bu düzen doğal olarak, İngiltere'deki düzenin küçük ölçekli bir benzeriydi.

İflas etmiş zanaatçılar, tüccarlar, küçük mülk sahipleri, Anglikan Kilisesinin göçe zorladığı değişik inançtan kişiler, **III.William**'ın sınırdışı ettiği *meşrutiyetçiler (jacobiteler)*, parlamento yanlılarınca (Round head) *kovulan askerler*, **II.Charles**'ın ülke dışına çıkardığı tarikatçılar *(Priyenler)*, Amerika'da oluşturdukları kolonilerle, İngiltere'nin bir benzerini kurdular. Ancak, İngiltere'de bol miktarda bulunan, işçileşen ve işçileşmeyi bekleyen yoksul köylüler Amerika'da yoktu. Amerika'nın özgürlüğüne tutkun yerli halkı kızılderililer, köle ya da ücretli işçi haline getirilemiyordu. Emeğinden yararlanılacak insan gereksinimi; Avrupa'dan gelen/getirilen yoksul köylüler, kanun kaçakları, mahkumlar, ama özellikle de Afrika ve Batı Hint adalarından getirilen zenci köleler tarafından karşılanmaya çalışıldı. 1619-1760 arasında, Amerika'ya tam 400 bin köle getirildi.[16] Bu köleler, İngiltere'de toprağından koparılan *"serflerin"* yaptığı işin benzerini, farklı biçimde Amerika'da yaptılar. Tarım, ticaret ve sanayinin gelişiminde köle emeği yoğun biçimde kullanıldı ve bu kullanım, *Antik Çağ* köleciliğinden farklı, yapay ve daha acımasız bir insan ticaretiydi. *Antik Çağ* köleciliği yaşanmadığı için, doğal olarak onun sonucu olan feodalizm de yaşanmadı. Batı Avrupa'da binlerce yılda oluşan toplumsal birikim, ayakta kalan ve kullanılabilen sonuçlar olarak Amerika'ya taşındı. Ekonomik ve sosyal alanda olduğu gibi siyasal alanda da, aynı sınıfsal egemenliğe dayalı toplumsal bir düzen ortaya çıktı.

\*

Amerika'da kurulan düzen, İngiltere'deki gibi, büyük toprak sahipleri, ticaret burjuvazisi, daha sonra sanayi burjuvazisi ve mali-sermaye gücünün egemenliğine dayanıyordu. ABD'yi bir anlamda bunlar kurmuşlardı. Birleşik Devletler anayasasını hazırlayanlar; *köle çalıştıran büyük toprak sahipleri, zengin tüccarlar ve bankerlerdi*. Anayasa'da, demokrasiden, eşitlikten, kardeşlikten bolca söz ediliyor, ancak bağımsızlık savaşına katılan halk kesimlerinin, küçük çiftçilerin ve sanayi merkezlerindeki işçilerin, ekonomik ve siyasal çıkarlarını gözeten somut bir yaklaşım yer almıyor; onlar ustalıklı bir biçimde yönetim yapılarından uzak tutuluyordu. Köleci *mülk sahipleri* ile *ticaret ve sanayi zenginleri*, kurulmakta olan yeni devleti, daha *"işin başında"* ele geçirmişler ve toplum üzerinde kuracakları egemenliği güvenlik altına almayı başarmışlardı. Birleşik Devletler Bağımsızlık Bildirisi şu sözlerle bitiyordu: *"Bu bildirinin korunması için, Tanrı'nın inayetine tam bir güvenle; yaşamlarımız, **servetlerimiz** ve en kutsal varlığımız olan onurumuz üzerine and içeriz."*[17] Anayasayı hazırlayan **Alexander Hamilton** (1755-1804), ABD'nin bankacılık sistemini ve mali örgütlenmesini kuran kişiydi. İlk Başkan **George Washington** (1732-1799), çok geniş topraklara sahipti ve ABD'nin *"en zengin"* insanıydı[18]; öldüğünde 314 kölesi vardı.[19]

Amerikan anayasası, seçme ve seçilme hakkını, İngiltere'de olduğu gibi, *mülk sahibi* beyaz erkeklere tanıyordu; *kadınlar, mülksüz beyaz erkekler, zenciler* ve *kölelerin* oy hakları yoktu (kadınlara oy hakkı 1919'da tanınacaktır).[20] Anayasanın kendisi, halkın siyasi temsil haklarını engelleyen bir belge, kabul edilmesi ise anti-demokratik bir darbe gibiydi. **George Washington**, 1796 yılında yaptığı veda konuşmasında, devletin ve anayasada ifadesini bulan yönetim biçiminin kendileri açısından taşıdığı önemi ve nasıl korunması gerektiğini açık bir biçimde ortaya koyuyordu. *"Yarattığımız yönetimin ayakta durabilmesi için onun üzerine titremeniz, bu yönetimden en ufak bir kuşku belirtisi gösteren herşeye karşı dikilmeniz, ülkemizin herhangi bir bölümünü diğerlerinden ayırmak ya da tümünü bir arada tutan kutsal bağları gevşetmek için yapılacak her girişimi* **daha doğarken önlemeniz** *son derece önemlidir.. İktidarın paylaşılmasının kabul edilmesi kadar, sürdürülmesi de gereklidir."*[21]

Anayasanın hazırlanması aşamasında, iki farklı yaklaşım ortaya çıkmıştı. Amerika'nın bankacılık sistemini ve mali örgütlenmesini kuran **Alexander Hamilton**'nın önderlik ettiği guruba *Federalistler*, **Thomas Jefferson**'un başında bulunduğu guruba ise *Anti-Federalistler* denildi. Bu iki oluşum, bugünkü Cumhuriyetçi ve Demokrat Partilerin tarihsel kökleridir.

Anayasanın kabulü aşamasında, yönetim yapısının *biçimi* konusunda iki görüş ortaya çıkmıştı. **George Washington**'un Hazine Bakanı **Alexander Hamilton**'un başını çektiği *Federalistler*, güçlü ve merkezi federal hükümet istiyor; *Bağımsızlık Bildirisi*'yle *Virginia Anayasasını* yazan Dışişleri Bakanı **Thomas Jefferson**'un (1743-1826) temsil ettiği *Cumhuriyetçiler* ise yetkileri sınırlı bir hükümet ve daha gevşek bir yönetim yapılanması istiyordu. Oligarşik İngiliz sistemini savunan **Hamilton**'u, kuzeydoğulu armatörler, büyük tüccarlar ve işletme sahipleri; tarımı öne çıkaran bir fizyokrat olan **Jefferson**'u ise güneyli büyük toprak sahipleri ve çiftçiler destekliyordu.

Egemenler arasındaki çıkar çekişmesine dayanan ve halkı içine almayan bu guruplar, siyasi sistemin sınıfsal niteliği konusunda farklı düşünmüyor, ancak yönetimden daha fazla pay alabilmek için, halkı yanıltan yapay bir yarış içine giriyorlardı. *Federalistler*, iktidarda kaldıkları ilk dönemde, merkezi federal devlet yapısını yerleştirip güçlendirmişler, 1801 yılında yönetime gelen *cumhuriyetçiler*, daha önce çiftçilere verdikleri sözleri tutmayarak merkezi yapıyı güçlendirmeyi sürdürmüşlerdi. Bağımsızlıktan hemen sonra ortaya çıkan Federalist-Anti Federalist guruplaşma, Amerikan halkı için fazla birşey ifade etmiyordu. İçinde yer almadığı, *güçlüleri* temsil eden (ve günümüze dek süren), iki partili siyasi bir sistem kuruluyor ve o, bu sistemde oy vermekten başka bir biçimde yer almıyordu; halk, en baştan siyaset dışında bırakılmıştı.

Halkın daha işin başında siyaset dışında bırakılmasına karşın, Amerika Birleşik Devletleri'nin iki yüz yıllık tarihi boyunca, sürekli olarak halkçılıktan söz edilmiş ve Amerika'nın, demokrasinin gerçek vatanı olduğu ileri sürülmüştür. Massachusetts'ın ilk valisi **John Winthrop**, yeni dünyanın insanlık için eşsiz bir örnek, *"bir tepenin üzerindeki kent"* olduğunu söylüyordu.[22] **Thomas Paine** için Amerika *"insanlığın sığınağı"*ydı.[23] 18.yüzyıl ortalarında **Horace Greeley**, *"Batı'ya git genç adam ve ülkenle birlikte büyü"* diyordu. Tarihçi **James Oliver** ise şunları söylüyordu: *"Tanrı'nın eli onları Batı'ya sür-*

*dü ve beraberlerinde en iyi şeyleri, uygarlığı, eğitimi, refahı, cumhuriyetçi hükümeti ve demokrasi ideallerini getirdiler. İşsiz ve boş bir kıtayı, yeryüzündeki en özgür halkın fazileti ve kurumlarıyla doldurdular. Efsane ve rüya, işte buydu.* "[24]

\*

Amerikalı Profesör **Merriam Charles** ve Prof.**Harold F.Cosnel**, iki partiye dayanan Amerikan siyasi sistemini, beş ayrı devreye ayırır. Federal anayasanın kabul edildiği ve politik gücü temsil eden *Federalist-Anti Federalist* guruplaşmasının ortaya çıktığı süreç birinci dönemdir. Anayasanın kabul edilmesinden sonra 1850'lere dek süren ve Federalistlerin *Whig*, Anti-Federalistlerin *Demokrat* adını aldığı dönem ikinci, *Whig*'lerin *Cumhuriyetçi Parti* adını aldığı (1854), iç savaş öncesi dönem üçüncü, iç savaş bitimiyle 1929 ekonomik bunalımı arası dördüncü, sonrası ise beşinci dönemdir.[25]

Birinci dönemdeki oligarşik yapılanmaya tepki olarak, ikinci dönemde demokratik istem ve açılımlar ortaya çıktı. Demokratların, *ulusal kahraman* haline gelen lideri **Andrew Jackson**, 1828 yılında başkan oldu ve büyük sermaye egemenliğini sınırlayarak halkın siyasete katılmasına olanak sağlayacak bazı yasalar çıkardı. **Jackson** yasaları, sistemin belirlediği sınırları elbette aşamadı, ancak o dönem Amerikan toplumunda demokratik bir canlanma yarattı. Bu dönem, Amerikan tarihinde halkın siyasi mücadeleye en fazla katıldığı, bu nedenle politik olarak en bilinçli olduğu dönemdir. O günlerde iki parti dışında yeni partiler kuruluyor, gazeteler çıkarılıyor ve seçime katılım oranları sürekli yükseliyordu.

Demokratik canlanma dönemi uzun sürmedi. Anayasada ifadesini bulan devlet gücünün temsil ettiği temel anlayış, tekelleşme eğilimini başından beri içinde barındıran Amerikan kapitalizminin ve onu temsil eden büyük sermaye guruplarının korunup kollanması üzerine kuruluydu; bu anlayışta, halkı da içine alan demokratik bir işleyişin yeri yoktu. Bu nedenle *demokratik açılım* bir yana, egemen sınıflar arasındaki çıkar çekişmesi yoğunlaşarak, ülke hızla bir iç çatışmaya sürüklendi.

\*

İkinci dönem sonunda, Kuzey'in gücünü giderek arttıran sanayi ve banka sermayesi ile Güney'in köle sahibi büyük çiftlik sahipleri arasındaki çıkar çekişmesi, geleneksel boyutunu aşarak olağanüstü şiddetlendi. Sınai, mali ve siyasi gücünü giderek arttıran Kuzey'in sanayicileri, işgücünden yararlanmak için köleciliğin kaldırılmasını isterken; sanayileşmeye ayak uyduramayan Güneyli büyük toprak sahipleri, köleciliğin ABD'ye yeni katılan tüm eyaletlerde de kabul edilmesini istiyordu. Sanayicilerin desteğini alarak köleciliğin yasaklanmasını isteyen bir seçim kampanyası yürüten **Abraham Lincoln**'ün, 1860'da başkan seçilmesi üzerine, Güney eyaletleri bağımsızlıklarını ilan ettiler ve *"Birlik"* ten ayrılarak *Amerika Konfedere Devletini* kurdular. 1861'de başlayıp dört yıl süren iç savaşa, dünya tarihinde ilk kez 3 milyona yakın asker katıldı ve egemen sınıflar arasındaki çıkar çekişmesine dayanan bu savaşta 617 bin Amerikalı öldü.[26] Savaşı Kuzey kazandı ve köleciliğe yasal olarak son verdi, ancak köleci bakış açısı ırkçılığın değişik biçimleriyle varlığını sürdürdü. Amerika'ya, Kuzey'in sanayi yapılanmasına uygun düşen, tekelci işleyiş egemen oldu; siyasal düzen, halkı tümüyle siyaset dışına iterek, onu iki partiden birine oy vermekten başka çaresi olmayan, edilgen bir *"kalabalık"* haline getirdi.

Amerikan halkı, **Andrew Jackson** dönemi dışında, seçimlere ilgi göstermemiştir. Halkın seçimlere katılımı, günümüze dek süren bir gelenek halinde, her zaman yüzde 40-50 dolayında oldu. Bu oranın, kimi eyaletlerde yüzde 10'lara düştüğü görüldü. Örneğin 1924 seçimlerinde, South Caroline eyaletinde seçmenlerin ancak yüzde 6'sı oy kullanmıştı; 1940 seçimlerinde Güney Caroline, Georgia, Alabama ve Arkansas eyaletlerinde oy verme oranı yüzde 20'ler düzeyindeydi.[27] Şimdiki Başkan **George W.Bush**, halkın yüzde 50'sinin oy verdiği bir seçimden sonra ve verilen oyların yüzde 50'si ile yani Amerikan seçmenlerinin yüzde 25'inin oyu ile başkan olmuştur. 19.yüzyıl sonlarında, iki parti dışında güçlenme eğilimi gösteren *Popülist Parti*, seçimler ve Amerikan demokrasisinin niteliği konusunda şu saptamayı yapıyordu: *"Ülkeye Wall Street sahip olmuştur. Amerikan yönetimi artık, halkın halk tarafından, halk için yönetilmesi değil, halkın Wall Street tarafından Wall Street için yönetilmesi haline gelmiştir."*[28] (Wall Street: New York'ta içinde borsanın da bulunduğu finans merkezi y.n.)

19.yüzyıl ünlü Amerikan şairi **Walt Whitman** (1819-1892), yaşadığı dönemdeki ABD siyasi düzenini eleştirirken 20.yüzyıl emperyalizmini adeta o günden görüyor ve şunları söylüyordu: *"O ulusal federal devlet ve yerel düzeydeki yönetim; çürümüşlük, sahtecilik ve kötü yönetim batağı içinde. Adalet Kurumları da bundan payını almış. Büyük İskender'i de, Roma'yı da geride bırakacak, dev bir İmparatorluğa doğru yol alıyoruz."*[29]

\*

Karmaşık hukuksal zorunluluklar, gizli/açık devlet denetimi, para ve rüşvet ilişkileri, medya gücü ile geliştirilen diğer yasadışı baskı yöntemleri, Amerikan siyasetine yön veren, temel unsurlardır. Siyasi demokrasinin sınırları, iktidar gücünü elinde bulunduran azınlık tarafından ve bu unsurlar kullanılarak o denli daraltılmış, politik yaşam o denli denetim altına alınmıştır ki; toplumsal muhalefetin kendi haklarını savunan, bağımsız bir siyasi örgütlenme içine girerek yeni ve güçlü bir partiyi yaratıp yaşatması olanaksız hale gelmiştir. Bu nedenle, durumlarından hoşnut olmayan ve politik tepki gösteremeyen insanlar, ya bireysel suçlara ya da politika dışı uğraş alanlarına yönelmektedir. Amerika'daki seçime katılımın kronik olarak yüzde 50'yi geçmemesinin nedeni budur.

İnsanların *oy vermeme özgürlüğünü* kullanarak *sandığa* gitmemesi, demokrasi için bir ölçüttür. Bu ölçütle değerlendirildiğinde, Amerikan *"demokrasisinin"* oldukça geride kaldığı açıktır. İnsanların, oy vererek ülke yönetimini belirleyebilme duygusunu yitirmesi, demokratik toplumların siyasi çözülme ya da hegomonya altına girmesinin en açık göstergesidir. Her dört yılda bir yapılan, ancak sonucu asla değişmeyen bir düzenin, insanları politikadan uzaklaştırması ve bu alanı toplumun azınlığını, hem de küçük bir azınlığını oluşturan egemenlere bırakması, doğal bir sonuçtur. Baskının ve siyasi bozulmanın aracı haline getirilen iki partili sistem, bu sonucun hem nedeni, hem de amacıdır.

\*

Amerika'da seçimler çoğunluk sistemine göre yapılır. Oyların çoğunluğunu alan aday, diğer adayların oy oranları ne olursa olsun seçilir ve diğer oyların hiçbir değeri kalmaz. Seçim sisteminin anti-demokratik yapısı, yeni partilerin ortaya çıkıp güçlenmesini önleyen, bu nedenle iki büyük partiyi rakipsiz bırakan siyasi bir ortam oluşturdu. 1793 **Jefferson-Hamilton** guruplaşmasından bu yana, Amerikan siyasi tarihinin her döneminde bu işleyiş geçerli oldu ve kimi başarılara karşın, *üçüncü parti* girişimi kalıcı olamadı. Sermaye güçlerinin denetimi altında bulunan ve aynı anlayışa sahip iki partiden oluşan Amerikan siyasi sistemi için, Prof.Dr. **Türkkaya Ataöv** şunları söylemektedir: *"Amerika'da iki siyasi parti vardır: Cumhuriyetçiler ve Demokratlar. Ancak, federal düzeydeki bu iki partinin arasında önemli bir fark yoktur. Birinin tutucu, ötekinin de liberal olduğu, daha açıkçası, birinin programının ötekinden farklı olduğu doğru değildir. İkisinin de gündemi temelde aynıdır. İki parti görünümüyle demokrasi imajı yaratarak aynı amaca, nöbetleşe hizmet ederler. İkisi de aynı para sisteminin yaratığıdır. Çoğu kez aynı kişiler, her ikisine birden para verirler. Gerçek bir 'ikinci seçenek' olacak, üçüncü bir partiye izin yoktur.."*[30]

Amerika Birleşik Devletleri'nde, seçim yapılan hiçbir ülkede görülmeyen bir uygulamayla, seçime katılacak parti adaylarının belirlenmesinde devlete denetim yetkisi verilmiştir. 1903 yılında kabul edilen ve tüm eyaletlerde geçerli olan yasalarla, seçime katılacak parti adaylarının belirlenmesi, kamu adına hareket eden devlet memurlarının denetiminde olmaktadır.[31]

Amerikan parti sisteminde, adayların iki dereceli seçimle, yani önceden belirlenen delegeler aracılığıyla seçilmesi, genel bir uygulamadır. Bu yöntem özellikle başkanlık seçimlerinde uygulanmaktadır. Bu nedenle delege belirlemeleri, iki parti içinde de *şiddetli* iç mücadelelere yol açar. Burada söz konusu olan, parti içi demokratik yarışma değil, değişik çıkar guruplarını temsil eden hizipler arasındaki çatışmadır. Siyasi düzeyi ve yetenekleri ne denli yüksek olursa olsun, arkasına herhangi bir sermaye gurubunun desteğini almayan delegelerin seçilme şansları yoktur. Bu nedenle *hizipçilik, entrika (machine politics)* ve *rüşvet*, siyasi sistemin temel unsurları haline gelmiştir. Bu durum, yapılan işin niteliğinden kaynaklanan, zorunlu bir sonuçtur. **Maurice Duverger** bunu şöyle açıklayacaktır: *"Amerikan partileri, federal devlet yasalarıyla resmen belirlenmiş olan bir çeşit ön-seçim makineleridir. Bu nedenle çok sıradışıdırlar; bunlar ideolojik guruplar ya da sınıf toplulukları da değildir. Her biri, Federal Devletin muazzam büyüklükteki ülkesi içinde, çok farklı ve çok çeşitli sosyal konuma sahip kişileri biraraya getirir. Gerçekte bu partiler, oy toplama ve ganimet sisteminin sağladığı yönetim organlarını ele geçirmede uzman kişilerden kurulu takımlardır."*[32]

Ön-seçim sisteminin *(primary elections)* denetim altına alınan işleyiş biçimi, başkan ve senatör adaylarının belirlenmesinde özel bir önem kazanır. Bu mevkilere aday olmak isteyenlerin önünde, kurulu düzenle bütünleşmeyi zorunlu kılan, aşılması güç (halk için olanaksız) engeller vardır. Partiler, "seçilmiş" delegeler aracılığıyla adaylarını seçerler: Bu eylem görünüşte (ama yalnızca görünüşte) parti içi bir sorundur. Gerçekte ise, adayları "seçen" kongreler, üyelerin demokratik iradesini yansıtan organlar değil, parti dışı güçlerin yön verdiği bir *çatışmalar arenasıdır*. Değişik sermaye guruplarını temsil eden hizipler, elde edecekleri politik ayrıcalıklar için, sürekli ve şiddetli bir rekabet içine girerek çatışmaktadırlar.

*Hizipler* aracılığıyla parti içinde güçlü bir biçimde temsil edilen parti dışı güçler; uygulanacak programları, çıkarılacak yasaları ve bu işi yapacak kadroları belirleme gücüne sahiptirler. Adayların belirlenmesi, iş çevreleri ve onları temsil eden örgütler için o denli önemlidir ki; bu önem, şirket-parti ilişkilerinin siyasi sisteme yön veren belirleyici unsur haline gelmesine yol açmıştır. Bu durum Amerikan tarihinin her dönemi için geçerlidir. Yasama ve yürütme organlarına öyle insanlar *"seçilmeli"* dir ki; bunlar, dışarda oluşturulan istekleri herhangi bir *"uyarıya"* gerek kalmaksızın, eksiksiz yerine getirmeli ve gereksinim duyulan yasaları gecikmeksizin kabul etmelidir. Bu tür ilişkiler üzerine kurulmuş olan iki partili siyasal sistemde, *Cumhuriyetçi* ve *Demokrat Partiler*, dönüşümlü olarak yönetime gelirler; bu partilerin asla ödün vermedikleri *tek ilke*, sermaye guruplarının çıkarlarına aykırı bir iş yapmamak ve onlarla çatışmamaktır.

Amerikan toplumunu inceleyen araştırmalarıyla tanınan ünlü Amerikalı ekonomist Prof. **Lester C.Thurow**, *Kapitalizmin Geleceği* adlı yapıtında, Birleşik Devletler'de siyasi partilerle seçim konusunu da ele alır ve şunları söyler: *"Siyasi partiler, geleceğe giden seçeneklerin tartışılmasında, farklı ideolojik inanışlara sahip değilse, demokrasi ne gibi bir anlam içerebilir?* (Farklılıklar olmadığında y.n.) *seçimler, basit konular üzerinde dönen beğeni yoklamalarına dönüşür ve televizyonda en iyi kimin göründüğüne bağımlı olur. Seçimler bir dolandırıcılar kümesini, diğer bir dolandırıcılar kümesiyle değiştirmek olarak görülmeye başlanır. Herkes başka birinin değil, kendi etnik gurubunun, ganimetlerden yararlanmasını sağlamak için oy kullanır."*[33]

\*

*Ulusal Sanayiciler Birliği, Birleşik Devletler Ticaret Odası, Amerikan Bankerler Birliği, Amerikan Çiftçiler Birliği, Sanayi Örgütleri Kongresi* gibi örgütler, her iki parti üzerinde de kesin bir egemenlik kurmuş olan, parti dışı kuruluşların önde gelenleridir. Bu örgütler, özellikle büyük kentlerde, adeta *"siyasi partiler adına"* çalışmalar yaparlar. Seçilmesini istemedikleri adayların *"önünü kesmek için"* çok değişik olanaklara sahiptirler; iyi örgütlenmiş ve çok iyi finanse edilmişlerdir, partilerden bile iyi işlerler. Amerika ve Kanada'da öğretim üyeliği yapmış olan Prof.**Niyazi Berkes**, bu kuruluşların siyaset üzerindeki etkisi konusunda şunları söylemektedir: *"Amerika'da, son yirmi beş yıl içinde (1920-1945 y.n.) çıkarılan* *bütün önemli yasalar, önce sermaye örgütleri tarafından ortaya a-tılmış ve hemen arkasından bu yasaların yararları konusunda kamuoyu yaratmak amacıyla yoğun ve sürekli propagandalar yapılmıştır. Bu bakımdan Amerika'da birçok ulusal konu, partiler tarafından değil, önce bu örgütler tarafından ele alınmıştır. Oy verenlerin görüşleri, geniş ölçüde bu örgütlerin etkisi altında biçimlenmektedir."*[34]

Büyük sermaye gurupları ve onları temsil eden örgütlerin siyaset üzerindeki etkileri, bugün çok daha güçlü hale gelmiştir. İşçiler başta olmak üzere, çalışan kesimlerin siyaset dışında kalması, sermaye güçlerine içinde serbestçe hareket edebilecekleri, siyasi bir ortam yaratmaktadır. Siyasi seçeneksizlik ve örgütsüzlüğün yaygın olduğu bu ortam, onlara *"tam bir özgürlük"* vermektedir. Amerikalı ekonomistler, **Richard J.Barnet** ve **John Cavanagh** bu konuda şunları söylemektedir: *"Şirketlerin, seçim süreçlerindeki belirleyici rolleri, 1920'lerden bu yana (1994), en üst düzeye ulaşmıştır. Politik kültürdeki bu önemli değişim, hiçbir yerde ABD'nde olduğu kadar belirgin değildir. Şirketler, doğaları gereği, demokratik örgütler olarak işlemezler. Yine de vatandaşların boş bıraktığı politik platformları, politik partileri ve diğer aracı kurumları ele geçirenler onlardır. Birleşik Devletlerde, demokratik sürecin kendisi, paranın esiri olmuştur."*[35]

\*

Paranın siyaset üzerinde her yerde ve her dönemde sürdürdüğü etkili gücü, Amerika'da çok belirgin ve yaygındır. Seçim kazanma şansına sahip her iki parti de, üye ve sempatizan yardımlarıyla ayakta kalamayacaklarını bilirler. Pahalı seçim kampanyaları için, *bol sıfırlı yardım çeklerine* gereksinimleri vardır ve bunu verebilecek olanlar yalnızca şirketlerdir. Şirketler için partiler, seçim dönemlerinde dört yıllığına *sermaye yatıracakları* ve karşılığını o yasama döneminde alacakları *yatırım alanlarıdır.* Partinin gereksinim duyduğu basın-yayın, ilan, afiş, büro kiraları, radyo-televizyon masrafları, kitle toplantıları, konferanslar, tanıtım filmleri, hukuk danışmanları için gerekli olan giderler, bu *yatırımlarla* sağlanır. Amerikalı araştırmacılar **Gabriel Kolka** ve **Robert B.Reich**, şirketlerin partilerle girdikleri ilişkiler konusunda şunları söylemektedir: *"ABD'ndeki her iki parti de şirketlerden gelen paralara o kadar bağımlıdırlar ki, hiçbiri şirketlerin gücüyle karşı karşıya gelemez.. Büyük holdinglerin politik partiler ve yasama süreci üzerindeki muazzam etkileri, seçim kampanyalarına yaptıkları parasal katkıdan ibaret değildir. Şirketler, çalıştırdıkları avukat, lobici ve halkla ilişkiler elemanı ordularıyla, partiler üzerinde büyük bir etkiye sahiptir."*[36]

Şirketler, partiler ve partilerin yönetime taşıdığı yönetici kadrolar arasında sağlanan ve siyasi gelenek haline gelen uygulamalar, Amerika'daki yönetim biçimini, ancak otokratik sistemlerde görülebilen ve çok küçük bir azınlığı temsil eden bir *'oligarşi'*ye dönüştürmüştür. 19.yüzyılda, sermaye sınıfının tümünün temsil edilmesine olanak sağlayan siyasal sistem, bugün yalnızca büyük mali ve sınai gurupların yararlandığı, idari bir işleyiş haline gelmiştir. Devlet politikalarına yön veren üst düzey kadroların hemen tümü, büyük şirketlerle doğrudan bağlantılı durumdadır. Bugün, ABD üst yönetiminde yer alan kişilerin niteliği, bunu açıkça ortaya koymaktadır. **George W.Bush**, başkan olmadan önce *Arbusto-Bush Petrol Arama Şirketi* ve *Harken Petrol Şirketi*'nde çalışıyordu; Başkan Yardımcısı **Dick Chaney** *Halliburton Petrol Şirketi*'nin Yönetim Kurulu Başkanıydı. Diğer bazı yöneticilerin görevleri ve geldikleri yerler şöyledir: Başkanlık Ulusal Güvenlik Danışmanı **Condoleezza Rice**, *Chevron Petrol Şirketi* Yönetim Kurulu Üyesi; Ticaret Bakanı **Donald Evans**, *Tom Brown Petrol Şirketi* Yönetim Kurulu Başkanı; İçişleri Bakanı **Gale Norton**, *Enerji Şirketleri Avukatı;* Enerji Bakanı **Spencer Abraham**, *Otomotiv Endüstrisi Temsilcisi*.[37]

ABD'nde, siviller şirketlerden hükümet görevlerine gelirken, üst düzey askerler emekli olduklarında şirketlere giderler. Bu dolaşım, Amerikan siyasetinin temelinde yer alan bir gelenektir. Örneğin, son bir yıl içinde, ABD Pasifik Ordusu Komutanı **Charles R.Larson**, *Unocal Petrol Şirketi Yönetim Kurulu Üyeliğine;* ABD Hava Kuvvetleri Genel Sekreteri **Donald Rice**, *Unocal Petrol Şirketi Yönetim Kurulu Üyeliğine;*

Korgeneral **John Shalikashvili**, *Carlyle Group Yönetim Kurulu Başkanlığına* gelmişlerdir.[38]

\*

Amerikan partilerinin örgütlenme biçiminde en belirgin özellik, ulus-devlete sahip diğer gelişmiş ülkelerdeki partilerin aksine, merkezi örgütlenmenin değil, federasyon yapısının öne çıkmasıdır. Bu durum; ulusal varlığı köklü tarihsel geleneklere dayanmayan, bu nedenle yapaylıklar içeren ulusal oluşumun, yönetim yapısına yaptığı etkinin doğal sonucudur. Kuvvetler ayrılığının Amerikaya özgü işleyiş biçimi ve federatif örgütlenmeye bağlı yarı özerk idari yapılanma, bu sonucu doğurmuştur. Partilerin en tepesinde, *Ulusal Komite* adı verilen merkezi bir üst örgüt bulunmaktadır, ancak bu örgüt, eyaletlerdeki yerel parti birimleri üzerinde fazla bir etkiye sahip değildir.

Amerikan partilerinin örgütsel yapısı *basit*, ancak parti içi ilişki ve çatışmalar son derece karmaşıktır. Sıradan insanların kolayca anlayamayacağı yasal zorunluluklar ile akçeli işleri kapsayan yasadışı ilişkiler iç içedir. Parti yapısının *basitliği* demokrasinin gelişkinliği olarak gösterilir, ancak bu *basitlik*, parti işleyişinde bilinçli olarak, üyelerin tek başlarına altından kalkamayacağı kadar karmaşık bir ilişkiler ağıyla örülmüştür. Amaç, siyasal katılımcılığı bireysel özgürlük olarak kağıt üzerine hapsetmek, parti etkinliğini paranın belirlediği bir eylem haline getirmektir. Parti çalışmalarını yürütenler, sıradan üyeler değil, görevlerini ücret karşılığı yapan ve *karmaşık* ilişkileri çözmede uzmanlaşmış "teknik uzmanlar"dır. Parti "*boss*"ları (elebaşları) adı verilen bu *uzmanlar*, hizmet ettikleri lider ya da gurubun kendilerini *kiralamasını* beklerler ve yüklendikleri *sorumluluğu* etkili bir canlılıkla yerine getiriler. *Boss*'lar kendilerine sunulan mali olanaklarla onbinlerce aktif *seçim ajanını* harekete geçirebilirler. Bunlar, rakip adayların yıpratılması, yalan haber yaratma ya da gerçek dışı anket düzenleme konularında, son derece becerikli profesyonellerdir.[39]

*Demokrat* ve *Cumhuriyetçi Partinin* en tepesinde yer alan *"Ulusal Komite"* her eyaleti temsil eden ve dört yıl için seçilen bir kadın ve bir erkek üyeden oluşur. Amerikan partilerinde *Ulusal Komite*'nin yaptığı iş, diğer ülkelerdeki geleneksel partilerde var olan ve örgütün tümünü yöneten *Merkez Yönetim Kurulları*'ndan çok farklı birşeydir. Seçim dönemlerine sıkıştırılan eylemleri içinde; partinin başkan adayını seçecek *Ulusal Kongre*'yi (Convertion) toplamak, adayları belirlemek ve seçim kampanyasını yönetmek, *Ulusal Komite*'nin yükümlendiği, basit ama önemli görevlerdir.

*Ulusal Komite*'nin partinin diğer komiteleriyle ilişkisi, kurala bağlanmayan bir belirsizlik içerir. Komite; seçim dönemlerinde elinde toplanan büyük mali kaynakları kullanarak, *boss*'larla *seçim ajanlarını* harekete geçirir ve medya gücünü devreye sokar. Bu yolla, alttaki parti birimleri üzerinde, ön seçimlerde oy verecek delegelerin belirlenmesi konusunda etkili bir baskı kurar. Bu ilişki, önceden belirlenmiş olan herhangi bir kurala bağlı değildir. Ne parti tüzüğü, ne de yasalar *Ulusal Kongre*'ye böyle bir yetki vermiştir. Burada bilinçli bir boşluk yaratılmıştır. Amerikan partilerinde merkezdeki birimler arası ilişkiler, döneme ve güç dengelerine göre değişen bir *fiili durum* ilişkisidir.

Amerikan partilerinde *Ulusal Kongre*'nin altında, yine seçim dönemlerinde harekete geçen ve Temsilciler Meclisi'nde temsil edilen, her eyaletten bir kişinin katıldığı *Kongre Komitesi*, eyaletlerdeki seçim çalışmalarını yürüten *Eyalet Komiteleri* ve *yönetim birimlerinde (Country, Ward, Township v.b.)* kurulan *Yerel Komiteler* vardır. Amerika'da partilerin en küçük örgüt birimi, herbiri bir seçim bölgesi olan *belde komiteleri*'dir *(Precinet)*. Bunların başında bulunan parti yetkilisine *Precinct, Leader* ya da *Captain* adı verilir.

Amerikan siyasi partilerini inceleyen araştırmacıların ortak kanısı, *Demokrat* ve *Cumhuriyetçi Partilerin* bütünlüğü olan siyasi bir örgütten çok, kendine özgü bir yerel örgütler toplamı olmasıdır. Parti ilişkilerinin niteliğini, ortak duyguları oluşturan ilkeli birliktelikler değil, iktidar olanaklarını elde etmekten başka bir şey düşünmeyen sermaye guruplarının çıkar çatışmaları belirler. Bu nedenle ideolojik bir yapılanma içinde değildirler. Sosyal bileşim olarak tek bir sınıfı, sermaye sınıfını temsil ederler. Prof. **G.Vedel**'e göre, *"program ve doktrin yerine kişileri temsil eden Amerikan partilerinde sağ-sol ayırımı yapılamaz. Düşünce ve doktrin açısından Cumhuriyetçi ya da Demokrat Parti üyeleri, birçok durumda kendi partidaşlarından daha çok, karşı partinin üyeleriyle yakın olurlar."*[40]

Amerikan partilerinin örgütsel işleyişi konusunda Prof. **Maurice Duverger**'in görüşleri **Vedel**'in görüşlerinden farklı değildir. **Duverger;** *"Siyasi Partiler"* adlı yapıtında konuyla ilgili şu saptamayı yapar: *"Amerikan siyasi partileri, zayıf yapılı ve çok merkezli komite partileridir. Bölgesel farklılıklara dayanan değişkenliğin çokluğu, Amerikan partilerinin örgütlerini incelemeyi çok güç bir iş haline getirir. Parti örgütü, New York ya da Rock Mountains'de, Kuzey ya da Güneyde birbirinden farklıdır. Aynı eyalet içinde bile parti örgütü, ileri gelen kişilerin değişmesi sonucunda, birkaç yıl içinde değişime uğrayabilir. Kongre üyesi (senatör ya da Temsilciler Meclisi üyesi y.n.) yöresel parti makinasının başında bulunduğu ve patron rolünü oynadığı sürece, partinin gerçek lideridir. Buna karşılık parti makinası Kongre üyesi olmayan bir kişinin eline geçmişse, senatör ve temsilciler tümüyle ona bağımlı hale gelir. İkili parti sistemi, hatta kimi Güney eyaletlerinde varlığını sürdüren tek parti sistemi, bu bağımlılığı arttırır. Bu durumda parti tarafından* (partiyi ele geçiren tarafından y. n.) *aday gösterilmek, seçimi kazanmaktan daha önemli hale gelir. Ön seçim işleyişi bu sonucu değiştirmeye yetmez ve halkın güvenini kazanmış olsa bile birçok senatör kendi partisinde aday seçilemez."*[41]

\*

Amerika Birleşik Devletleri'nde güçlü bir işçi sınıfı ve işçi mücadelesi varken, bu sınıfı temsil eden güçlü bir partinin neden oluşmadığı, yanıt verilmesi gereken bir sorudur. Sorunun yanıtı, geçerli siyasi sistemin niteliğini anlatan yukarıdaki bölümde yeterince açıklanmıştır. Ancak Amerika'da siyasi parti örgütlenmesinin bağlı olduğu kurallar, yukarıda açıklananlarla sınırlı değildir. İki parti dışında kalan, özellikle halk kesimlerinin haklarını savunan partiler için yasası olmayan ve çoğu kez şiddet içeren pek çok engel vardır.

Sosyal muhalefeti temsil etmeye çalışan tüm parti girişimleri, sürekli ve şiddetli bir baskıyla karşılaşmışlardır. *Amerikan ideallerine* düşman unsurlar olarak görülen ve gösterilen parti girişimleri, **George Washington**'un veda konuşmasında vasiyet ettiği gibi, *daha doğarken önlenmişler* ve ezilmişlerdir. 200 yıllık Amerikan siyasi tarihi, bu tür *önleme* eylemleri ve toplumsal muhalefeti, örgütlenmesine izin vermeden siyaset dışında tutmayı başaran girişimlerle doludur. Göçmen işçiler arasındaki dil ve din farklılıklarını kullanma, *pinkertonizm* adı verilen uygulamalar, *ajan büroları, grev kırıcılar, ırkçı örgütler, Ku Klux Klan*'lar, *zenci katliamları, sosyalistlere uygulanan baskılar, siyasi cinayetler,* Amerikan tarihinin yerleşik gelenekleridir. Greve giden ya da örgütlenmeye yönelen işçiler, kara listeye alınır ve bunlara hiçbir koşulda iş verilmez. Sanayiciler ve büyük çiftlik sahibi tarımcılar, yalnızca bu iş için, ulusal düzeyde örgütler kurmuşlar ve sosyalistleri, sendikacıları, öncü işçileri fişlemişlerdir. Amerikan işçilerinin korkulu rüyası haline gelen *Ulusal İmalatçılar Birliği* bu örgütler içinde en ünlüsüdür.

Parti örgütlenmesi üzerindeki tüm yasal ve yasadışı engellere karşın, Amerika'da da özellikle emekçilere dayanan partiler elbette kurulmuştur. Bu partiler, bazı dönemlerde ve yerel anlamda kimi küçük seçim başarıları da elde ettiler. Ancak hiçbiri, hiçbir zaman iktidara aday olabilecek güce ulaşamadı. *Sosyalist İşçi Partisi (*Socialist Labor Party-1877*), Milli Parti* (Greenback-1878), *Halk Partisi* (Populist Party-1892), *Sosyalist Parti* (Socialist Party-1900), *Komünist Parti* (Communist Party-1919) *Amerikan İşçi Partisi* (American Labor Party-1936), *Çiftçi-İşçi Partisi* (Farmer-Labor Party), *Anti-Tekel Party* (Anti-Monopoly Party), *Liberal Parti* (Liberal Party) bu tür partilerin küçük bir bölümüydü.

Bu partilerden hiçbiri, iki büyük partiye karşı seçenek oluşturabilecek kalıcı bir güce ulaşamadı ve Amerikayı tarihi boyunca, sırayla Cumhuriyetçi ve Demokrat Parti yönetti. Bu sıralama İç Savaştan bugüne dek şöyle oldu: (1863-1875)

*Cumhuriyetçi,* (1875-1881) *Demokrat,* (1881-1887) *Cumhuriyetçi,* (1887-1889) *Demokrat,* (1889-1891) *Cumhuriyetçi,* (1891-1895) *Demokrat,* (1895-1911) *Cumhuriyetçi,* (1911-1921) *Demokrat,* (1921-1931) *Cumhuriyetçi,* (1931-1952) *Demokrat,* (1952-1960) *Cumhuriyetçi,* (1960-1968) *Demokrat,* (1968-1977) *Cumhuriyetçi,* (1977-1981) *Demokrat,* (1981-1992) *Cumhuriyetçi,* (1992-2000) *Demokrat,* (2000-....) *Cumhuriyetçi*

### Alman Siyasi Partileri

Almanya'da *kapitalizmin* gelişimi, İngiltere'den daha geç başlamıştır. Bu durum doğal olarak *feodalizmi* ortadan kaldıran *demokratik devrimin* ve *burjuva demokratik kurumlarının* daha geç ortaya çıkmasına neden olmuştur. Geç fakat hızlı sanayileşen Almanya'da siyasal denge, uzun süren iç ve dış çatışmalardan geçerek ancak İkinci Dünya Savaşı'ndan sonra *"istikrara"* kavuşabilmiştir. Alman yönetim sistemi, 1919'a dek *yarı-monarşist,* 1933-1945 arasında ise nazist devlet yapısı üzerine oturuyordu.

Almanya, 19.yüzyılın sonlarında, büyük bir sanayi gücüne ulaşmış, daha önce dünyayı paylaşmış olan İngiltere ve Fransa'dan, paylaşımın yeniden yapılmasını istiyordu. Bu istek ve yarattığı gerilimler, 20.yüzyılın ilk büyük savaşına neden oldu ve Almanya bu savaştan yenik çıktı. Savaş öncesi gerilimler, savaş dönemleri ve yenilgilerin yarattığı toplumsal bunalımlardan sonra, egemen sınıflar için *"güvenli"* bir siyasal düzen, ancak 1950'den sonra kurulabildi. Bunalım dönemlerinde sayıları sürekli artarak sert çatışmalar içine giren partiler, bu tarihten sonra ortadan kalktılar /kaldırıldılar. Almanya'da, İngiltere ve ABD'den farklı olarak; sınıfsal egemenliği gizleyen, kurulu düzeni rejim sorunu yaratmadan ayakta tutan ve kitleleri demokrasiyle yönetildiklerine inandıran iki partili siyasal sistem, ancak 20.yüzyılın ikinci yarısında gerçekleştirilebildi.

İngiltere ve Amerika'da ise partilerin denetim altına alınarak *"ele geçirilmesi"* ya da bir başka deyişle, denetim altına alınmış partilerin yaşamasına izin verilmesi, siyasi demokrasiye geçişin en başında sağlanmıştı. Birbirinin peşi sıra iktidara gelen iki parti, tutucu bir anlayışla, aynı sınıf ya da sınıfların çıkarlarını savunuyor ve deliksiz bir iktidar tekeli oluşturuyordu; *"istikrar"* bu ülkelerde böyle sağlanmıştı.

İki partili sistem, Almanya'nın kendine özgü koşulları nedeniyle, temsili demokrasinin ilk aşamalarında gerçekleştirilemedi. Almanya, *"geç kalmışlık"* nedeniyle çok *"hızlı"* hareket etmek ve rakiplerini yakalayabileceği atak bir politika izleyerek pazar elde etmek istiyordu. 1871-1914 arasında nüfus 41 milyondan 67 milyona, kent nüfusu ise yüzde 36'dan yüzde 63'e çıkmıştı. Taşkömürü üretimi 26 milyon tondan 190 milyon tona, çelik üretimi 1 milyon tondan 18 milyon tona yükselmiş, Alman kimya sanayi tartışmasız bir üstünlük sağlamıştı. Demiryolları 1914'de 65 bin kilometreye ulaşmış, yalnızca Hamburg Limanının tonajı 6 milyon tondan 15 milyon tona, ticaret filosu dünya ticaretinin yüzde 12'sine yaklaşmıştı. *Karteller*, *tröstler* ve *kartel* birleşmeleriyle oluşturulan tekel gurupları, ekonomiye tam olarak egemen olmuştu.[42]

Almanya bu gelişme nedeniyle; dışa açılmak, yeni pazarlar ve sömürgeler bulmak, yayılmacı bir politika izlemek zorundaydı. Yayılmacı politika çatışma, çatışma ise siyasi istikrarsızlık demekti. Denetim dışı kurularak birbirine yakın güce ulaşan ideolojik partilerin varlığı, ekonomiye egemen büyük sermaye grupları için, istikrarsızlık üreten bir iç tehdit anlamına geliyordu. Tekeller için siyasi *"istikrar"* Almanya'da, **Hitler** döneminde tek partiyle, savaş sonrasında ise iki partili sistemle sağlanacaktır.

Almanya'da 19.yüzyıl ortalarına dek herhangi bir siyasi parti yoktu, ama örgütlenmeyi bekleyen pek çok düşünce akımı ve görüş vardı. Köklerinin Alman tarihinde olduğunu söyleyen *muhafazakarlar* ve *liberaller*, geleceğe egemen olacağını açıklayan *sosyal demokratlar*; çiftçileri, tarım emekçilerini ya da işçi örgütlerini, dernekten partiye dönüştürmenin çabası içindeydiler.

Almanya'da siyasi gurupların partileşerek seçime katılması ve Parlamentoya temsilci göndermesi, 1871'de *2.Reich*'ın (Ulusal Meclis) kurulmasıyla başladı. Oy verme hakkı, gelişmiş ülkelerin tümünde olduğu gibi başlangıçta tüm yurttaşlara tanınmamıştı. Almanya'da oy hakkının 20 yaşını bitirmiş kadın ve erkeklerin tümünü kapsaması ancak 1919 yılında kabul edilmiştir.[43] Bu hak, kadınlar için, İsveç'te 1921[44], Fransa'da 1944 yılında tanınacaktır.[45]

Oy hakkının sınırlandırılmasının yanında, sınırlı katılımla oluşturulan Parlamentonun (Reichtag) yetkisi de sınırlıydı. Parlamento, bütçe ve yasa önerilerini tartışıp oyluyor; ancak öneriler kabul edilse bile, yasalaşamıyordu. *Reichtag* kararlarının yasalaşması için, İmparatorluk yönetimi tarafından daha kolay denetlenebilen *Federe Konsey*'in *(Bundesrat)* onayı gerekiyordu. Halkın istem ve mücadelesiyle kabul edilmek zorunda kalınan ve denetim dışındaki partilerin de temsilci sokabildiği Parlamento ve buna bağlı olarak siyasi partiler, o dönemde, bu yöntemle denetim altına alınıyordu.

Yetkileri sınırlı da olsa *Reichstag*'ın kurulması, parti girişimlerinin çeşitlenip yayılmasına yol açtı. 1871 seçimlerinde aristokrasi, burjuvazi ve halkın değişik kesimlerini temsil eden 8 parti *Reichstag*'a temsilci soktu. Milletvekillerine sahip parti sayısı 1918'de 11, 1930'da 15'e çıktı. Bu partilerin çoğunluğu, büyük sanayi ve ticaret sermayesinin, aristokratik geleneklerin ve *büyük toprak sahiplerinin (Junkerler)* haklarını savunuyordu. Ancak, bu partiler içinde işçi sınıfını ve köylüleri temsil eden partiler de vardı. İngiltere'de ve Amerika'da kurulu düzen iki partili sistemle sürdürülürken, Almanya'da, içlerinde *marksizmi* benimseyenlerin de bulunduğu, çok partili bir siyasal düzenle sürdürülmek zorunda kalınmıştı.

Alman partilerinin evrimi, özelliği olan 4 ayrı dönemden oluşur. 1871-1919 arası, partilerin kurulup yasallık kazanarak geliştiği ilk dönemdir. 1919-1933 arası, **Hitler**'i iktidara getirecek koşulları yaratan toplumsal bunalım ve çatışma dönemi *(Weimar Cumhuriyeti)* ikinci, 1933-1945 arası tek partili Hitler dönemi üçüncü, sonrası ise dördüncü dönemdir.

\*

Almanya'da egemen sınıf çıkarlarını, *otokrasi* yerine *meşruti* bir yönetim biçimiyle temsil etmeyi üstlenen ilk parti Halk Partisi'dir *(Deutsche Volkspartei)*. 19.yüzyıl sonlarındaki liberal düşüncelerden etkilenen bu parti, gelişip güçlenmeye başlayan işçi mücadelesinin yalnızca baskı yöntemleriyle durdurulamayacağını görüyor ve *"demokratik"* açılımların gerekli olduğunu savunuyordu. Görüşlerini **Bismarck**'a kabul ettiren bu parti, kısa sürede Alman siyasi sisteminin temellerinden biri haline geldi ve İmparatorluğun uyguladığı emperyalist politikaların en önde gelen savunucusu oldu. Yeni pazar elde etmek, bunun için de savaşmak gerektiğini söylüyor, militarist bir program uyguluyordu.

Birinci Dünya Savaşı'nın yenilgiyle sonuçlanması *Halk Partisi*'nin sonu oldu. Savaş'tan hemen sonra parti ikiye bölündü. Bir bölümü *Demokrat Parti*'ye *(Deutsche Demokratischepartei)* katıldı, diğer bölümü *Alman Halk Partisi* adıyla yeniden örgütlendi. Bu partinin 1912 yılında yüzde 13.6 olan oy oranı, 1932 yılında yüzde 1,9'a düştü ve üyelerinin hemen tümü partiden ayrılarak Nazi partisine katıldı.[46]

Sermaye sınıfının haklarını savunan bir başka parti, *İlerici Halk Partisi*'ydi *(Fortschrittliche Volkspartei)*. Başlangıçta, liberallerin *sol* ve *radikal* unsurlarının partisiydi. 1848 devrimi içinde doğmuş, liberal ve cumhuriyetçi görüşler ileri sürmüştü. **Bismarck**'tan demokratik reformlar istiyor ve orta sınıfı temsil ettiğini söylüyordu. Ancak, uygulamaları söyledikleriyle çelişiyor ve o da, özellikle sermayenin çıkarlarını savunuyordu.

*İlerici Halk Partisi*, 1919'da ortaya çıkan *Spartakist* sosyalist ayaklanmasından sonra, *Milli Liberaller*'in sol kanadını içine alarak *Demokrat Parti (Deutsche Demokratischepartei)* adıyla yeniden örgütlendi ve sosyalistlere karşı mücadeleye başladı. Yeni hedefi, burjuvazinin tüm liberal unsurlarını bir araya getirmek ve *Reichstag*'ı savunmaktı. Amacında oldukça başarılı oldu ve 1919-1933 arasındaki cumhuriyet rejimine adını veren *Weimar* anayasasını hazırlamak üzere yapılan (1919) kurucu meclis seçimlerinde yüzde 18 oy aldı. *Weimar* koalisyonuna girdi ve *Katolik Merkez Partisi (Zentrumspartei)* ile birlikte kabinenin sağ kanadını temsil etti. Versay Antlaşması'nı imzalaması ve oy aldığı orta sınıfın yoksullaşması nedeniyle, gücünü hızla yitirdi. Oy oranı, 1928 yılında yüzde 4,9'a düştü. **Hitler** iktidara geldiğinde bu partinin hemen hiçbir gücü kalmamıştı.[47]

*Alman Demokrat Partisi*'nin kendini yok olmaya götüren tutarsız görüşleri ve güçsüz yapısı, Alman sanayi sermayesi ile orta sınıf arasındaki ilişkinin ne denli temelsiz olduğunun bir göstergesiydi. Liberal ya da demokrat düşünceler, Alman sanayicileri içinde, göstermelik bile olsa hiç yer almamıştır. Sanayicilerin tek amacı, çatışmayı göze alarak dışa açılmak, bunun için de mutlak ve güçlü bir iktidara sahip olmaktı.

Kurulu düzeni ve *Alman geleneklerini* o dönemde savunan diğer bir parti *Alman Milli Halk Partisi*'ydi. *(Deutschenational Volkspartei)*. **Hitler**'den önceki en ırkçı ve en tutucu parti olan *Alman Milli Halk Partisi, Weimar Cumhuriyeti*'nden önceki hemen tüm ırkçı gurupları bünyesinde toplamış, Prusya aristokrasisinin ve büyük toprak sahibi *Junkerlerin* çıkarlarını savunuyordu. Nitelik olarak İngilizlerin *troy*'larına benziyor, ancak onlardan daha militarist ve saldırgan bir politika yürütüyordu. Yasal parti olarak örgütlenmesine karşın, *"parlamentarizmin siyasal düzeni çürüttüğünü"* ileri sürüyor ve *"ideal Alman devletinin, Prusya ordusu ve bürokrasisini temel alması, tartışma ve eleştiri kabul etmez, otokratik bir yönetime dayanması"* gerektiğini savunuyordu.[48]

Almanya'da gelişen sınıf mücadelesinin, genel seçime dayanan siyasal sistemi kabul ettirmesi, bu partiyi ister istemez, kendisine oy verecek sosyal sınıf aramaya yöneltti. *Junkerlere* çalışan tarım emekçilerine, kente göçen ve henüz köylülükten kopmamış geleneklere bağlı işçilere, örgütsüz sanayi işçilerine, sanayicilere ve orta sınıfa sesleniyor, onların haklarını *"Alman geleneklerini koruyarak"* savunacağını söylüyordu; *Junkerler*, aristokrat aileler, büyük sanayi, finans kurumları ve bürokrasiden aldığı destekle de oldukça başarılı oluyordu.

Savaşın önde gelen destekçilerinden olan *Alman Milli Halk Partisi,* Savaş yenilgisinden doğal olarak en çok zarar gören parti oldu. 1919'da, dış görünüşünde bazı değişiklikler yaparak, adını *Alman Milli Partisi*'ne çevirdi ve oyunu 1920'de yüzde 14'e, 1924'de yüzde 23'e çıkardı; 1928 yılında Sosyal Demokrat Parti'den sonra Almanya'nın ikinci büyük partisi oldu. Ancak, daha sonra *"Alman Nasyonal Sosyalist İşçi Partisi"*nin *(Nationalsozialistische Deutsche Arbeitspartei)* güç kazandığı oranda gücünü yitirdi ve yerini, savunduğu düşünceleri daha iyi yerine getirecek olan bu partiye bıraktı.

*"Katolik Merkez Partisi"* (Zentrumspartei), nüfusunun çoğunluğu Protestan olan Almanya'da şaşırtıcı bir güç ve yaygınlığa ulaştı. 1872 yılında kurulan parti, önce Katoliklerin yoğun olduğu Batı ve Güney Almanya'ya, daha sonra tüm ülkeye yayıldı; 1884, 1890, 1894, 1898, 1903, 1908 seçimlerinde birinci; 1871, 1874, 1878, 1881, 1912, 1919 seçimlerinde ikinci; 1920, 1924, 1928 seçimlerinde üçüncü parti oldu.[49]

Mezhep adıyla siyasete giren bu partinin gösterdiği başarının nedeni, elbette din değildi. Parti, dinsel görünümüyle tüm Hıristiyanlara seslenmiyordu, ancak gücünü, Alman sanayisinin dışa açılmasını savunuyor olmasından ve Alman milliyetçiliğinden alıyordu. Kısa bir döneme sığdırılan sanayileşmenin yol açtığı hızlı değişim, toplum üzerinde baskı oluşturuyor ve geçiş döneminin yarattığı sorunlar, insanları eskiye özleme yöneltiyordu. Değişim dönemlerinde dinsel inançların, siyasi mücadelenin aracı haline getirilerek kullanılması, yaygın bir uygulamadır. 19.yüzyıl sonlarında Almanya'da olan buydu ve *Katolik Merkez Partisi* bu uygulamayı başaran partilerin başında geliyordu.

Sanayi burjuvazisinin desteklediği partilerden biri olan *Katolik Merkez Partisi,* Katolik geleneklerinin disipliniyle örgütlenmiş, kilise içi ve dışı örgüt birimlerine, bu örgütlerin sağladığı mali-politik desteğe ve kilisenin cemaati üzerinde kurmuş olduğu otoriteye dayanıyordu. Partinin oy tabanı başlangıçta kasaba ve köy orta sınıfı, katolik sanayi işçileri ve serf durumuna düşürülen yoksul köylülerdi. Sınıf çatışmaları derinleştikçe, işçiler giderek artan biçimde desteklerini çektiler ve *Sosyal Demokrat Parti'*ye katıldılar. *Katolik Merkez Partisi,* 1874 seçimlerinde oyların yüzde 27,9'unu alırken bu oran 1912'de yüzde 16,4'e düştü.[50]

\*

Çok partililiğe dayanan Alman parti sisteminin 1933'e dek süren ilk iki dönemi içinde, yalnızca *Sosyal Demokrat Parti* ve 1919'da ondan ayrılanların kurduğu *Komünist Parti,* egemen sınıfların denetim ve desteği dışında gelişip güçlendi. *Sosyal Demokrat Parti'*nin, Alman siyasi tarihinde, **Hitler** iktidarı dönemi dışında, her zaman belirleyici nitelikte, önemli bir rolü olmuştur. Marksizmin savunuculuğundan, tekelci şirket savunuculuğuna dek, sıra dışı bir değişim yaşayan bu Parti, 128 yıllık evrim sonunda siyasi olarak kendi karşıtına dönüştü, ancak önem ve etkisini hiçbir zaman yitirmedi.

*Sosyal Demokrat Parti'*nin oluşumunu sağlayan kaynak 1863 ve 1869'da kurulan iki sosyalist örgüttü. 1863'de **Ferdinand Lassalle'**nin kurduğu *Alman İşçi Birliği* (Allegemeine Deutscher Arbeitspartei) ile **Karl Liebknecht** ve **August Bebel'**in 1869'da kurduğu *Sosyal Demokrat İşçi Partisi (Sozialdemokratische Arbeiterpartei),* 1875 yılında Almanya'nın *Gotha* kentinde bir araya gelerek *Sosyal Demokrat Parti'*yi *(Sozialdemokraten)* kurdular. *Sosyal Demokrat İşçi Partisi,* düzen değişikliğinin **Karl Marx** ve **Friedrich Engels'**in ihtilalci mücadele yöntemleriyle, *İşçi Birliği* ise devlet kadroları içinde örgütlenerek yapılması gerektiğini savunuyordu.

*Gotha*'da varılan uzlaşmayla kabul edilen parti programında, *"dünya işçilerinin birliği", "burjuva düzeninin ortadan kaldırılması"* gibi keskin ideolojik söylemler yer alıyordu. Ancak, *Sosyal Demokrat Parti* uygulamada, programından farklı bir yol izliyor ve yönünü, *devrim'*den işçi sınıfının haklarını *sistem içinde savunma'*ya döndürüyordu. Partinin ideolojik esin kaynağı olan **Marx** ise, güçlükle uzlaşılan *Gotha Programı'*nı bile beğenmiyor ve görüşlerini *Gotha Programının Eleştirisi* adlı ünlü broşüründe açıklıyordu. Parti önderlerinden **August Bebel** ve **Wilhelm Liebknecht, Marx'**ın yakın dostları olmalarına karşın bu bröşürü yayımlamayacaklardır.

Kurulduğu dönemde *"Alman devleti için tehlike"* sayılan *Sosyal Demokrat Parti*, bir süre meşruiyet sorunu yaşadı. **Bismarck**'ın sosyalist parti ve gurupları yasaklaması nedeniyle, 1878-1890 arasında, yasadışı duruma düştü. 1891'de, programını **Eduard Bernstein**'ın hazırladığı **Erfurt** Kongresiyle yeniden yasallaştı ve bugün de kullandığı *Alman Sosyal Demokrat Parti (Sozialdemokratische Partei Deutschlands-SPD)* adını aldı.

SPD, 1890 seçimlerinde 44, 1903 seçimlerinde 81, 1912 seçimlerinde ise 110 milletvekili çıkarmayı başardı. İşçi sınıfı ile kurduğu sağlam bağlar nedeniyle, sermaye güçlerinin ilgisini çekmeye başladı. Kimi *"ileri görüşlü"* sanayiciler, bu partinin kalıcı olduğunu görmüş ve ilişkiye geçerek ona *"yardım"* etmeğe başlamışlardı. Kitlelerden aldığı güçle kendisini kabul ettiriyor ve eylemli olarak meşrulaşıyordu. **Bismarck**'ın baskı döneminde partinin faaliyetleri yasaklanmış, ancak Reichstag'a milletvekili sokmasına izin verilmişti.

*Sosyal Demokrat Parti*, 19.yüzyıl biterken, parlamentodaki sandalye sayısı sürekli artan, kitle tabanı geniş bir parti haline gelmişti. İçinde, yasadışı dönemin sıkıntıları içinde sınanmış kararlı bir ihtilalci kadro bulunuyordu ve bu kadro parti çalışmalarına, özellikle iç çalışmalara yön veriyordu. Sermaye kesimleri ve hükümet, durumdan kaygı duyuyor ve bu partinin düzen karşıtı unsurlardan *"temizlenip"* rejimin sınırları içine çekilmesi için yoğun çaba harcıyordu. *"Çabalarda"*, başarılı olunduğu ilerde görülecektir. 1878 yılında, *"Alman Devleti için tehlike"* olarak görülen *Sosyal Demokrat Parti*, 1912 yılında emperyalist savaşı destekleyen, 1919'da imparatorluk devletini savunan, günümüzde de, küresel politikalara yön veren bir parti haline gelecektir.

*Sosyal Demokrat Parti*'yi siyasi olarak *"ehlileştiren"* süreç, o denli kısa ve etkiliydi ki, kurulduğunda *işçi iktidarından, ihtilalden, "enternasyonal dayanışmadan"* söz eden parti, 1910 yılında *monarşiyi* savunan bir parti haline gelmişti. Partinin sol kanat önderlerinden **Rosa Lüksemburg** 1910'da, *monarşinin* kaldırılması ve yerine *cumhuriyet* yönetiminin kurulması önerisini getirdiğinde, parti içinde şiddetli bir tepkiyle karşılaşmıştı. Aynı günlerde parti ideologlarından **Eduard Bernstein**, işçi sınıfına dönük parti *"ideallerinden"* vazgeçilmesini açıkça savunuyor ve *"amaç hiçbir şey, hareket herşeydir"*[51] diyerek **Marx**'ın sosyalizminin reddedilmesini öneriyordu. **Bernstein**, kendi *sosyalizm* anlayışının **Marx**'tan farklı olduğunu ileri sürerek, *"Benim sosyalist düşüncemin üzerinde belirleyici olan etkenler, doktrinci eleştiriler değil, varsayımlarımı düzeltmeye beni zorlayan somut ve yaşanan gerçeklerdir"* diyor[52], *"yaşayan gerçek"* gördüğü emperyalizmi savunarak partinin devrimci anlayış ve davranışlardan vazgeçmesini istiyordu.

*Sosyal Demokrat Parti*, birçok parti üyesinin tepki göstermesine karşın, *"milliyetçi"* bir tutum içine girdi ve savaşı destekledi. Artık *eşitlik* ve *özgürlükten* değil, *vatan savunmasından, paylaşıma katılmaktan, dış pazarların öneminden* söz ediliyor, büyük sanayicilerin *"Dünya Siyaseti" (Weltpolitik)* ve *Dünya Ekonomisi (Weltwirtschaft)* adını verdiği iki programdan oluşan *Dünyanın her yerine el atma* politikasına destek veriliyordu.

Yürütülen politikanın sonucu olarak, *Sosyal Demokrat Parti*'nin işçi üzerindeki saygınlığı azaldı ve kopmalar başladı. 1917'de savaşa karşı olan sol kanat partiden ayrıldı. Ancak, ayrılan ya da atılan işçiler yerine, daha önce kendisine kuşkuyla bakan sermaye kesimlerinden destek gelmeye başladı. Üye tabanında gözle görülür bir değişim yaşanıyor, partinin oyu da artıyordu. 1918 yılında yapılan seçimlerden, birinci parti olarak çıkıldı ve ilk kez hükümete girildi. *Sosyal Demokrat Parti*, içindeki *"aşırı unsurları"* temizlemiş ve egemenlere güven vermişti. **Kayzer**'in bir zamanlar söylediği *"artık parti istemiyorum Alman istiyorum"* sözlerine uyulmuş, sistemin bir parçası haline gelinmişti. Bu konuda takınılan tavır o denli ödünsüzdü ki; işçi grevleri bastırılmış, Rus devrimini destekleyen devrimci örgütler kapatılmış ve partinin sol kanadını oluşturan *spartakistlerin* giriştiği ayaklanma, İmparatorluk güçleriyle birlikte bastırılarak önderleri öldürülmüştü.

*"Yeni"* politika, *Sosyal Demokrat Parti*'nin sermaye kesimlerinden aldığı desteği arttırdı; *oy* arttıkça destek, destek

arttıkça *oy* artıyordu. Ancak, işçiler partiden kitle halinde ayrılıyordu. Önce, kendilerine *bağımsız sosyal demokratlar* diyen gurup, hemen ardından *Spartaküs Birliği (Bund)* üyeleri ayrıldılar. Ayrılanların büyük bir çoğunluğu 1919'da kurulan *Komünist Parti*'ye girdi ve Almanya'da güçlü bir komünist parti ortaya çıktı. *Sosyal demokratlar*, **Hitler**'in iktidara gelip, kendileri dahil tüm partileri kapattığı 1933 yılına dek, *sağ*'a değil, sağcıların düşman oldukları *sol*'a karşı, özellikle de *Komünist Parti*'ye karşı mücadele ettiler. Sosyal demokratlar komünistlere *"bolşevik ajan"*, komünistler de sosyal demokratlara *"sosyal emperyalist"* diye saldırıyor ve *sokak* dahil her alanda birbirleriyle çatışıyorlardı. Mücadele o denli şiddetli ve etkiliydi ki, sorumluluğunu her iki partinin de taşıdığı bu mücadele, **Hitler**'i iktidara getiren en önemli etkenlerden biri olmuştu.

1930 seçimleriyle oluşan parlamentoda, *"Nasyonal Sosyalist İşçi Partisi"* nin *(Naziler)* 107 milletvekili varken, sosyal demokratların 143 (birinci parti), komünistlerin 77 (üçüncü parti) milletvekili vardı. **Hitler**'in *sokağı* ele geçirerek iktidara yürümekte olduğu günlerde, 31 Temmuz 1932'de yapılan seçimlerde, sosyal demokratlarla komünistlerin oy toplamı, nazilerden hala fazlaydı. *Naziler*, 13,7 mil-yon oy alıp 230 milletvekili kazanırken; *sosyal demokratlar* 10,9 milyon oyla 183, *komünistler* 5,9 milyon oyla 89 olmak üzere toplam 272 milletvekilliği kazanmışlardı. **Hitler**'in baş-bakan olup tüm partileri kapatmasından birkaç ay önce yapılan son seçimde bile, *sosyal demokratların* (121) ve *komünistlerin* (100) milletvekili toplam 221 iken, *nazilerin* milletvekili sayısı 196'ydı.[53]

*Alman Nasyonal Sosyalist İşçi Partisi*'nin iktidarda olduğu 1933-1945 arasındaki *3.Reich* döneminde bütün partiler kapatıldı, komünistler ve sosyal demokratlar başta olmak üzere, tehlikeli sayılan tüm muhalif unsurlar toplama kamplarına atıldı. **Hitler**, elinde topladığı sınırsız yetkilerle, sermaye sınıfının en büyük, en saldırgan ve en şoven unsurlarını temsil eden diktatörlük düzenini kurdu. *Sosyal Demokrat Parti*, kapatılmasına ses çıkarmadığı *Komünist Parti*'den 15 gün sonra kapatıldı, mallarına el konuldu ve yöneticileri başta olmak üzere aktif üyeleri toplama kamplarına gönderildi. Parti yöneticilerinden bir bölümü, yurt dışına kaçmayı başardı, önce Prag, daha sonra da Londra'dan partiyi toparlamaya ve yaşatmaya çalıştı; ülke içinde bölgesel düzeyde direniş birimleri örgütlemek için çaba harcadı.

Savaştan sonra, Sovyet işgal bölgesinde kalan Doğu Almanya'da *Sosyal Demokrat Parti* örgütleriyle *Komünist Parti* örgütleri, 1946'da birleşerek *Alman Birleşik Sosyalist Parti*'yi *(Sozialische Einheitpartei Deutschlands-SED)* kurdular. Buna karşın, Hannover kentinde toplanan *"batılı"* sosyal demokratlar, Amerikan ve İngiliz işgali altındaki Batı Almanya'yı kapsayacak biçimde, *Alman Sosyal Demokrat Partisi*'ni *(Sozialistische Partei Deutschlands-SPD)* kurdular.

SPD, kuruluşunun ilk dönemlerinde, işçi sınıfından yana görünüm veren geleneksel söylemlerini sürdürdü. Ancak ideolojik olarak, **Hitler** öncesi dönemi aratmayacak düzeyde anti-komünist bir siyaset izledi. 1959 yılında yapılan *Bad Godesberg* Kongresinde aldığı kararlarla, sınıf mücadelesi ve Marksizm ile bağlarını kesin olarak kopardığını açıkladı. 1964 yılında **Willy Brandt** parti başkanı oldu ve *Sosyal Demokrat Parti* o yıl yapılan seçimlerde, 32 yıl aradan sonra yeniden iktidar oldu. 1974'de **Helmut Schmidt**'in, **Willy Brand**'ın yerine başbakan olması SPD'nin sağa kayışını hızlandırdı ve *Alman Sosyal Demokrat Parti, "Hıristiyan Demokrat Birlik" (Christlich Demokratische Union-CDU)* ile birlikte; 1950'den sonra iki partili sisteme dönüşen Alman siyasi sisteminin iki ana partisinden biri haline geldi.

*Sosyal Demokrat Parti*'yle birlikte siyasi sistemin ikinci temel partisi olan ve Almanya'yı 1950'den sonra, SPD'yle birlikte sırayla yöneten *Hıristiyan Demokrat Parti*, 1945'de kuruldu. 1949'dan sonra, *Alman geleneklerine* uygun düşen tutucu bir politika izledi. Tarihsel köklerini *Katolik Merkez Partisi*'nden *(Zentrum)* alan CDU'nun ideolojisini, 1945-1965 arasında partiyi ve ülkeyi yöneten **Konrad Adenauer** belirledi.

SPD ve CDU'nun temel aldığı siyasal anlayış ve yürüttüğü politikalar, savaş sonrasında sıradışı büyüme gösteren Alman sanayisinin, yüz yıldır değişmeyen istemleri üzerine oturtuldu. Dış pazar gereksinimi, bu kez askeri çatışmayla değil, *Avrupa Birliği* oluşumuyla kendi kıtasında, *küreselleşme* ile de tüm dünyada *"barışçıl"* yöntemlerle karşılanacaktı. Her iki partinin de, bir bütünün parçaları halinde uzlaştıkları ve asla ödün vermedikleri ulusal politika artık buydu. Almanya, uzun iç çatışma dönemlerinden ve kanlı savaşlardan sonra, ancak 20.yüzyılın ikinci yarısında, iki partili siyasi sisteme kavuşabilmişti.

Almanya, İkinci Dünya Savaşı'ndan sonraki yarım yüzyıl içinde; 1949-1969 ve 1982-1998 arasındaki 36 yıl *Hıristiyan Demokrat Birliği* (CDU), 1969-1982 ve 1998-2003 arasındaki 18 yıl *Sosyal Demokrat Parti*'nin (SPD) kurduğu hükümetler tarafından yönetildi. Bu dönem içinde birçok parti kurma girişimi yasaklandı, açılmış partiler kapatıldı. *Siyasi istikrarsızlığı* önlemek savıyla, mali güç ve iletişim teknolojisi de kullanılarak, sisteme muhalefet edebilecek başka partilerin güçlenmesine *"izin"* verilmedi.

En son yapılan 2002 seçimlerinde, *Alman Sosyal Demokrat Partisi*, yüzde 38.5 oranında oy alıp 603 üyeli parlamentoda 251 milletvekili kazanırken, *"Hıristiyan Demokrat Birliği"* yüzde 29,5 oyla 190 milletvekili çıkardı. Aynı seçimlerde Sosyal Demokratların *"yedek gücü"* *"Antlaşma 90/Yeşiller Partisi"* *(Bundnis 90/Die Grunen)* yüzde 8.6 oy ve 55 milletvekili, *Hıristiyan Demokrat Birliği*'nin geleneksel ortağı *Muhafazakar Hıristiyan Demokrat Parti* (CSU) yüzde 9 oyla 58 milletvekili çıkardı.[54]

\*

Alman partilerinin belirgin özelliği, sanayileşen diğer tüm ülkelerde olduğu gibi, anti-milliyetçi siyasi söylemlerle, koyu bir ekonomik milliyetçilik politikasının sürdürülmesidir. Azgelişmiş ülkelerde, *"evrenselliği"* savunan küreselleşmeciler, kendi ülkelerinde sözünü fazla etmedikleri *"gizli"* milliyetçilerdir. Adları, örgütlenme biçimleri ve ideolojik söylemleri çeşitlilik gösterebilir, ama bu yöneliş değişmez.

Alman partilerinin bir başka ortak özelliği, *halk (Volk)* tanımını, hem adlarında hem de programlarında yaygın biçimde kullanmalarıdır. Almancadaki *Volk* sözcüğünün, halk ve millet kavramlarını birlikte içeriyor olması, bu kullanımın bir nedenidir. Bir başka ve daha önemli neden ise, işçi sınıfı başta olmak üzere, Alman halkının uzun yıllar boyunca sürdürdüğü örgütlü mücadelenin, toplum içinde yaratmış olduğu birikimdir. Bu birikimi oy desteğine dönüştürme isteği, *aristokratlardan sanayi tekellerine* dek, egemen sınıf partilerinin hemen tümünün, halkla hiçbir ilgilerinin olmamasına karşın, *Volk* sözcüğü kullanmasına ve partilerine *"halk partisi" (Volkspartei)* adını vermesine yol açmıştır. **Hitler** dönemine dek parlamentoya girmeyi başaran; *Halk Partisi (Deutsche Volkspartei), Yenilikçi Halk Partisi (Fortschrittliche Volkspartei), Alman Milli Halk Partisi (Deutschenational Volkspartei), Hıristiyan Halk Partisi (Christlicht Volkspartei), Bavyera Halk Partisi (Bayerische Volkspartei)* böyle partilerdi. Büyük tekelci gurupların *"vurucu gücü"* olarak görev yapan, varlığını işçi ve sosyalizm karşıtlığına bağlamış olan nazi partisi bile kendisine *Nasyonal Sosyalist İşçi Partisi* adını vermiştir. Bu gelenek bugün de sürmektedir. *Halk hareketleri* ve *sosyalizmle* bağlarını tümüyle koparmış olan günümüz *Alman Sosyal Demokrat Partisi'*nin yürürlükteki parti programında *"Politikamızın Esasları"* bölümünde şunlar yazılıdır: *"Sosyal demokrasi, 19.yüzyılın demokratik **halk hareketleri** geleneğini sürdürmekte ve bu nedenle de iki temel konuyu birlikte gerçekleştirmek istemektedir: Demokrasi ve **Sosyalizm**, insanların siyasi yaşam ile iş dünyasında kendi başlarına karar verme özgürlüğü."*[55]

\*

1933 yılına dek, parlamentoya girecek kadar güçlü, çok sayıda parti bulunması, üstelik bunlar içinde halkın çıkarlarını savunan partilerin de olması, Almanya'da partiler arası rekabeti şiddetlendirmiş ve onların halkı kazanma yönünde değişik yöntemler geliştirmesine yol açmıştır. Parti-kitle ilişkilerinin güçlenmesine yol açan bu durum, Alman partilerini iyi örgütlenmiş, halkla bağları olan güçlü örgütler haline getirmiştir. Yalnızca *naziler, sosyal demokratlar* ya da *komünistlerin* değil, hemen tüm partilerin, toplumun her kesimine ulaşan örgüt birimleri vardı. *Komünist Parti*, Almanya'daki hemen tüm büyük fabrika ve işletmelerde örgütlenmişti. *Sosyal Demokrat Parti*'nin yalnızca işçi sınıfına değil, onunla birlikte küçük işletme sahipleri, sanayiciler, aydınlar ve sanatçılara ulaşan örgütleri vardı. *Nazi Partisi* toplumun hemen tüm kesimlerinde örgütlenmişti.

*Nasyonal Sosyalist İşçi Partisi* 1932'de 1,3 milyon olan üye sayısını 1939'da 8, 1945 başında ise 11 milyona çıkarmıştı. Partinin halk içine uzanan örgüt ağının en küçük birimi; her birimin başında bir *"şef"*in bulunduğu 20 üyeden oluşan ve sayıları 500 bine varan *blok*'lardı. Her 4-8 blok, *hücre şefi (Zelle)* adı verilen parti görevlisine bağlıydı. *Hücre şeflerinden* ayrı olarak 50-500 üyeyi yöneten *yerel gurup şefleri* vardı. Parti görevleri dışında bir de devlet memurlarını denetleyen *kulüp şefleri (Kreisletier)* ve *bölge şefleri (Gauleiter)* bulunuyordu. Partili güçlerin askeri eğitimini sağlayan *SA' lar (Schutzstaffeln)*, partiyi denetim altına almak için kurulan *SS'ler (Sicherheitsdienst)*, kadınları örgütleyen *Nasyonal Sosyalist Kadınlar Örgütü (NS Frauenschaft)*, çiftçileri örgütleyen *Nasyonal Sosyalist Çiftçiler Örgütü (NS Bauernschaft)*, patron ve işçileri örgütleyen *Alman Çalışma Cephesi (Deutsche Arbeits-front)* partinin diğer örgüt birimleriydi. Gençlik ise, 10-14 yaşlarındaki erkek çocukları kapsayan *Alman Gençliği (Deutsches Jungvolk)*, 14-18 yaşlarını kapsayan *Hitler Gençliği (Hitler-Jugend)* ve 10-21 yaşlarındaki kızları kapsayan *Alman Kızlar Birliği (Bunddeutscher Madchen)* tarafından örgütleniyor ve bu örgütler; öğrenci, işçi, memur ya da köylü, Alman gençliğinin her kesimine yaygın bir biçimde ulaşıyordu.[56]

Halka ulaşan, parti örgütlerini çeşitlendirip güçlendiren yalnızca naziler değildi. Bu işi en disiplinli ve en yaygın biçimde naziler başarmıştı, ancak diğer partilerin de halka ulaşan güçlü örgüt birimleri vardı. Özellikle siyasi mücadelenin şiddetlendiği dönemlerde yetkinleşerek yayılan örgütlü mücadele, Almanya'da etkileri günümüze dek süren bir birikim sağlamıştır. Şu anda iktidarda olan *Sosyal Demokrat Parti*'nin gençliği kazanma ve örgütlenmeye yönelik girişimleri, kendi gelenekleriyle örtüştüğü kadar, biçimsel olarak, bu işi en iyi başarmış olan *Nasyonal Sosyalist* örgütlenmeden de etkilenmiştir.

Günümüzdeki *Alman Sosyal Demokrat Partisi*'nde (SPD), 14 yaşını dolduran bir genç, önce *Şahinler (Die Falken)* adını taşıyan gençlik örgütüne üye olur. Bu örgüt, *Sosyal Demokrat Parti*'nin ilk gençlik çağını yaşayan çocuklar için öngördüğü yaygın bir kitle örgütüdür. Partiye üye olma yaşı Almanya'da 16'dır.[57] Bu yaşı dolduran her genç *Sosyal Demokrat Parti*' ye üye olabilir ve üye olduğu anda *Genç Sosyalistler* adı verilen parti içi örgüte de üye olmuş olur. Bunun için ayrı bir başvuru gerekmez. *Şahinler Örgütü* üyeleri, 16 yaşını bitirdiklerinde parti üyelik başvuruları hiçbir incelemeye tabi tutulmadan hemen kabul edilir. Çünkü *"siyasal"* ve *"ahlaksal"* açıdan *"eğitilmiş"* ve *"sınanmışlardır"*. Gencin, *Genç Sosyalistler Örgütü*'ndeki doğal üyeliği 35 yaşını bitirinceye dek sürer. Parti üyesi olmadan *Genç Sosyalistler Örgütü*'ne üye olmak mümkün değildir.[58]

### Batı Partilerinden Çıkarılacak Sonuçlar

1. Partiler, Batı'da belirli bir dönemin, kapitalist dönemin siyasi örgütleri olarak ortaya çıktılar. Ekonomik ilişkilerde, bağlı olarak sosyal yapıda köklü değişimlerin yaşandığı bu süreç, yeni sınıfsal dengelerin ve bu dengelerin yön verdiği yeni yönetim biçimlerinin oluştuğu bir dönemdi. Sanayi devriminin yarattığı üretim patlamasının sonucu olarak, güçlenip egemen sınıf haline gelen *burjuvazi*, yönetim erkini eski egemenlerin elinden alırken; üretim eylemi içinde yer alarak yeni bir sınıf oluşturan ve bunun bilincine varan işçiler, örgütleniyor ve yönetim organlarında temsil edilmek istiyordu. Siyasi partiler, böyle bir ortam içinde oluştular. Ortaya çıkışları, öznel istek ve seçime değil, içinden çıktığı toplumun ekonomik yapısına uygun düşen siyasi gereksinimlere ve nesnel zorunluluklara bağlıydı. Bu nedenle, yaşamın içinden gelerek siyasi sistemle bütünleşen bir gerçekliğe sahiptiler.

2. Batı'daki siyasi partilerin ortak özelliği, nitelik olarak birbirlerine benzemeleridir. Başlangıçta, ülkelerin ve kapitalist ilişkilerin gelişmişlik düzeyine bağlı olarak, biçimsel farklılıklar göstermişler, ancak zaman içinde ve gelişmişlik farklılıklarının ortadan kalktığı oranda, birbirine benzer hale gelmişlerdir. Ekonomik işleyiş olarak, *liberalizm*'den *tekel egemenliği*'ne ulaşılan evrim içinde, ülkeler arasında kapitalizmin gelişim düzeyi ne denli birbirine yakınlaşmışsa, siyasi sistemin parçaları olan partiler de o denli birbirlerine yakınlaşmıştır. Günümüzde İngiliz, Amerikan ya da Alman partileri arasında; sınıfsal temsil, uygulanan politika ve ideolojik donanım konularında görülen benzeşme, en *"gelişmiş"* konumda olan bu üç ülkedeki ekonomik-politik sistemin doğal bir sonucudur. Bu nedenle Batı partileri arasındaki benzeşme, yalnızca ülke içindeki partileri kapsayan yerel bir gelişme değil, bununla birlikte ülkeler arasında geçerliliği olan bir olgudur. Ancak bu olgu, yalnızca aynı düzeyde gelişmiş Batı partileri için geçerlidir. Batı partileri, kapitalizmin gelişmediği, ya da yeterince gelişemediği azgelişmiş ülkelerde yinelenemez, yinelense de başarılı olunamaz.

3. Gelişmiş ülke partilerinin hemen tümü, iktidar gücünü elinde bulunduran sınıf ya da sınıfların denetimi altındadır. Partiler, ya işin başında doğrudan egemen sınıf temsilcileri tarafından oluşturulmuş, ya da daha sonra denetim altına alınmıştır. Bu durum, temsil hakları ve siyasi demokrasinin sınırlarını belirleme yetkisinin, küçük bir azınlığın eline geçmesine neden olmuştur. *19.yüzyıl liberalizmi*'nde *demokrasi*'nin sınırları, *burjuva* sınıfının tümünü içine alabiliyordu. *Serbest pazar* ilişkilerinin geçerli olduğu bu dönemde partiler, bugüne göre daha *"demokratik"* bir ortam içinde çalışıyor ve siyasi sistem içinde, göreceli olarak, daha çok yer alabiliyorlardı. Ancak *tekeller*'in ortaya çıkarak toplumsal yaşamın tüm alanlarında egemen olduğu 20.yüzyılda, özellikle de küreselleşme olgusunun yoğunlaştığı son dönemde, partilerin tümü, yalnızca büyük mali ve sınai guruplarını çıkarlarını savunan örgütler haline geldiler. Büyük şirket yararına politika

yürütmeyen partiler; siyasi, mali ve hukuksal baskı altına alındılar. Sermaye güçlerinin elinde bulunan iletişim araçları, toplumsal bellek üzerinde yarattığı bozulma ile bu baskıyı derinleştiren etkili araçlar oldu. Siyasetin tümüyle paraya bağımlı hale getirildiği böyle bir ortam içinde, mali güçten yoksun partiler, kitlelere ulaşma olanağı son derece sınırlı, etkisiz örgütler haline geldiler.

4. Siyasi sistem üzerine kurulan baskı ve egemenlik, herkesin yaşadığı ancak az sayıdaki insanın görebildiği somut gerçeklerdir. Yapılan her şey hep *"demokrasi"* ve toplumun *"refahı"* içindir; halk *"oy verme"* hakkına dayanarak, *"özgür seçimler"* aracılığıyla kendi yönetimine kendi karar vermektedir; *"katılımcı"* gelenekler ve temsili kurumlar üzerinde *"yükselen"* batı demokrasisinin korunması, bunun için de gerekli önlemlerin alınması gerekir; demokrasi bir *"başıboşluk"* yönetimi değildir... Halka söylenenler bunlardır.

    Yürürlükte olan yasa ve anayasalara göre; *"seçme ve seçilme hakları"*, *"yönetimi belirleme"* ya da *"örgütlenme özgürlüğü"* herkese tanınmıştır. Yasama, yargı ve yürütme bağımsızdır; alanlarında eğitim almış her yurttaş bu organlarda yer alabilir. Yalnızca parti kurma, seçme ve seçilme gibi siyasi konularda değil; eğitim, kültür, sosyal güvenlik, iş kurma, seyahat etme gibi yaşamın her alanında, kazanılmış *haklar* vardır. Ancak bu haklar, sahip olunan mali güç oranında kullanılabilmektedir. Özellikle rejimi belirleme hakkı, halkın kullanımına gerçekte kapalıdır. Var gibi görünen kazanımlar *kağıt üzerinde* kalmaktadır. *Yasama, yargı* ve *yürütme*, yasalara göre bağımsızdır, ancak bu yalnızca görünüşte böyledir. Mali ve siyasi güç, yürütme'nin; yürütme de yargı ve yasama'nın üzerinde, belirleyici bir baskı kurmuştur. Batı'da, yalnızca partiler ya da siyaset değil, toplumun tümü *"paranın esiri"* olmuştur.

5. Paranın, siyasi sistemi belirleyen temel unsur haline gelmesi, Batı partilerini egemenlerce daha önce *"ele geçirilmiş olan"* devletin bir parçası konumuna sokmuştur. Bu nedenle

Batı partileri, bağlı oldukları siyasi geleneklere uygun biçimde, içte ve dışta şiddet de içeren sömürgen bir anlayışa sahiptirler. Batı'yı *"uygarlığın merkezi"* kabul eden bu anlayış, dünyanın diğer bölgelerine, özellikle azgelişmiş ülkelere karşı; çıkara dayalı, ırkçı duygularla donanmış, yayılmacı bir bakış açısına sahiptir. Ülkelerin doğal zenginliklerine *"el koymayı"*, bunun için güç kullanmayı, doğal hakları ve *"uygarlığın"* bir gereği sayarlar. Azgelişmiş ülkelere karşı aynı saldırgan politikaları uygularlar. Ancak, çıkarları tehlikeye düştüğünde birbirleriyle de çatışmaktan çekinmezler. Yalnızca diğer ülke insanlarına değil, **gerektiğinde** kendi halkına karşı da şiddet uygulamayı meşru sayan bir anlayışa sahiptirler.

6. Gelişmiş ülkelerin hemen tümünde siyasi sistem, iki partinin egemenliği üzerine kurulmuştur. Adları ve örgütleri farklı olmasına karşın, iktidara geldiklerinde aynı politikayı izleyen bu partiler sırayla ülkeyi yönetirler. İki partili siyasi sistem, iktidar sahiplerine, halkı demokrasiyle yönetildiklerine inandırarak *"kandırabilmeleri"* için ortam yaratır. Kitleler; oylarıyla yönetimi belirlediklerini, gerekirse değiştirebileceklerini sanarak, demokratik bir düzen içinde yaşadıklarına inanırlar. Oysa, birbiri ardından yönetime gelen partilerin hizmet alanı, kendisine oy veren halkın değil, denetimi altına girdiği sermaye güçlerinin çıkarlarını kapsar. Durumun farkına varan, ancak yeni bir siyasal açılımı yaratma olanağından yoksun kitleler, giderek oy vermemeye ve siyasetten uzaklaşmaya başlarlar. Kitlelerin oy verme dışında siyasetten uzaklaşması, egemenlerin spordan kültürel yozlaşmaya dek, her tür siyaset dışı alanı kullanarak varmak istediği amaçtır.

7. İkinci Dünya Savaşı'ndan sonra, partiler ve parti sistemleri, özellikle Batı Avrupa'da, hukuksal olarak yeniden düzenlendiler. Kurulmakta olan *Yeni Dünya Düzeni*'nin temel yaklaşımına uygun olarak, partiler üzerine ideoloji kaynaklı bir takım yasaklamalar getirildi. Parti sistemi, parlamento denetimini daha kolay sağlamak için, tümüyle iki partililiğe yön-

lendirildi. *Komünist* ve *faşist* partiler yasaklandı. Adlarında ve programlarında bu tür tanımları kullanmasalar bile, kurulmuş olan partiler kapatıldı. Örneğin, Federal Almanya Mahkemesi 1952'de *faşist* olduğuna karar verdiği *Sosyalist Rayh Partisi*'ni, 1956'da *Alman Komünist Partisi*'ni kapattı.[59] *Yeni Dünya Düzeni*'nin kurucusu olan ABD, kendi parti sistemini Avrupa'ya taşımada oldukça başarılı oldu ve parlamentolar; yalnızca rejim için tehlike olacak partilerin değil, rejimi iyi işletemeyecek partilerin de giremediği yerler haline getirildi.

**8.** *İki partili sistem*, gelişmiş ülkelerde siyasi istikrarın temel unsuru olarak görülür. Oy verme hakkı ve partiler, rejim için sakınca yaratacak bir sonuç doğurmamak koşuluyla varlıklarını sürdürebilirler. Bu ise, kamusal anlayışa sahip siyasetlerin açık ya da örtülü bir baskı altına alınmasıyla sağlanabilir. Tek parti sistemi, açık baskıyı; iki partili sistem, örtülü baskıyı temsil eder. İki partili sistem çoğunlukla iki ayrı partiden oluşur, ancak bazı ülkelerde iki partililik, çok sayıda partinin iki ana gurupta toplanmasıyla da sağlanabilir.

**9.** Son dört yıl içinde, kimi gelişmiş ülkelerde seçimlere katılım, partilerin aldığı oy oranı ve kazandıkları sandalye sayıları şöyledir: *Amerika Birleşik Devletleri (7 Kasım 2000)*: seçime katılım oranı yüzde 51,3. *Cumhuriyetçi Parti (Republican Party)* yüzde 48,4 oy, 271 milletvekili, *Demokrat Parti (Democratic Parti)* yüzde 49,9 oy, 266 milletvekili. Bu iki partinin Temsilciler Meclisi'ndeki toplam milletvekili oranı yüzde 100'dür. *İngiltere (7 Haziran 2001): İşçi Partisi (Lab)* yüzde 40,7 oy, 413 milletvekili, *Muhafazakar Parti (Cons)* yüzde 31,7 oy, 166 milletvekili. İki partinin parlamentodaki milletvekili oranı yüzde 88. *Almanya (22 Eylül 2002): Sosyal Demokrat Parti (SPD)* yüzde 38,5 oy, 251 milletvekili, *Hıristiyan Demokrat Birliği (SDU)* yüzde 29,5. İki partinin parlamentodaki milletvekili oranı yüzde 73. *Fransa (9 ve 16 Haziran 2002): Liberal Demokrat, Muhafazakar Birliği* (UPM) yüzde 33,7 oy, 357 milletvekili, *Sosyalist Parti (PS)* yüzde 24,1 oy, 140 milletvekili. İki parti gurubunun parlamentodaki milletvekili oranı yüzde 86,1. *Japonya (25 Haziran 2000): Liberal Demokrat Parti Muhafazakar (Jiyu Minshuto)* yüzde 41 oy, 233 milletvekili, *Demokratik Parti Liberal (Mins-huyo)* yüzde 27 oy, 127 milletvekili. İki partinin parlamentodaki milletvekili oranı yüzde 75.[60]

BEŞİNCİ BÖLÜM

**TÜRKİYEDE SİYASİ PARTİLER**

## Evrensellik ve Özgünlük

Her toplum, kendisini oluşturan bireyler gibi, geçmişten gelen alışkanlıklara, geleneklere ve ortak değerlere sahiptir. Tarihsel birikime dayanan ve sosyal yapıya biçim veren ortak yaşam, toplumun özgünlüğünü belirleyen ana unsurdur. Temel olan, toplumun kendisidir, ama hiçbir toplum, dünyada tek başına yaşamamaktadır. Dönemin özelliklerine ve toplumlararası ilişkilerin yoğunluğuna bağlı olarak, istese de istemese de diğer toplumlarla yakın ya da uzak ilişki içindedir. Hiçbir toplum, kendi içine kapanarak yaşayamaz. Başkaları tarafından *etkilenirler* ve başkalarını *etkilerler*. İnsanlık tarihi bir anlamda, çoğu çatışmaya dayanan bu etkileşimin tarihi gibidir. Her toplum, karşılıklı ilişkilerde kendisini korumak için, doğal bir dürtünün kendiliğinden harekete geçirdiği bir iç güdüyle özsavunma içine girer. *Korunma* ya da *etkileme* eğilimi, toplumlararası ilişkilerde geliştirici bir çelişki halinde varlığını sürdürür. Bu süreç gerçekte bir uygarlık gelişimidir. Toplumlararası yakınlaşma uygarlaşmanın bir ölçütüdür, ama özellikle emperyalizm çağı olan günümüzde uygarlık, herhalde ondan daha çok, toplumsal kimliği korumayla sağlanacak bir ilerlemedir.

Toplumlararası farklılıklar; yaşam biçiminden kültüre, inanç sistemlerinden üretim etkinliklerine dek her alanda varlığını sürdüren özelliklerdir. Toplumsal düzenin kurallarını belirleyen ya da kuralları toplumsal düzen tarafından belirlenen siyasal sistemin, *farklılıklar* dışında kalamayacağı açıktır. Her toplum, bugün yaşanan ancak geçmişle ilişkili olan sosyal ve ekonomik koşulların belirlediği, kendine özgü bir yönetim biçimiyle yönetilir. Bu durum, temelinde nesnellik bulunan bir zorunluluktur. Başkasına *özenme* ya da *benzeme* davranışı, başarı şansı olmayan girişimler, bozulmaya yönelik sonuçsuz çabalardır. Her toplum, içinde bulunduğu koşullara uygun olarak gelişimini sürdürecektir. *Yenileşme*'yle *özenme* ya da *benzeme* uzlaşmaz kavramlardır.

Toplumsal gelişime yön veren ana etkenin, toplumun kendi iç gücün olması; dıştaki örneklerden *sonuç çıkarma, deneyimlerden yararlanma* ya da *uygun olanı kullanma* girişimlerini elbette önlemeyecektir. Ekonominin olduğu kadar her siyasi sistemin, ne denli özgün olursa olsun, herkesin yararlanabileceği evrensel bir yanı vardır. Önemli olan, taklitçiliğe düşmeden bu yanın değerlendirilmesi ve gelişim yönünde kullanılabilmesidir. Ne denli karşıt görünse de, evrensellikle özgünlük birbirini tamamlayan niteliklerdir. Toplumsal olaylarla ilgilenenler, özellikle de siyasetle uğraşanların düşebileceği en önemli yanılgı, *evrensellik* adına *özgünlüğün*, *özgünlük* adına *evrenselliğin* göz ardı edilmesidir.

*

Toplumlar, ticaretin gelişmesiyle birbirlerine yakınlaşmaya başladılar. Bir yandan savaşıp çatışırken, bir başka yandan ticari ilişkiler geliştirip, ekonomiye dayalı coğrafi birliktelikler ve kültürel yakınlaşmalar gerçekleştirdiler. Barışla savaşın iç içe girdiği, yok oluşların ya da yeniden ortaya çıkışların yaşandığı, güç dengelerinin sürekli değiştiği uzun tarihsel süreçlerden geçilerek bugünlere gelindi. İnsanlık herhalde en yoğun, en karmaşık ve belki de en kuralsız kaynaşma dönemini günümüzde yaşıyor. İnsan davranışları birbirine benziyor ama bütünleşmiyor, ticaret'in küresel işleyişi insanları birbirine bağlıyor, ama yakınlaştırmıyor. Dünya, *yakınlaşmayla ayrışmanın, birleşmeyle parçalanmanın* birlikte yaşandığı karışık ve karmaşık bir dönemden geçiyor. Uluslararası örgütler, bölgesel birlikler kuruluyor, ama insanlık tarihinde görmediği bir yabancılaşma yaşıyor. Güçlüler daha güçlü, yoksullar daha yoksul oluyor. Dünya, insanlığın tümünü kapsayan, sömürü ve çatışma içermeyen bir düzenden hala çok uzak. Ülkelerin belli bölgelerde bir araya gelmeleri ve kural belirleyen anlaşmalarla birbirlerine bağlanmaları; uygarlık gelişiminin doğal sonuçları değil. Anlaşmalar, büyük güçlerin çıkarlarına hizmet eden düzenlemelerin ötesine geçemiyor.

Doğu-Batı başta olmak üzere, *Kuzey-Güney* ya da *varsıl yoksul* farklılıkları, ağır sonuçlarıyla sürüyor. Tarihsel, sosyal ve ekonomik gelişkinliğin belirlediği siyasal düzen farklılıkları, uzlaşmaz çelişkiler halinde varlığını sürdürüyor. *Batı*'yla *Doğu*'nun, *Kuzey*'le *Güney*'in ya da varsılla yoksulun, benzer sistemlere sahip olması elbette olası değildir. *Evrensellikle özgünlüğün* kesinlikle karıştırılmaması gerektiği bir dönem yaşanıyor. Gelişmiş ülkelerde geçerli olan yönetim biçimiyle, azgelişmiş ülkelerdeki siyasi düzen işleyişi, birbirlerinden çok farklı bir yol izliyor. Aynı şey elbette partiler için de geçerli. Farklılıkları yaratan nedenler, geçmişten gelen toplumsal özelliklere dayanıyor. Batı ve Doğu toplumları incelendiğinde, her toplumun kendine uygun yönetim biçimleriyle yönetilmeleri gerektiği açıkça görülüyor. Yenileşmeye dönük değişim gücü, *başkasına benzeme* ya da *başkasının istediği gibi olma*'da değil, her toplumun kendi özgün yapısında bulunuyor.

\*

Türk toplumunun tarihsel gerçekleri, günümüze taşınan sosyal alışkanlıkları ve geleceğe yönelik gelişme istekleri, bugün benzemeye çalışılan Batı toplumlarından çok farklı önceliklere ve özelliklere sahiptir. Uygarlık gelişimini yükseltmek ve toplumsal gönenci sağlamak, her toplumda olduğu gibi, başkalarına benzemeyi değil, yaratılmış olan toplumsal değerlerin yenileştirilerek korunmasını gerektiriyor. Geçmişten gelen birikimin, geleceğe yön veren gelişimci uygulamalara dönüşebilmesi, buna bağlı. Bu işi başarmak için herşeyden önce, *Batılılaşma* adına geliştirilen yozlaşma ve yabancılaşmadan kurtulmak, bilgi sahibi olmak ve bilgiyi bilince ulaştırarak maddi bir güç haline getirmek gerekiyor.

Türkiye, varlığını tehdit eden küresel politikanın yıkıcı sonuçlarını önlemek zorundadır. Üstelik bu politika, artık dış olgu olmaktan çıkmış, siyaset başta olmak üzere toplumun her kesiminde yaşanan bir iç sorun haline gelmiştir. *Avrupalılaşma* adına kullanılan *Batıcılık*, *İslamlaşma* adına kullanılan *Arapçılık* ve *demokrasi* adına kullanılan *Kürtçülük*, bütünlüklü bir siyasetin parçaları olarak, ulusal varlığa yönelen emperyalist politikanın araçları haline getirilmiştir. *Demokrasi gereği* ve *ülke içi siyaset* olarak gösterilen ve emperyalizme hizmet eden bu tür yapay oluşumların, ulus-devlet yapısına daha fazla zarar vermemesi için, herşeyden önce ve zaman yitirmeden, siyaset dışına çıkarılması gerekir. Ulusal varlığın korunmasının ilk ve yaşamsal gereksinimi, her düzeydeki işbirlikçinin etkisizleştirilmesi ve bu unsurların, devlet başta olmak üzere siyasi, ekonomik ve sosyal tüm alanlardan yalıtılmasıdır. Böylesi bir girişim, ancak yönetim gücünün elde edilmesiyle başarıya ulaşabilir. Bu nedenle, Türk ulusunun varlığını korumak isteyenler, ulusal örgütlenmenin yaratılması konusunu gündeme getirmek ve halkın katılımını sağlamak koşuluyla, hangi yöntemle olursa olsun iktidarı elde etmek zorundadırlar.

*

1919 örgütlenmelerinin yeniden güncellik kazanması, Türkiye'nin benzer koşulları yaşamakta olmasındandır. Ulusal mücadelenin partisiz, ya da daha doğru bir söylemle parti ayırımı yapmadan örgütlenmesi, ilkeleri belli, kolay anlaşılır ve yaşamsal bir gereksinimdir. Emperyalizmin dolaylı ya da doğrudan işbirlikçileri, vatan satıcıları ve gizli-açık hainler dışında herkes, bir araya gelmelidir. Bu, Türk ulusunun yabancısı olmadığı, örneğin seksen yıl önce başarıyla uyguladığı bir örgütlenme biçimidir. *Müdafaa-i Hukuk* ve *Redd-i İlhak* dernekleri, yerel kongreler, meclisler, bunların öncesi ve sonrası bugün yeniden ilgi çekiyorsa, Türk halkında ulusal kaygılar oluşuyor ve bir savunma iç güdüsü gelişiyor demektir. Duyguların bilince çıkarılması gerekir. Bunu yapacak olanlar ise ulusu temsil etmeye yönelen aydınlardır. Siyasi tarihimizin yakın dönemi dikkatlice incelenmeli ve bugüne yönelik yararlanılabilir sonuçlar çıkarılmalıdır. Bilgi ve bilinç olmadan, örgütlenme ve sonuç getirecek bir mücadelenin de olamayacağı bilinmelidir.

\*

Türkiye'nin sorunlarına yanıt arayan, farklı programlara ve amaçlara sahip, farklı örgütlermiş gibi sunulan günümüz partilerinin ne oldukları, neyi temsil ettikleri ve ne yaptıkları ortaya konmalı, üstelik bu çok açık biçimde yapılmalıdır. Bu partiler, adları ya da binaları gibi, gerçekten değişik partiler midir? Türk halkının sırayla iktidara getirdiği bu örgütler, birbirinden farklı olan hangi politikayı uygulamıştır? Ulusal bağımsızlık ve toplumsal gönenç yönünde, hangisi ne yapmış ve Türkiye'yi daha iyiye götürmüştür? Bugün iktidarda olan ve gelecekte iktidar olacak partiler, siyasi sistemin bugünkü yapısını değiştirmeden, halkın ve ulusun sorunlarını çözecek ulusal politikalar uygulayabilirler mi?

\*

Siyasi parti kavramı, Türkiye'nin gündemine bugünkü anlamıyla, Cumhuriyet dönemiyle birlikte girdi. 19. yüzyıl sonlarındaki örgütlenmeler parti değil, kendine özgü nitelikler taşıyan bir tür derneklerdi. 1908'den sonra *fırka* adıyla kurulanlar ise, fırka adıyla kurulmalarına ve seçimlere katılmalarına karşın, partiden çok derneğe benzeyen, genellikle öncekilerin devamı olan örgütlerdi. Ortak özellikleri, Türk toplumunun ekonomik sosyal yapısının doğal ürünleri olarak değil, Batı partilerine özenerek, onları taklid ederek ortaya çıkmalarıydı. Kurulan örgütler ve yürütülen mücadele, toplumsal gereksinimlerle, gözle görülür bir uyumsuzluk içindeydi. Örgütlere *fırka* adı verilmişti, ama ne düzenli bir parti işleyişi, ne temsil edilecek sınıflar, ne de ulusal mücadelenin önem ve yöntemi biliniyordu. Halka ulaşılamamış, kitle tabanı yaratılamamıştı. *İmparatorluğun kurtarılarak güçlendirilmesi için,* İmparatorluğu yıkmakta olan Batı'yla bütünleşmeye çalışılıyordu. Batı'daki siyasi sisteme ve partilere özeniliyor, ancak bu sistemin dayandığı, ekonomik-tarihsel yapı bilinmiyordu. Toplumsal düzen değişikliğinin isteğe bağlı bir tercih sorunu olduğu sanılıyor, *yasalar* ve *kararnamelerle*, *"Avrupa gibi olmaya"* çalışılıyordu. Batı'daki sistemin, kendini yaratıp yaşatan nesnel koşulların ürünü ve toplumun gelişme gereksinimlerine yanıt veren doğal bir toplumsal evrimin sonucu olduğu kavranamıyordu. Koşullara sahip olmadan, koşulların yarattığı sonuçlara sahip olmak isteniyordu. Anlamsız isteğin kaçınılmaz sonucu, elbette siyasi-kültürel bozulmadan başka bir şey olmayacaktı.

\*

Ekonomik etkinliğin sonuçları olan siyasi kurum ve gelenekler, tarihsel-kültürel gelişimin zorunlu sonuçları, topluma yabancılaşmayan gelişim unsurlarıdır. Her ülke, görecelik içeren geri kalma ya da ilerleme sorunlarını, kendi özgün yapısına ve kendi gücüne dayanarak çözmek zorundadır. Özgünlüğün gözardı edilmesi ya da *"geriliğin"* nedeni sayılması, üstelik bir de bundan kurtulmak için başkasına benzemeğe çalışılması, *geriliğin* ve *gericiliğin* tam olarak kendisidir. Toplumsal yapıyı ve bu yapıyı geliştirecek yöntemleri saptayarak geleceğe yön vermek için, tarihin ve onun doğal sonucu olan bugünün birlikte ele alınması, buna göre davranılması gerekir. Toplumsal gelişim; geçmişle bağlantılı, sürekli yenilenen ve değişimlerle bugüne gelen kesintisiz bir süreçtir. Bu sürecin doğru kavranması, gelecek için girişilecek politik mücadelenin başarı koşuludur.

Ülkemizde siyasi parti çalışması yapanlar ya da yapacak olanlar, bu kitapta uzun bölümler halinde tartışmaya sunulan tarihsel, sosyal ve ekonomik konuları değerlendirip eleştirel bir yaklaşımla irdelemelidirler. Bunu yapıp halkla ilişkiye geçtiklerinde, şimdiye dek kendilerine söylenen ya da gösterilenden çok başka bir dünyayla karşılaşacaklardır. İçinde yaşanan toplumu, tarihi kökleriyle birlikte tanımak, gelişim koşullarını ve niteliğini kavramak, onu geliştirip değiştirmenin ön koşuludur. Böylesi bir çaba harcanmadan girişilecek politik eylem, istek ve amaç olarak ne denli *"ileri"*, *"çağdaş"* ya da *"inanç"*la dolu olursa olsun, başarılı olamayacaktır.

## I. Meşrutiyet

1876 yılında, Sırbistan ve Karadağ Osmanlı Devleti'ne başkaldırmış, Balkanlar'ın değişik yerlerinde milliyetçi ayaklanmalar başlamıştı. Rus Generali **Çernayef**'in komuta ettiği Sırp ordusu, **Gazi Osman Paşa** tarafından yenilgiye uğratılmış, **Osman Paşa**'nın ordusu Belgrad'a doğru ilerlemeye başlamıştı. Rusya bu aşamada İstanbul'a bir ültimatom gönderiyor, hareketin durdurulmasını, aksi halde savaş ilan edeceğini bildiriyordu. İstanbul Hükümeti, Rus notasına uyarak **Osman Paşa**'yı durdurmakla kalmıyor, konuyu görüşmek üzere 23 Aralık 1876'da İstanbul'da, *Tersane Konferansı* adı verilen ve Rusya başta olmak üzere İngiltere, Fransa, Almanya, Avusturya-Macaristan ve İtalya'nın katıldığı uluslararası bir toplantı düzenliyordu. Kimilerinin, *"Türk tarihindeki ilk demokrasi girişimi"* olarak kabul ettiği *I.Meşrutiyet*, Konferans sırasında (26 Aralık 1876), hükümetin kutlamalarla halka duyurduğu, *Anayasa (Kanuni Esasi)* adı verilen bir metnin kabul edilmesiydi.

*I.Meşrutiyet* olarak tanımlanan girişim, demokrasi ya da bir anayasal düzen istemi değil; İstanbul'da toplanan yabancıları etkilemeye yönelik, içi boş, taktik bir düzenlemeydi. Bu girişimle yeni hükümetin *Batı'ya ve reformlara yatkınlığı gösterilecek* ve Avrupalılar'dan *"Bulgaristan ve Bosna-Hersek'te, Hıristiyanlar yararına yapılmak istenilen sınır değişikliklerinden"* vazgeçmeleri istenecekti.[1] Bu boş inancı hükümetin aklına, İngiltere'nin İstanbul Büyükelçisi **Sir Henry Elliot** sokmuştu. Toprak dahil, her türlü ödünü vermeyi, *günü geçirmenin aracı* haline getiren üst yönetim, **Elliot**'un önerisiyle İngiliz yanlısı **Mithat Paşa**'yı[2] hükümete alıyor ve ilk kez karşılaştıkları *meşrutiyet* isteğini yerine getirmek için harekete geçiyordu. Anayasa tasarısını bizzat **Elliot**'un kaleme aldığı da söyleniyordu.[3] O güne dek, özellikle İngilizler, anayasa, meclis, meşrutiyet gibi bir istekte bulunmamıştı. İşlerini padişahlarla yürütmek onlara kolay geliyordu. Ancak bu kez, biraz da rastlantılar sonucu padişah olan **Abdülhamit**'i yeterince tanımıyorlar, üstelik ondan kuşkulanıyorlardı. *I.Meşrutiyet*, yeni padişahı gerektiğinde baskı altına almanın aracı olarak gündeme getirilmişti. Nitekim **Sir Henry Elliot** 23 yıl sonra, 1897' de yazdığı anılarında; *"Avrupa devletlerinin 1876 Anayasa girişimine karşı yakın ilgi"* gösterdiğini söylüyor ve *"anayasal"* rejimin *"Avrupa'nın himayesine alınması halinde"* **Abdülhamit**'i *"baskı altında tutma"* olanağına sahip olunacağını ileri sürmüştü.[4]

Avrupalılar Türkler'in gösterişli *Meşrutiyet* kutlamalarından etkilenmediler ve *Tersane Konferansı*'nda aldıkları kararları, uygulanmak üzere Osmanlı hükümetinin önüne koydular. Onların sorunu, meşrutiyet ya da anayasal düzen değil, İmparatorluk'tan pay almayı bekleyen herkesin, üzerinde anlaşabileceği bir yöntemin bulunması ve bunun Osmanlı Devleti'ne kabul ettirilmesiydi. Bu istek, üstelik yalnızca *Tersane Konferansı*'nın değil, elli yıllık *"hasta adam"* politikasının temel amacıydı. Daha bir yıl önce İngiltere, *"Bab-ı Alî'nin ricasına karşın"*, Avusturya'nın hazırladığı bir notayı kabul ederek, *"Türkiye'nin vakar ve bağımsızlığının ciddiye alınabileceği günler artık geride kaldı. Osmanlı Padişahı eğer borçlarını ödeyemiyor ve düzeni koruyamıyorsa, bunun sonuçlarına da katlanmak zorundadır"* diyordu.[5]

*I.Meşrutiyet*, ülke gerçeklerine değil, *yabancının istemine göre politika belirlemenin* ve bunu halka başarıymış gibi sunmanın örneklerinden biridir. Sırbistan, Bulgaristan ve Batı Trakya'nın elden çıkmasına neden olacak bir süreci başlatan *Tersane Konferansı*'na, büyük devletler olağanüstü elçilerle katılmıştı. İngiltere, sanki toplantının niteliğini gösterircesine, Sömürgeler Bakanı **Salisbury**'i göndermişti. Kendi hükümetine olduğu kadar, yabancı büyükelçilere de muhalefet yapmak zorunda kalan **Abdülaziz**, 1876'da bir saray darbesiyle devrilmiş, yerine *Meşrutiyet* sözü veren mason padişah **V.Murat** geçirilmişti. *İngiltere'nin zaferi* olarak kabul edilen bu değişim, o güne dek Osmanlı tarihinde görülmemiş garip bir törenle kutlanmıştı. **V.Murat**, padişah olarak halkın önüne çıktığında, Osmanlı Devlet marşıyla birlikte *"God Save the Queen"* (Tanrı Kraliçeyi Korusun) marşı da çalınmıştı.[6]

Ruh sağlığı bozulduğu söylenen **V.Murat** birkaç ay sonra tahttan indirildi, yerine, aynı yıl içinde (1876) tahta çıkarılan üçüncü padişah olan, **II.Abdülhamit** geçti. **Abdülhamit**, 1876 yılı sona ermeden, *Sırbistan olaylarına çözüm bulmak için* İstanbul'da bir konferans düzenledi ve Avrupalı devletler sanki olumlu etkileneceklermiş gibi, aynı günlerde, göstermelik *I.Meşrutiyet* ilan edildi.

Konferans'ın 26 Aralık'taki ikinci oturumunda, delegelerin konuşmalarıyla, top sesleri birbirine karışıyor, dışarda coşkulu bayram kutlamaları yapılıyordu. Oysa ortada kutlanacak bir şey olmadığı gibi, Osmanlı Devleti yeni toprak yitikleriyle karşı karşıyaydı. Nitelim o günlerde, 1.Doğu Rumeli Valiliği Bulgarlar'a bırakılmış, *"2. Doğu Rumeli eyaletinde halkın gönenç ve güvenliğini sağlamak için"* Bulgar prensliğine yasa çıkarma yetkisi verilmişti.[7]

Ulusal haklar yitirilirken halkın karşısına törenlerle çıkma tutumu, daha sonra da görülecektir. Örneğin, 1995'te Türkiye'yi ekonomik çöküşe götüren *Gümrük Birliği Protokolü* imzalandığında, çok başarılı bir iş gerçekleştirilmiş gibi, devlet törenleri düzenlenmişti.

**Abdülhamit**, bir ay süren Konferans'ın bitiminden 15 gün sonra, 5 Şubat 1876'da, Anayasa ve *Meşrutiyet*'in hazırlayıcılarından **Mithat Paşa**'yı, üstelik onun hazırladığı Anayasa'ya dayanarak (113.madde) sadrazamlıktan aldı ve sürgüne yolladı. **Mithat Paşa**'nın savaşa olan eğilimi, *"millet askeri"* adlı bağımsız bir ordu kurma yönündeki çabaları ve İngiliz yanlılığı, **Abdülhamit**'i rahatsız etmişti. **Mithat Paşa**, *Taif*'e sürüldü ve 1884'de burada boğularak öldürüldü.

*I.Meşrutiyet*'in kısa ve etkisiz ömrü, yalnızca on bir ay sürdü. Anayasa gereği *"seçimler"* yapılmış, *"Meclis-i Mebusan"* 19 Mart 1877'de Dolmabahçe Sarayı Muayede Salonu'nda, gösterişli bir törenle açılmıştı. Meclis adı verilen bu ilginç kurulda, Osmanlı İmparatorluğu'nda yaşayan hemen tüm azınlıklar yer alıyordu. Türkler azınlıktaydı, üstelik *I. Meşrutiyet Meclisi*, halkın seçtiği temsili bir kurum da değildi. Milletvekilleri (mebuslar), daha önce seçilmiş olan il genel meclisleri tarafından belirlenmişti.[8] 130 üyesi olan[9] *I.Meşrutiyet* Meclisi'nin I.Döneminde, isimleri bugün bilinen milletvekillerinin, 47'si Müslüman 56'sı ise Hıristiyan ağırlıklı olmak üzere diğer dinlerdendi. Müslüman milletvekillerinin 15'i Arap, 32'si ise Anadolu Müslümanıydı. Bu sayılar 13 Aralık 1877'de başlayan İkinci Dönemde; 54 Hıristiyan'a karşılık, 12 Arap ve 25 Anadolu Müslümanı olmuştu.[10]

*I.Meşrutiyet Meclisi* bir padişah fermanıyla ve herhalde yerinde bir kararla kapatıldı. Meclis'te çoğunluğu oluşturan azınlıklar, bu çoğunluğu arttırmak ve İmparatorluğun azınlıkların çoğunlukta olduğu önemli bölgelerinde tümüyle etkili olmak için, nüfus esasına göre seçim istiyorlardı. Batı ve Doğu Trakya'dan, İstanbul'dan ya da Ermeni bölgelerinden gelen milletvekilleri, bu düşünceyi ısrarla savunuyordu. Meclis'te yapılan görüşmelerde; *"Müslim-gayri müslim tabirinin kaldırılması"* (Vilayet Yasasına göre seçim bölgelerinde bu iki kesim yüzde ellişer milletvekili çıkarıyordu),[11] Türkçe yanında azınlık dillerinin de *"resmi dil yapılması"*, *"yönetim düzeninin yerelleştirilerek yeniden yapılandırılması"*, *"basın özgürlüğü"*, *"bölgesel vergi sistemi"*, *"Batı'ya daha çok bağlanma"*[12] gibi konularda İmparatorluğun çözülmesine yol açacak istek ve tartışmalar yapılıyordu.

*I.Meşrutiyet Meclisi* Türk siyasi tarihinde olumlu bir sonuç ve iz bırakmadan, yok olup gitti. Kapatılmasına, meclis içinden ya da dışından bir tepki gelmedi. Türk halkı, kuruluşunda olduğu gibi kapatılışında da, içinde olmadığı bu olayı yalnızca dışardan izledi. Batılılar ve Türkiye'deki *Batıcılar*, özellikle azınlıklar, *iyileşme (Islahat)*'den, *yeniden düzenleme (tanzimat)*'den sürekli söz ediyordu ama, onların düşündüğü *iyileştirme;* "*Anayasa'ya dayalı meclis düzeni*" kurup devleti güçlendirmek değil, *meşrutiyet* adı altında yönetim zayıflığına yol açacak bir azınlıklar koalisyonu yaratmaktı.

**Mustafa Kemal Atatürk**, 1 Aralık 1921'de Türkiye Büyük Millet Meclisi'nde yaptığı konuşmada, *I.Meşrutiyet* ve getirdiği Anayasa konusundaki görüşlerini açıklar. Milletvekillerine elindeki 1876 Anayasasını gösterir ve "*bu kitap*" diye söz ettiği *I. Meşrutiyet* Anayasası için şunları söyler: "*Efendiler, bir paşanın başkanlığında üçü Hıristiyan olmak üzere on altı memur, on ulema ve iki askerden oluşan bir heyet Babıâli'de toplandı ve bu kitabı yazdı. Bu kitap, milleti memnun etmek için, milletin arzu ve gerçek emellerini yerine getirmek için yazılmadı. Efendiler, bu kitap, düşmanlarımızı geçici bir süre de olsa memnun etmek amacıyla yazılmıştır. Kitabın; millet ile, egemenlik ile, millet iradesi ile hiçbir ilgisi yoktur. Bu kitap, üstündeki* (Anayasa y.n.) *ünvanı ile milleti yıllarca aldatan ve aldattıkça, dağılıp çökmeye sevk eden bir kitaptan başka bir şey değildir. Bir paçavradır efendiler.*"[13]

## II. Meşrutiyet

*II.Meşrutiyet*, 23 Temmuz 1908'de ilan edildi. Bu hareket, birincisiyle kıyaslanamayacak kadar etkili oldu, ama siyasi düzen işleyişinde, o da niteliksel bir dönüşüm sağlayamadı. Tersine, tüm iyi niyetlere karşın İmparatorluğun dağılmasıyla sonuçlanacak süreci başlattı. *II.Meşrutiyet*'le başarılı bir sonuca ulaşılamadı ama, siyasi mücadeleye gözle görülür bir devingenlik kazandırıldı ve yeniliklere zemin oluşturacak girişimlerde bulunuldu, Türk toplumunda kalıcı izler bırakan ve ülkenin işgaliyle sonuçlanan Dünya Savaşı'na katılındı. Devleti kurtarmak için yola çıkılmıştı, ama sonuçta, İmparatorluk parçalanmaya götürüldü. Otuz üç yıllık *Jön Türk* mücadelesinin, farklı bir niteliğe ulaşan son aşamasında yer alan *Meşrutiyet* hareketine, son üç yılda subaylar da katıldılar ve II.*Meşrutiyet* esas olarak onlar tarafından gerçekleştirildi. Subayların katılması harekete güç ve düzen verdi. Olumlu sayılabilecek yenileşme girişiminin hemen tümü, onlar tarafından gerçekleştirildi. Subayların varlığı, birincisinden farklı olarak Meşrutiyet'in bu kez *ses getiren* bir eyleme dönüşmesine yol açtı. *II.Meşrutiyet*, padişahın yetkilerini kısıtlayacak kadar etkili oldu.

\*

Anayasa'yı yürürlükten kaldırdıktan sonra tüm iktidarı elinde toplayan **Abdülhamit**'e karşı, 1899'dan sonra muhalefet artmaya başlamıştı. Muhalefetin öncülüğünü yapan *Jön Türkler*, Anayasa'nın yeniden yürürlüğe konmasını ve seçimlerle bir meclis oluşturulmasını istiyordu. 1908'e gelindiğinde muhalefet, özellikle Makedonya'da 3. Ordu subayları arasında etkisini arttırmış ve her an eyleme geçebilecek bir örgütsel düzeye ulaşmıştı. Eylemin gerekçesi gecikmedi. İngiltere Kralı **VII.Edward** ile Rus Çarı **II.Nikolay**, Haziran 1908'de *Ravel*'de buluşarak *"Makedonya sorununa ve burada yapılacak reformlara"* değinen bir bildiri yayınladılar. Bu tür bildirilerin ne anlama geldiğini artık anlamış olan subaylar ve aydınlar bundan tedirgin oldular, özellikle Batı Trakya halkı benzer duygularla tedirginliğe katıldı. Gelişmeyi, *"Rumeli'nin parçalanarak Osmanlı İmparatorluğu'ndan koparılacağı ve Padişah'ın buna seyirci kalacağı"*[14] biçiminde yorumlayan 3.Ordu subayları harekete geçtiler.

4.Temmuz 1908'de Kolağası (yüzbaşı-binbaşı arasında bir rütbe) **Niyazi Bey** (Resneli Niyazi) dağa çıktı. Onu, diğer küçük rütbeli subaylar izledi. Padişahça yüksek yetkiler verilerek **Niyazi Bey**'i yakalamakla görevlendirilen **Şemsi Paşa**, *Manastır*'da vuruldu. *İttihat ve Terakki Cemiyeti (Birlik ve İlerleme Derneği y.n.)*, *Meşrutiyet* için açık siyasi çalışmaya geçti. Ayaklanmayı bastırmak için Anadolu'dan gönderilen birlikler *İttihat ve Terakki* propagandacıları tarafından etkisizleştirildi. 20 Temmuz'da *Manastır*'ın Müslüman halkı *Meşrutiyet* isteğiyle ayaklandı ve askeri depoları ele geçirdi. Arnavutlar *Firzovik*'te toplanarak meşrutiyet için and içtiler ve Padişah'a bir telgraf çekerek, *"Meşrutiyet hemen ilan edilmediği takdirde İstanbul'a yürüyeceklerini"* bildirdiler. Rumeli'nin değişik kentlerinden İstanbul'a, bu tür telgraflar yağmaya başladı. 22 Temmuz gecesi, **Niyazi Bey** ve **Eyüp Sabri Bey, Şemsi Paşa**'nın yerine Manastır Olağanüstü Komutanlığına atanan Tatar **Osman Paşa**'yı tutuklayıp *"dağa kaldırdılar"*, 23 Temmuz'da *Manastır*'da *Meşrutiyet* ilan edildi ve bir gün sonra 24 Temmuz'da **II.Abdülhamit** Anayasa'yı yeniden yürürlüğe koydu, *Meşrutiyet*'i kabul etti.

*II.Meşrutiyet*, *"hürriyet ilanı"* olarak adlandırılıp *Rumeli*'de yoğun olmak üzere ülkede coşkuyla karşılandı. *İttihat ve Terakki Cemiyeti* artık, İmparatorluğun en etkili örgütü haline gelmişti. 1908 yılında yapılan seçimlerde, *Cemiyet* ezici bir çoğunluk sağladı. 13 Nisan 1909'da İstanbul'da ortaya çıkan Meşrutiyet karşıtı ayaklanma (31 Mart Olayı) Selanik'ten gelen *Hareket Ordusu* Komutanı **Mahmut Şevket Paşa** tarafından bastırıldı. 27 Nisan 1909'da **II. Abdülhamit** tahttan indirildi, yerine kardeşi **V.Mehmet** padişah yapıldı.

*"Resmen ve hukuken iktidarda olmayan, ancak eylemsel olarak iktidarı elinde tutan"*[15] *İttihat ve Terakki*'ye karşı muhalefet oluşması gecikmedi. 1911'de *Hürriyet ve İtilaf Fırkası (Özgürlük ve Anlaşma Partisi)* kuruldu. Ancak bu parti, 1912 seçimlerinde başarılı olamadı ve yabancı devletlerin de desteğiyle, meclis dışı muhalefet yapmaya başladı. *Hürriyet ve İtilaf*'la ilişkili, *Halaskâr Zabitan (Kurtarıcı Subaylar)* adlı bir örgüt, *İttihat ve Terakki*'nin hükümetten çekilmesini ve İttihatçılar'ın çoğunlukta olduğu Meclis'in feshedilmesini sağladı. *II.Meşrutiyet* böylece, kan da dökülen çatışmalarla dolu yeni bir sürece girdi. İttihatçılar, 23 Ocak 1913'te *Babıâli* (Osmanlı Hükümeti)'yi basarak yeniden iktidara geldiler. Hürriyet ve İtilafçılar buna, Sadrazam **Mahmut Şevket Paşa**'yı 11 Haziran'da öldürerek yanıt verdiler. Bunun üzerine *İttihat ve Terakki*, *"çok partiliğe"* son verdi. Hürriyet ve İtilaf Fırkası kapatıldı. Yöneti-

cilerinden bir bölümü yargılanıp idam edildi, bir bölümü ise tutuklanıp Sinop Cezaevine konuldu.

*II.Meşrutiyet* hareketi, halka ulaşarak köklü toplumsal dönüşümler sağlayamasa da, Türk siyasi yaşamına, milliyetçi duygularla biçimlenen yurtsever bir canlılık getirmiştir. *Yenilikçi arayışlar* içine girilerek, o güne dek söylenmeyenler söylenmiş, yapılmayanlar yapılmıştır. *Meşrutiyet*'in yarattığı göreceli özgürlük ve sansürün kalkmasıyla, uzun süre baskı altında tutulmuş düşünceler açıklanmaya, tartışmalar, eleştiriler yapılmaya başlandı. Çok sayıda gazete ve dergi yayımlandı ve Türkiye'nin o güne dek bilmediği, canlı bir düşünce ortamı oluştu. Anayasa'da yapılan değişikliklerle, kamusal alanda padişahın yetkilerini sınırlayan karma bir yönetim biçimi geliştirildi. 1908, 1912 ve 1914'de yapılan seçimleri *İttihat ve Terakki* kazandı. Seçimler, tartışmalar ve örgütlenmelerle yaratılan yurtsever birikim, Kurtuluş Savaşı'na önemli katkı sağladı. Mütareke (ateşkes) ortamında yapılan 1919 seçimlerini kazanan ve Müdafaa-i Hukuk Cemiyetlerinin desteklediği adaylar, önemli oranda Kurtuluş Savaşına katıldılar ya da bulundukları yerlerden Savaş'ı desteklediler.

### Jön Türkler

19.yüzyılın son çeyreğinde bir gurup *Osmanlı aydını*, o güne dek pek görülmeyen biçimde padişaha karşı örgütlü bir muhalefet başlattılar. 1876'da başlayan, 1895'ten sonra canlanan ve 1908'e dek süren bu muhalefete katılanlar, Türkiye ve dünyada *Jön Türkler* adıyla tanımlandılar. Sayıları az ve etkisizdiler; bilinç düzeyleri giriştikleri eylem için yeterli değildi; halkla ilişki kurmuyor, ona güvenmiyor ve bir seçkinler kadrosu oluşturmaya çalışıyorlardı. Hemen tümü yurt dışına kaçmış, orada *siyasi sürgün* olarak yaşıyordu. Batı'yı tam olarak tanımıyor, toplumsal ilişkilerini bilmiyor, ama gördüklerinden etkilenerek ona öykünüyorlardı (taklit ediyorlardı). Kuramsal yetersizlikleri nedeniyle olay ve ilişkileri kavrayamıyor, edindikleri yetersiz bilgileri sürekli yineleyerek, bunları Türkiye için geçerli görüşler olarak öneriyorlardı. Dar bir sürgün gurubu olarak kaldılar ve Türkiye'de siyasi bir güç haline gelemediler. Mücadeleleri ve politik etkileriyle değil, aldıkları adla tanındılar. İkinci sınıf *liberal meşrutiyetçi* görüşler ileri sürdüler ve her etnik kökenden insanı içlerinde barındırdılar, ama her nedense *Jön Türkler* olarak tanımlandılar.[16] Kendilerine özgü sağlam bir dünya görüşleri yoktu ve güçlü bir siyasi akım haline gelemediler ama, adları dünya siyaset sözlüğüne girdi. *Jön Türkler* sözcüğü ilginç bir biçimde, çeşitli dillerde kullanılan evrensel bir tanım haline geldi. Değişik ülkelerde, rejim karşıtı siyasi sürgünlere onlardan sonra, *Jön Türkler* denmeye başlandı; *Meksika Jön Türkleri, İran Jön Türkleri* gibi.[17]

*Jön Türkler*, görüşleri netleşmiş, ilkeli birlikteliklere sahip, *bağdaşık* (homojen) bir siyasi örgüt ya da gurup değildi. En temel konularda bile farklı düşünüyor, düşünceleri içinde uzlaşmaz karşıtlıklar varlığını sürdürebiliyordu. Sıradan üyeler bir yana, örgütün tepesinde yer alan önder konumdaki insanlar bile, birbirinden çok farklı görüşler ileri sürebiliyor, dengesiz davranışlarda bulunabiliyordu. Türkiye'nin o dönemdeki düşünsel düzeyi için, ileri ve olumlu sayılabilecek görüşlerle, bilimsel bir değeri olmayan öznel savlar iç içe girmişti. Uzun süren *hareketsizlik* ve *eylemsizlik* dönemlerinden sonra, bireysel teröre dayanan bir eylem yapıyor, ardından yeniden sessizliğe gömülüyordu.

Kimi tarihçiler *Jön Türk* hareketinin, *I.Meşrutiyet*'in ilanı olan 1876'dan, *İttihat ve Terakki*'nin kendisini feshettiği, 1918'e dek geçen dönemi kapsadığını kabul eder. Bu kabul, *II.Meşrutiyet*'in ilanı olan 1908'den hemen önce başlayan, *İttihatçılar*'ın etkin olduğu son on yılın farklı olduğunu kabullenmek koşuluyla, geçerli olabilir. Örneğin, Askeri Tıbbıye öğrencilerinin 1889'da kurduğu *İttihadı Osmani* örgütü, *İttihat ve Terakki*'nin başlangıcı sayılır. Ancak, 1876-1908 ile 1908-1918 arasındaki dönemler, siyasi içerikler ve somut hedefler açısından farklı özelliklere ve farklı yönelişlere sahiptir. Bu nedenle, *Jön Türk* hareketinin tümünü tek bir süreç gibi ele almak yanılgılara yol açabilir.

\*

*İttihadı Osmani*'nin kuruluşu, uzunca bir süre durgunluk içindeki *Jön Türk* hareketine göreceli bir devingenlik kazandırmıştır. Önceleri yalnızca yüksek okul öğrencilerini kapsayan bu örgüt, daha sonra değişik kesimden insanları içine almaya başladı ve 1895'teki Ermeni olaylarından sonra çeşitli eylemler gerçekleştirdi. Paris'te bulunan ve *Jön Türkler*'in önderi konumundaki **Ahmet Rıza Bey**'le (1859-1930) ilişki kuruldu; Paris'te bir merkez, İsviçre ve Mısır'da şubeler oluşturuldu. *Meşveret* adlı örgüt gazetesi Paris'te, *Osmanlı* ve *Mizan* gazeteleri Cenevre'de, *Kanuni-sani* ve *Halk* gazeteleri ise Kahire'de yayımlanmaya başlandı.[18]

*Genç Türkler*'in değişik yönlere dağıldıkları 1877 ile 1889 yılları arasında, örgütsel eylem sayılabilecek tek bir olaya rastlanır. Bu, *"Genç Türkler'in ideal padişahı"* **V.Murad**'ı yeniden tahta geçirmek amacıyla eyleme geçen **Ali Suavi** olayıdır.[19] O dönemin aydınlarından biri olan **Ali Suavi**'nin (1839-1878), 1878 yılında gerçekleştirdiği ve tarihe *Çırağan Vakası* olarak geçen darbe girişimi, dengesiz *Jön Türk* eylemlerinin en belirgin örneklerinden biridir. **Suavi**, **Abdülhamit**'in *Meşrutiyet'e son vermesine* ve *Rus yenilgisine* tepki olarak kişisel olanaklarıyla sıradışı bir eyleme girişti. *"V.Murat'ı yeniden tahta geçirmek"* ve *"galip Rus kuvvetlerine karşı Balkanlar'da bir direniş başlatmak üzere"*,[20] silahlandırdığı Filibe göçmenleriyle Çırağan Sarayı'nı bastı. Sonuç, *"eylemin"* kendisi kadar sıradışıydı; **Yedisekiz Hasan Paşa**, **Ali Suavi**'nin başına bir sopayla vurup onu öldürmüş ve toplumda sayıları zaten az olan bir aydın daha yok olup gitmişti. **Ali Suavi**,, Yıldız Sarayı yakınında belirsiz bir yere gömülmüştü.

**Ali Suavi** oldukça iyi yetişmiş bir aydındı. Hem çağdaş hem dini eğitim almıştı. Medreselerde ders verdiği gibi, *Galatasaray Sultanisi*'nde müdürlük ve dış ilişkilerle ilgili olarak Avrupa yayınlarının çevrildiği, *Devlet Çeviri Kurulu Başkanlığı* yapmıştı. Camilerde, görüşlerini halka açıklayan etkili vaazlar veriyor, vaazlarında ve gazetesinde *(Basiret)*, tutarlı bir muhalefet yürütüyordu. Düşünce ve önerileri, kendisinden önceki düşünürlerde pek görülmeyen özgünlüklere sahipti. Ona göre; Osmanlı kurumları, Batı'daki gelişmeler göz önüne alınarak düzeltilmeli ve düzeltme girişimlerinde kesin olarak, daha önce yaratılmış olan İslâm uygarlığından yararlanılmalıydı. Din ve devlet işleri birbirinden ayrılmalı; din, siyasete alet edilmemeliydi. Türk tarihiyle yakından ilgilenilmeli, dünya tarihi üzerindeki etkisi açığa çıkarılmalıydı. Türkçe, *Arapça* ve *Farsça*'dan temizlenmeli, bu yapılırken Batı'dan sözcük alınması önlenmeliydi. Arap alfabesini kullanmak bir din sorunu değil, dünya işleriyle ilgili bir sorun olduğu için, gerekiyorsa değiştirilmelidir. *Kuran*'ı her millet kendi dilinden okumalı, Türkiye'de *cami hutbeleri* Türkçe olmalıydı.[21]

\*

*Jön Türk* hareketinde, *Ahmet Rıza Bey*, *Murat Bey (Mizancı Murat)*, *Prens Sabahattin* ilgi çeken ve önder konumunda olan kişilerdir. *Jön Türkler*'in genel özelliklerini taşırlar ya da bir başka deyişle bu özelliklerin oluşmasında birinci derecede etkilidirler. Bilinç düzeylerine ve sürgün yaşamının zorlu koşullarına bağlı olarak, karmaşık duygu ve davranışlar içindedirler. Yaşam biçimlerinden kaynaklanan çelişkiler, düşüncelerine de yansımış ve *Jön Türk* hareketini temsil eden bu görüşler, değişik zamanlarda birbiriyle çelişen düşünceleri içinde barındırılabilmiştir. *Jön Türk* önderlerinin hemen tümü, değişik düzeylerde devletle ilişkisi olan üst sınıftan insanlardı. **Ahmet Rıza**, Bursa *Maarif Müdürü* ve Osmanlı Devleti'nin *Fransız Devrimi*'nin 100.yılı nedeniyle Paris'e gönderdiği kurulun üyesiydi. **Mizancı Murat** (1854-1917), *Hariciye Matbuat Kalemi* görevlisiydi ve *Mülkiye*'de, öğretmen okullarında öğretmenlik yapmıştı. **Prens Sabahattin** (1878-1948) **Abdülhamit**'in kızkardeşinin oğluydu.

**Ahmet Rıza**, Fransız düşünürü **Auguste Comte**'un etkisi altındadır. Kimi görüşleri, etkiden de öte Türkçe'ye çevrilmiş yinelemeler durumundadır; *"Toplumların, doğa yasaları gibi kurallara bağlı"* olduğunu, bu nedenle yönetimde görev alacak insanların, *"doğa yasalarını öğrenip kavramış"* olması, yani *"eğitilmesi"* gerektiğini söyler. Toplumu yönetenler ona göre, *"iyi eğitim almış bir uzmanlar zümresi"* olmalıdır.[22] *"Emeğini alnının teriyle kazanan, çıkarını kilisenin zararında aramayan adam, kimseden, hiçbir hükümetten korkmaz.. Millette böyle duygular ancak eğitim ile uyanır"* der.[23] Bu görüşler, **Auguste Comte**'un sözlerinin hemen aynısıdır.

**Auguste Comte** *olguluculuğu (pozitivizm)*'nun *otoriter yanı*, Osmanlı toplumu için görüş geliştirmeğe çalışan **Ahmet Rıza** ve *Meşveret* yazarlarını, ister istemez halktan uzaklaştırır ve onları *seçinciliğe* götürür. *Meşveret*'teki yazılarda, *"kitlelere güven duyulamayacağı için başlarına yönetici bir 'elit' in geçmesi gerektiği"*, *"iktidarda bulunma"* ve *"yönetme"*nin *"elit"* için, başta gelen doğal bir hak olduğu ileri sürülür.[24] 1 Aralık 1902 tarihli yayında şunlar yazılıdır: *"Elit, yetenekleri sıradan olanların kendisine egemen olmasına izin verirse, işte o zaman acınacak duruma düşer.. Sıradanlık, 'elit'i az bir zaman içinde yok edecek ve ondaki büyük ışığı karartacaktır. Varolabilmek için 'elit' in istila edici ve fethedici olması şarttır."*[25]

**Ahmet Rıza**'nın temel amacı, diğer tüm *Jön Türkler*, gibi, *"Türkiye'yi batılılaştırarak devletin dağılmasını"* önlemektir. *Milliyetçiliğe* değil, *Osmanlıcılık* düşüncesine dayanan bir *"vatanseverlik"* kavramını sıkça işler. **Ahmet Rıza**, Osmanlıcılığı savunurken, Türk milliyetçisi değil, İmparatorluğun Türkler dışındaki tüm etnik unsurlarını, *ayrılıkçılığa ve çatışmaya yönelten bir milliyetçilik* içindedir. *Milliyetçilik*, yalnızca azınlıklar içinde değil, örnek aldıkları Avrupa'da da en yüksek dönemini yaşamaktadır. Bu nedenle, **Ahmet Rıza**'nın (ve Namık Kemal dahil o dönem aydınlarının tümünün) *"vatanı kurtarma"* olarak dile getirdiği ve sürekli yinelediği istek, iyi niyetli bir dilekten öteye geçmemektedir.

*Milliyetçiliği* dışlayan *Osmanlıcılık* anlayışı, yalnızca o dönemde değil, daha sonra da, aydınlar arasında bir amaç kargaşası yaratmıştır. 1908 sonrası *Jön Türk* hareketinin önderlerinden **Enver Paşa** bile, *2.Meşrutiyet*'in ilanı üzerine coşkuyla, *"Halkların kardeşliğini sağladık, hasta adamı iyi ettik. Bundan böyle artık Bulgarlar, Rumlar, Eflaklar, Yahudiler ve Müslümanlar yok. Hepimiz Osmanlı olmaktan, aynı derecede gurur duyan kardeşleriz"* diyordu.[26]

*Jön Türkler, Osmanlılığı "gurur duyulan bir kardeşlik"* olarak görüyor ya da öyle söylüyorlardı, ama bu görüş gerçeklerle hiç uyuşmuyordu. Üstelik azınlıklarla uyuşmazlık, yalnızca o günlerin değil, son otuz yılın kan bulaşmış, özellikle Türkler için acılı bir sorunuydu. *I.Meşrutiyeti*'n hemen ertesinde, 1878'de Ruslar'dan destek alan Sırp ve Bulgarlar, binlerce Türk'ü öldürmüş, yüzbinlercesini göç ettirmişti. 1876'da Tuna Vilayeti'nde (Bulgaristan), Fransız kaynaklarına göre 1 milyon 233 bin Bulgar'a karşılık 1 milyon 130 bin Türk yaşıyordu.[27] Ruslar'ın *"nüfus devrimi"* adını taktığı öldürme ve göç ettirmelerle Bulgaristan'daki Türk nüfus birkaç yıl içinde yüzde 70 azalmıştı. Rus Prensi **Çerkaşki**, Türk katliamları için, *"bu bir ırk yok etme savaşıdır"* diyordu.[28]

*Rumeli Türkleri*'ni perişan eden *"yok etme"* savaşı, artan eksilen şiddetiyle yıllar boyu sürdü ve *"Osmanlı kardeşliği"*! Türkler'e çok ağır bir bedel ödetti. *II.Meşrutiyet*'e gelindiğinde, Girit Yunanistan'a bağlanmış (1908), Osmanlı Devleti *yüz milyon mark* karşılığında Doğu Rumeli'nin tümünden çekilmiş[29], Bulgaristan'ın bağımsızlığı tanınmış (1908), *Avusturya-Macaristan, Bosna-Hersek*'i kendine bağlamış (1908)[30], Suriye, Yemen, Arabistan ve Arnavutluk'da ayaklanmalar çıkmıştı.[31] Yitikler, bunlarla da sınırlı kalmıyordu. Üç yıl içinde Trablusgarp (Libya) ve Ege Onikiadalar elden çıkıyor[32]; Selanik, Kavala ve Makedonya ile kıyı şeridinin tümü Yunanistan'a gidiyor, İmparatorluk Meriç'e dek çekiliyordu. *"Osmanlı kardeşliği"* Osmanlılığı parçalıyor, devleti yöneten *"Türkler"* ise hala Osmanlı olmaktan *"gurur duyduğunu"* söylüyordu. **Enver Paşa**'nın sağladıklarını söylediği *"halkların kardeşliği"*, Rumeli'deki 550 yıllık Türk egemenliğini birkaç yıl içinde yok ediyordu.

**Şevket Süreyya Aydemir**, *"Osmanlı Kardeşliği"* konusunda şunları söyler: *"23 Temmuz ihtilali (II.Meşrutiyet y.n.) bir devrim değildi. Ne saltanat rejimine, ne devletin iç yapısına, ne din ve dünya kurumlarına dokunuyordu. Milli ilke ve söylemi yoktu. Osmanlılık gene esastı ve bütün Osmanlılar kardeşti. El ele ve kardeşçe çalışılacak, ilerlenecekti. Oysa ki, İmparatorluğu oluşturan Türk olmayan halkların önderlerinin ve aydınlarının ruhlarına milliyetçilik işlemişti. Bunlar kendi topluluklarını peşlerinden sürükleyebiliyorlardı. İmparatorluk'ta milliyet duygusundan yoksun olanlar, yalnız Türkler'di. Kendilerini Osmanlı sayıp, Osmanlı birliği ve vatanı için kan dökenler, yalnızca onlardı."*[33]

**Ahmet Rıza**, pek çok günümüz *"aydın"*ı gibi, *"Türkiye'nin, Avrupalı devletlerle eşit olduğunu, bunu onlara kabul ettirerek, Batı akımına girmesi"* gerektiğini söylemiş ve bu anlayışı mücadelesinin temeline yerleştirmiştir. Ancak, Batı'nın ne olduğunu, ya da ne olmadığını önce hiç kavrayamamış, daha sonra Avrupa'da yaşadığı süre içinde, bazı gerçekleri görebilmiştir. 1906'da, bir yazısında şunları söylemiştir: *"Batı milletlerinin psikoloji ve adabını yeterince inceleememe yanılgısına düştüm.. Bilim alanında bu kadar titiz davranan bilginlerin, ilkelerini bu kadar ucuza sattıklarını hayal bile edemezdim. Din etkisinden kurtulmanın doruğuna eriştiğini sandığım kimselerin, hala Hıristiyanlar'ın damgasını taşıyan ruhani, etnik ve ihtilal ilkelerinin esiri olduklarını gördüm.."*[34]

\*

Çıkardığı gazetenin adı nedeniyle *Mizancı* olarak anılan **Murat Bey**, **Ahmet Rıza Bey**'in hem örgütsel rakibi, hem de *Jön Türk* hareketinin bir başka kuramcısıydı. Düşünce yapısı, nitelik olarak farklı değildi, ama davranış biçimi olarak kendine özgü ve oldukça sıradışı özellikleri vardı. *Jön Türkler*'in hemen tümü gibi, Batı kültürüyle kaynaşılması gerektiğine inanıyordu. Devlet işlerinin düzeltilmesini savunuyor ve Türklük konusunu ortaya atarak milli kültürün korunması gerektiğini ileri sürüyordu. Ancak, *İslam birliğini (panislamist)* de savunabiliyordu.[35] *"Arapların her türlü gelenek ve göreneğini değerlendirelim, fakat Türk olduğumuzu unutmayalım"*[36] diyor, ardından Türk tarihini küçülten onunla alay eden yazılar yazıyordu. 31 Mart gerici ayaklanmasında, ayaklanmayı destekleyen *Serbesti, Sabah, Volkan* gibi gazetelere bu yönde çelişkili yazılar yazıyordu.[37] Kimi zaman, Türk tarihini karalayan öyle görüşler ileri sürüyordu ki, tarihçiler ona *"kendi milletini kötüleyen yazar"* adını takmıştı.[38]

**Mizancı Murat** Türkiye'de bulunurken kapitülasyonlara karşı çıkmış[39], Avrupalı devletlere verilen ayrıcalıkları eleştirmiş[40], yabancıların *"mülkiye memurlarının görevlerine"* karışmasını yadsımış[41] ve *"Osmanlıları sömüren yabancı tüccarlar"* aleyhine yazılar yazmıştı. Ancak, Avrupa'ya kaçtıktan sonra bu tür görüşleri pek ileri sürmedi. Tam tersi, Batı'nın Osmanlı Devleti'ne yardım etmesi gerektiği yönünde görüşler geliştirdi. Avrupa'dan yapılacak yardımın, Osmanlı Devleti'nin *"ıslahı"* için şart olduğunu söylemeye başladı.[42] *"Türkler'in devlete bağlılığı"*, şikayet ettiği konuların başında geliyordu. Bu bağlılığı, *"yönetime muhalefet eden aydınların, düşündüklerini gerçekleştirmesi önündeki en büyük engel"* olduğunu söylüyor, *"devlete itaati adeta dini bir emir gibi gören"* Türk halkının, yönetimi eleştiren aydınları desteklemediğini ileri sürüyordu. *"Kendisi için her türlü fedakarlığı göze alan ve sıkıntı çeken"* aydınları izlemediği için, halka "kızmaya" ve onu suçlayan yazılar yazmaya başlamıştı. *"Alçaklığın bu derecesine miskin miskin bakan halka lanet olsun, başka bir şey diyemeyiz"* diyordu.[43]

**Mizancı**'nın etkilendiği Batılı düşünür, **Rousseau**'dur. **Ahmet Rıza**'nın **Comte**'un görüşleri için yaptıklarını, o **Rousseau**'nun *"sosyal sözleşme"* anlayışı için yapar. Diğer *Jön-Türk* aydınları arasında da etkisi olan bu anlayışı, Türk toplumuna uygulamaya çalışır. Bu davranış, Türk devlet geleneğinin gerçek boyutunu kavrayamamaktan kaynaklanan, doğruyla yanlışın iç içe girdiği bir yabancılaşma eğilimi haline gelir. 10 Zilkade (Arap aylarının onbirincisi) 1882 tarihli *Mizan*'da *"ilginç"* bir devlet tanımı yapar. *Jön-Türkler*, o güne dek *"sosyal sözleşme"*yi, *"İslami ortam içindeki egemenlik kurumu"*⁴⁴ olarak gördükleri Osmanlı Devleti'ne göre değerlendirmişlerdi. **Mizancı** bu yaklaşımdan farklı olarak, Osmanlı Devleti'nin başlangıcı olan *Kayı* boyuna dek gider ve **Rousseau**'nun görüşlerini bu boy için kullanmak ister. Yaptığı değerlendirme şöyledir: *"Devlet bir şirkettir. Taşınan kurallar* (kavaid-i nakliye) *ve akıl yöntemleri* (usûl-i akliye), *bu konuda birleşmiştir. Devlet şirket olunca, bir takım karşılıklı görevler ve birbirine bağlı bireylerden oluşan bir durum ortaya çıkıyor demektir... Söğüt dolayına 'konan' dört yüz çadırlık halk içinde,* (devlete y.n.) *bağlılık ve uyrukluk yöntemi bulunmuyordu.* (Devlet orada y. n.) *isteğe bağlı bir şirketti. Orhan Gazi döneminde yeni oluşan kurul, Süleyman Şah'ın oğluna bıraktığı bir mülk değildi. Toplumun genelini temsil eden, tüm bireylerin yarar ve zararını birlikte ilgilendiren bir şirketti (şirketi Osmaniye)."*⁴⁵

    **Mizancı**'nın yönetim biçimi ile ilgili düşünceleri, **Ahmet Rıza**'nın elitçi anlayışının hemen aynısıdır. **Ahmet Rıza** görüşlerini **Auguste Comte**'dan alırken, **Mizancı**, daha çok İtalyan sosyalbilimci **Gaetano Mosca** (1858-1941) dan etkilenmiştir. Görüşleri, *"siyasette seçkinler sınıfının üstünlüğü"*⁴⁶ anlayışı üzerine kuruludur. Ona göre, *Elit* yöneticiler yetiştirilmeli, toplum, sayıları çok olmayan bu insanlar tarafından yönetilmeli, halk yönetim işlerine karıştırılmamalıdır. *"Devleti yönetmek için, halkın oy vererek oluşturacağı geniş katılımlı meclisler yerine"*, *"az çok devlet umuruna aşina* (devlet işlerinde deneyimli) *adamlardan oluşan sınırlı sayıda bir danışma meclisi* (meclis-meşveret) *daha ziyade iş görebilir."*⁴⁷ *"Parlamentoculuğun Avrupa'da bile bir geleceği yoktur."*⁴⁸ Halkın isteklerine göre iş görmek, *"hükümetin varlığına ters* (hikmet-i hükümete münafi)*"* bir iştir. ⁴⁹

    Yönetim biçiminde katılımcılığı yadsıyan seçkinci görüşler, **Mizancı**'nın *"despotik"* bularak yürüttüğü **Abdülhamit** karşıtı mücadeleyle tam bir çelişki içindedir. Yönetimde yenilik olarak önerdiği biçim gerçekte, tek bir seçkin yerine bir *seçkinler* gurubunun getirilmesidir. Bu anlayış, bir başka çelişik önermenin ortaya çıkmasına yol açar. Yönetimin merkezine *elitçiliği* yerleştiren **Mizancı**, devlet yönetiminde merkeziyetçiliğe karşı çıkar. Israrla savunduğu *dar kadro yönetimiyle, merkeziyet* karşıtlığının çeliştiğini hesaba katmaz. Osmanlı İmparatorluğu'nun çöküş nedenini incelerken, daha önce dağılmış olan İslam devletlerine dek gider ve çöküşe yol açan ortak olumsuzluğun, sanki devlet başka bir yolla yükselmiş gibi, *"merkeziyetçiliğin ifrata vardırılmış* (aşırı gidilmiş)" olmasına bağlar. İlk halifelerin uygarlık alanında açtıkları *"parlak devrin"* bu nedenle durduğunu ileri sürer ve şunları söyler: *"Doğu'nun hastalığı merkeziyetçiliğin sonucudur. Herşey 'resmi' bir kılığa büründü; bilim, edebiyat, sanat; hatta hürriyet aşkı ve entelektüel serbestlik bile bir resmi damgaya tabi tutuldu..."*[50] **Mizancı**'nın bunları söylediği dönemde, benzemeğe çalışılan Batılı devletler, *merkeziyetçiliği* geçerli tek yönetim düzeni haline getirmişler ve bu düzenin yarattığı ulus-devletlerle yüksek bir güce ulaşmışlardı.

\*

*Jön-Türk* hareketi içinde yer alan üçüncü kuramcı, ülkemizde ve dışarda üzerinde en çok durulmuş olan **Prens Sabahattin**'dir. **Sabahattin**'in yüz yılı aşkın bir süre önce ileri sürdüğü görüşler, Türkiye'de dış etkinin artmaya başladığı İkinci Dünya Savaşı sonrası politikalarıyla örtüşünce kendisine gösterilen ilgi artmış, düşüncelerinin ayrıntılı olarak incelenmesine büyük destek verilmiştir.[51] Gösterilen ilginin temelinde, **Prens Sabahattin**'in düşünceleriyle, 1945'ten sonra uygulamaya konulan *Yeni Dünya Düzeni* ideolojisi arasındaki örtüşme yatmaktadır. Kurtuluş Savaşı'ndan ve on beş yıllık bağımsızlık döneminden sonra, Türkiye'ye verilmek istenen ve verilmekte olan *"yeni"* biçimle, emperyalist istekleri temsil eden **Prens**'in düşünceleri arasındaki uyum, **Sabahattin**'in güncelleştirilmesinin ana nedenidir. Yeni bir gelişmeymiş gibi ileri sürülen küreselleşme savları, yüz yıldır azgelişmiş ülkelere yönelik Batı politikasının temelini oluşturmuş ve **Sabahattin** bu savları Türkiye'de savunan öncülerden biri olmuştur. **Prens Sabahattin**'in görüşleri, diğer *Jön Türk* önderlerinde olduğu gibi; yüzeysel araştırmalara, bilimsel değeri olmayan incelemelere ve entelektüel olgunluktan yoksun savlara dayanır. O dönemde Türkiye'de pek bilinmeyen ve Batı'da azgelişmiş ülkeler için geliştirilen *sömürge liberalizmine* yönelik yapay önermeler, hiç değiştirilmeden yinelenmiştir. Kuramsal tez gibi ileri sürülen görüşlerde, ne Türk toplumu ne de tam olarak Batı toplumları ele alınıp incelenmiştir. Veriye dayanmayan ve söylem düzeyinde kalan dayanaksız savlar, son derece sert ve kimi zaman Türk toplumunu aşağılar niteliktedir. İleri sürülen yargılar ve kullanılan uslüp o denli rahatsız edicidir ki, ileri sürülen görüşlere katılan ya da katılmayan birçok tarihçi, söylenenleri yumuşatma gereği duymuştur. **Sabahattin**'in temsil ettiği anlayışa yakın bir akademisyen olan Prof. **Şerif Mardin**'in şu sözleri, bize bu konuda bir fikir vermektedir: *"Prens Sabahattin'in görüşlerinin gerçekten yaşantımızın en derin köklerine dokunmuş olması ve bu bakımdan kendi kendini eleştirmeyi ancak yüzeysel bir anlamda anlayanları rahatsız etmiş (tir). Gerçek şudur ki, Prens Sabahattin, bazılarınca toplum 'tabu'larımıza dokunduğu için beğenilmemiştir."*[52]

\*

**Prens Sabahattin**, Türkiye'ye uygulamak istediği ve toplama görüşlerden oluşan *seçmeci (eklektik)* düşüncelerini, koyu bir Katolik olan **Frederic Le Play**'ın Paris'te kurduğu *"Science Sociale"* okulunda, **Edmond Demolins**'den öğrendi. Toplum ve siyaset hakkında burada öğrendiklerini, hemen hiçbir yorum katmadan yinelemekten başka bir şey yapmadı. Batı Avrupa ve Amerika'da *aşırı* gelişen sanayinin gereksinimlerine yanıt vermek amacıyla, azgelişmiş ülkelere önerilen aşırı *liberalizm* ve teşvik edilen *devletsizleştirme*, *Le Play* okulunun ele alıp geliştirmeye çalıştığı ana konulardan biriydi. **Frederic Le Play**, işçi-işveren ilişkilerinin *"bir aile yaşamı gibi karşılıklı saygı ve sevgiye"*⁵³ dayanması gerektiğini söyleyerek sözde emek sömürüsünü yadsıyan *paternalizmin* kuramcısıydı. **Prens Sabahattin**'in *"teşebbüsi şahsi"* (özel girişimcilik) ve *"ademi merkeziyetçilik"* (yerinden yönetim) gibi Türkçe tanımlarla ileri sürdüğü görüşler, bu *"okul"* un öğrencilerine öğrettiği temel konulardı. Bu konuların Türkiye için ne anlama geldiğinin, Osmanlı toplumunda bilinmemesi, basit bir *"aktarıcı"* olan Prensi *"kuramcı"* haline getirmişti.

**Prens Sabahattin**'in Osmanlı toplumunun ilerleyebilmesi için önerdiği *"teşebbüsi şahsi"* ve *"ademi merkeziyetçilik"* anlayışı; bireyciliği her şeyin önüne koyan, Türk toplumuna uyumsuz, yabancı görüşlerdi. **Sabahattin**, toplumsal yapının bireyci görüşler doğrultusunda değiştirilmediği sürece, *"reform"* girişimlerinin başarılı olamayacağını ve Osmanlı insanının girişimci olarak yetişemeyeceğini söylüyordu. Avrupa gibi kalkınmak için, eğitim sistemi bireyciliği temel alacak biçimde değiştirilmeli, çocuklar Batı'da olduğu gibi aileden başlamak üzere meslek edinene dek, kişisel haklarının bilincinde özel girişimciler olarak yetiştirilmeliydi. Batı yanlılığını o denli ileri götürüyordu ki, 1902'de Paris'te yapılan Birinci *Jön Türk* Kongresi'nde, *"İngilizler'in yardımlarıyla Abdülhamit'e karşı askeri darbe düzenlenmesi"*ni⁵⁴ ısrarla savundu, Kongre'nin bu yönde karar alması için yoğun çaba harcadı ve Kongre'ye Rum, Ermeni, Arap azınlıklar adına katılan delegelerin desteğini alarak bu kararı çıkardı.⁵⁵

Batı'nın yüz yıl önce **Prens Sabahattin** aracılığıyla gündeme getirdiği *"ademi merkeziyetçilik"* günümüzde, *"kamu reformu"* adıyla yine gündemdedir. Ulusal bağımsızlık döneminin önlediği bu girişim, dün de bugün de aynı amaca yöneliktir. **Sabahattin**; *yönetim yetkisinin merkezden alınarak yerel yönetimlere devredilmesini, bunun için etnik kökenine bakılmaksızın tüm yurttaşları kapsayan belediye ve il genel meclislerinin oluşturulmasını ve bu meclislerde, azınlık guruplarının nüfusu oranında yer almasını istiyordu. Ona göre, merkezi yönetim yalnızca vali, kaymakam (mutasarrıf), defter-*

*dar ve mahkeme başkanını atayabilmeli, bunlar dışındaki eğitim, sağlık, kültür alanlarında görev alacak kişiler yerel unsurlardan oluşmalı, merkezi hükümet bunların çalışma ve atamalarına karışmamalıydı. Yerel yönetimler kendi denetimlerini kendileri yapmalı, Osmanlı uyruklular arasında ayrıcalıklı etnik gurup (Türkler kastediliyor) bulunmamalı, jandarma örgütünde her azınlık gurubu yer almalıydı.*[56]

**Prens Sabahattin**, büyük ülke yetkililerince olduğu kadar, belki de ondan daha çok Katolik Kilisesi tarafından desteklendi. Kendisi de o çevrelere çok yakındı. Bir Katolik papazı 1906'da yazdığı *Constantinople aux Derniers Jours d'Abdul Hamid* adlı kitapta, **Abdülhamit**'i yeriyor, **Sabahattin**'i ise yüceltiyordu.[57] **Prens**, 2 Eylül 1908'de İstanbul'a geldiğinde, Hıristiyan topluluklar tarafından coşkuyla karşılanmıştı. *"Özellikle Rumlar onu bir kahraman olarak kabul ediyor ve desteğini kaybetmemek için büyük çaba harcıyordu."*[58] 4 Eylül'de, yani ülkeye dönüşünden yalnızca iki gün sonra, Fener Rum Patrikhanesi'nin iki temsilcisi onu ziyaret etmiş ve ona Patrik **Joachim Efendi**'nin iyi dileklerini iletmişti.[59] 7 Eylül'de Patrik'le yapılan *"siyasi görüşmeler sonunda"* **Prens Sabahattin**, Türkiye'deki Rumlar'ın, siyasal ve toplumsal yaşamdaki önemlerini vurguluyor, *ademi merkeziyet programının* onlara sağlayacağı ayrıcalıkları anlatıyordu.[60] İstanbul'daki Rum basını bu görüşmeye büyük önem vermişti. **Prens**'in görüşmede yaptığı açıklamalarda, *"yeni rejim altında* (Prens Sabahattin İktidarında y.n.) *Patrikhane'nin ayrıcalıklarını korumakla kalmayıp daha da genişletileceği yönünde söz verdiği"* ni yazıyordu.[61]

**Prens Sabahattin**'in *Batıcılık*'taki aşırılığı ve Hıristiyanlara yakınlığı, Türk yazarlarınca olduğu kadar Avrupalı yazarlarca da ele alınıp işlenmiş bir konudur. **Ernest Ramsauer**, Prens'in Kilise tarafından kullanıldığını ileri sürer.[62] Türk yazar **Bahattin Şakir Bey**, yaptığı eleştiride, **Sabahattin**'in Hıristiyan azınlıklara verdiği aşırı değeri konu eder ve şunları söyler: *"Sabahattin Bey, Osmanlı İmparatorluğu'ndaki Hıristiyan unsurları o kadar dev aynasında görüyor ki, yazdıklarını okurken insan Tatavla'yı Paris, Kumka-*

*pı'yı Londra sanıyor* (Tatavla ve Kumkapı, o dönemde Hıristiyanlar'ın yoğun olarak yaşadığı İstanbul semtleri y. n.)."[63]

Devlet'e ve devlet yöneticilerine karşı sert eleştirilerde bulunmak, *Jön Türkler*'in ortak özelliğidir. Ancak **Prens Sabahattin**'in bu konudaki yargıları, eleştiriden çok hakaret niteliğindedir. **Ahmet Rıza Bey**, *"devlet işlerinin, tembel Osmanlı görevlilerinden alınarak uzmanlara verilmesini"* istemişti. **Mizancı Murat**, *"asalak saray bürokrasisinden"* söz ederek[64], devletin bunlardan arındırılmasını istemişti. **Prens** ise şunları söylüyordu: *"Yönetim gücünü elinde bulunduran o arsızlar kafilesi, kişinin ortaya çıkardığı her yüce değere hayvanca saldırıyor, ta ki despotluğun zulmü altında hiçbir baş kalmasın, milletin bütün fertleri aynı düzeyde olsun."*[65]

\*

*Prens Sabahattinciler*, Kürt ve Arap bölgeleri başta olmak üzere örgütlenebildikleri yerlerde çalışmalar yaptılar ve halkı ayaklanmaya çağırdılar. 1906'da Kastamonu'da gösteriler düzenlediler, Trabzon ve çevresinde İngiliz hayranlığını yaydılar. Buradaki çalışmaları *Kurtuluş Savaşı* sonuna dek sürdürdüler. *Trabzon ve Havalisi Ademi Merkeziyet Cemiyeti*, *Erzurum Kongresi*'ne katılan *Trabzon, Sürmene, Giresun* ve *Tirebolu* delegeleri aracılığıyla 22 maddelik bir rapor sundu. Bu raporda; *"Türk ırkının, yaradılış olarak en kolay kabul edeceği uygarlığın Anglo-Sakson uygarlığı"* olduğu söyleniyor ve *"Doğu Anadolu illerinde, bu uygarlığı temsil eden milletlerin yol göstericiliği ve yardımı"* isteniyordu.[66]

1906-1908 döneminde, özellikle Doğu Anadolu'da ortaya çıkan ayaklanmaları *Sabahattinciler*'in düzenlediğine yönelik savlar vardır. **E.Ramsauer**, 1907 Erzurum ayaklanmasıyla *"Sabahattinci örgütlerin ilişkisi olduğunu"* ileri sürer.[67] *Teşebbüsü Şahsi Ademi Merkeziyet Cemiyeti*'nin Erzurum Şubesi'ni açan **Hüseyin Tosun Bey**, *"söylemden eyleme (nazariyattan fiiliyata) geçmek için"*, **Prens Sabahattin**'in onayını alarak, Kafkasya üzerinden Erzurum'a gelmiş ve *"hayvan vergisini gerekçe yaparak"* karışıklıklar çıkarmış, silahlı eylemlerde bulunmuştu.[68] Prens Sabahattinciler'in Erzurum'da ayaklanma çıkarabilecek güce ulaşması nedensiz değildir. Merkezi yönetim işleyişini yadsıyarak *yerel yönetimcilik*'i savunan bu gurûp, azınlıklar içinde en büyük desteği Ermeniler'den alıyordu ve yöre Ermeni nüfusun bol olduğu bir bölgeydi. *"Anadolu'da Ermeni guruplarla birlikte propaganda hareketine girişen topluluk, propagandasında, cemiyetin 1907 kongresinde karara bağlanan programına dayanıyor ve yörede gittikçe artan bir başarı.."* sağlıyordu.[69] Avrupa'da yayın yapan bazı *Jön Türk* gazeteleri, 1907 yılında Erzurum ve Van yöresinde silahlanan Ermeniler'in hükümetçe tutuklanması üzerine olaya tepki gösteriyor ve *"silahlanmanın tutuklamalar için bahane"* olduğunu, tutuklamaların yörede *"yerel ve temsili rejim isteyen Türk ve Ermenilere"* yöneldiğini ileri sürüyordu.[70]

Yerel yönetimcilik yönündeki propaganda, yalnızca *Sabahattinciler* tarafından yapılmadı. **Prensi** destekleyen yabancı diplomatlar, arkeolog görünümlü ajanlar ya da *"tüccarlar"*, Anadolu'ya yayılarak her yerde, özellikle de Ermeni ve Kürt bölgelerinde, yerel yönetimin halka getireceği özgürlüklerden ve demokrasiden söz ettiler. Halka şunlar söyleniyordu: *"Ademi merkeziyet idaresi, kendi kendinizi yönetmeyi kolay hale getirecek ve yapacağımız mali yardımlar size daha kolay ulaşacaktır. Mali yardımlarla kendinize yeni imkanlar yaratabileceksiniz. (Osmanlı yönetiminden daha kolay ayrılabilirsiniz diye okuyabilirsiniz y.n.)."*[71]

*

Sabahattinciler, rakip olarak gördükleri İttihatçılar'ın kitlesel gücüne erişemedikleri için, ayaklanma ve çatışmaya dönük çalışma yöntemlerine yöneldiler. Batı'da alınan kararlar, maddi yardımlarla birlikte *Teşebbüsü Şahsi Ademi Merkeziyet Cemiyeti*'ne iletiliyor ve bu kararlar İstanbul basınının başını çektiği yaygın bir propaganda ile topluma ileri ve gelişimci girişimlermiş gibi gösteriliyordu. Politik çalışmalarda, şiddet dahil her yöntem kullanılıyor, cinayetler, adam vurmalar ve ayaklanmalar düzenleniyordu.

Kendilerine *Kurtarıcı Subaylar* adını veren bir gurup, 1912 Haziran'ında bir bildiri yayınladı ve *Halaskâr Zabitan Gurubu* adlı bir örgüt kurduklarını açıkladı. Örgüt amacını; *"İttihat ve Terakki istibdadına son vermek", "Hükümet ve Meclis'i ortadan kaldırmak", "Meclisi yasal (!) yoldan yeniden kurmak", "Avrupa'nın güvenini kazanacak namuslu, girişimci, güçlü kişilerden yeni bir hükümet kurmak"* olarak açıklıyordu. *"Kurtarıcı Subaylar"*, bunca politik işi yapacağını söyledikten sonra, *"politikaya hiçbir biçimde karışmayacaklarını"* ve kısa bir süre içinde *"asli görevlerine döneceklerini"* bildiriyordu.[72] Örgüt üyeleri, Sadrazam **Mahmut Şevket Paşa**'nın öldürülmesi dahil birçok şiddet eyleminde yer aldı, hükümetler ve sadrazamlar değiştirdi.. Ancak, **Mahmut Şevket Paşa**'nın öldürülmesinden sonra, *İttihatçılar*'ca kapsamlı bir kavuşturmaya uğradılar. Bir bölümü yurt dışına kaçtı, bir bölümü yakalanıp çeşitli cezalara çarptırıldı.

*Halaskâr Zabitan Gurubu* başlangıçta sivil kişilerin örgüte alınmamasını ilke edinmişti. Ancak Dr. **Rıza Nur**, **Prens Sabahattin**, **Satvet Lütfü** (Tozan) ve İstanbul Melâmî Tarikatı Şeyhi **Terlikci Salih**, el altından örgütle ilişki kurmuş ve örgütü yönlendirmişti. İngiliz gizli servisleriyle ilişkisi olduğunu gizlemeyen **Satvet Lütfü**, **Prens Sabahattin**'in sekreteriydi ve *Zabitan Gurubu*'na kaynağı belirsiz paralar aktarıyordu. **Ş.S.Aydemir** bu yardımın, bir yıl içinde beş bin altın olduğunu söylemektedir.[73]

*Sabahattincilerin*, 31 Mart 1909 gerici ayaklanmasıyla da ilişkileri vardır. **Ş.S.Aydemir**, *"İngiliz yanlısı Prens Sabahattin'in ayaklanmadan, önceden haberi olduğu"*nu[74], **Ecvet Güresin**, İngilizler'in *Derviş Vahdeti* ve *Volkan* gazetesine yardım ettiğini söyler.[75] *İttihatçılar*'ın en ünlü üç isminden biri olan **Cemal Paşa**, *"Mahmut Şevket Paşa'nın öldürülmesi ve İttihat ve Terakki'ye komplolar hazırlanmasında"*, *"İlgiltere'nin İstanbul Büyükelçiliği baş çevirmeni Fritz Maurice ve Ateşe Tyrell'in parmakları olduğunu"* bunun hükümet soruşturmaları sırasında açığa çıktığını açıklar.[76]

*Jön Türkler*, dağılma sürecine girmiş olan İmparatorluğun *"varlığını ve bütünlüğünü sürdürmek amacıyla"*[77] ortaya çıkan insanlardı. Amaçlarına, anayasaya dayalı meclislerle ve batılılaşarak ulaşacaklarına inanıyor ve inançlarının doğal sonucu, **Abdülhamit** yönetimine karşı çıkıyorlardı. **Abdülhamit**'e karşıtlık, onların varlık nedeni haline gelmişti. Giriştikleri mücadelenin kapsamına uygun bilgi ve bilinçle donanmadıkları için, giriştikleri mücadelede amaçlarıyla kimi zaman tam anlamıyla çelişen durumlara düştüler. Devleti kurtaralım derken devlete daha çok zarar verdiler. **Abdülhamit**'e *her koşulda karşıtlık* onları, devlete karşıtlıkla bütünleşen ve ister istemez büyük devlet politikalarının dümen suyuna götüren acıklı bir duruma düşürdü; en azından bir bölümünü, nesnel ya da öznel olarak, büyük devletlerin işbirlikçisi haline getirdi.

1890'lı yıllarda gerçekleştirilen yeni örgütlenme atılımında, **Abdülhamit** karşıtlığı çok şiddetli bir düzeye gelmişti. O günlerde, sürgündeki farklı guruplardan bir araya gelen *Jön Türk* muhalefetinin yöneticileri içinde, Türk kökenli bir kimse yoktu. *"Kurucular arasında bir Arnavut, bir Çerkez ve iki Kürt bulunuyordu."*[78] Ayrıca *"Hıristiyanların katılımıyla"* muhalefet güçleniyor ve komitelerde, gazete ve dergilerde *"Abdülhamid'e karşı propaganda başarıyla arttırılıyor"*[79]du. Muhalefetin güçlenmesi, büyük devletlerin *"günden güne artan baskısı"*yla birleşince, *"Abdülhamid'in direnci kırılıyor ve bu durum Jön Türkler'in ekmeğine yağ sürüyordu"*.[80] Her türlü muhalefet, başarıyla yaratılıyor ve sürdürülüyordu. Örneğin **Ahmet Rıza**'nın *Meşveret*'i, **Prens Sabahattin**'in federal Osmanlıcılığına karşı *"Türk milliyetçiliğinden söz eden"* ve *"yabancı müdahalesini reddeden"* yayınlar yapıyordu ama, bu yayınlar Türkiye'de *"Avrupa devletlerinin diplomatik temsilcilerinin postaları kanalıyla dağıtılıyor"*du.[81] 1907'de Paris'te yapılan İkinci Jön Türk Kongresi'ne Ermeni *Taşnak* Partisi de katılıyor[82] ve Osmanlı İmparatorluğu'nu kendine rakip gören Mısır hidivleri, "çıkar-

*larına uygun düştüğü sürece"* Jön Türkler'le ilişki kuruyor, onlara yardım ediyordu.[83]

\*

Jön Türk yayınlarında, *durumdan hoşnutsuzluk* ve sürekli *"şikayet"* hemen göze çarpan özelliklerdir. Türk toplumu ve gelişimi, yeterince bilinmemektedir. Bilgisizlik, topluma verilecek yön konusunda, uygulanabilir, özgün bir yöntemin bulunamamasına yol açar. Özgüvensizlik yaratan bilinçsizlik, insanları ister istemez *"güçlü"* olan Batı'ya bağlanmaya götürür. Batı'ya bağlanmanın ise, ülke için hiçbir olumlu getirisi olmaz. Her gelen gün, gideni aratır. Ülke, herkesin gözü önünde parçalanmaya doğru gitmektedir. *Jön-Türk* yayınlarının *"ağlama duvarı"*na dönüşmesi, bu gidişin doğal sonucudur. *Halktan kopukluk* ve *eylemsizlik*, kendine güveni yok eden genel bir hastalık halinde, direnme gücünü ve gelecek umutlarını bitirmektedir. *"Devleti kurtarmak"* için yola çıkan, bir zamanların *kararlı düzen karşıtları*, giderek kaderlerine razı, etkisiz varlıklara dönüşecektir. Yabancı devlet etkisine girmeyerek kendilerini koruyabilenler ise ülke için gerçekten kaygı duyarak, Jön Türk gazetelerine *"inleme"* dolu yazılar yazarlar. 1902'de yayımlanan Şuray-ı Ümmet Gazetesinde şunlar söyleniyordu: *"Ölüyoruz. Ölüme doğru yuvarlanıyoruz. Bunun nedenini araştırmadık. Yalnız ağıtlarla zaman geçirdik. Ülkeyi kurtarma ve vatanın özgürlüğü için acıklı sözler söyledik. Ancak bunların hepsi bir zorbanın zulmüyle vatanın battığını anlatmakla sınırlı kaldı."*[84]

Yakınma edebiyatı, öncekilerden farklı nitelikte olmalarına ve eyleme girişmekten çekinmemelerine karşın, İttihat Terakki Jön Türkleri'nde de varlığını sürdürür. İşin ilginç yanı, İttihatçılar iktidarı ele geçirmiş, devleti yönetir duruma gelmişlerdi. Örgütlenme yetenekleri, ülkeye bağlılıkları ve atılganlıkları yüksek olan bu insanlar, bilgi ve bilinç eksikliği nedeniyle iktidar gücünün nasıl kullanılacağını bilmiyorlar, onu dolaylı olarak elde tutuyorlar, ama yine de *şikayet* edebiliyorlardı.

**Atatürk**'ün *İttihatçılardan* belirgin farklılığı; *amaç belirleme, mücadeleye hazırlanma* ve *kararlılık* konusunda da ortaya çıkar. O'nun Türkiye'nin kurtuluş mücadelesine getirdiği en büyük yenilik, *bilgi ve bilince dayanarak geleceği planlamak* ve bu planı *örgütlü bir halk hareketine dönüştürmekte* gösterdiği beceridir. **Atatürk**, bilinçli ve kararlı devrimci anlayışıyla girişilen örgütlü halk hareketlerinde *şikayet* ve *yakınmanın* yeri olmadığını ortaya koymuştur. Giriştiği eylemde; halka güvenmiş, çaresiz yakınmaya hiçbir aşamada, asla izin vermemiştir. *Jön Türk* hareketi içinde yer alanların çoğunluğu, ülke yararı için mücadele ettiğine inanan aydınlardı. Özellikle başlangıçta tek kaygıları, Osmanlı İmparatorluğu'nun parçalanmasını önlemek ve devletin varlığını sürdürmekti. Ancak bunu başarmanın gerçekçi yolunu bilmiyorlardı. İstekleri ve bilinçleri arasındaki çelişki, Batı'nın niteliğini bir türlü çözemedikleri gücü ile birleşince, yılgınlığa sürükleniyorlar ve Batı'yla bütünleşmekten, ona bağlanmaktan başka çarelerinin olmadığına inanıyorlardı. Devletin, Batı gibi büyük bir *"dev"* in hemen yanında ve ona rağmen ayakta kalamayacağını söylüyorlar, bu yaklaşım onları, koşulsuz teslimiyetçiliğe götürüyordu. *"Biz adam olmayız"*, *"çok geriyiz"*, *"Batı'ya dayanmadan yaşayamayız"* anlayışı, aydınlarda yerleşik düşünce biçimi haline geliyor ve oradan toplumun değişik kesimlerine yayılıyordu.

*Jön Türkler*, özellikle 20. yüzyıl başlarında, bilinç yoluyla göremedikleri kimi gerçekleri, yaşayarak öğrendiler. El yordamıyla da olsa İmparatorluğun, bütünleşmek istenilen Batı tarafından yıkılmakta olduğunu artık görmeye başlamışlardı. Batı karşıtı söylemler ve Türk milliyetçiliği, acılı olaylar ve toprak yitikleri yaşanan, bu dönemde ortaya çıktı. Ancak, yine bilinç eksikliğinin yol açtığı, bir başka yanlışa düşüldü. Bir bütün halinde ve soyut bir kavram olarak *Batı'dan yana olmak* yerine bu kez, emperyalist bir çatışmaya hazırlanan büyük devletler arasında seçim arayışına gidilerek, bu devletlerden birine yanaşılması gerektiği söylendi. *"Avrupalı devlerin"* neyi paylaşamadıklarını ve çatışmalarının ana nedeninin ne olduğunu bilmiyorlardı. Sömürgecilik ve kapitalist emperyalizm, ekonomik ve tarihsel dayanaklarıyla incelenmemiş, uluslararası ilişkilerin yaşanmakta olan düzeyi kavranamamıştı.

## İttihat Ve Terakki Cemiyeti / Fırkası

İstanbul Askeri Tıbbiye öğrencilerinden beş kişi (Ohrili **İbrahim Temo**, Arapkirli **Abdullah Cevdet**, Diyarbakırlı **İshak Sukuti**, Kafkasyalı **Mehmet Reşit**, Bakülü **Hüseyinzade Ali** ) 1889'da bir araya gelerek *İttihadı Osmani* (Osmanlı Birliği) adlı bir örgüt kurdular. İmparatorluğun dağılmasına engel olma amacıyla kimseyi beklemeden kendi aralarında örgütleniyorlardı. Bu işin başını çekenler *Askeri Tıbbıye*, *Harbiye*, *Mülkiye* öğrencileri ve *Kurmay Okulu*'nun genç subaylarıydı. Bunlar, milliyetçi arayışların ve gizli örgütlenmenin tüm risklerini göze alıyor ve sert bir mücadeleye hazırlanıyorlardı. *İttihadı Osmanî*, o dönemdeki örgütlenme girişimlerinden yalnızca biriydi. Ancak bu örgüt, birçok değişim süreçlerinden geçerek büyüyüp kalıcılaşacak ve *İttihat ve Terakki* adını alarak Türkiye'nin kaderine yön veren bir örgüt haline gelecektir.

*İttihadı Osmani*'yi kuranlar, aynı yıl, Paris'teki *Jön Türkler*'in önderi **Ahmet Rıza** ile ilişkiye geçtiler ve örgütün adını *Osmanlı İttihat ve Terakki Cemiyeti* olarak değiştirdiler. İmparatorluğun kurtarılması için, *"istibdatın kaldırılması"* ve *"hala her derde deva görülen"*[85] 1876 Anayasası'yla Meclis'e işlerlik kazandırılması gerektiğine inanıyorlardı. İstanbul'da ortaya çıkan yeni muhalefet dalgası, yurt içinde **Abdülhamit** karşıtlığını yaygınlaştırırken, yurt dışında küçük bir sürgün gurubu olarak kalan ve yok olma sürecine giren *Jön Türk* haraketini de canlandırmıştı. Sonraki birkaç yıl içinde örgüt, başka girişimleri içine almaya ve büyümeye başladı. Başka okullarda da gizli hücreler kuruldu, değişik kesimlerden üye alındı. 20.yüzyıl başından, Birinci Dünya Savaşı sonuna dek Türkiye'nin en etkin örgütü olan *İttihat ve Terakki Cemiyeti/Partisi*, bu örgütün devamı olarak ve böyle bir süreç sonunda oluştu.

*İttihadı Osmani* İstanbul'da kuruldu, ancak başlangıçta daha çok yurt dışında örgütlendi. Bir merkez gibi çalışan Paris'teki şubeden başka Cenevre, Kahire, Rumeli ve Kafkasya şubeleri açıldı. Kuruluş aşamasının heyecanı, yerini kısa bir süre sonra gizli örgütlenmenin ve ağır sürgün koşullarının sert gerçeklerine bıraktı. Gücünü halktan almayan örgüt, ilk beş yıl büyümek bir yana, başlangıçtaki gücünü bile koruyamadı ve az sayıdaki üyesini de yitirmeye başladı. Ancak 1894'den sonra, o günlerde yayılan Ermeni eylemlerine tepki olarak, örgüt büyümeye, giderek daha çok asker ve memur üye olmaya başladı. **Kazım Karabekir**'in verdiği bilgilere göre, Paris'te *"Ahmet Rıza ve birkaç gençle yalnız kalan"* örgütün üye sayısı İstanbul'daki katılımlarla 1893'te 900'e, 1896'da ise 18 bine ulaşmıştı.[86]

Yönetimi ele geçirmek için yeterince güçlendiğine inanan örgüt, 1896'da bir hükümet darbesi yapmaya karar verdi. Ancak, darbe yapılacağı günden bir gün önce **Abdülhamit**'e ihbar edildi.[87] Darbecilerin çoğu tutuklandı ve sürgüne gönderildi. 1896 yılındaki yargılamalar, cezalar ve sürgünler, bu denli sert bir mücadeleye hazır olmayan örgütü önemli oranda dağıttı. 1897'de getirilen ve ceza alanlarla birlikte kaçanları da kapsayan af, örgütün ülke içindeki birimlerini tümüyle çökerttiği gibi, yurt dışındaki yapılanmaları da neredeyse yok olma noktasına getirdi. **Abdülhamit**, **Tüfekçibaşı Ahmet Celalettin Paşa**'yı Paris'e göndererek *"mücadeleyi bırakan örgüt üyelerine para ve devlet görevleri"* önerdi. Bu öneriye, örgüt önderi **Mizancı Murat** başta olmak üzere çok sayıda üye olumlu yanıt verdi ve mücadeleyi bırakarak İstanbul'a geri döndü.[88]

Örgütü canlandırmak üzere 1902 yılında Paris'te bir kongre düzenlendi. *Birinci Osmanlı Liberaller Kongresi* adı verilen bu kongre, Fransız Hükümeti yetkilisi **Lefevre Pontalis**'in evinde toplanan ve **Prens Sabahattin**, **Ali Haydar Mithat**, Kaymakam **İsmail**, Rum temsilcisi **Mozuros**, Ermeni temsilci **Sisliyan**'dan oluşan bir girişimci kuul tarafından düzenledi. Kongre'de *"Abdülhamit'i devirmek"*, bunun için *"ordunun harekete katılmasını sağlamak"* ve *"yabancı devletlerin müdahalesini kabul etmek"*[89] gibi kararlar alındı. *"Yabancı devlet müdahalesi"* ni kabul eden karar, örgütsel canlanmayı değil, yeni bir ayrışmayı gündeme getirdi. **Ahmet Rıza** başta olmak üzere örgütün ilk kurucuları, bu kararı kongreye kabul ettiren *Prens Sabahattinciler'*den ayrıldılar. *"Yabancı müdahalesi"* ni kabul edenler *Teşebbüsü Şahsi ve Ademi Merkeziyet Cemiyeti'*ni, kabul etmeyenler *Terakki ve İttihat Cemiyeti'*ni kurarak yollarını birbirlerinden ayırdılar.

\*

1906 yılında Selanik'te *Osmanlı Hürriyet Cemiyeti* adında yeni bir örgüt kuruldu. Bu örgüt; mücadele anlayışı, örgütlenme biçimi ve göze aldığı eylemlerin niteliği bakımından öncekilere hiç benzemiyordu. Çünkü kurucular ve üyeler artık öğrenciler değil, büyük bir çoğunlukla ordudaki subaylardı. Selanik Askeri Rüştiyesi Müdürü **Yarbay Tahir**, **Binbaşı Nakiyettin** (Yücekök), **Kurmay Yüzbaşı Edip Servet** (Tör), **Yüzbaşı Kâzım Nami** (Duru), **Yüzbaşı Ömer Naci**, **Yüzbaşı İsmail Canpolat**, **Yüzbaşı Hakkı Baha**, Selanik Posta İdaresi Başkatibi **Mehmet Talat** (Paşa), **Rahmi** (Aslan), **Mithat Şükrü** (Bleda) örgütün kurucularıydı.[90]

Paris'teki *Terakki ve İttihat Cemiyeti*, yeni örgütle hemen ilişkiye geçerek Dr.**Nazım Bey**'i gizlice Selanik'e gönderdi. Görüşmeler olumlu sonuç verdi ve iki örgüt *Osmanlı Terakki ve İttihat Cemiyeti* adı altında birleşti. Bu, örgütün ilk birleşme girişimi ve ilk isim değişikliğiydi. 1908'de II. *Meşrutiyet'*in ilanından sonra, bu kez *Sabahattinci Teşebbüsü Şahsi ve Ademi Merkeziyet Cemiyeti* ile birleşmeye gidildi ve *İttihat ve Terakki Cemiyeti* adı alındı. Son birleşme kalıcı olmadı, ama alınan ad bir daha değiştirilmedi.

*Osmanlı Hürriyet Cemiyeti'*yle başlayan yeni girişim, gizliliğe önem veren ve katı kuralları olan savaşkan bir örgüt ortaya çıkardı. Gizliliğe o denli önem veriliyordu ki, kurucuların adları *Meşrutiyet* ilan edilip iktidara gelindikten sonra bile açıklanmadı. Üye seçiminde çok dikkatli davranılıyor, kurallara bağlanmış törenlerle kabul edilen üyeler, yeminlerine ve sorumluluklarına sonuna dek sadık kalıyordu. Güvenilir *"rehber"* üyelerce önerilen üye adayları, *Yemin Kurulu (Tahlif Heyeti)* önünde örgüt yemini ederdi. Kurul başkanı, önce örgütün amaçlarını, üyelik yükümlülüklerini anlatır, daha sonra Genel Merkez (Merkezi Umumi)'nin hazırlamış olduğu tek tip yemini okurdu. Aday üye, *inandığı dinin kutsal kitabı, hançer* ve *tabanca* üzerine el basarak yemini yinelerdi.

Yeminde; Osmanlı ülkesinin birliği ve ilerlemesi için çalışılacağı, örgütün belirlediği her türlü yöntem ve kurala uyulacağı, örgüt sırlarının hiçbir koşulda, hiç kimseye açıklanmayacağı belirtiliyor, *"namus sözü"* veriliyordu. Gizliliğe ve örgüte bağlılığa verilen önem, yeminde şu sözlerle dile getiriliyordu: *"Hükümet yetkililerinin pençei zulmüne düşüp tutuklansam, etlerimi kemiklerimden ayıran bir işkenceye uğrasam bile, örgütün sırlarını ve üyelerinin adlarını açıklamayacağıma yemin ederim. Örgüt üyelerinden biri herhangi bir felakete uğrarsa, kendisine ve ailesine, elimden geldiği kadar, para dahil, her biçimde yardımda kusur etmeyeceğim.. Eğer, namus sözü vererek yükümlendiğim yeminime ihanet edecek olursam, ihanet edenleri takip için örgütün görevlendirdiği yetkililerin uygulayacağı ölüm cezasına karşı, kanımı şimdiden helal ederim.."*[91]

Örgüt, özellikle askeri amaçlı özel görevleri yerine getirmek için *"fedai"* adını verdiği birimler oluşturmuştu. En güvenilir ve inanmış üyelerden oluşan bu birimler, silahlı şiddet dahil, her türlü yöntemi içeren eylemler gerçekleştirmişlerdir. *Fedailer* eylem sırasında ölürse, yeminde verilen söz yerine getirilir ve ailelerinin bakımı üstlenilirdi. Örgütün emir ve amaçlarına aykırı davranan üyeler için, Merkez Kurulları yargılama yapar ve suçlu bulunması durumunda, üye cezalandırılırdı. Örgütte o denli güçlü bir *sıkıdüzen (disiplin)* sağlanmıştı ki, **Abdülhamit**'in çok iyi çalışan gizli polis (hafiye) örgütüyle, bu sıkıdüzen aracılığıyla baş edilebilmişti.

\*

*İttihat ve Terakki*'nin öne çıkan bir başka özelliği, *Masonculuk*'la olan ilişkileridir. İmparatorluğun Batı'ya bağlanmasıyla orantılı olarak artan *masonculuk Jön Türkler*, özellikle de *İttihatçılar* arasında oldukça yaygındı. İngiliz, Fransız ve Almanların kurduğu *Mason* örgütleri, mali ya da siyasi gücü yüksek Osmanlı uyruklarına yönelmiş, kurduğu ilişkiler ağıyla geniş bir işbirlikçiler kitlesi yaratmayı başarmıştı. *Masonlar*, devletin dağılmaması için bir şeyler yapmaya çalışan **Abdülhamit**'e her zaman karşı çıkarak, *Genç Türk* hareketini desteklemişlerdir. I.Meşrutiyet'in mimarı **Mithat Paşa** ve mason Padişah **V.Mehmet**'i tahta geçirmek için darbe yapmaya kalkan **Ali Suavi** *mason*'du.

*İttihat ve Terakki*, ağırlıklı olarak, İmparatorluğun en gelişkin yöresi olan Selanik çevresinde örgütlenmişti. Aynı yörede *masonlar* da çok iyi örgütlenmişlerdi. *İttihat ve Terakki* yöneticileri, *masonlar*'la geliştirecekleri işbirliği aracılığıyla, onların gizli örgütlenme yöntemlerinden yararlanacaklarına ve bu yolla kendilerini **Abdülhamit**'e karşı koruyabileceklerine inanıyorlardı. **Celal Bayar**, bu yaklaşımı anılarında, *"Abdülhamit'in hafiyelerinin nüfuz edemediği mason locaları, ihtilalciler için nisbeten daha emin bir yer sayılırdı. Ayrıca onlar bu yolla, Avrupa'daki arkadaşları Jön Türkler'le haberleşme imkanını da elde ederdi"* diye açıklar.[92]

*İttihat ve Terakki* yöneticilerinden, **Talat Paşa, Kazım Paşa, Mithat Şükrü** (Bleda), Binbaşı **Naki Bey** (Yücekök), **Manyaszade Tevfik**, Drama Jandarma Komutanı **Hüseyin Muhittin** *Makedonya Locası*'nın; **Cemal Paşa, Faik Süleyman Paşa, İsmail Canbolat, Mustafa Doğan**, Kolağası Dr. **Faik Mustafa** ise *Veritas Locası*'nın üyeleriydiler. Selanik Milletvekili Musevi **Emanuel Karasu** bu locanın *büyük üstad*'ıydı.[93]

20.yüzyıl başlarında, Araplarla *İttihat ve Terakki*'nin ilişkilerini inceleyen Büyük Britanya Dış İlişkiler Dairesi,

Arap liderlerin ittihatçılara iki nedenle güvenmediğini ileri sürer. İngiliz belgelerine göre bu iki neden, *"İttihat ve Terakki liderlerinin tümünün ayırımsız farmason"* olması ve *"Selanik dönmelerinin İttihat ve Terakki Cemiyeti'yle bütünleşmesi"*ydi.[94]

**R.W.Seton-Watson** adlı araştırmacılar, *İttihat ve Terakki* yöneticilerinin yalnızca *masonculuk*'la olan ilişkileri değil, etnik kökenleri konusunda da görüşler ileri sürerek şu saptamayı yaparlar: *"İttihat ve Terakki Cemiyeti'ne ilişkin başlıca gerçek, onun Türk ve Müslüman olmayan karakteridir. En başından beri gerçek liderleri arasında safkan Türk zor bulunur. Enver ateist* (tanrı tanımaz y.n.) *bir Polonyalı'nın oğludur. Cavit dönmedir ve Museviler'e bağlıdır. Talat, Müslüman olmuş bir Bulgar çingenedir. Gurubun geçici lider figürlerinden biri olan Ahmed Rıza yarı Çerkez, yarı Macar'dır."*[95] **Seton-Watson** aynı konudaki görüşlerini şöyle sürdürürler: *"İttihatçı hareketin gerçek beyinleri Musevi ya da Sabataycı'ydı* (müslüman görünen Musevi ya da dönme y.n.). *Mali yardımlar; varsıl dönmelerden, Selanik Musevileri'nden ve Viyana, Budapeşte, Berlin ve belki de Paris ve Londra'nın kapitalistlerinden geliyordu.."*[96]

**Mustafa Kemal**, *İttihat ve Terakki Cemiyeti*'ne üye olmasına karşın[97] İttihatçı liderlerle hemen hiçbir konuda anlaşamadı, onlarla sürekli bir anlaşmazlık ve gerilim içinde oldu. 1908'de Selanik'te öldürülmek istendi.[98] Ancak, karşıt görüşlerini açıklamaktan vazgeçmedi. Trablusgarp delegesi olarak katıldığı 1909 Kongresi'nde yaptığı öneriler, kendisine yönelen tepkiyi daha da arttırdı. İttihatçı liderleri rahatsız eden önerilerinde; *"Cemiyet'in parti haline getirilmesi, ordunun politikaya karıştırılmaması, Cemiyet'in masonlukla ilişkisinin kesilmesi, örgüt üyeleri arasında eşitliğin sağlanması, hükümet işleriyle din işlerinin birbirinden ayrılması"*[99] yer alıyordu. Öneriler üzerine *Merkez Yönetim*'i *"Mustafa Kemal'den kurtulma"* kararı aldı.[100] Bu başarılamayınca orduda yükselmesi önlenmeğe çalışıldı, terfileriyle oynandı. 1926'da İzmir'de suikaste uğradı. **Abdülhamit**'in bile kapatamadığı mason örgütlerini kapatması, uğradığı suikastler ve *İstanbul'un devşirme direnci*, bir bütün halinde ele alındığında, olaylar daha anlamlı hale gelecek, daha anlaşılır olacaktır.

\*

*İttihat ve Terakki Cemiyeti*, 23 Temmuz 1908'de giriştiği eylemlerle **Abdülhamit**'e, *"Kanunisaniyi kabul etmesi ve meclisin açılmasına izin vermesi için"* üç gün süre tanıdı. **Abdülhamid**, sürenin ilk günü, yani 23 Temmuz'da, istekleri kabul etti ve *II.Meşrutiyet* ilan edildi. *Meşrutiyet*'le bütünleşen örgüt, başlangıçta Rumeli halkından ve basından destek gördü. İktidara gelecek bir güce ulaştığı görülünce; *İkdam*, *Sabah* gibi eski gazetelerin yanında, İslamcı yayınlarıyla tanınan *Sıratel Müstakim* gibi gazeteler bile cemiyet yanlısı yayınlar yaptı. Selanik'te çıkan *İttihat ve Terakki*, *Hürriyet*, *Rumeli* ve İstanbul'da yayın yapan *Şurayı Ümmet* ve *Tanin* gibi örgüte bağlı gazeteler de eklenince, örgüt oldukça geniş bir basın gücüne ulaşmış oldu.

*İttihat ve Terakki*, toplumda uyandırdığı saygınlığa ve yaygın etkisine karşın, ilginç bir biçimde, hükümet kurmaya yanaşmadı. Oysa iktidara yürüyen bir hareket olarak, toplumun hemen her kesiminde ya içtenlikli ya da çıkar amaçlı ilgi görüyor, basın tarafından destekleniyordu. Kendisinden daha güçlü bir siyasi örgüt yoktu. Aralık 1908'de yapılan seçimler, büyük bir çoğunlukla kazanılmıştı. Devlet kurumları, birlikte çalışmaya hazırdı. Buna karşın, *İttihat ve Terakki*, örneği herhalde olmayan bir tutumla, yönetime gelmedi. Bilinçli bir seçimle, hükümetleri dışardan yönlendirme gibi garip bir tutum izledi. **Talat Paşa**, *"Bizim şimdiden bir kabine oluşturmamızın sakıncaları vardır. Devirmeye çalıştığımız Abdülhamit ile işbirliği içine girme gibi bir durum ortaya çıkacaktır. Böyle bir durum bizi zayıf düşürür. Hükümet işlerini çevirecek arkadaşlarımız vardır.. Şimdi gücümüzü dışardan gösterelim. Önce İttihat Terakki'nin güçlenmesi gerekir."*[101]

İktidar sorumluluğundan kaçınmanın temelinde, bilgisizliğin yol açtığı bilinçsizlik, kendine ve halka güvenmeme eğilimi yatıyordu. Dünya ve ülke sorunları gerçek boyutuyla kavranamamış, kurtuluşa dönük uygulanabilir programlar yaratılamamıştır. *Abdülhamit'i devirme ve hürriyeti sağlama* ile sınırlı kalan ve *Jön Türkler*'in Batıcı görüşlerinden etkilenen *İttihat ve Terakki* önderleri, iktidara gelmekten korkuyorlardı. İmparatorluğun karşı karşıya olduğu tehlikeyi, bu tehlikenin iktidara yüklediği sorumluluğu ve kendi niteliklerini biliyorlar; yetersizlikleri onları, en azından başlangıçta, *iktidarı dolaylı olarak elde bulundurma* davranışına yöneltiyordu. **Mustafa Kemal**, düşülen bu acıklı durumu göz önünde tutacak ve ilerde girişeceği kurtuluş eylemine, düşünce ve program bakımından çok iyi hazırlanmış olarak girişecektir.

\*

*II.Meşrutiyet'*in ilanından sonra kurulan ilk hükümet olan **Sait Paşa** Hükümeti'ne *İttihat ve Terakki* hiç bakan vermedi. Daha sonraki **Kamil Paşa** Hükümeti'nde ise, yalnızca Adalet Bakanı (Adliye Nazırı) **Manyaszade Tevfik**, örgüt üyesiydi. Hükümete girilmemesine karşın, aynı yıl içinde halka, kimin nasıl yapacağı belli olmayan sözler verildi. Program olarak açıklanan bildirgelerde; köklü ve ivedi siyasi yenilikler yapılacağı, dinine ve etnik kökenine bakılmaksızın halkın tümünün özgürlüklerden eşit olarak yararlanacağı, ulusal birliğin kurulacağı, ekonomik kalkınmanın gerçekleştirileceği ve adil bir vergi sistemi getirileceği söyleniyordu.[102]

*"Meşrutiyet Devrimi"*ni gerçekleştiren, hükümeti denetleyen ve topluma yenilikler için açık sözler veren *İttihat ve Terakki*, ilk *legal* (yasal) kongresini, gizli olarak yaptı. Bu tutum, örgütün örneği olmayan bir başka ilginç girişimiydi. Otuz beş yıl süren siyasi baskının sonucu olacak, devleti denetleyen ve iktidara gelme gücüne ulaşan bir parti, kongresini gizli yapıyordu. 1908 Kasımı'nda toplanan bu kongrede, *Cemiyet* (dernek)'in *fırka* (parti)'ya dönüştürülmesi kararlaştırıldı. Ancak, cemiyet-fırka ilişkilerine örgütün fesh edildiği 1918'e dek tam bir açıklık getirilemedi.

*İttihat-Terakki* gerçekte, ne bir *dernek* ne de bir *parti* oldu. Ancak, çoğu kez hem *dernek* hem *parti* gibi çalıştı. İlk seçimlere *dernek* olarak girdi, oluşan mecliste *parti* gibi davrandı.

Aralık 1908 seçimlerinde, Türk milletvekillerinin büyük çoğunluğunu *İttihat ve Terakki* adayları kazandı. Ancak gerek *İttihat ve Terakki* listesinden gerekse diğer partilerden seçilen milletvekilleri; siyasi öncelikler, etnik kimlik ve kültürel yapılanma bakımından, birbiriyle uyumsuz, son derece karmaşık bir meclis yapısı oluşturmuştu. Meclis'te 175 Türk milletvekiline karşı, 60 Arap, 33 Arnavut, 25 Rum, 12 Ermeni, 6 Kürt, 4 Bulgar, 3 Sırp ve 4 Yahudi milletvekili vardı.[103] **Şevket Süreyya Aydemir**'in, *II. Meşrutiyet* için yaptığı sayısal saptama biraz daha farklıdır. **Enver Paşa** adlı yapıtında şu rakamları verir: 142 Türk, 60 Arap, 25 Arnavut, 23 Rum, 12 Ermeni, 5 Yahudi, 4 Bulgar, 3 Sırp, 1 Ulah.[104] Meclis'in bir tür azınlıklar meclisi haline gelmesi, buradaki Türk olmayan milletvekillerine, neredeyse sınırsız bir özgür ortam yaratmıştı. Batılı devletlerce o denli şımartılmışlardı ki, İmparatorluğun merkezindeki Meclis'te, Osmanlı Devleti'yle alay eden konuşmalar yapıyor, önergeler veriyorlardı. **Başo Efendi** Meclis'te yaptığı bir konuşmada, *"Benim Osmanlılığım, Osmanlı Bankası'nın Osmanlı olması kadardır"* diyordu.[105]

Seçimleri *İttihat ve Terakki* adayları kazanmıştı, ama aday gösterilen kişilerin birçoğu İttihatçı sayılamayacak nitelikte kişilerdi. Dar kadroyla gizlilik koşullarında çalışan örgüt, birdenbire ortaya çıkan *açık (legal)* ve kitlesel açılımı gerektiren yeni koşullara yanıt verecek kadro genişliğine sahip değildi. İktidar gücüne ulaşması nedeniyle her tür insan örgüte akın etmişti. Görünüşte, çok sayıda milletvekiline sahipti ama, bunlar Meclis'te etkili olamıyordu. Örgütün önergeleri kimi zaman kendi milletvekilleri tarafından engelleniyordu. Örneğin, 31 Mart ayaklanmasının bastırılmasından hemen sonra, yani örgütün en güçlü olduğu günlerde, *"müsteşarlığa atanacak görevlilerin, İttihat ve Terakki üyesi olması"* önerisi, karşıt partilerin değil, örgüte bağlı milletvekillerinin karşı çıkması nedeniyle geri çekilmişti.[106]

*İttihatçılar*, yıpranmamak amacıyla hükümette yer almadılar, ancak bu tutum nedeniyle daha çabuk yıprandılar. İmparatorluğu ayakta tutacak yeniliklerden söz ediyorlar, ancak yenileşmeyi sağlayacak tek araç olan iktidarı, tam olarak ellerine almıyorlardı. Bu garip ve ürkek tutum, siyasi sonuçlarını vermekte gecikmeyecekti. Ülkenin, ivedi çözüm bekleyen sorunları, çok ağır ve karmaşıktı. Sürekli toprak yitiriliyor, yaklaşan savaş, ülkeyi varlığıyla ilgili, karanlık bir geleceğe doğru sürüklüyordu. Buna karşın, *İttihat ve Terakki* yöneticileri, devleti *"aracılar"*la yönetmeye çalışıyordu.

Koşulların zorlaması sonucu, üst yöneticilerden önce **Cavit Bey** (Maliye), sonra **Talat Bey** (İç İçleri), 1909'da hükümete girdi. Aynı yıl yapılan Anayasa değişikliğiyle, Padişah'ın yetkileri sınırlandı; hükümet yetkileri arttırıldı, sansür yasaklandı. Kabinede iki kişiyle temsil edilme ve yapılan değişiklikler, yıpranmayı önleyemedi. 1910'da bir gurup milletvekili, örgütten ayrılıp *Ahali Fırkası*'nı kurdu. Merkezi Paris'te olan *Osmanlı Islahatı Esasiye Fırkası*, başarısız bir darbe girişiminde bulundu. *İttihat ve Terakki* içinde **Miralay Sadık** ve **Abdülaziz Mecdi** önderliğinde, *Hizbi Cedit* adıyla tutucu bir kanat ortaya çıktı. Bu guruba karşı *Hizbi Terakki* adlı bir başka hizip oluştu. *Meşrutiyet*'in ikinci yılı nedeniyle 1910'da yayınlanan *"Millete Beyanname"* adlı bildiride, *"ülkede birlik ve bütünlüğün sağlanamadığı"* itiraf ediliyor, *"ekonomi ve eğitime ağırlık verilerek"* birliğin kısa bir sürede sağlanacağı açıklanıyordu.[107]

*İttihat ve Terakki* 1912'de, *Halaskâr Zabitan* örgütünün yaptığı baskı sonucu hükümetten uzaklaştırıldı, Meclis feshedildi. Ancak, 23 Ocak 1913'deki ünlü Babıâli Baskını'yla 31 Mart Ayaklanması'nı bastıran **Mahmut Şevket Paşa** sadrazam yapıldı ve beş ay sonra yeniden hükümete adam sokuldu. *Halaskâr Zabitan*, buna **Mahmut Şevket Paşa**'yı öldürerek yanıt verdi. Bu olay, *İttihat ve Terakki*'nin iktidara dolaysız biçimde ağırlığını koymasına neden oldu. Örgüt, *denetleyen* konumdan *yöneten* konuma geldi. **Sait Halim Paşa** başkanlığında, tüm üyeleri *ittihatçılardan* oluşan, bir hükümet kuruldu. 12 Haziran 1913'de toplanan Kongre, *Cemiyet*'in kesin olarak *fırka*'ya dönüştürülmesine karar verdi. Ancak, bu karara karşın, Genel Merkez üyelerinin tümünün hükümette yer almasına izin verilmedi. **Mithat Şükrü** (Bleda), **Bahattin Şakir** gibi önemli isimler kabineye girmedi.

\*

*İttihat ve Terakki*, kendisinin olduğu kadar İmparatorluğun da sonunu getirecek kararı, Almanya'yla geliştirilen ilişkiler konusunda aldı. İngiltere ve Fransa'ya yapılan göstermelik ittifak önerisi reddedilince, ordunun *"modernizasyonu"* adına Almanya'ya yanaşıldı. Almanya'dan yoğun biçimde askeri uzman getirildi, çok sayıda subay Almanya'ya gönderildi. Askeri anlaşma, kısa bir süre içinde siyasi *yakınlaşmaya* dönüştürüldü ve bu *yakınlaşma* 2 Ağustos 1914'de imzalanan gizli bir ittifak antlaşmasıyla sonuçlandırıldı.

Türk-Alman ilişkilerine, Almanya hayranlığıyla tanınan ve örgütün en etkili yöneticilerinden biri haline gelen **Enver Paşa** yön verdi. Sözde satın alınan ve subaylarına Türk üniforması giydirilen iki Alman gemisi (Goeben ve Breslav)'nin, Rus limanlarını bombalaması sonucu bir *oldu bitti*'yle, Dünya Savaşına girildi. Dört yıl süren ve Anadolu halkını perişan eden savaş sonunda, Almanya'nın yenilmesi nedeniyle yenik sayılan Osmanlı İmparatorluğu, galiplerce işgal edildi. *İttihat ve Terakki*, 14 Kasım 1918'de yaptığı bir kongreyle kendini feshetti. Yerine, ne anlama geldiği pek de belli olmayan, *Teceddüt (yenilik)* adlı bir parti kurulduğu açıklandı.

*İttihat ve Terakki* yöneticilerinin sonları İmparatorluk gibi acılı oldu. **Talat** ve **Cemal Paşaları** Ermeniler öldürdü; **Enver Paşa**, *"Turan devleti kurmak için"* gittiği *Orta Asya*'da vuruldu; **Cavit Bey**, Yüzbaşı **İsmail Canbolat**, Doktor **Nazım, Atatürk**'e suikast girişimi nedeniyle idam edildiler; **Kara Kemal** intihar etti.

Örgütün sıradan üyeleri çoğunlukla Kurtuluş Savaşı'nı desteklediler; *Müdafaa-i Hukuk Dernekleri*'ni örgütleyerek savaşa ve daha sonra kurulacak olan Cumhuriyet Halk Fırkası'na katıldılar; bazıları, Cumhuriyet'in kuruluşunda ve geliştirilmesinde etkin görevlerde bulundular.

\*

*İttihat ve Terakki*, diğer *Jön Türk* örgütleri gibi Batıcı'ydı. Başlangıçta, Türkiye'de geleneksel hale gelen İngiliz-Fransız etkisine girdi. Daha sonra Almanya'ya yöneldi. Diğer *Jön Türk* guruplarından farklı olarak, özellikle 1913'ten sonra, *milliyetçi* eğilimlere sahipti. *Milliyetçilikleri* bilgi ve bilince değil, daha çok duyguya dayanıyordu. Bu nedenle, bir başka Batılı ülke Almanya'ya yanaşmada bir sakınca görmediler, üstelik bunu *milliyetçilik* adına yaptıklarını söylediler.

Batı Avrupa modelinde bir ulusal devlet oluşturmak istiyorlar, ancak bunun, yalnızca kapsamlı bir ulusal bağımsızlık mücadelesi ile gerçekleşebileceğini göremiyorlardı. İngiliz-Fransız üstünlüğüne karşı, Almanlar'a dayanarak amaçları yönünde bir güç oluşturacaklarını sanıyorlardı.

Osmanlı Ordusu'nun geleceği olan genç subayları, Almanya'da ve Türkiye'de Alman *"uzmanlar"*a eğittirdiler. Oysa, *"dost ve müttefik"* saydıkları Almanya, Osmanlı topraklarını sömürgeleştirme peşindeki emperyalist bir ülkeydi. Eğitim, siyasi yakınlaşmayı, siyasi yakınlaşma ise *üstün güce* karşı duyulan bağımlılık duygularını geliştiriyordu. Sanayi ve teknolojik üstünlük mutlaklaştırılıyor, kendine güvene dayalı ulusal direnme gücü zayıflıyordu. Subaylar arasında, Almanya'ya olan bağımlılık, *teknolojik geriliğin gerekli kıldığı bir zorunluluk* gibi görülüyor ve olağanlaşıyordu.

*İttihat ve Terakki* önderlerinden **Enver Paşa**, 1908 den sonra Berlin'e askeri ateşe olarak gönderilmişti. Aynı yıl,

Türkiye'ye yüzlerce Alman *askeri eğitmen* gelmiş, Almanya'ya birçok Türk subay gönderilmişti.[108] NATO aracılığıyla bugün ABD ile yaşananlar, o dönemde, *İngiliz-Fransız gücüne karşı milli güç yaratma* adına, Almanya'yla yaşanıyordu.

Almanya'nın *İstanbul Büyükelçisi* **Wangenheim**, Şansölye **Bethmann Hollweg**'e 1912'de şunları yazıyordu: *"Türkiye'de ordu önder rolünü oynadığı sürece, Almanya rekabette olduğu ülkelere karşı avantajlı bir pozisyonda olacaktır. Zira Türk anlayışına göre, Alman ve Türk orduları arasında silah arkadaşlığı bulunmaktadır."*[109]

İttihatçılar, kendilerinin yarattığı koşullar nedeniyle, İmparatorlukla birlikte yok oldular. Almanya'yla kurulan ilişkiler, yarattığı bağımlılıkla, ülkeyi emperyalist devletler arasındaki büyük savaşa sürükledi. Konumuna ve gereksinimlerine hiç de uygun düşmeyen bu savaş; ülkenin parçalanmasına, katılma sorumluluğunu taşıyanların da ortadan kalkmasına yol açtı. *İttihatçılar*'ın gidişleri de gelişleri gibi sıra dışı ve acılı oldu. Otuz yaşından genç olan bu insanlar, on yıl içinde yönetime geldiler, ülkenin geleceğine yön verdiler ve İmparatorlukla birlikte tarih oldular. Oysa, canları pahasına, birlikte battıkları İmparatorluğu kurtarmak istiyorlardı. Cesur ve ataktılar. Giriştikleri mücadele için gerekli bilinçten yoksundular, ama yurt sevgisine dayanan inançları ve yüksek amaçları vardı.

**Taylan Sorgun** İttihatçılar için şunları söylemektedir: *"Destanlarla büyümüş gencecik bir nesil, avuçlarının içinden bir imparatorluğun kayıp gitmeye başlamasını yaşarken, öfkelerinin ve kaderlerinin üzerindeki 'Yıldız kabusu' içinde bunalıyorlardı. Onlar kendilerini çok geçmeden, bir büyük devlet kavgası içinde bulacaklardır. Ve o devlet kavgasının ideallerle dolu, inatçı, vuruşkan havası içinde; hapishaneler, sehpalar, tutuklanmalar ve prangalar, köşebaşlarındaki pusular, jurnaller, koca bir imparatorluğun çöküşünü yaşayışları ve yoksul Anadolu yaylası insanlarının cephelerde tükenişleri, sanki doğdukları zaman vazgeçilmez kaderleri olmuştur."*[110]

**Mustafa Kemal**, hemen hiçbir konuda anlaşamamasına karşın, *İttihat ve Terakki*'nin *"vatansever bir örgüt"* olduğunu kabul eder ve bu örgütün yurtseverliğinin her türlü *"tartışmanın üzerinde"* olduğunu söyler. Üstelik bunu, ittihatçıların bir sürek avı gibi arandıkları işgal altındaki İstanbul'da, Fransız Büyükelçiliğinde görevli Rahip **Frew**'e karşı yapar. Kendisiyle görüşme isteminde bulunan **Frew**'in, *İttihat ve Terakki* hakkında ileri geri konuşması üzerine şunları söyler: *"İttihat ve Terakki'nin temsilcisi değilim, fakat izninizle söylemeliyim ki, İttihat ve Terakki vatansever bir cemiyettir. Başlangıcından çok zaman sonrasına kadar ben de bu cemiyet içinde bulundum. Cemiyet, hiçbir zaman sizin aşağılamalarınızı hak edecek bir nitelik almamıştır. Birçok kusuru ve yanlışı olabilir. Ama yurtseverliği tartışmaların üstündedir."*[111]

\*

*İttihatçılar*, başlangıçta tam anlamıyla *Osmanlıcı*'ydılar. 1908'de Avrupalılar'a, *"Osmanlılar, mezhep ve cins farkı olmaksızın kardeştir. Ülkenin yüksek ve ortak yararları karşısında ne Hıristiyan ne Müslüman vardır. Osmanlılıktan başka bir şey yoktur. Hepsinin çıkarları, gelecek umutları ve kaderleri aynıdır"* diyorlardı.[112] İki yıl içinde Libya, tüm Batı Trakya ve Girit'i, on yıl içinde de, Suriye, Irak ve Arabistan'ın tümünü yitirdiler. **Enver Paşa**, Osmanlıcılığın yükselmesi için değil, Anadolu Türklüğünü kurtarmak için giriştiği *Turancılık* mücadelesinde öldü. **Talat** ve **Cemal Paşalar**, dost bildikleri Alman kentlerinde ve sahipsizlik içinde, Ermeni kurşunlarıyla can verdiler. *"Kardeş"* gördükleri Osmanlı azınlıkları, hem İmparatorluğu hem de onları yok etti. Oysa; **Tunalı Hilmi** 1908'de Avrupalılar'a, *"Osmanlılık Türklük değildir, mezhep ve cins farkı olmaksızın kardeşliktir"* derken, Osmanlı İmparatorluğu'nun parçalanmasının siyasi merkezi gibi çalışan Fener Rum Patrikhanesi, *"Osmanlı milleti diye bir tanım kullanılıyorsa da gerçekte böyle bir millet yoktur"* diyordu.[113]

İttihatçıların *Osmanlıcılık* olarak tanımladıkları düşünsel karmaşadan kendilerini kurtarmaları, gerçekleri ortaya koyan araştırmalarla değil, yaşanan acılı olaylar ve el yordamıyla oldu. *Milliyetçiliğe* ulaştıklarında, artık geç kalmışlardı. Üstelik *Türk milliyetçiliğinin* kuramını oluşturacak ne yeterli bilgileri, ne de zamanları vardı. Yine de, 1913'ten sonra başlayan milliyetçi yönelme, birçok yeniliğe ortam hazırladı. Eğitimde çağdaşlaşma, üniversite (darülfünun) özerkliği, Batı takvimi, ulusal ekonomi, özel girişimcilik, kooperatifçilik gibi konularda araştırmalar ve uygulamalar yapıldı. Eğitime karışmayacak, yalnız din işleriyle uğraşacak *Darülhikmetül İslamiye* örgütü geliştirildi, siyasetle ilişkisi olmayan kültür ve spor dernekleri kuruldu, *Türk Ocağı* desteklendi. *Ulusal Savunma* (Müdafaa-i Milli), *Donanma, Çocuk Esirgeme* (Himaye-i Eftal), *Kızılay* (Hilal-i Ahmer) gibi örgütler denetim altına alınıp geliştirildi. Haber alma ve eylem örgütü olarak *Teşkilatı Mahsusa* kuruldu. Benimsenen *milliyetçilik* ilkesine uygun olarak, ulusal ekonomi siyaseti izlendi, yerli malı kullanma, kooperatifçilik ve özel girişimcilik teşvik edildi. *İtibari Milli Bankası* açıldı, mahkemeler Adliye Nezareti'ne bağlandı, yargıda yeniliklere gidildi.[114]

### Hürriyet ve İtilaf Fırkası

Gazeteci **Tahir Hayrettin Bey**, *II.Meşrutiyet*'ten sonra kurulmuş olan *Mutedil Hürriyetperveran* ve *Ahrar* fırkalarını bir araya getirerek 21 Kasım 1911'de *Hürriyet ve İtilaf Fırkası*'nı kurdu. Fırka'nın temel amacı, belki de tek amacı *İttihat ve Terakki*'ye karşı olmak ve Batı'yla tam olarak bütünleşmekti. Siyasi anlayışını **Prens Sabahattin**'in görüşlerinden alıyor, programında *Osmanlıcılık, ademimerkeziyetçilik, teşebbüsi şahsi, meşrutiyetçilik* ve *liberalcilik*'ten yana olunduğu yazıyordu. Farklı kesimlerden insanlar, milliyetçi bir çizgiye yönelen *"ittihatçıları durdurmak"* ve *"iktidarlarına son vermek"* için, dış destekle bir araya geliyor, güçlerini bu amaç için birleştiriyordu. Rum, Ermeni, Arnavut, Arap,

Bulgar kökenli ayrılıkçı unsurlar, Batıcı aydınlar (münevveran), **Prens Sabahattin** yandaşları, bazı medrese hocaları (ilmiye mensupları), sosyalistler[115] *Hürriyet ve İtilaf* çatısı altında toplanıyordu.

*Hürriyet ve İtilaf Fırkası*'nın kurucuları arasında **İsmail Hakkı Paşa**, *Arap milliyetçisi* **Abdülhamit Zehravi** (ayrılıkçı eylemleri nedeniyle 1916'da idam edildi), *Şeyhülislam* **Mustafa Sabri**, **Deli Fuat Paşa**, *Ermeni Dr.***Dagavaryan**, **Dr.Rıza Nur**, *Miralay* **Sadık Bey** ve **Damat Ferit Paşa** gibi kişiler vardır. **Damat Ferit**, partinin ilk genel başkanı oldu, sağlık nedeniyle ayrılınca yerine **Fuat Paşa** geçti.

*Hürriyet ve İtilaf Fırkası*'nın programı, günümüzde *global liberalizm* adıyla yürütülmekte olan politikaların hemen aynısıdır. *Milliyetçiliği* yadsıyan *Osmanlıcılık, ademimerkeziyetçilik* diye tanımlanan *yerel yönetimcilik,* etnik temelli *federasyonculuk, dış ticaret serbestisi, işbirlikçi özel girişimcilik;* yüzyıl önce yazılan ve bugün yoğun olarak uygulanan ekonomik-siyasi belgeler gibidir. İngilizler'in destek ve denetimiyle kurulan Fırka, kendisini var eden ve 1902 den beri faaliyet gösteren *Teşebbüsi Şahsi Ademi Merkeziyetçilik Cemiyeti* ile birlikte, etnik sorun yaşayan Osmanlı topraklarında örgütlenmeye çalıştı ve Ermeniler başta olmak üzere çeşitli azınlık guruplarından destek de buldu. **Prens Sabahattin**'e göre asıl sorun, *"Abdülhamit'in devrilmesi değil"* toplum yapısının tümden değiştirilerek Avrupa gibi olunması, *"Doğu'nun kamucu toplum biçiminden* (iştiraki toplum), *Batılı bireyci* (infiradi) *topluma"* geçilmesiydi. Bu yapılmadığı sürece, *"Doğulu toplumlar ilerleyemez"* ve *"baskı altında yaşamayı"* hak ederlerdi.[116]

1912'de, seçimlerde hile yapıldığı gerekçesiyle, Meclis içinde ve dışında eylemlere giriştiler. Önce Meclis'teki anayasa görüşmelerini engellediler. Başkan Yardımcısı Miralay **Sadık Bey** aracılığıyla, *alaylı* (harp okulu mezunu olmayan) subaylarla ilişkiye geçerek İttihatçı milletvekillerini tehdit ettiler. Daha sonra, Bab-ı Ali'yi basarak **Nazım Paşa**'yı sadrazam yapmak istediler. İttihatçılar önce davrandı ve baskını onlar gerçekleştirdi. Bunun üzerine, 13

Haziran 1913'de, İttihatçıların desteklediği, ancak yansız bir politika izleyen **Mahmut Şevket Paşa**'yı öldürdüler. Suikastta yer alan fırka üyelerinden bir bölümü idam edildi ya da ünlü Sinop Cezaevine konuldu, diğerleri yurt dışına kaçtı, fırka dağıldı.

*

*Hürriyet ve İtilaf Fırkası*, Birinci Dünya Savaşı'ndan sonra *İttihat ve Terakki* kapanınca yeniden ortaya çıktı ve 14 Ocak 1919'da örgütlenmeye başladı. Yeni kuruluş içinde; **Nuri Paşa, Seyit Abdülkadir, Mustafa Sabri** (Şeyhülislam), **Ali Kemal** (Kurtuluş Savaşı sonunda halk tarafından linç edildi), Gazeteci **Refik Halit Karay** (Kurtuluş Savaşı'ndan sonra, 150'liklerle yurt dışına sürüldü) ve **Rıza Tevfik Bölükbaşı** (Osmanlı Devleti adına Sevr'i imzalayanlardan biri, 150'liklerle yurt dışına sürüldü, 1938'de çıkarılan afla geri döndü) gibi isimler yer aldı.

Fırka'nın kuruluşu 22 Ocak 1919'da yayımlanan bir bildiriyle duyuruldu. Bildiri'de; *"Hürriyet ve İtilaf'ın yeniden doğduğu"*, *"ülkenin en güçlü partisi olduğu"* söyleniyor ve fırkanın *"ittihatçılar dışında, tüm siyasi guruplara"* özgür bir çalışma ortamı sağlayacağı açıklanıyordu. Bu açıklamaya karşın *İtilafçılar*'ın ilk işi, *"ittihatçı işi"* saydıkları , *Müdafaa-i Hukuk* hareketini önlemek için girişimlerde bulunmak oldu. Ülke yenilmiş, siyasi yapılar dağılmıştı. Bu nedenle kendilerini rakipsiz sayıyor, galip devletlere, özellikle de İngilizlerle olan ilişkilerine güveniyorlardı. *Müdafaa-i Hukuk* örgütlenmesini önlemek için, büyük paralar harcayarak, Anadolu'da çalışmalar yaptılar ve milli mücadeleye karşı ayaklanmalar düzenlediler.

*Hürriyet ve İtilaf*'ı destekleyen yayın zinciri; *Teşkilat, Takdirat, Tamirat, Merih, Hemrah, Islahat, Şehrah, İfham* gazeteleriyle gelişiyor; *İkdam, Yeni İkdam, İktiham, Alemdar* ve *Peyami Sabah*'la tamamlanıyordu. Bu gazetelerde, **Ali Kemal, Mustafa Sabri, Refii Cevat** (Ulunay), **Refik Halit** (Karay) gibi çok sayıda işbirlikçi gazeteci, **Mustafa Kemal** başta olmak üzere; Kurtuluş Savaşı önderleri için hakaret içeren sert yazılar yazıyorlardı. *"Hainler", "ahlaksızlar", "zalimler", "alçaklar", "kabadayılar", "eşkiyalar"* sıkça kullanılan[117] sözcüklerdi. Onlara göre, ulusal bağımsızlık savaşı verenler, *"yeni Celalîler"* di, o nedenle ulusal kurtuluşçulara *"Kemalîler"* diyerek alay ediyorlardı.[118]

**Refik Halit**, 9 Ocak 1920 tarihli *Alemdar'*da *Mîsakı Milli* düşüncesine karşı çıkıyor ve Kurtuluş Savaşı'nı aşağılayıcı sözcüklerle yeriyordu. *Mîsakı Millî'*nin ne denli *"gayri milli"*, *"çirkin"* ve *"telaffuzu zor"* bir *"kelime"* olduğunu yazıyor ve şunları söylüyordu: *"Bizim için tutulacak tek yol, tek kurtuluş yolu Mütareke'den hemen sonra İngiltere ile beraber yürümek için siyasi girişimde bulunmaktı. Bereketi bol olsun, başımıza bir 'milli' daha çıktı* (Ankara'yı kast ediyor y. n.). *Geceler ortaya bir 'milli'! yavru daha attı: Mîsak-ı Milli. Aman Allahım, telaffuzu ne güç, ne çirkin, ne gayri milli bir kelime."*[119]

**Refii Cevat**'ın yazdıkları, tarihte örneği az görülen açık ihanet belgeleri konumundadır. Yunan Ordusu'nun genel bir saldırıya geçtiği günlerde şunları yazıyordu: *"Yunanlılar, silah omuzda bütün Anadolu'yu baştan başa kat edecekler.. Bu serseriler* (Türk Ordusu y.n.), *karşılarında muntazam bir kuvvet gördüklerinde çil yavrusu gibi dağıldılar.. Görüyoruz ki Yunanistan kısa bir süre içinde çapulcuları* (Kurtuluş Savaşçılarını y.n.) *tamamen ortadan kaldıracaktır."*[120] Kurtuluş Savaşı'ndan sonra, *150'lilikler'*le birlikte Türkiye'den çıkarılan **Refii Cevat**, daha sonra çıkarılan afla Türkiye'ye gelecek ve Milliyet gazetesinde uzun yıllar köşe yazıları yazacaktır.

*Hürriyet ve İtilaf*, ilk genel başkanları **Damat Ferit**'in Kurtuluş Savaşı süresince İstanbul'da kurduğu beş hükümete de, bakan (nazır) verdi. İngilizler'in ve padişahın desteğini arkasına alarak, *işgalci devletlerin isteklerini yerine getiren* bir politika yürüttü. Mütareke döneminin işbirlikçi iktidar partisiydi. *Anadolu ve Rumeli Müdafaa-i Hukuk* hareketi güçlendikçe, halka dayanmadığı için zaten zayıf olan etkisini, tümüyle yitirdi. Etkisizleşme, yürüttüğü teslimiyet politikasını önlemedi, tersine işbirlikçiliği daha da yoğunlaştırdı. *Sevr* Antlaşması'nın görüşüldüğü *Saltanat Şurası*'nın hemen tüm üyeleri *İtilafçı*'ydı. *Sevr*'in kabul edilmesine, bu *Şura*'da karar verildi ve *Beşinci Damat Ferit Hükümeti*, anlaşmayı onayladı. Maarif Nazırı Bağdatlı **Hadi Paşa, Rıza Tevfik** (Bölükbaşı) ve Bern Büyükelçisi **Reşat Halis**, anlaşmayı Paris'te imzalayan *İtilafçılar*'dı. Bağımsızlık Savaşı'nın gelişmesiyle **Rıza Nur, Ahmet Ferit** (Tek) gibi az sayıda *İtilafçı* Ankara'ya gelerek TBMM'ne katıldı. Savaşın kazanılması üzerine çok sayıda parti üyesi yurt dışına kaçtı. Kalanlardan bir bölümü de 150'liliklerle birlikte Türk vatandaşlığından çıkarılıp yurt dışına sürüldü. **Miralay Sadık Bey, Damat Ferit**, Şeyhülislamlar **Mustafa Sabri Hoca** ve **Dürrizade Abdullah Efendi**, Nakşibendi Şeyhi **Konyalı Zeynelabidin**, Dr.**Rıza Tevfik**, Gümilcineli **İsmail Bey, Çerkes Arslan Bey**, Dahiliye Nazırı **Mehmet Ali Bey** gibi kimi fırka yönetici ve yandaşları İngilizler'in yardımıyla Romanya, Mısır ya da Avrupa'ya kaçtılar.[121]

1938'de çıkarılan bir af yasasıyla itilafçı sürgünler geri döndü. **Refi Cevat, Ulunay, Refik Halit** ise **Karay** soyadlarını alarak gazetelerde yazı yazmayı sürdürdüler. Batı'ya teslimiyete dayanan işbirlikçi *Hürriyet ve İtilaf* siyaseti ve anlayışı, işgal günlerinde açıktan, **Atatürk** döneminde örtülü biçimde savunuldu. **Atatürk**'ün ölümünden sonra giderek artan bir yoğunlukla yeniden açık hale geldi. Günümüzde ise ulusal bağımsızlığa cepheden saldıran işbirlikçi bir siyasete dönüştürüldü. *Hürriyet ve İtilaf anlayışı* bugün, aynı işgal döneminde olduğu gibi, *"rakipsiz"* bir siyasi işleyiş haline gelmiştir. Siyasi partilerin hemen tümü, bu anlayışı temsil eden bir çizgi izlemektedir. *Hürriyet ve İtilaf,* artık tek bir parti değil, bütün partilerdir.

## Müdafaa-i Hukuk Örgütleri

Osmanlı İmparatorluğu Almanya'nın teslim olmasıyla birlikte yenik sayıldı ve Birinci Dünya Savaşının galip devletleri tarafından, önceden yapılan paylaşım anlaşmasına uygun olarak ülkeyi işgal etmeye başladılar. Boğazlar ve İstanbul başta olmak üzere hemen tüm sahil kesimlerine girildi, silahlara el konuldu, ordular dağıtıldı. Balkan Savaşı'ndan beri aralıksız 6 yıl savaşan ve 2 milyon genç insanını yitiren Türk halkı, sıradışı bir yoksulluk içine düşmüş, yönetim sistemi çökmüş, il ve ilçeler arasında ilişkiler kopmuştu. İmparatorluk parçalanıyordu. **Mustafa Kemal Atatürk**, *Nutuk*'a o günün koşullarını açıklamakla başlar ve şunları söyler: *"1919 yılı Mayısının 19. günü Samsun'a çıktım. Genel durum ve görünüş: Osmanlı Devleti'nin içinde bulunduğu gurup, Genel Savaş'ta yenilmiş, Osmanlı Ordusu her yanda zedelenmiş ve koşulları ağır bir ateşkes anlaşması imzalanmış. Büyük Savaş'ın uzun yılları boyunca, ulus, yorgun ve yoksul bir duruma düşmüş. Ulusu ve ülkeyi Savaş'a sürükleyenler, kendi yaşamlarının kaygısına düşerek yurttan kaçmışlar. Padişah ve Halife, soysuzlaşmış, kendisini ve yalnız tahtını koruyabileceğini umduğu alçakça önlemler araştırmakta. Damat Ferit Paşa'nın başkanlığındaki hükümet; güçsüz, onursuz, korkak, yalnız padişahın isteklerine uymuş, onunla birlikte kendilerini koruyabilecek herhangi bir duruma boyun eğmiş. Ordunun elinden silahları alınmış ve alınmakta.*

*İtilaf Devletleri, ateşkes anlaşması hükümlerine uymayı gerekli görmüyorlar. Birer uydurma nedenle, itilaf donanmaları ve askerleri İstanbul'da. Adana ili Fransızlar; Urfa, Maraş, Antep İngilizlerce işgal edilmiş Antalya ile Konya'da İtalyan birlikleri, Merzifon'la Samsun'da İngiliz askerleri bulunuyor. Her yanda yabancı devletlerin subay ve görevlileri ve özel adamları çalışmakta. Daha sonra, sözümüze başlangıç olarak aldığımız tarihten dört gün önce, 15 Mayıs 1919'da İtilaf devletlerinin onayıyla Yunan ordusu İzmir'e çıkarılıyor.*

*Bundan başka, yurdun dört bucağında Hıristiyan azınlıklar; gizli ya da açık olarak özel isteklerini elde etmeye, devletin bir an önce çökmesine çaba harcıyorlar. İstanbul Rum Patrikliği'nde kurulan* **Mavri Mira Kurulu***, illerde çeteler kurup yönetiyor, mitingler ve propagandalar yaptırmakla uğraşıyor.* **Yunan Kızılhaç'ı**, **Resmi Göçmenler Komisyonu**, *Mavri Mira'nın çalışmalarını kolaylaştırmak için yardım ediyor.* **Mavri Mira Kurulu'***nca yönetilen Rum okullarının izci örgütleri, yir-*

mi yaşını aşmış diğer gençleri de içine alarak her yerde geliştiriliyor. **Ermeni Patriği Zaven Efendi** de, **Mavri Mira Kurulu** ile düşünce birliği içinde çalışıyor. Ermeni hazırlığı da Rum hazırlığı gibi ilerliyor. Trabzon, Samsun ve bütün Karadeniz kıyılarında kurulan ve İstanbul'daki merkeze bağlı **Pontus Cemiyeti** kolaylıkla ve başarıyla çalışıyor.

Durumun korkunçluğu ve ağırlığı karşısında, her yerde her bölgede bazı kişilerce, kurtuluş yolları düşünülmeye başlanmıştı. Bu düşünceyle girişilen çalışmalar, bir takım örgütler doğurdu. Örneğin; Edirne ve çevresinde **Trakya-Paşaeli** adlı bir cemiyet vardı. Doğu'da, Erzurum'da ve Elazığ'da genel merkezi İstanbul'da olmak üzere **Vilayatı Şarkiye Müdafaai Hukuku Milliye Cemiyeti** kurulmuştu. Trabzon'da **Muhafazai Hukuk** adlı bir cemiyet bulunduğu gibi, İstanbul'da da, **Trabzon ve Havalisi Ademi Merkeziyet Cemiyeti** vardı. Bu dernek merkezinin gönderdiği delegeler, Of ilçesi ve Lazistan Livası'nda şubeler açmıştı.

Yunanlıların İzmir'e gireceğinin açık belirtilerini Mayıs'ın on üçünden beri gören İzmir'deki bazı genç yurtseverler, 14/15 gecesi bu acı durumu aralarında görüşmüşler; bir olup bittiye getirildiği kuşku götürmeyen Yunan işgalinin ilhakla sonuçlanmasını önlemek düşüncesinde birleşmişler ve **Reddi İlhak** ilkesini ortaya koymuşlar...

Kurulmaya başlayan bu örgütlerden başka, ülke içinde başka bir takım girişimler ve kuruluşlar da ortaya çıkmıştı. Özellikle Diyarbakır, Bitlis, Elazığ illerinde, İstanbul'dan yönetilen **Kürt Teali Cemiyeti** vardı. Bu cemiyetin amacı, yabancı devletlerin koruyuculuğu altında bir Kürt devleti kurmaktı. Konya ve dolaylarında İstanbul'dan yönetilen **Tealii İslam Cemiyeti** kurulmasına çalışılıyordu. Ülkenin hemen her yanında **Hürriyet ve İtilaf**, **Sulh ve Selamet** cemiyetleri de vardı. İstanbul'da çeşitli amaçlarla gizli ve açık olmak üzere, bir takım fırka ve cemiyet adı altında örgütler de vardı... İstanbul'daki kadın-erkek bir takım ileri gelen kişiler ise, gerçek kurtuluşu **Amerikan mandasını** istemek ve sağlamakta görüyorlardı. Bu kanıda olanlar, düşüncelerinde çok direndiler. Doğru olanın, kesinlikle kendi görüşlerinin desteklenmesi olduğunu kanıtlamak için çok çalıştılar...

Bu açıklamalardan sonra genel durumu daha dar bir çerçeve içine alarak çabuk ve kolayca hep birlikte gözden geçirelim: Düşman devletler, Osmanlı Devleti'ne ve ülkesine maddi ve manevi olarak saldırmışlar; yok etmeğe ve paylaşmaya karar vermişler. Padişah ve Halife olan kişi, hayat ve rahatını kurtarabilecek çareden başka bir şey düşünmüyor; hükümeti de aynı durumda. Farkında olmadığı halde, başsız kalan ulus, karanlık ve belirsizlik içinde, olup bitenleri bekliyor. Felaketin korkunçluğunu ve ağırlığını anlamaya başlayanlar, bulundukları çevreye ve sezebildikleri etkilere göre kurtuluş çaresi saydıkları yollara başvuruyorlar. Ordu, adı var kendi yok durumda. Komutanlar ve subaylar, Genel Savaş'ın onca sıkıntı ve güçlükleriyle yorgun, yurdun parçalanmakta olduğunu görerek yürekleri kan ağlıyor; gözleri önünde derinleşen karanlık içinde ve felaket uçurumunun kıyısında; çıkar bir yol, bir kurtuluş yolu arıyorlar.[122]

**Mustafa Kemal**, durumu bu biçimde saptar. Sonra, ulusal kurtuluş için yapılması gereken öncelikli girişimleri belirler ve kendiliğinden oluşmaya başlayan halk direnişinin örgütlenmesi üzerinde durur. Bu örgütlenmenin biçim ve içeriğini, yöneleceği ana amacı ve bu yönde yapılacak çalışmaları belirler. 29 Mayıs 1919'da, yani Samsun'a çıkışından on gün sonra Havza'dan **Kazım Karabekir**'e şu telgrafı çeker: *"Sivil yönetimin güvenilir kişileriyle el ele vererek, bağımsızlığımızın savunulması uğrunda gerekli olan örgütü, doğaldır ki gizli olarak ve dışa karşı sezdirmeyecek biçimde kurmayı zorunlu sayıyorum. Bu husus (örgütlenme y.n.), bilgisi nedeniyle biz askerlerin vatanseverliğine düşmektedir."*[123]

Yirmi gün sonra, 18 Haziran'da Edirne Birinci Kolordu Komutanı **Cafer Tayyar Bey**'e gönderdiği şifreli telgraf, o aşamadaki örgütlenme yönelişinin ana hatlarını belirler. *Nutuk*'a aldığı bu telgrafta şu açıklamaları yapar: *"Ulusal bağımsızlığımızı boğan ve yurdun bölünmesi tehlikesini hazırlayan İtilaf devletlerinin yaptıklarını ve İstanbul hükümetinin tutsak ve güçsüz durumunu biliyorsunuz. Ulusun kaderini böyle bir hükümetin emrine bırakmak, çöküşe boyun eğmektir. Anadolu ve Trakya'daki ulusal örgütleri birleştirmeye ve ulusun sesini bütün gürlüğüyle dünyaya duyuracak güvenilir bir yer olan Sivas'ta, birleşik ve güçlü bir kurul toplamaya* *karar verilmiştir. Ben İstanbul'dayken Trakya-Paşaeli Cemiyeti üyelerinden bazılarıyla görüşmüştüm. Şimdi zamanı geldi. Gerekenlerle gizlice görüşerek hemen örgütler kurunuz ve benim yanıma da delege olarak bir iki kişi gönderiniz. Bağımsızlığa ulaşıncaya kadar, ulusun tümüyle birlikte, özveriyle çalışacağıma kutsal inançlarım adına ant içtim. Artık benim için Anadolu'dan ayrılmak söz konusu olamaz... Anadolu halkı baştan aşağı bölünmez bir bütün haline getirildi. Kararlar, ayırımsız tüm komutanlar ve arkadaşlarımızla birlikte alınıyor. Vali ve mutasarrıfların hemen hepsi bizden yanadır. Anadolu'daki ulusal örgütler ilçe ve bucaklara dek genişledi. İngiliz himayesi altında bir bağımsız Kürdistan kurulması ile ilgili propagandalar ve bu amacı güdenler saf dışı edildi. Kürtler'le Türkler birleşti."*[124]

**Mustafa Kemal**, ulusal güçlerin birliğini sağlayacak girişimleri yoğunlaştırıp temsil yetkisi yüksek merkezi bir örgütlenmeye yönelirken, zaman yitirmeden bu örgütün ve yürüteceği mücadelenin temel ilkelerini belirler. 22 Haziran 1919'da Amasya'da, tarihimize bu kentin adıyla giren ve *"Ulusal Kurtuluş Savaşı'nın ilanı niteliğinde olan"*[125] ünlü genelgeyi hazırlar ve gizlilik kaydıyla tüm vali, mutasarrıf ve kolordu komutanlarına gönderir. **Atatürk** *Amasya Genelgesi*'ni ortaya çıkaran kısa süreci *Nutuk*'ta şöyle açıklar: *"Anadolu'ya geleli bir ay olmuştu. Bu süre içinde bütün orduların birlikleriyle ilişki ve bağlantı sağlanmış ve ulus elden geldiğince aydınlatılarak uyarılmış, ulusal örgütlenme düşüncesi yayılmaya başlamıştı. Durumu, artık bir komutan kimliğiyle yürütüp yönetmeye olanak kalmamıştı.* (İstanbuldan y.n.) *yapılan çağrıya uymayarak gitmememe karşın, ulusal örgütleri ve eylemi yönetmeyi sürdürdüğüme göre, asi durumuna girdiğim kuşku götürmezdi. Bundan başka ve özellikle uygulamaya karar verdiğim girişim ve eylemlerin köklü ve sert olacağını görmek güç değildi. Bu nedenle, girişim ve eylemlerin bir an önce, kişisellikten çıkarılarak bütün ulusun birlik ve dayanışmasını sağlayacak ve temsil edecek bir kurul adına yapılması şarttı. 18 Haziran 1919 tarihinde Trakya'ya verdiğim yönergede işaret ettiğim bir noktanın uygulanması zamanı gelmiş bulunuyordu. Anadolu ve Rumeli milli örgütlerini birleştirecek, bunları bir merkezden yönetmek ve temsil etmek üzere Sivas'ta genel bir*

*milli kurultay toplamak gerekiyordu. Bu amaçla, emir subayım Cevat Abbas Bey'e, 21/22 Haziran 1919 gecesi Amasya'da yazdırdığım genelgenin başlıca maddeleri şunlardı:*
**1.** *Yurdun bütünlüğü, ulusun bağımsızlığı tehlikededir.*
**2.** *İstanbul'daki hükümet, üzerine aldığı sorumluluğun gereklerini yerine getirmemektedir.*
**3.** *Ulusun bağımsızlığını, yine ulusun azim ve kararı kurtaracaktır.*
**4.** *Ulusun durumunu ve davranışını göz önünde tutmak ve haklarını dile getirip tüm dünyaya duyurmak için, her türlü etkiden ve denetimden kurtulmuş, ulusal bir kurulun varlığı çok gereklidir.*
**5.** *Anadolu'nun, her yönden en güvenli yeri olan Sivas'ta ulusal bir kongrenin hemen toplanması kararlaştırılmıştır..*
**6.** *Bunun için bütün illerin her sancağından, halkın güvenini kazanmış üç delegenin, olabildiğince çabuk yetişmek üzere, hemen yola çıkarılması gerekmektedir.*
**7.** *Her olasılığa karşı bu iş, ulusal bir sır gibi tutulmalı ve delegeler gereken yerlere kimliklerini gizleyerek gelmelidirler.*
**8.** *Doğu illeri adına 10 Temmuz'da, Erzurum'da bir kurultay toplanacaktır. O güne değin öteki il delegeleri de Sivas'a ulaşabilirlerse Erzurum kongresinin üyeleri de Sivas'ta yapılacak genel toplantıya katılmak üzere yola çıkacaklardır."*[126]

**Mustafa Kemal**, genelgeyi yayınladığı Amasya'ya geldiği gün (12 Haziran 1919), Belediye binasının balkonundan halka bir konuşma yaptı. Kararlılığın, özverinin ve ulusal direncin göstergesi olan bu konuşma, *Amasya Genelgesi*'nin devrimci ruhunu ortaya koyan inanç yüklü bir bildirimdir. *"Amasyalılar! Düşmanlarımızın Samsun'dan yapacağı herhangi bir çıkartma hareketine karşı, ayaklarımıza çarıklarımızı giyeceğiz; dağlara çekilerek vatanımızı en son taşına kadar müdafaa edeceğiz... Amasyalılar! Hep birlikte yemin edelim ki..."*[127]

Amasya konuşması, **Mustafa Kemal**'in İstanbul'dan çıktıktan sonra kitle önünde yaptığı ilk konuşmadır ve halk bu konuşmada kendi kaderine sahip çıkmak için ayaklanmaya çağrılmıştır. Çağrı yankısını bulur ve Amasya'da hava birden değişir. Halkı temsil eden 22 saygın kişi, İstanbul'a bir telgraf çekerek padişaha, *"hürriyet ve istiklal için"* birleştiklerini, *"Mustafa Kemal'in çevresinde elbirlik olup"* çalışacaklarını bildirirler. Amasya'nın ünlü din bilginlerinden **Abdürrahman Kamil Efendi**, Sultan Beyazit Camiinde şu konuşmayı yapar: *"Milletin istiklali tehlikeye düşmüştür. Bu felaketten kurtulmak için vatanın son ferdine kadar ölmeyi göze almak gerekir. Artık Padişah olsun, ünvanı ne olursa olsun, onun bir hikmeti kalmamıştır. Tek kurtuluş çaresi, halkın egemenliği doğrudan doğruya ele almasıdır."*[128]

**Mustafa Kemal**, Amasya'da dile getirdiği direnme çağrısını, *Kurtuluş Savaşı* bitene dek yineler. Çağrıdaki anlayışı, örgütlü bir halk eylemine dönüştürecek başarıya ulaşır. Hiçbir dönemde, hiçbir biçimde, söylediklerinden geri adım atmaz, bağımsızlıktan ödün vermez. Bilinçle donanmış bir atılganlığa, direnme gücü yüksek bir kararlılığa sahiptir. Halkı, özgürlük ve ulusal onur için giriştiği mücadeleye çağırırken, olumlu yanıt alacağından emindir. Türk ulusunun, tutsaklığa ve onursuzluğa duyduğu nefreti bilmektedir. 12 Temmuz ve 2 Ağustos 1920 tarihli *Hakimiyeti Milliye* gazetesinde şunları yazar: *"Bursa'yı boşaltmaya mecbur kaldık. Bu öyle bir olaydır ki, bütün Türkler'in başları üzerinde bir dünya parçalansa bu kadar dayanılmaz olamazdı. Sultan Osman'ın türbesi Yunan atlılarının kişnemelerini duysun! Bu hiçbir zaman aklımızdan geçmezdi. Fakat bu bir gerçektir; acı, elim, yakıcı ve vahşi bir gerçek.. Dün Peygamberimiz'in kabrini, bugün de birinci Türk Sultanının türbesini bıraktık; birine İngiliz girmişti, buna Yunan girdi. Ne Olduk? Dün hilafet kapılarını, dünyanın gözlerini kamaştırarak müdafaa eden Türkler'e ne oldu? Evet, bize ne oldu Bursa'yı olsun koruyamadık... Ne duruyoruz? Milyonlarca Türküz. Hepimiz savaşçıyız, hepimiz namus nedir, millet nedir biliyoruz. Bir hamlede Yunanistan'ı denize dökmek bizim için su içmek gibiyken ne duruyor, neyi ve kimi, neden ve niçin bekliyoruz?"*[129]

\*

*Müdafaa-i Hukuk* örgütleri, **Mustafa Kemal**'in dile getirdiği 1919 koşulları içinde ortaya çıktı;kısa bir sürede birçok il ve ilçeye yayıldı, Erzurum ve Sivas Kongreleri'nden geçerek TBMM'nin kurulmasını sağladı. Ulusal varlığın tehlikede olduğunu gören yurtsever aydınlar harekete geçmişler, **Mustafa Kemal**'in önderliğinde bir araya gelerek halkla bütünleşip mücadeleye girişmişlerdi. Kendiliğinden kurulup gelişen yerel örgütler, bu örgütlerin yarattığı meclis ve halkın dolaysız katıldığı ulusal mücadele; Türk toplumuna özgü, benzeri olmayan bir halk hareketiydi. İnsanlar hiçbir güvence aramaksızın mücadeleye atılıyor, örgütlere katılıyor, yeni örgütler kuruyor ve ulusal dayanışmayı Kurtuluş'u gerçekleştirene dek sürdürmede kararlı bir tutum içine giriyordu. Kurtuluş Savaşı komutanlarından **Miralay Mehmet Arif Bey**, halkın bağımsızlık hareketine kendiliğinden katılımını anılarında şöyle anlatır: *"Milli mücadeleye katılma arzusu, milletin ruhundan doğan galeyanın doğal bir ürünüydü. Vicdan ve hamiyet sahibi her insan, mili savaşa maddi ve manevi olarak katılmayı namus gereği sayıyordu. Kuvvay-ı Milliye arasında çok genç çocuklar, ak sakallı dedeler de vardı. Savaşanlara cephane ve yiyecek taşıyan kadınlar çok fazlaydı. Mavzeri elinde çarpışmaya katılan Türk kadınları da az değildi."*[130]

**Müdafaa-i Hukuk**, işgalcilere karşı ulusal bağımsızlığı sağlamak, bu amaçla yeni bir ordu ve devlet kurarak silahlı direnişe geçmek için girişilen bir halk eylemidir. Farklı düşüncelere sahip olsalar da her kesimden insan, bir araya gelip örgütleniyor ve iç ayrılıkları bir kenara bırakarak **Mustafa Kemal**'in belirlediği ilkeler yönünde ve onun çevresinde toplanıyordu. Hemen her kent ve her kasaba bir örgüt alanı haline gelmişti. Büyüklü küçüklü o denli çoktular ki, bunların tümünü saptamak olası değildi. Belirlenmiş olan bazıları şunlardır: *İzmir Müdafaa-i Hukuku Osmanlı Cemiyeti, İzmir Reddi-İlhak Heyet-i Milliyesi, Denizli Redd-i İlhak, Denizli Harekât-ı Milliye ve Redd-i İlhak, Balıkesir Kongreleri, Nazilli ve Alaşehir Heyeti Milliye, Güney Anadolu Kilikyalılar Cemiyeti; Develi, Konya, Mut, Silifke, Tarsus ve Mersin Heyeti Milliye örgütleri; Urfa, Antep, Maraş, Müdafaa-i Hukuk; Kars, Ardahan, Oltu Elviye-i Selase (üç* sancaklar), *Kars İslam Şurası, Oltu Terakki Fırkası, Vilayat-ı Şarkiye Müdafaa-i Hukuk-u Milliye, Trabzon Müdafaa-i Hukuk-u Milliye ve Rize, Giresun Şubeleri, Samsun-Karadeniz Türkleri Müdafaa-i Hukuk, Batı Trakya Müdafaa-i Hukuk, Edirne Kongreleri, İstanbul Karakol Cemiyeti, Mim-Mim (Müdafaa-i Milliye) Gurubu, İstanbul Müdafaa-i Hukuk, Niğde ve Adana Müdafaa-i Hukuk Cemiyetleri.*[131]

Çok kısa bir süre içinde ortaya çıkan direniş örgütleri, kendi olanaklarıyla eyleme geçtiler ve yayınladıkları bildirilerle ülkesini seven herkesi *"vatan savunmasına"* çağırdılar. *Denizli Harekat-ı Milliye ve Redd-i İlhak Cemiyeti*, 10 Haziran 1919'da yayınladığı bildiride şunları söylüyordu: *"Güzel İzmir'imizi işgal eden Yunan canavarları, vilayetimizin içlerine doğru ilerliyorlar. Ayak bastıkları her yerde hadsiz hesapsız vahşetler, tüyleri ürperten alçaklıklar yapıyorlar, camilerimize Yunan bayrağı asıyorlar... Biz bu hain düşmana karşı ayaklandık. Bunları önce Menderes'ten bu tarafa geçirmemeye ve sonra vilayetimizden temizlemeye karar verdik. Allah'ın büyüklüğüne güvenen namuslu mert kardeşler, silahlarıyla birer birer gelip bize el uzatıyorlar. Yarın Yunanlılar'ın pis ve murdar ayakları altında inleye inleye ölmektense, bugün ya mertçe ölmeye ya da şerefle, namusla yaşamaya azmettik. Bugünkü mücadeleyi din ve namus borcu bilen kardeşlerimiz seyirci durumda kalmamalı. Vaktin nakit olduğunu ve kaybedecek zaman olmadığını düşünerek hareket etmeliyiz. Allah yardımcımızdır."*[132]

*Müdafaa-i Hukuk* ve *Reddi İlhak* örgütleri arasında yerel kongrelerle başlayan birleşmeler süreci, Sivas Kongresi'yle en üst aşamaya ulaşacak ve gerçek birleşme burada gerçekleştirilecektir. O güne dek birbirinden bağımsız olarak çalışan tüm örgütler, *Anadolu ve Rumeli Müdafaa-i Hukuk Cemiyeti* adı altında bir araya getirildiler ve onun birer şubesi oldular. Prof. **Tarık Zafer Tunaya** bu gelişmeyi, *"yer yer ortaya çıkan Müdafaa-i Hukuk ırmaklarının TBMM'ne akıtılması"* olarak tanımlar ve TBMM'nin *"genişletilmiş bir Sivas Kongresi"* olduğu söyler.[133]

Sivas'ta gerçekleştirilen birlik, İstanbul hükümetinden ayrı bir yönetimin ilk aşaması olan *Birinci Meclis*'i yarattı. Bu Meclis, çok farklı özelliklere sahip, olağanüstü direngen ve katılımcı bir halk örgütüydü. Ulusal dayanışma ruhuyla, halk tarafından yaratılmıştı. Türk toplumuna özgü, örneği olmayan milli bir güçtü. 3 Nisan 1920'den Ağustos 1923'e dek yaklaşık 3,5 yıl görev yaparak Kurtuluş Savaşı'nı gerçekleştiren, Türkiye Büyük Millet Meclisi (TBMM) ilk dönemi, *Birinci Meclis* ya da *İlk Meclis* adıyla anılmıştır. Bu gücün kitle tabanını, Sivas'ta kurulan *Anadolu ve Rumeli Müdafaa-i Hukuk Cemiyeti* oluşturuyordu. Bu Cemiyet aynı zamanda **Atatürk**'ün ölene dek başkanlığını yapacağı *Cumhuriyet Halk Partisi*'nin de temelini oluşturacaktı.

*Müdafaa-i Hukuk* dernekleri, Türk ulusunun uğradığı askeri işgale karşı gösterdiği doğal tepki ve korunma güdüsünün harekete geçmesidir. Yerel örgütler, biri ötekini görerek birbirinden etkilenen ve başarı olasılığı belirdikten sonra yayılan oluşumlar değil, aynı anda ve kendiliğinden harekete geçen doğal savunma hareketleridir. **Mustafa Kemal**, bu örgütlerin ortaya çıkışı ve yayılması için, *"bir elektrik şebekesi gibi"* devreye giren, *"tarihin emri"* tanımını kullanır.[134]

\*

**Mustafa Kemal Palaoğlu**, *Müdafaa-i Hukuk* anlayış ve örgütlenmesini özünden kavrayan ve bu kavrayışı en açık biçimde ifade eden aydınların başında gelir. *Müdafaa-i Hukuk Saati* adlı yapıtındaki saptamalar, bu hareketin gerçek niteliğini ortaya koyan belirlemelerdir. **Palaoğlu**, *Müdafaa-i Hukuk*'u şöyle tanımlar: *"Müdafaa-i Hukuk, devlet kuran, hatta kendisi bizatihi devlet olan bir milli mücadele hareketidir. Siyasi bir harekettir. İstanbul'daki fırkaların ve o anlamda particiliğin dışında ve üstünde, kendisi başlı başına siyasi bir harekettir. İçinden iki meclis (Osmanlı Meclisi ve TBMM), bir meclis gurubu ve bir siyasi parti (Halk Fırkası) çıkarmıştır... Müdafaa-i Hukuk bir **ideolojidir**, onun dinamik niteliği de bu-*

*dur; bir dünya görüşü, bir yaşam biçimidir. Müdafaa-i Hukuk bir kamu vicdanı hareketi, bir namus hareketidir: buna **Müdafaa-i Hukuk ruhu** diyoruz. Atatürk bu ruhu 'milli vicdan' ve onun oluşturduğu cepheye 'namus cephesi' diyor... Müdafaa-i Hukuk bir hareket, bir eylem.O ruh, yerel ya da bölgesel hareketleri başlatıyor... Müdafaa-i Hukuk bir **örgüttür**. Dağınık, birbirinden bağımsız eylemler, dernekler, kongreler ve 'yerel iktidarlar'; Sivas Kongre'sinde ulusal bütünlüğe ulaştırılmışlardır. Sivas Kongresi ve Anadolu ve Rumeli Müdafaa-i Hukuk Cemiyeti; aritmetik bir örgütsel toplam demek değildir, geometrik ve ideolojik bir sıçramadır... Müdafaa-i Hukuk **demokratik** bir kuruluştur. Atatürk'ün diliyle meşru, medeni ve siyasi bir örgüttür... Cemiyet'in tarihi misyonu; bağımsız, tekil, ulusal, yeni bir Türk devleti kurmaktır... Müdafaa-i Hukuk, tam bağımsız, kayıtsız-koşulsuz ulus egemenliğidir, Türkiye Cumhuriyeti ve **Kemalizmin** özüdür... Bu nedenle tüm zamanların siyasal iktidarları için en doğru ve en yalın **meşruiyet ölçütüdür**. Tüm seçimlerden de, seçim sandıklarından da, güvenoylarından da, daha **geniş** ve daha **gerçek** meşruiyet ölçütüdür. Müdafaa-i Hukuk ideolojisinden sapmak, **tarih önünde de, millet önünde de** meşruiyeti yitirmek demektir."*[135]

\*

**Mustafa Kemal**, Erzurum ve Sivas Kongreleri'ni yaparak, 27 Aralık 1919'da Ankara'ya geldi. Sivas'ta, tüm yerel örgütler bir çatı altında toplanmış ve *Anadolu ve Rumeli Müdafaa-i Hukuk Cemiyeti* kurulmuştur. Sivas Kongresi, olağanüstü yetkilerle yönetim kurulu gibi işlev gören *Heyeti Temsiliye*'yi seçmiş ve **Mustafa Kemal**'i bu kurulun başkanı yapmıştır. Ülke dışında ve ülkenin her yerinde, dost düşman herkes gözünü onun söz ve davranışları üzerine çevirmiş, *"Anafartalar kahramanı bu genç generalin"* ne yapacağını bekliyordu. Türk halkı, kurtuluş umudunu, gizemli (mistik) bir saygıyla bağlı olduğu *"Kemal Paşa"* ya bağlamış, *"onunla birlikte yürümeye"* karar vermişti. Ankara halkının ona gösterdiği sevgi ve coşkulu karşılama, bunun en açık göstergesiydi.

Ulusal Kurtuluş hareketini başlatan **Mustafa Kemal**, bu işe, sıradışı yokluklar ve yoksunluklar içinde girişmişti. Ordu dağıtılmış, ülke işgal edilmişti. Aralıksız sekiz yıl süren savaşlar sonunda iki milyon genç insanını yitiren Türk halkı, hastalık ve yoksullukla boğuşarak hayatta kalmaya çalışıyordu. Anadolu, bir *"yetimler ve dullar ülkesi"* haline gelmişti. Buna karşın, **İsmet İnönü**'nün söylemiyle, *"dünyanın bütün ateşleri başına yağarken"*, Anadolu insanı, *"yalınayak ve sopayla istilacılara karşı koymaya"*[136] çağrılıyordu. Elde; ne ordu, ne silah ne de para vardır. Türk toplumu için önemli olan *paşa* üniformasını çıkarmış, halktan biri haline gelmişti. Maddi yoksunluklara aldırmıyor, giriştiği eylemin doğruluğuna ve *"sopayla istilacılara karşı koymaya"* çağırdığı Türk halkına güveniyordu. 8 Temmuz 1919'da askerlikten istifa etmesi nedeniyle, ulusa ve orduya yayınladığı bildirisinde, *"resmi unvan ve yetkilerden arınmış olarak, yalnızca milletin sevgi ve mertliğine güvenerek, onun bitmez tükenmez vericiliğinden ve güç kaynağından ilham ve kuvvet alarak, vicdanî görevimi sürdüreceğim; milletin bağrında sıradan bir savaşçı* olarak (ferd-i mücahit y.n.) *çalışacağım"* diyordu.[137]

**Mustafa Kemal**, beraberindeki *Temsil Heyeti* üyeleriyle birlikte 18 Aralık 1919'da Sivas'tan Ankara'ya doğru yola çıktığında, gerçekleştirilmek istenen eylemle maddi olanaklar arasındaki karşıtlık tam bir acıklı durum (trajedi) oluşturuyordu. Para yoktur, ama **Mustafa Kemal** buna hiç aldırmamakta, Sivaslıların kilometrelerce süren coşkulu uğurlamasına önem vererek, *"para bulunur"* demektedir. Hava çok soğuktur ve çamurlu patikalardan yola koyulan üç otomobilin de üzeri açıktır. İki aracın tekerlekleri dolma, biri normal lastiktir. Benzin ve lastikler, *"haysiyet kaygılarıyla karışık duygular içinde"* bir Amerikan okulundan sağlanmıştır. Bitlis eski valisi **Mazhar Müfit Kansu**, ayrılış günü için notlarına şunları yazar: *"Yarın hareket ediyoruz. Bildiklerimizle vedalaştık. Bütün paramız, yol için ancak 20 yumurta, bir okka peynir ve 10 ekmeğe yettiğinden yalnızca bunları alabildik.."*[138]

Eldeki paranın son kalıntıları azık için harcanmıştır. **Mazhar Müfit**, valiliği zamanında tanıdığı Osmanlı Bankası müdürünün peşine düşmüş, bankadan kredi almaya çalışmaktadır. Ancak, müdür gönülsüzdür ve *"evinde hastadır"*. Ricalarla getirilir ve *"muameleyi başlatmaya ikna edilir"*. **Mazhar Müfit** borçlanır, karargahtan **Yüzbaşı Bedri Bey**, tüccar sıfatıyla ve kefil olarak imza atar, 1000 lira borç alınır. *"Bu muameleler, hareketten ancak beş dakika önce tamamlanmıştır."*[139] Bu günler, **Mustafa Kemal**'in *"hiç unutmadığı ya da hiç hatırlamak istemediği günlerdir."*[140]

**Mustafa Kemal**, 28 Aralık 1919'da Ankaralılar'a, dünyanın ve ülkenin içinde bulunduğu koşulları açıklayan bir konuşma yaptı. Ziraat Okulu'nda yaptığı ve tarihi değeri olan bu konuşmada; halkın örgütlenmesine verdiği önemi, örgütlenme biçimini ve kurtuluştan yana kendini bekleyen sorumlulukları dile getirdi. Özellikle günümüzde, herkesin ders alması gereken şu saptamaları yaptı. *"Efendiler! Bir millet varlığı ve hakları için, bütün gücüyle, bütün fikri ve maddi gücüyle ilgilenmezse; bir millet kendi gücüne dayanarak varlığını ve bağımsızlığını sağlamazsa, şunun bunun oyuncağı olmaktan kurtulamaz. Milli yaşantımız, tarihimiz ve son dönemdeki yönetim biçimimiz bunun bir göstergesidir. Bu nedenle, örgütümüzde (Anadolu ve Rumeli Müdafaa-i Hukuk Cemiyeti y.n ), Kuvvayi Milliye'nin etken ve milli iradenin hakim olması kabul edilmiştir. Örgütümüzün ayrıntılarına bakacak olursak, işe köyden, mahalleden ve mahalle halkından, yani bireyden başlıyoruz. Bireyler fikir sahibi olmadıkça, haklarının bilincine varmadıkça; kitleler, herkes tarafından istenilen yöne, iyi ya da kötü yöne götürülebilirler. Kendini kurtarabilmek için her bireyin geleceğiyle bizzat ilgilenmesi gerekir. Aşağıdan yukarıya, temelden çatıya doğru yükselen böyle bir örgüt elbette sağlam olur. Ancak kuşku yok ki, işin başlangıcında, aşağıdan yukarıya değil, daha çok yukarıdan aşağıya doğru örgütlenme zorunluluğu vardır... Biz ülkemiz içindeki gezilerimizde, milli örgütlenmenin birinci tarzda başlayarak bireye kadar indiğini ve oradan tekrar yukarıya doğru gerçek şekillenmesine başladığını büyük bir şükranla gördük. Bununla beraber olgunluk derecesine ulaştığını iddia edemeyiz. Bu nedenle, aşağıdan yu-*

*karı doğru bir şekillenmenin ortaya çıkarılması amacıyla özel olarak çalışma yapmamız, milli ve vatani bir görev kabul edilmelidir."*[141]

\*

**Mustafa Kemal**, denetimini elinde tuttuğu telgraf ağını, halkın örgütlenmesi yönünde yoğun biçimde kullanmış ve bu kullanımı Bağımsızlık Savaşı sonuna dek aralıksız sürdürmüştür. Kurtuluş Savaşı'na, ek bir tanım olarak *"telgraf savaşı"* denmesinin nedeni budur. **Atatürk**, 3,5 yıl boyunca, gününün önemli bölümünü iletişim işleriyle uğraşarak geçirmiş, *Müdafaa-i Hukuk* derneklerini bir anlamda telgrafla örgütlemiştir. Daha sonra yayımlanan ve ciltler tutan Kurtuluş Savaşı telgrafları incelenirse, yapılan işin kapsamı, önemi ve yoğunluğu açıkça görülecektir.

Tarihin her döneminde önemli olan *iletişim*, çok sınırlı olanaklarla yürütülen Kurtuluş Savaşı'nda *herşeyden çok* önemlidir. Siyasal ve askeri yapılanmayı ilgilendiren hemen her konu, yönergeler, buyruklar, örgütlenme ve uygulama programlarına dönüştürülmüş; istihbarattan kitle gösterilerine, asker ve malzeme gönderiminden dış ilişkilere dek hemen her eylem, telgraf bildirimleriyle gerçekleştirilmiştir. Yazılmalarına özel önem ve emek verilen telgraflardan, *örgütlenmeye yönelik* olanlarından bazıları şöyledir: 9 Haziran 1919, Eşme'de 17. Kolordu Komutanı Albay **Bekir Sami Bey**'e: *"Durumunuzu bildiren şifreniz beni çok üzdü. Gaflet ve örgütsüzlüğün, acıklı ve yürek parçalayıcı sonuçlar doğurduğu anlaşılmakta ise de, umutsuzluğa düşecek zamanda ( değiliz y.n.) ... durumun düzeltilmesi için ortaklaşa çözümler yaratmak zorundayız. Yakın gelecekte karşılaşacağımız pek kesin olan genel durumda kuvvetli ve güçlü bulunmak için, ülkenin düzenli bir örgüt altına alınmasına çalışmalıyız..."*[142]

14. Haziran 1919, Bitlis Valisi **Mazhar Müfit Bey**'e: *"Doğu İlleri Müdafaa-i Hukuk Cemiyeti'nin il merkezleri ve sancaklarında ve bağlantılarında örgütleri var mıdır? Belli başlı kurucuları kimlerdir? Çevre illerdeki örgütle ilişkiye geçip gö-*

*rüşmekte midir? Araştırılarak bildirilmesine yardımlarınızı rica ederim."*[143]

15 Haziran 1919, Diyarbakır Valiliğine: *"İzmir'in Yunanlılar'a işgal ettirilmesi sonucu ülkenin her yerinde oluşan büyük uyanış, her türlü siyasi hırstan ve çıkarcı amaçlardan arınmış olarak Müdafaa-i Hukuku Milliye ve Reddi İlhak derneklerini doğurmuştur. Bu örgütlere hangi siyasi görüşe bağlı olursa olsun, her Türk, her Müslüman katılmış ve milli vicdanın eylemli olarak gösterilmesi bütün dünyaya bu yolla duyurulmuştur. Bu nedenle, Diyarbakır ve yöresinde Müdafaa-i Hukuk ve Reddi İlhak derneklerinin kurulması ve geliştirilmesine yardımda bulunulmasını önemle salık veririm. Ve özellikle Kürt Kulubü'nün üyeleri ile bugünkü telgrafın kapsamında görüşülerek uzlaşmak uygundur."*[144]

26 Haziran 1919, Konya'da İkinci Ordu Müfettişliğine: *"Tokat ve çevresinin İslam nüfusunun yüzde sekseni, Amasya çevresinin de önemli bir bölümü Alevi mezhebindendir ve Kırşehir'deki Baba Efendi hazretlerine çok bağlıdırlar. Baba efendi, ülkenin ve ulusal bağımsızlığın bugünkü güçlüklerini görmede ve yargılamada gerçekten yeteneklidir. Bu nedenle, güvenilir kimseleri kendisiyle görüştürerek Müdafaa-i Hukuk ve Reddi İlhak derneklerini destekleyecek, uygun gördüğü, yörede etkili Alevilerin Sivas'a gönderilmesini çok yararlı görüyorum. Bu konuda içten yardımlarınızı dilerim."*[145]

4 Ekim 1919, İzmit Merkezi aracılığı ile Kuşçalı Telgraf Merkezi'nde **Yahya Efendi**'ye: *"Bulunduğunuz bölgede güçlü bir örgüt kurunuz. Adapazarı Kaymakamı Tahir Bey aracılığı ile bizimle bağlantı sağlayınız. Şimdilik hazır vaziyette bulununuz."*[146]

9 Mart 1920, *Sivas Anadolu Kadınları Milli Müdafa Cemiyeti*'ne: *"Saygıdeğer hemşirelerimiz, yeni bir yurtseverlik yardımından söz eden yazınızı büyük bir saygı ile aldık. Anadolu kadınlarının ülke hizmetinde görev isteklerini görmekle, pek duygulandık. Övgülerimizi ve özel şükranlarımızı iletir, değerli çalışmalarınızda başarılı olmanıza dualar ederek saygılarımızı sunarız efendim..."*[147]

16 Mart 1920, bütün Valiliklere, bütün Komutanlara, bütün *Müdafaa-i Hukuk Dernekleri*'ne: *"İngilizler, İstan-*

bul'daki resmi daireleri işgal ederek ve telgraf makinelerine el koyarak, Anadolu ile Başkent'in görüşmelerini kesmişlerdir. Bu durum karşısında milletle birlikte Temsilciler Kurulu (Heyeti Temsiliye), yapılacak bütün çalışmalarda şimdiye dek yurtseverliğini her yönden kanıtlamış olan büyük-küçük bütün telgraf memurlarının yardımını bekler. İngilizler'in milletimizi aldatmak için verecekleri telgraflara herkesin dikkatini çekerim."[148]

16 Mart 1920, Albay **Refet Bey**'e: "Son olaylar (İngilizler'in İstanbul'u işgali y.n.) nedeniyle, her yerde yapılacak mitingler sonunda çekilecek protesto telgraflarının birer örneğinin, Müttefik Devletler'in parlamento başkanlarına ve bloksuz devletlerin dışişleri bakanlıklarına gönderilmesini yararlı buluyoruz. Antalya'daki İtalyan temsilcisinin de bu işe yardımının sağlanmasını rica ederiz..."[149]

**Mustafa Kemal**, yoğun çabalar sonucu, *Anadolu ve Rumeli Müdafaa-i Hukuk* örgütlerini bir araya toplar ve ulusun tümünü temsil eden bir halk hareketi yaratarak emperyalist işgali sona erdirir. Yüksek bir anti-emperyalist bilince sahiptir. Bu bilinç, her konuşmasına, her davranışına yansır. Türk insanını, giriştiği eylemin kapsamı ve niteliği konusunda sürekli uyarır. Bağımsızlık Savaşı'nın, yalnızca Türkler'in değil, tüm dünya uluslarının kurtuluşuna hizmet eden, evrensel bir mücadele olduğunu söyler. 15 Temmuz 1920'de yaptığı açıklama, görüş bildirmekten çok, Türk Devrimi'nin ne olduğunu ortaya koyan, devrimci bir bildirimdir: *"İstiyoruz ki, bütün uluslar gibi, biz de bağımsız olalım. İstiyoruz ki; kendi evimizin sahibi, kendi cebimizin hâkimi, kendi yaşantımızın, kendi namusumuzun sorumlusu biz olalım. İstiyoruz ki, yeryüzünde zulüm kalmasın. Uluslar arasında düşmanlıklar kalksın. Dünyaya hakim olan kapitalizm illeti, bir daha kalkmamak üzere uyusun.. İşte, bugün içinde bulunduğumuz mücadelenin, bizce tek anlamı. Biz bu amaçla harekete geçtik. Bağımsızlığımız ve varlığımız için, emperyalizme karşı dünya ve hayat devrimi uğrunda, zulümden kurtulmuş yeni bir devre doğru yürüyoruz. Giriştiğimiz iş; büyük, ağır ve o oranda şerefli ve şanlıdır. Görüyoruz ki, kendimizi kurtarmak için uğraşmak demek, bütün dünya uluslarının kurtuluşunun milyonlarca cephesi arasında çalışmak demektir. Yapılacak iş,* *henüz başlanmış olan iş, o kadar büyüktür ki, bunun karşısında ruhların yüksek bir heyecanla titrememesi mümkün değildir. Çünkü, bizim kurtuluşumuz dünyanın kurtuluşu demektir. Ve bütün dünya şu uğursuz emperyalizm zulmünden kurtulmadıkça, bizim için hayat ve rahat ihtimali tasavvur edilemez."*[150]

## Birinci Meclis

*Amasya Genelgesi*'nin belirlediği ilkeler yönünde *Erzurum* ve *Sivas Kongreleri*'nden geçerek; halkı temsil eden, meşruiyeti temsil eden ve **Atatürk**'ün *"selahiyeti fevkaledeyi haiz* (olağanüstü yetkili) *bir meclis"*[151] dediği TBMM, 23 Nisan 1920'de açıldı. *Misakı Milli*'yi ilan etmekten başka bir iş yapamayan ve İngiliz işgal güçlerinin baskınıyla dağılan İstanbul Meclisi'nin kimi üyelerinin, illerden seçilmiş milletvekillerinin katılımıyla Türkiye Büyük Millet Meclisi oluşturuldu; **Mustafa Kemal** başkanlığa seçildi. Kongreler sürecinden geçerek meşrulaşan ulusal direniş hareketi, Birinci Meclis'le, hem kendini yönetecek organı, hem de *"ulusun gerçek ve tek temsil gücünü"* yaratmış oldu.

Meclisi oluşturacak milletvekillerinin seçimlerinde; ulusun tüm kesimlerini kapsayan, ulusal bilince sahip, mücadele azmi yüksek, kararlı ve direngen halk temsilcilerinin seçilmesine özel dikkat ve önem verildi. **Mustafa Kemal**'in, 19 Mart 1920'de tüm valiliklere, sancaklara ve kolordu kamutanlıklarına çektiği telgrafta; ulusal bağımsızlık mücadelesini *"yürütmek ve denetlemek için"* Ankara'da *"olağanüstü yetkili bir meclisin"* toplanacağı, bunun için yapılacak seçimlerde *"her sancak bölgesinin bir seçim bölgesi"* olacağı, *"her sancaktan beş temsilci"* seçileceği ve seçim sürecinde *"yasal koşullara uyulacağı"* söyleniyordu. Seçimlere her yerde en yüksek sivil yöneticinin başkanlık edeceği, başkanın seçimin *"doğru ve yasaya uygun yapılmasından"* sorumlu olacağı açıklanıyor; meclis üyeliğine *"her parti, dernek ve toplulukça aday gösterilebileceği"* ve *"bu kutsal savaşa eylemli olarak katılmak için bağımsız adayların istediği yerden"* aday olabileceği belirtiliyordu. Seçimin biçim ve güvenliği için ise şunlar söyleniyordu: *"Sancaklarda; ilçelerden* *gelen ikinci seçmenler, sancak idare ve belediye meclisleriyle, Müdafaa-i Hukuk yönetim kurullarından, illerde; il merkez kurullarından, il yönetim kurulu ile belediye meclisinden ve merkeze bağlı ilçelerin ikinci seçmenlerinden oluşacak bir kurulca, belli günde ve oturumda yapılacaktır. Seçim gizli oy ve salt çoğunlukla yapılacak; oyları, kurulun kendi içinden seçeceği iki kişi, kurul önünde sayacaktır."*[152]

**Mustafa Kemal**'in genelgesinde sözü edilen *iki dereceli seçim sistemi*, yasal dayanağı *I.Meşrutiyet* döneminde hazırlanan, ancak *II.Meşrutiyet*'ten sonra yasalaşan *İntihabı Mebusan Kanunu*'ndan (Milletvekili Seçimi Yasası)'ndan alıyordu. *İki dereceli seçimi* kabul eden bu yasaya göre, kadınlar oy veremiyor ve her elli bin erkek için bir milletvekili seçiliyordu. *İl* ve *ilçe* arasında bir yönetim birimi olan *sancak*'lar birer seçim bölgesiydi. 25 yaşını bitiren her Osmanlı erkek vatandaş *birinci seçmen* olabilirdi. Ancak birinci seçmen olabilmenin; yabancı uyruk ayrıcalığına sahip olmamak, Osmanlı uyruğu niteliklerini yitirmiş ya da sınırlandırılmış olmamak, iflas, dolandırıcılık gibi suçlardan mahkum olmamak, vergi mükellefi olmak (vergi mükellefi olma koşulu, Birinci Meclis tarafından kaldırıldı) gibi koşulları vardı. Her beş yüz *birinci seçmen*, bir *ikinci seçmen* seçer, *ikinci seçmenler* ise önceden belirlenen bir günde toplanarak milletvekillerini seçerlerdi.[153]

\*

*Birinci Meclis*, karşılaştırmalı anayasa hukuku açısından benzeri olmayan, Türk toplumuna özgü, çok değişik bir model oluşturmuştur. Üç buçuk yıllık Kurtuluş Savaşı'nı kapsayan bu dönem, Türkiye'nin bağımsızlığını yitirmeye başladığı 1945'e dek, anayasal ve siyasal gelişmeleri belirleme açısından son derece önemli bir başlangıç noktasıdır. Anayasa hukuku açısından dikkat çeken temel özellik, *kuvvetler ayrılığı* değil, *kuvvetler birliği* ilkesinin benimsenmesiydi. Birinci Meclis *yasama*, *yürütme* ve gerek gördüğünde *yargı* yetkisini (İstiklal Mahkemeleri) elinde toplamıştı. 1921'de kabul edilen *Teşkilatı Esasiye Kanunu*

*(Anayasa)*, meclisin yalnızca bir yasama organı değil, onunla birlikte bir *kurucu organ* olduğunu ve *egemenliğinin kayıtsız şartsız* milletin olduğunu kabul ediyordu.[154]

Birinci Meclis, ulusal bağımsızlıktan ödün vermeyen, tutsaklığın her türüne karşı çıkan *Müdafaa-i Hukuk* anlayışının somut bir ifadesiydi. Ulusun kaderine yön vererek toplumun her kesimini etkiliyor, güç aldığı halkı, tam anlamıyla temsil ediyordu. Bağımsızlık savaşı yürütürken devlet kurmaya girişmişti ve meşruiyetini ulusal varlığın korunmasından alıyordu. Dünya siyasi tarihinde örneği olmayan, gerçekten demokratik, savaşkan bir yönetim organı, benzersiz bir temsili kurumdu. Yetkisini ve yaptırım gücünü, kabul ettiği anayasadan değil, esas olarak, millet iradesini yansıtan yazılı olmayan ve kökleri eskiye giden özgürlük tutkusundan alıyordu. Türk toplumunun ulusal tehlike karşısında kendiliğinden devreye giren birlik ve dayanışma anlayışı, gereksinim duyduğu direnme örgütünü yaratmıştı. Maddi varsıllığa ya da teknolojik gelişmeye değil, inanca ve kararlılığa dayanıyordu.

Birinci Meclis, bir Batı *parlamentarizmi* ya da ona benzemeğe çalışan ve sınıfsal üstünlüklere dayanan göstermelik bir kurum değildi. Ortaya çıkışını, niteliğini ve amaçlarını; toplum üzerinde egemenlik kuran sınıfların ya da sınıflar ittifakının temsilcileri tarafından değil, doğrudan ve gerçek anlamda halkın temsilcileri belirliyordu. Milletvekillerinin meslek ayırımı bu gerçeği açıkça ortaya koyuyordu. Milletvekili sayısı 115'le başlayan daha sonraki katılımlarla 380'e çıkan Birinci Meclis'te; 115 memur ve emekli, 61 sarıklı hoca, 51 asker, 46 çiftçi, 37 tüccar, 29 avukat, 15 doktor, 10 aşiret reisi, 8 tarikat şeyhi, 6 gazeteci ve 2 mühendis bulunuyordu.[155]

Meclis'e katılarak girişilecek eylem, kişisel çıkar sağlanacak bir uğraş değil, ölümü ve yargılanmayı göze alan ve yalnızca ulus varlığını korumayı amaçlayan bir özveri girişimiydi. Batı parlamentoları, *soylular sınıfının* ya da *burjuvaların* çıkarlarını halka karşı koruyan ve tümüyle denetim altında tutulan kurumlarken, *Birinci Meclis*, tümüyle ulusal önderlerin *"vatan savunması için"* oluşturdukları bir halk meclisiydi. Eğer bir benzetme yapılacaksa, bu meclis, *Batı parlamentolarına* değil *Göktürk toyları (meclisleri)*'na benziyordu. Aradan geçen on beş yüzyıla karşın; millet varlığına verilen önem, bağımsızlıkta kararlılık, toplumu harekete geçirme ve eylem yeteneği açısından *Göktürkler*'le olan benzerlik, şaşırtıcıdır. **Mustafa Kemal**'in, ulusal varlığa bakışını dile getiren ve 24 Nisan 1920'de Meclis Başkanı seçilmesi üzerine yaptığı konuşmada söylediği şu sözler, Orhun Yazıtlarındaki **Bilge Kağan**'ın sözleriyle hemen aynıdır, aynı anlayışın ürünüdür: *"Yaşamımın bütün evrelerinde olduğu gibi son zamanların bunalımları ve felaketleri arasında da bir dakikam geçmemiştir ki, her türlü huzur ve rahatımı, her türlü kişisel duygularımı milletin esenlik ve mutluluğu için feda etmekten zevk duymayayım. Gerek askerlik hayatımda, gerek politik yaşamımın bütün dönem ve evrelerini kapsayan savaşlarımda her zaman tuttuğum yol, milletin ve vatanın ihtiyaç duyduğu amaçlara yürümek olmuştur."*[156]

\*

Türk ulusu, varlığını ve geleceğini koruyan önderlerine, tarihinin her döneminde sahip çıkmış ve onları asla unutmamıştır. **Mustafa Kemal**, bu tür önderlerin en sonuncusu ve en çok saygı duyulanıdır. 9 Eylül 1922 günü *Nif* (Kemalpaşa) kasabasında yaşananlar, bu saygının duygulu örneklerinden biridir. **Mustafa Kemal**, 9 Eylül akşamı *Belkahve*'ye gelerek, ertesi gün gireceği İzmir'e uzun uzun bakmış ve hava kararırken yanındakilerle birlikte *Nif*'e geri dönmüştü. Birkaç basamakla çıkılan tek katlı bir evde kalınacaktır. Bunu öğrenen kasabadan bazı kadınlar eve koşmuşlar, ortalığı düzeltmektedirler. Gerisini **Halide Edip Adıvar** şöyle anlatır: *"Gölgeler gibi çekingendiler. Onu o dar girişte görünce, yere doğru eğildiler. Sarılıp dizlerinden öptüler. Başörtülerinin uçlarıyla çizmelerinin tozlarını sildiler. Bir ikisi tozları gözlerine sürdü. Gözlerinden onun çizmelerine göz yaşları damlıyordu. Sonra geçip önünde el bağladılar. Ona yaşlı gözlerle uzun uzun baktılar."*[157]

Büyük Millet Meclisi, kurulduğu günden kendini fesh ettiği 1 Nisan 1923'e dek geçen üç yıl içinde, olağanüstü işleri, sıradışı yoksunluklar içinde başardı. Zamanının büyük bölümünü, savaşla birlikte, kurulmakta olan yeni devletin kurallarını saptayan tartışma ve uygulamalara ayırdı. Görevini, 11 Ağustos 1923'te toplanan *İkinci Meclis*'e devredene dek, *"milli vicdanın ileriye ait bütün istekleriyle, gerinin bütün karşı koymasını"* içinde barındırdı.[158] **Samet Ağaoğlu**'nun söylemiyle, *"milletin özünden kopup gelmişti"* ve *"Türk Milleti'nin geçmişi ile geleceğini yan yana ve karşı karşıya koyan bir meclisti. Onda temsil edilmeyen hiçbir fikir ve istek yoktu. Cumhuriyet gerçek anlamda bu meclisin içinde doğmuş, saltanat bu meclis içinde yıkılmıştı.."*[159]

*Birinci Meclis*'in milletvekilleri; kılıkları, giysileri, yaşları, kültürleri, düşünsel düzeyleri ve görgüleriyle, başka başka ve çok değişik çevrelerin insanlarıydılar. Beyaz sarıklı, ak sakallı, cüppeli, eli tesbihli hocalarla, üniformalı genç subaylar; yazma ya da şal sarıklı aşiret beyleri, külahlı ağalar ve kavuklu çelebiler; Avrupa'daki yüksek öğrenimlerini bitirip yeni dönmüş, Batı kültürüyle yetişmiş nokta bıyıklı aydınlar; Kuvayı Milliye kalpaklı yurtsever gençler yan yana oturuyordu.[160] Alışkanlıklarından eğlencelerine, özel toplantılardan resmi davetlere, tartışma biçimlerinden inançlarına dek farklı değer yargılarına sahiptiler: birbirleriyle sert tartışmalara, yumruklaşmalara, hatta silah çekmeye varan çatışmalara girebiliyorlardı. Buna karşın, ulusal haklar, halkın geleceği ve Milli Mücadele'nin yararları sözkonusu olduğunda derhal birleşiyor, *"birbirlerinin üzerine yürümüş olan bu insanlar"*, bir başarı haberinde, *"çocuklar gibi gözyaşlarıyla kucaklaşabiliyordu."*[161]

Gelecek umutlarını, üzüntülerini, sevinçlerini ve belki de yaşamlarını birleştiren bu insanlar, hemen herşeylerini kardeşçe paylaşıyordu. Taşıdıkları ağır sorumluluğa karşın, umut ve neşelerini hiç yitirmiyor, Türklere özgü iyimser bir coşkuyla, görevlerini eksiksiz yerine getiriyorlardı. **Nadir Nadi**, *Birinci Meclis* günlerini anılarında şöyle anlatmıştır: "Her geçen gün katılan birkaç milletvekili ile sayı-

*mız artıyordu. Vakit geçirmeden, hemen bir yemek teşkilatı kurduk. Sabah kahvaltısından akşam yemeğine kadar bütün öğünlerin yemek ihtiyacını, kendimiz karşılıyorduk. Adam başına günde 48-55 kuruş veriyorduk. Hesaplı hareket etmek zorundaydık. Yaşantımız bir tür yatılı okul yaşantısıydı. Bundan memnun olanlar çoktu. Büyük adamların bazen ne çocuk şeyler olduğunu, öğretmen okulunun yemekhanesindeki topluluğun neşesini, keyif ve zevkle izlerdim."*162

Okul-medrese, yenilik-tutuculuk, cumhuriyetçilik-meşrutiyetçilik, Türkçülük-saltanatçılık, ırkçılık-ümmetçilik gibi siyasi tartışmanın hemen her türü; *Birinci Meclis*'te, üstelik yoğun ve sert biçimde yaşandı. Sertliğin giderilmesinde, ulusal davada kararlı milletvekilleri kadar, Meclis'in **Mustafa Kemal** gibi bir başkan tarafından yönetilmesinin de önemli etkisi vardı. **Mustafa Kemal**; düşünsel çatışmalarla dolu, ölümüne mücadele eden ve *"yetkilerinde çok kıskanç"* bir meclisin başkanı olarak *"çoğu zaman insana hayret veren bir sukûnet ve olgunlukla, uzun, sinirli ve ağır tartışmaları"* yönetmiş, kendisine ve hükümete yönelik eleştirileri *"ciddiyetle yanıtlamış"*, oturum yönetirken yansız davranmış, *"gensoru sonuçlarını soğukkanlılıkla uygulamıştı."*163

\*

Türk Kurtuluş Savaşı'yla ilgili inceleme yapmak için 1921'de Türkiye'ye gelen bir İngiliz gazetesi, Londra'daki gazetesine çektiği telgrafta, *"Ankara, dağlar arasında bir bataklıktır. Bu bataklığın içinde bir yığın kurbağa başlarını havaya kaldırmış, durmadan ötüp durmakta ve dünyaya meydan okumaktadır"* diyor ve gördüğü yoksulluk nedeniyle bağımsızlık mücadelesiyle alay ediyordu. Yabancı gazetecilerin yurt dışına gönderdikleri tüm haberleri denetleyen Basın Yayın Genel Müdürü **Ahmet Ağaoğlu** bu telgrafı okur ve şu biçimde değiştirerek İngiliz gazeteciye geri verir: *"Ankara, Anadolu'nun ortasında çorak, bakımsız ve kerpiç evleri olan küçük bir kenttir. Bu kentte bir avuç kahraman, 'uygar' Avrupa'nın baskı ve zulmüne karşı isyan ederek, ulusal bağımsızlıklarını korumaktadır."*164

Kurtuluş Savaşı'nı yürüten *Birinci Meclis'in*, hükümet ve ordunun görev yaptığı koşullar, bugün birçok insana inanılmaz gibi gelebilir. Türk Kurtuluş Savaşı; inancın güce, kararlılığın teknolojiye ve ulusal direncin emperyalizme üstün geleceğini gösteren somut bir gerçek, destansı bir direniştir. Kazanılmış olan ilk anti-emperyalist savaştır. Bu savaş; yapımı henüz bitmemiş, değişik yerlerden toplanmış kırık dökük eşyalarla donatılmış, memur olarak lise öğrencilerinin çalıştığı ve milletvekili sıralarının Ankara Lisesi'nden getirildiği bir binadan yönetilmiştir.[165]

Meclis tutanaklarının basılacağı kağıt yoktu, tutanaklar dilekçe kağıtlarına, mektup kağıtlarına, hatta kese kağıtlarına basılıyordu. Birçok akşam petrol lambalarına gaz bulunamadığı için Meclis mum ışığında çalışıyor, milletvekilleri sabahlara dek süren *"ateşli tartışmaları"* birbirlerini tam olarak görmeden yapıyordu.[166] Ordunun durumu Meclis'ten daha da kötüydü. Silah, yiyecek, giyecek gereksinimi, en alt düzeyde bile karşılanamıyordu. Askere yemek olarak, çoğu kez yalnızca *"kuru ekmek"* verilebiliyordu. Açlığa karşı doğadan ot toplayan erler, kimi zaman zehirli otları yiyor, bu da hastalık hatta ölümlere yol açıyor. *"Askeri otlamaya çıkardım"* tümcesi, komutanların günlük dillerine yerleşmiş ve beslenmeyle ilgili bir eylemi ifade ediyordu.[167]

Askerin yüzde yirmi beşinin ayağı tümüyle çıplak, bir o kadarının ise, bir ayağında eski bir ayakkabı öbür ayağında çarık bulunuyordu. Sakarya Savaşı'nda, askerin yalnızca yüzde beşi üniformalıydı. **Mustafa Kemal**, Meclis'te, askerin iyi donatılmadığı yönündeki eleştiriler üzerine söz almış ve şunları söylemişti: *"Askerlerimizin biraz çıplak ve yırtık elbise içinde bulunması bizim için ayıp sayılmaması gerekir... Fransızlar bana, elbisesiz askerlerin çete olduğunu söylediklerinde onlara, hayır çete değildir, bizim askerlerimizdir' dedim. Üzerinde üniforma yok dediler. 'Üzerindeki elbise onların üniformasıdır' dedim. Bu Fransızlar için yeterli yanıt olmuştu. Elbiseli olsun, köylü elbiseli olsun* (ne fark eder y.n.)

*yeter ki onları yerinde kullanalım, kutsal amacımıza ulaşalım"*[168]

\*

Birinci Türkiye Büyük Millet Meclisi'nin 20 Ocak 1921'de kabul ettiği Anayasa'nın ilk maddesi, sıradan bir anayasa maddesi değil, tarihsel önemi olan ve devrim niteliğinde bir karardır. Bu maddeyle, altı yüz yıl aradan sonra, Türk yönetim geleneğine dönülüyor ve bu yöneliş, *"Egemenlik kayıtsız şartsız milletindir. Yönetim biçimi, halkın geleceğini doğrudan ve eylemli olarak kendisinin yönetmesi temeline dayanmaktadır"* biçiminde ifade ediliyordu.[169]

Üç satırlık bu maddenin kapsam ve derinliğini gerçek boyutuyla kavramak, geleceğe yönelik sağlıklı sonuçlar çıkarmak için; Türk tarihini, bu tarih içinde yer alan yönetim geleneklerini, Selçukluları ve altı yüz yıllık Osmanlı İmparatorluğu'nu bilip anımsamak gerekir. Birinci Meclis'in amaç edindiği ve varlık nedeni haline getirerek ödünsüz yürüttüğü mücadele, geçmişten gelen geleceğe yönelen gelişim isteğinin, millet varlığını korumanın, tarih bilincine dayandırılan somut bir ifadesiydi... Üç yıllık ilk meclis döneminin ve sonraki 15 yıllık devrimler döneminin kanıtlanmış başarıları, bu bilinç üzerine oturtulmuştur. Milletin egemenlik haklarını korumak ve gerçek bir halk iktidarı kurmak için, yalnızca dışa değil, içe karşı da yürütülen mücadele konusunda **Mustafa Kemal**'in, 18 Eylül 1921'de, Meclis'te *Halkçılık Programı*'nı açıklarken söylediği sözler, bu bilincin açık ifadeleridir: *"Türkiye Büyük Millet Meclisi, milli hudutlar içinde hayat ve istiklalini elde etme... yemini ile oluşmuştur. TBMM Hükümeti, hayat ve istiklalini kurtarmayı tek amaç bildiği halkı, emperyalizm ve kapitalizmin baskı ve zulmünden kurtararak, yönetim egemenliğinin sahibi kılmakla amacına ulaşacağına inanmaktadır. TBMM Hükümeti, milleti hayat ve istiklaline kast eden emperyalist ve kapitalist düşmanların saldırılarına karşı savunurken, dış düşmanla işbirliği yaparak milleti aldatmaya ve (ülkeyi y.n.) karıştırmaya çalışan iç hainleri cezalandırmak için, orduyu güçlen-*

*dirmeyi ve onu, millet istiklalinin dayanağı yapmayı görev bilir..."*[170]

Yirmi üç ana madde ve bir ek maddeden oluşan ilk Anayasa, yasama ve yürütme erkini, *"milletin tek ve gerçek temsilcisi olan"* Türkiye Büyük Millet Meclisi'nde topluyordu. Getirilen sistemin özü; ulusal egemenlik, kuvvetler birliği ve meclis hükümeti rejimiydi.[171] 29 Nisan 1920'de çıkarılan Hıyaneti Vataniye Kanunu ve 11 Eylül 1920'de çıkarılarak onu tamamlayan *Firariler Hakkındaki Kanun, İstiklal Mahkemeleri*'nin kurulmasına olanak verdi. Bu yasalarla Meclis, önemli oranda *yargı gücünü* de iktidar alanı içine almış oluyordu. Sözkonusu yetkiler, ancak devrim meclislerinin kullanabildiği yetkilerdi ve TBMM hukuksal dayanağını ulusal varlığın korunmasından alan tam bir *devrim meclisiydi*. *Yasa çıkarıyor, uyguluyor* ve gerektiğinde *yargılıyordu*.

1921 Anayasası, 1923 yılında önemli değişiklikler geçirdi ve 20 Nisan 1924'de, 1962 yılına dek yürürlükte kalacak olan yeni biçimine ulaştı. 1923 ve 1924'deki değişiklikler, devletin biçiminin Cumhuriyet olarak belirlenmesinin ve devlet başkanlığı kurumunun oluşturulmasının zorunlu sonuçlarıydı. Kurtuluş Savaşı zaferle sonuçlanmış, saltanat kaldırılmış ve Cumhuriyet ilan edilerek **Mustafa Kemal** ilk Cumhurbaşkanı seçilmişti. Kurtuluş Savaşı'nın ve *Birinci Meclis*'in ana amacı olan millet egemenliği anlayışına zarar vermeden hazırlanan 1924 Anayasası, yeni bir dönemin, sosyal devrimler döneminin gereksinimlerine yanıt veren yeni bir yaklaşımı temsil ediyordu. *Kuvvetler birliği*'nin saf biçimi öz olarak korunuyor, ancak *yürütme*'ye eskisine oranla daha geniş bir alan bırakılıyordu.

\*

*Birinci Meclis*'te yapılan konuşmalar, günümüzde yaşanan olumsuzluklardan şikayet ederek, karamsarlık içinde gelecek kaygısına düşen herkesin bulup okuması gereken belgelerdir. Bu konuşmalar, o dönemde ulus bağımsızlığı için mücadeleye atılan insanların düşüncelerini öğreten, öğretmekle kalmayıp inançla örgütlenildiği takdirde nelerin başarılabileceğini ortaya koyan yol gösterici belgelerdir. Günümüzdeki ihanet uygulamalarından kurtulmak için, yararlanılması gereken çok değerli ulusal birikimlerdir. Borçlanma, üretimsizlik, teknolojik gerilik ya da uluslararası anlaşmaların yaptırım gücünü ileri sürerek, kendilerini ve çevrelerini teslimiyete alıştıranların, *Birinci Meclis*'in olağanüstü mücadelesinden ve bu mücadeleyi yürüten insanlardan öğrenecekleri çok şey vardır.

*Birinci Meclis*'e katılanlar; yaşlarına, olanaksızlıklarına ve sosyal konumlarına bakmadan, *"vatanın tehlikede olduğunu"* görerek, sonuçlarını göze alıp ailesini ve işini bırakarak Ankara'ya koşan vatanseverlerdi. Kurtuluş Savaşı başarıya ulaşmamış olsaydı, hepsinin yazgısı aynı olacak, birer birer yakalanıp ya öldürülecekler ya da *"padişaha isyan"* suçundan tutuklanacaklardı. Eğitim, yaş ve görüş ayrılıklarına bakmadan bir araya geldiler ve vatanın kurtuluşu için sıkı bir dostluk, anlayış ve ülkü birliği içinde birbirlerine kenetlendiler. Hiçbiri kişisel çıkar peşinde değildi. Birçoğu, kurtuluştan sonra devlet görevlerinde yer almadı. Sıradışı bir alçak gönüllülükle yaşadıkları yerlere döndüler ve kendileri için hiçbir şey istemediler. Diğer bir bölümü, yeni bir devlet, yeni bir toplum kurmak için, kendilerine verilen görevleri yüklendiler, aynı azim ve kararlılıkla, yeterli olsalar da olmasalar da, bu görevlerin gereklerini yerine getirmeye çalıştılar.

*Birinci Meclis*'te yapılan konuşmaların ortak özelliği, kararlı bir anti-emperyalist duruşu ifade etmesidir. Sözde kalmayıp uygulamaya geçirilen konuşmalar, yalnızca o günlerde değil, günümüzde de geçerliliği olan ve tam bağımsızlığı amaçlayan tarihsel belgelerdir. Sinop milletvekili **Şeref Bey**'in en yaşlı üye olarak 23 Nisan 1920'de Meclis'i açarken yaptığı konuşma ile **Mustafa Kemal**'in, 13 Ekim 1921 ve 1 Nisan 1923 tarihlerinde; yaptığı konuşmalar çok anlamlıdır.

Türk tarihinin en önemli olaylarından biri olan TBMM, 23 Nisan 1920 Cuma günü saat 14:00'de açılacaktır. Tüm milletvekilleri ve komutanlar Hacı Bayram Camisi'nde Cuma namazını halkla birlikte kitlesel bir katılımla kılmışlar ve yapılan törenlerin ardından milletvekilleri yerlerini almıştır. Küçük toplantı salonuna giden koridor ve merdivenler, yer kalmamacasına doludur. Meclis'in önünde duyarlı bir kalabalık toplanmıştır. **Şerif Bey,** *"vakarlı ve yaşına göre çok dik bir yürüyüşle ağır ağır kürsüye çıkar"*.[172] Yaşlı ve titrek sesiyle yaptığı sakin konuşma, çok etkileyicidir. Birçok milletvekilinin gözyaşlarını tutamadığı, duygu ve kararlılık yüklü bu ortamda **Şerif Bey** şunları söyler: *"Değerli arkadaşlar, İstanbul'un geçici olduğu söylenerek yabancı devletler tarafından alındığını ve hilafet makamı ile hükümet merkezinin bağımsızlığının, bütün ilkeleriyle birlikte yok edildiğini biliyorsunuz. Bu duruma boyun eğmek, milletimize dayatılan köleliği kabul etmek demekti. Ancak, tam bağımsız olarak yaşama konusunda kesin kararlı olan ve çok eskiden beri özgür ve bağımsız yaşayan milletimiz, tutsaklığı şiddetle ve kesin olarak reddetmiş; millet, vekillerini hemen toplayarak meclisini oluşturmuştur. Bu büyük meclisin, içte ve dışta tam bağımsızlık içinde kaderini bizzat ele aldığını ve ülkeyi yönetmeye başladığını bütün dünyaya ilan ederek Büyük Millet Meclisi'ni açıyorum. İşgal altında ve türlü baskı ve işkence içinde, maddi ve manevi olarak insafsızca yok edilmekte olan, zulüm görmüş bütün illerimizin kurtarılmasında, yüce Tanrı'nın bizi başarılı kılmasını dilerim."*[173]

**Mustafa Kemal,** aynı gün Meclis'in oluşumu hakkında kısa bir konuşma yapar, temel görüşlerini ertesi gün, yani 24 Nisan'daki açık ve gizli iki oturumda açıklar. Açıklamalar; tarih, siyaset, uluslararası ilişkiler, ekonomi ve askerlik alanlarında iyi yetişmiş bir yurtseverin ve devrimci bir kişiliğin tüm özelliklerini yansıtmaktadır. Üç uzun konuşmayla, ülkenin durumuyla ilgili olarak geçmişten gelen ve o günü ilgilendiren hemen tüm konular ele alınmıştır.. Siyasal ve hukuksal değerlendirmeler, anayasa hukuku açısından derinliğe sahip görüş ve yorumlar içerir. Yönetimle ilgili önermeler ve kullanılan hukuk dili, son derece ileridir, askerden çok, nitelikli bir hukuk kuramcısına ait gibidir.

**Mustafa Kemal**, aynı zamanda başkan seçildiği 24 Nisan 1920'de, Türkiye Büyük Millet Meclis'inde özetle şunları söyler: *"Bugünkü zor koşullar içinde alınması gereken önlemler, doğal olarak değerli kurulunuza ait olacaktır. Ancak bu konuda kendi incelemelerimize ve bilgilerimize dayanan düşüncelerimizi yüce meclisinize sunmayı yararlı görmekteyiz. Gerek gerçek hukuk kurallarına, gerek tarihteki birçok örneğine ve gerekse günümüzde aynı acı koşullar içinde yıkımla karşılaşmış olan milletlerin oluşturduğu ibret dersine göre, ülkeyi parçalanma ve dağılmadan kurtarmak için, bütün milli kuvvetlerin derhal, köklü bir kurum içinde birleştirilmesinden başka çare yoktur. Bunun biçimi ne olmalıdır? İşte sorun budur.*

*Meşru ve yetkili olmayan güçlerin baskısıyla, devlet güçleri birleştirilse bile, bunun devam etmesinin mümkün olmadığını bilirsiniz. Yüce meclisinizin varlığı da, herşeyden önce, meşruiyet ve yetkisinin milletçe gerekli görülmesinde en büyük kanıttır. Bu nedenle, yüce meclisinizde toplanan yüksek milli iradeye dayanarak meşruiyet ve yasallık kazanan ve saygıdeğer kurulunuzda ortaya çıkan millet vicdanının yargısına bağlı kalmak bakımından, sorumluluğu belirlenen bir gücün işleri yönetmesi zorunludur. Bu gücün doğal biçimi ise hükümettir...*

*Yüce meclisiniz, denetçi ve araştırmacı nitelikte bir milletvekili meclisi değildir. Bu nedenle, milletin yargısına karar vermenin sorumluluğunu, yalnızca yasa yapma ve yasa koyma ile görevli olarak değil, milletin yazgısıyla doğrudan uğraşarak taşıyacaktır... Ulusal bağımsızlığımızı ve ulusal sınırlarımız içinde yaşam hakkımızı elde edecek bir barışı sağlayacak önlemleri düşünmek ve uygulamak üzere, millet tarafından olağanüstü yetkileri olan bir meclisin Ankara'da toplanması gerektiğine milletin dikkatini çekmek için milli ve vatani görevimizi yerine getirdik... Artık yüksek meclisimizin üstünde bir güç, mevcut değildir.*

*İstanbul'un işgali, biçim ve nitelik olarak, Osmanlı Devleti'nin egemenliğini temelden yıkma ve tutsaklıkla alçaklığı millete bir oldu bittiyle kabul ettirme amacına yönelik bir girişimdir. İstanbul'da devlet gücüne doğrudan el konulmuş, önce meclis zorla düşürülmüştür. Şu anda yasa yapıcı güç yoktur. Sonra yürütme gücü siyasi tutsaklık altına alınmıştır. Her kim olursa olsun yabancı yasalara göre yargılanacağı açıklanmıştır. Bütün yazışmalar ve ulaşım yolları denetim altına alınmıştır; özvarlığı korumaya ait kurumlar doğrudan kaldırılmış, tümüyle saldırganların buyruğu altına sokulmuştur... Devlet olarak örgütlenmiş topluluklarda, ana kurum olan adli gücün bağımsızlığının önemini anlatmaya gerek yoktur. Ulusal yargı hakkı, bağımsızlığın birinci koşuludur. Adli gücü bağımsız olmayan bir ulusun, devlet olarak varlığı kabul edilemez..*

*Ülkemizin şimdiye kadar geçirdiği bunalımlara, felaketlere; kimi zaman Avrupa'yı taklit etmek, kimi devlet işlerinin yönetimini kişisel görüşlere göre düzenlemek, kimi zaman da anayasayı bile kişisel duygulara oyuncak etmek gibi, acı sonuçlarını yaşadığımız basiretsizlikler neden olmuştur. Şu anda oluşan ulusal uyanışı dile getirdiğimize inanarak, içinde bulunduğumuz zor ve bunalımlı tarihi dönemin mücadelesini, bu yolla düzene koyma yanlısıyız. Doğaldır ki, bu karar saygıdeğer kurulunuzundur. Ancak, karşı karşıya olduğumuz çöküş tehlikesine, devlet ve millet işlerinin uzun süreden beri sahipsiz kaldığına tekrar dikkatinizi çekerim; gereksiz biçimde sürdürülecek kurumlar arası tartışmaların, en kötü yönetimlerden daha kötü etkiler doğuracağını saygıyla bildirmeyi de bir yurtseverlik gereği görüyorum..*

*Ulusun yazgısını kayıtsız ve koşulsuz elinde tutan Türkiye Büyük Millet Meclisi, hızla yeni bir devlet kurmaktadır. Bu işi yaparken en karışık hukuk ve toplumbilim kuramları ile anlatılan sistemleri, değerlerini tam vererek gözden geçirmektedir. İki düşünce derhal kendini göstermiştir: Yeni bir hükümet oluşturmak ve Meclis'in komisyonları aracılığıyla ülkeyi bizzat yönetmek..*"[174]

\*

13 Ocak 1921'de Meclis oturumlarında büyük bir coşku ve heyecan vardır. Ordu, henüz tam olarak oluşup güçlenmemişken, hem **Çerkez Ethem** güçlerini dağıtmış hem de İnönü'nde Yunan ordusunu yenmiştir. Batı destekli Yunan ordusuyla ilk ciddi çatışmada elde edilen bu

başarı, tüm ülkede ve doğal olarak milletvekilleri arasında büyük sevinç yaratmıştı. Meclis'teki coşkunun nedeni buydu.

Bursa milletvekili **Muhittin Baha Bey**, 13 Ocak'ta söz alan tüm milletvekilleri gibi, coşkulu olduğu kadar duygulu bir konuşma yapar. Milletvekillerinin, locaları dolduran izleyicilerin ve Meclis görevlilerinin adeta nefes almadan dinledikleri **Muhittin Bey** şunları söylemektedir: *"Efendiler, buraya gelen her birey, her üye; küçük yavrusunu gözyaşları ile bıraktığı, eşi ile helâllaştığı, babasının elini öperek evinden ayrıldığı zaman yemin etmişti. Ya bu devleti tam istiklâl ile yaşatacak, bu milleti tutsaklıktan kurtaracak ve babasına bıraktığı küçük yavrusuna yarın şeref ve şan vererek dönecek ya da bu meclisin bütün bireyleriyle beraber düşman önünde ölecek. Efendiler, tam bir inançla söylüyorum, bu millet için ölmek yoktur. En güçsüz zannedildiği ve en yardımsız kaldığı anlarda, düşmanlarının en güçlü göründüğü zamanlarda bile, akla ve hayale gelmeyen olağanüstü başarılar göstererek insanda hayranlık uyandıran bu millet batmaz..*

*Efendiler; silah yok, top yok dediler; Osmanlı ordusu çürümüştür dediler; genel savaştan yoksul ve perişan çıktı dediler; yaşlıları umutsuz, gençleri korkak, çocukları tutsaklığa layıktır dediler. Yaşlıların gözlerindeki parlayan inanç ışığına bakınız. Meclisinizin içinde o muhteşem insanlar vardır; dışında da vardır. Gençlerin özverisine bakın. Bütün dünyayı karşılarında gördükleri halde, dünyanın bütün fabrikalarının yakıcı silahlarını düşmanlarının elinde gördükleri halde, ellerindeki kırık tüfekleriyle onların üzerine hücum ettiler ve onları yendiler. Efendiler, yenilmiş olan bütün milletler, güçlü ya da güçsüz bütün milletler hayret içinde. Güçsüz olmayan, güçsüzlük hissetmeyen bir millet var. O milleti siz temsil ediyorsunuz, onunla övününüz...*

*Efendiler, bir ölüyorsak on doğuruyoruz; bir kişi eksildikçe ruhumuzda on kişilik güç buluyoruz. Zarar yok efendiler; çok yandık, çok harap olduk. Avrupa denen 'uygarlık' kitlesi, bu alçaklar ve benciller kitlesi, üç yüz yıldan beri ellerinden geleni yaptı. Onların bizde yarattığı yangınlar, ruhlarımızdaki külleri dağıtmak için şimdi birer rüzgar oldu. Yananlar yanarken, ölen-*

*ler ölürken; doğanlar şimdi daha güçlü, daha dirençli ve daha kararlı oluyorlar. Ben geleceğe bu ümitle bakıyorum.."*[175]

**Muhittin Baha Bey**'in konuşmasından hemen sonra **Mustafa Kemal** kürsüye gelir. Yüzünde anlamlı bir gerginlik vardır, sararmıştır; sesi her zamankinden daha kısıktır. Duyduğu coşku konuşmasına yansır ve şu duygulu sözleri söyler: *"Cennetten vatanımıza bakan merhum Kemal /Vatanın bağrına düşman dayadı hançerini/Yok mudur kurtaracak bahtı kara maderini demişti. İşte ben, bu kürsüden, bu yüksek meclisin başkanı olarak, yüksek kurulunuzu oluşturan bütün üyelerin her biri adına ve bütün millet adına diyorum ki: vatanın bağrına düşman dayasın hançerini/Bulunur kurtaracak bahtı kara maderini.*

*Ey Milliyet duygusu! Sen ey fâni insanı ölümsüzlüğe bağlayan büyük olay! Ey insan toplumunun en yüksek ideali! Ey temizleyici düşünce! Ey ölüm korkusu içinde kararmış ruhları aydınlatan meşale! Ey yaratıcı kudret! Bütün bunlar senin eserindir. Yüzyılların yükü altında yorulmuş çorak Anadolu toprağından fışkıran kahramanlar senin çocuklarındır. Sen küçük hesaplar düzenlemesi değilsin. Özgürlüğün tek kaynağı sensin. Kendisini bir milletin parçası hissetmeyen insan tutsak ve yoksuldur, ona değer verilmez. Kalbi, milliyet ateşi ile yanan insan iç ve dış dünyadan gelen zulüm, hakaret, tutsaklık ve kölelik ihtiraslarına aynı anda karşı koyar. Bir insanı kayıtsız ve koşulsuz diğer insanlara bağlayan tek duygu sensin."*[176]

\*

**Birinci Meclis**'te yer alan milletvekilleri, toplumun hangi kesim ve yöresinden gelmiş olurlarsa olsunlar, büyük devlet politikalarına kararlı bir karşıtlık içindeydiler. Uluslararası ilişkilere yön veren emperyalist politikaları, ekonomik temelleriyle birlikte tam olarak çözümlemiş olmasalar da, mücadele içinde kendiliğinden yükselen bir bilinçlenme süreci yaşamaktadırlar. Balkan savaşlarından beri aralıksız süren kanlı çatışmalar, her çeşit acıyı yaşayan bu insanlara, dünyayı ve ona egemen olmak isteyen büyük devletlerin ne olduğunu öğretmiştir. Ulusal varlığa yönelen dolaysız saldırı, toplumun her kesiminde kendiliğinden bir savunma duygusu geliştirmiş, bu duygu halka öncülük eden duyarlı insanları doğal önderler haline getirmişti. Ailelerini ve işlerini bırakarak her türlü sonucu göze alıp Ankara'ya gelenler, bu insanlardı.

Milletvekillerinin **Birinci Meclis**'te yaptığı konuşmalar, Kurtuluş Savaşı'nın hangi ruhla kazanıldığının açık göstergeleridir. Bizlere, bir yandan mücadeleye atılan bu insanların niteliği konusunda bir fikir verirken, diğer yandan ulusal varlığa yönelen tehdit karşısında Türk insanının, gösterdiği birlik ve dayanışma becerisini göstermektedir. Türk toplumunu tam olarak tanıyabilmek için bu konuşmaların okunup incelenmesi gerekir.

**H.V.Velidedeoğlu**'nun deyimiyle; *Birinci Meclis*, *"Ulusal egemenlik çağını başlatan"* ve dünya tarihinde *"tutsak ulusların emperyalist saldırganlara karşı başkaldırma çağını açan"* tam bir *"ihtilal meclisi"*, bu meclisin üyeleri de *"gerçek devrimcilerdir"*. İstiklal Mahkemeleri yasa tasarısı görüşülürken, Saruhan milletvekili **Refik Şevket Bey**, meclis kürsüsünden şunları söyler: *"efendiler, asacağız, asılacağız; fakat istiklâl mücadelesini mutlaka kazanacağız.. Eğer bu savaş bir istiklâl, bir ölüm dirim, bir özgürlük savaşı ise, kimsenin gelecek kuşaklar adına istiklâlden vazgeçme diye bir hakkı yoktur. Hayatta olan bir kuşak böyle bir gaflete düşerse, gaflete düşmeyen azınlığın çoğunluğa istiklâl savunmasını zorla kabul ettirmesi bir görev halini alır."*[177] Muğla milletvekili **Tevfik Rüştü Bey**'in görüşleri farklı değildir: *"Meclis vatanı kurtarmak için, olağan zamanlardaki görevlerinin üstünde bir görevi yüklenmiştir. Ülke yıkılırken ve milletin hayatı söz konusuyken, tarihin kendisine verdiği bu görevi, meclisimiz kabul ediyor. Bu meclis, gidecek, olaylara eylemli olarak el koyacak, karşı koyuşları kıracak ve hainlere ceza verecektir."*[178]

Rize milletvekili Dr.**Abidin Bey** bir başka oturumda, Meclis'in köklü dönüşümler gerçekleştirmesini ister ve şunları söyler: *"Şimdiye kadar örneği görülmemiş, güçlü ve bütün anlamıyla millet için hayatını feda edecek olan, olağanüstü bir meclis kurduk.. Olağanüstü işler görmemiz gerekir. Yoksul halka haklarını vermeliyiz.. Bu büyük ve olağanüstü*

*Meclis bana bu yetkiyi vermezse nankörlük yapmış olur ve millet hakkını o zaman zorla alır."*[179]

İzmir Milletvekili **Esat Mahmut Bozkurt**, 18 Kasım 1920'de, **Refik Şevket Bey**'in devrimci görüşlerini genişletir, gelişkin bir yönetim anlayışıyla yeni sosyal önermelerde bulunur. Halkın yönetime doğrudan katılması gerektiğini dile getiren **Esat Mahmut** şunları söyler: *"Mesleki temsil sistemini (her meslekten emekçinin meclise girmesi y.n.) kabul etmediğimiz takdirde, seçtiğimiz özel komisyonun hiçbir hükmü kalmaz. Çıkaracağımız yasa, ancak bu yolla ülkemizde tarihi bir devrim yaratacaktır. Eğer bunu kabul etmezsek, emperyalist ülkelerde meşruiyetsever geçinen sınıfın halkı aldatarak anayasadan, özgürlükten söz etmesine benzeriz. Halk buraya gelmedikçe, halk burada geleceğine karar vermedikçe, haklarına kavuşma olanağını hiçbir zaman bulamayacaktır. Ben ancak çiftçilerin çarıkları, demircilerin çekiçleri ve tabakların (derici y.n.) önlükleriyle bu meclise girdiği zaman ülkenin kurtulduğuna inanabilirim."*[180]

Mersin milletvekili **İsmail Safa Bey**, 29 Mayıs 1920'de yaptığı konuşmada, Avrupa devletlerinin Türkiye'yle ilişkilerini ele alır ve Türkiye için *"idamdan çok daha ağır"* olan bu ilişkilerin olması gereken yeni biçimi hakkında görüşler ileri sürer; düşünce ve önerilerini kapsayan üç maddelik bir önerge verir. Özellikle *Duyun-u Umumiye* borçları ve Türkiye'deki yabancıların mülkiyetinde bulunan kuruluşlar konusundaki önerileri, kararlı ve köklü çözümlere yöneliktir. **İsmail Safa Bey**'in görüş ve önerileri şöyledir: *"Milletimiz, bundan sonra Duyun-u Umumiye için on para vermeyecektir. Çünkü ilk olarak, şimdiye kadar yaptığımız borçlanmalar, Avrupa'nın neden olduğu ve birbiri ardınca gelen 'sonsuz' savaşlara harcanmıştır. İkinci olarak, milyonlar harcayarak imar ettiğimiz binlerce bina ve tesis, meydana getirdiğimiz zengin ve işlenmiş topraklarımız, bir takım meşru olmayan çirkin gerekçelerle elimizden alınmıştır. Üçüncü olarak, uzun savaşlarda, her çeşit belalarla yorgun ve yoksul düşen Türk köylüsü, Müslüman halk, aslı bin kere ödenmiş olan bu zalim borç para yükü altında pek çok ezilmiştir. Türkiye Müslümanları, milli sınırlar içindeki bütün demiryolları, elektrik tesisleri,* *fabrikalar, liman ve maden ocakları gibi yabancı asalak işletmeleri artık kendi malı saymaktadır. Çünkü bu çeşit işletmeler, ülke içinde bozguncu ve düşmanca bir siyaset izleyerek ülkenin yaşam kaynaklarını ve gücünü tüketmektedir. Talihsiz milletimiz bu işletmelere herkesten, her milletten çok sahip olma ihtiyacındadır.. Bu maddelerin incelenip görüşülmesi ve barış koşullarımız arasına konulmasının kabulünü, genel kurula arz ve teklif ederim."*[181]

\*

*Birinci Meclis* milletvekilleri, bağımsızlık ve özgürlük mücadelesinde ödünsüz bir devrimci duruş sergilerken, davranışlarına temel oluşturan özgüveni, esas olarak Türk halkının desteğinden almıştır. Halk, Meclis'i ve cepheyi sürekli izlemekte, ikircilik ya da kararsızlık hissettiği her gelişmede doğrudan devreye girmekte ve milletvekillerini uyarmaktadır. Yozgat ve Kırşehir halkının, 18 Ağustos 1920'de Meclis Başkanlığına gönderdiği iki telgraf, Türk halkının Kurtuluş Savaşı'na, bu savaşı sürdüren orduya ve Meclis çalışmalarına verdiği önemi gösteren çarpıcı örnekler ve tarihsel değeri olan belgelerdir. Bu belgelerde dile getirilen anlayış, tüm illerde yaygın olan ortak bir ulusal istenç haline gelmiştir. Milletvekilleri, gereksinim duydukları güç ve özgüveni, kişisel niteliklerinden olduğu kadar, esas olarak halkın neredeyse baskı haline getirdiği ilgi ve desteğinden almıştır.

Yozgatlılar, çok sayıda imza ile Meclis'e gönderdikleri telgrafta şunları söylüyorlardı: *"Bugün, din adamları, eşraf, memur, esnaf, tüccar, kadın, erkek; Boğazlayan, Maden, Yozgat Kuvayı Milliyesi'nden oluşan bütün Yozgat halkı; belediye önünde toplanarak şu kararları almıştır: Vatanın kurtarılması ve milli istiklal kaygısı ile başlattığımız mukaddes kavganın bütün aşamalarını, büyük bir sinirlilik ve heyecanla izlemekteyiz. Üçyüz milyon müslümanın dayanağı olan egemenliğimizi ve Hilafetimizi kurtarmak ve düşman saldırısını kırarak, ölüm-dirim kavgasını başarıyla yaşatabilmek için dünyayı hayran bırakacak fedakarlıkları yapmaya hazırız. Atalarımızın namus ve istiklâl bayrağını yüzyıllardan beri yere düşürmeden gayretli omuzunda taşıma yeteneğini gösteren bugünkü fedakâr ordumuzdan, hücumlarını korkmaksızın şiddetlendirmesini istiyoruz. Orduyu güçlendirmek için, onun saflarına koşmaya hazırlanıyoruz ve o günü sabırsızlıkla bekliyoruz. Pek yakında ordumuzla beraber olma şerefi ile övünç duyacağız. Yüce kurulunuza yaptığımız başvurumuzun, cephedeki bütün fedakâr vatan evlatlarına duyurulmasını, Büyük Millet Meclisi ile Batı Ordusu Kumandanlığından rica ederiz."*[182]

Kırşehir Müdafaa-i Hukuk adına ve eşraf imzalarıyla gönderilen telgraf ise şöyleydi: *"Milli varlığımızı korumak uğrunda gereken kesin önlemleri düşünüp uygulamak üzere, sizleri milletvekili yaptık. Ancak, Büyük Millet Meclisi'nde yaptığınız görüşmelerde, beklediğimiz yararlı bir sonuca doğru ilerleyemediğiniz anlaşılmaktadır. Sizi milletvekili olarak seçenler, acaba hangi isteğinizi geri çevirdi ? Beyefendiler, rica ederiz, dindaşlarımızın namus ve hayatları Yunan palikaryalarının ayakları altında daha fazla çiğnenmesin. Bu nedenle, son tehlikeyle karşı karşıya kalmadan düşünün, taşının. Yol göstermek sizden, o yola göre hareket etmek bizden, yardım da Allah'tandır."*[183]

\*

Birinci Türkiye Büyük Millet Meclisi, 1 Nisan 1923'te, milletvekillerinin yenilenmesi için seçim kararı alarak kendisini fesh etti. 120 milletvekilinin imzaladığı önergede; *"ülkeyi savunma amacıyla toplanan"* Büyük Millet Meclisi'nin, üç yıllık bir uğraşla amacına ulaştığı; bu nedenle, *"tarihsel bir övünç kazanarak gelecek kuşakların takdirini hak ettiği"*, artık ülkenin önünde, *"barış sorunlarını çözmek ve ekonomik ilerlemeyi sağlamak"* gibi iki *"önemli ve mukaddes"* amacın bulunduğu belirtiliyor, bu aşamada yeniden halkın oyuna başvurmanın *"milletin geleceğinde daha büyük gelişmeler sağlayacağı"* söyleniyordu.[184]

Önergeyi kabul eden milletvekilleri, başarmış oldukları işin büyüklüğünden olacak, son derece olgun ve özverilidirler. Pek çoğu, kazanılan zaferin ve milletin kurtuluşunda pay sahibi olmanın iç huzuruyla, kent ya da köylerine dönüp yaşamlarını sessizce sürdürmeye, kendi yerlerine gelecek gençlerin yapacağı işleri izleyerek, *"vatan yeni bir görev isteyene kadar"* işleriyle uğraşmaya razıdır. Erzurum milletvekili **Durak Bey**'in sözleri, birçok milletvekilinin ortak görüşünü yansıtmaktadır: *"Efendiler, bu millet, tarihinde birçok büyük evlatlar çıkarmıştır. Onlar gibi, memleketlerimize gidelim ve geleceğin gözcüsü* (atiye nigahban) *olalım. Bence hiçbirimiz adaylığımızı koymayalım. Buraya göndereceğimiz evlatlarımıza, kardeşlerimize bakalım. Eğer, ülkenin yararına bizim kadar çalışmıyorlarsa, yine gelelim, görevimizi yapalım. Onların üzerinde denetim görevini üstlenelim."*[185]

Birinci Meclis'te görev alan milletvekillerinin önemli bir bölümü gerçekten aday olmadı ve yaşadıkları yerlere geri döndüler. Kendilerine, ne bir ayrıcalık ne de devlet görevi istediler. Başka gelirleri olmadığı için almak zorunda kaldıkları milletvekili maaşlarını, *Kurtuluş*'tan sonra devlete geri vermek isteyenler bile vardı. Yöresinin *Kuvvai Milliye* önderi ve Uşak milletvekili **Hoca İbrahim Efendi** (Tahtakılıç) bunlardan biriydi. Birinci Meclis'teki görevi sona erince köyüne (Uşak-Bozkuş) geri döndü, çocuklarına, aldığı milletvekili aylıklarını geri ödemelerini vasiyet etti. Kendisini ziyarete gelen **Şevket Süreyya Aydemir**'e şunları söylemişti: *"Çocuklarım adına bir ahdım* (yeminim y. n.) *var. Büyüsünler adam olsunlar, son santime kadar hesabını çıkarıp, şu fakir milletten mebus maaşı diye aldığım paraları devlet hazinesine geri versinler. Böylece bizim de bir hizmetimiz geçmişse, bari hak yolunda hizmet sayılsın."*[186]

Ankara'ya yaşamları ve aileleri dahil, her şeylerini tehlikeye atarak gelmişler, hiç başarılamayacakmış gibi görünen büyük bir olayı gerçekleştirmişlerdi. Burdur Milletvekili **İsmail Suphi Bey**'in sözleri, durumlarını çok iyi anlatıyordu: *"Üç yıl önce burada toplandığımız zaman, ülkenin her yanı düşmanla çevrilmişti, ülkenin içinde düşman vardı, kuşatma altındaydık. Geldik, didindik, uğraştık. Yerle ve gökle savaştık. Sonunda Tanrı'nın yardımıyla düşmanı yendik. Bugün ile dün arasındaki fark, varlıkla yokluk arasındaki fark kadardır. Artık yüce Meclis, özgür bir ülkenin üzerinde, milletin temsilcisi olarak egemendir. Ulus özgürdür.."*[187]

"*Ulusal Kurtuluş Meclisi*" niteliğindeki Birinci Türkiye Büyük Millet Meclisi, savaş ve çatışmalarla dolu üç buçuk yıllık çalışma dönemine kendisi son verdi ve yerini "*devrim meclisi*" niteliğindeki *İkinci Büyük Millet Meclisi*'ne bırakarak[188] Türk tarihindeki onurlu yerine çekildi. Kurtuluş Savaşı başarılmış, saltanat kaldırılmış ve Sevr yok edilerek bağımsız ve özgür bir ülke yaratılmıştı. "*Yoksul*" ve "*bitkin*" Anadolu insanı, Birinci Meclis öncülüğünde, elindeki son olanakları kullanarak tarihte az görülen bir dayanışma örneği, benzersiz bir direnç göstermiş, Anadolu'nun ortasında tam anlamıyla bir halk iktidarı kurmuştu. Bu, gerçek bir *demokratik halk hareketiydi*; bir "*rüya*" gerçeğe dönüştürülmüştü.

**Mustafa Kemal,** Meclis'in kendini yenileme kararı aldığı gün, oylamadan hemen sonra kürsüye gelir ve dakikalarca alkışlanan şu konuşmayı yapar: "*Burada, büyük bir tarihin içindeki ibret verici gezintimizi sona erdiriyoruz. Beynimiz ve kalbimiz, yakın geçmişin bu muhteşem ve yüksek örneği karşısında saygı ve hayranlıkla doludur. Tarihte her zaman özgür ve bağımsız yaşamış bir milletin, dıştan ve daha çok içten gelen yıkıcı darbelerle boğaz boğaza çarpışarak, büyük bir düşmanlık alemini yenen* (bu meclisin y.n.) *kudreti karşısında diz çökelim. Temiz ve açık vatanseverliğin, sağduyunun, yüzyıllarca süren acıların, haysiyet ve şerefin ve özgür millet içinde özgür insanın temsilcisi olan Birinci Türkiye Büyük Millet Meclisi ve onun şimdi bir kısmı sonsuzluğa göçmüş olan üyeleri, torunlarımız için, tarihin sisleri arkasında gittikçe devleşen efsane insanlardır. Bu insanların anıları, Türk milletinin karanlık, endişeli, bunalımlı günlerinde birer umut ve hayat ışığı olarak parlayacaktır. Birinci Türkiye Büyük Millet Meclisi, yüzyıllarca sonra da görev başında olacaktır. O, kuvayı milliye ruhunun kendisidir. Kuvayı milliye ruhuna muhtaç olduğumuz her zaman, onu karşımızda ve başımızda göreceğiz.*"[189]

ALTINCI BÖLÜM

**CUMHURİYET DÖNEMİ PARTİLERİ**

## Cumhuriyet Halk Partisi

*Hakimiyeti Milliye* ve *Yeni Gün* gazeteleri, 7 Aralık 1922'de, **Mustafa Kemal**'in bir açıklamasını yayınladı.. Açıklamada, *"halktan gördüğüm sevgi ve güvene layık olabilmek için sıradan bir vatandaş olarak, yaşantım boyunca sürdürmek ve ülke yararına adamak amacıyla, halkçılık temelinde ve 'Halk Fırkası' adıyla bir parti kurmak istiyorum"* deniyor [1] ve ülkenin siyasi geleceğiyle ilgilenen aydın ve düşünürler, konuyla ilgili tartışmaya çağrılıyordu. **Atatürk,** bu çağrıdan yaklaşık bir ay sonra, aynı konuyu halkla görüşmek üzere, uzun bir yurt gezisine çıkacak ve Eskişehir, İzmit, İzmir ve Balıkesir'de, kurulacak parti ile ilgili ünlü konuşmalarını yapacaktır.

**Mustafa Kemal,** her biri yedi sekiz saat süren toplantılarda, önceden hazırlanmış bir parti programını ve parti örgütünü halkın önüne koymak yerine, program ve partinin halkla birlikte hazırlanmasının doğru olacağını, bunun için çaba harcadığını söylüyordu. Aydınlar arasında başlamış olan parti tartışmalarıyla ilgili bilgiler veriyor, toplantılara katılanlardan *"hiç çekinmeden ve her konuda"* soru sormalarını, görüş bildirmeleri istiyordu.[2] Toplantılarda, yeni yönetim biçimi, parti ve örgütlenme konularında görüşlerini şöyle açıklıyordu: *"Millet, daha önce olduğu gibi, çıkarcı gurupların kurduğu partilerin peşinden gitmemeli, kendi program ve partisini yaratarak siyasi eyleme dolaysız katılmalıdır; her görüşten yurttaşın üye olduğu Anadolu ve Rumeli Müdafaa-i Hukuk örgütlerinden ve bu örgütlerin yarattığı ulusal birikimden yararlanılmalıdır; kurulacak parti, halkçılık programı üzerinde yükselmeli, bu nedenle adı Halk Partisi (fırkası) olmalıdır. Tam bağımsızlık ve kayıtsız koşulsuz egemenlik ilkelerine dayanan bir politika izleyecek olan bu parti, ulusun tümünü kapsamalıdır. Sınıfsal değil, ulusal olmalıdır. Batı'da görülen sınıf partileri Türkiye için geçerli değildir, çünkü o sınıflar Türkiye'de henüz oluşmamıştır; nüfusun yüzde seksenden çoğu köylü ve çobandır ve bu sınıfın zararına çalışan büyük çiftlikler, tarım işletmeleri yoktur; ağalık denilen ve daha çok Doğu'da bulunan toprak sahipleri zengin derebeyler değildir, kendi* *topraklarını bile işleyememektedirler. Mali ve ticari gücü yüksek tüccar, sanayi yatırımı yapacak milli sermaye yoktur. İşveren ve işçi gibi modern sınıflar ortaya çıkmamıştır. Çıraklar da sayılsa ülkedeki tüm işçi sayısı, yirmi bini geçmemektedir. Aydın ve sanatkarlar çok azdır ve aydınların çoğunluğu halkın sorunlarından habersizdir. Büyük özveriyle düşmanı yenen ordunun gereksinimleri çoktur, her düzeyden komutanı geçim sıkıntısı içindedir. Halk büyük bir yoksulluk içindedir, eğitim düzeyi çok düşüktür. Gerçek bir halk hükümetinin kurulduğunu söylemek yalancılık olur. Gönenç ve mutlulukları, ulusal birliğin sağlanmasına bağlı olan tüm halk kesimlerinin, aynı parti içinde örgütlenmesi gerekir. Bu parti aynı zamanda, halka siyasi eğitim veren bir okul olmalıdır. Millet karşısında dürüst ve namuslu olmak, halka her zaman doğruyu söylemek gerekir. Kimsenin kendini halkın üstünde görmeye hakkı yoktur. Bütün dünya, yeni Türkiye'nin ne yaptığını ve hangi yönde yürüdüğünü bilmeli davranışını ona göre ayarlamalıdır..."*[3]

**Mustafa Kemal**, 19 Ocak 1923'te yaptığı ve 7,5 saat süren İzmit konuşmasında, parti konusundaki görüşlerini şu sözlerle bitirir: *"Benim ve hepimizin, düşünmek zorunda olduğu şey, bu ülke ve bu milleti gerçekten kurtarabilecek beyinlerin, vatanseverlerin bir araya gelmesini sağlamaktır. Bu yetenekte olan insanlar her nerede ise, onları alıp milletin geleceğini yürütme işini verdiğimiz meclisin içine koymak gerekir. Davranışlarımızın belirlenmesinde akıl, bilim, deneyim egemen olmalıdır. Somut ve köklü adımlar atmak zorundayız."*[4]

## Müdafaa -i Hukuk'tan "9 Umde" ye

**Mustafa Kemal**, Ankara'ya döndükten sonra bir yıla yakın bir süre, parti tartışmaları ve araştırmalarıyla uğraştı. Hemen herkesle görüşüyor, düşüncelerini anlatıyor, daha çok da dinliyordu. İkinci Meclis için yapılacak seçimlerde kullanılacak bildiri, parti tartışmalarının belirli bir aşamasında, 8 Nisan 1923'te yayınlandı. Aydın ve uzmanların, *İzmir İktisat Kongresi*'nin ve halkın görüşlerinin değerlendirilerek hazırlanan bu bildiriye, *Dokuz Umde (ilke)* adı verildi. Bu bildiri, kurulacak olan Halk Fırkası'nın programı için, bir ön taslak işlevini gördü. Ocak ve Şubat aylarında, halkla yapılan toplantılarda ele alınan konuların hemen tümü, kısa özetler halinde *Dokuz Umde* bildirisi içinde yer aldı.[5]

Bildirinin giriş bölümünde, *Dokuz İlke*'nin amaç ve hazırlanış biçimi açıklanıyor, bu ilkelerin yakın gelecekte kurulacak olan partinin yetkili kurullarınca daha kapsamlı bir program haline getirileceği bildiriliyordu. Bu bölümde ayrıca; *"Ülkeyi ve ulusu parçalanarak yıkılma felaketinden kurtaran"* Büyük Millet Meclisi'nin, *"ulusal egemenlik esasına dayanan bir halk devleti ve hükümeti"* kurduğu, şimdiki görevinin ise, *"ekonomik gelişmeyi sağlayarak her türlü kurumlaşmanın tamamlanması"* ve *"ulusun gönence kavuşturulması"* olduğu söyleniyordu. Bunu başarmak ve *"milli egemenlik temelinde bir siyasi örgüte erişmek için bir halk fırkası'nın kurulacağı"* açıklanıyordu.[6]

Dokuz ayrı madde olarak saptanan ve tümü gerçekleştirilen *ilkeler* özet olarak şöyleydi: *Egemenlik kayıtsız koşulsuz milletindir, halkın kendi kendini yönetmesi esastır. Saltanatın kaldırılması ve ulusal egemenliğin Meclis'in yetkisinde olduğunu kabul eden kararlar, hiçbir biçimde değiştirilemez. Ülkede huzur ve güvenin sağlanıp korunması en önemli görevdir. Tüm yasalar, ulusal gereksinimlere ve hukuk anlayışına uygun olarak yeniden ele alınacaktır. Aşar (vergi) yöntemi düzeltilecek, tarım desteklenecek, çiftçi ve sanayicilere kredi sağlanacak, demiryolları geliştirilecektir. Eğitim, yeni kurallarla yaygınlaştırılacak, okullar ulusal gereksinimlere göre yeniden yapılandırılacaktır. Milli üretim ve sanayi korunacaktır. Sağlık ve sosyal yardım kuruluşları geliştirilecek, işçi ve subayların gönenç düzeyi yükseltilecek; gazi, dul ve yetimlerin sefalet çekmesi önlenecektir. Ekonomi, siyaset, maliye ve yönetimde bağımsızlığı zedeleyecek bir barış antlaşması kesinlikle kabul edilmeyecektir.*[7]

\*

1923 yılı, partileşme çalışmalarının yoğunlaştığı Cumhuriyet'in ilanına doğru gidilen bir yıldı. Ancak, 1923 aynı zamanda, Kurtuluş Savaşı'nda birlikte olanların, birbirlerinden ayrılmaya başladığı bir yıldı. Savaş'a katılarak önemli görevler üstlenen önder konumundaki bir gurup insan, saltanatın kaldırılmasıyla başlayan ve köklü olacağı anlaşılan sosyal devrim girişimlerinden ürkmüşler ve düşünce yapılarından kaynaklanan doğal bir eğilimle muhalefete yönelmişlerdi. Yetişme biçimi ve dünya görüşünden kaynaklanan düşünce farklılıkları; henüz bir düzene kavuşmamış, olanakları son derece sınırlı yeni iktidar için tehlikeli olacak biçimde, hiziplere dönüşüyordu. Kurtuluş dönemindeki zorunlu birlikteliklerin artık süremeyeceği görülüyor, *devrimi sonuna dek götürmek isteyenlerle, yapılanları yeterli görenler*, açık ya da gizli, hızla birbirlerinden uzaklaşıyordu. Bu ayrılığın ulus birliğine zarar vermeden aşılması, ancak; yanlış yorumlanmayacak ve başka anlamlar verilemeyecek kadar açık ilkeler koymak ve bu ilkelere dayalı bir siyasi yapının oluşturulmasıyla mümkün olacaktı. Kazanılan zaferden sonra, düşünülen ve devrim niteliğinde olan yenileşme girişimlerini yaşama geçirmek ve kalıcılığını sağlamak; halka ulaşan, ulusal nitelikte, iyi örgütlenmiş, güçlü ve dayanışmacı bir partinin yaratılmasıyla olasıydı. *Halk Fırkası* bu istek ve gereksinimin ürünü olarak ortaya çıkacaktır.

*Dokuz Umde* bildirisi, *İkinci Meclis*'i oluşturacak genel seçimlerde *Müdafaa-i Hukuk*'un seçim bildirgesi olarak yayımlandı. Bildiri, seçim bildirgesi olması yanında bir başka önemli işleve daha sahipti. Kurulması düşünülen *Halk Fırkası* program olarak, kaba çizgilerle de olsa, bir anlamda halkın görüş ve onayına sunuluyordu. Seçim sonuçları, halkın bu onay'ı verdiğinin açık göstergesiydi. Hemen tüm milletvekillerini Müdafaa-i Hukuk adayları kazanmıştı. Bu sonuç üzerine, seçimi kazanan milletvekilleri, seçildikleri 7 Ağustos'tan 11 Eylül'e dek yaptıkları toplantılarla, kurulacak partinin tüzüğünü hazırladılar. 23 Ekim 1923'te, yani Cumhuriyet'in ilanından bir hafta önce, İçişleri Bakanlığına, Genel Başkan olarak **Mustafa Kemal**, Genel Sekreter olarak **Recep Peker**'in imzaladığı bir dilekçe verildi ve *Halk Fırkası* resmen kuruldu.[8]

Yeni Parti, hemen tümüyle, Sivas'ta ortaya çıkan ve Kurtuluş Savaş'ını gerçekleştiren *Anadolu ve Rumeli Müdafaa-i Hukuk Cemiyeti'*nin örgütsel ve düşünsel temelleri üzerine oturuyordu. Bu nedenle, belki de yeni bir kuruluştan çok, *Müdafaa-i Hukuk* örgütlerinin *yeni bir yapıya dönüşmesini* temsil eden bir girişimdi. Bu o denli belirgindi ki, partinin gerçek kuruluşu olarak 23 Ekim 1923 değil, 4-11 Eylül 1919 yani *Sivas Kongresi* kabul edildi. Bugün kuruluş günü sayılarak kutlamalar yapılan 9 Eylül 1923, Halk Fırkası tüzüğünün kabul edildiği gündür.

Sivas Kongresi'nin *Halk Fırkası'*nın kuruluşu olarak kabul edilmesi, nedensiz değildi. *Anadolu ve Rumeli Müdafaa-ı Hukuk Cemiyeti*, her türlü particilik akımı dışında kalarak, değişik görüşten insanları bir araya getirmiş ve ulusal bir siyaset geliştirmişti. Şimdi yapılmak istenen, aynı anlayışla siyasi bir parti yaratmak ve girişilecek devrimci atılımlara, sınıf ya da zümre farkı gözetmeden tüm ulusu, bu parti aracılığıyla katmaktı. *Müdafaa-i Hukuk*, ulusalcı duruşuyla Kurtuluş Savaşı'nı hangi anlayışla başarıya ulaştırmış ise, *Halk Fırkası* da, toplumsal gelişimi sağlayacak devrimleri aynı anlayışla gerçekleştirecekti. Kurtuluş Savaşı sonrası kurulacak bir siyasi parti, meşruiyetini bu savaştan, bağlı olarak bu savaşı yürüten *Müdafaa-i Hukuk* anlayışından almak zorundaydı; bu nesnel bir zorunluluktu. **Mustafa Kemal'**in kavrayıp, halkın desteğini alarak uygulamaya geçirdiği *Halk Fırkası* girişimi, ulusal çıkarları gözeten gerçekçi amaçlara dayandığı için başarıya ulaşmıştır. Diğer parti girişimlerinin, örneğin *Terakkiperver Cumhuriyet Fırkası'*nın başarılı olamamasının nedeni, ülke gerçeklerini kavrayıp gerekenleri yapacak düşünsel niteliklere sahip olmamasıydı.

*Halk Fırkası*, 23 Kasım 1924'de adını, *Cumhuriyet Halk Fırkası* olarak değiştirdi ve uzunca bir hazırlık döneminden sonra, üye kaydederek örgütlenmeye başladı. Üye kabulünde, özellikle yönetici belirlemede, dikkatli davranılıyordu. İktidar partisi olması nedeniyle, partiye üstelik yoğun biçimde çıkarcılar da yönelmişti. Ulusal mücadeleye duyarsız kalan, hatta karşı çıkan kimi insanlar, *coşkulu cumhuriyetçiler* olmuş, geçmişlerini gizleyerek *Halk Fırkası*'na geliyordu. Bu olumsuzluk, bir yandan üye baş-vurularındaki denetimlerle, bir yandan da *Müdafaa-i Hukuk* hareketinin sınanmış kadrolarının, etkin görevlere getirilmesiyle aşılmaya çalışıldı. Eğitimli insan yetersizliği, yaygın bir sıkıntıydı. Pek çok inançlı insan, Kurtuluş mücadelesine katılmıştı, ama bunların önemli bir bölümü, toplumsal sorunları kavrayacak bilinç düzeyine sahip değildi. Bu nedenlerle üye kabullerinde dikkatli davranılıyor, bu ise halka ulaşmada sorun yaratıyordu. Bu sorun, daha sonra *Halkevleri* ve *Halkodaları* girişimi ile aşılmaya çalışılacaktır.

9 Eylül 1923'te kabul edilen *tüzük (nizamname)*, tüzükten çok programa benziyor ya da bir başka deyişle, tüzük ve program işlevini birlikte yerine getiriyordu. Tüzüğün Birinci maddesine göre, parti (fırka) bir *devrim (inkılab) partisiydi* ve ancak halktan yana olan kişiler partiye üye olabilirdi.[9] Aynı madde partinin; *"ulusal egemenliğin halk tarafından halk için uygulanmasına"* öncülük etmeyi, Türkiye'yi *"çağdaş bir devlete yükseltmeyi"* ve *"yasa egemenliğini bütün güçlerin üzerine çıkarmayı"* amaç edindiğini açıklıyordu.[10]

İkinci maddede, *halk* kavramına açıklık getiriliyor, bu kavramın *"herhangi bir sınıfla sınırlı olmadığı"* söyleniyordu. Ayırım gözetmeden herkesin *"yasa karşısında eşit olduğu"* ve hiçbir *"aileye, sınıfa, cemaate ya da bireye imtiyaz verilmeyeceği"*nin açıklanması, ikinci maddeyi önemli kılan ve eşitliği amaçlayan yaklaşımlardı. Toplumsal sınıf ve tabakalar, ya da ayrıcalıklı zümreler arasında var olan farklılıklar, adalete dayanan hukuksal düzenlemelerle dengelenmeye çalışılıyor ve çıkar ayrıcalıklarının demokratik bir işleyiş içinde, zamanla sönümlenmesi amaçlanıyordu. Bu amaç, kurulmakta olan yeni devletin siyasal ve sosyal önceliklerine olduğu kadar, devletle bütünleşmeye yönelecek olan *Halk Fırkası*'nın geleceğine de, yön verecektir.

İlk iki maddede dile getirilen eşitlikçi anlayış, yeni ve önemli bir yaklaşımdı. Ancak bundan daha önemli olan, bu anlayışın somutlanması için önerilen örgütlenme biçimiydi. *Ulusal egemenlik haklarını*, eşit olarak tüm halk kesimlerine kullandırmak için, parti örgütlerinin köylere dek yaygınlaştırılması öngörülüyordu. *"Devlet siyasetinin belirlenmesi"*nde, *"köyler ve köy parti kongreleri"* temel alınıyordu,[11] Bu konuda 75, 76 ve 78. maddelerde şöyle söyleniyordu: *"Fırka üyeleri ve on sekiz yaşını bitirmiş olan köy ve mahalle halkından her kişi, halk kongresinin doğal üyesidir... Kongreler, yörenin koşullarına göre uygun bir yerde ya da köy meydanında toplanır... Kongrelerde başkan ve bir yazman seçilir, nahiye kongresine önerilecek konular saptanır ve ocak üyeleri seçilir.."*[12]

*Tüzük,* köy kongrelerinde seçilen delegelerin nahiye, nahiyede seçilenlerin ilçe, ilçe delegelerinin de il kongrelerine katılmasını öngörüyordu. Katılım, biçimsel düzeyde bırakılmıyor, köy ve köylü sorunlarının partinin genel merkez kongrelerine, sorunun gerçek sahipleri, yani köylü temsilcileri tarafından götürülmesi isteniyordu. *Halk Fırkası,* hükümet işleri ve devlet siyasetinde, *ilk önerme hakkını* köy kongresine vererek, Türkiye'de ilk kez ve eylemli olarak, köylüyü siyasi haklarını en geniş biçimde kullanmaya davet ediyordu. Bu daveti, yazılı hale getirerek tüzüğüne almıştı. Siyasi katılımcılığın ileri bir aşamasını oluşturan bu yaklaşım Batı'da, yalnızca o dönemde değil, bugün dahil hiçbir dönemde görülmemiştir. Köy eğitmeni programları ve köy enstitüleriyle uygulamaya sokulup geliştirilen bu girişim, 1945'ten sonra ortadan kaldırılacaktır.

### Atatürk Döneminde CHP

Cumhuriyet'in ilanından sonra adına *Cumhuriyet* sözcüğünü ekleyen *Halk Fırkası,* ikinci büyük kongresi'ni 15-23 Ekim 1927'de yaptı. Bu kongrenin, parti ve Cumhuriyet tarihi açısından önemli bir yeri vardır. Birinci Kongre kabul edilen Sivas Kongresi'nden sonra geçen sekiz yıl içinde; bağımsızlık savaşı kazanılmış, saltanat ve hilafet kaldırılmış, Cumhuriyet kurulmuş ve karşı devrim çıkışları bastırılarak yeni bir devlet, yeni bir toplum yaratılmıştı.

Kongre'ye anlam ve heyecan katan, bunca işin gerçekleştirilmesinden sonra ilk kez ve üstelik siyasi parti olarak toplanılması ve **Mustafa Kemal**'in sekiz yıllık mücadelenin öyküsünü (NUTUK), belgeleriyle birlikte bu kongrede açıklamasıydı.

**Mustafa Kemal**, apayrı bir önemi olan bu Kongre'yi şu sözlerle açar: *"Fırkamız, milletimizin hayatı ve şerefi için gösterdiği yüksek azim ve iradenin temsilcisi olarak, bundan sekiz yıl önce ve acılı yıllar içinde ortaya çıkmıştı. Bütün Anadolu ve Rumeli'yi kapsamak üzere ilk genel kongremizi Sivas'ta yapmıştık... O gün kullandığımız ünvanla bugünkü ünvanımız arasında fark vardır. Ancak, örgüt esas olarak korunmuş ve bugün, siyasi fırka halinde beliren varlığa kaynaklık etmiştir. Ülke ve milletin, esenlik ve gönencini sağlamaktan oluşan genel amaç, niteliği değiştirilmeksizin sürdürülmüştür. Bu nedenle diyebiliriz ki, bugün açılışıyla övünç duyduğum büyük kongremiz, Sivas Kongresi'nden sonra örgütümüzün ikinci büyük kongresi olmaktadır."*[13]

1927 Kongresi'nin bir başka önemli yanı, tüzüğün, örgütlenme anlayışında bir değişiklik olmadan geliştirilerek, 123 maddelik kapsamlı bir tüzük haline getirilmesiydi.[14] Yeni tüzükte; *cumhuriyetçilik*, *milliyetçilik* ve *halkçılık* partinin temel ilkeleri haline getiriliyor; *laiklik* sözcüğü kullanılmamakla birlikte, *"devlet ve millet işlerinde din ve dünyayı birbirinden ayırmanın"* önemli bir ilke sayıldığı açıklanıyordu.[15] İkinci Kongre'de, tüzük değişikliklerinden başka; sosyalist enternasyonalin katılım daveti reddediliyor,[16] Türk Ocakları parti denetimine alınıyor[17] ve ekonomik uygulamalarda bundan böyle *"ulus yararına uygunluğun esas alınacağı"*[18] kabul ediliyordu.

**Mustafa Kemal**'in, Halk Fırkası İkinci Büyük Kongresinde okuduğu *Nutuk*, yalnızca Cumhuriyet tarihinde değil, dünya parti tarihinde de benzeri olmayan bir ilk örnektir. Okunması 36,5 saat süren ve etkileyici bir anlatımı olan *Nutuk*, ülkenin Birinci Dünya Savaşı sonrasındaki durumunun açıklanmasıyla başlar, milli mücadelenin tüm aşamalarını ve *Kurtuluş* sonrası siyasi gelişmeleri belgeleriyle birlikte ele alır ve Cumhuriyet'in yaşatılması için gelecek kuşaklara görevlerini hatırlatan *Gençliğe Sesleniş* ile son bulur. **Atatürk,** *Nutuk'*u, *Gençliğe Sesleniş'*ten hemen önce söylediği duygu yüklü şu sözlerle bitirir: *"Saygıdeğer efendiler, sizi günlerce meşgul eden uzun ve ayrıntılı açıklamalarım, sonuç olarak geçmişte kalan bir devrin hikayesidir. Burada, milletim için ve gelecekteki evlatlarımız için, dikkat ve uyanıklığı davet edebilecek bazı noktalar belirtebilmişsem kendimi bahtiyar sayacağım.*

*Efendiler, açıklamalarımla milli hayatı son bulmuş sanılan büyük bir milletin, bağımsızlığını, bilim ve tekniğin en son kurallarına dayanarak milli ve çağdaş bir devleti nasıl kurduğunu anlatmaya çalıştım. Bugün ulaştığımız sonuç, yüzyıllardan beri çekilen milli felaketlerin son bulması ve bu aziz vatanın her köşesini sulayan kanların bedelidir. Bu sonucu Türk gençliğine emanet ediyorum.*

*Ey Türk Gençliği,*

*Birinci vazifen Türk istiklalini, Türk Cumhuriyeti'ni ilelebet muhafaza ve müdafaa etmektir..."*[19]

\*

10-19 Mayıs 1931'de toplanan 3.Büyük Kongre'nin önemi, geleceğe yön veren ve temel ilkeleri devlet siyaseti haline getirilen bir programın kabul edilmesidir. Üçüncü Kongre'ye dek, ayaklanmalar bastırılmış, devrimler tamamlanmış, Terakkiperver Fırka muhalefeti ve iki partililiği deneyen *Serbest Fırka* girişimi yaşanmış, devletin yeni kurumlarla örgütlenmesi önemli oranda tamamlanmıştır. Parti programı, gelişmelerin yarattığı deneyimler ve toplumsal sonuçları göz önüne alınarak hazırlanmıştı. Kurtuluş Savaşı'nın başından beri sürdürülmekte olan milli siyasetin doğal sonucu ve ulusun bağımsızlığa yönelişinin ürünü olan program, gereksinimlere yanıt veren siyasi bir olgunluğa ulaşmıştı. Mücadelelerle dolu bir sürecin tüm birikimi, maddelere yansıtılmıştı. Sorunların ele alınışı, geleceğe yönelik değişim hedefleri ve çözüm yöntemleri; ülkenin içinde bulunduğu koşullara dayandırılıyor, özgün bir parti programı yaratılıyordu. Sınıf ve zümre ayrıcalıkları yadsınırken, yadsıma sözde bırakılmıyor *ve yoksullukta eşitlenmiş* olan ulusun, tüm sınıf ve tabakalarını kapsayan somut uygulamaların nasıl sağlanacağı, açık bir biçimde ortaya koyuluyordu. *"Zaferi ve milli egemenliği sağlayan istiklâl mücadelesi planı"* ne kadar milli ise, 1931 programı da *"o kadar milliydi"*.[20]

1927 Kongresinde kabul edilen üç temel ilkeye, 1931'de üç ilke daha eklendi ve *Cumhuriyet Halk Fırkası*'nın olduğu kadar, Türkiye Cumhuriyeti Devleti'nin de temelini oluşturan ünlü *altı ilke* kabul edildi. *Cumhuriyetçilik, milliyetçilik, halkçılık, laiklik, devletçilik*, ve *devrimcilik*'ten oluşan ilkeler, *altı ok*'la ifade edilerek Cumhuriyet Halk Fırkası'nın simgesi oldu. *Altı ilke*, 1937'de yapılan bir değişiklikle anayasa maddesi haline getirildi ve 27 Mayıs Anayasası'yla ortadan kaldırıldığı 1961 yılına dek Anayasa'daki yerini korudu.

*Cumhuriyet Halk Fırkası* programı, amaç ve anlayış olarak toplumu tanımaya ve köklü bir tarih bilincine dayanıyordu. Yalnızca bir parti programı değil, bir ulusun verdiği ortak kararla, geleceğini belirleyen amaç ve yönelişleri ortaya koyan, tümüyle milli bir uzlaşma belgesiydi. Tarihten alınan derslere ve ülke gerçeklerine dayanıyor, yenileşme önündeki tüm engelleri gidermeyi amaçlıyordu. Birbirini tamamlayan iyi düşünülmüş sekiz bölümden oluşuyor ve ulusun tümünü temsil etme işlevini, o güne dek yurt içinde ya da yurt dışında hemen hiçbir siyasi partide görülmeyecek kadar başarıyla yerine getiriyordu.

Birinci bölümde *vatan* ve *millet* kavramlarından ne anlaşıldığı anlatılıyor, *devletin biçimi* tanımlanıyor ve *kamu hukuku* işleyişinin nitelikleri ortaya konuyordu. İkinci bölümde *altı temel ilke* ayrı ayrı ele alınıyor ve Cumhuriyet devletinin temellerini oluşturan bu ilkelere büyük önem veriliyordu. **Atatürk**, *altı ilke*'ye verdiği önemi sık sık dile getiriyor ve bu ilkelerle anlamını bulan Türkiye Cumhuriyeti'ni, geleceğin gerçek sahipleri olan gençliğe emanet ediyordu. Örneğin, ünlü Dumlupınar söylevinde şunları söylüyordu: *"Gençler, atılganlığımızı arttıran ve sürdüren sizsiniz. Siz, almakta olduğunuz eğitim ve kültürle insanlık erdemlerinin, vatan sevgisinin, özgür düşüncenin en değerli simgesi olacaksınız. Ey yükselen yeni nesil, gelecek sizsiniz; Cumhuriyet'i biz kurduk, onu sürdürecek olan sizsiniz..."*[21]

Programın üçüncü bölümünde ekonomik siyaset, dördüncü bölümde mali siyaset, beşte milli eğitim ve öğretim, altıda sağlık ve sosyal yaşam, yedide iç-dış ve adli siyaset, sekizinci bölümde ise ülke savunması ile ilgili politikalar ele alınmıştır. Yapılacak işler ve varılmak istenen hedefler, herkesin anlayabileceği somut ve uygulanabilir maddeler halindedir. Yapılacağı açıklanan işlerin hemen tümü uygulamaya sokulmuş ve gelişme isteğindeki azgelişmiş bir ülkenin kendi kaynaklarına dayanarak, bağımsızlığından ödün vermeden kalkınabilmesinin yöntemi ortaya konmuştur. Bu nedenle, Cumhuriyet Halk Fırkası'nın 1931 Programı ve programa bağlı uygulamalar son derece özgündür ve birçok ülkeye örnek olmuştur.

Üçüncü Büyük Kongre'de, programla birlikte, o dönem için oldukça ileri olan, bireye dönük demokratik haklar da kabul edildi. Kadınlara seçme hakkı, tek dereceli seçim, özel girişimciliğin desteklenmesi, köylüye ucuz kredi, ücretsiz eğitim ve sağlık, kooperatifçilik gibi konular, demokratik bir anlayışla halk yararına çözümlenmiştir. Eğitim ve kültürün, toplumun her kesimine yaygınlaşması için düşünülen *Halkevleri* ve *Halkodaları* oylamasına bu kongrede karar verilmiştir.

\*

Türkiye Cumhuriyeti'nin ilk dönemiyle ilgili kitap yazan yerli ya da yabancı araştırmacıların önemli bir bölümü, bu dönem siyasi sistemini; *demokrasi* karşıtı, tek partililiğe dayanan diktatörlük ve tutuculuk olarak tanımlar. *Demokrasiyi*, halkın yönetime katılımını sağlayan bir devlet biçimi olarak değil de, oy vermeyle sınırlı, yasal bir biçimsellik olarak gören anlayış sahiplerinin, bu tür sığ ya da kasıtlı yargılara varmaları olağandır. Bu tür insanlardan,

Cumhuriyet dönemi uygulamalarını gerçek boyutuyla kavramaları beklenemez.

1923-1938 arasında geçerli olan siyasal düzen ve bu düzenin biçim verdiği parti yaşamı, yalnızca görünüşte tek partili sistemdir. Nüfusun yüzde seksenini köylülüğün oluşturduğu, çağdaş sınıfların oluşmadığı, sanayisiz bir toplumda yapılması gereken; olmayan sınıflara, bu sınıfların olmayan bireylerine, istemi olmayan özgürlükler getirmek değil, ulusal politikalar geliştirecek siyasi birliğin sağlanmasıydı. Bu ise ancak, ulusun her kesimini temsil eden bir siyasi örgütün yaratılmasıyla olanaklıydı. Böylesi yaygın bir temsilin, tek bir partiyle gerçekleştirilmesi, bir istek sorunu değil, aynı zamanda bir zorunluluktu. **Atatürk** dönemi Cumhuriyet Halk Partisi'nde, çoğulculuğu temel alan bir anlayışa bağlı kalınarak, *tek partiyle çok partili bir politika yürütülmüştür*.

Yakın tarihimizle ilgili incelemeler yapan **Mete Tuncay**, *"Türkiye Cumhuriyeti'nde Tek Parti Yönetimi'nin Kurulması"* adlı kitabında, CHP'nin 1945'e dek süren iktidar dönemini bir bütün halinde *"diktatörlük"* olarak nitelendirir. *"1923-1945 dönemindeki tek parti yönetiminin bir diktatörlük olduğuna kuşku yoktur"* der ve bu partinin *"değiştiricilikten çok gelenekçi nitelik taşıdığı"*nı ileri süren aktarmalar yapar.[22] Amerikalı araştırmacılar **James A.Bill** ve **Carl Leiden** ortak yapıtları *Politics in the Middle East*'te, **Atatürk** için, *"değişimin hızlı bir taraftarı mı?"* yoksa *"örtülü bir tutucu mu?"* diye sorarlar ve sorularına yanıt verirler. Onlara göre, *"toplumun yapısında köklü değişikliklere girişmemiş olmasından ötürü"* **Atatürk**, *değişimci* değil bir *tutucudur*.[23] Hollanda Nijmegen Katolik Üniversitesi öğretim üyesi Doç. **Erik Jan Zürcher**, *Milli Mücadelede İttihatçılık* adlı kitabında, **Atatürk**'ü, *"başkalarının* (ittihatçıların y.n.) *başlatmış olduğu hareket üzerine"* oturan bir komplocu düzeyine indirir ve *Nutuk*'un *"ulusal mücadelenin tarihi değil"*, 1926'da girişilen *"siyasi tasfiyelerin onaylatılması"* olduğunu söyler. **Zürcher**'e göre de **Atatürk**, bütün Jön-Türk liderleri gibi *"Halk çoğunluğunu iknaya dayanan demokrasiden"* yana değil, *"modernleşme ve devleti güçlendirme"* adına sürdürülen *"otoriteden"* yana bir kişidir.[24]

Gerçekle ilgisi olmayan bu tür yorumlar, Batı'da ve Batı etkisinde yetişmiş *"aydınlar"* arasında yaygındır. Onlar için, Türk Devrimi ve yarattığı *halktan yana* düzen, *demokrasi* değil, halkı ezen bir *diktatörlük*'tür, ama tekelci büyük sermaye egemenliğine dayanan Batı'daki oligarşik sistem, *demokrasidir*. Bu yaklaşımın kasıtlı bir ideolojik karşıtlığa dayandığı açıktır. Böyle olmasa bile bu tavır, en azından *demokrasi*'nin ne olduğunun kavranmaması demektir. **Atatürk** dönemindeki siyasal düzen, eğer *demokrasi* ya da *diktatörlük* kavramlarıyla açıklanacaksa, açıklamanın herkesin anlayabileceği açık sonucu; bu düzenin, *halk ve ulus güçleri için demokrasi, ulus karşıtları ve varlıklarını yabancılarla bütünleştiren işbirlikçiler için diktatörlük olmasıdır*.

**Atatürk** döneminde siyasal düzen *tek parti*'lidir. Ancak bu parti, toplumun değişik kesimlerini yönetimde temsil etme ve kitlelerin sorunlarına eğilme konusunda çok başarılıdır. Devletle bütünleştirilen iktidar gücü, tümüyle halk ve ülke yararına kullanılmaktadır. Ayrıca, toplumsal yapı çok partililiği gerekli kılacak sınıfsal çelişkilerden uzaktır. Birden çok parti kurulduğunda bu partilerin benzer politikalar yürütmesi kaçınılmazdır. Nitekim, **Atatürk**'ten sonraki *Cumhuriyet Halk Partisi* ile örneğin 1946'da kurulan *Demokrat Parti* arasında iç-dış politika yönelmeleri ve uygulamalar bakımından hemen hiçbir fark yoktur. Bu durum, farklı anlamda da olsa, sayıları daha fazla olan günümüz partileri için de geçerlidir. *Tek partili* sistemde, halkın tümünü kapsayan demokratik programlar uygulanırken, *çok partili* bir sistemde, azınlığı temsil eden ve milli olmayan politikalar geçerli kılınabilir. *Tek parti* kimi zaman, birden çok partiden daha etkin biçimde *çok partili* bir siyasi işleyiş sağlayabilir. Önemli olan parti sayısı değil; hedefler, anlayışlar ve uygulanan politikalardır.

Fransız sosyal bilimci **Maurice Duverger**, *Siyasi Partiler* adlı kitabında *tek partili* siyasal sistemleri de inceler ve incelemesinde **Atatürk** dönemi *Cumhuriyet Halk Partisi*'ne özel önem verir. **Duverger** söz konusu kitapta, *"tek parti ve demokrasi tanımlarını yan yana getirmenin"* birçok kimseye, *"kutsallığa saygısızlık"* gibi aykırı geldiğini söyler ve önemli olanın *"tek parti-demokrasi eşleştirmesinin"* yapılması değil, *"böyle bir eşleştirmenin, kimi zaman gerçeğe* (demokrasiye y.n.) *uyup uymadığını bulmak"* olduğunu ileri sürer. *"Ne tüm tek partiler totaliterdir, ne de tüm totaliter partiler tek partidir"* diyerek[25] *tek parti*'lerin de demokratik olabileceğini kabul eder.

**Duverger,** kabulünü kanıtlayacak örnek olarak, 1923'te Türkiye'de kurulmuş olan *Cumhuriyet Halk Partisi*'ni gösterir. Bu partinin, *"dini siyasetten ayıran* (anti-klerikal) *akılcı tutumu"*, *"19.yüzyıl liberalizmine yaklaşan eğilimleri"* ve *"1848 Avrupa milliyetçiliğine benzeyen görüşleriyle"*; 20.yüzyıl otoriter rejimlerinden çok *"Fransız Devrimi'ne ve 19. yüzyıl terminolojisine"* yaklaştığını ileri sürer. Ona göre, *"tek partiye dayanan faşist rejimlerde her gün rastlanan otorite savunuculuğunun yerini, Kemalist Türkiye'de demokrasi savunuculuğu"* almıştır. **Duverger** CHP ile ilgili olarak şunları söyler: *"Bazı tek partiler, gerek felsefeleri ve gerekse yapıları bakımından gerçek anlamda totaliter değildir. Bunun en iyi örneğini, 1923'ten 1946'ya kadar Türkiye'de tek parti olarak faaliyet göstermiş bulunan Cumhuriyet Halk Partisi sağlamaktadır. Bu partinin başta gelen özelliği, demokratik ideolojisidir..."*[26]

**Atatürk** dönemine günümüzde yöneltilen, yerini bulmayan bir başka yaygın *"eleştiri"*, *Cumhuriyet Halk Fırkası*'ndan seçimlere katılacak milletvekili adaylarının **Atatürk**'ün inceleme ve onayından geçmesi ve Meclis'in bu incelemeden geçen adaylarca oluşmasıdır. Milletvekili adaylarının niteliklerine dikkat edildiği ve milletvekili olacak kişilerde ulusal bilinç, dürüstlük gibi kimi ölçütlerin arandığı doğrudur. Doğru olmayan, böylesi bir işleyişin demokrasiye uygun olmaması savıdır. Soyut bir demokrasi kavramına dayanarak yapılan *"eleştiriler"*, karalama amaçlı ve gerçek dışı savlardır.

Ulusal Kurtuluş Savaşı ve bu savaşın devamı olan bağımsız kalkınma girişiminin kendisi, başlıbaşına bir demokrasi hareketidir. Demokrasi, *kimin için* sorusundan soyutlanamaz. Halk için *demokratik* olan, halk karşıtları için *anti-demokratik*'tir. Bunun tersi de geçerlidir. *Demokrasi*'nin sınırı, karşıt sınıf ya da tabakaların güç ve gereksinimi ve bu gereksinimin oluşturduğu dengeler tarafından belirlenir. **Mustafa Kemal,** ulusal çıkarların savunucusu olan Meclis'i oluşturacak milletvekillerini belirlerken, halkın nabzını tutuyor, onların arasından; bağımsızlığa, halkın gönencine ve bunları sağlayacak devrimlere inanmış, dürüst insanları ortaya çıkarmaya çalışıyordu.

1927 Ağustosu'nda kamuoyuna yayınladığı bildiride, milletvekillerinin sahip olmak zorunda oldukları özellikleri şöyle belirlemişti: *"CHP milletvekilleri, milletvekili sanlarını özel ekonomik yaşantıları uğruna küçük düşürmeyeceklerdir. Parti Genel Başkanlığı* (kendisi y.n.) *bu konuda özel titizliği gösterecektir. Sermayesinin çoğunluğu devlete ait olan kuruluşlar ve şirketler ile özel sözleşmeye dayanan imtiyazlı şirketlerde ve tekellerde, hükümetçe yönetim kurullarına atananlar, milletvekili olamayacaklardır..."*[27]

Meclis'te bugün yer alan milletvekillerinin nitelikleri, bunların nasıl, hangi ölçütlerle ve kimler tarafından milletvekili yapıldığı göz önüne getirildiğinde, **Atatürk** dönemiyle günümüz arasındaki *"demokrasi"* farkının ne olduğu açıkça görülecektir. Meclis'teki milletvekillerini şimdi, parti başkanları belirliyor. Ancak bu belirleme, bağımsızlık ve halkın gönencine yönelik ölçütlerle değil, küresel merkezlerin istek ve önceliklerine göre yapılıyor. Bu nedenle **Atatürk** dönemi uygulamaları halk için ne denli *demokratikse,* çok partiyle bezenmiş günümüz parlamentarizmi de o denli *anti-demokratiktir.*

\*

9-16 Mayıs 1935'te yapılan 4.Büyük Kongre, İkinci ve Üçüncü Kongrelerde başlayan ideolojik ve örgütsel gelişimin en ileri aşamasıdır. *Kongre* yerine *Kurultay, fırka* yerine *parti* sözcüklerinin kullanıldığı bu kongre, **Atatürk**'ün katılabildiği son CHP kongresidir. Kongre'nin Türk siyasi tarihinde iz bırakan iki önemli özelliği vardır. Kemalist devrim, parti örgütlenmesi konusunda en olgun evresine bu kongreyle ulaşmış ve bu nitelikte bir CHP Kongresi bir daha yaşanmamıştır. İkinci olarak, 4. Kongrenin uygulama dönemi 26 Kasım 1938'de, yani **Atatürk**'ün ölümünden 15 gün sonra yapılan *Olağanüstü Kurultay*'la bitmiştir. 1935-1938 arasındaki üç yıllık 4.Kongre döneminin sona erişi, aynı zamanda, sürekli devrimciliği esas alan *Kemalizm*'den geri dönüş döneminin başlangıcı olmuştur. Kemalist devrim, kendisini koruyacak kadroları yetiştirmeye başladığı en verimli döneminde, öndersiz kalması nedeniyle, karşı devrim niteliğinde bir geri dönüşle karşılaşmıştır.

    4.Kongre'de tartışılan konular ve alınan kararlar, Sivas Kongresi'nden beri sürdürülen on altı yıllık mücadeleler sürecinin oluşturduğu örgütsel-ideolojik birikimi geliştirmiş, bu birikime biçim ve içerik olarak yeni boyutlar kazandırmıştır. 1930'dan sonra girişilen dil devriminin sonucu olarak parti programı öz Türkçe'ye çevrilir. Tartışmalarda *devrim, örgüt, bağlaşık, işlev, yönetim, gelişim, kesin* gibi sözcükler kullanılır. Parti'nin ideolojik temelini oluşturan *altı ok*'un, "*ulusun ruhunda ve yurdun her yerinde yerleşmesi için bütün kuvvetlerin harekete geçirilmesi*" kararı alınır. Sınıf, zümre ve cinsiyet farkı gözetmeyen parti eyleminin; "*her yurttaşın istek ve ihtiyacına yanıt veren bir bütün*" olduğu söylenir.[28] *Yoksullukta eşitlenmiş* Türkiye Cumhuriyeti yurttaşlarının, sınıfsal konumuna bakılmaksızın tümünün varsıllaştırılması, bunun için de kapsamlı bir kalkınma sağlanmalıdır. Çalışmak, durmadan çalışmak, parti ve partililerin temel görevi, birinci derecede sorumluluğudur. Milli kaynaklarla Türkiye, çok hızlı bir biçimde sanayileştirilmelidir.

    4.Kongre'de *Cumhuriyet Halk Partisi*'nin bir devlet partisi haline gelmesi ve partinin devletle birlikte çalışması gerektiği dile getirilir. Genel Sekreter **Recep Peker**'in konuşmasında dile getirdiği bu yaklaşım için genel kurul bir karar almaz. Ancak, **İsmet İnönü** Başbakan ve parti başkan yardımcısı imzasıyla 18.06.1936 tarihinde; İçişleri

Bakanı'nın parti genel sekreteri, valilerin il başkanı olmasını isteyen bir genelge yayınlar. Genelge uygulanır. 1936'da **Recep Peker**, görevden alınır yerine İçişleri Bakanı yapılan **Şükrü Kaya** parti genel sekreteri olur. Bu uygulamaya, 1939'da son verilir.[29]

4.*Büyük Kongre*, bir hafta süren görüşmelerden sonra birçok konuda siyasi ve ideolojik kararlar aldı, saptamalarda bulundu. Bunlardan bazıları özetle şöyleydi: Program ve *"parti ideolojisi millidir"*, devlete *"hareket yeteneği"* vermektedir. *"Sağ ya da sol"* adı verilen akımlar, *"Batı kaynaklıdır"* ve Türkiye'nin koşullarına uygun değildir. Bu tür düşünce akımlarına karşı *"tek etkili silah milliyetçiliktir"*. Batı'nın *"liberal devleti can çekişmektedir"*, *"komünizm soyut bir kavramdır, yaşamın içinden gelmemiştir"*. Türkiye'nin kalkınabilmesi ve ulusal varlığını koruyabilmesi için *"devletçilik şarttır"*, *"liberal devletin yerini sınıf devleti değil, milli devletler almaktadır"* bu nedenle *"Cumhuriyet Halk Partisi devletçi bir partidir."*[30]

4.*Kongre*'de kuramsal tartışma ve belirlemelerden başka, toplumun özellikle emekçi kesimlerini ilgilendiren kararlar alındı. Tarım ve sanayi sorunları, ticaret, toprak ve konut sorunu, işçi ve sosyal güvenlik hakları, sağlık hizmetleri gibi pek çok alanda, daha sonra yasalaştırılarak uygulanan yenilikler yapıldı. Kararlara göre, *"çiftçiye kredi bulunacak"*, ancak *"büyük akar, depo ve apartman v.b. sahiplerine kredi verilmeyecektir"*. Yurttaş konut sahibi yapılacak, çiftçi topraklandırılacak ve *"büyük özel araziler kamulaştırılacaktır"*. Bölge çıkarı, derebeylik, ağalık, aile ve cemaat ayrıcalıkları ortadan kaldırılacaktır. Toplumsal yaşamın her alanında, halkçılık anlayışı esas alınacaktır. Planlı ekonomiye geçilecek, *"planlama devlet siyasetine de uygulanacaktır"*. Grev hakkı olmayacak, ancak işçinin sömürülmesine izin verilmeyecektir. Parti, *"yüreği nefretle dolu bir üretici kitlesinin oluşmasına"* izin vermeyecektir. İşçi ve esnaf, kendi meslek örgütlerinde bir araya gelirken, halk ve gençlik, halkevleri aracılığıyla örgütlenecektir.[31]

Genel Sekreter **Recep Peker**, Kurultay'a sunduğu raporda, *"devletçilik disiplini karşısında demokrasinin durumu ne olacaktır?"* diye bir soru sorar ve bu soruya kendisi yanıt verir. Ona göre, programlaştırılan parti kararları, bir bütün olarak ele alınıp hızla uygulanırsa, *demokrasi* kendiliğinden gelişecektir. **Peker**'e göre, *"Demokrasi bir dogma ya da âyet değil, akıl süzgecinden geçerek çevre koşullarınca belirlenen"* bir yöntemdir. Her ülkenin siyasi yapısı kendi özelliklerine göre biçimlenir. Türkiye'deki yönetim biçiminin temel özelliği *"kuvvetler ayrılığı yerine kuvvetler birliği ve tek meclis sistemidir."* Her işte seçim esastır. CHP'de geliştirilen *"dilek sistemi"*, *"halk kürsüleri"* gibi uygulamalar *"milli demokrasinin"* temelini oluşturur. *"Türk demokrasisi taklitçi değil, amacı milli birliği kuvvetle destekleyen, bize özgü"* bir sistemdir.[32]

Kurultay kararları, o dönemdeki siyasi canlılığa uygun olarak hızla uygulamaya sokuldu ve son derece etkili oldu. Partiyle hükümet arasındaki ilişkiler, hukuksal zemini yaratılarak geliştirildi. İçişleri bakanı parti genel sekreteri, valiler il başkanı oldu ama, *İçişleri Bakanlığı*'na bağlı *Bölge Denetleme Kurulu* üyeleri, devlet kuruluşlarını olduğu gibi, parti örgütlerini de denetlemeye başladı. Bu yolla; *il özel idareleri* ve *belediyelerle* parti örgütlerinin birbirine yakınlaşmasına ve eşgüdüme kavuşturulmasına çalışıldı. *Altı ok* daha sonra, Anayasa maddesi haline getirildi.

\*

Cumhuriyet Halk Partisi tarihi, **Atatürk** dönemi ve **Atatürk** sonrası dönem olarak iki bölüme ayrılmalıdır. Parti politikaları ve uygulamalarda somutlaşan dönemler arasındaki farklılıklar, gerçek karşılığını; devrimcilikle tutuculuk, bağımsızlıkla batıcılık, halkçılıkla seçkincilik arasındaki ayırımlarda bulmaktadır. Karşıtlıklar; açık, uzlaşmaz ve nitelikseldir.

**Atatürk** sonrası CHP, taşıdığı özellikler nedeniyle kendi içinde üç ayrı döneme ayrılabilir: **İsmet İnönü**'nün *tek şef* olduğu ilk dönem (1938-1945), partinin kapatılmasıyla sonuçlanacak olan *"çok partili"* ikinci dönem (1945-1980) ve 1980 sonrasındaki üçüncü dönem. Bu dönemlere karşılık gelen temel özellikler, düşünsel ve eylemsel olarak; *geri dönüş, dışarıyla uzlaşma* ve *dönüşme*'dir.

Devrimler dönemi, **Atatürk**'ün yaşamıyla sınırlı kalmış ve ölümünden hemen sonra geri dönüş başlamıştır. Kısa bir zaman diliminde büyük toplumsal dönüşümler gerçekleştiren bir devrimde, sürekliliğin önderin varlığıyla sınırlı kalması, üzerinde ayrıca durulması gereken bir konudur. Ancak kısaca değinmek gerekirse şunlar söylenebilir: *Devrim*'i ortaya çıkaran koşullar ne denli *nesnel*'se, onu yaşatıp geliştirecek olan gereklilikler de o denli *öznel*'dir. Toplumsal koşulları oluşmadan devrim ortaya çıkmaz, ama oluşan her koşul da *devrim*'le sonuçlanmaz. Gerçekleşmesi için toplumsal koşulların oluşması (nesnellik) şarttır, ancak koşulları oluşmuş olan *devrim*'in gerçekleşmesi ve korunması için de örgütlü insan girişimi (öznellik) gerekir. Girişim ise örgütlü, bilinçli kadroları gerekli kılar.

Türkiye'de 1923-1938 arasındaki on beş yılda sıradışı dönüşümler gerçekleştirilen bir *devrim* yaşanmıştır. Nesnel koşullar oluşmuş, ancak *devrim* çok dar bir kadroyla gerçekleştirilmişti. Bu nedenle, önderlik ve yapılanları korumada gösterilecek kararlılık olağanüstü önemliydi, bilinçli kadroları ve örgütlü olmayı gerekli kılıyordu. **Atatürk** bu kararlılığı göstermiş, çok dar ve çoğu kez yetersiz kadroları örgütlemiş, *devrim*'i hem gerçekleştirmiş hem de korumuştu. Ancak, *Türk Devrimi*, kendisini tam olarak koruyacak kadroları yaratamadan önderini yitirmiştir. Gerçekleştirilen işin gerçek boyutunu kavrayamamış, Batı etkisinden kurtulamayan yöneticiler devlet yönetiminde söz sahibi olmuşlar ve geri dönüş sürecini başlatmışlardır.

*Türk Devrimi*'nde yaşananlar, hemen tüm devrimlerin başına gelmiştir. İleri ya da geriye yönelen gelgit dönemleri her büyük devrimden sonra yaşanmış, ancak baştaki ilk devrimci etki, varlığını bir süre korumuştur. Türkiye'de de böyle olmuştur. Türkiye'de yaşanan fazladan olumsuzluk, azgelişmiş bir ülke olması nedeniyle, yeniden sömürgeleşme sürecine girilmesidir. *Devrim'*in *iç sorunları,* yabancılara verilen ödünlerle *dış sorun* haline gelmiş, ya da bir başka deyişle *devrim'*i ve bağımsızlığı yok eden emperyalizm bir *iç olgu* haline gelmiştir. Ulusal ekonomi ve siyasetin çökertilmesi, ülkeyi *devrim'*in başladığı yere geri götürmüştür.

Atatürk'ün çalışma çevresi, o daha sağken yapılanları ve yapmak istenenleri tam olarak kavrayamayan, hatta yapılanlara inanmayan insanlarla doludur. Bunu kendisi de bilmektedir. Hemen her işle kendisinin ilgilenmesi, sürekli uzun yurt gezilerine çıkması, halkın sorunlarına ve örgütlenmesine birinci elden önem vermesi, halkevlerini açması, köy enstitülerine yönelmesi ve devrimi ısrarla gençliğe emanet etmesi; devrimi yaşatmak için güvenilir devrimci kadroların yaratılmasına ve devrim ilkelerinin halka mal edilmesine yönelik girişimlerdi. Hastalığının en ağır dönemlerinde **Ali Fuat Cebesoy'**a, *"..bizde hiçbir şeyin yataktan yönetilemeyeceğini bilirsiniz. Devlet işlerine mutlaka müdahale edebilecek bir durumda olmalıyım. Mutlaka işin başına geçmek gerek"* demesi[33], *devrim'*i koruyacak kadro eksikliğini bilmesindendir.

*Devrim* önderi olarak **Atatürk**, yaşarken bile engellemelerle karşılaşmıştır. Devrimci kararlılık ve ideolojik düzey olarak en yakın çalışma arkadaşından bile çok ilerdedir. Bunun farkındadır ve bu nedenle *az zamanda çok şey yapma* peşindedir. Hiç durmaz, sürekli çalışır. Yaptığı her şey sonuçta, kendinden sonra devrimi koruyabilecek nitelikte insan yetiştirilmesine ve halkın *devrim* ilkeleri doğrultusunda örgütlenmesine bağlıdır. Geleceği temsil eden gençliğe bu nedenle çok önem verir, *devrim'*in korunmasında onları görevlendirir. Kendisinden sonra yönetime gelecek olanları ve onların niteliğini bilmekte, bu olumsuzluğa karşı sürekli olarak örgütlü önlem almaya çalışmaktadır. Uzun yıllar **Atatürk'**ün yakınında olan **Falih Rıfkı Atay**, **Atatürk'**ün çevresinde *"o henüz sağken"* ona ve *"yaptıklarına inanmayan kişilerin"* bulunduğunu, bu kişilerin onun ölümünden sonra *"CHP merkezi ve Çankaya çevre-*

*sini sardığını*" söyler ve "*siyasi nüfuza sahip*" bu kişilerin "*Kemalizmin ve laisizmin programdan çıkarılmasını*" istediklerini açıklar.[34]

**Atatürk**, eriştiği düşünsel düzey ve ulusal bilinç nedeniyle tam olarak yalnızdır. Aydın ya da devlet adamı olarak en yakınında olanlar bile, düzey olarak ondan çok geridedir. Bu nedenle tüketici *bir yalnızlık* içindedir. Çektiği yalnızlığı, halkın sorunlarını çözemediğinde duyduğu üzüntüyü açıkça dile getirir. Deprem nedeniyle çıktığı bir Anadolu gezisinde **Salih Bozok**'a şunları söyler: "*Hiç bitmiyor ki. Anadolu yanıp yıkılıyor. Devletin parası yok, halk perişan. Herkes benden bir şeyler istiyor; herkes benim herşeyi yapacağıma, yapabileceğime inanıyor. Ben çaresiz kalıyorum, üzülüyorum, yüreğim yanıyor.. Bütün hayatımda hep yalnız; okulda, cephede, mecliste hep yalnız.. Şikayet edilen sofralarda, arkadaşlarımın yanında, o kalabalıklarda hep yalnız...*"[35] Hasankale depremi nedeniyle geldiği Erzurum'da **Hasan Rıza Soyak**'a şunları söyler: "*.. Bu yükü çekmek çok zor. Herkes herşeyi benden bekliyor. Herşeyi yapabilirim, düzeltebilirim sanıyor. Oysa ben neyim? Benim iktidar gücüm neye yarar? İşte bu yetmezlik, bu çaresizlik beni öldürüyor..*"[36]

Duyulan yalnızlık, girişilen büyük işin gerekli kıldığı nitelikli insan yetersizliğine dayanmaktadır. Devrimin tüm yükü düşünsel ve eylemsel olarak onun üzerindedir. Hemen her işle ilgilenmek ve sonuca ulaşmak için yapılanları izlemek zorundadır. Bu zorunluluk belki de en çok, politik ilişkileri kapsayan parti çalışmaları için gereklidir. *Cumhuriyet Halk Partisi*'nin üst organlarında görev alanlar, genel olarak parti çalışmalarında deneyimi olmayan, politik bilinçten yoksun kimselerdir. İktidar "*nimetlerinden*" yararlanmak isteyen pek çok çıkarcı, partiye dolmuştur. **Atatürk**'ün tüm çabasına karşın, gizli-açık karşı koymalar ya da bilinçli-bilinçsiz yanlışlıklar yapılmaktadır. **Atatürk** herşeye her zaman yetişememektedir.

\*

**Atatürk**'ün, *Müdafaa-i Hukuk* örgütlerinden *Birinci Meclis*'e, oradan *Halk Fırkası*'na dek sürdürdüğü temel politika, halkın örgütlenerek siyasi etkinliğe dolaysız katılmasına dayanır. Ancak, 1935 Kongresi'ne doğru, halka uzak, seçkinci bir anlayış partide yayılmaya başlar. Oysa **Atatürk**, *partiyi halkın partisi, devleti de halkın devleti* yapmayı, politik mücadelenin en başına koymuş ve bunu gerçekleştirmek için çok uğraşmıştı. Yönetim işlerinde seçkinciliği reddetmiş, halkın yönetime katılmasına büyük önem vermişti. 2 Şubat 1923'te İzmir'de yaptığı söyleşide halkın, *"her ne ad altında olursa olsun, şunun ya da bunun peşinden gitmemesi"* ni, yalnızca *"kendi programını izlemesi"* ni söyler ve bu konudaki görüşlerini şöyle tamamlar: *"Bunu sağlamak için* (halkın kendi programını belirlemesi için y.n.) *mümkün olsaydı bütün vatandaşları bir araya toplamayı, hiç olmazsa bütün uzman kişileri bir araya toplamayı, onlarla büyük bir kongre halinde görüşmeyi ve programı böyle oluşturmayı çok isterdim..."* [37]

**Atatürk**, halkın siyasete katılmasının, kendisinin ve ulusun geleceği için şart olduğunu, her yerde ve her zaman söyledi, yazılar yazdı ve bu yönde yoğun çaba harcadı. *Halk Fırkası*'nın kuruluşundan bir yıl sonra 1924'te Trabzon'da, *Halk Fırkası*'nı yaratan *Anadolu ve Rumeli Müdafaa-i Hukuk Cemiyeti*'nin, *"bütün milleti kadrosu içine alarak"* onu *"kuvvet ve kudret yapan kutsal bir örgüt"* olduğunu açıkladı ve *"Halk Fırkası, hiçbir boş söze değer vermeyerek Türk Cumhuriyeti'ni kuran devrimci ruhun bütün millette belirip şekillenmesidir"* dedi.[38] 1925'te Akhisar'da, *"Halk Fırkası'nın kadrosu bütün millet fertleridir. Bu gerçeği anlamayanlar henüz beyinlerini düşünmeye alıştıramayan bahtsızlardır"* açıklamasını yaptı.[39]

Halkın siyasi örgütlülüğüne ve *katılımcılığa* bu denli önem vermesine karşın, 1935'e doğru *Cumhuriyet Halk Fırkası*'nda, buna uygun düşmeyen gelişmeler ortaya çıkacaktır. Parti Genel Sekreteri **Recep Peker**, rejim ve parti ile ilgili olarak Adliye Bakanı **Yusuf Kemal Tengirşek** ile görüşüp, Başbakan **İsmet İnönü**'ün onayını alarak bir öneri geliştirir. Öneriye göre, *Cumhuriyet Halk Fırkası*, en tepede yer alan ve yüksek yetkilerle donatılan bir *üçlü (triumvira)* tarafından yönetilecektir. Önerinin sahibi **Peker**'in kafasındaki bu üç kişi, olasıdır ki **Atatürk, İnönü** ve kendisidir. **İnönü**, taslağı okuyup imzalamıştır. Onayını almak için taslak **Atatürk**'e götürüldüğünde sert bir tepkiyle karşılaşılır. Atatürk *"saçmalık"* diyerek böyle bir önerinin yapılabilmiş olmasına sinirlenmiş ve Cumhurbaşkanlığı Genel Sekreteri **Hasan Rıza Soyak**'a şunları söylemiştir: *"İnanılmaz şey. Ben ülkeyi halâ tek parti ile yönetmek zorunda kaldığım için utanıyorum, bazı arkadaşlar bu hali devamlı kılmak istiyor. İtalya seyahatinden dönen partimizin Genel Sekreteri* (Recep Peker y.n.) *bana verdiği raporda, bize de orada gördüğü ve incelediği Faşist Parti'den esinlenen önerilerde bulunuyor. Recep'in bu saçmalıklarını İsmet yeniden okusun."*[40]

\*

**Recep Peker**, *üçlü yönetim* önerisinden bir yıl sonra 1936'da, **İsmet İnönü** ise iki yıl sonra 1937'de, **Atatürk** tarafından görevlerinden alınacaklardır. Yalçın Kaya, *Köy Enstitüleri* adlı yapıtında, **Recep Peker** ve **İsmet İnönü**'ün bu girişiminin, *"halkçı fırka anlayışının terkedilerek aşırı bürokratik merkeziyetçi parti anlayışına yönelinmesi"* olduğunu söyler.[41] 1930'larda *"tek parti"* döneminde, parti yönetiminin üç kişilik bir kurula bırakılması, öneri düzeyinde bile olsa büyük tepki görmüştü. Oysa şimdi, partileri üç değil, yalnızca genel başkan yani tek kişi, üstelik sınırsız bir *"özgürlük"* içinde yönetiyor. İlginçtir ki, 1930'lar CHP'sini *diktatörlükle* suçlayanlar, günümüz partilerini *"demokratik"* buluyorlar ve bunu açıklamaktan da çekinmiyorlar.

**Atatürk**'ün, **Recep Peker** ve **İsmet İnönü**'ün parti yönetimi ile ilgili yönelişinden duyduğu rahatsızlık kalıcı oldu ve bunu her fırsatta dile getirdi. Dördüncü Kongre ile ilgili yazışmalarda, bilinçli ve özenli bir tutumla *Cumhuriyet Halk Partisi* adını kullanmıyor, sürekli bir biçimde *"partim"* sözcüğünü kullanıyordu. Durum fark edilip kendisine yöneltilen, *"Cumhuriyet Halk Partisi yerine neden sü-*

*rekli partim diyorsunuz?"* sorusuna şu yanıtı vermişti: *"Cumhuriyet Halk Partisi'nin benden sonra, sonuna kadar partim olarak kalacağını nereden bileyim."*[42]

**Atatürk**, *parti despotluğuna* dönüşebilecek eğilimleri önlemek için parti çalışmalarına daha çok zaman ayırmaya ve daha dikkatli davranmaya başladı. Parti yönetimlerinde yer alan insanların niteliğini biliyordu. Onları, işlerine karışmayarak ama uzaktan denetleyerek yetiştirmeye, inisiyatif sahibi olmalarını sağlamaya çalıştı. Parti işlerine çok önem veriyor, Cumhurbaşkanlığını bırakabileceğini ancak, parti başkanlığından vazgeçmeyeceğini söylüyordu. Ünlü Alman yazar **Emil Ludwin**'in kendisiyle yaptığı söyleşide şunları söylemişti: *"Yönetim işlerine zannettiğiniz kadar karışmıyorum. Ben bugün Cumhurbaşkanlığı'ndan, Başkumandanlık'tan çekilmeye hazırım. Ancak parti başkanlığından asla vezgeçmem. Bana göre ülkenin gerçek siyasi düşünceleri, ancak parti tarafından temsil edilebilir."*[43]

**Atatürk**, pek çok konuda olduğu gibi parti konusunda da haklı çıktı. Kurulup gelişmesine olağanüstü önem ve emek verdiği CHP, *onun partisi olarak kalmadı*. Başkanlığı için, Cumhurbaşkanlığını bırakacağını söylediği parti, ülkeyi Kemalist ilkelerden uzaklaştıran ve geri dönüşü gerçekleştiren bir örgüte dönüştü. 11 Kasım 1938'de başlayan geri dönüş sürecinin Türkiye'yi nereye getirdiğini herkes yaşayarak görüyor. Bugün yaşanan acıklı durumun en başta gelen sorumlusu elbette CHP'dir. **Falih Rıfkı Atay** bu sorumluluğu, *"Atatürk ve Atatürkçülüğe en büyük kötülük CHP'den gelmiştir"*[44] diyerek açıklamıştır.

### İsmet İnünü ve Kemalizm'den Geri Dönüş (1938-1945)

*Cumhuriyet Halk Partisi*, 26 Kasım 1938'de ilk olağanüstü kurultayını topladı. **Atatürk** onbeş gün önce ölmüş, **İsmet İnönü** Cumhurbaşkanı olmuştu. Başbakan **Celal Bayar**'ın toplantıya çağırdığı bu Kurultay, **İsmet İnönü**'yü *"milli şef"* ve *"değişmez genel başkan"* tanımlarıyla parti başkanı yaptı. *"Milli şef"* tanımı Türk siyasi tarihinde ilk kez kullanılıyordu. *"Değişmez genel başkanlık"* ise daha önce

(1927), manevi değeri olan bir saygı ifadesi olarak yalnızca **Atatürk**'e verilmişti ve o zaman, *Tüzük* ya da *Program*'a yansıtılmamıştı.[45] Ancak, **Atatürk**'ün ölümünden hemen sonra toplanan olağanüstü kurultay, *"değişmez genel başkanlık"* kavramını kabul etti, genel başkanlık seçimini tüzükten çıkardı.[46] Böylece **Atatürk**'te olmayan bir ünvan, **İsmet İnönü**'ye verilerek *"milli şef"* haline getirildi. Bu uygulama, *Cumhuriyet Halk Partisi*'nin **Atatürk**'ün yaşamı boyunca ısrarla sürdürdüğü halkçılık anlayışından uzaklaşacağının açık göstergesiydi. CHP, Türk Devrim ilkelerinden geri dönüşe yönelen yeni bir döneme giriyordu.

\*

Olağanüstü Kurultay'dan beş ay sonra 29 Mayıs-3 Haziran 1939'da 5.Büyük Kurultay toplandı. Mart 1939'da erken seçime gidilmiş, istifa eden **Celal Bayar**'ın yerine **Refik Saydam** Başbakan olmuştu. Yeni Meclis ve yeni hükümette ilgi çekici değişiklikler vardı. Kurtuluş Savaşı'ndan beri **Atatürk**'ün yakın çevresinde bulunan ve on dokuz yıl boyunca üst düzey görevler yüklenmiş olan kimi etkin isimler hükümete alınmadığı gibi milletvekili de yapılmamıştı. **Atatürk**'ün yakın çalışma arkadaşlarından; kesintisiz 13 yıl dışişleri bakanlığı (1925-1938) ve 16 yıl milletvekilliği (1923-1939) yapan **Tevfik Rüştü Aras**; kesintisiz 11 yıl içişleri bakanlığı (1927-1938) ve 16 yıl milletvekilliği yapan (1923-1939) **Şükrü Kaya**; 7 yıl İstiklâl Mahkemesi üyeliği (1920-1927) ve 19 yıl milletvekilliği yapan (1920-1939) **Kılıç Ali** (Asaf Kılıç), hükümetten ve Meclis'ten uzaklaştırılan önde gelen kişilerdi.

**Atatürk**'e yakın isimler tasfiye edilirken, Terakkiperverciler dahil, **Atatürk**'e karşı çıkanların hemen tümü önemli görevlere getirildiler. Hükümet üyelerini ve milletvekillerini tek tek **İsmet İnönü** saptıyordu. **Ali Fuat Cebesoy**, **Refet Bele**, **Hüseyin Cahit Yalçın** milletvekili yapıldı. Daha sonra, İzmir suikastı davasında hapis cezasına çarptırılan **Rauf Orbay**'a, **Adnan Adıvar**'a, aynı davada yargılanan ancak beraat eden ve **Atatürk**'e karşıtlığı açık düşmanlığa vardıran **Kazım Karabekir**'e etkin görevler verildi. **Ali Fuat Cebesoy** ve **Kazım Karabekir**, Meclis Başkanlığı'na dek yükseldiler.

**Atatürk** döneminde Cumhurbaşkanlığı Genel Sekreterliği, Milli Eğitim Bakanlığı yapmış ve ilk İnkılap Tarihi derslerini vermiş olan Prof. **Hikmet Bayur**, **Atatürk**'ün ölümünden sonraki uygulamalar için şunları söyleyecektir: *"Atatürk ölür ölmez Atatürk aleyhine bir cereyan başlatılmıştır. Örneğin Atatürk'e bağlı olan bizleri İnkılap Tarihi derslerinden aldılar; kendi adamlarını koydular. O dönemde Atatürkçülüğü övmek ortadan kalkmıştı."*[47]

**Atatürk**'ün yakın çevresinin yönetimden uzaklaştırılmasıyla başlayan süreç açıkça söylenip yazılmayan ancak uygulamaya sokulan davranışlarla, sistemli bir karşıdevrim politikasına dönüştü. Uygulamaların somut sonucu, devlet politikalarında **Atatürk** ve **Atatürk** dönemi uygulamalarıyla önce *araya mesafe koyma*, daha sonra *ortadan kaldırma* biçiminde gelişti. İnönü *"milli şef"* ti ve herşeyi o belirliyordu. Devlet kadrolarında yükselmek isteyenler, *günün gereklerine* uyma durumundaydılar. **Atatürk**'ün yakın çevresi gözden düşmüştü. Pul ve paralardan **Atatürk**'ün resimleri kaldırılmış, yerine **İnönü** konmuştu. Dış politikada Batı'yla uzlaşma eğilimleri giderek artıyor, laiklik başta olmak üzere *altı ok*'la ifade edilen temel ilkelerden tehlikeli ödünler veriliyordu. **Falih Rıfkı**, ödünler ve CHP konusunda şöyle söyler: *"Atatürk'ün CHP'ye bıraktığı gerçek miras devrimleri, devrimlerin ana temeli ise laisizm ve eğitim birliğiydi. CHP yönetimi devrinde (1938-1950 arası y.n.) bu iki temel, derinden sarsılmıştır. CHP, İmam Hatip Okullarına fıkıh dersi koymakla, eğitim birliğini yıkmıştır. O zamanlardan beri CHP, Atatürk'ün değil İnönü'nün Partisidir."*[48]

\*

1938-1950 yılları arasındaki *"milli şef"* döneminde CHP, üç büyük ve bir olağanüstü Kurultay gerçekleştirdi. 1950 yılında yönetimi, kendi içinden çıkardığı *Demokrat Parti*'ye bıraktığında, Türkiye iç ve dış ilişkiler bakımından, **Atatürk**'ün bıraktığı yerden, amaçladığı hedeflerden çok farklı bir yerdeydi. İkili ya da çoklu anlaşmalarla tümüyle Batı'ya bağlanılmış, ulusal sanayi hedefinden vazgeçilmiş, dış borca yönelinmiş ve eğitim başta olmak üzere Cumhuriyet'in temel değerlerinden önemli oranda uzaklaşılmıştı.

1939'daki 5.*Kurultay*'da alınan kararların ve yapılan *tüzük* değişikliklerinin belirgin özelliği, **Atatürk**'ün 1935'te tepki göstererek önlediği, *yönetim gücünün kişi elinde toplanması* ve *katılımcılıktan vazgeçilmesiydi*. Bütün güç, *"milli şef"* **İnönü**'ün elinde toplanmıştı. Tartışma ya da görüşme gibi kavramlar parti gündeminden çıkmış, Meclis'teki milletvekilleri bir tür *onaylayıcılar gurubu* haline gelmişti. Parti hemen tümüyle hükümetin emrine girmiş, parti ve hükümet uygulamaları arasındaki bağlılık iyice pekişmişti.[49] Parti içinde, *"denetleme organı"* adı verilen, ancak ne işe yaradığı belli olmayan bir *"bağımsız gurup"* oluşturulmuş; *"merkeziyetçilik"* ve *"disiplin"* adına parti üye ve yöneticileri üzerindeki baskı arttırılmıştı. Siyasi ilişkiler o denli iç içe girmişti ki, parti genel sekreteri *"partiyle hükümet arasındaki bağı geliştirmek için"*, Bakanlar Kuruluna katılmaya başlamıştı.[50] Prof. **Tarık Zafer Tunaya**, 1939 Kurultayını, *"Kemalist ideolojinin tartışılmadığı"*, bu nedenle *"delegelerinin Kemalizmi tam olarak bilmediği"* bir *"bocalama ve geçiş"* Kurultayı olarak tanımlayacaktır.[51]

8-15 Haziran 1943'te yapılan 6.Kurultay, tek partili dönemin son kurultayıdır ve Dünya Savaşı sürerken yapılmıştır. Tutanakları açıklanmayan bu Kurultay'ın, dıştan görünüş olarak hiçbir yeni yanı yoktu ve sanki tam bir *adet yerini bulsun* kongresiydi. Ancak içerde yapılan ve Savaş sonrası dönemi ilgilendiren bazı değerlendirmeler, geleceğin önemli değişiklikler getireceğini gösteriyordu. Programın 6.bölümüne eklenen 38.madde, *"2.Dünya Savaşı'ndan sonraki olasılıklar"* dan söz ediyor ve *"Dünya Savaşı'ndan sonraki dönem, bizim için birkaç kat daha fazla çalışacağımız bir dönem olacaktır"*[52] deniliyordu. Bu sözlerin ne anlama geldiği, daha sonra gerçekleştirilen uygulamalar ve açıklamalarla ortaya çıkacaktır. **İsmet İnönü**'nün *"Eğer Rusya gelip aramızdaki anlaşmazlıkları olumlu biçimde çözme teklifinde bulunsa bile, ben Türk siyasetinin Amerikan siyasetiyle el ele gitmesi taraftarıydım"*[53] biçimindeki sözleri, *"Dünya Savaşı'ndan sonra"* hangi yönde *"fazla çalışılacağı"*nı gösteren, belki de en çarpıcı açıklamalardı.

*

**İsmet İnönü**'nün *"Amerikan siyasetiyle ele ele gitme"* olarak tanımladığı politik tutum, 1919'da reddedilen ve büyük devlet korumacılığına dayanan *mandacılığın* anlayış olarak yeniden gündeme getirilmesiydi. Tüm manda ilişkileri gibi, siyasi ve ekonomik *ayrıcalıklara (imtiyaz)* dayanıyordu. Nitekim Amerikalılar'la ilk *imtiyaz* anlaşması, 1 Nisan 1939'da imzalandı. 5 Mayıs 1939'da yürürlüğe giren bu anlaşma imzalandığında, **Atatürk**'süz yapılan ilk Kurultay'dan yani 1.Olağanüstü Kurultay'dan yalnızca dört ay geçmişti. 1 Nisan anlaşmasıyla Türkiye Cumhuriyeti Devleti, Amerika'ya, *"gerek ithalat ve ihracatta, gerekse diğer tüm konularda, en ziyade müsaadeye mazhar* (en fazla kayırılacak y.n.) *ülke statüsü"* tanıdı. Amerikan sanayi malları için yüzde 12 ile yüzde 88 arasında değişen oranlarda gümrük indirimleri sağlandı.[54]

Amerika Birleşik Devletleri'yle ekonomik anlaşmalar yapılırken, İngiltere ve Fransa'yla siyasi anlaşmalar yapıldı. 12 Mayıs 1939'da İngiltere, 23 Haziran 1939'da da Fransa ile iki ayrı *deklarasyona (bildirim)* imza atıldı. Türkiye Cumhuriyeti Dışişleri Bakanı **Şükrü Saraçoğlu**, imza töreninde İngiltere Büyükelçisine, *"Türkiye, bütün nüfuzunu Batı devletlerinin hizmetine vermiştir"* dedi.[55] Bu iki deklarasyon 19 Ekim 1939'da İngiltere-Fransa-Türkiye arasında, *Üçlü İttifak Anlaşması* haline getirildi. Batı'ya bağımlılığı geliştiren bu tür ilişkiler, **Atatürk** döneminde akla bile getirilemeyecek işlerdi. **Atatürk**, hastalığı ağırlaştığında bile, *"Türkiye tarafsız kalmalıdır, herhangi bir ittifak içine girmemelidir"*[56] diyor, *"İngiltere, Fransa, Amerika ve diğer Batılı devletler ile siyasetimizi çok dikkatli tesbit etmeli ve ilişkilerimizi* *mesafeli yürütmeye özen göstermeliyiz"*[57] diyor, vasiyet niteliğinde önermelerde bulunuyordu. Ancak, önermeleri dikkate alınmıyor ve sanki o gün bekleniyormuşçasına; ölümünden birkaç ay sonra, onun vermemek için yaşamı boyunca mücadele ettiği ulusal ödünler Batılı büyük devletlere kolayca veriliyordu.

Batı'ya bağlanmanın siyasi ve ekonomik etkileri çok çabuk ortaya çıktı ve Batılılar on beş yıl aradan sonra yeniden Türkiye'nin alacağı kararlara karışmaya başladılar. Karışmasalar bile Türk yöneticiler, başta **İnönü** olmak üzere, kararlarını dışardaki gelişmelere göre veriyordu. Örneğin, 11 Kasım 1942'de çıkarılan ve savaş yılları içindeki yoksunluklar nedeniyle zor durumda olan devlet bütçesini oldukça rahatlatan *Varlık Vergisi,* İngiltere'nin ve özellikle de ABD'nin isteği üzerine 17 Eylül 1943'de kaldırıldı.[58] Savaş'ta Almanya'nın üstün olduğu dönemlerde desteklenen Türkçü ve Turancı akımlar, savaşın müttefikler yararına gelişmesi üzerine, sert önlemlerle baskı altına alındı, önderleri tutuklandı. ABD ve İngiltere'nin 14 Nisan 1944'deki isteği üzerine, Türkiye için önemli bir gelir kaynağı olmasına karşın, Almanya'ya yapılan krom satışı durduruldu.[59]

4-11 Şubat 1945'te yapılan, ABD, İngiltere ve Sovyetler Birliği'nin katıldığı *Yalta Konferansı'*nda, kurulacak olan *Birleşmiş Milletler Örgütü'*ne katılmak için, Almanya ve Japonya'ya en geç 1 Mart'a kadar savaş ilan etmenin şart koşulması üzerine, Türkiye 23 Şubat'ta bu iki devlete savaş ilan etti. Başbakan **Şükrü Saraçoğlu** Meclis'te yaptığı konuşmada, 50 milyon insanın öldüğü emperyalist paylaşım savaşından yengiyle çıkan ülkeler için *"demokrat"* tanımını kullanarak şunları söyledi: *"Türkiye Cumhuriyeti, ilk tehlike dakikalarından itibaren sözünü, silahını ve kalbini demokrat milletlerin yanına koydu... Bugün bir adım daha atarak* (Almanya ve Japonya'ya savaş ilan ederek y.n.); *insanlığı, medeniyeti, hürriyeti, istiklali, demokrasiyi kurtarmak ve savaş suçlularını şiddetle cezalandırmak isteyenlerin arasına katılmak istiyoruz."*[60]

**Saraçoğlu**'nun, **Atatürk** dönemi politikalarıyla temelden çelişen bu sözleri söylediği ve Türkiye Büyük Millet Meclisi'nde oybirliğiyle kabul edilen savaş kararından yalnızca bir gün sonra, 24 Şubat 1945'te ABD ile *"Ödünç Verme Kiralama Anlaşması"* imzalandı.[61] Bu anlaşma, Türkiye'yi yarı-sömürge haline getirecek olan ve sayısını yöneticilerin bile bilmediği anlaşmalar dizisinin ilkiydi.

Türkiye, *Milletler Cemiyeti*'ne 1932'de özel çağrı ile katılmıştı. Ancak, *Milletler Cemiyeti*'nin İkinci Dünya Savaşı'ndan sonraki yeni biçimi olan *Birleşmiş Milletler*'e katılabilmek için özel çaba harcadı ve kendisinden istenen her şeyi eksiksiz yerine getirdi. *Birleşmiş Milletler*'in *"Anayasası"*'nı onaylamak için 25 Nisan 1945'te *San Fransisco*'da yapılan konferansa katılabilmek için, Türkiye'den siyasi düzenini değiştirmesi ve *"demokratik bir rejime"* geçmesi istendi. Bu istek, konferansa katılmanın Türkiye için koşulu haline getirildi. *Terakkiperver Cumhuriyet* ve *Serbest Fırka* deneyimlerinin olumsuz sonuçları ortada dururken ve ülke koşulları henüz böyle bir değişime hazır değilken istekler kabul edildi. Bu kabul, sonu siyasal karmaşa olan traji-komik bir *"demokrasi"* denemesi ortaya çıkardı. Sovyetler Birliği ve Çin, söylenen anlamda *"demokratik"* değillerken ve tek partiyle yönetilirlerken, onlar yalnızca *Birleşmiş Milletler*'de değil, bu örgütün en üst birimi olan *Güvenlik Konseyi*'nde de yer aldı. Türkiye ise, önceki uygulamaların olumsuz sonuçları ortada dururken ve hiçbir hazırlık yapmadan siyasi rejimini değiştirdi ve örneği olmayan, garip bir çok partili rejime geçti.

Almanya ve Japonya'ya savaş ilan etmek ne denli temelden yoksun, göstermelik bir girişimse *Birleşmiş Milletler*'e girmek için yapılan siyasi düzen değişikliği de o denli göstermelikti. Ancak bunun, Türkiye'nin geleceği için önemli olumsuz sonuçları olacaktı. Türkiye'den istenen seçime dayalı *parlamentarizm* bir *"demokrasi"* girişimi değil, Türk yönetim sisteminde bozulma yaratacak bir bağımlılaştırma eylemiydi. Dernek ya da parti kurmada, göstermelik serbestlikler getiriliyor, ancak denetim dışında kurulan dernek ve partilere, özellikle ABD ile ilişkiler geliştikten sonra, ulusal bağımsızlıktan yana dernek ve partilere yoğun baskı uygulanıyordu. Almanlar'la uzaklaşılan dönemde Türkçü ve Turancılar'a gösterilen davranışın benzeri, Amerika Birleşik Devletleri'ne yakınlaştıktan sonra devrimci ve sosyalistlere gösteriliyordu. Hangi ideolojik yapıda olursa olsun, ülke bağımsızlığını ve ulusal kalkınmayı savunan hiçbir düşünce ve örgüt yaşatılmıyordu. Bu tutum, yerleşik bir politika haline getirilmişti.

**İsmet İnönü** ve *Cumhuriyet Halk Partisi*'nin dış isteğe bağlı olarak giriştiği *"çok partili demokrasi"* ye geçişin, sayısız olumsuz sonucu olmuştur. *Ülke koşullarına uygun düşmeyen* ve *aceleyle gerçekleştirilen siyasi değişim*, 1938'e dek doğal gelişim çizgisine oturmuş olan siyasi işleyişi önce bozmuş, daha sonra kazanımlarını ortadan kaldırmıştır. Yapılanlar, Türk toplumunun bağımsız yaşama geleneklerine, ekonomik sosyal gereksinimlerine ve gelecek yönelişlerine uygun düşmüyordu. Yapılanlarda Batı temel ölçü alındığı için, her şey göstermelik, yapay ve topluma yabancıydı. Bu nedenle de baskıya ve yozlaşmaya dayanıyordu.

*"Sınıf esasına göre"* örgütlenme yasağı kaldırılmış ve sözde bir özgürlük ortamı yaratılmıştı. Gerçekte ise, kurulan dernek ya da parti, hükümetin denetimi altında kurulmamışsa derhal kavuşturmaya uğruyor ve kapatılıyordu. Öte yandan, örneğin sayıları o gün için az da olsa, gelecekte artacak olan işçi kitlesini *"sendikalaştırmak!"* için olağanüstü çaba harcanıyordu. **İsmet Bozdağ**'ın bu konuda aktardıkları son derece ilginçtir. Amerikalılar'la ilişkilerin oldukça geliştiği o dönemde, sendikaların nasıl kurulduğunu **Bozdağ** şöyle anlatmaktadır: *"Hepimiz sanıyorduk ki, işçiler, kendileri için gökten düşmüş bir ziyafet sofrası demek olan sendikalaşma hakkını kullanmak için birbirleriyle yarışacaklar. Garabete bakın ki, hiç de öyle olmadı. Tersine, politikacılar işçilerin peşine düşüp, yalvar yakar sendika kurmanın yolunu tutmuşlardı... kimse sendika kurmaya ve patronla hesaplaşmaya yanaşmıyordu... İstanbul'da ilk sendikalar, kimi işçilerin cebine usulca konan rüşvetlerle başarılmıştır...* CHP, sendika

*kuramamış görünmemek için işçilere para veriyor, sendika yeri kiralarını ödüyor, tabelalarını yazdırıp astırıyor, sendika yöneticilerine 'diş kirası' veriyordu."*[62]

\*

Türkiye, İkinci Dünya Savaşı'ndan sonra ABD önderliğinde kurulmakta olan *Yeni Dünya Düzeni*'ne, teslim olurcasına katıldı. Uluslararası anlaşmaların tümüne, hemen hiç incelemeden imza attı. Siyasi ödünler, kısa bir süre içinde; ekonomiden eğitime, askeri alandan kültüre ve sosyal güvenlikten hukuka dek genişledi. *Cumhuriyet Halk Partisi*'nin başlattığı ödünler süreci, 1950'ye gelindiğinde büyük oranda tamamlanmış, ileri bir aşamaya ulaşmıştı. Düşünsel ve örgütsel yapı olarak CHP'den farklı nitelikte olmayan *Demokrat Parti*, 1950'de iktidara geldiğinde, dış ilişkiler bakımından tamamlanmış bir süreçle karşılaşmıştı. DP, siyasi istekleriyle tümüyle örtüşen bu süreci daha da geliştirmiş ve Amerika Birleşik Devletleri'ne, *"herhangi bir tehdid durumunda"* ve *"çağrı üzerine" Türkiye'ye askeri müdahalede bulunma* yetkisi verme noktasına kadar vardırmıştı.[63]

*Demokrat Parti*'nin içtenlikle katıldığı Batı'ya bağlanma politikasının temelleri, esas olarak CHP döneminde atılmış ve bu tutum, partileri de aşarak, yerleşik bir devlet politikası haline getirilmişti. **İsmet İnönü**, bu gerçeği daha sonra açıkça dile getirecek ve kamuoyuna açıklayacaktır. 6 Mayıs 1960'da yabancı gazetecilere yaptığı açıklamada şunları söylemiştir: *"Dış siyaset için söyleyeceklerim çok basittir. Batı demokrasileri ile aynı cephede bulunuyoruz. Bu anlayış milletçe kabul edilmiştir. Ve hangi parti iktidara geçerse geçsin, bu devam edecektir."*[64]

1939 imtiyazları, üçlü ittifak ve Birleşmiş Milletler için verilen ödünlerden ayrı olarak, CHP döneminde, büyük çoğunluğu ABD ile olmak üzere birçok anlaşma imzalanmıştır. Bu anlaşmalardan bazıları şunlardır: *Karşılıklı Yardım Anlaşması* (1945), *Kredi Anlaşması* (1946), *Borçların Tasfiyesi Anlaşması* (1946), *Kahire Anlaşmasına Ek Anlaşma*

(1946), *Dünya Bankası'na Üyelik Anlaşması* (1947), *IMF'ye Katılım Anlaşması* (1947), *Truman Doktrini* (1947), *Askeri Yardım Anlaşması* (1947), *Marshall Planı* (1948), *Eğitim İle İlgili Anlaşma* (1949), *NATO üyeliği için başvurma* (1949).[65]

İkili ya da çoklu anlaşmalar, Türkiye açısından en ağır sonuçları, eğitim ve ekonomi alanında verdi. *Birlik ilkesi* bozulan eğitim, kısa bir süre içinde milli niteliğini yitirdi, ya İngilizce kaynaklı Batıcılığa ya da Arapça kaynaklı dinciliğe kaydı. Ekonomik karar ve ilişkiler, tümüyle dışarıda belirlenir duruma geldi. Devletçilik ortadan kaldırıldı, devlet işletmeleri montaja dayalı yabancı yatırımlarına yardımcı duruma geldi. ABD petrol şirketlerine yakınlığıyla tanınan ve varsıl bir iş adamı olan **M. W. Thornburg**'a hazırlatılan ve *"Türkiye: Bir Ekonomik Değerlendirme"* adını taşıyan rapora uygun olarak ağır sanayi yatırımlarından vazgeçildi, tüketime yönelik ara mallar üretimine yönelindi. *Thornburg raporunda* şunlar söyleniyordu: *"Türkiye, Amerikan çıkarlarının büyük önem taşıdığı bir yerde bulunmaktadır. Eğer, Türkiye önerilerimizi kabul edip bizden yardım isterse, o zaman yalnız sermayemizin değil; hizmetlerimizin, geleneklerimizin ve ideallerimizin yatırımını da yapabileceğimiz ve **elden gitmesine asla izin vermeyeceğimiz** bir yatırım alanı elde etmiş olacağız"*[66]

## Batı'yla Bütünleşme, Kemalizmi Yadsıma ve Yok Oluş (1945-1980)

10-11 Mayıs 1946'daki 2. Olağanüstü ve 17 Kasım-3 Aralık 1947'deki 7. Olağan Kurultaylar, ülke dışındaki gelişmelere uyum için yapılan ve yapılmakta olan değişikliklere hukuki zemin hazırlamak için toplandı. Sonradan yasalaştırılan tüzük ve program değişiklikleri, belirgin biçimde dışardan gelen istekleri karşılamaya; yabancılara, özellikle de Amerikalılara hoş görünmeye dayanıyordu. Parti programının seçim biçimini belirleyen 4.maddesi kaldırılmış, 1876'dan beri, yetmiş yıldır yürürlükte olan iki dereceli seçim biçimi, hiçbir ön çalışma yapılmadan birden bire değiştirilmişti. Sınıf esasına göre dernek kurmayı yasaklayan 22.madde iptal edilmiş, kağıt üzerinde kalan bir serbestlik getirilmişti. *"Değişmez genel başkanlık"*, yine kağıt üzerinde, *değişebilir* hale getirilmiş, parti içindeki *"bağımsız gurup"* kaldırılmıştı.[67] Sıradışı bir acelecilikle bir yıl içinde yapılan değişiklikler, en büyük zararı devletçilik ilkesine vermişti. Devlet yatırımları sınırlanmış, devletçilik anlayışı terk edilmişti. Toprak reformu amacıyla çıkarılan, *Çiftçiyi Topraklandırma Yasası* uygulanmadan bir kenara itilmiş, köy enstitüleri önce amacından saptırılmış daha sonra tasfiye edilmiştir. İmam-hatip okulları, Kuran kursları açılmış, ilkokullara din dersi konulmuştur.[68] 7.Kurultay'da, o dönemde Amerika'da çok yaygın olan anti-komünist yükselişe uygun, öyle öneriler yapıldı ki bunlar, ABD'de aydın düşmanı olarak ünlenen tutucu senatör **Mc Carthy**'nin görüşlerinin aynısıydı. CHP Kurultay'ında yapılan önerilerde, komünistlerin bütün kamu ve özel kuruluşlardan, ama özellikle de devlet kuruluşlarından tasfiye edilmesi isteniyordu.[69]

Köy enstitülerinin kurulmasını istekle desteklemiş olan **İsmet İnönü**'nün, bu okulların ortadan kaldırılmasını neden kabul ettiği ve imam-hatip okul ve kurslarının açılmasına bu denli kolay nasıl izin verdiği, şimdiye dek bolca tartışılmış bir konudur. Ancak bu soruya, tutarlı ve açık bir yanıtın verildiği pek söylenemez. Oysa, milli eğitimi, bugünkü acıklı durumuna getiren bu konuya net biçimde yanıt verilmesi gerekir.

Türk milli eğitiminin, 1949'da imzalanan bir ikili anlaşmayla, başkanlığını ABD büyükelçisinin yaptığı bir komisyonun etkisine girmesi; *eğitimde birliğin* bozulmasının, köy enstitülerinin kapatılmasının nedenlerini ve imam-hatiplerin nereden kaynaklandığını ortaya koymaktadır. Pek çok insanımız bu tür uygulamaları, *politikacıların oy amacıyla verdiği ödünler* olarak gördü. Oysa bu tür uygulamalar, söylendiği gibi yerel politikacıların halkın inançlarına göre davranması değil, siyaset ya da devletin başına geçen yetkililerin, dışardan aldıkları istekleri yerine getirmeleriydi. İç değil, bir dış sorundu. Türk toplumlarında dine bağlı siyasal düzen (şeriat), tarihin hiçbir döneminde tam olarak gerçekleşmemişti. Yapılanlar, İkinci Dünya Savaşı'ndan sonra geliştirilen küresel politikanın, Türkiye'ye ve Türk milli eğitimine yansıyan uygulamalarıydı. Durumu ortaya koyan en çarpıcı açıklamaları, uygulamaların en üstteki sorumlusu olarak **İsmet İnönü** yapmıştır. **İnönü**, günlük notlarından oluşan *Defterler* adlı kitapta, yabancıların imam-hatip açtırmada çok ısrarlı olduklarını ve buralardan mezun olanların harp okullarına alınmasını istediklerini açıklar. İlişkilerin ve isteklerin niteliği konusunda aydınlatıcı olan bu açıklamada **İnönü** aynısıyla şunları yazar: *"Yabancılar (Amerikalılar diye okumalısınız y. n.), imam hatip mezunlarını Harbiye'ye almamızı söylediler. Bunu Sultan Abdülhamit ordusuna dönüş sayarım... Oldubitti yaptırmayacağız."*[70] **İsmet İnönü**, *imam-hatip* mezunlarını *Harbiye*'ye aldırmadı ama, Cumhurbaşkanlığı döneminde birçok *imam-hatip okulu* ve *kursu* açtırdı. Ondan sonraki CHP Genel Başkanı **Bülent Ecevit**, yabancıların bu isteğini yerine getirdi ve imam-hatip mezunlarının *Harbiyeye* alınmasını Meclis'ten geçirdi, ancak dönemin Cumhurbaşkanı **Fahri Korutürk**'ün *vetosu* nedeniyle bu girişim yasalaşmadı. Bu gelişmelere bakınca, bugün *'Büyük Ortadoğu Projesi'* ve *'Ilımlı İslam'* olarak ileri sürülen görüşlerin, 1945'lerde saptanıp uygulamaya sokulduğu anlaşılmaktadır.

*Cumhuriyet Halk Partisi*, 1945-1950 arasında yaptığı 2. Olağanüstü ve 7. Olağan Büyük Kurultay'la, kurulmasına izin vermek zorunda kaldığı *Demokrat Parti*'yle, *Devrimler'den ödün verme yarışına giren* bir parti haline geldi. Verdiği ödünler birçok konuda, rakibi olan DP'nin isteklerini bile aşıyordu. Dayandığı kitlesel taban farklı olmayan bu iki parti, ideolojik ve örgütsel olarak birbirine çok yakındı.[71] Bu yakınlığı **Adnan Menderes** şu sözlerle dile getirecektir: *"Denilebilir ki, iki Halk Partisi vardır. Birisi 1945'den önce olanı, diğeri ondan sonra vücut bulmaya başlayanı. Bu iki parti, aynı ismi taşısa da birbirine akla kara kadar terstir; iki ayrı fikir ve felsefe temeline dayanır. Halk Partisi, bir fikir ve ilke partisi olmaktan çok, iktidarı korumak kaygısıyla her türlü fikir* *ve ilkeden ödün veren bir kurumdur. Verdiği ödünler bunu kanıtlamıyor mu? Uzağa gitmeye ne hacet? Demokrat Parti kurulmadan önceki Halk Partisi programıyla Demokrat Parti kurulduktan sonra değişime uğrayan Halk Partisi programına bakmak, bu gerçekleri görmek için yeterlidir."*[72]

*"Değişime uğrayan"* CHP programıyla DP programı arasındaki benzerliği dile getiren bir başka insan **Şevket Süreyya Aydemir**'dir. **Aydemir**, *Menderes'in Dramı* adlı yapıtında, iki parti arasındaki *devletçilik anlayışı* konusundaki *farklılıkları* incelerken şu yargıya varır: *"Demokrat Parti programındaki görüş, Halk Partisi'nin devletçilik görüşüyle karşılaştırılınca, Demokrat Parti'nin daha devletçi sayılması pekala mümkündür. Altıok'un diğer beş ilkesini de aynı biçimde karşılaştırabiliriz. Ve görürüz ki, Demokrat Parti, Halk Partisi'nden yalnız kadrosunu değil, programını da aktarmıştır."*[73]

\*

CHP, 14 Mayıs 1950'de yapılan genel seçimleri yitirdi ve bir daha tek başına iktidara gelemedi. 1950-1980 arasındaki otuz yıllık süreç, halktan koparak topluma yabancılaşmanın, **Atatürk**'ün adını kullanarak Devrim İlkeleri'nden geri dönüşün ve dışarıya bağlanmanın tarihi gibidir. 12 Eylül 1980'de eylemsel olarak kapatıldığında, Kurtuluş Savaşı'nı veren *Müdafaa-i Hukuk* hareketinin devrimci mirası üzerine kurulmuş olan *Halk Fırkası* halkın gözünde, duygu ve düşünce olarak zaten yok olmuştu. **Atatürk**'ün ölümünden 1980'e dek 19 Olağan, 8 Olağanüstü Kurultay yapıldı, tüzükler programlar değiştirildi ve birçok *"yeni"* karar alındı. Ancak bunların tümü; değişim, gelişme ve ilerleme değil, gerileme ve Atatürkçülüğün karşıtına dönüşme kararları oldu.

\*

*Cumhuriyet Halk Partisi*, 1950 seçimlerine **Atatürk**'ün adını kullanarak; *"Vatandaş, oyunu Atatürk'ün kurduğu, İnönü'nün başında bulunduğu CHP adaylarına ver"*[74] sloganıyla girdi. Bu davranış, tümüyle iki yüzlü bir siyasi davranıştır. **Atatürk**'ün yaşamı boyunca gerçekleştirdiği ilkelerin tümü uygulamadan kaldırılıyor, ancak onun kurduğu bir parti olduğu söylenerek halktan oy isteniyordu. Üstelik seçim bildirgelerinde, mitinglerde ve hükümet kararlarında hala, *Demokrat Parti*'yi bile şaşırtan ödünler veriliyor, sözler söyleniyordu. *Devlet yalnızca özel sektörün kârlı bulmadığı alanlara yatırım yapacak, kâr amacıyla girişimde bulunmayacaktır. Denizyolu ve eşya taşımacılığı özel girişime bırakılacaktır. Çiftçiyi Topraklandırma Kanunu'nun 17.maddesi tümüyle kaldırılacaktır. Devlet, şirket ortağı kişilere yeni olanaklar sağlayacaktır. İmam-hatip kursları açılacak, hacca gitmek isteyenlere devlet döviz verecektir. İlkokullara din dersi konacak, 1925'ten beri kapalı olan türbeler yeniden açılacaktır.*[75] Halka, **Atatürk**'ün adı kullanılarak söylenenler bunlardır.

**Şemsettin Günaltay**'ın 14 Ocak 1949'da başbakan yapılmasıyla din bağlantılı siyasi ödünler yoğunlaşacaktır. **Günaltay**, medrese eğitimli ilk başbakandır ve Cumhuriyet gelenekleriyle çelişen uygulamaları gecikmeyecektir. Türkiye Büyük Millet Meclisi'nde, 4 Şubat 1949'da Arapça ezan okunacak; 4 Mayıs'ta *Vatana İhanet Yasası*, 1 Mart 1950'de *Tekke ve Türbelerin Kapatılmasına İlişkin Yasa*, yürürlükten kaldırılacaktır. Seçimlerden iki ay önce, 23 Mart 1950'de **İsmet İnönü**, *"Anayasa'nın değiştirilerek 'altıok'un Anayasa'dan çıkarılacağına"* yönelik halka söz verecektir.[76]

Parti yönetimi, bu tür sözler verip açıktan yürütülen bir karşı-devrim hareketine girişirken; CHP, büyük çoğunluğu *Müdafaa-i Hukuk* geleneğine bağlı yaygın bir örgüt ağına sahipti. 63 il, 490 ilçe, 1084 bucak şubesi, 19 667 köy ocağı, 2056 mahalle ocağı, 1584 semt ocağı ve 1 898 394 üyesi vardı.[77] Üye sayısı, 1950'de 20,9 milyon olan Türkiye nüfusunun yüzde 9'una denk geliyordu, bu oran günümüz nüfusu için 6 milyondan çok üye demekti.

\*

CHP içinde 1980'e dek çok şey değişti; *"yeni"* yöneticiler, kadrolar geldi geçti; *"yeni"* program ve politikalar kabul edildi. *Demokrat Parti*'ye muhalefetle geçen on yılda,

27 Mayıs'ta, Kurucu Meclis'te, kısa süreli koalisyon hükümetlerinde ve 1970 sonrası dönemde pek çok gelişme yaşandı. Otuz yıl boyunca parti içi çatışmalar, uzlaşmalar, ayrılık ya da birleşmeler oldu. Pek çok şey değişti, ancak bir tek şey değişmedi. *Cumhuriyet Halk Partisi*, sürekli bir biçimde Cumhuriyet'in temel ilkelerinden, bağlı olarak *Kemalizm*'den ödün verdi, kendisini var eden *Müdafaa-i Hukuk* anlayışından uzaklaştı ve halka yabancılaştı. CHP yönetimine egemen olan siyasi irade, bilinçli bir tutarlılık içinde; Atatürkçülükten, devrimcilikten ve bağımsızlıktan uzaklaşmayı sanki kendine görev edinmişti. Adeta *"görünmez bir el!"*, *"sanal bir güç"* e dayanarak, planlı ve programlı bir bütünlük içinde, *Türk Devrimi*'ni ve bu devrimin sonuçlarını ortadan kaldırıyordu.

22-27 Haziran 1953'de yapılan 10.Olağan Kurultay'da *Kemalizm* programdan çıkarıldı, yerine *Atatürk yolu* diye ne anlama geldiği belli olmayan bir kavram getirildi.[78] 21-24 Mayıs 1956'da yapılan 12.Kurultayda, biçimini on yıl önce kendilerinin belirlediği *"demokrasi işleyişi"*nden şikayet edilmeye başlandı. *"Demokrasinin gerekli yasal güvenceden yoksun"* olduğu, *"rejimin selametini sağlamak için"* yasal güvencelerin arttırılması gerektiği söyleniyor, bir an önce *"nisbi seçim sisteminin uygulanması"* isteniyordu.[79] Dış isteğe bağlı olarak telaşlı bir acelecilikle *"demokrasi"* getirenler, getirdikleri *"demokrasi"*yi beğenmez hale gelmişlerdi.

16.Kurultay (14-16 Aralık 1962)'da, Avrupa Birliği'ne (o zamanki adı Avrupa Ekonomik Topluluğu) üyelik başvurusu nedeniyle olacak, Batı'ya yöneltilen övgü sözlerinde belirgin bir artış vardı. Kurultay bildirisinde; Avrupa'yla bütünleşme, NATO'ya bağlılık ve demokrasinin tüm dünyada korunmasından söz ediliyordu. Türkiye'nin, *"Demokrasiyi karşılaştığı tehlikelerden dünya çapında korumak için kurulmuş olan Batı ittifak sistemine ve onun temel direği olan Atlantik Paktı* (NATO y.n.)*'na sarsılmaz bir sadakatle bağlı"* olduğu söyleniyor, bu bağlılığın aynı zamanda *"Türkiye'nin yerine getirmesi gereken kaçınılmaz bir ödev"* sayıldığı dile getiriliyordu.⁸⁰ Artık, CHP'nin Batı'ya olan bağlılığı bilinen bir olguydu, ancak, bu bağlılık ilk kez *"kaçınılmaz bir ödev"* olarak açıklanıyordu. 1949'da yapılan üyelik başvurusu, NATO tarafından 1952'de kabul edildiğinde; CHP, *"milli politikanın milli eseri"*⁸¹ biçiminde coşkulu açıklamalar yapmış, ancak o zaman bile *bağlılığı ödev* haline getirdiğini söylememişti.

\*

*"Batı'ya bağlılığı ödev"* sayanlar ya da *"Atlantik Paktı'na sarsılmaz bir sadakatle bağlı"* olanlar, yalnızca CHP'liler değildi. NATO'ya *"sadakatle bağlı"* Demokrat Partililer, onları deviren 27 Mayısçılar, 12 Martçılar, 12 Eylülcüler ve hükümetlerde yer alan tüm siyasi partiler, hep Batı'ya ve NATO'ya *"sadakatle bağlıydılar"* 27 Mayıs'ta *"ihtilalcilerin"* radyodan yaptığı ilk yayın, *"NATO'ya ve CENTO'ya bağlıyız"* sözleri ile başlıyordu. O günlerde ordudan emeklilik yoluyla yapılacak kitlesel subay tasfiyeleri için gerekli olan para, NATO tarafından karşılanmıştı. NATO Kuvvetleri Komutanı **Norstad** acele Ankara'ya davet edilmiş, bu iş için para istenmiş ve ABD'den 12 milyon dolar borç alınmıştı. ABD, kısa bir süre önce 4 Temmuz 1960'da, *"ihtilalcilerle"* bir milyar dolarlık *"yardım"* anlaşması da imzalamıştı. Şimdi ordudan subay atmak için borç veriyordu.⁸² ABD, CHP'nin **Atatürk**'ün ölümünden hemen sonra başlattığı ve 1945'ten sonra yoğunlaştırdığı politikalar sonucu, on-onbeş yıl içinde, *emekli ikramiyeleri için* borç verecek kadar *iç olgu* haline gelmişti.

\*

18-21 Ekim 1966'da yapılan 18.Kurultay'da nereden ve neden çıktığı tam olarak anlaşılamayan *"ortanın solu"* diye bir kavram yoğun olarak tartışıldı. *Sol, sosyal demokrasi, demokratik sol* gibi tanımlar, *Türk Devrimi*'nin söylemlerinde yer almayan kavramlardı. Sosyalist Enternasyonel'in üyelik önerisi, 1927 Kongresi'nde kabul edilmemişti. CHP o güne dek bu tür tanımlardan uzak durmuştu. 18.

Kurultay'da Genel Sekreter olan **Bülent Ecevit**, *"ortanın solu"* kavramına ısrarla sahip çıktı. Bu kavramı, 1974'de *"Demokratik Sol"* haline getirdi; 1976'da CHP'yi *"Sosyalist Enternasyonal"*'e üye yaptı ve sert söylemlerle düzen karşıtı eleştirilere başladı.

**Ecevit, Atatürk** devrimlerini *"halka ulaşmadığı"* ve yeterince *"radikal* (köklü y.n.) *olmadığı"* için eleştiriyordu. Bireylerin inançlarını açıkça uygulamaya sokabilmesi gerektiğini söylüyor, *"laiklik uygulamalarına"* katı oldukları için karşı çıkıyordu.[83] Parti içindeki siyasi rakiplerine karşı çok sert davranıyor, bunların, daha önce *"yeterince radikal"* bulmadığı Kurtuluş Savaşı yöntemleriyle *"ezileceğini"* söylüyordu: *"Biz halkı ezilmekten ve sömürülmekten kurtarmaya çalışıyoruz. Milli mücadeledede* (Kurtuluş Savaşı y.n.), *içerden kurtuluşu engellemek isteyenler olmuştur. Onlar nasıl yenildiyse, bugün sosyal ve ekonomik kurtuluş hareketine gösterilen engellemeler de öyle ezilecektir."*[84]

28-29 Nisan 1967'de yapılan 4.Olağanüstü Kurultay'da *"Sosyalizmi aşama olarak kabul eden komünistlerle hiçbir ilgimiz yoktur.. Partimize yönelik olarak yapılan Marksist suçlamalarını nefretle karşılıyoruz.. CHP sosyalist değildir ve olmayacaktır"* biçiminde açıklamalar yapıldı.[85] Ancak **Bülent Ecevit**'in Türkiye'nin her yanına yaydığı söylemler, *Ceza Yasası*'nın 141. ve 142.maddeleri nedeniyle, sosyalistlerin bile söylemekten çekineceği kadar sertti: *"Toprak işleyenin su kullananın"*, *"Ne ezilen ne ezen, insanca hakça bir düzen"*, *"Bu düzeni değiştireceğiz"*, *"Toprak ve su ağalığına son"*, *"Köylünün olmayan toprakta, demokrasi olmaz"*, *"Toprak işgalleri devrimci eylemlerdir"* gibi sözler söylüyordu.[86] Söylenenler içinde devlete karşı özenle seçilmiş söz ve eleştiriler de vardı. *"Sağda servet, aşırı solda devlet, ortanın solunda halk egemendir"*, *"Halk devletin değil, devlet halkın hizmetinde"*, *"Devlet ve servet köleliğine karşıyız"*, *"Yerel yönetimler gerçek demokrasinin gereği olan yetkilerle donatılacaktır"*[87] biçiminde sloganlaştırılmış sözler sıkça yineleniyordu.

**Bülent Ecevit**, 8 Ocak 1970'te Batı Berlin'de, *"Bana sosyalist derseniz size teşekkür ederim"* diye bir açıklama yaptı.[88] Bu açıklamadan altı ay sonra yapılan Kurultay'da, Türkiye'de gerçekleştirilecek *"devrim"* in tanımı yapıldı. *"Sosyalist"* **Ecevit** ve partisi CHP, yapacakları devrimi şöyle tanımlıyordu: *"Türkiye'de yapılması gereken gerçek devrim, alt yapı devrimidir. Yani üretim ilişkilerini yeniden düzenleyen ve ekonomik gücü aracının, tefecinin, büyük toprak sahibinin, yabancı sermaye işbirlikçisinin elinden alıp; köylünün, işçinin, sanatkarın eline veren devrimdir. Toprağı işleyene, suyu kullanana veren devrimdir"*[89]

\*

**Bülent Ecevit** uzun siyasal yaşamı boyunca; *toprak, devrim, su kullanımı; tefeciden, ağadan* ya da *işbirlikçiden* alıp, *işçiye, köylüye vermek* gibi konularda, söylediklerinin aksine hemen hiçbir girişimde bulunmadı. 1970-1980 yılları arasında milyonlarca insanı peşinden sürüklemeyi başardı, iki seçim kazandı, iki kez hükümet kurdu. Ancak, miting meydanlarında halka söz verdiği konularda, hiçbir şey yapmadı. Gösterişli bir yükselişle elde ettiği siyasi gücünü sessizce yitirdi. 1999'da yeniden Başbakan olduğunda Türk halkı bambaşka bir **Ecevit**'le karşılaştı. *"Toprak işgali"*, *"su kullanımı"* ve *"devrim"*in yerini artık, *"küreselleşme"*, *"global liberalizm"* ya da *"özelleştirme"* söylemleri almıştı.

**Bülent Ecevit**, verdiği sözleri yerine getirmedi ama, önemli bir siyasi işlevi yerine getirdi. Altmışlı yılların sonuyla yetmişli yıllarda yayılan ve giderek sosyal bir muhalefete dönüşen ulusçu ve bağımsızlıkçı halk hareketinin, denetim altına alınması ve giderek sönümlenmesine büyük katkısı oldu. O dönemde işçi hareketi gelişip örgütleniyor, köylüler toprak işgalleri yapıyor, üniversite gençliği anti-emperyalist nitelikli eylemlere girişiyordu. **Süleyman Demirel** başkanlığındaki *Adalet Partisi* hükümetleri bu eylemlere baskı uygularken, **Ecevit** *"devrimci"* söylemlerle ortaya çıkıyor ve toplumsal muhalefet, baskı yöntemlerinden çok daha etkili bir biçimde yön değiştiriyordu.

*Cumhuriyet Halk Partisi*, öncesinde olduğu gibi **Bülent Ecevit**'in *"devrimci"* döneminde de geleneksel Batıcılığını sürdürdü. NATO'ya, batı dünyasına ve *"demokrasi ülkelerine"* olan bağlılık bu dönemde de geçerliydi. *Ortak Pazar, IMF, Dünya Bankası* politikalarına bağlı kalındı. İçerde, *"ezilen ve ezenin olmadığı bir düzenden"*, devrimden söz ediliyordu ama, iş dışarıyla ilişkilere gelince, Türkiye'nin kalkınmak için dış borç alması gerektiği söyleniyordu. 18-20 Ekim 1968'de yapılan 19.Kurultay'da dış borçlanma ile ilgili olarak şu karar alınmıştı: *"Bozuk düzenin bir sonucu olarak yeterli döviz geliri elde edemeyen Türkiye'nin, kalkınmak için muhtaç olduğu kaynakları dış yardımlarla (borçlarla y.n.) sağlaması gerekmektedir."*[90]

6 Mayıs 1972'de yapılan 5.Olağanüstü Kurultay, siyasi ahlak açısından hırsın, vefasızlığın ve geçmişe saygısızlığın kaba örneklerinin yaşandığı bir kurultay oldu. Çok uzun bir süre CHP'nin hemen her şeyi olan **İsmet İnönü**, kalp kasılması (spazm) geçirmiş ve kurultay bu nedenle ertelenerek 6 Mayıs'a alınmıştı. **İnönü, Bülent Ecevit**'le çalışmak istemiyor ve *"Parti meclisi değişmezse CHP yok olur. CHP'nin geleceği tehlike içindedir. Anlaşmazlık, benim ve Bülent'in birlikte görev almasıyla giderilemez. Karşı karşıya olmamız dostluğumuzu bozmaz. Ecevit'le çalışmam, ya ben ya da Ecevit seçilmelidir"* diyordu.[91]

**Ecevit**'in bu çağrıya verdiği yanıt, o dönemdeki açıklamaların tümünde olduğu gibi son derece sertti. **İnönü**'ye, *"Demokratik bir partinin yasalara saygılı üyeleri mi olacağız, kapı kulları mı olacağız. CHP'de hukuk mu yürüyecek, buyruk mu?"* diyerek yanıt verecektir.[92] Ecevitçi olarak tanınan **Ahmet Üstün**, *"İnönü, İnönü, İnönü; keramet mi yani"* der.[93] Delegeler arasında **İnönü**'ye karşı saygısız bir muhalefet örgütlenmiştir. Yapılan oylamada 709 delege **Ecevit**'ten, 507 delege **İnönü**'den yana oy verir. **İsmet İnönü**, 8 Mayıs 1972'de 88 yaşındayken, önce genel başkanlıktan, daha sonra CHP üyeliğinden istifa eder. Oysa **İnönü**, 1947'de yapılan ve *"değişmez genel başkanlığı"* kaldıran Kurultayda, *"yurdun siyasal yapısında yapıcı ve yaratıcı işlevine kesin olarak inandığım CHP'nin daima üyesi olarak kalacağım"* demişti.[94]

*Cumhuriyet Halk Partisi*, 12 Eylül 1980 darbesinden sonra herhangi bir mahkeme kararına dayanmadan, 16 Ekim 1981'de kapatıldı. Gerçekleştirilen eylem, sıradan bir parti kapatma olayı değil, olumlu-olumsuz etkileriyle altmış yıldır Türk siyasi tarihine yön veren temel bir kurumun yok edilmesiydi. *Cumhuriyet Halk Partisi*, **Atatürk**'ün kurduğu parti olarak, onun ilkelerinden ne denli uzaklaşmış olursa olsun, Türk siyasi sisteminin ana unsuru, Cumhuriyet'in siyasi alandaki *dokunulmazlarından* biriydi. Yeni devlet ve yeni toplumun kuruluşuna öncülük etmiş, halk içinde kök salmış, Türk parti sistemine biçim vermişti. *Tek parti* ya da *iki partili* dönemlerde, siyasi istikrarın temel unsurlarından biriydi. O denli etkiliydi ki, ondan ayrılan kişi ya da gurupların siyasi yaşamı sona erer, *Demokrat* ya da *Adalet Parti*'sinden başka herhangi bir parti, ona rakip olabilecek kadar güçlenemezdi.

*Halkçılar* ya da *demokratlar* olarak tanımlanan bu iki siyasi gelenek, başlangıçta, parti yaşamında kalıcı bir denge oluşturuyor, bu denge Batı'da olduğu gibi *"rejime bağlı iki partili"* bir yönetim düzenini ayakta tutuyordu. Birbiri yerine iktidara gelen bu partiler, halk üzerinde kurdukları güçlü etki nedeniyle, rejim karşıtı küçük partilerin büyümesine olanak vermiyordu. *12 Eylül, Cumhuriyet Halk Partisi*'ni (ve Adalet Partisi'ni) kapatarak bu düzeni ortadan kaldırdı; Türkiye'yi parti karmaşası ve siyasi istikrarsızlığın yaşandığı bir ülke haline getirdi. CHP kapatıldıktan sonra, siyasal yaşam kendi iç dengesini bir daha kuramadı. Partiler, tümüyle dış etkiye açık, paraya ve iletişim teknolojisine bağımlı, kolay yönlendirilebilir ve halktan kopuk bağımlılık araçları haline geldiler.

*Cumhuriyet Halk Partisi*'nin kapatılmasından sonra ortaya çıkan; *Halkçı Parti* (HP), *Sosyal Demokrat Parti* (SODEP), onların birleşmeleriyle oluşan *Sosyal Demokrat Halkçı Parti* (SHP) ve yeni *Cumhuriyet Halk Partisi* girişimleri, bugün bambaşka bir CHP yaratmıştır. **Atatürk**, 1935 yılında, *"sonuna dek benim olarak kalacağını nereden bileyim"* demekte haklı çıkmıştır. Günümüzdeki CHP'nin **Atatürk**'ün *Cumhuriyet Halk Partisi*'yle bir ilişkisi yoktur; bambaşka bir örgüttür. Bu ayırımı, en özlü biçimde, bugünkü CHP'nin Genel Başkanı **Deniz Baykal**'ın sözlerinde buluyoruz. **Baykal**, 22 Ağustos 2002'de, **Atatürk**'ten kopuşun ilanı anlamına gelen şu sözleri söylemiştir: *"Türkiye'de kutsal devlet anlayışından, insan odaklı devlete geçilecek. İçine kapalı Türkiye, küresel Türkiye haline getirilecek. Karma ekonomi yerine çağdaş piyasa ekonomisi yerleştirilecek."*[95]

### Terakkiperver Cumhuriyet Fırkası

**Mustafa Kemal**, 10 Eylül 1922'de İzmir'e girerken *Belkahve*'den körfeze bakar ve *"bir rüya görmüş gibiyim"* der.[96] Kısa bir süre sonra **Halide Edip Adıvar**'a şunları söyler: *"Asıl mücadele, bundan sonra başlıyor"*.[97] Birbiriyle çelişir gözüken bu iki yaklaşım, aslında gerçeği ve geleceği anlatan sağlam birer saptamaydı. Hiç olmayacak gibi görünen bir zafer kazanılmış ve siyasi bağımsızlık elde edilmişti. Şimdi bu kazanım, ekonomik ve kültürel bağımsızlıkla tamamlanmalı ve gerçek kurtuluş sağlanmalıydı. Bu ise, gelişmeye dönük köklü dönüşümler, devrimci atılımlar ve belli ki siyasi çatışmalar demekti. Gerçek kurtuluş için gerekli olan devrimler dönemi, yani *"asıl mücadele" "şimdi"* başlayacaktı.

**Atatürk** dönemindeki devrimler sürecinde, farklı boyut ve şiddette çok sayıda iç mücadele yaşandı. Gizli ya da açık gerilimler, politik çatışmalar, etnik ya da dinsel ayaklanmalar, suikastler, devrime ayak uyduramayan kırgınlık ve karşıtlıklar; uzun bir süre, siyasi yaşamın temel ögeleri oldular. Kurtuluştan sonra hızla ortaya çıkan ve tümünün üstesinden gelinen çatışmalar içinde, *devrim*'i ve önderi **Mustafa Kemal**'i en çok rahatsız eden, en erken ve en ciddi siyasi karşıtlık, en yakın çevresinden geldi. Kurtuluş Savaşı'nda birlikte mücadele ettiği ve büyük yararlılıklar gösteren bir gurup üst düzey komutan, yanlarına kimi eski ittihatçıları da alarak, Cumhuriyet henüz bir yaşındayken geniş bir siyasi muhalefet başlattılar. **Kazım Karabekir, Ali Fuat Cebesoy, Refet Bele, Rauf Orbay, Adnan Adıvar, Cafer Tayyar Eğilmez, Rüştü Paşa, İsmail Canpolat** muhalefetin önde gelen isimleriydi. **Atatürk'ün** kurup geliştirmeye çalıştığı *Halk Fırkası*'na karşı, 17 Kasım 1924'te *Terakkiperver Cumhuriyet Fırkası*'nı kurarak muhalefet başlattılar.

Muhalefet başlatan kadro, ülkenin geleceği için tutacakları yolu, programlarını, düşünce ve eylemlerini ne halka ne de kendi yakın çevrelerine anlatabildiler. Anlatabilecekleri tutarlı bir gerekçeleri de yoktu. Maddi temeli olan, ülke gerçeklerine uygun, tutarlı bir dünya görüşünden ve dünyayı kavrayabilecek bir anti-emperyalist bilinçten yoksundular. Hemen tümü, kazanılan zaferin gerçek boyutunu, dünyaya yaptığı etkiyi ve dayandığı temelleri kavrayamamışlardı. Ulusal bağımsızlığın önemini gerçek boyutlarıyla bilmiyorlardı. **Rauf Orbay**, devrimlere gerçek anlamda henüz başlanmamışken, 9 Eylül 1924'de, *"Devrimler bitmiştir. Devrim sözü sermayeyi ürkütüyor"* diyor[98], hazırlanmakta olan parti programında, *"gümrük vergilerinin indirilmesi"* ni, *"yabancı sermayenin teşvik edilmesi"* ni ve *"serbest ticaretin geçerli olması"* nı istiyordu. [99]

\*

*Terakkiperver Cumhuriyet Fırkası*'nın önderleri, giriştikleri eylemde esas olarak, Kurtuluş Savaşı'nın kendilerine kazandırdığı saygınlığa güveniyordu. Kendileri dışında güvendikleri bir başka güç daha vardı. Bu güç, savaş boyunca Ankara'ya ve **Mustafa Kemal**'e karşı sert bir muhalefet yürütmüş olan İstanbul basınıydı. *İstiklal, Son Telgraf, Vatan, Tanin* ve *Tevhid-i Efkâr* gibi önemli gazetelerin desteği[100] *Terakkiperver* hareketini olduğundan daha güçlü gösteriyor, abartılı haber ve yorumlarla muhalefeti daha atak ve sert olmaya özendiriyordu. Bilinç düzeyleri yetersiz ve her biri kendisini Kurtuluş Savaşı'nın gerçek önderi gibi gören insanların, yapılan yayınlardan etkilenmemeleri olanaksızdı. Gazetelerde sürekli olarak, *demokrasi* ve *düşünce özgürlüğü*'nden söz ediliyor, Kurtuluş Savaşı'ndan henüz bir yıl geçmiş olmasına karşın **Mustafa Kemal**, adı verilmeden diktatörlükle suçlanıyordu. Muhalefet, kimi zaman açıkça, *harekete geçmekte geç kalmamaya* ve *kötü gidişe bir an önce dur demeğe* çağrılıyordu.

**Vatan** gazetesi, çağrı yapanların en cesurlarından biriydi. Açıkça şunları yazıyordu: *"Tekelci siyasi sistemler, eleştiri eğilimi gösteren özgür düşünceli yurttaşlarını gelişme ve ilerleme adına zaman zaman yok eden kahredici bir cehennem gibidir. Bu uğursuz gidişin bir noktada durdurulması için yeni bir çığır açılması gerekir."*[101] *İstiklâl Gazetesi*'nde *"Terakkiperver erkanından biri"* denilerek adı verilmeyen bir kişinin ağzından şunlar söyleniyordu: *"Aramızda saltanatçılıkla suçlanacak tek bir kişi yoktur. Yalnız size şunu işaret edeyim ki, saltanat yalnız hanedanlar tarafından değil, kişilerin baskı ve zorbalığı ile de ortaya çıkabilir."*[102]

*Son Telgraf Gazetesi*'nde 12 ve 13 Kasım 1924'te, arka arkaya yayımlanan iki yazıda, son derece sert bir üslup kullanılıyor, diktatörlük konusu bir kez daha işlenerek, özgürlükten söz eden siyasi yargılarda bulunuluyordu. *"Izdırabın ve Hürriyetsizliğin Doğurduğu Çocuk"* başlığını taşıyan ilk yazıda, *"ülkede garip ve acı bir hükümet diktatoryası yaşanmaktadır"* deniliyordu. *Terakkiperver* taraftarlarını daha atak olmaya çağıran ve *"efendiler cesur olunuz"* başlıklı ikinci yazıda *Cumhuriyet Halk Fırkası*'na saldırılıyor, hakaret içeren şu sözler söyleniyordu: *"Büyük Millet Meclisi'nde bir Fırka var. Adı 'Halk Fırkası' ya da son ismiyle 'Cumhuriyet Halk Fırkası'. Bu Fırka, bugünkü durumuyla bir fırkadan çok, çıkarcıların toplanma yeri ve bir insanlar karmaşasıdır..* (Halk Fırkası'nın y.n.) *dağılmasının ve dağıldıktan sonra yeni bir oluşumun gerektiğini, biraz duygusu olan ve Millet Meclisi'nin bugünkü garip manzarasını seyretmeye dayanamayan her milletvekili, herşeyden önce kabul eder.."*[103]

\*

Terakkiperver muhalefetine katılanlar bu tür yayınlardan kolayca etkilendiler. Osmanlı'nın son döneminde edindikleri alışkanlıklardan kurtulamıyor, basın aracılığıyla Batı'nın ve halkın desteğini alarak Avrupa'yla bütünleşen *liberal* bir düzen kurmayı düşünüyorlardı. *Jön Türkler*'in *Osmanlıcı-Batıcı* görüşlerinin etkisinde kalmış, *Tanzimat* uygulamaları içinde yetişmişlerdi. Karışık ve karmaşık düşünce yapılarıyla, ülke sorunlarına çözüm getirebilecek konumdan uzaktılar. Dünyayı ve içinde yaşadıkları toplumu tam olarak tanımıyor, bu nedenle halkla bütünleşen bir siyasi çizgi izleyemiyorlardı. İdeolojik değil, bireysel güdüler ve arkadaşlıklar nedeniyle bir araya gelmişlerdi. Birleştikleri tek konu **Mustafa Kemal**'e karşıtlıktı. Bu karşıtlık nedeniyle gericiler, basın ve dış güçler tarafından desteklendiler. Ancak, **Mustafa Kemal** karşıtlığı, onları hem güncel siyasette, hem de tarih önünde yok olmaya götürdü. **Mustafa Kemal**'in; anti-emperyalist bilincine, onun ülke gerçeklerine uygun ulusal programına ve halk üzerindeki etkisine karşı koyacak güç ve bilinçten yoksundular.

*Terakkiperver Cumhuriyet Fırkası* kurulduğunda, parti sözcüleri açıkça; *"amaçlarının iktidara gelmek"* değil, *"Birkaç kişinin oligarşik amaçlarına karşı çıkmak"* olduğunu söylediler. Gazetelerde, *"Bireysel hürriyetleri korumak için Meclis'te meşru muhalefet"* yapacaklarını açıklıyor, kuruluş bildirilerinde **Atatürk**'ün Cumhurbaşkanı olduğu Cumhuriyet yönetimini kast ederek, *"Görevimiz istibdata (despotluğa) karşı koymaktır"* diyorlardı.[104] Bunları yazıp söyleyen bir siyasi hareketi, İstanbul basınının destekleyip yüreklendirmemesi elbette beklenemezdi. Onlar, emperyalizmi ülkeden kovarak işbirlikçi çıkarlarına zarar veren ve İstanbul'un yüzyıllar süren egemenliğine son vererek siyasi gücü Anadolu'ya taşıyan **Mustafa Kemal**'i hiç affetmemişlerdi. Bunu açıkça söyleyip yazıyorlardı. Kimi yazara göre, *Terakkiperver-Kemalist* çatışması, *"İstanbul ve Ankara arasındaki bir güç mücadelesiydi"*; Ankara, *"yüzyıllar boyu ülkenin ekono-*

*mik, kültürel ve siyasal merkezi olan İstanbul'u"* dışlamıştı.[105] Buna tepki gösterilmeliydi.

Batı basını, özellikle İngiliz basını, *"yeni hareketi"* kararlı bir biçimde destekledi. Bu da, çok doğaldı. **Mustafa Kemal**, Batı'nın Ortadoğu'ya yönelik planlarını bozmuş ve kazandığı zaferle sömürgeciliğin sonunu getirmişti. Bu nedenle, onu esas olarak Avrupalılar affetmemişti. Duydukları öfke hemen her söz ve yazıya yansıyordu. Londra'da çıkan *Times* gazetesi, 14 Kasım 1924 tarihli sayısında, *Terakkiperver Cumhuriyet Fırkası* girişimini, *"Mustafa Kemal'in her adımını eleştirdiği için"* kutluyor ve Türkiye'deki *"İngiliz çıkarlarının korunması"* umutlarını, Terakkiperver Cumhuriyet Fırkası'nın *"başarısına"* bağlıyordu.[106]

\*

*Terakkiperver Cumhuriyet Fırkası*'nın, kuruluşundan hemen önce aceleyle hazırlanan programı, bilinç yetersizliğinin ve buna bağlı olarak ekonomik-politik öngörüsüzlüğün açık belgesi gibiydi. Tam anlamıyla bir *toplama programdı*. *Tanzimat uygulamalarının, Jön Türk geleneklerinin ve Batı liberalizminin*, amacı belirsiz bir karışımı, gelişi güzel bir araya getirilmesiydi. *Müdafaa-i Hukuk* anlayışıyla gerçekleştirilen anti-emperyalist savaş, elde edilen ulusal bağımsızlık ve bağımsızlığın korunması için gerçekleştirilmesi gereken ekonomik-sosyal devrimlerin kavranamadığı açıkça belli oluyordu. Programı hazırlayan anlayış, Kurtuluş Savaşı'nı *düşmanı kovmak*'la sınırlı olan bir *zafer* olarak görüyor, köklü toplumsal dönüşümlere gerek olmadığına inanıyordu. *Terakkiperver Cumhuriyet Fırkası*'nın programı; *Tanzimat*'la gelen, Cumhuriyet'le önlenen ve bugün yeniden sürdürülmekte olan *Batı'ya bağlanma, onunla bütünleşme* anlayışının o dönemdeki ürünlerinden biriydi.

Program'ın birinci maddesinde, *"Türkiye Devleti halkın egemenliğine dayanan bir cumhuriyettir"* deniyor, ancak hemen arkadan gelen ikinci maddede, *"liberalizm"* ve *"demokrasi"*nin *"fırkanın temelini"* oluşturduğu söyleniyordu. Türkiye'de *"halkın egemenliği"*nin ne anlama geldiğini kavramamaktan kaynaklanan çelişki, aynı zamanda programın düzeyini de ortaya koyuyordu. Üç, dört ve beşinci maddelerde; yasa yaparken halkın çıkarlarıyla birlikte *"asrın icabatı"* ve *"adalet prensipleri"*nin esas alınacağı, partinin *"umumi hürriyetlere şiddetle taraftar"* olduğu ve anayasanın milletten açık yetki almadan (ne anlama geliyorsa) *"değiştirilemeyeceği"* söyleniyordu.[107]

Altıncı madde, kısa ama çok önemliydi ve aynısıyla şöyleydi: *"Fırka dinsel düşünce ve inançlara saygılıdır"*[108] 1924 yılının koşulları göz önüne getirildiğinde, bu maddenin taşıdığı önem daha iyi anlaşılacaktır. *Hilafet*'in kaldırılışından henüz altı ay geçmiş ve tutucu tepkiler değişik biçimlerde sürmektedir. Ülkenin birçok yerinde gücü ve kapsamı bilinemeyen, bu nedenle önceden yeterli önlem alınamayan, eyleme geçmeye hazır gerici bir hareket vardır. Nitekim *Terakkiperver* programının açıklanmasından birkaç ay sonra, *hilafet*'in kaldırılmasını gerekçe yapan **Şeyh Sait** ayaklanacak, yurdun çeşitli bölgelerinde aynı gerekçeyle değişik tepkiler görülecektir. Bu tür gelişmeleri bekleyen **Mustafa Kemal**, tüm ulusu önceden uyarmış ve 1 Mart'ta Meclis'te yaptığı konuşmada, *"Mukaddes din duygularını ve vicdani değerleri"*, *"her türlü menfaat ve ihtirastan"* arındırmak ve *"İslam dinini yüceltmek"* için *"dinin siyasetten kurtarılması"* gerektiğini, bunun *"dünyevi ve ruhani saadeti"* gerçekleştirmek için bir zorunluluk olduğunu söylemişti.[109] Bu koşullarda parti programına dine saygılı olunacağını yazmak, başlıbaşına bir sorun, tehlikeli bir yönelişti. Gericiliğin siyasi çıkar için kullanılmasından başka bir şey değildi.

Dokuzuncu madde, günümüzde yoğun olarak sürdürülmekte olan *devletin küçültülmesi* anlayışını dile getiriyor ve *"Devletin görev ve yetkisi, en düşük düzeye indirilecektir (Vezaifi devlet, haddi asgariye tenzil edilecektir)"*[110] diyordu. **Ali Fuat Paşa** (Cebesoy) Parti Sekreteri olarak bu konuda, 28 Aralık 1924'te Vatan gazetesine şu açıklamayı yapmıştı: *"Dokuzuncu maddede, devletin görev ve yetkisinin en aza indirileceğini söylüyoruz. Yani bireylere mallarını yönet-*

*me olanağını veriyoruz. Oysa Halk Fırkası, buna ters bir yol tutmuş, ekonomide ve devlet yönetiminde hükümetçilik görüşünü savunmaktadır.* Ülkemiz gibi eksikleri çok ve hızla gelişme ihtiyacında olan bir ülke için, programlardaki bu fark çok önemlidir."[111]

Programın dikkat çeken bir başka maddesi 14.maddeydi. Bu maddede, Prens **Sabahattin** ile *Hürriyet ve İtilaf*'ın savunduğu, *ademimerkeziyetçi* yönetim biçiminin kabul edildiği açıklanıyordu. 14.madde, programın yetersiz bir inceleme sonucu aceleyle hazırlanmasının ve çelişkilere aldırmadan değişik yerlerden yapılan aktarmalardan oluştuğunun kanıtı gibiydi. Bir yandan, *"yönetimde ademi merkeziyetçiliğin geliştirileceği (idari ademimerkeziyet esası terviç edilecek)"*, bunun için *"yönetim yetkisinin seçimler yoluyla yerelleştirileceği (mahalli hak ve selahiyetlerin istimalinde, ıstihap usulünün tamamii cereyanına itina)"* söyleniyor; diğer yandan, yerelleşmenin *"milli birliğin korunması (milli vahdetin helalden masuniyetini temin)"* için yapıldığı ileri sürülüyordu.[112] **Ali Fuat Paşa**'nın Vatan gazetesine yaptığı açıklamadan, *ademimerkeziyetçiliğin* ne anlama geldiğini bilmediği anlaşılıyordu. Paşa, çok merkezlilik ya da *federasyonculuk* olarak ortaya çıkan *ademimerkeziyetçiliğin*, ayrışmayı değil birliği sağlayacağını söylüyor ve *"biz devletin birliği için ademimerkeziyetçi usulu kabul ediyoruz. Oysa Halk Fırkası'nın çalışmalardaki tutumu, merkeziyetçilikten başka bir şey değildir"* diyordu.[113]

Elli sekiz maddelik programın 29-40 arasındaki on bir maddesi, ekonomik görüşlere ayrılmıştı. IMF'nin günümüzde, azgelişmiş ülkelere uygulattığı programlarla büyük benzerlikler içeren maddelerde özetle; *"limanlara giriş ve çıkışta alınan gümrük vergilerinin derhal kaldırılacağı, ulusal sanayinin korunması için getirilen kısıtlamalara son verileceği* söyleniyor; *iç-dış ve transit ticaret üzerindeki bürokratik engellerin kaldırılarak ticaretin serbestleştirileceği, yabancı sermayenin güveninin kazanılacağı ve devlet tekellerinin artmasına izin verilmeyeceği"* açıklanıyordu.[114] Merkez Yönetim Kurulu üyesi Erzurum milletvekili **Sabri Bey**, *Tanin Gaze-*

*tesi*'ne verdiği demeçte, kendisine tütün tekeli konusu sorulduğunda, tütünde hükümetçe kurulması düşünülen devlet tekelini, Fransız Reji İdaresiyle bir tutuyor ve şunları söylüyordu: *"Fırkamız serbest ticaretten yanadır. Reji sona erdikten sonra yerine, ikinci bir reji idaresi kurulmasının anlamı yoktur. Hükümetin kabul ettiği devlet tekelinin karşısındayız. Arkadaşlarımızın çoğunluğu bandrol usulüne (üründen yalnızca vergi alma, üretimde bulunmama y.n.) taraftardır."*[115]

*

**Mustafa Kemal**, Kurtuluş Savaşı'nın ağır yükünü paylaştığı ve birlikte mücadele ettiği yakın arkadaşlarının; ülke gerçeklerine uymayan, zamansız, üstelik tehlikeli çıkışına son derece üzülmüş ve sert tepki göstermiştir. Anlayışları ve siyasi yönelişleri nedeniyle başarılı olamayacaklarını, bu yersiz ve haksız çıkışın, ulusal birliğe zarar vereceğini biliyordu. Nitekim, o dönemde yapılan ara seçimlerde *Terakkiperver Fırka* milletvekili çıkaramamış, tüm milletvekillerini *Halk Fırkası* kazanmıştı. **Mustafa Kemal**, 26 Kasım 1924'te İngiliz *Times* gazetesinin muhabiri **Mc. Cartney**'e, *Terakkiperver Fırka* ile ilgili görüşlerini açıklarken şunları söylemişti: *"Her fırka belirli ilkeler ve düşünceler üzerine kurulmalıdır. Eğer bu fırka açık olarak tutucu bir program ile ortaya çıksaydı, ben onları yeni bir fırka olarak kabul edebilir ve onların samimiyetine inanabilirdim. Fakat henüz, Terakkiperverler'in samimi olduklarına inancım yok... Halk Fırkası'nın temel ilkelerinden farkları nedir? Kendilerinin Cumhuriyetçi olduğunu iddia ediyorlar. Biz de öyleyiz. Ulusal egemenliğin bekçisi olacaklarını söylüyorlar. Bu zaten, Halk Fırkası'nın ve Cumhuriyet'in vazgeçilmez temelidir. Eğer bunların gerçek inancı bu ise, o zaman neden bizi terk ettiler?.. Kişisel zorbalığa karşı olduklarını söylüyorlar. Bu beyan, böyle bir zorbalığın var olduğunu ima etmektir. Fakat programlarında, bu zorbalığın nasıl yok edileceği hakkında bir şey gösterilmiyor. Ben böyle bir zorbalığın var olduğuna inanmıyorum. Fakat, eğer böyle bir zorbalık olsa bile, bunun varlığının en basit ve tek nedeni,* *ulusal egemenliğin ve Halk Fırkası ilkelerinin korunmasından başka ne olabilir?*"116

**Atatürk**, *Terakkiperver Cumhuriyet Fırkası* ile ilgili görüşlerini, bu partinin kapatılmasından iki yıl sonra, *Nutuk*'ta çok açık biçimde ortaya koydu ve şunları söyledi: *"Cumhuriyet sözcüğünü söylemekten bile çekinenlerin; Cumhuriyet'i doğduğu gün boğmak isteyenlerin, kurdukları fırkaya Cumhuriyet üstelik Terakkiperver Cumhuriyet adını vermeleri, nasıl ciddi ve ne kadar içtenlikli bir davranış sayılabilir?.. 'Parti dinsel düşünce ve inançlara saygılıdır' sözlerini ilke edinip bayrak gibi kullanan kişilerden, iyi niyet beklenebilir miydi? Bu bayrak yüzyıllardan beri, bilgisizleri, bağnazları ve boş inançlara saplanmış olanları aldatarak, özel çıkarlar sağlamaya kalkışmış kimselerin taşıdıkları bayrak değil miydi? Türk ulusu yüzyıllardan beri, sonu gelmeyen yıkımlara, içinden çıkabilmek için büyük özveriler isteyen pis bataklıklara, hep bu bayrak gösterilerek sürüklenmemiş miydi?... Efendiler, olup bitenler gösterdi ve kanıtladı ki, Terakkiperver Cumhuriyet Fırkası, en hain kafaların ürünüdür. Bu fırka ülkede suikastçıların, gericilerin sığınağı ve dayanağı oldu. Dış düşmanların, yeni Türk Devleti'ni, körpe Türkiye Cumhuriyeti'ni yıkmayı öngören planlarının kolaylıkla uygulanmasına yardım etmeğe çalıştı..."*117

17 Kasım 1924'te kurulan *Terakkiperver Cumhuriyet Fırkası*, **İsmet Paşa** Hükümeti'nin **Şeyh Sait** ayaklanması nedeniyle çıkarılmış olan *Takriri Sükun (düzenin sağlanması) Yasası*'na dayanılarak, 3 Haziran 1925'te, *"irticayı körükleme"* gerekçesiyle kapatıldı. 1926'da *İzmir Suikastı*'nı inceleyen İstiklâl Mahkemesi, partinin çok sayıda milletvekili ve üyesini tutukladı. Mahkeme; **Kazım Karabekir, Ali Fuat Cebesoy, Refet Bele** ve **Cafer Tayyar Eğilmez** dışındaki diğer milletvekillerini suçlu bularak çeşitli cezalara çarptırdı. **İsmail Canbolat, Ahmet Şükrü, Abidin Bey, Halis Turgut, Rüştü Paşa** ve Eskişehir Milletvekili **Arif Bey** idam edildi [118]

*Terakkiperver Cumhuriyet Fırkası*'nın kapatılmasında Başbakan olarak birinci derecede etkili olan **İsmet İnönü**'nün, sonraki dönemlerde kapatmayla ilgili olarak yaptığı yorumlar ilginçtir. 1939 yılında CHP Trabzon milletvekili olan ve 1954-1957 dışında, ölümüne dek milletvekili kalan **Faik Ahmet Barutçu** (1894-1959), *Siyasi Anılar 1939-1954* adlı yapıtında, **İnönü**'nün yorumlarını aktarır. **Barutçu**'ya göre **İnönü**, **Atatürk** öldükten sonra konuyla ilgili olarak şunları söylemiştir: *"Şeyh Sait isyanı bizi korkuttuğu için, yeni olan inkilabı koruma düşüncesiyle Terakkiperver Partiyi kapattık.. Hata ettik. Kapatmasaydık demokratik gelenek şimdi yerleşmiş olacaktı."*[119]

### Serbest Cumhuriyet Fırkası

*Serbest Fırka*'yı, partiden çok *sosyal bir deneme*, bir tür *kamuoyu yoklaması* saymak gerekir. 1930 yılına gelindiğinde devrimlerin önemli bölümü tamamlanmış, dünyadaki ekonomik durgunluğa karşın istikrarlı bir büyüme gerçekleştirilmiş ve toplumsal ilerleme yönünde çok önemli gelişmeler sağlanmıştı. Türkiye henüz bir sanayi toplumu olmaktan uzaktı, ama bu amaç için tutarlı ve gerçekçi bir kalkınma programı belirlenmiş, bu yolda başarılı işler yapılmıştı; yapılmaya devam ediliyordu. Ankara'nın siyasi saygınlığı ve otoritesi, içte ve dışta çok yüksekti. Yeni devlet, her alanda örgütlenmiş, siyasi sistem oturmuştu.

**Atatürk**, o günlerde Paris Büyükelçisi olan gençlik arkadaşı **Fethi Okyar**'a, 1930 Temmuzu'nda yeni bir parti kurma önerisi yaptı. Türk siyasi tarihinde 3,5 aylık bir ömrü olan *Serbest Cumhuriyet Fırkası* bu öneri üzerine ortaya çıktı. Yeni fırka düşüncesi, bu düşüncenin yaşama geçirilişi ve süresi başta **Fethi Okyar** olmak üzere hemen herkes için, beklenmeyen bir gelişmeydi.

**Atatürk**'ün bu girişimle ne düşündüğü, ne yapmak istediği ve neyi amaçladığı, bu konularda bir açıklama yapılmadığı için, yalnızca o günlerde değil bugün de, ortak bir kanı, bir görüş birliği oluşmadı. Kimi araştırmacılar, **Atatürk**'ün **İnönü** ile birlikte, *"ülkede çok partili siyasi sisteme geçme zamanının geldiğini düşündüklerini"* ve *"samimi oldukları bu düşünce yönünde"* girişimde bulunduklarını, ancak *"irtica ve anarşik durumun ortaya çıkması"* üzerine partiyi kapattıklarını ileri sürdü.[120] Bir başka yoruma göre; **Atatürk**, aynı 1920 Mayıs'ında kurdurduğu *Türkiye Komünist Fırkası*'nda olduğu gibi, denetimi altında tuttuğu bir parti girişiminde bulunmuştur. Bunun için, başta **Fethi Okyar** olmak üzere güvendiği insanların öncülüğünde *Serbest Fırka* girişimini başlatmıştır.

*Serbest Fırka* girişiminin amacı, oturmuş gibi görünen yönetim işleyişini, halkın görüşüne baş vurarak sınamaktır. İrtica başta olmak üzere rejime karşı tehlike oluşturacak bir olumsuzlukla karşılaşılmazsa, Cumhuriyet'in temel ilkelerinden ödün vermeyen yeni bir parti kurmanın denemesi yapılmıştır. Oy vererek hükümet değiştirme alışkanlığı, halkı siyaseten rahatlatacak ve rejim için tehlike oluşturmayan iki parti, birbiriyle yarışarak ülkeyi sırayla yönetecekti.

Bir başka görüş, iki partili sistemin *"Atatürk'ün en büyük ideali"* olduğunu ileri sürer. Onlara göre, **Atatürk** *"Serbest Fırka oluşumuna büyük bir samimiyetle girişmiş, ancak başta İnönü ve Recep Peker olmak üzere Cumhuriyet Halk Fırkası'nın ileri gelenleri, ortaya çıkan olayları büyüterek "onu bu düşüncesinden vaz geçirmiştir."*[121]

**Atatürk**'ün, Cumhuriyet'e ve onun gücünü oluşturan devlete karşı duyarlılığını bilenler, ikinci yorumun gerçeği daha çok yansıttığını kabul etmişlerdir. **Fethi Okyar**'ın önce özendirilmesi, siyasi ve maddi destek verilmesi, daha sonra araya mesafe konularak desteğin çekilmesi; Serbest Fırka girişiminin, halkın siyasi tepkisini saptamak için düşünülen bir deneme eylemi olduğu görüşünü güçlendirmektedir. Başlangıçta yapılan görüşmelere göre, **Atatürk** *Cumhuriyet Halk Fırkası*'nın Başkanı olarak, *Serbest Fırka*'yı siyasi rakip sayarak karşısına geçmeyecek, **Fethi Okyar** ise, laiklik başta olmak üzere Cumhuriyet'in temel ilkelerine karşı herhangi bir gelişmeye izin vermeyecekti. Bu tür girişimler ortaya çıkarsa, anında etkisizleştirilecekti. Fırka'nın kurulmasına karar verildiği günlerde, **Atatürk, Fethi Okyar**'a bir mektup yazacak bu mektupta şunları söyleyecektir: *"Memnuniyetle görüyorum ki, laik Cumhuriyet esasında beraberiz. Benim siyasi hayatta daima aradığım ve arayacağım temel budur.. Cumhurbaşkanlığının bana verdiği yüksek ve yasal yetkiyi, hükümete muhalif olan ve olmayan fırkalara karşı eşit ve yansız biçimde kullanacağıma ve laik cumhuriyet esası dahilinde* (kaldığı sürece y.n.) *fırkanızın çalışma ve çabasında herhangi bir engelle karşılaşmayacağına güvenebilirsiniz"* diyecektir.[122]

**Mustafa Kemal**, kimi Cumhuriyet Halk Fırkası milletvekilini ve yakın çevresini, kızkardeşi **Makbule Atadan** dahil, yeni partiye yönlendirdi. **Nuri Conker, Ahmet Ağaoğlu** (Kars milletvekili), **Talat Bey** (Ankara milletvekili), **Reşit Galip** (Niğde milletvekili), **Mehmet Emin Yurdakul** (Şebinkarahisar milletvekili), **Ali Haydar Uluğ** (İstanbul milletvekili), **İsmail Kakmacı** (Sinop milletvekili), **Tahsin Uzer** (Erzurum milletvekili), **Semih Hızaroğlu** (Bursa milletvekili), **Rasim Öztürk** (Bilecik milletvekili), **Nakiyeddin Yücekök** (Elazığ milletvekili) Cumhuriyet Halk Fırkası'ndan ayrılarak yeni partiye katıldılar.[123]

\*

*Serbest Cumhuriyet Fırkası*, 12 Ağustos 1930'da resmen kuruldu. *İstanbul basını*, **Atatürk**'e değil ama, *Cumhuriyet Halk Fırkası*'na muhalif olan yeni partiyi, doğal bir yansı (refleks) gibi hemen destekledi. *Son Posta* ve *Yarın* başı çekiyordu. Üstelik bu kez İzmir'in yerel gazeteleri de desteğe katılmışlardı.[124] Fırka, gazete desteğiyle birlikte kimi yörelerde, önemli sayılabilecek genişlikte ilgi gördü. Tutucu kişi ve guruplar, açık ya da örtülü biçimde üyeliğe yöneldi. Fırka içindeki kimi gurupların, olağanın ötesinde bir devingenlik içinde olduğu görülüyordu. **Fethi Okyar**'ın Eylül başında İzmir'e yaptığı parti gezisinde olaylar çıktı. Polis havaya ateş etmek zorunda kaldı, bir çocuk öldü, yaralananlar oldu.

İzmir olaylarından sonra, *Halk Fırkası*'nı destekleyen gazeteler *Serbest Fırka*'ya karşı eleştirilerini arttırdılar. *Cumhuriyet* gazetesinde **Nadir Nadi, Atatürk**'e bir açık mektup yayınladı. *"Serbest Fırka'ya karşı tavır almadığı takdirde Halk Fırkası'nın kendi başının çaresine kendisinin bakacağını"* yazdı. **Atatürk** bu mektuba, aynı gazetede 9 Eylül 1930'da yayımlanan bir mektupla yanıt verdi: *"Ben Cumhuriyet Halk Fırkası'nın genel başkanıyım. Cumhuriyet Fırkası, Anadolu'ya ilk ayak bastığım andan itibaren oluşup benimle çalışan Anadolu ve Rumeli Müdafaa-i Hukuk Cemiyeti'nin doğurduğu bir varlıktır. Bu örgüte o tarihten beri bağlıyım. Bu bağı çözmek için, hiçbir neden ve gerek yoktur ve olamaz. Resmi görevim bitince de Fırkamın başında fiilen çalışmayı sürdüreceğim."*[125]

**Atatürk**'ün mektubu, *Serbest Fırka*'ya olan kitlesel yönelişi durdurdu. Artık yeni katılımlar olmuyordu. Fırka, o günlerde yapılan belediye seçimlerinde bir varlık gösteremedi. İl olarak yalnızca Samsun'da seçim kazanılmıştı. *Terakkiperver Cumhuriyet Fırkası*'nın kapatılmasından sonra kendi iç dünyasına çekilen tutucu muhalefet, *Serbest Fırka*'yla, yeni bir çıkış daha yapmak istemiş, ancak **Atatürk**'ün mektubu üzerine, eski durumuna geri dönmüştü. Bu dönüş, 1946'daki *Demokrat Parti* girişimine dek sürecektir. İleride Demokrat Parti genel başkanı olacak **Adnan Menderes**'in *Serbest Fırka* Aydın il başkanı olması, bu partinin üye yapısını yansıtan ilginç bir göstergedir.

*Serbest Fırka*, partiye yönelen tutucu ilgiden ürken ve **Atatürk**'ün başlangıçtaki desteğini yitirdiğini gören **Fethi Okyar** tarafından, 17 Kasım 1930'da kapatıldı. Üç aylık bu parti girişiminden, amaçlanan sonuç alınmış ve Türkiye'nin demokratik ve laik Cumhuriyet rejimini aynı düzeyde koruyacak iki partili siyasi sisteme, henüz hazır olmadığı görülmüştür. Toplumsal varlığını, yenilik karşıtlığı ve dış destekten alan tutucu muhalefet, gücünü koruyordu. Devrim, kendisini koruyacak ekonomik-sosyal gelişmeyi henüz yeterince sağlayamamış, kadrolarını yetiştirememişti. Buna karşın, yüzlerce yılın alışkanlıklarına ve örgütsel deneyime sahip tutucu muhalefet, ustaca gizleyebildiği gücünü koruyordu. *Serbest Fırka* girişimiyle bu gerçek, bir kez daha görülmüştür. 1930'da görülüp önlemi alınan bu durum, 16 yıl sonra gündeme getirilen *Demokrat Parti* girişiminde de ortaya çıkacak, ancak bu kez, *Devrim* öndersiz kaldığı ve girişim dış desteğe bağlı olduğu için, gerekli önlem alınamayacaktır.

*

*Serbest Cumhuriyet Fırkası*'nın program adıyla yayımladığı on bir maddelik belgeye parti programı demek pek olası değildir. **Fethi Okyar**'ın kaleme aldığı[126] '*programda*', yüzeysel birkaç siyasi yaklaşım, soyut tümceler halinde sıralanmış ve elli yıldır yinelenen aktarma sözcükler, ekonomik görüş olarak maddeler arasına serpiştirilmiştir. **Fethi Okyar** ve çalışma arkadaşları, ülkenin ekonomik-sosyal çözümlemesini yaparak ulusal kalkınma gereksinimlerine yanıt verecek bir parti programını hazırlayabilecek düzeyde insanlar değildiler. **Okyar**'ın, fırka kurulmadan hemen önce söylediği ve *sağ*'ı, *sol*'u, *liberalizm*'i birbirine karıştıran şu sözler, onun politik bilincinin bir göstergesidir. *"Ben öteden beri hürriyet taraftarıyım. Bu nedenle benim kuracağım fırka, ancak liberal bir fırka olur... Doğaldır ki böyle bir fırka Halk Fırkası'nın solunda yer alır."*[127]

*Program*'ın üç maddesinde; *"Cumhuriyetçilik, milliyetçilik ve laiklik esaslarına"* bağlı kalınacağı, *"vergilerin halkın ekonomik gücünü aşmasına"* izin verilmeyeceği ve *"devletin tasarrufa yöneltilerek"* gelirlerin verimli bir biçimde kullanımının sağlanacağı açıklanıyordu. Sonraki üç madde ekonomik içerikliydi. Bu maddeler, *Jön Türkler*'den beri bilinen görüşleri yineliyordu. *"Liberal bir yol ve buna uygun serbest kambiyo kuru uygulanacak"* bu yolla *"yabancı sermaye girişi teşvik edilecek"*, *"yabancı sermayeyi ürküten zorluk ve güvensizliklere son verilecek"*, *"devlet ve hükümet müdahaleleri reddedilecek"*, ve *"liman tekeli kaldırılacak"*tı.[128] Beşinci maddede dile getirilen ekonomik anlayış, yalnızca Cumhuriyet Halk Fırkası programıyla değil, o dönemde geçerli olan devlet politikasıyla da çelişiyordu. Şöyle söyleniyordu: *"Fırka, vatandaşların refahına, mali ve ekonomik her türlü teşebbüslerine engel olan Hükümet programını kabul etmez.* Ülke-

*nin ekonomik hayatının gelişmesinde her türlü teşebbüs, o işi yapanlara aittir."*[129]

**Atatürk**, görüşlerine uygun düşmemesine karşın, *Serbest Fırka* programına pek karışmamıştır. Ancak devletçiliğe karşı açıktan tavır alan 5.maddeye müdahale etmiş ve bu maddeye, *"Cumhuriyet'in menfaatleri için girişilmesi gereken ekonomik işlerde, kişilerin güçleri yetersiz görüldükçe, devlet doğrudan doğruya girişimde bulunur"* biçiminde bir tümcenin eklenmesini önermiştir. Bu öneri programa girmiştir.[130]

**Fethi Okyar**'ın *Serbest Fırka* olayı ile ilgili düşünceleri, *"feda edilmeye"* ve siyasi olarak kullanılma inancına dayanan, kırgın duygular içerir. **Atatürk**'ün, *"yeni bir fırka kurdurmakla, yalnızca ülkedeki durumu anlamak, halkın nabzını tutmak ve bunun için de kendisini feda etmek gibi bir kararla"* hareket ettiği kanısındadır.[131] Kanısında haklıdır. **Atatürk**, başlangıçta özendirmesine karşın, Fırka'ya yönelen tutucu hareketi görmüş ve bu girişimin görevini yerine getirdiğine karar vererek, desteğini çekmiştir. **Fethi Okyar**'a söylediği şu sözler, *Serbest Fırka*'nın kaderini belirlemiştir: *"Serbest Fırka'ya karşı vaziyet almaya ve sizinle mücadele etmeye mecburum."*[132]

## Demokrat Parti

*Terakkiperver* ve *Serbest Fırkalar, devrim*'in gelişimi önünde engel oluşturmaya başladığı an kapatılmış, rejim karşıtlığına dönüşme olasılığı beliren bu girişimler, Cumhuriyet yönetimi için tehlike yaratacak bir güce ulaşmadan önlenmiştir. **Atatürk,** yaşadığı süre içinde, devrim'in korunup geliştirilmesi için, olağanüstü dikkat ve duyarlılık göstermiş; demokratik gelişim isteğiyle *devrim*'in korunması ilkesini, büyük bir başarıyla dengelemişti.

**Atatürk**'ün sağlığında ve onun öncülüğünde gösterilen kararlılık, 1938'den sonraki geri dönüş sürecinde, özellikle de dış yönlendirmelerin belirleyici olduğu 1945 sonrasında, doğal olarak gösterilemedi. Türkiye, *devrim*'den ödün vermeyi ilke edinen, Batıcı ve tutucu bir anlayışın yönetimi altına girdi, Batı'ya bağlanmayı ilke edinen bu çizgi, siyasetin temeline yerleşti. *Çok partililik* ve *demokrasi* adına yaygınlaştırılan ve dış kaynaklı politikaların sonucu olan uygulamalar, zorluklarla kurulup geliştirilmiş olan yönetim sistemine büyük zarar verdi. **Atatürk**'ün kararlı tavrıyla 1924 ve 1930'da önlenen rejim karşıtlığı, 1946'da, içinde özgürce hareket edebileceği geniş bir alan buldu ve hızla örgütlendi. *Demokrat Parti* bu sürecin, hem geliştirici unsuru hem de sonucuydu.

*Demokrat Parti*, savaş sonrasında ABD öncülüğünde kurulmakta olan *Yeni Dünya Düzeni*'nin bilinen koşulları içinde ortaya çıktı, ya da bir başka deyişle çıkarıldı. *Cumhuriyet Halk Partisi*'yle aynı sosyal yapıya dayanmak zorundaydı. Türkiye'deki toplumsal yapı, **Atatürk**'ün 1923'te yaptığı sınıfsal saptamaları büyük oranda koruyor ve köylülüğe dayanıyordu. Farklı siyasi partileri gerekli kılacak sınıfsal ayırımlar henüz oluşmamış, uluslaşma süreci henüz tamamlanmamıştı. Adları ve söylemleri ne olursa olsun, birden çok parti, eğer ülke yararına hareket etmek istiyorlarsa, nesnel koşullar gereği aynı programları uygulamak ve aynı siyasi çizgiyi izlemek zorundaydılar. Bu ise, çok partililiği gerekli kılmayan bir siyasal düzen demekti. Cumhuriyet'in ilk on beş yılında sağlanan sıradışı gelişme, böyle bir siyasi düzen içinde elde edilmişti.

\*

CHP ve DP gibi, sosyal tabanı ortak olan partiler, başka sınıf partileriyle karşılaşmadıkları için, birbirleriyle mücadele etmek zorundaydılar. Bu durum, parti mücadelesini, yapay karşıtlıklar içeren kısır bir siyasi çekişme haline sokmuştur. Parti programının belirlediği olağan rekabetin yerini, karalamaya dayanan, oldukça sert, uzlaşmaz bir çatışma almıştır. Çatışmanın sertliği, kitlesel tabanın ortaklığı nedeniyledir. Aynı nitelikte partiler olmalarına karşın, farklı görünerek aynı kitleyi kazanmak zorundadırlar. Toplumsal ilerleme adına bir değeri olmayan kısır çekişme, üstelik dış isteklerle oluşturulan zorlama bir siyasete bağlıysa; sonuç, kaçınılmaz olarak, ulusal haklardan ödün verme ve topluma yabancılaşma olur. Türkiye'de yarım yüzyıldır, *"demokrasi"* ve *"çok partililik"* adına sürdürülen politik düzen ve bu düzen içinde yer alan CHP-DP çatışması, dışa bağlanarak yabancılaşmanın ve kısır çatışmanın belirgin bir örneğidir.

*Türk Devrimi'*nin örtülü ya da açık biçimde yadsınarak içte ve dışta ödün verme yarışına dönüşen CHP-DP çatışması, tüm sert görünüşüne karşın özellikle dış istekler karşısında, son derece uysal ve uyumlu, ortak bir çizgidir. Yönetim anlayışı, dünya görüşü ve entelektüel düzey olarak, bu iki parti büyük bir benzerlik içindedir. Kitlelere yönelttikleri propagandaların yalnızca niteliği değil, biçimi bile birbirinin aynıdır. Bu biçimiyle çok partililik gelişip güçlenmenin değil, yönetimde zayıflığın ve ulusal birliğe zarar veren yapay bölünmelerin aracı haline gelmiştir. Çıkarları, gelecek umutları ve sınıfsal öncelikleri nedeniyle birlikte hareket etmek durumunda olan insanlar, yaratılan parti ayırımı nedeniyle, yapay karşıtlıklar içine sokulmuş ve siyasi mücadele adına tam bir kördöğüşü içinde birbirleriyle didişip durmuşlardır.

CHP-DP çatışması, çeyrek yüzyıldır sevinç ve üzüntüde ortak yurttaşlar olarak ulusal birlik istenciyle birleşmiş insanları, maddi temeli olmayan ayırımlarla siyasi düşmanlar haline getirmiştir. Türk toplumunun en belirgin özelliği olan komşuluk, akrabalık, dayanışma duygusu, konukseverlik, arkadaşlık gibi temel gelenekleri önemli oranda zedelenmiştir. Gidilen kahveler, hatta camiler bile ayrılmıştır. Siyasi ilişkiler o denli gerilmiştir ki, insanlar çatışmak için adeta bahane arar hale gelmiştir. 1950-60 arasında yaşanan garip süreci, belki de en iyi biçimde, **Yakup Kadri Karaosmanoğlu** yansıtır. Anılarında, o dönemi sorgularken şunları yazar: *"Elli yaşını geçtikten sonra bile, on dört on beş yaşının his ve gönül tazeliğini taşır gördüğüm şu içli ve romantik Adnan Menderes dahi, birbiri ardısıra şiddet tedbirleriyle özgür düşünceyi her yanından kıskıvrak bağlamak yolunu tutmamış mıydı? Ve onun karşısında temkinli, ölçülü*

*bir devlet adamı olarak tanıdığım İsmet Paşa, gençlik dönemlerinde bile göstermediği bir atılganlık, bir coşkuyla açtığı mücadelede bütün ülkeyi bir savaş meydanına çevirmek üzere değil miydi? Ve iki kişi arasındaki kördöğüşüne katılmaktan kim kurtulabilmişti? O kördöğüşünün sarmadığı hiçbir kent, hiçbir kasaba, hiçbir köy hatta hiçbir dağbaşı bırakılmamıştı. Evlere, okullara, mabetlere kadar yayılmıştı. Evladı babayla, kardeşi kardeşle, dostu dostla saç saça baş başa getirmişti.*
*Ortadaki dava neydi? Bu bir fikir mücadelesi miydi? Evet, kuşkusuz bu bir fikir, bir inanç mücadelesiydi. Ama neden böyle bir 'altta kalanın canı çıksın' kavgası biçimine girmişti? Fikirler ve inançlar, zaman zaman neden kompleksler, tepkiler, içgüdüler ve hırslar halini alıyordu? Her iki taraf da birbirine saldırma silahlarını, hürriyet, adalet, demokrasi ve insan hakları gibi yüksek ilkeler adına kullandığını söylüyordu,ama ruhsal çözümlemeleri seven ve bilen bir kimse için buna inanmak mümkün değildi. İlk çözümlemede, ruhlardaki pis kokuların irinleri dışarıya fışkırıyordu...*
*Ben gençliğimin en olumlu, en verimli ve en mutlu çağını Atatürk'ün büyük ve ihtişamlı döneminde yaşamış bahtiyarlardan biriydim. Ve şimdi içinde bulunduğum dönemde kendimi, yüksek bir yayladan çukur ve bataklık bir vadiye düşmüş hissediyordum. Bir zamanlar her soluk aldıkça canıma can katan o yayla havasından sonra, buranın mikroplu ikliminden 'habis' bir sıtmaya tutulmuş gibiyim."*[133]

1950-1960 arasında siyaset adına yaşanan karmaşa, düşmanlık duyguları geliştirerek Türk toplumuna büyük zarar vermiştir. Kahveleri, okulları, camileri ayırmaya *"selamı sabahı kesmeye"* varan yapay karşıtlıklar, zamansız ve dayanaksız *"iki partili sistemin!"* Türk halkına sunduğu acılı armağanlardı. Sınır konmayan suçlama özgürlüğü *"siyasetin"* temeli haline gelmişti. Hemen hiçbir değere saygı gösterilmiyor, politikacılar rakiplerini *çılgına döndürmek* için her şeyi yapıyordu. **İsmet İnönü**'nün damadı gazeteci **Metin Toker**'in şu saptaması, o dönemdeki *"siyasi"* ortamı anlatması bakımından ilgi çekicidir: "*Moskovacılık suçlaması demokrasi tarihimizde ilk kez CHP militanları ve fanatikleri tarafından DP'ye karşı icat edildi. Bunlara göre DP, Mosko-*

*va'nın emrindeydi. Hatta bazıları bu partinin Ruslar'dan para aldığını iddia edecek kadar ileri gidiyordu.* "[134]
**Atatürk**'ün ölümüne, yani sekiz yıl önceye dek, dostluk temelinde gelişen Türk-Sovyet ilişkilerinin, *"Moskovacılık"* tanımıyla *"vatana ihaneti"* içeren bir suçlama aracı haline getirilmesi, Türkiye'ye o dönemde yerleşen *"çok partililiğin"* sonuçlarından biriydi. Türk siyasi tarihine demokrasi savıyla yerleştirilen ilkel bir parlamentarizmin, dış isteğe bağlı olarak ve halka değil, mali güce dayanarak işleyecek biçimde kurulduğu, artık daha kolay görülebilir bir gerçektir. Kurtuluş Savaşı'nın önde gelen isimlerinden ve **Atatürk**'ün yakın çevresinden **Nadir Nadi**, *Perde Arkası* adlı yapıtında, *"çok partililikle"* dış yönlendirmeler arasındaki ilişkileri inceler ve şöyle söyler: *"İnönü'nün direktifiyle girişilen tepeden inme demokrasi girişiminde, dış politika kaygılarının rol oynadığına adeta gözümle görmüş gibi inanıyorum. Ruslar'a karşı yalnız kalmamak gerekçesiyle ve Batı demokrasilerinin desteğini kazanmak uğruna bu denemeye girişilmiştir."*[135]

Demokrat Parti İstanbul İl Başkanı **Kenan Öner**, *"çok partililiğe"* geçişteki zorlamaları ele alan, konuya en yakın tanıklardan biridir. *Siyasi Hatıralarım ve Bizde Demokrasi* adlı kitabında geçiş sürecinde yaşanan olayları, kendi açısından irdeler ve bilinmeyen birçok konuya açıklık getirir. *Demokrat Parti*'nin kuruluşundaki parasal ilişkiler konusunda ileri sürdüğü savlar önemlidir. **Öner'**e göre; *Cumhuriyet Halk Partisi* **Celal Bayar**'a, *"bir muhalefet partisi kurmak için"* çok ısrar etmiş ve bu iş için *"para yardımı bile"* yapmıştır.[136]

\*

*Demokrat Parti* 7 Ocak 1946'da kuruldu. Kuruluşun görünürdeki nedeni, dört CHP milletvekilinin (**Celal Bayar, Adnan Menderes, Refik Koraltan** ve **Fuat Köprülü**) 1945 Haziranı'nda Meclis'e, *"TBMM'nin hükümeti denetleyebilmesi, Anayasa ile bağdaşmayan yasaların değiştirilmesi ve seçimlerin serbestçe yapılması için"* önerge vermeleriydi.

"*Dörtlü takrir*" diye ünlenen önergeleri "*reddedilen*" bu milletvekillerinden üçü CHP'den çıkarıldı, **Celal Bayar** istifa etti. Dört milletvekili, zaman yitirmeden yeni bir parti kurmak için, basın yoluyla muhalefete başladılar. Yaygın olarak, demokrasiye ve çok partililiğe geçiş olarak tanımlanan sürecin biçimsel oluşumu böyle başladı.

*Demokrat Parti*'nin ilk genel başkanı, Cumhuriyet döneminin etkili isimlerinden **Celal Bayar** oldu. Oysa **Celal Bayar**, daha birkaç yıl önce kendisine **Şemsettin Günaltay** tarafından yapılan yeni bir parti kurma önerisine, "*Hayır, ben yeni bir Miralay Sadık Bey* (Hürriyet ve İtilaf'ın kurucusu y.n.) *olmam*" diyerek reddedecekti. [137] Ayrıca, yeni bir partiye girmeyeceğini **İnönü**'ye de söylemişti. Ancak, daha sonra ne düşündü, nereden nasıl bir güvence aldı ise, yeni partide hem kurucu, hem de genel başkan oldu. **Celal Bayar**'ın "*zorlanarak*" verdiği karar, o günlerin en beklenmedik siyasi olayıydı.[138]

Daha başlangıçta "*sert*" bir muhalefet yürüteceği anlaşılan *Demokrat Parti*, Nisan 1946'daki belediye seçimlerini boykot etti, ama Temmuz'da yapılan genel seçimlere katılma kararı aldı. Mareşal **Fevzi Çakmak**'ı, listesinden bağımsız aday gösterdi ve örgütlenmesini tamamlayabildiği yerlerde seçime katılarak 62 milletvekili kazandı. Bu sonuç, çoğunluk sisteminin uygulandığı bir seçimde, yeni kurulan bir parti için büyük başarıydı. Buna karşın, seçimden hemen sonra, 465 milletvekilliği için ancak 273 aday gösterebilmiş olmasına[139] ve somut bir kanıta dayanmamasına karşın, "*seçimde hile yapıldığı ve iktidara gelmelerinin önlendiği*" savıyla saldırgan bir siyasi kampanya başlatıldı, mitingler düzenlendi. İstanbul basını, genel olarak *Demokrat Parti*'yi, özel olarak da bu kampanyayı destekledi.

Genel seçimlerden altı ay sonra, 7 Ocak 1947'de Birinci Büyük Kongre düzenlendi ve partinin "*mücadele yöntemleri*" saptandı. Kongre'ye katılan kimi delegeler, Türkiye'nin o günlerde içinde bulunduğu siyasi koşullara uygun düşmeyen bir heyecan ve ataklık içindeydiler. *Devrimden, ihtilalden, hürriyet için ölmekten* söz ediyor; "*isyanın, ihtilalin bir hak olduğu, bunu BM İnsan Hakları Bildirgesi'nin 13.maddesinin öngördüğü" ileri sürülüyordu.[140] Özenle hazırlandığı belli olan; konuşmalar, önergeler ve kongre taktikleriyle, delegelere *"büyük bir davaya"* katılmanın coşkusu verilmeye çalışılıyor, parti üyeleri *"çetin bir mücadeleye"* hazır olmaya çağrılıyordu.

*Hürriyet Misakı (Özgürlük Andı)* adı verilen ve Türk siyasi tarihine bu adla giren ünlü bildiri, bu kongrede kabul edildi. Bildiriyi hazırlayan **Adnan Menderes**'in başkanı olduğu *Ana Sorunlar Komisyonu*, kongre komisyonundan çok, bir *devrim karargahı* havasındaydı. Bir üye bu havayı daha sonra şöyle anlatacaktır: *"Kendimizi Fransız İhtilali'nin ilk isyancıları gibi görüyorduk. 1946 seçimlerinde, değil millet olarak, kişi olarak da tahammül edilmesi mümkün olmayan bir zulme uğradığımız kanısındayız. Kimimiz Danton, kimimiz Robespier gibi konuşuyorduk. Daha sonra bize Mareşalin: 'Karılarınızın ırzına geçer gibi reylerinizi çaldılar' diye çıkışacağı bir oy hırsızlığına inanmışız.. Komisyonu etkimiz altına alıyoruz. Toplu harekete geçmek, ayaklanmak ve bütün milleti ayaklandırmaktan söz ediyoruz. Bir komisyon değil, sanki tek bir kibritle parlayacak petrole bulanmış bir bez yumağı gibiyiz."*[141]

Haziran 1949'da yapılan İkinci Büyük Kongre, aynı hava içinde, üstelik daha da sertleşerek, hükümete gözdağı veren söylevler, yasadışı tehditler içinde yapıldı. Aradan geçen iki yıl içinde ülkenin birçok yöresinde mitingler yapılmış, yurtiçi-yurtdışı ilişkiler geliştirilmiş ve aşırı bir özgüven havası içine girilmiştir. Birinci Kongre'de kabul edilen *Hürriyet Misakı*'na benzer biçimde, bu kongrede *Husumet Andı (Düşmanlık Andı)* adı verilen ve hükümete verilen bir ültimaton niteliğinde olan bir başka bildiri kabul edildi.

1950'de yapılacak seçimler için izlenecek yol ve yöntemin belirlendiği *Husumet Andı*'nda; *Hürriyet Misa-kı*'nda dile getirilen konuların hükümet tarafından yeterli ciddiyetle ele alınmadığı, anti-demokratik yasaların değiştirilmediği ve seçim güvenliğini sağlayacak değişikliklerin yapılmadığı dile getiriliyordu. Bildiriye göre, CHP yaklaşan seçimler için *"bir tertip hazırlığı içindedir"*. Ancak, *"ayaklanma dahil her yolla"* karşı çıkılacak olan *"tertip"*, ne pahasına olursa olsun önlenecektir. CHP, *"bir ayaklanmayla karşı karşıya olduğunu"* görmeli, adımlarını ona göre atmalıdır. Demokrat Parti, CHP'nin söylediği gibi, *"irtica yanlısı bir parti değildir"*, aksine *"Cumhuriyet Halk Partisi irticayı körükleyen tek kuvvet"* tir. CHP'nin *"dış siyaset tutumu kararsız ve çekingendir"*, *"Türkiye'yi Atlantik Paktı dışında"* bırakmıştır. Husumet Andı'nda yazılanlar bunlardır.[142]

İkinci Büyük Kongre'de *Türk Ceza Yasası*'na göre suç olan konuşmalar yapılır. Ancak, hükümet konuyla ilgili yasal bir girişimde bulunmaz, **İsmet İnönü**'nün **Celal Bayar**'la görüşmesi ile yetinilir. İzmir Milletvekili **Mehmet Harmandalı** kongrede, *"Oylarımıza tecavüz edenlere, ırz ve namusa tecavüz edenlere yapılan muamelenin aynısı yapılacaktır"* derken; Manisa'nın bayan delegesi **Ümmü Balâ**, *"Gerekirse silah kuşanacağım"*der. Manisa'nın gözleri görmeyen delegesi **Nuri Kuşçuoğlu**'nun sözleri, son derece *"etkileyicidir"*. Delegelere, *"Seçim sandığının başında çekilen ızdırabı bir kör görür ve bağırırsa, gözü gören nasıl bağırır ve ne yapar siz düşünün"* diye seslenir. İzmir delegesi **Osman Kapanî** açık bir meydan okumayla; *"Seçim hilelerini bir daha hortlatmayacağız. Önümüzdeki seçimde, hayatlar tehlikeye girmeden hile yapılamayacaktır"* derken, İstanbul Delegesi **Ali Çekiç**, ayaklanmanın gerektiğinde meşru bir hak olduğunu ileri sürer; tehdidini, *"Birleşmiş Milletler İnsan Hakları Bildirisi'nin 13.maddesi, insanlara zulme karşı isyan hakkını vermiştir"* diyerek meşrulaştırmaya çalışır.[143]

\*

*Demokrat Parti*, 14 Mayıs 1950'de yapılan seçimlerde oyların yüzde 53,3'ünü alarak 487 milletvekilliğinden 408'ini kazanıp iktidara geldi. Arkasında her türlü yasal değişikliği yapabilecek bir meclis çoğunluğu ve Dünya Savaşı sonrası koşullarının yön verdiği dış destek vardı. *Cumhuriyet Halk Partisi*, birçok uluslararası ve özellikle

ABD ile değişik ikili anlaşmalar imzalamış, *Demokrat Parti'ye* benzer anlaşmalar için gerekli siyasi ortamı hazırlamıştı. Türkiye'nin uluslararası siyaseti, yaygınca sanıldığı gibi, 1950'den sonraki DP iktidarınca değil, daha önceki CHP hükümetleri tarafından Batı'ya bağlanmıştı. Batı'ya bağlanma şimdi, *Demokrat Parti* tarafından üstelik daha da yaygınlaştırılarak sürdürülecekti.
Cumhuriyet devrimlerini koruyan devrimci bir irade artık yoktu. *Demokrat Parti*'nin yaygın ödüncü tutumuna karşın, *Terakkiperver* ya da *Serbest Fırka*'nın yaşadığı sonla karşılaşma olasılığı pek görülmüyordu. Geçmiş de, gelecek de artık *Demokrat Parti*'ydi. Bastırılmış duygular, geçmişe dayanan siyasi kinler ve tutucu özlemler hızla yayılıyordu. Bu tür olumsuzluklar CHP döneminde başlamıştı, ama DP döneminde artarak yoğunlaşıyordu. *"Dünyanın en büyük devriminin"* yapıldığı, *"öncekilerle ölçülemeyecek önemde yeni devrimler"* yapılacağı söyleniyor, *Demokrat Parti*'nin *"iki yüz yıl iktidarda kalacağı"* ileri sürülüyordu.[144]

**Adnan Menderes**, 29 Mayıs 1950'de Meclis'te hükümet programını açıklayan ve önemini belki de hala koruyan bir konuşma yaptı. Konuşmanın önemi, bugün de sürmekte olan **Atatürk** karşıtı bir anlayışın, alışılmadık bir ölçüsüzlük içinde dile getirilmesi ve Kurtuluş Savaşı dahil, Cumhuriyet döneminde yapılan hemen her şeyin yadsınmasıydı. Ulus-devleti hedef alan ve dış isteklere dayanan ekonomik-siyasi bir program, ilk kez bu denli açıklıkla dillendiriliyordu. *Devlete karşı politika*, resmen devlet politikası haline getiriliyordu.

**Menderes** konuşmasında, 9.Büyük Millet Meclisi'nin, yani milletvekillerinin yüzde 84'ünü DP'lilerin oluşturduğu Meclis'in, Türkler'in milli tarihinde çok ayrı ve önemli bir yeri olacağını söylüyor ve *"Yüksek kurulunuz, tarihimizde ilk kez, milli iradenin tam ve serbest biçimde gerçekleşmesi yoluyla milletin kaderine hakim duruma gelmiştir"* diyordu.[145] *"Milli iradenin"* *"tam ve serbest"* olarak **"tarihte ilk kez"** gerçekleştiğini söylemek; *Müdafaa-i Hukuk, Birinci Meclis ve Kurtuluş Savaşı*'nda, millet iradesinin tam ve serbest olarak gerçekleşmediği anlamına geliyor, onları yadsıyordu.

**Menderes** geçmişi yadsıyan inancını, konuşmasının biraz ilersinde daha açık olarak dile getirecekti. **Atatürk** dönemi dahil, kendisinden önceki yılların siyasi olarak yitik yıllar olduğunu açıklayacak ve bu yıllarda yürütülen yanlış politikalarla ülke gelişmesinin önlendiğini ileri sürecektir: *"Ülkemizin geniş imkanları ve milletimizin yüksek nitelikleri göz önünde tutulacak olursa,uzun yılların boşuna harcandığı ve hatta ülkenin doğal gelişiminin hatalı ve sakat politikalarla engellenmiş olduğuna karar vermek gerekir. Milli ve siyasi denetimden uzak bir yönetimin, çok uzun yıllar sürüp gitmesi, birçok hataların yapılmasına, gereksiz harcamalara ve aşırı davranışlara yol açmıştır. Böylece zamanla; müdahaleci, bürokratik ve tekelci bir devlet tipi ortaya çıkmıştır."*[146]

**Menderes** aynı konuşmada, 14 Mayıs seçimlerinin *"bir döneme son veren"* ve *"yeni bir dönem başlatan benzersiz önemde"* bir olay olduğunu, bu seçimlerle, ülkede *"şimdiye kadar yapılanlarla kıyaslanamayacak önemde bir devrimin"* gerçekleştiğini ileri sürer. Konuşmanın sonuna doğru, abartılı savlarını sınırsızca genişletir ve *Demokrat Parti*'nin seçim başarısının o güne dek görülmüş olan *"gelmiş geçmiş bütün devrimlerin en büyük aşaması"* olduğunu ileri sürer.[147] **Şevket Süreyya Aydemir**, **Menderes**'in 29 Mayıs 1950'de yaptığı Meclis konuşması için şunları söyler: *"Yeni iktidarın ilk gününün, pek iyi başladığı söylenemez. Hem Atatürk'ün, hem gelmiş geçmiş devrimlerin, yalnız hatırlanmayışı değil, bir tür inkâr edilişi, iyi bir başlangıç sayılamazdı. Bu tutum nedeniyle, arkada kalanlarla bütün bağlar kopuyordu; bütün köprüler yıkılıyordu."*[148]

\*

*Demokrat Parti* ve kurduğu hükümetlerin programları, *Hürriyet ve İtilaf* ya da *Terakkiperver Cumhuriyet Fırka* programlarında açık ifadesini bulan, yüzyıllık tanzimatçı görüşlerin yinelenmesi gibiydi. **Menderes**, ilk hükümet programında; *"devlet işletmelerinin ekonomik olarak verim-*

*siz"* kuruluşlar olduğunu, *"devlet ormancılığının halka ızdırap"* verdiğini bu nedenle *"mevcut sisteme kesinlikle son"* verileceğini, *"devlet harcamalarının asgari hadlere"* çekileceğini söylüyordu. *"Özel teşebbüsün kendisini güven içinde hissedeceği"* önlemler alınacak, *"üretim hayatı devletin zararlı müdahalelerinden ve her tür bürokratik engelden"* kurtarılacak, *"Devlet tekel işletmeciliği en aza"* indirilecekti.[149]

Parti programının 20 ve 21. maddelerinde *yerel yönetimlere yetki devri*, 24. maddede *devletin küçültülmesi* 43. maddede *liberalizm*, 48.maddede *KİT satışları*, 51.maddede devlet tekellerinin *özelleştirilmesi*, 74. maddede ise *iç ve dış borçlanma* gerekliliği ele alınır. 20 ve 21. maddelerde söylenenler şöyledir: *"İl genel meclisleri, özel idareler, belediyeler; bütçelerini düzenleme ve uygulamada olduğu kadar diğer bütün görevlerini yerine getirmede, gereken genişlikte yetkilerle donatılmalıdır... Şehir sınırları içindeki kara ve deniz araçlarının ve ticari işletme niteliğindeki diğer genel hizmet işletmelerinin, belediyelere devrini doğal görüyoruz."*[150]

24.madde, kamu çalışanlarının *"sayıca az, fakat yüksek nitelikli ve verimli"* olması gerektiğini belirtir ve *"memur sayısını artırma yönündeki eğilimlerin önüne geçilmesi kesin bir zorunluluktur"* der. 48.maddede ise şunlar yazılıdır: *"Devlet tarafından kurulmuş olan ve programın 45.maddesinde yazılı niteliklere sahip işletmeler dışında kalan tüm devlet işletmeleri, elverişli koşullarla özel teşebbüse devredilmelidir."*[151] 51. maddedeki anlayış, 48.maddenin hemen aynısıdır: *"Gelir amacıyla kurulmuş olan ve bizzat devlet tarafından işletilen, bu nedenle de ülkede iş hacmini daraltan, hayatı pahalılaştıran tekel fabrikalarının, elverişli koşullarla özel teşebbüs ve özel sermayeye devredilmesinden yanayız."*[152]

\*

İstanbul basını *Demokrat Parti*'yi, kuruluşuyla iktidara gelişi arasındaki dört yıl içinde, giderek artan bir yoğunlukla destekledi. İktidara geldiğinde ise bu desteği, coşku ve yaranma kampanyasına dönüştürdü. Basının 14 Mayıs 1950 seçimlerinden önce yaptığı destek yayınları etkili olmuş, batıcı-dinci oyların *Demokrat Parti*'de toplanması önemli oranda başarılmıştı. İstanbul basınının bugün AKP ve **R.Tayyip Erdoğan**'a yaptığı desteğin hemen aynısı, 1950'lerde Demokrat Parti ve **Adnan Menderes**'e yapılıyordu. *Hürriyet* gazetesinin sahibi **Sedat Simavi**'nin yazdığı başyazı, İstanbul basınının ortak duygularını dile getiriyor ve şöyle söyleniyordu: *"Çok teşekkür ederiz, Celal Bayar bizi yeni bir başbakana kavuşturdu.* (Bayar Cumhurbaşkanı olmuş ve hükümeti kurma görevini Menderes'e vermişti y.n.). *Yıllardan beri muşmulalaşmış insanların işe yaramaz uygulamalarını o kadar kanıksamıştık ki, onları eleştirmek bile içimizden gelmezdi. Adnan Menderes'in başbakanlığa getirildiğini duyunca, adeta kulaklarıma inanamadım. Şu anda; taptaze şahsiyetlere, yepyeni bir anlayışa, fedakâr bir cumhurbaşkanına sahibiz. Bütün bunlar, geleceğe güvenle bakmamız için çok güzel fırsatlardır."*[153]

İstanbul basınının *"geleceğe umutla bakmasına"* neden olan *Demokrat Parti Hükümeti*, işe ordunun üst kademesinde giriştiği büyük bir tasfiye hareketiyle başladı. O günlerde, komutanlarının hemen tümü Kurtuluş Savaşı gazisi olan ordunun, **Atatürk**'e bağlılığından çekiniliyor, hükümet kurulduktan bir hafta sonra 6 Haziran 1950'de, geleneklere aykırı biçimde, üst düzey komutanlar görevlerinden uzaklaştırılıyordu. Ordudaki tasfiyeler konusunda **Celal Bayar**, *"Bu kesin bir operasyon planıdır. Karşı çıkanlar olsa da bu plan başarılı kılınmalıdır"* derken, **Adnan Menderes**, *"Bu bir 'İkinci Nizam-ı Cedit' planıdır. Gerçekleştirmek iktidarımızın şerefi olacaktır"* diyordu.[154]

Ordudaki tasfiyelerden on gün sonra 16 Haziran'da, ezanın Arapça okunmasına izin verildi. Desteğini aldığı tutucu kesimleri memnun etmek için, radyoda dini yayınlar yapılmasına, köy okullarına din dersi konmasına ve dildeki Türkçeleşmeye son verilmesine karar verildi. Anayasa'nın adı yeniden *"Teşkilat-ı Esasiye Kanunu"* haline getirildi. *Halkevleri* ve *halkodaları* kapatıldı ve mal varlıkları hazineye aktarıldı. **Adnan Menderes**, 4 Mayıs 1951'de Mecliste yaptığı konuşmada, *"Halkevleri, halkodaları faşist* *anlayış ve düşüncelerin ürünüdür. Bunlar sosyal yapımız içindeki tümüyle gereksiz, boş, geri ve yabancı unsurlardır"* diyordu.[155] Oysa **Menderes**, *Halkevleri*'nin kurucularından biriydi ve 15 yıl bu kuruluşun müfettişliğini yapmıştı. 1930 yılında *Halkevleri*'nin açılış törenlerinde yaptığı konuşmada şunları söylemişti: *"Milletimizin yükselmesi yolunda her şeyi gören ve sezen büyük Gazi, sosyal yaşantımızda çok derin bir boşluğu ve çok şiddetli ihtiyacı görmüş ve bu boşluğu doldurmak için Halkevlerinin temellerini atma şerefini de kazanmıştır."*[156]

**Menderes**, 1930'larda aşırı övgülerle *"her şeyi gören Gazi"* olarak göklere çıkardığı **Atatürk**'ü, başbakan olduktan sonra yok saymaya, giderek karşı çıkmağa başladı. Gerçek karşıtlığı, kabul ettiği ve uyguladığı programlarla yapıyor, ancak söz ve açıklamalarla açıkça dile getirmekten de çekinmiyordu. Yadsımacı savlarını o denli aykırı noktalara ulaştırmıştı ki, bu savları duyan kimi parti yöneticileri bile şaşırıp kalıyorlardı. Örneğin bir keresinde, *Kurtuluş Savaşı*'nın *"Mustafa Kemal'in ihtirası"* yüzünden uzadığını ileri sürmüş, şunları söylemişti: *"Kurtuluş Savaşı diyorsunuz. Bu savaş pekâlâ üç ayda bitebilirdi. Bunun yıllarca uzatılmasına Mustafa Kemal'in yerleşme ihtirasları.. (neden olmuştur y.n.)"*[157]

**Menderes**'in bu tür açıklamalarından sonra, **Atatürk** karşıtlığı tüm Türkiye'ye yayılan salgın bir hastalık haline geldi. Hakaret dolu saldırılar; bildiriler, gazeteler ve dergilerde, kitlesel toplantılarda, sınırsız bir ölçüsüzlük içinde dile getiriliyor; anıtlar ve heykeller parçalanıyor; Atatürkçü yayın ve kişilere saldırılıyordu. Durum o denli denetlenemez hale gelmişti ki, gelişmelerden ürken Demokrat Parti iktidarı sonunda, *Atatürk'e Karşı İşlenen Suçlar Kanunu*'nu çıkarmak zorunda kaldı.

\*

Demokrat Parti Hükümeti, kuruluşundan iki ay sonra 25 Temmuz 1950'de, kendi içinde aldığı bir kararla, dolaylı bir ABD-Sovyet çatışması olan Kore Savaşı'na katılma kararı aldı. Yurt dışına savaşmak için asker gönderilmesine karşın, Meclis'te karar alınmamış, muhalefete danışılmamış, Türkiye'nin herhangi bir ilişki ve çıkarı olmadığı bir savaşa katılınmıştı. Anayasa'nın açık ihlali olan bu kararın eleştirilmesi, çıkarılan bir yasayla yasaklandı, Kore Savaşı'nı eleştirenlere hapis cezası getirildi. Yolluk ve aylıkları Türk hükümetince ödenerek 5090 kişilik bir birlik Kore'ye gönderildi. Üç yıl süren savaşlarda 721 asker yitirildi.[158] ABD isteğiyle gerçekleştirilen bu girişim için, hiçbir haklı gerekçe gösterilemedi, yalnızca garip açıklamalar yapıldı. Başbakan Yardımcısı **Samet Ağaoğlu**, *"Kore'de bir avuç kan verdik ama, böylece büyük devletler arasına katıldık"* dedi.[159]

18 Şubat 1952'de NATO'ya girildi. Bu olay, Meclis'te ve İstanbul basınında bir zafer havasıyla kutlandı. Oysa kutlama yapmak bir yana, Birinci Dünya Savaşı'nda orduyu Alman generallerine teslim eden anlayışı ve **Mustafa Kemal**'in bu anlayışa karşı sürdürdüğü muhalefeti bilenler için, kaygı ve üzüntü veren bir gelişme yaşanıyordu. Türkiye'nin ulusal savunmasının ana gücü ordu, bir dış örgütün emrine, üstelik **Atatürk**'ün dostluk ilişkilerinin sürdürülmesini istediği Sovyetler Birliği'ne karşı kullanılmak üzere veriliyordu. Ağustos 1952'de Türkiye'yle Yunanistan'ı içine alan ve Amerikalı bir korgeneralin komutasında, *Güneydoğu Avrupa Kara Kuvvetleri Komutanlığı* kuruldu. Türk Ordusunun orgeneral rütbesindeki komutanları, artık bu korgeneralin emri altındaydılar.[160] Dışişleri Bakanı **Fatin Rüştü Zorlu**, Lizbon'da, Türkiye'nin katıldığı ilk NATO toplantısında yaptığı konuşmada: *"Karşınızda büyük bir istekle ve kayıtsız şartsız işbirliği zihniyetiyle hareket etmeyi ilke edinen bir Türkiye bulacaksınız"* diyordu.[161] **Menderes** daha da ileri gitti ve Türk-Amerikan ilişkilerinden *"ölümsüz dostluk"* diye söz etti. ABD Dışişleri Bakanı **John Fuster Dulles**'in bu sözlerden hemen sonra yaptığı açıklama **Menderes**'e verilen onur kırıcı bir yanıt gibiydi: *"Amerika'nın dostu yok, çıkarı vardır."*[162]

ABD inisiyatifinde Bağdat ve Balkan paktlarına katılındı. Bağımsızlık savaşı veren Tunus, Fas, Cezayir'e karşı sömürgeci devletler desteklendi. Mısır'a karşı, İngiltere'nin yanında yer alındı. Azgelişmiş ülkelerin katıldığı *Bandung Konferansı*'nda Batı'nın savunuculuğu yapıldı. Yabancı sermayenin özendirilmesi için *Yabancı Sermayeyi Teşvik Kanunu* ve *Petrol Kanunu* çıkarıldı. Yatırıma dönüşmeyen dış borç alındı ve ağır koşullara bağlanmış borçlanma, yerleşik bir uygulama haline getirildi. **Adnan Menderes**, 29 Kasım 1955'te Çorlu'da yaptığı konuşmada dış borca dış yardım adı veriyor ve şunları söylüyordu: *"Kıskançlar! Dış yardımı istemeyenler milli kalkınmayı istemeyenlerdir. Kalkınmaya engel olmak isteyenler, milli irade karşısında, karınca gibi ezileceklerdir."*[163]

**İsmet İnönü**'nün başlattığı ikili anlaşmalar, kapsamı ve uygulama alanları genişletilerek sürdürüldü. Sayısı ve niteliği bugün bile bilinmeyen bu anlaşmalardan en önemlisi, tam metni açıklanmamış olan 5 Mart 1959 anlaşmasıdır. Anlaşmanın basına sızan bölümlerinde, görünen kadarıyla anlam bozukluğu içeren karışık tümceler ve yoruma bağlı, net olmayan ifadelerle, çok ciddi yükümlülükler altına giriliyor, ABD'ye Türkiye'ye askeri müdahale yetkisi veriliyordu. Ana sözleşmenin giriş bölümünde Amerika Birleşik Devletleri'ne, *"Türkiye'nin siyasi bağımsızlığına ve toprak bütünlüğüne karşı yapılacak **her türlü tehdidi** çok ciddi bir biçimde tetkik etmek.."* gibi bir görev veriliyor, sonraki altı maddede ise ABD'nin *"doğrudan doğruya ya da dolaylı olarak; tecavüz, sızma, yıkıcı faaliyet, sivil saldırı, **dolaylı saldırı** hallerinde.."* Türkiye'ye müdahale etmesi kabul ediliyordu.[164] *"Dolaysız saldırı"*, *"dolaylı saldırı"*, *"tecavüz"* ve özellikle *"sivil saldırı"* gibi kavramların ne anlama geldiği açıkça tanımlanmamış, bunlar Amerikalılar'ın yorumuna bırakılmıştı. Dışişleri Bakanı **Fatin Rüştü Zorlu**, 4 Nisan 1960'da bu gerçeği kabul edecek ve yaptığı açıklamada *"bu konulardaki takdir hakkının Amerikalılara ait olduğunu"* söyleyecektir.[165]

\*

*Demokrat Parti*, 27 Mayıs 1960 devrimiyle iktidardan uzaklaştırıldı; yöneticileri ve milletvekilleri tutuklandı. Parti, 29 Eylül 1960'ta, asliye mahkemesi kararıyla kapatıldı. Yassıada'da yapılan yargılamalar sonucunda, yönetici ve milletvekillerinin büyük çoğunluğu çeşitli hapis cezalarına, Başbakan **Adnan Menderes**, Dışişleri Bakanı **Fatin Rüştü Zorlu** ve Maliye Bakanı **Hasan Polatkan** idam cezasına çarptırıldılar; idam cezaları 17 Eylül 1961 günü yerine getirildi.

## YEDİNCİ BÖLÜM
# TÜRKİYE'DE SİYASET VE PARTİ TÜRLERİ

## Batıcılığın Yeni Biçimleri: "İslamcılar", Kürtçüler, "Sosyalistler"

Gazeteci **Süleyman Coşkun**, *Türkiye'de Politika* adlı yapıtında, parti sayılabilecek siyasi örgütlerin ortaya çıkışından 1995 yılına kadar irili-ufaklı, etkili-etkisiz 246 parti kurulduğunu belirtir.[1] 2004'e dek kurulanlarla bu sayı 260'ı aşmış bulunmaktadır. Bugün Türkiye'de yasal olarak varlığını sürdüren 49 (16.04.2004) siyasi parti var.

Anadolu Türklüğünün en sıkıntılı ve zor dönemi olan son yüz yıllık dönem içinde kurulan, *sayıları çok, etkileri az* olan bu partiler, içinde yaşadıkları toplumsal koşullara bağlı olarak, genellikle bilinçsiz ve her zaman yetersiz bir yapılanma içinde oldular. Daha önce Batı'da gelişmiş olan partilerden etkilendikleri için, ülkenin sorunlarıyla bütünleşen bir örgütlenme geleneğine sahip değildiler. *Öykünmeci* (taklitçi), bu nedenle de halktan kopuktular. Hangi eğilimden olurlarsa olsunlar, yaşanan sorunları çözmek istiyorlar, ancak toplumsal yapıyı, tarihsel kökleriyle ele alıp tanımadıkları ve ekonomik bağımsızlığın önemini yeterince kavrayamadıkları için, başarılı olamıyorlardı. Batı kapitalizminin dünyaya vermek istediği biçimi, yani emperyalizmi çözümleyemedikleri için, ülkenin gelişip güçlenmesi yönünde başarılı olacak kalıcı bir politika öneremiyor, güçlü gördükleri Batı'nın etkisi altına giriyorlardı. Bu tutum, **Atatürk** dönemindeki CHP dışında siyasi parti ya da derneklerin ortak özelliği durumundaydı.

Türkiye siyasi partileri, sayılarının çokluğuna denk düşen bir düşünsel farklılaşma içinde değildirler. Kaba çizgilerle *Batı'ya açıktan özenenler*, *İslamcılar* ve *etnik ayırımcılar* olarak üç ana gurupta toplanabilirler. Guruplar arasındaki ideolojik ve örgütsel ayrılıklar, çoğu kez uzlaşmaz karşıtlıklar gibi görünse de, gerçekte genel bir benzerlik içindedir. Bunlar, sorunları farklı ele alıyor ve farklı çözümler getiriyor görünürler, ancak dış ilişkilerin belirlediği aynı politikayı uygularlar.

Örgütleri ortaya çıkaran toplumsal yapı, onların siyasi benzerliklerini ya da ayrılıklarını da belirler. Geri kalmışlıktan kaynaklanan yetersizlikler, halkın örgütlenmesine dayanmayan partilerin yöneticilerini, içte ve dışta güçlü olana yöneltir. Siyaseti, mali güçle yürütülebilen bir eylem olarak gören bu tür *"yöneticilerin"*, mali gücün etkisi altına girmemesi olanaksızdır. Bu yöneliş, partilerin bağımsızlığını doğaldır ki yok edecektir. Güce yönelme, bağımlılığı bağımlılık, güce yönelmeyi arttırır. Birbiri içinden çıkan bu ikili süreç, azgelişmiş ülke partilerinin kolay etkilenebilir örgütler haline gelmesinin hem nedeni hem de sonucudur. Mali ve teknolojik gücün günümüzde Batı'da yoğunlaşması, hemen tüm partilerin Batı'ya yönelmesine ve oradan etkilenmesine yol açmaktadır. Bu gelişme, Batı partilerinin daha demokratik olmasından değil, Batı'nın azgelişmiş ülkeler üzerinde kurmuş olduğu ekonomik baskıdandır. Bu nedenle, anti-emperyalist bilinçten yoksun azgelişmiş ülke partilerinin, hangi siyasi eğilim içinde görünürse görünsünler hemen tümü, gerçekte *Batıcı*'dırlar. Türkiye'de; *Batıcı*, *Arapçı* ve *Kürtçü* olarak ortaya çıkan guruplaşmaların ortak özelliği, tanım ve program farklılıklarına karşın, tümünün *Batıcı* olmasıdır. Bunlar değişik biçim ve yöntemlerle etki altına alınmışlar ve bilinçli ya da bilinçsiz olarak Batı'yla uzlaşma temelinde emperyalizmle bütünleşmişlerdir.

\*

*Batıcılığı* açıktan savunan partiler en geniş gurubu oluşturur. Kendilerinden istenenleri yerine getirmeye her zaman hazırdırlar. Gerek kişisel davranış ve gerekse kurumsal yapılanma olarak tek ölçüt kabul ettikleri Batı'yla, değişik biçimlerde çıkar ilişkisi içindedirler. Kendine güvensizliği ve işbirlikçiliği yayarlar. Bunlara göre; geriliğimiz *"Avrupalı gibi olamadığımız"* içindir, gerilikten kurtulmak için *"Batılılaşmak gerekir"*. *"Aydınlanma Batı'dadır, ona gitmek zorundayız"*, *"Batı'dan başka medeniyet yoktur"*, bu medeniyetin *"ekonomik ve sosyal hayatını almak zorunda-*

yız."² Bu gurup içinde, ideolojik söylem olarak, Batı'ya karşı gibi görünen ya da öyle olduğunu sananlar, inananlar da vardır. Kimileri, *"Batı dost değildir, karşısındakinin zaafından yararlanmak ister"*³, *buna izin vermemek için onun gibi olmak gerekir,* der; kimileri de *Batı emperyalizmi işçi sınıfının enternasyonalist mücadelesiyle yıkılacaktır,* diye siyasi propaganda yapar.

19.yüzyıl *Jön Türk* örgütleri, *İttihat ve Terakki, Hürriyet ve İtilaf,* 1910'dan beri çalışma yürüten *sosyalist* ve *sosyal demokrat partiler,* **Atatürk** sonrası CHP, *Demokrat Parti, Adalet Partisi, ANAP, Doğru Yol Partisi, SHP, Demokratik Sol Parti* ve *Milliyetçi Hareket Partisi* gibi partiler, bu gurup içine giren Batıcı partilerdir.

*Arapçı* ya da *İslamcı* partiler, çok farklı amaçlar ve yönelişler içinde görünürler. Din kurallarına uygun bir toplumsal düzen amaçladıkları izlenimi verirler, ancak böyle bir amaç ve istek içinde değildirler. Böyle bir düzeni gerçekleştiremeyeceklerini bilirler. Siyasi ve ona bağlı olarak akçeli çıkar, bunlar için her şeyden önemlidir. Güçlü olanla yani Batı'yla, her zaman uzlaşma eğilimi içindedirler. Bir bölümü, doğrudan Batı yardımıyla örgütlenmiştir. Dinsel kurallara sadık kalıp ilkeli davrananlar ve inançları için mücadele edenler, siyasette çok küçük bir azınlığı oluşturur ve başarılı olamaz. Çıkarcılık, yabancılarla uzlaşma, boyun eğme genel özellikleridir. Dini, siyasete alet etmede ustadırlar. Batı tarafından bu nedenle desteklenirler ve ulus-devlet karşıtlığı için kullanılırlar. Batı değil, Arap kültürünü savunuyor görünürler, ama siyasi ve ekonomik olarak Batı'yla birlikte hareket ederler. *Arapçılık*'ları, dini siyaset için kullanmanın aracıdır.

İslamcı partilere göre; *"İslam dünyası kalkınmak için Batı'ya muhtaçtır",* ancak önemli olan *"Batı'dan nelerin alınacağıdır".* Batı, *"Bedevi bir kavmi yeryüzünün en ileri devleti haline getiren"* İslam medeniyetinden üstün değildir, *"ahlak ve maneviyat olarak"* ondan geridir. Batı'nın *"ahlak ve maneviyat olarak geriliğinin nedeni laikliktir".* Bu nedenle, *"maddileşip makinalaşarak adalet ve hakkaniyetten yoksun"* hale gelmiş Batı'dan *"siyasi prensipler"* özellikle de laiklik alınamaz. Batı'dan, *"ekonomi usulleri"*, *"maddi alandaki kalkınmalar için gerekli metot ve malzeme"*, borç ve teknik yardım alınabilir. Bunları Batı'dan almak ve kullanmak gereklidir.[4]

Cumhuriyet'ten önce kurulan; *Osmanlı Ahrar Fırkası* (1908), *İttihadı Muhammedi Fırkası* (1909), *Heyeti Müttefikai Osmaniye Cemiyeti* (1909), *Fedakârani Millet Cemiyeti* (1908), *Teali İslam Cemiyeti* (1919) ile Cumhuriyetten sonra kurulan, *İslam Koruma Partisi* (1946), *Sosyal Adalet Partisi* (1946), *Arıtma Koruma Partisi* (1946), *Türk Muhafazakar Partisi* (1947), *İslam Demokrat Partisi* (1951), *Milli Nizam Partisi* (1970), *Milli Selamet Partisi* (1972), *Refah Partisi* (1983), *Fazilet Partisi* (1998), *Saadet Partisi* (2000), *Adalet ve Kalkınma Partisi* (2002) bu tür *"İslamcı"* partilerdir.[5]

Ayırımcılığı amaçlayan etnik kökenli partiler başlangıçta, Osmanlı İmparatorluğu'nun içindeki hemen tüm milliyetleri kapsıyordu. *Rumcu, Ermenici, Arapçı, Slavcı, Arnavutçu* ve *Kürtçü* örgütler, İmparatorluğun parçalanmasına dek varlıklarını sürdürdüler. Bunların büyük bölümü Cumhuriyetle birlikte ortadan kaldırıldı. Yalnızca *Kürtçü* parti ve örgütler, önce gizli, daha sonra gizli ya da açık çalışmalarına devam ettiler. *Kürt Teali Cemiyeti, Rızgari Partisi, Türkiye Kürdistanı Demokrat Partisi, Türkiye Kürt Talebe Cemiyeti, Devrimci Doğu Kültür Ocakları, Kawa, Türkiye Kürdistanı Sosyalist Partisi, PKK-KADEK, Halkın Emek Partisi* (HEP), *ÖZEP, ÖZDEP, DEP, HADEP* bu tür yasal ya da yasadışı partilerdir.[6]

*Etnik kökenli* partilerde dikkat çeken özellik, Cumhuriyet'e dek tüm azınlık guruplarının partileşmiş olmasına karşın, Türklüğü yüceltmeyi amaç edinen *Türkçü* bir partinin kurulmamış olmasıdır. 19.yüzyıl sonlarında *Türkçüler* ortaya çıkmaya başlamış, ancak bunlar, bir parti içinde örgütlenememişlerdir. Devlet örgütlerinde yönetici olarak yer alamamışlar, tersine **Atatürk**'ten sonra, *Atatürkçüler* ve bağımsızlıktan yana olan guruplarla birlikte devlet tarafından en çok kovuşturulan kesim olmuşlardır. Türkçü görünmelerine karşın, *Türkçülük*'ü *Arapçılık* içinde eritmeye çalışan *Türk-İslam sentezci*'ler, *Türkçülük* hareketi içinde yer alamazlar.

\*

**Atatürk** öldükten sonra *Atatürkçüler*'e yönelik siyasi tasfiyenin hemen ardından, *Türkçüler*'e karşı bir hareket başlatıldı. CHP Hükümeti, 1944 yılında **Nihal Atsız, Zeki Velidi Togan, Reha Oğuz, Alparslan Türkeş,** olmak üzere 23 ileri gelen *Türkçüyü* tutukladı ve çiddi bir kanıt ortaya koyamadan topluca yargıladı.[7] Hemen arkasından 1944 ve 1946'da *"sosyalistler"* tutuklandı; *Türkiye Sosyalist Partisi* ve *Türkiye Sosyalist Emekçi ve Köylü Partisi* kapatıldı.

*Özgürlük* ve *demokrasi* sözverileriyle (vaadleriyle) iktidara gelen *Demokrat Parti* aynı tutumu, etki alanını genişleterek sürdürdü. Önce ordudaki **Atatürkçüler**'i topluca emekli etti; hemen sonra büyük *"komünist"* tutuklaması yaptı (1951)[8]; ardından 2 Ocak 1953'te, *"ırk esasına göre cemiyet kurma"* suçlamasıyla *Türk Milliyetçileri Derneği*'ni kapattı. *27 Mayıs*'tan sonra iktidara gelen *Milli Birlik Komitesi*'nin davranışı da farklı değildi. 27 Kasım 1960'da, 14 üyesini *Komite*'den çıkardı ve emekli ederek yurt dışına gönderdi. Tasfiye edilenler içinde Türkçüler çoğunluktaydı, ama içlerinde **Muzaffer Karan** gibi 1965'te *İşçi Partisi*'nden milletvekili olan kişiler de vardı.[9]

**Talat Aydemir**'in 21-22 Mayıs 1963'te, İnönü Hükümetini devirme girişiminde bulunması üzerine geniş tutuklamalar yapıldı, hareketin öncüleri idam edildi. Harp Okulu öğrencilerinin tümü, okullarından atıldılar.[10] 12 Mart ve 12 Eylül darbelerinden sonra ordudan yüzlerce *Atatürkçü* subay atıldı, bir kısmı işkence görerek tutuklandı.[11] 12 Eylül Darbesi'nden sonra binlerce *devrimci* ve *ülkücü* birlikte tutuklanarak çeşitli hapis cezalarına çarptırıldılar. Her iki kesimden 517 kişiye idam cezası verildi. Bunlardan 18'i *devrimci*, 8'i *ülkücü* olmak üzere, 26'sının cezası infaz edildi.[12] **Atatürk**'ün ölümünden sonra sanki görünmez bir el, Türkiye'nin sorunlarına kendi dünya görüşleri açısından, ama kesinlikle ülke ve toplum çıkarlarını gözeterek ele alan ne kadar kişi, gurup ya da örgüt varsa, bunları tasfiye etmeye yönelmişti. *Atatürkçüler*'e, *Sosyalistler*'e ve *Türkçüler*'e yöneltilen sistemli baskı **Atatürk** öldükten sonra, devlet politikası olmuş; kişiselliği aşıp ülke yararı için siyaset yapmak, yasası olmayan bir suç haline getirilmişti.

\*

"*İslamcı*" bir parti, Cumhuriyet tarihinde ilk kez 1974'te Cumhuriyet Halk Partisi-Milli Selamet Partisi koalisyonuyla iktidara geldi. **İsmet İnönü**'ün 1938'de Cumhurbaşkanı olmasıyla başlayan, İslamcılığıyla tanınan **Şemsettin Günaltay**'ın 1949'da Başbakan olmasıyla hız kazanan ve 1974'e dek süren süreç sonunda, "*İslamcılar*", *Cumhuriyet Halk Partisi* ve daha yoğun olarak *Adalet Partisi* içinde siyaset yaptılar. Bu dönemlerde yasal parti kurma gücünde olmadıkları için, parti olarak değil, kendilerini gizleyerek, guruplar halinde yasal partiler içinde çalışıyorlardı. **Necmettin Erbakan**, kurduğu *Milli Selamet* ve *Refah* partileriyle, hem başka partiler içinde çalışma dönemine son verdi, hem de 1974'de CHP, 1974-1978'de AP ve MHP, 1996'da *Doğru Yol Partisi*'yle yaptığı koalisyonlarla hükümete girmeyi başardı. *İslamcı* partilere Cumhuriyet Devleti içinde yasallık kazandırdı. **Necmettin Erbakan**'ın sağladığı birikim üzerine kurulan ve *Batıcı İslamcılar*'ın son örneği olan *Adalet ve Kalkınma Partisi*, Kasım 2002'de, Meclis'teki milletvekillerinin üçte ikisini alarak iktidara geldi. Bu gelişme, "*İslamcılar*"ın 19.yüzyıldan beri elde ettiği en büyük politik başarıdır.

Yüz yılı aşkın süredir politik eylem içinde olan "*İslamcılar*", parti çalışmasını, kendilerinin açıkça yapamadıkları dönemlerde, "*doğru ve haklı olmayan* (batıl) *bir düzenle bütünleşmek*"[13] olduğunu ileri sürerek eleştiriyorlardı. Partilerin, Müslümanları bölmeyi amaçlayan "*nifak*" araçları olduğunu söylüyorlar[14], ama fırsatını buldukları an siyasi çalışma içine giriyorlardı. 1911'de *Hürriyet ve İtilaf Fırkası*'nın, *İttihat ve Terakki* iktidarını devirme başarısını göstermesi; onları, üstelik yoğun biçimde, parti çalışmalarına yöneltti. 1922'ye dek bu yönde çaba harcadılar. Cumhuriyet'in ilk on beş yılında, yasal çalışma olanağı bulamadıkları için gizli çalıştılar. Ancak Türkiye'de dış etkinin, özellikle ABD etkisinin arttığı 1945'ten sonra, önce başka partiler içinde çalıştılar, daha sonra kendi partilerini kurdular.

*Batıcı-İslamcı* partiler, 20.yüzyılla birlikte ortaya çıktılar. Diğer tüm partiler gibi, ekonomik yarar için siyasi güç peşindeydiler. Güçleri, toplumsal gönenç ve ulusal bilincin gerilediği dönemlerde artıyor, toplumsal varsıllığın artması durumunda azalıyordu. Kitleler yoksullaştıkça, içine kapalı edilgen kalabalıklar haline geliyor ve bu partilere yöneliyordu. Halkın çaresizliğinden güç aldıkları için, aynı amaç peşindeki emperyalist politikalarla kolayca uzlaşıyor ve bu uzlaşmayı kendilerine *iman*'la bağladıkları yandaşlarına anlatmakta hiç de zorluk çekmiyorlardı. Çıkara dayalı siyasi amaçlar için *"her yolu meşru"* sayıyorlar, güçlüye yönelmekten başka hiçbir ilkeye bağlı kalmıyorlardı. *"İlke"* den çok *"akçe"*ye önem veriyorlar, bu nedenle de *"İslamcı"* tanımını belki de en az hak eden siyasi bir hareket haline geliyorlardı.

'İslamcı' partiler, *"batıl"* saydıkları Batı'yla uzlaşmanın kuramsal dayanaklarını, dönemin ve koşulların değişkenliğine bağlı olarak *"her zaman ve her biçimde"* hazırlamışlardır. *"İlerleme"*, *"zamana uyma"*, *"yenileme-yenilenme* (tecdid-teceddüd)" söylemlerinin *"dinsel"* dayanaklarını, gerçeği yansıtmayan Hadis yorumlarıyla açıklamak zor değildi. Görünüşte ileri sürülen temel sav, *"İslamı; ahlak, siyaset, ticaret ve eğitimle bir bütün olarak yeniden hayata hakim kılmak"*tı. Bunun için *"artık eskimiş olan bazı temel değerlerin atılıp yerlerine, yeni/ileri değerlerin konulması"* gerekiyordu. Burada dile getirilen *"yeni"* den amaç, Batı değerlerinin kabul edilmesiydi. İşin ilginç yanı 'İslamcılar'ın bu girişimi, *"Kuran ve Hadis'lere dayanan verilerle meşrulaştırmaya çalışmaları ve bunu da büyük ölçüde başarmalarıydı."*[15]

'*İslamcılık*' hareketleri, ana kaynağa yani Kuran'a dönüşe çok önem veriyor görünseler de, genel bir yaklaşım olarak, '*yenileşmeye*' uzak kaldıkları takdirde güçlerini ve varlıklarını yitireceklerini bilmektedirler. İslamcı yazar **İsmail Kara**'ya göre, "*İslamcılar*" "*iktidar ve egemenlik peşinde oldukları için geriye bakmaktan çok ileriyi düşünmek, şimdiki zamanı öne almak ve sorunlara acil çözümler bulmak*" zorundadırlar. "*İslamcılık*" hareketlerinin her ne kadar "*kaynağa dönüşe önem verdiği*" ve "*içten içe yenilenmeye uzak kaldığı, hatta yenilenmemeyi ilke olarak benimsediği*" kabul edilse de; "*İslamcılar*", duruma ve koşullara uymada son derece beceriklidirler. Kimi zaman '*yenileşme*' ve '*değişme*'nin ölçüsünü kaçırırlar, görüntü ya da söylemleri ne olursa olsun, "*geçmişten ve geleneklerden*" koparak çok ayrı bir konuma gelirler. **Kara**'nın bu konudaki yorumu şöyledir: "*Evrim düşüncesinin bir ürünü olan ilerlemeye* (terakki) *çok bel bağlamaları, onları büyük ölçüde geçmişten ve gelenekten uzak düşürmüştür. Geçmiş ve gelenek onlar için, ancak ilerlemeye katkısı ölçüsünde bir değere, bir iyiliğe sahiptir ya da değildir.*"[16]

"İslamcı" partilerin önemli bir bölümünün, Batı'yla bütünleşerek emperyalizmin işbirlikçisi haline gelmesi, Müslüman ülkelere yöneltilmiş olan küresel stratejinin politik sonuçlarıdır. 19.yüzyıldan gelen, 20.yüzyılda yoğunlaşan küresel yönelme, hemen tüm Batı başkentlerindeki *Müslümanlık İşleri Merkezleri*'nde ana gündemi oluşturur. "İslamcılar"ın Batı karşıtı söylemlerinin bir anlamı yoktur. İslamcılık akımları, bugün artık açıkça ifade edildiği gibi, "*tarihsel olarak batılılaşma sürecinin dolaysız sonuçlarından birisi*"dir.[17] Araştırmacı **Ahmet Çiğdem**, "*İslamcılık*" akımlarının gelişimi konusunda şu yargıda bulunuyor: "*İslamcılık, İmparatorluğun çöküşüne ve yeni bir toplumsal düzenin kuruluşuna tanık oldu. Cumhuriyetle birlikte üzerinde durduğu zemini kaybederek; yaşayan, somut ve canlı bir (siyasi y.n.) deneyim olma niteliğini yitirdi.. İslamcılığın 1980 sonrasındaki canlanışı.. askeri rejimin, milliyetçi ve sosyalist hareketleri bastırmasıyla ilgili*" bir sonuçtu..[18]

\*

Türkiye'de halka ulaşamayan ve dar aydın guruplarıyla sınırlı kalan çok sayıda *"sosyalist"* parti kurulmuştur. Yüz yıllık uzun bir geçmiş içinde, değişik adlarla kurulan bu partiler, yoğun çalışmalara ve sıkıdüzene (disiplin) dayanan örgütsel ilişkilere karşın, hiçbir dönemde kendilerini halka kabul ettirememişler, ona yabancı kalmışlardır. İşçi sınıfını temel alan bir çalışma yürütmüşler, ancak işçilerin küçük bir azınlığını bile örgütleyememişlerdir. Köylülüğe önem verenler ya da işçi-köylü birlikteliğini öne çıkaranlar olmuş, bunlar da köylüye ulaşamamışlardır. Halkla bütünleşemedikleri için küçük ve etkisiz bir aydın hareketi olarak kalmışlar, kitleselleşemedikleri için, bir türlü bitmeyen kısır çekişmeler içinde sürekli bölünüp parçalanmışlardır.

Kendilerini sosyalist olarak tanımlayan partilerin, halkla bütünleşmemesinin temel nedeni, benimsedikleri ideoloji ve bu ideolojinin Türk toplum yapısıyla uyuşmayan öncelikleridir. Sosyalizm, Batı toplumlarını inceleyen kuramcıların, Batı için öngördükleri bir öğretidir. İncelediği ve görüş geliştirdiği toplumsal çerçeve yalnızca Batı'yı kapsar, Türk toplumuyla örtüşmez, onun gereksinimlerine yanıt vermez. Varlığı için, kapitalizmin gelişmiş olması gerekir. Bu nedenle Türkiye'de kurulmuş olanların sosyalistliği, günümüz koşullarında yalnızca ad düzeyinde kalır. *"Sosyalist"* çözümlemelerle Türk toplumunun gereksinimleri arasındaki uyuşmazlık, yapısaldır, istemle değiştirilemez. *"Sosyalistler"* in Türk halkıyla bütünleşememesine neden olan bu gerçek, aynı zamanda, *"sosyalist"* partileri, *Batıcılık'*ın bir başka kolu haline getirir. Avrupa kapitalizminin yarattığı kültürün ideolojisi olan *liberalizm*'i benimseyip savunanlar ne denli *Batıcı'*ysa, yine kapitalizmin bir ürünü olan sosyalizmi benimseyen *"soysalistler"* de o denli *Batıcı'*dırlar. Programlarına ve mücadele biçimlerine yansıttıkları kuramsal yaklaşım neredeyse çevirilerden oluşan aktarmalara dayanır. Toplumsal dönüşümü, üstelik sınıfsız topluma gidecek dönüşümü gerçekleştirme savındadırlar. Ancak ne değiştirmek istedikleri Türk toplumunu ne de ideolojisini örnek aldıkları Batı toplumlarını yeterince tanırlar. Sömürü ve baskıya karşıdırlar. Ancak, Batı'nın değer yargılarına dayanan ve toplumsal gerçeklikle örtüşmeyen bu karşıtlık, sonuç getiren somut bir eyleme dönüşemez. Programlaştırılan görüşler sözde kalır, yaşamın canlılığıyla bütünleşemez. *"Dünya işçilerinin birliği"*, *"enternasyonal dayanışma"*, *"küresel başkaldırı"* gibi gösterişli söylemler kullanırlar, ama kendi ülkelerinde, hedef kitleleri olan işçileri bile etkileyemezler. Türkiye'de *"sosyalistler"* için geçerli olan bu nitelikler, kendilerine *sosyal demokrat* diyenler için de aynısıyla geçerlidir.

Türkiye'nin ilk *"sosyalist"* partisi olan *Osmanlı Sosyalist Fırkası*, 1910'da İstanbul'da kuruldu. Sosyalist partilerin çalışmaya bu tarihte başladığı kabul edilecek olursa, aradan geçen uzun süreye karşın elde edilen gelişme, yok denecek düzeydedir. Yüz yılda çok sayıda parti kurulmuş, kimileri büyüyüp iktidara gelmiş, yok olanların yerini başkaları almış, ancak hiçbir dönemde hiçbir sosyalist parti, iktidara gelmek bir yana, muhalefet bile olamamıştır. Halktan oy almak kitle desteğinin bir ölçütü ise, *"sosyalist"* partilerin bir yüzyıllık mücadeleden sonra aldığı oy, yüzde birler düzeyindedir. Onlarca yıllık birikime, bu birikimi sağlayan yoğun mücadelelere ve *'çok güvenilen'* bilimsel bir kurama karşın, halktan bu denli uzak kalınmasının bir nedeni olmalıdır. *"Sosyalistler"* okuyup yazan insanlardır; inançları yönünde özverilidirler; kişisel çıkar ve servet peşinde koşmazlar; örgütlenme deneyimine en çok sahip olanlar onlardır. Bu niteliklere sahip insanlar, yüz yıllık uğraşıya karşın halktan neden destek alamazlar? Buna karşın, örneğin 1919'da **Mustafa Kemal,** yanında yalnızca 16 subayla Samsun'a çıkarak, 3.5 yılda büyük bir ulusal direnişi, 15 yılda büyük bir toplumsal dönüşümü nasıl gerçekleştirebilmektedir.? Bu soruya yanıt verilmesi gerekir.

Sosyalistlerin halktan destek alamamasının nedeni, insan eylemine bağlı (öznel) bir eksiklik değil, toplumsal yapının niteliğiyle ilgili (nesnel) bir sorundur. Gelişen kapitalist ilişkilerin yarattığı sınıfsal çelişkileri çözümlemeğe çalışan sosyalist kuram, hemen aynısıyla kabullenilmiş ve çok farklı konumdaki Türk toplumunda uygulanmaya çalışılmıştır. Üstelik bu girişim, sanayi toplumu haline gelen Batılı ülkelerde bile henüz başarılabilmiş değilken yapılmıştır.

"*Sosyalist*" örgütlerin kurulmaya başlandığı 20. yüzyıl başlarında Türkiye, sanayisi olmayan, bağlı olarak işçi (proleterya) ve işveren (burjuva) sınıfları olmayan kendine özgü bir ülkedir. Ekonomik bağımlılıklar nedeniyle, yoksulluğa dayanan bir gerilik içindedir; ulus-devlet yapısından yoksundur; emperyalist etki, ülkeyi yarı-sömürge haline getirmiştir.. Bu koşullarda, *sınıf mücadelesi*'nden, *işçi sınıfı iktidarı*'ndan, *sosyalizm*'den söz etmek, gücünü sanal bir mücadele için harcamaktan başka bir anlama gelmemektedir. "*Sosyalistler*" bunu yapmıştır.

**Mustafa Kemal** ise, her şeyden önce ülkenin gerçeklerini saptamış ve gerçeğe uygun, uygulanabilir bir program oluşturarak, halka ulaşmayı temel amaç sayan bir mücadele içine girmiştir. Programı, gerçekçi olduğu için halkın gereksinimleriyle örtüşmüş, bu nedenle kitlelerce desteklenmiştir. Halkın yaşadığı sorunlara ve özlemlerine yanıt veren bir mücadele yürüttüğü için halkla bütünleşmiş, halkla bütünleştiği için de etkili olmuştur. **Atatürk**, gerçekleşme olasılığı bulunmayan soyut programlarla uğraşmamış, toplumunun gelişme isteğine uygun düşen bir mücadele yürütmüştür. Türk "*sosyalistleri*"yle **Atatürk**'ün arasındaki fark buydu.

Şimdiye dek kurulan "*sosyalist*" partilerin kimileri şunlardır: *Osmanlı Sosyalist Fırkası* (1910), *Sosyal Demokrat Fırkası* (1918), *Türkiye İşçi ve Çiftçi Sosyalist Fırkası* (1919), *Osmanlı Mesai Fırkası* (1919), *Osmanlı Çiftçiler Cemiyeti Fırkası* (1919), *Türkiye Sosyalist Fırkası* (1919), *Amele Fırkası* (1920), *Türkiye Komünist Fırkası* (Bakü-1920), *Halk İstirakiyun Fırkası* (1920), *Müstakil Sosyalist Fırkası* (1922), *Türk Sosyal Demokrat Partisi* (1946), *Türkiye Sosyalist Partisi* (1946), *Türkiye Sosyalist Emekçi ve Köylü Partisi* (1946), *Ergenekon İşçi ve Köylü Partisi* (1946), *Demokrat İşçi Partisi*

(1950), *Vatan Partisi* (1954), *Sosyalist Parti* (1960), *Türkiye İşçi Partisi* (1961), *Türkiye Sosyalist İşçi Partisi* (1974), *Türkiye İşçi Partisi* (1975), *Türkiye Emekçi Partisi* (1975), *Sosyalist Devrim Partisi* (1975), *Türkiye İşçi Köylü Partisi* (1978), *Türkiye Birleşik Komünist Parti* (1990), *Sosyalist Birlik Partisi* (1991), *Birleşik Sosyalist Parti* (1994), *Özgürlük ve Demokrasi Partisi* (1997)[19]

## Türkiye İşçi Partisi (TİP)

Sosyalist Partiler içinde, ülke gerçeklerine yaklaşım ve halka ulaşma konusunda, *Türkiye İşçi Partisi (TİP)*'nin ayrı bir yeri vardır. 1961 yılında on bir sendikacının kurduğu, daha sonra **Mehmet Ali Aybar** başta olmak üzere kimi aydınların katılımıyla güçlenen bu parti, kapatıldığı 1971 yılına dek on yıl boyunca, etkili bir muhalefet yürüttü ve Türk siyasi tarihine, *en fazla kitleselleşen* sosyalist parti olarak geçti. 1965 ve 1969'da katıldığı iki genel seçimde, on beş ve iki milletvekili çıkardı, 1966'da katıldığı senato yenileme seçiminde ise bir senatörlük kazandı.

*Türkiye İşçi Partisi*'nin yükselme dönemi, **Mehmet Ali Aybar**'ın Genel Başkanlık döneminin 1962-1967 arasındaki ilk beş yılıdır. 1964'te İzmir'de yapılan Birinci Büyük Kongre'de kabul edilen program, ülke sorunlarına yeni yaklaşımlar getiriyor ve Türkiye'nin gerçeklerine ters düşmeyen kimi somut çözümler öneriyordu. Emekçi kitlelere ulaşmanın amaç edinildiği açıklanıyor, başta işçi ve köylüler olmak üzere çalışan kitlelerin sorunlarına çözümler getiriliyor, Türk halkına yabancı gelmeyen yaklaşımlarla ulusçu önermelerde bulunuluyordu. Program, partili-partisiz bir gurup bilim adamı ve uzmanın katıldığı toplantılarda saptanmıştı. *Anti-emperyalist* ve *anti-feodal* hedeflerin oluşturduğu demokratik açılımlar içeriyor, sosyalizm sözcüğü programda yer almıyordu.[20] Kurtuluş Savaşı'nın ulusal bağımsızlık çizgisi, Cumhuriyet döneminin sosyal devletçiliğiyle birleştirilmişti.

*Ayakları yere basan* program, 60'lı yılların Türkiyesi için önemli sayılacak oranda ilgi gördü. TİP, aydınlardan ayrı olarak kimi büyük kentlerde işçiler ve yoksul bölgelerde topraksız köylüler tarafından da desteklendi. *Komünizmle Mücadele Dernekleri*'nin yoğun saldırılarına karşın, kısa bir süre içinde Türkiye'nin hemen her ilinde örgütlendi. 1965 genel seçimlerinde, halktan yüzde üç oy aldı. Ancak, TİP'in yükselişi uzun sürmedi. 1968'de Sovyetler Birliği'nin *Çekoslovakya*'yı işgal etmesi gerekçe yapılarak başlatılan parti içi çatışma, *Milli Demokratik Devrim-Sosyalist Devrim* tartışmalarıyla ideolojik bir bölünme halini aldı.

**Mehmet Ali Aybar** Genel Başkanlık'tan ayrıldı. O dönemde çokça yayılan sosyalist düşünceler, partiyi kuruluş dönemindeki çizgiden hızla uzaklaştırarak *"sovyet çizgisinde"* politika yürüten *"ortodoks"* bir *"sosyalist"* parti haline getirdi. Bir türlü bitmeyen halka uzak ideolojik çatışmalar, partiyi kitlelere yabancılaştırdı ve hızla güç yitirmesine yol açtı. Dış saldırıların yapamadığını iç tartışma sağlamıştı.

Edindiği yeni siyasi çizgi nedeniyle güç yitiren TİP, yeniden güçlenmek için, ayrılıkçı Kürt guruplarına yöneldi ve bunlarla yoğun bir ilişki içine girdi. *Devrimci Doğu Kültür Ocakları (DDKD)* ve *Fikir Kulüpleri Federasyonu (FKF)* ile birlikte, Diyarbakır'da gizli olarak kurulmuş olan *Kürdistan Demokratik Partisi (KDP)*'nin de desteğini alarak *Doğu Mitingleri* düzenledi. Bu gelişmeler sonunda, Doğu'dan umduğu oy desteğini bulamadığı gibi, Türk halkının desteğini de tümden yitirdi. Kapatıldığı zaman, kendiliğinden kapanacak kadar güçsüzleşmişti.

\*

*Türkiye İşçi Partisi*'nin güçlenmesi ya da güç yitirmesi, her partide olduğu gibi, izlenen politik çizgiye bağlı kalmıştır. Ülke gerçeklerine dayanan program ve çalışma biçimi büyüme nedeni olurken, siyasi yabancılaşmaya yol açacak davranışlar partiyi küçültmüştür. Gelişmeye neden olan çalışmanın temel özelliği, ulusal bağımsızlığa önem verilmesi ve bu öneme bağlı olarak Kurtuluş Savaşı'nın tüm kazanımlarıyla birlikte sahiplenilmesidir. **Aybar'**ın Genel Başkan olduğu dönemde kabul edilen tüzük ve programlarda, *"ulusal bağımsızlığın her şeyin üstünde"* tutulacağı, bütün uluslarla *"Kurtuluş Savaşı Türkiyesi'ne yaraşır biçimde"* barışçı bir dış politika yürütüleceği, *"ilerici aydınlar ve Atatürkçü gençlik"*in *"halkla kader birliği"* yaparak Türkiye'yi gerilikten kurtaracağı söyleniyor, söylenenler parti politikalarına yansıtılıyordu.[21] **Mehmet Ali Aybar'**ın Genel Başkan seçildikten hemen sonra, 8 Şubat 1962'de yaptığı basın açıklaması, *Türkiye İşçi Partisi'*ni başarıya götüren girişimin hangi anlayışla başlatıldığını göstermesi bakımından önemlidir. **Aybar** bu açıklamada şöyle söylüyordu: *"Partimiz, programındaki anlayışı benimseyen herkese, hangi sınıftan olursa olsun açıktır.. Devlet sektörünün ağır bastığı planlı ekonomi düzeninde, özel sektör daha uzun yıllar, ulusal kalkınmamızda yararlı olacağı için korunacak ve teşvik edilecektir... Ulusal bağımsızlığımıza zarar vermeyen dış yardımlardan yararlanılacaktır... Ölümsüz Atatürk'ün söylediği gibi, herhangi bir hakkı ancak çalışarak kazanabiliriz... Amacımız, emperyalizme ve sömürgeciliğe karşı ilk Kurtuluş Savaşı'nı veren Türkiye'yi, her bakımdan tam bağımsız, ülkesi ve ulusu ile bölünmez, halkçı, emekten yana, devletçi, laik, insan haklarına ve sosyal adalete dayanan demokratik bir Cumhuriyet olarak çağdaş uygarlık yolunda hızla ilerlemekdir..."*[22]

**Aybar** ayrıldıktan sonra, partiye; ülke gerçeklerinden kopuk, özgünlüğü ve yaratıcılığı olmayan, sert söylemli bir anlayış egemen oldu. **Atatürk** ve Kurtuluş Savaşı ile ilgili olumlu değerlendirmeler önce ortadan kalktı sonra açık ya da örtülü, karşıt söylemlere dönüştü. Artık sürekli olarak; *"sınıf mücadelesi"*nden, *"sosyalizm"* den *"faşizm"* den ya da *"enternasyanalizm"* den söz ediliyor, sanayileşmiş Batı ülkelerinde bile tartışılmayan ideolojik konular Türkiye'de tartışılıyordu. 1970'da Genel Başkan olan **Behice Boran'**ın 8 Ocak 1971 günü yaptığı basın açıklaması, TİP'deki ideolojik değişimi ortaya koyan bir belge gibidir. Siyasi yabancılaşmayı, yalnızca anlayış olarak değil, kullanılan dil bakımından da ortaya koyan bu açıklamada, **Boran** şunları söylüyordu: *"Faşizm, parlamenter bir kılığa büründürülmüş ya da üniforma giydirilmiş biçimiyle kapı ağzında boy göstermiştir... Faşizm, burjuva diktatörlüğünün açık teröre dayanan en keskin biçimidir... Faşizmin baş hedefi işçi sınıfıdır.. Faşizm şoven ve ırkçı bir milliyetçiliği körükler... Anayasamız Türk'ün tarifini, Türk devletine vatandaşlık bağı ile bağlı olmak biçiminde yaptığı ve dil farkı gözetilmeksizin bütün yurttaşları eşit saydığı halde; yurttaşlarımız olan ve sayıları milyonlara varan Kürt halkına ırkçı şoven bir milliyetçilik anlayışıyla baskı yapılmakta, insanlık dışı muameleler reva görülmektedir. Kürt halkının Anayasa'nın tanıdığı demokratik özgürlüklerden, eşitlikten yararlanması önlenmektedir... Milli Güvenlik Kurulu, Anayasa'nın tanımladığı 'Milli güvenlik ile ilgili kararların alınmasında ve koordinasyonun sağlanmasında yardımcılık etmek üzere gerekli temel görüşleri Bakanlar Kuruluna bildirir' bir kurul olmaktan çıkmış, bütün ülke sorunlarını ele alıp ülkeyi doğrudan yönetmeye yönelmiştir.."*[23]

### Milliyetçi Hareket Partisi (MHP)

*Türkiye İşçi Partisi*'yle hemen aynı dönemde ortaya çıkan *Milliyetçi Hareket Partisi*, özellikle gençlik üzerinde etkili olan ve bu etkiyi Meclis'ten çok Meclis dışında kullanan, eyleme dönük bir örgüttür. MHP'nin ortaya çıkışı, yeni bir parti olarak kurulmasıyla değil, **Alparslan Türkeş**'in arkadaşlarıyla birlikte, başka bir partinin yönetimine gelmesiyle başlar. **Mehmet Ali Aybar** bir gurup aydınla birlikte nasıl TİP'in yönetimine gelmişse, **Alparslan Türkeş** de bir gurup arkadaşıyla birlikte *Cumhuriyetçi Köylü Millet Partisi (CKMP)*'nin yönetimine gelmiştir. *Türkiye Komünizmle Mücadele Derneği (TKMD)*'nin desteğiyle gerçekleşen bu değişimle, ılımlı bir muhalefet partisi olan CKMP, savaşkan bir siyasi örgüt haline geldi. Yönetim değişikliğinden sonra dört yıl aynı adla çalışan parti, 1969 yılında *Milliyetçi Hareket Partisi* adını aldı ve *12 Eylül* yönetimi tarafından kapatıldığı 16 Ekim 1981'e dek varlığını sürdürdü.

CKMP'nin eylem ve ideolojisine her zaman Genel Başkan **Alparslan Türkeş** yön verdi. Türkeş 1965'de daha sonra niteliği önemli oranda değişerek kitap haline gelecek olan *Dokuz Işık İlkesi* adlı broşürü çıkardı. CKMP'nin programına temel oluşturan bu broşürde; *Milliyetçilik, Ülkücülük, Ahlakçılık, İlimcilik, Toplumculuk, Köycülük, Hürriyetçilik* ve *Şahsiyetçilik, Girişimcilik, Endüstri* ve *Teknikçilik* başlıklarıyla partinin temel görüşleri ortaya konuyor ve Türkiye'nin gelişip güçlenmesi için bu görüşler doğrultusunda ilerlenmesi gerektiği söyleniyordu.

*Dokuz Işık İlkesi* temel alınarak hazırlanan parti programında, *"Kemalizmin partiye yol gösterdiği"* açıklanıyor, CKMP'nin *"Milliyetçi, demokratik, laik ve yasalara saygılı"* bir parti olduğu söyleniyordu. *"Özgürlük, milliyetçilik, ahlakçılık, toplumculuk, gelişme ve halkçılık, köycülük ve sanayileşme"* partinin temel ilkeleriydi. İlkeleri açıklayan bölümlerde *"milliyetçilik"* ilkesine özel vurgu yapılıyor ve şunlar söyleniyordu: *"Türk milliyetçiliği anti-emperyalist, barışçı, özgürlükçü ve demokratik bir görüştür. Bu nitelikler Türk tarihinden, Türk halkından ve Atatürk'ün düşüncelerinden alınmıştır."*[24]

\*

1965'te kabul edilen program, 1969'a dek, parti eylemine yön veren belge olarak önemini korudu. Ancak, 1969 Adana Kongresi'nde alınan kararlarla, yeni bir yöneliş içine girildi ve parti politikası önemli oranda değiştirildi. Örgüt ideolojisine yön veren **Alparslan Türkeş**, yakın çevresinin de etkisiyle, daha önce hiç dile getirmediği görüşler ileri sürdü. Yeni yönelişle; *milliyetçilik, Türkçülük, laiklik, devletçilik* gibi temel konularda, içeriğe yönelik anlayış değişikliği yaşanıyor ve *Atatürkçülük* artık anılmıyordu. *Türkçülüğün* yerini önemli oranda *İslamcılık* alıyor, etnik yapıyla dini inancı birbirine karıştıran *Türk İslam Sentezi* gibi bilimselliği olmayan ve Türk tarihine büyük zarar veren bir kavram getiriliyordu. Kongre'den hemen sonra başlayan süreçle, yönetiminde Adalet Partililerin olduğu

*Komünizmle Mücadele Dernekleri*'nin yürüttüğü eylem türü onlardan devralınıyor ve bu eylemler yaygınlaştırılarak sürdürülüyordu. ABD'nin *Yeşil Kuşak* kuramını geliştirdiği ve Türkiye'de anti-Amerikan mücadelenin yükseldiği döneme denk gelen bu değişim, çarpıcı sonuçlarıyla MHP'nin kapatılmasına dek sürecektir.

**Alparslan Türkeş**, 1961 yılında Cumhuriyet gazetesinden **Cevat Fehmi Başkurt**'la yaptığı görüşmede şunları söylüyordu: *"Atatürk devrimleri yerinde saymadı, aksine geriledi. Din, kıyafet ve en önemlisi anlayış olarak geriledi.. Son zamanlarda Anadolu'yu hiç dolaştınız mı? Çarşafın nasıl kapkara bir yangın halinde bütün yurdu sardığını gördünüz mü?. Gerileme yalnız bu alanlarda olmadı. Örneğin Türkçecilikte oldu. Türkçecilik Atatürk'ün bu millete en yararlı armağanlarından biriydi. İhaneti önce, ezanı Arapça okutmakla başlattılar.. Türk camilerinde Türkçe Kuran okunur, Arapça değil."*[25]

Ülkücü kesimden **Hakkı Öznur**, *Ülkücü Hareket* adlı yapıtında, **Dündar Taşer** ve **Ahmet Er** gibi *"milli-İslami hassasiyetleri olan kişiler"*in, *"Türkeş'i de yönlendirerek"*, CKMP'yi *"Kemalist yapıdan milli ve manevi ağırlıklı bir siyasi çizgiye"* getirdiğini söyler. Bu savın doğruluk payı yüksektir. Çünkü, **Alparslan Türkeş**, 1969 Adana Kongresi'nde yaptığı konuşmada, eski düşüncelerini değil, **Ahmet Er**'in bir yıl önce açıkladığı ve *"üçüncü yol"* adını verdiği görüşleri yansıtmıştı. Ahmet Er, 1968'deki İstanbul İl Kongresi'nde şunları söylemişti: *"İslam, kişi ve toplum hayatında olduğu gibi, dünya ve kainatta da dengeyi hedef almaktadır. İslam bir ideoloji değil, bir hayat nizamıdır. Kaynağı İslam ve hak olmayan bir hareket başarıya ulaşamaz. Bizim milli hareketimizin kaynağı ve anlayışı da Kuran ve sünnete dayanmaktadır."*[26]

**Ahmet Er**'in dile getirdiği görüşlerle, o dönemde ve daha sonra Washington'dan yapılan açıklamalar ve Türkiye'ye önerilen politikalar arasında büyük benzerlikler vardır. Sistemleştirilerek uygulanan ve temelinde **Atatürk**'e karşıtlığa dayanan *"ılımlı İslam"* anlayışının bulunduğu bu politika, bugün artık toplumsal yaşamın hemen her alanını etkisi altına almıştır. CIA Ortadoğu Direktörü ve ABD

Ulusal İstihbarat Konseyi Başkanı **Graham Fuller**'ın yaptığı şu değerlendirmeyle, **Ahmet Er**'in sözleri arasındaki benzerlik şaşırtıcıdır. *"Kemalizm bitti. Dünyadaki bütün liderler gibi o da sonsuza dek yaşayacak ürün veremedi. Oysa İncil ve Kuran hala veriyor. Bu nedenle, kendisine entelektüel güven duyan Türkiye, İslam'ın günlük yaşamdaki yerini almasını yeniden düşünmelidir."*[27]

**Ahmet Er**'in *Üçüncü Yol* adını verdiği anlayış Adana Kongresi'nde partinin temel ideolojisi haline getirildi ve MHP bu girişimden sonra *Türkçülük*'ten *İslamcılığa* yöneldi. Adana'daki ideolojik değişim, aynı kongrede biçimsel yeniliklerle tamamlandı. *Cumhuriyetçi Köylü Millet Partisi* adı, *Milliyetçi Hareket Partisi* olarak değiştirildi. Parti amblemi, Osmanlı'nın üç hilalli bayrağı oldu. *"Tanrı Türkü korusun"* sloganının yerine, *"Tanrı Dağı kadar Türk, Hira Dağı kadar Müslümanız"* sloganı getirildi. Bu tür sloganlar daha sonra *"Kanımız aksa da zafer İslam'ın"*, *"Çağrımız İslam'da dirilişedir"* ve *"Ya Allah bismillah Allah-ü ekber"* biçimini aldı.[28] Değişiklikler, doğal olarak sancısız olmadı. **Nihal Atsız** başta olmak üzere birçok eski *Türkçü*, değişime tepki gösterdi ve partiden ayrıldı.[29] Ancak, tepki ve istifalar sonucu değiştirmedi ve MHP giderek artan biçimde *"İslamcı"* yanı ağır basan bir parti haline geldi.

Yeni politika yönelişi parti eylemine yön veren girişimler olarak hızla uygulamaya sokuldu. Üyelerin eğitimi, özellikle gençlere yönelik parti eğitimi, *Türkçülüğü* değil *"İslamcılığı"* öğreten kurslar haline getirildi. Parti yöneticilerinin *"Gençlik Eğitim Kampları"*, basının ise *"Komando Kampları"* adını verdiği etkinliklerde, Kurtuluş Savaşı'ndan, **Atatürk**'ten, emperyalizmden değil, daha çok din konularından, Osmanlı'dan, komünizme karşı mücadelenin zorunluluğundan söz ediliyordu. Yerleşim yerlerinden uzak yerlerde yapılan ve 21 gün süren bu kampların, sıkı düzenle uyulan günlük programı şöyleydi: *"Sabah ezanı ile uyanış, temizlik ve toplu namaz-sabah sporu, dinlenme ve kahvaltı-mehter ve milli marşlarla yürüyüş, öğle namazı-seminer ve konferans-toplu ve bireysel çalışmalar, boks, güreş, judo, ka-*

*rate-ikindi ezanı ve toplu namaz, dinlenme, uyku-kısa yürüyüş, gece tatbikatı için hazırlık, akşam namazı ve akşam yemeği-günlük olaylar, basının eleştirilmesi ve kitap okuma-yatsı namazı ve yatış-belirsiz zamanlarda gece eğitimi için alarm"*[30]

\*

Kimi ülkücü yazarlar, 1969'daki değişimin ideolojik kaynağının, Birinci Dünya Savaşı'ndan sonra ortaya çıkan ve *Anadoluculuk Akımı* adı verilen düşünsel hareket olduğunu söylerler. Bu yargı yanlış değil, eksiktir. 1969 değişimine yön veren temel etmen yerel düşünsel akımlar değil, küresel politikaların Türkiye'ye yaptığı etkidir. *"İslamcı"* görüşleriyle *Anadoluculuk Akımı*, yapılmak istenilen politik değişime uygun düştüğü için, ideolojik bir araç olarak kullanılmıştır. **İsmail Hakkı Baltacıoğlu**, **Mustafa Şakip**, **Mehmet Erişirgil** gibi isimlerin çıkardığı *Dergah* dergisiyle başlayan, **Mükrimin Halil İnanç, Hilmi Ziya Ülken, İsmail Hami Danişment**'in çıkardığı *Anadolu Mecmuası* ile süren *Anadoluculuk Akımı*, **Nurettin Topçu**'yla gelişmiş ve sistemleştirilmiştir. **Nurettin Topçu**, ülkücü yazar **Hakkı Öznur**'a göre, *"Türkiye'de çeşitli fonksiyonları bulunan milliyetçilik anlayışına karşı çıkan"* ve *"İslam'ın sınırları ve ölçüleri içinde, İslam'a mecz olmuş* (bağlanmış, erimiş, içine çekilmiş y.n.) *bir Türk milliyetçiliği anlayışını ortaya koyan"* düşünce adamıdır.[31]

**Nurettin Topçu**, gerçekte kararlı bir **Atatürk** düşmanıdır. **Ziya Gökalp**'i şiddetle eleştirir, onu **Auguste Comte** ve **Emile Durkheim**'in taklitçisi sayar; *"Ziya Gökalp'e karşı olma"*yı ilke haline getirir. *Hareket Dergisi*'nde yazdığı yazılarda, *"Türk milletinin hayat ve kuvvet kaynağı İslam'dır"* der ve İslam öncesi Türk tarihini yadsır. Ona göre, *"Türk milliyetçiliğinin başlangıç tarihi ne 1923'tür ne de milattan öncedir"*. Bu tarih, *"Anadolu'nun vatan olmasına yol açan"* 1071'le başlar; *"milli tarih bilinci"* bu tarihten sonra oluşur. **Nurettin Topçu**, *Hareket* dergisinde şunları yazar: *"İslam'la mecz olmuş Anadolu milliyetçiliğinin baş düşmanı Kemalizmdir. Altıok milliyetçiliği; kaba, bozuk, maddeci bir realizm (ger-*

çekçilik y.n.) *dir. Halkçılığı gerçekte halka düşmanlıktır. Köycülüğü, köylünün üzerinde kurduğu saltanattır. Devrimciliği ilkesizliktir. Laikliği ise din düşmanlığıdır... ırkî tarihimizin bin yıldır İslam'la yoğrulmuş Anadolu Türk'ü için bu tarihten bir ideal çıkarmak imkansızdır... Irk, milletin yerini alamaz. Kendini asırlardır İslam'a adamış bir milletin çocuklarını, kısır, içi boş Türkçülük'le şaşırtmak, koca bir maziyi sonunda bir ırk gurubuna bağlamak, Anadolu Türkü'ne yapılmış en büyük haksızlık olur..."*32

\*

*Milliyetçi Hareket Partisi*, 12 Eylül'den sonra tüm partilerle birlikte kapatıldı (16Ekim 1981) ve mallarına el koyuldu. **Alparslan Türkeş** başta olmak üzere parti yöneticileri tutuklandı; binlerce parti üyesi gözaltına alındı, işkence gördü; Türk Ceza Yasası'nın *"149 ve 146. maddelerindeki cürümleri işlemek"* suçundan dava açıldı ve **Türkeş** 11 yıl hapse mahkum oldu. Beş kişiye idam, dokuz kişiye ömür boyu, iki yüz yirmi bir kişiye de 10 ayla 36 yıl arasında çeşitli hapis cezaları verildi. Karar, Yargıtay Birinci Ceza Dairesince onaylandı (1995).33

Yıllarca *devlet*'i savunmuş olan MHP, devlet tarafından, üstelik ağır biçimde cezalandırılmıştı. Bu durum, Sıkıyönetim Mahkemesi iddianamesine, verilen cezalardan daha ağır biçimde yansıtılmıştır. MHP yönetici ve üyeleri, hiç hak etmedikleri bir davranışla karşılaştıklarına inanıyor ve kullanılmışlığın ezikliğini yaşıyorlardı. Uzun yıllar mücadele etmişler, acı çekmişler ve şimdi ceza evlerine doldurulmuşlardı. Onca mücadele bir anda anlamını yitirmişti. İddianamede yapılan suçlamalar o denli ağırdır ki, *devlet* tarafından yapılan bu suçlamalar MHP'liler için, maddi olmaktan çok ruhsal çöküntüye yol açacak manevi bir cezaydı. Şöyle suçlanıyorlardı: *"Anayasal düzenin Cumhuriyetçilik ve demokrasi ilkelerine aykırı olarak, devletin tek kişi tarafından yönetilmesi amacına yönelik değiştirilmesine zor yoluyla kalkışmak, Türkiye ahalisini birbiri aleyhine silahlandırarak toplu kıyıma yönlendirmek, toplu kıyıma neden olmak, bu cürümlere katılmak, TCK'nın 149 ve 146. maddelerinde yazılı cürümleri işlemek için silahlı örgüt oluşturmak."*[34] 12 Eylül'ün, kendilerini *"komünizm tehlikesine karşı devleti koruma"* gibi bir misyonla tanımlayan MHP'yi mahkum etmesi, tabanda yaygın bir kimlik bunalımına yol açmıştır. Parti yönetimine güvenerek ülke yararına olduğuna inandığı ağır bir mücadele içine giren üyeler, özellikle genç olanlar, büyük bir düş kırıklığı yaşayarak siyasi mücadeleden çekildiler. **Alparslan Türkeş** ve parti yöneticileri, mahkemedeki savunmalarında kendilerini, *"düşüncesi iktidarda, kendisi zindanda bir kadro"*[35] olarak ifade ediyordu. *"Komünizmi ezmek"* adına, politik malzeme olarak kullanılmışlar, yıprandıkları anda da bir kenara konmuşlardı. Başını ABD'nin çektiği küresel merkezler, Türkiye'de artık, farklı amaçlar için farklı güçlerle çalışacaktı. Tabanında milliyetçilerin bulunduğu MHP'nin, bu çalışma içinde yeri yoktu.

MHP yönetimlerinin yürüttüğü politikalar ve 12 Eylül'ün uygulamaları sonucu, binlerce yurtsever insan yanlış bir siyasi mücadele içinde yok olup gitti. Parti yöneticileri, ABD'yle ilişkilerin Türkiye için ne denli tehlikeli olduğunu görmüyor, aksine onun öngördüğü politikaları yürütmenin hem parti, hem de Türkiye açısından yararlı olacağına inanıyordu. ABD, Türkiye'nin vazgeçilmez dostu kabul ediliyordu. **Alparslan Türkeş**'in **Brzezinski**'nin 1980'de Türkiye'ye gelişiyle ilgili yaptığı değerlendirme, bu anlayışın çarpıcı örneklerinden biridir.

**Brzezinski**, ABD Başkanı **Carter**'in Ulusal Güvenlik Danışmanı'dır. 1980 yılında, darbeden hemen önce Türkiye'ye gelmiş, hükümeti değil Genel Kurmay Başkanı **Kenan Evren**'i muhatap alarak TÜSİAD üyeleriyle birlikte ve ABD adına kendisiyle görüşmüş, ona *"Türkiye'de istikrarlı bir yönetim istiyoruz"* demişti.[36] *"İstikrar"* dan kast edilenin ne olduğu, hem 12 Eylül uygulamalarında hem de **Brzezinski**'nin daha sonra yayınladığı anılarında görülecektir.

**Alparslan Türkeş**, **Brzezinski**'nin Türkiye'ye geldiği günlerde, *Bunalımdan Çıkış Yolu* adlı bir kitap yayımladı.

Bu kitapta, ABD ile ilişkiler konusunda görüşlerini açıklıyor, ABD adına *"istikrarlı bir yönetim"* isteyen **Brzezinski** konusunda şunları yazıyordu: *"Carter'in güvenlik müşaviri Brzezinski'nin de bu gerçeği* (Ortadoğu'da Sovyet etkisinin önlenememesi ve buradaki ülkelere Batı'nın güven verememesi y.n.) *dile getirmiş olmasından büyük bir memnuniyet duymaktayız. Resmi görevinin yanında kuvvetli bir ilim adamı olan Brzezinski bazı gazetecilerle yaptığı görüşmede şunları söylemiştir: ...'Ortadoğu ülkelerini yalnız bırakarak onları galiba Ruslara yem haline getirdik. Bundan o ülkeler gibi biz de ızdırap duyuyoruz. Fakat Batı, özellikle Amerika, bundan sonra geçmişteki hatalarını tekrarlamayacaktır. Bütün gücümüzle hürriyetçi ülkelerin, gelişme ve güçlenmelerine yardımcı olacağız'... Batı'nın, hatalarını Brzezinski kadar görmüş olmasını ve Brzezinski gibi çözüm yollarını farketmiş bulunmasını arzu ediyoruz."*[37]

**Türkeş'**in *"kuvvetli bir bilim adamı"* dediği **Brzezinski**, Türkiye'deki hemen tüm karışık işlerde parmağı olan ve herhalde MHP davasıyla da yakından ilgilenmiş bir kişidir. Türkiye'ye gelip, **Kenan Evren** ve TUSİAD üyeleriyle görüştükten kısa bir süre sonra, *12 Eylül* olmuştur.

### Siyasi Partilerin Para Kaynakları

Siyasi partilerin, özellikle de iktidar olabilecek partilerin parasal kaynaklarını, gerçek boyutuyla saptayıp incelemek zor değil, herhalde olanaksız bir iştir. Siyasetin her yönüyle paraya bağlandığı bir ortamda, kişisel araştırma bir yana, hiçbir yasal düzenleme, partilere yönelen para akışını tam olarak saptayamaz. Bu durum, yalnızca Türkiye için değil, gelişmiş ülkeler başta olmak üzere, parlamentoculuğun geçerli olduğu hemen tüm ülkeler için de geçerlidir. İngiliz araştırmacı **Herbert E. Alexander'**ın söylediği gibi, *"ilk kaynağı bilinmeden her türlü metaya çevrilebilen para, sonunda siyasi iktidarı ele geçirmeye yarayan bir araç haline dönüşmüş"* tür.[38]

Türkiye'de büyük sermaye güçleriyle, bağlı olarak dışarıyla bütünleşen partilerin parasal kaynağı, önemli oranda kayda geçirilmeyen yasa dışı bağışlardan oluşur. Bunu herkes bilir, ancak kimse kanıtlayamaz. Yasal yardımların ise kuralları bellidir. Üye aidatları, dışardan yapılan bağışlar ya da hazineden yapılacak yardımın sınırları belirlenmiştir. Ancak yasal yardım ve desteğin bir başka türü daha vardır. *Medya*'nın olayları veriş biçimi, haber ve yorumlarda ustalıkla yapılan propaganda, ünlü kişi ve kuruluşların övücü açıklamaları; ücreti, ihaleler, teşvikler ya da borç ertelemeleriyle ödenen, nakte dayalı olmayan dolaylı yardımlardır. Bu tür *"yardım"*ların değeri, belki paradan da yüksektir, ya da bir başka deyişle yapılan her *"yardım"*ın parasal bir karşılığı vardır. Üstelik bunlar tümüyle serbesttir. Görsel basında fazlaca yer almaya ya da yazılı basındaki fotoğrafların veriliş biçimine kimse bir şey diyemez. Gazete yöneticileri, fotoğrafçılarının çektiği bol miktardaki fotoğrafa dayanarak dilediği insanı; çirkin, saldırgan ya da hırçın, dilediğini uysal, kararlı ya da duygulu göstermede çok ustadırlar.

\*

Türkiye Cumhuriyeti Anayasası'nın 69, siyasi Partiler Yasası'nın 61.maddesi, partilerin gelir kaynaklarıyla ilgili düzenlemeler getirmiştir. Düzenlemelere göre her parti, gelirini tür ve miktar belirterek, kendisini denetleme yetkisinde bulunan Anayasa Mahkemesi'ne bildirmek zorundadır. Siyasi parti yöneticilerine güvenmeyen anayasa yapıcılar, 1961 ve 1982'de getirdikleri yasal (648 ve 2820 sayılı Siyasi Partiler Yasası) ve anayasal (65 ve 61.maddeler) önlemlerle, parti gelirlerini denetim altına almaya çalışmışlardır. Ancak *parlamentoculuğun* geçerli olduğu her yerde olduğu gibi, Türkiye'de de, partilerin gelir kaynaklarının denetlenmesinde başarılı olunamamıştır.

1983-1998 yılları arasındaki Anayasa Mahkemesi'ne yapılan parti bildirimlerini inceleyen Doç.**Ömer Faruk Gençkaya** ilginç sonuçlar saptamıştır. **Gençkaya** saptamaları, **Necmettin Erbakan**'ın mahkum olduğu Refah Partisi'nin mali yönden yargılandığı dava tutanaklarıyla birlikte ele alınıp incelenirse, karşılaşılan ilk gerçek; özensiz biçimde hazırlanan bildirimlerin, gerçeğin ne kadarını yansıttığının anlaşılamamasıdır. Ancak, eksik olduğu açıkça belli olan bu bildirimlerde bile, partilere dışardan yapılan *bağışlar, üye ödentileri*'nin çok üzerindedir. 1983'le 1998 arasında kimi partilerde, *bağışlar*'ın toplam parti gelirine oranları şöyledir: ANAP yüzde 20, DYP yüzde 22, RP yüzde 44, CHP yüzde 14, DSP yüzde 23. *Üye ödentileri*'nin toplam gelir içindeki payı ise *bağışlar*'ın çok gerisindedir; ANAP yüzde 1, DYP binde iki, RP yüzde 14, CHP yüzde 4, DSP yüzde 9.[39]

Günümüz siyasi partilerinin hemen tümü, *"devletin küçültülmesini"* ve merkezi devlet yetkilerinin *"yerel yönetimlere"* aktarılması gerektiğini söylerler. Onlara göre devlet, ekonomi ve siyaset başta olmak üzere, güvenlik dışında hiçbir şeye karışmamalıdır. Partiler, bu tür görüşler ileri sürüp bu görüşleri uygulamaya sokarken, yasal olan parasal gelirlerinin büyük bölümünü devlet hazinesinden alırlar. Kamusal işleyiş açısından olumsuzluklar içeren bu durum, aynı zamanda, *"devleti küçültme"*yi ilke edinen partiler için yanıtlayamayacakları bir çelişkidir. *Devlet, devleti yönetmek için iktidara gelenler tarafından yok edilmekte, üstelik bu iş devletin mali kaynakları kullanılarak yapılmaktadır.* Ortaya çıkan garip durum, bir başka deyişle şöyle açıklanabilir: *Azgelişmiş ülkelerde devlet, devleti "küçültmeyi" ilke edinen partilere yardım etmekle, kendisini yok edecek bir sürece katkı koymaktadır.* Ayrıca, ulusun ortak malı olan *hazine*'den partilere para aktarmak, benimsesin ya da benimsemesin *tüm yurttaşların partilere aidat ödemek zorunda kalması* gibi bir durum ortaya çıkarmaktadır.

1983 seçimlerinden sonra iktidara gelen ANAP Hükümeti 2820 sayılı Siyasi Partiler Yasası'na bir ek madde koyarak, partilere yapılacak *hazine* yardımının kurallarını belirledi. Eşitlik içermeyen belirleme, büyük partileri kayırıyor, küçük partilere herhangi bir parasal yardım yapmıyordu. Yasaya göre, Meclis'te en az üç üyeyle temsil edilen partilerle yüzde 7'den fazla oy alan partiler, aldıkları oy oranında *hazine*'den para alacaklardı. 1999'a dek yedi kez değiştirilen bu maddeye göre; Genel Bütçe Gelirleri *"B"* cetveli toplamının binde ikisi oranında bütçeye ödenek konulacak, bu ödenek yukarıda belirtilen kurallar içinde partilere dağıtılacaktı.[40]

1984-1999 arasındaki 15 yılda, partilere toplam olarak 11,1 trilyon lira hazine yardımı yapılmıştır.[41] Bu miktar, o yıllarda geçerli olan döviz kurlarına göre 2.24 milyar dolar demektir. Aynı yıllar içinde, partilerin, *hazine yardımı* dahil toplam gelirleri ise 24.5 trilyon lira olmuştur.[42] Rakamların ortaya koyduğu gerçek,siyasi partilerin gösterdiği gelirler içinde *hazine yardımı*'nın büyük bir paya sahip olması ve bu payın yüzde 45.3 gibi çok yüksek bir orana çıkmış olmasıdır. Siyasi partileri güçlü kılan ve üye dayanışmasının göstergesi olan *üye ödentileri*, ortalama olarak yüzde 4'ün altındadır. Devletten alınan yardımın toplam gelirlerin yarıya yakınını oluşturması, bu oranın *bağışlar*'la birlikte yüzde 70'leri aşması; siyasi partilerin üyelerinden, halktan, demokrasiden kopuşlarının ve siyasetin *hazır parayla yapılan bir iş* haline gelmesinin göstergesi sayılmalıdır.

\*

Siyasal Partiler Yasası'nda 1988'de yapılan bir değişiklikle, *hazine yardımı*, genel seçim olan yıllarda yüzde 300, mahalli seçim yapılan yıllarda ise yüzde 200 arttırılmıştır.[43] Bu nedenle, 2003 başında yapılan *hazine yardımı*, büyük oranda artarak yalnızca bir yıllık ödeme için 122 trilyon liraya, yani 85,3 milyon dolara çıkmıştır.[44]

Partilerin aldığı *hazine* yardımında, 2003 Ocağı ile 2004 arasındaki dönemde adeta bir patlama yaşandı. Erken seçimin yapıldığı 2003 bütçesi ile yerel seçimlerin yapılacağı 2004 yılı bütçesinde partilere 103,6 + 51,8 olmak üzere toplam 155,4 trilyon lira yani 111,1 milyon dolar ödendi. Bu paranın 67,5 trilyon lirasını tek başına AKP aldı.[45]

Kuralları belirlenerek yasal *"hak"* haline getirilen *hazine yardımı*, hükümetlerin isteğine göre farklı uygulanabilecek bir işleyişe sahip değildir. Parayı maliye bakanları öder, ama miktar ve ödeme biçimi isteğe göre değiştirilemez. Ancak, AKP'nin oluşturduğu 59.Hükümet, 2004 ödemelerinde o güne dek görülmemiş bir uygulamayla, *hazine yardımı*'nı siyasi baskı aracı olarak kullandı. Kamuoyuna gerekçeli bir açıklama yapmadan, *Genç Parti*'ye bu yardımı ödemedi ve konuyu Anayasa Mahkemesi'ne götürdü. Bu uygulamayla *hazine* yardımı, siyasi baskı aracı olarak kullanılan bir unsur haline de getirilmiş oldu.

\*

Siyasi partilerin gelirlerini giderek artan oranda parti dışından sağlaması, yaygın ve etkili bir siyasi bunalımın yaşandığını gösterir. Halkın ve ülkenin sorunlarını çözmek için ortaya çıkan partiler, niteliği ve kaynağı ne olursa olsun, aldığı *yardım* oranında halktan ve ülke sorunlarından uzaklaşmaktadır. Çünkü halk, partilerin harcamaya alıştıkları ve giderek yaşamak için zorunlu hale getirdikleri parayı karşılayacak durumda değildir. Paranın belirleyici olduğu bir ortamda, siyaseti de para sahipleri belirleyecek ve bu belirlemede doğal olarak halk yer almayacaktır.

*Üye ödentileri*, maddi *katkı sağlayacak dayanışma etkinlikleri, bayrak, flama, rozet gibi propaganda malzemesi satışları, parti yayınlarından gelir sağlanması* gibi üyeye yönelik eylemler, hazır paraya alışan yöneticiler için, zaman ayırmaya değmeyen gereksiz işlerdir. Oysa dayanışma ve imeceye dayanan bu tür etkinlikler, partinin halka uzanan ve gücünü ondan almasını sağlayan bağımsızlık araçlarıdır. Siyasi partilerin halktan ve ülke gerçeklerinden uzaklaşması, siyaseti *topluma hizmet* aracı olmaktan çıkarmış ve onu, gelir sağlamak amacıyla yapılan bir meslek haline getirmiştir. Durumun doğal sonucu, partilerin, aynı ülkü çevresinde toplanmış insanların gönüllü olarak bir araya geldiği demokratik kurumlar olmaktan çıkması ve siyasetin çıkar sağlamak için çatışılan bir *arena*'ya dönüşmesidir.

Türkiye'de siyasi partilerin gelir kaynaklarını, tam olarak ortaya çıkarmak olanaksız bir iştir. Bu, en gelişkinleri dahil, başka ülkelerde de böyledir. *Sonuçlar*'dan hareket ederek karar verilecek olursa, iktidar olasılığı bulunan partilerin, halka değil mali güce sahip büyük sermaye guruplarına bağlı olduğu açıkça görülecektir. Partilerin gelirini denetleme girişimleri başarılı olamamaktadır, çünkü denetlenmek istenen olgu bilinememektedir. **Ö.Gençkaya**, bilinmezlikler konusunda şunları söylemektedir: *"Bazı partiler, uzun yıllar il hesaplarını ayrıntılı olarak bildirmemiştir. Elimizdeki veriler, özellikle il örgütlerindeki finansman yapısını **buzdağının görünen yüzü** olarak temsil ettiğini göstermektedir.. Ülkemizde partilerin ve adayların **seçim harcamaları**, yasal olarak düzenlenmemiş ve denetlenmemektedir. Yerel ve genel seçimlerde bazı adayların, partilerin yıllık bütçelerinin birkaç katı harcama yaptıkları basın organlarında yayımlanmıştır. Öte yandan, partilerin Anayasa Mahkemesi'nce denetlenen hesaplarındaki seçim harcamalarına ilişkin bildirimlerin, gerçeği yansıttığını söylemek de olanaksızdır."*[46]

## Türkiye'de Aydın Kırımı

**Şevket Süreyya (Aydemir)**, Birinci Dünya Savaşı'na yedek subay olarak katılan bir öğretmendir. Savaştan sonra Moskova'da yüksek öğrenim görmüş ve bir komünist olarak döndüğü İstanbul'da tutuklanmıştır. Afyon Cezaevi'nde iki yıl yattıktan sonra, 1927'de çıkarılan afla serbest bırakılır ve doğrudan Ankara'ya gelerek, görev istemiyle Milli Eğitim Bakanlığı'na başvurur. Başvurduğu gün, Teknik Öğretim Genel Müdür Yardımcılığına atanmıştır. Atamayı yapan Müsteşar **Kemal Zaim Sunel**, görevlendirme yazısını imzalarken **Şevket Süreyya**'ya şunları söyler: *"Hangi ülke, çocuklarına bizim ülkemiz kadar muhtaçtır? Hangi millet bizimki kadar fakirdir? Öyle bir işin içindeyiz ki, herkes dağarcığında ne varsa ortaya dökmelidir."*[47]

Cumhuriyet'in kuruluş dönemlerinde yapılanların gerçek boyutunu kavramak için; girişilen işin başlangıç koşullarını bilmek, ortamı ve olanakları tanımak ve sağlanan gelişmeyi bu bütünlük içinde ele almak gerekir. Geçmişi öğrenip ondan ders almak isteyenler için önemli olan, *nereye gelindiği* değil, *nereden nereye gelindiği'* dir. Geçmişteki olaylara bu biçimde bakılmadığı sürece, başarı ya da başarısızlık olarak ileri sürülecek görüşler nesnel bir değer taşımayacak, havada asılı kişisel savlar olarak kalacaktır. 1920'ler Türkiyesi nasıl bir ülkeydi? İnsanlar nasıl yaşıyor, neler düşünüyor ve ne yapmak istiyordu? Yöneticilerin elindeki olanaklar nelerdi? Hangi iş kiminle, nasıl yapılıyordu? Bu sorulara yanıt verilmeye kalkılınca, yoksunluklarla dolu, acıklı bir durumla karşılaşılacaktır.

Kurtuluş Savaşı ve sonrasındaki devrimler, bugünün kuşaklarının kavrayamayacağı ya da yeterince kavrayamayacağı kadar güç koşullar ve olanaksızlıklar içinde başarılmıştır. Güçlüklerin en başta geleni, bilinçli ve eğitimli kadro, yani *aydın* eksikliğidir. Kurtuluş Savaşı süresince Ankara'ya, çoğunluğu subay, ancak bin beş yüz kişi gelmiş, koskoca Osmanlı Ordusundan Ankara direnişine, *İnönü Savaşı'*na kadar yalnızca beş general katılmıştı. Savaş'ın öncü gücünü oluşturan insanları birleştiren tek ortak nokta, yalnızca yurt sevgisi ve ülkenin kurtarılmasıydı. Farklı eğitim ve kültür yapısına sahiptiler. Önemli bir bölümünün savaş sonrası için herhangi bir öneri ve öngörüsü yoktu. Saltanatın kurtarılıp sürdürüleceğine inananlar çoğunluktaydı. Osmanlıdan *aydın* sayılabilecek bir kadro gelmemiş, var olan az sayıda yetişmiş insan ise savaşlarda yitirilmişti.

Cumhuriyet kurulduğunda, ilçe değil birçok Doğu ilinde, ilkokul dahil hiç okul yoktu. Ülke genelindeki kırk bin köyde, okulu olanların oranı yüzde beş'in altındaydı. Tüm ülkede; ilkokul, ortaokul ve lise olarak toplam 4894 okul vardı. Bu okullarda görev yapan öğretmen sayısı, 1217'si kadın, 10 238'i erkek olmak üzere toplam 11 455'di. Öğretmenlerin çoğunluğu, Osmanlıdan gelen yaşlı, sarıklı

hocalardı. 1923-1924 ders yılında, tüm ülkede 23 lise (idadi), 72 ortaokul vardı, ancak bir yıl sonra öğretmen yokluğundan liseler 19'a, ortaokullar 64'e düşmüştü. 20 öğretmen okulu 1924-1925 ders yılında yalnızca 151 mezun vermişti.[48]
1924'de tüm ülkedeki ziraat mühendisi sayısı yalnızca 20'dir. 1920'de yalnızca 260 doktor vardır.[49] mühendis, mimar, eczacı, diş hekimi, tüccar, bankacı, teknisyen ve ekonomist yok denecek kadar azdır. Ticaret, bankacılık ve ulaşım, azınlıklar aracılığıyla yabancıların elindedir. Yabancılar, azınlıklar Türkiye'yi terk ettiğinde, *"Türkler bu işlerden anlamadığı için"* ticaretin, bankacılığın duracağı, *"Türk makinist ve teknisyen olmaması"* nedeniyle de demiryolu ulaşımının yapılamayacağını düşünüyorlardı.

Yetişmiş insan gücü yoksunluğuna karşın, ticaret ya da ulaşımın durması bir yana, 1923-1938 arasındaki on beş yılda, sıradışı bir gelişme ve örneği olmayan bir toplumsal dönüşüm sağlandı. Gerçekleştirilmek istenen her yenilik için, önce onu yapacak kadro yetiştiriliyordu. Eğitim düzeyi ve siyasi görüşü ne olursa olsun, okuma-yazma bilen herkes göreve çağrılıyordu. Yurt dışına öğrenci gönderiliyor, hızlandırılmış kurslarla, örneğin tapu memurları, tarım teknisyenleri, atölye işçileri makinist; ordudaki çavuşlar, köy eğitmenleri haline getiriliyordu. Ülke insanı, eğitim düzeyi ne olursa olsun kesinlikle değerlendiriliyordu. **Kemal Zaim Sunel**'in söylediği gibi *"herkes dağarcığındakini ortaya döküyor"*, kendi gücüne dayanan büyük bir atılım yaşanıyordu. *Yetişmiş insan gücü* ve *aydın* yoksunluğu herkesin coşkuyla katıldığı ulusal bir imeceyle aşılmaya çalışılıyordu.

**Yakup Kadri Karaosmanoğlu** 1973'de katıldığı bir açık oturumda, kadro konusunda **Atatürk**'le yaptığı bir görüşmeyi aktarır. *Aydın* yetersizliğinin boyutunu göstermesi bakımından önemli olan bu aktarımda, **Karaosmanoğlu**, **Atatürk**'ten *"devrimlerin yürümesi için"* devletin Osmanlıdan devralınan tutucu kadrolardan arındırılmasını ister. **Atatürk**, *"başıma iş açma"* diyerek tepki gösterir ve *aydın* yetersizliğini ortaya koyan şu sözleri söyler: *"Ben milli mücadeleye yeşil sarıklı hocalarla başladım. Adam yoktu, bulamadım. Çağırdığımda geldiler mi, bana sadakatle hizmet ettiler mi? Ettiler... Saltanat hilafeti bile şeyh fetvası ile onlara kaldırttım."*[50]

\*

**Atatürk**, Cumhuriyet ilkelerine bağlı, yeniliğe açık, ulusal değerlerle donanmış yeni *aydınlar* yetiştirmek için işe, doğal olarak eğitimle başladı. *"Gençlerimize, görecekleri öğrenim sınırı ne olursa olsun onlara, en önce ve herşeyden önce, Türkiye'nin bağımsızlığına,benliğine, milli geleneklerine düşman olan bütün unsurlarla mücadele etmenin gereği öğretilmelidir"* diyordu.[51] Yeni *aydın* türünün yaratılmasına büyük önem veriyor, bu işin gençliğe dayanılarak ve ona iyi bir eğitim verilerek ancak başarılabileceğini biliyordu. Gençliğe seslenişi ve orduya vasiyeti bu amaçla yazılmıştı.

Ulusal bilinci geliştirmek ve devrimi koruyacak kadroları yetiştirmek için, önce milli eğitim ele alındı ve *"eğitimde birlik"* temel ilke haline getirildi; bu ilkeye uygun programlar geliştirildi. Kent ve köylerde okul yaptırma kampanyaları açıldı. Okuma yazma öğrenerek askerden çavuş olarak terhis olan gençler hızlandırılmış kurslarda eğitilerek, köylerinde okuma-yazma öğretecek eğitmenler haline getirildi. Köylerde üç yıllık ilkokullar açıldı. Köy aydınlanmasını sağlamak ve toprak devrimini gerçekleştirmek amacıyla köy enstitüleri tasarlandı; tasarım daha sonra uygulamaya sokuldu. Ülkenin değişik yörelerinde 21 tane köy enstitüsü açıldı.

Okullardan ayrı olarak, halka yönelik okuma yazma seferberliği başlatıldı ve *millet mektepleri* açıldı. Her yaştan bir milyon kadın ve erkek[52], ders saatlerinden sonra okullara gidiyor, okuma yazma öğreniyordu. Bu kurslardan hemen sonra 1931'de, halkın kültürel düzeyini yükseltmek için *Halkevleri* ve *Halkodaları* açıldı. **Atatürk**, Edirne gezisinde yaptığı açıklamada, *"Ulusçu ve Cumhuriyetçi güçlerin*

*Cumhuriyet Halk Fırkası* çevresinde toplanması" gerektiğini açıklamış[53] ve Halkevleri kurulmaya başlanmıştır.

Kapatılana dek geçen yirmi yıl içinde 478 *Halkevi* ve 4322 *Halkodası* açıldı. Bu örgütlerle, Anadolu'nun en uzak yörelerine ve en küçük birimlerine ulaşan, sıradışı bir *aydınlanma* sağlandı. *Halkevleri*, **Atatürk**'ün ölümüne dek geçen ilk sekiz yıl içinde 23 750 konferans, 12 350 temsil, 9050 konser, 7850 film gösterisi ve 970 sergi gerçekleştirdi. Aynı dönem içinde 2 557 853 yurttaş *Halkevleri* kütüphanelerinden yararlandı, 48 bin yurttaş çeşitli kurslara katıldı, 50 dergi yayımlandı.[54]

**Atatürk**'ün başlattığı *Anadolu aydınlanması*, etkili olduğu kısa süre içinde, ulusal bilinçle donanmış *aydın* yetiştirmede yeterli olmasa da önemli kazanımlar elde etti. 1945 yılına gelindiğinde yalnızca 4 yıllık köy enstitüleri döneminde; 1726 ilkokul açılmış; 2757 öğretmen, 604 eğitmen, 163 gezici başöğretmen, 265 gezici sağlık memuru yetişmişti. Köy enstitüleri kendi olanaklarıyla 37 kamyon almış, 6 enstitüde elektrik üretmiş, köylerde 741 işlik, 993 öğretmen evi, 406 bölge okulu, 100 km yol ve 700 ayrı türde bina yapmıştı.[55] Köy enstitüsünü bitiren öğretmenler, **Atatürk**'ün amaçladığı gibi, görevle gittikleri köylere aydınlığı ve uygarlığı götüren *ulusçu aydınlar* haline gelmişlerdi.

### İlk Hedef Köy Enstitüleri

Topluma önderlik edecek *aydın* yetiştirmede köy enstitüleri olağanüstü başarılı olmuştu. Anadolu köylerinin okumaya kararlı direngen gençleri, hiçbir zorluktan yılmayarak, köy enstitülerine geliyor, okullarını hem yapıyor hem de buralarda okuyorlardı. 1942-1949 arasında, yani yalnızca 7 yıllık etkin döneminde yetişen 17 bin öğretmenin hemen tümü inanmış yurtseverler, düzeyli *aydınlar*'dı. İçlerinden, yalnızca Türkiye'de değil, ülke dışında da ünlenen yazarlar, ozanlar, düşünürler çıktı. Hem yapıp hem okudukları enstitüler, tümüyle Türkiye'ye özgüydü.

Dünyanın birçok ülkesinde örnek alınmış, benzerleri yapılmıştı.

Atatürk'ün öngördüğü enstitülerde, büyük güçlüklerle ona ve devrimlere bağlı *Cumhuriyetçi* bir kuşak yetiştirilmişti. Gelinen yer, 1920 koşulları göz önüne alındığında, büyük bir başarı sağlandığını gösteriyordu. Ancak, devrimleri koruyup geliştirecek *aydın* yetiştirmek, ne denli başarılı olunursa olunsun, on beş yılda gerçekleştirilecek bir olay değildi. *Köy enstitüleriyle* sağlanan başarı olağanüstüydü, ama bu okulların yaşamları çok kısa sürmüştü. Kendisini koruyacak kadroları yetiştiremeden kapatılmıştı.

Köy enstitülerinin dünya çapında dikkat çeken başarısının, 1945'ten sonra Türkiye'ye girmeye başlayan ABD'nin dikkatini çekmemesi olası değildi. Nitekim ABD, o dönemdeki Türk hükümetine 12 adet *"eğitim projesi"* kabul ettirdi ve bu kabulden sonra Türk Milli Eğitim'i çok farklı bir yöne döndü. Köy enstitüleri önce etkisizleştirildi sonra kapatıldı, yerlerine imam hatip okulları açılmaya başlandı.[56] Oysa, korunup geliştirilmesi gereken devrimlerin boyut ve kapsamı çok genişti, Türk ulusunun kalkınıp güçlenmesini amaçlıyordu. Bu nedenle, devrimi koruyacak kadroların, sürekliliği olan bir kararlılık içinde, bağımsızlık düşüncesinden ödün vermeden yetiştirilmesi gerekiyordu. Ancak böyle olmadı. Yeni kadrolar yetiştirmek bir yana, zorluklarla yetiştirilmiş *Devrim*'e inanmış kadrolar, düzenli bir program içinde yönetimlerden uzaklaştırıldılar ve yoğunluğu giderek artan bir baskı altına alındılar.

\*

1939-1960 arası, Türkiye'deki *aydın kırımı*'nın ilk evresidir. **Atatürk**'ün yakın çevresinin yönetimden uzaklaştırılmasıyla başlayan, yazar ve düşünürlerin sudan gerekçelerle tutuklanıp cezalandırıldığı bu dönemin gerçek yükünü, köy enstitüsü çıkışlı öğretmenler çektiler. Mesleklerinde olduğu kadar, düşünsel etkinliklerinde ve hemen tüm eylemlerinde hükümet baskısıyla karşılaştılar. Soruşturuldular, sürüldüler ve tutuklandılar. Yüksek okul mezunu olmalarına karşın (Yüksek Köy Enstitüsü çıkışlılar), bir bölümü yedek subay yapılmadı.[57] Valiler, kaymakamlar, müfettişler, milletvekilleri ve bakanlar, onları hemen her fırsatta suçladılar. Suçlamalar, köy enstitülerinin tümünü kapsıyor, ancak bu işin öncülerine karşı yoğunlaşıyordu. CHP'li Milli Eğitim Bakanları **Reşat Şemsettin Sirer** ve **Tahsin Banguoğlu**, enstitülerin kurucusu İsmail Hakkı Tonguç'u, önce *Talim Terbiye Kurulu*'na sonra *Ankara Atatürk Lisesi* elişi öğretmenliğine atamıştı. DP'li Bakan **Tevfik İleri** ise, 14 Ağustos 1950'de radyoda yaptığı konuşmada, köy enstitüsü çıkışlılar için, *"Öğretmenler içinde, üç dört yüz kadar komünist bulunmaktadır. Bunları saptayıp mahkemeye vereceğiz, Milli Eğitim'i bunlardan temizleyeceğim"* diyordu.[58]

Köy enstitüsü çıkışlı olanlar başta olmak üzere, hemen tüm ulusçu öğretmenler, yaşamları boyunca bu tür söylemlerle karşılaştılar. Soruşturmalar ve sürgünlerle dolu ve hiç bitmeyen *düşünsel ve fiziksel bir baskı* içinde yaşadılar. Ülkeyi ve halkı sevmek; bu sevgiyi eyleme dönüştürmek, ulusal bağımsızlığı savunmak ya da anti-emperyalist olmak; komünist olmakla eşanlamlı hale getirilmişti. Sırayla yönetime gelen hükümetler, herhalde örneği pek olmayan, sınır konmamış bir düşmanlıkla, kendi öğretmenine saldırıyordu. **Şevket Süreyya Aydemir**, o dönemi şöyle anlatmaktadır: *"Milli Eğitim Bakanlığı, köy enstitülerinin üstüne birden, amansız şüphelerin ve iftiraların bulutlarını gerdi. Haksız müdahaleler, yalnız enstitülü öğretmenlerde değil, bütün öğretmen dünyasında gurur, haysiyet ve cesaret kırıcı duygular yaratıyordu. Birgün bir salonda, enstitüler için çok ağır suçlamalar yapan bir eğitim müfettişinin konuşma, rapor ve vesikalarını dinlemiştim. Söylenenler eğer doğruysa daha o gün ve o salondan başlayarak, ne kadar köy enstitülü varsa hemen toplanmalı ve tutuklanmaları gerekirdi.."*[59]

Enstitülülere yöneltilen soruşturmalar, suçlamalar ve cezalar, gerçekte Türk Devrimi'ne, bağlı olarak ulusal varlığa zarar veren uygulamalardı. Türkiye'de acıklı bir durum yaşanıyor ve Cumhuriyet'le kurulan devlet, kendisini korumak için yetiştirilen kadroları eziyordu. Roman okumak (Ignazio Silone'nin Fontamara'sı), roman yazmak (Bizim Köy-Mahmut Makal) tutuklama nedeni olabiliyordu. *"Rusya'da aile vardır"* ya da *"enstitüye gelmeden ağanın koyunlarını güdüyordum"* demek, *"derse fazla kitapla girmek"*, *"Doğu'da ağalığın olduğunu"* ileri sürmek soruşturma nedeniydi.[60] 1969'da gerçekleştirilen demokratik bir eylem gerekçe yapılarak, 5000 öğretmene sürgün, 30 bin öğretmene maaş kesimi, 200 öğretmene kıdem indirimi cezası verilmişti.[61] Kayseri'de toplanan *Türkiye Öğretmenler Sendikası (TÖS) Kurultayı*, bir gurup gerici tarafından basılmış ve bina ateşe verilmişti. Bir bayan öğretmen, elbiseleri parçalanarak bir kamyona koyulmuş ve Kayseri sokaklarında dolaştırılmıştı. Kurultay yapılan binada kuşatılan öğretmenleri, yakılmaktan son anda ordu birlikleri kurtarmıştı.[62] Sistemli hale gelen baskılar sonucu çalışamaz hale gelen öğretmenler, mesleklerini bırakmaya, yurtdışına işçi olarak gitmeye başladılar. 1965-1969 yılları arasındaki yalnızca beş yılda, 3500 öğretmen meslekten ayrılmış, bunlardan 670'i yurtdışına çalışmaya gitmişti.[63]

Böylesine yoğun bir baskı altına alınan öğretmenlerin tek suçu, *aydın* sorumluluğu duyarak ulusal hakları savunmaları ve Türk Devrimi'ne sahip çıkmalarıydı. TÖS Genel Başkanı **Fakir Baykurt**'un *Ulus* gazetesine yaptığı açıklama, bunu net olarak ortaya koymaktadır. **Baykurt** şunları söyler: *"Öğretmenler, yetiştirdiği nesillere; devrimleri, yer altı ve yer üstü zenginliklerini, hiç ödün vermeden öğretmektedirler. Bunu yaparken Atatürk, her davranışı ve her sözüyle bizlere biricik rehber olmaktadır."*[64]

Öğretmenler, özellikle de köy enstitüsü çıkışlı olanlar, her türlü baskıyı göğüslediler, baskılardan yılmadılar ve *Türk Devrimi*'yle **Atatürk**'ü gençlere öğretmeyi sürdürdüler. Ulusal hakları savunmada engel tanımadan, zorlu köy koşullarının onlara verdiği dayanıklılıkla saldırıların ağır yüküne katlanmasını biliyorlar ve direniyorlardı. Her koşulda, örgütleniyor ve örgütlüyorlardı. 1948'de, Ankara'da *Türkiye Öğretmenleri Yardımlaşma Derneği'*ni kurdular. Bu dernek, 1950'de Türkiye *Öğretmenler Dernekleri Milli Birliği*, 1954'de de *Türkiye Öğretmen Dernekleri Milli Federasyonu* adını alarak genişleyip ülke düzeyine yayıldı. Köy enstitüleri, bu dernekler içinde yer almakla kalmadılar, 1949 yılından sonra *Bölge Köy Öğretmen Dernekleri*'ni kurdular, dergiler çıkardılar. 1961'de yayına başlayan *İmece*, çok uzun yıllar köy öğretmenlerinin sesi olarak varlığını sürdürdü. 27 Mayıs'tan sonra kurulan TÖS, 12 Mart'tan sonra kurulan TÖB-DER, büyük ve etkili kitle örgütleriydiler. İlki 12 Mart 1971, diğeri *12 Eylül*'le birlikte kapatıldı. 12 Eylül'den sonra 20 bin öğretmen işten el çektirildi, yüzlercesi memurluktan çıkarıldı,[65] tutuklandı ya da işkenceden geçirildi. Yurt dışına çalışmaya gidenler, çoğunlukla bunlardı. Gittikleri yerlerde, çok zor koşullar altında yaşamlarını sürdürmeye çalıştılar. Onların gitmesiyle, yalnız Türk milli eğitimi değil, herhalde ondan daha çok, ulusal bağımsızlık düşüncesi, yani Türk ulusu zarar gördü.

\*

Öğretmen üzerinde kurulan *bitmeyen* baskı, 1940'lı yıllardan beri aralıksız yarım yüzyıl sürerek, *Cumhuriyet*'le kazanılan pek çok değeri yok etmiş ve milli eğitimde bugün yaşanan bozulmayı ortaya çıkarmıştır. Oysa **Atatürk**, *"geleceğin nesillerini yetiştirecek olan"* öğretmenlere büyük önem veriyor, Türkiye'yi kurtuluşa götürecek *"gerçek zaferi"*, öğretmenlerin kazanacağını söylüyordu. Kurtuluş Savaşı'ndan hemen sonra, 27 Ekim 1922'de Bursa'da kendisini dinlemek için İstanbul'dan gelen kalabalık bir öğretmen topluluğuna şöyle seslenmişti. *"İstanbul'dan geliyorsunuz. Hoş geldiniz. İstanbul'daki aydınlık ocakların temsilcileri olan yüce topluluğunuz karşısında duyduğum kıvanç sonsuzdur. Yüreklerinizdeki duyguları, kafanızdaki düşünceleri, doğrudan doğruya gözlerinizde ve alınlarınızda okumak, benim için olağanüstü bir mutluluktur. Bu anda, karşınızdaki en içten duygumu izninizle söyleyeyim: İsterdim ki çocuk olayım, genç olayım, sizin ışık saçan sınıflarınızda bulunayım. Sizin elinizde geli-*

*şeyim. Beni siz yetiştiresiniz. O zaman ulusuma daha yararlı olurdum. Ne yazık ki gerçekleşmesi olanaksız bir istekle karşınızdayım. Bunun yerine sizden başka bir dilekte bulunacağım: Bugünün çocuklarını yetiştiriniz. Onları yurda, ulusa yararlı insanlar yapınız. Bunu sizden istiyor ve diliyorum... Eğitimin sağlayacağı bilim ve tekniğin yardımıyla, Türk ulusu, Türk sanatı, Türk ekonomisi, Türk şiir ve yazını bütün incelik ve güzellikleriyle gelişecektir... Hanımefendiler, Efendiler!*
*Ordularımızın kazandığı zafer, siz ve sizin ordularınızın zaferi için yalnızca ortam hazırladı. Gerçek zaferi siz kazanacak, siz yaşatacaksınız ve kesinlikle başarıya ulaştıracaksınız. Ben ve bütün arkadaşlarım sarsılmaz inançla sizi izleyeceğiz ve sizin karşılaşacağınız engelleri kıracağız."*[66]

Cumhuriyet öğretmenleri **Atatürk**'ün sözlerine uydular, yurt ve ulus yararına olağanüstü bir inanç sağlamlığı ve üretkenlikle bir büyük kavga içine girdiler; büyük özverilerle, gerilik ve cehaletle savaştılar. Yeni ve aydın bir kuşak yetiştirdiler. Ancak, henüz kendilerini ve *Devrim*'i koruyacak kadar güçlenmeden önderini yitiren bu kuşak, daha sonra hırpalanmaya; hor görülmeye başlandı. *Devrim*'i savunmak, ilkelerini yaşatmak yani devrimci olmak, artık devlet katında hor görülmeyi ve baskı altına alınmayı gerektiren bir eylem haline geldi. Öğretmenler, yarım yüzyıllık bu süre içinde sürüldüler, tutuklandılar hatta öldürüldüler. Ancak yılmadılar. 1922'de kendilerine söylenen sözlere, içten bir bağlılıkla sadık kaldılar, ancak ağır bir bedel ödediler. Onlara ödetilen bedel, yetiştirdikleri *"yeni kuşağa"* da, yani gençlere de yansıtıldı. Onbinlerce genç, üniversite sıralarından alınıp cezaevlerine dolduruldu, işkence gördü, sokak ortalarında öldürüldü. *Atatürkçü, devrimci, ülkücü aydın* bir kuşak adeta yok edildi. 1938-1960 arası *aydın kırımı*'nın ilk evresiydi ve bu *kırım* ağırlaşarak sürecekti.

1938-1960 arasında öğretmenlerden ayrı olarak, yazarlar, şairler, bilim adamları hatta sanatçılar, hiçbir ayırım gözetmeden, üstelik yoğun biçimde baskı görüp eziyet çektiler. Oysa bu yurtsever *aydınlar*, çok güç koşullarda, büyük emeklerle yetişmişlerdi. Nüfusun yalnızca yüzde 10'unun okuma yazma bildiği bir toplumda *aydın* yetiştirmenin ne anlama geldiğini, böyle bir toplumda bir tek *aydın*'ın bile değerinin ne olduğunu, bu işi yapanlar, yani eğitimciler iyi biliyordu. Köy enstitüsü çıkışlı **Hasan Kıyafet** öğretmenin söylediği şu sözler, yurtsever öğretmenin nasıl yetiştiğini, nasıl mücadele ettiğini ve neler çektiğini göstermesi bakımından, oldukça öğreticidir: *"Köy enstitüleri, bizleri başarının tadına doyurmuştu. Bunu ilk kez insan olduğumuzu anımsatarak yaptı. İnsan olduğumuzu önce, ilk kez giydiğimiz ayakkabı, iç çamaşırı gibi yadırgadık. Doğrusu insan olduğumuzu kabullenmek oldukça güç oldu. Ama tadını aldıktan sonra da peşini bırakmadık. Ölümüne sarıldık insanlığımıza! Ne zormuş insan olmak! Ne tatlıymış insan olmak.. Köy enstitülerini kuruluşlarının 60 yıl ardından daha çok özlüyor ve arıyoruz. Topu topu 7 yıl kadar sürmüş verimli yaşamları. Neredeyse bir ilkokul çocuğunun okul çağı kadar ömrü olmuş. Anadolumuz'un yoğun karanlığından bir yıldız gibi kaymış geçmiş. Yalnız geçerken ısıtmış ortalığı, iz bırakmış. İşte bu nedenledir ki, düşmanı çok olmuş. Sermayesi karanlık olanlar, tez elden mezarını kazmışlar."*[67]

## "68 Kuşağı"

Cumhuriyet'in ilk kuşak öğretmenleri, **Fakir Baykurt**'un söylediği gibi *"Atatürk'ü her davranışı ve her sözüyle örnek alan"* ve *"ulusal bağımsızlığın bekçiliğini"* yapan bir gençlik yetiştirmeyi başardılar. Üstelik bu gençlik sözle yetinmedi, edindiği bilinç doğrultusunda hiçbir çıkar hesabına girmeden mücadeleye atıldı. Okuyor, tartışıyor ve örgütleniyorlardı. **Atatürk**'ün gençliğe seslenişini ve Bursa söylevini kendilerine rehber alarak eyleme geçtiler. Ülkenin bağımsızlığını yitirdiğini, anti-emperyalist bir savaş sonunda kurulan Cumhuriyet'in savunulması gerektiğini görüyorlardı. Yaşlarının ve konumlarının kaldıramayacağı bir mücadele içine girdiler. Tutuklandılar, ceza yediler, hatta idam edildiler, ama inançlarından hiçbir biçimde ödün vermediler. *68 Kuşağı* adı verilen gençlik hareketi böyle ortaya çıktı

*68 Kuşağı* ve sürdürdüğü kavganın, destansı bir yanı vardır. Aynı dönemde dünyanın başka yerlerinde ortaya çıkan gençlik hareketlerinden çok farklıydı ve Türk toplumuna özgü, olağanüstü direngen bir mücadele ruhuna sahipti. Yurtsever *aydınlar* haline gelen gençler, yanlışına doğrusuna, önüne arkasına bakmadan çıkarsız ve önyargısız bir atılganlıkla hiçbir kişisel çıkar gözetmeden, *"ülkeyi korumak için"* kendilerini ortaya koyuyordu. 21-22 yaşında genç insanlar, gözünü kırpmadan ölüme gidiyor, giriştiği kavgada hiçbir engel tanımıyor ve hiçbir şeyden yılmıyordu. Böyle bir şey, dünyanın hiçbir ülkesinde görülmemişti.

\*

*68 Kuşağı* için çok şey yazılıp söylendi. Yapılanlar ve sonuçları ortada duruyor. Birçok insan o dönemi yaşadı. Dönem için, fazla derine inmeden tek bir tanım yapılacaksa, bu tanım herhalde, *Kurtuluş Savaşı*'na, **Atatürk**'e ve *Cumhuriyet aydınlanması*'na sahip çıkan gençliğin, *ödünsüz bir anti-emperyalist mücadele içine girmesi* biçiminde olmalıdır. Anadolu'nun her yöresine dağılmış olan yurtsever öğretmenlerin yetiştirdiği gençler, üniversitelere geliyor ve sürekli bir öğrenme isteğiyle, hızla bilinçleniyordu. Üniversitelerde adeta bir gençlik aydınlanması yaşanıyordu. Derslerden ayrı olarak, Türk Devrim Tarihi ve Kemalizm başta olmak üzere, yoğun biçimde felsefe, tarih, sosyal bilimler okunuyor; panel ve tartışmalar, kültürel etkinlikler düzenleniyor, gençliğin bilinç düzeyi hızla yükseliyordu.

Üniversiteler, yurtlar, öğrenci pansiyon ya da evlerinin her biri adeta birer tartışma merkeziydi. Gençler, o denli çok bilgi edinmişlerdi ki, kazandıkları özgüvenle kendilerini, ülkeyi yönetenler dahil, herkesten daha bilgili görüyor, bilinç düzeyi olarak özellikle politikacılardan çok ilerde olduklarına inanıyorlardı. Bu inanç, boş bir böbürlenmeyi değil, belli oranda gerçeği yansıtıyordu. Edindikleri bilgi ve bilinç nedeniyle, ülke sorunlarını kavrıyor ve gerçeği yansıtmayan hiçbir politik söze kanmıyorlardı. Ulusal bağımsızlık, hiçbir koşulda ödün verilmeyecek olan temel hedefti. Eyleme dönüşmeyen bilginin onlar için bir değeri yoktu. Düşünceyle eylem kesinlikle bütünleşmeliydi. Bu anlayışla ve gelecekte kendilerini bekleyen güçlükleri bilerek, sonuçlarına aldırış etmeden mücadeleye atıldılar ve onlar da çok ağır bir bedel ödediler.

\*

Gençliğin, Müdafaa-i Hukuk anlayışına ve **Mustafa Kemal**'e bağlı kalarak anti-emperyalist bir yöneliş içine girmesi, doğal olarak kendisini hedef alan tepkiyi de birlikte getirdi Dışarda planlanan ve ülke içinde önceden hazırlanmış olan örgütler, harekete geçirildi ve ulusal bir mücadele içindeki gençlerin üzerine salındı. *Adalet Partisi Gençlik Kolları*, AP'lilerin yönetiminde bulunduğu *Komünizmle Mücadele Dernekleri*, *İlim Yayma Derneği*, *Milli Türk Talebe Birliği* gibi örgütler saldırılarda başı çekiyor, kolluk kuvvetleri bunlara dolaylı-dolaysız destek veriyordu. Atatürkçü çizgide yasal eylemler düzenleyen gençler, *dinsizlik ve ahlaksızlık* anlamında ve küfür olarak kullanılan *komünistlik* suçlamasıyla suçlanıyor, *öldürülmelerini* isteyen çağrılar yapılıyordu. Bir kısım basında yoğun ve ilkel bir yalan kampanyası sürekli hale getirilmişti. *"Komünistlerin ortalıkta kol gezdiği, milliyetçi-mukaddesatçıları kesecekleri, ailelerinin ırzına geçecekleri"* söyleniyor, sürekli olarak *"komünistlerin Allah'a inanmadıkları, Türkler'in düşmanı olduğu ve bunların birbirlerinin karısıyla, bacısıyla serbestçe yatıp kalktığı"* ileri sürülüyordu.[68] Halkı *cihad* (din için savaş)'a çağıran *"İslamcı"* gazeteler *"koşulları ortaya çıktığında cihadın Müslümanlar için farz* (yerine getirilmesi gereken Tanrı emirleri y.n.) *olduğu"* nu yazıyordu. *Bugün* gazetesi yazarlarından **Mehmet Ş.Eygi**, o günlerde Suudi Arabistan'daki Türk hacı adaylarına şunları söylemişti: *"Camiye gitmeyen herkes komünisttir, siyonisttir, dizsizdir. Mahallenizde, camiye gitmeyenleri belleyin. Sizlere harekete geçme emri verilince bun-*

*ları öldüreceksiniz. Bu köpekler öldürülünce hareket kolaylaşacak, amacımıza daha rahat ulaşabileceğiz."*[69]

Kışkırtmalara yanıt verecek çevreler önceden hazırlanmıştı. Daha önce TİP toplantılarını basan gizli-açık örgütler, gençliğin yasal eylemlerine saldırmaya başladılar. *"Komünizme karşı vatan savunması"* adıyla saldırılara katılan örgütler de artmış ve özellikle CKMP'nin *"gençlik kampları"* na katılmış olan *"disiplinli kadrolar"* 1969'dan sonra öncü konuma gelmeye başlamışlardı. *Adalet Partisi Gençlik Kolları* üyelerinin, Atatürkçü çizgideki *Türkiye Milli Talebe Federasyonu* (TMTF)'nun 13 Kasım 1966'da Sakarya'daki kongresine saldırması, gençliğe yönelen planlı saldırının ilk örneklerinden biriydi. TMTF'nin Komünizmle herhangi bir ilişkisi yoktu ve TMTF'liler derneklerini; *"Atatürkçü, halkçı, devrime, Anayasa'nın öngördüğü temel hedeflere bağlı, Türk halkını çileden, yoksulluktan kurtararak çağdaş uygarlık düzeyine ulaştıracak"* bir örgüt olarak tanımlıyordu.[70]

10 Kasım 1968'de, *27 Mayıs Milli Devrim Derneği, Türk Milli Gençlik Federasyonu* (TMTF), *Türkiye Milli Gençlik Teşkilatı* (TMGT), *Devrimci Öğrenciler Birliği* (DÖB) ve *Orta Doğu Teknik Üniversitesi Öğrenci Birliği* gibi kuruluşlar; Samsun'dan Ankara'ya, *"Atatürkçülüğe Dönüş, Tam Bağımsızlık Yürüyüşü"* düzenledi. Yürüyüş, nitelik ve katılım olarak önemli bir eylemdi, ancak bu eylemi önemli kılan bir başka yan, gençlik eylemlerinde *kışkırtıcı ajan* kullanımının kanıtlandığı ilk eylem olmasıydı. Adının **Muzaffer Köklü** olduğu sonradan öğrenilen bir kişi, gazetecilerin toplu olarak bulunduğu bir anda aniden, kızıl bir bayrakla kitlenin önüne çıkmış ve yürüyüş kolunda kimsenin tanımadığı küçük bir gurup, ne marşı olduğu anlaşılmayan bir şeyler söylemişlerdi. Bu hareket bir kısım basında; *"Orak Çekiçli Bayraklarla Yürüyorlar", "Türk Bayrağından Ay Yıldızı Çıkardılar", "Komünist Marşı Söylediler"* biçiminde haber yapılmış ve üç aydır sürdürülen *"Komünist bir ayaklanma olacak", "din elden gidecek"* propagandası üst düzeye çıkarılmıştı. Yürüyüşçülerin Ankara'ya varacağı 10 Kasım günü,

Hacıbayram Camisinde toplu namaz kılan bir gurup, yürüyüşçüleri *"Ankara'ya sokmamak için"* beklemeye başlamıştı. Çatışmaya doğru giden gergin hava, Cumhuriyet'in başkenti Ankara'da yurttaşları tedirgin etmiş ve CHP Genel Başkanı **İsmet İnönü**, TMGT Başkanı **Kazım Kolcuoğlu**'nu yanına çağırtarak, *"atılacak her adımda dikkatli, hem de çok dikkatli olunması gereken günler yaşandığı"* nı söyleyerek, yürüyüşün, Ankara'nın dışında bitirilmesini istemiştir. Bütün bunlar olurken Başbakan **Süleyman Demirel**, izin alınmış yürüyüş için önlem almak yerine, *"din ve vicdan hürriyetini savunmak bizim görevimizdir"* diye açıklama yapıyor[71], sonuç olarak **Atatürk**'ü anmak için yapılan yasal yürüyüş Ankara'ya girmeden bitiriliyordu.

1968'de gerçekleştirilen *"Atatürkçülüğe Dönüş, Tam Bağımsızlık Yürüyüşü"*ne karşı yapılan yayınlar, gençlere yöneltilen ve öldürülmelerle sonuçlanacak saldırıların, *toplu kırımlar*'ın habercisi gibidir. Sonraki saldırıların hemen tümünde, bu yürüyüşte uygulanan ve aynı yerde planladığı açıkça belli olan yöntemler, geliştirilerek uygulanmıştır. *"Atatürkçülüğe ve Tam Bağımsızlığa Yürüyüş"* eyleminden üç ay sonra İstanbul'da gerçekleştirilen *"Emperyalizme ve Sömürüye Karşı İşçi Yürüyüşü"* adlı yasal eylem, Samsun'da olduğu gibi önce basında karalandı, saldırı hazırlıkları yapıldı. Kimi gazeteler, *"Ya Tam Susturacağız, Ya Kan Kusturacağız"*, *"Kızılları Boğmanın Vakti Gel-di"*, *"Cihada Hazır Olun"* gibi başlıklarla çıktı. **Mehmet Ş. Eygi**, *Bugün* gazetesinde yaptığı çağrılarda şunları söyledi: *"Müslüman kardeşim.. Komünizm küfrüne karşı derhal silahlan. İslamda askerlik ve cihad ihtiyari değil, mecburîdir.. Herkes, komünizm küfrü ile savaşa hazır olsun.. Cihad eden zelil olmaz. Sağ kalırsa gazi, ölürse şehit olur. Ey müslümanlar! İmanınız tehlikede, dininiz tehlikede, Kuranınız tehlikede, camiler tehlikede. Din iman elden gidecek. Kalkın ey ehli İslam! Davranın!.."* biçiminde çağrılar yaptı.[72]

Çağrılar ve yapılan hazırlıklar sonucu miting günü, yürüyüşün bitiş noktası olan Taksim alanına, kalabalık bir saldırgan gurubu toplandı. Kırk bin kişilik yürüyüş kolunun ilk birkaç bini alana girdiğinde saldırıya geçildi ve Türk siyaset tarihine *"Kanlı Pazar"* olarak geçen olaylar sonunda, iki genç öldürüldü, 104 kişi yaralandı. Ölümle sonuçlanan kışkırtmalara ve açık saldırıya karşın, dönemin İçişleri Bakanı **Faruk Sükan**, *"Olaylara yürüyüş yapan solcuların, sağcılar üzerine molotof kokteyli atması neden olmuştur"* dedi, Başbakan **Süleyman Demirel** ise *"Bu tip olaylar hür olan memleketlerin işaretleridir"* diye, inanılması güç sözler söyledi.[73]

\*

12 Mart 1971 döneminde çok sayıda genç, çoğu *faili meçhul* biçimde öldürüldü, üç gençlik önderi idam edildi, yüzlercesi tutuklandı, hapisle cezalandırıldı, binlercesi okulunu bıraktı. 18-22 yaşındaki genç insanlar saldırılar karşısında korunmadıklarını görerek, kendilerini savunma savıyla silahlanmaya başladılar. Sanki *görünmez bir el,* gençleri silahlanmaya ve kendi aralarında çatışmaya yöneltiyor, çok da başarılı oluyordu. Gençler, büyük özverilerle yurt yararına olduğu inancıyla, kaldıramayacakları kadar ağır bir mücadelenin içine giriyor ve sanki bir düşman işgaline karşı koyarcasına birbiriyle çarpışıyordu. Ülkede cirit atan yabancı ajanlar, işbirlikçiler aracılığıyla, olayları istedikleri biçimde yönlendiriyordu. Büyük bir kitlesel güce ulaşan gençlik örgütlerine, üstelik çoğu kez yönetici olarak sızılıyor, öğrenci kitlesi kendisini birden, konumu ve gücüyle orantılı olmayan bir çatışma içinde buluyordu. Bugün medyada ya da iş çevrelerinde ABD ve AB politikalarını savunarak, **Atatürk**'e, Cumhuriyet'e ve ulus-devlete saldıran pek çok kişi, o dönemde etkili öğrenci örgütlerinin yöneticileriydiler. Bunlar, yasadışı yollardan *Filistin kampları*'na gidip geliyor, aldıkları silahlı eğitimin *"ayrıcalığıyla"* gençliğe en keskin eylemleri öneriyorlardı. En hızlı *"devrimciler"* onlardı. *"Devrim ancak silahla olur", "hareket herşeydir", "silahtan korkanlar küçük burjuvadır"* diyorlardı. Bunlara, daha sonra *dönek* denildi. Oysa bunları *dönek* değil, işin başından beri *görevli* kabul etmek gere-

kiyordu. Bugün profesör olan o dönemin üniversite asistanı **Mahir Kaynak**, o günlerde öğrencilerine şunları söylüyordu. *"Devrimci mücadelenin gücü silahtır. Silahsız mücadele başarıya ulaşamaz. Pasifizme son verelim.."*[74]

Bugün Avrupa Birliği fonlarından *"internet sitesi kurmak için"* büyük paralar aldığı basında yazılan **Ertuğrul Kürkçü**'nün konumu da çok ilgi çekicidir. Önce *Türkiye İşçi Partisi* (TİP) gençlik kollarına girmiş ve kısa bir süre içinde buradan atılmıştı. Bir ara *"Troçkist olduğunu"* söylemiş, sonra *"Dev-Genç çizgisini benimseyerek"* çok geçmeden bu *"zor"* örgüte Genel Başkan olmuştu. Bu görevdeyken, *Sosyal Demokrasi Dernekleri Federasyonu* (SDDF)'nun yaptığı *"Gençliğin Silah Bırakması"* çağrısını açıktan reddetmiş ve *"THKP-C içinde silahlı mücadeleye"* başlamıştır.

Dev-Genç sanıklarından **Münir Ramazan Aktolga**'nın mahkemede söylediği sözler; gençliği mahveden bir dönemin karmaşıklığı, gençliğin yaşadığı ruhsal çöküntüyü ve aydın bir kuşağın yok oluşunu ortaya koyan acılı bir belgedir. **Aktolga** şunları söylüyordu: *"Ben her türlü ahlaksızlığın, namussuzluğun, ihanetlerin hep solculuk adına yapıldığı bir mekanizma içinde yer aldım. ABD emperyalizminin ihraç malı solculuğunu, işçi sınıfının ideolojisi sanarak benimsediğim günden bugüne kadar, hangi niyet ve istekle olursa olsun, nesnel olarak, vatana ve insanlığa ihanet hareketinin içinde bulundum..."*[75]

## "Ülkücüler", "Devrimciler"

1960 yılında, birlikte hareket ederek *Demokrat Parti*'nin çöküşünü sağlayan Türk gençliği, sonraki 6-7 yıl içinde, birbirini görmeye katlanamayan amansız düşmanlar halinde iki büyük parçaya bölünmüştü. Yetişme biçimleri, gelecek umutları ve tarihsel kökleri farklı olmayan, aynı ulusun gençleri, akıldışı bir kinle donatılmış ve belki de başka hiçbir yerde görülmeyen bir şiddetle, birbirini *kırmaya* başlamışlardı. *"Ülkücü"* ve *"devrimci"* tanımlarıyla kutuplaşan genç insanlar; durmadan birbirine saldırıyor, vuruyor, kırıyor ve öldürüyordu. Giriştikleri aykırı eylemin yurt yararına olduğunu sanıyorlar, karşıtlarına ne denli zarar verdirirse, ülkesine o denli yararlı olduğuna inanıyorlardı. Ancak gerçek zararı, gençleri birbirini hırpalayan Türkiye görüyor, geleceğini bağladığı genç aydınlarını, *"sonuçsuz"* ve *"sonsuz"* bir kavgada yitiriyordu. *"Ülkücüler"* saldırırken Türk insanını *"Komünizm belâsından"*, ülkeyi *"Rus işgalinden"* kurtardığına, *"devrimciler"* saldırırken de *"faşizme ve ABD emperyalizmine"* karşı yurtsever bir görev yerine getirdiğine inanıyordu. Bu açmaz gerçekten, ustalıkla hazırlanmış büyük bir oyundu.

*Devrimciler"*in gerçekleştirdiği saldırı biçimi, üniversitelerde başlangıçta daha güçlü oldukları için *"ülkücüler"*i okula sokmamak ve eğitim haklarını elinden alarak, onları okulu bırakmaya zorlamaktı. *"Devrimci"* kesim içinde bu işe öncülük edenler incelenecek olursa bunların, bugün medya'da etkili yerlerde bulunan geçmişleri karışık işbirlikçiler olduğu görülecektir. Bunlar o dönemde, bir görevi yerine getirir gibi, *"ülkücüleri okula sokmama"* eylemlerini düzenleyen en hızlı *"devrimciler"* di.

\*

Yıldız Devlet Mühendislik ve Mimarlık Akademisi 9 Mart 1970'de açıldığında *"devrimci"*ler iki *"ülkücü"* öğrenciyi döverek okuldan atmışlar ve bir forum düzenlemişlerdi. Forumda konuşan Öğrenci Birliği Başkanı **Targan Ülbeyi** şöyle söylüyordu: *"Devrimler kansız olmaz. Öleceğiz, öldüreceğiz. Olaylar sağ-sol çatışması değildir. Bugün okula gelen iki kişi, öldürülmek için buraya gönderilmişlerdir. Onları öldürseydik, ertesi gün sağ ihtilal provaları başlayacaktı."*[76]

İstanbul ve Ankara'da *"okula sokmama"* eylemlerinin yayılması üzerine, *Ülkü Ocakları* adına **Ramiz Ongun**, Ankara Veteriner Fakültesi Öğrenci Derneği Başkanı **Yavuz Sezen**'le birlikte, 6 Mayıs 1970'de bir basın toplantısı düzenlediler. O dönemin üniversite koşullarını yansıtması bakımından önem taşıyan toplantıda şunlar söylendi: *"Biz fakir ailelerin çocuklarıyız ve bütçelerimizin sınıfta kalmaya tahammülü yoktur. Okumak istiyoruz. Üniversiteler, Lenin'in re-*

*simleri asılsın, marksist prensipler münakaşa edilsin diye yapılmadı. Bu memleketin evlatları okusun diye yapıldı."*[77] **Ramiz Ongun** bunları söylerken, *"ülkücü"*ler hemen aynı günlerde etkin oldukları Erzurum Atatürk Üniversitesi İşletme Fakültesi girişine *"Komünistler bu fakülteye giremez"* diye bir yazı asıyor ve yazılanın gereğini yaparak komünist olduğuna inandıkları öğrencileri Fakülte'ye sokmuyordu.[78] Aynı günlerde İstanbul Ziverbey Eğitim Enstitüsünde o güne dek olmamış bir *"eylem"* türü gerçekleştiriliyor ve bu kez *"devrimci"* öğrenciler *"ülkücü"* saydıkları *öğretmenlerini* okula sokmuyordu.[79]

*"Ülkücülere"* yönelik eylemler, dövme ve okula sokmamakla sınırlı kalmadı. Doğal bir tepki gibi görülerek ve *"devrimcilere yapılan saldırılara karşılık vermek üzere"* yaralama ve öldürmelerle sonuçlanan silahlı saldırılara yöneldi. Aynı anlayış ve yöntemi, *"ülkücüler"* de kullandı. Ateşli silahlar kullanılarak gerçekleştirilen karşılıklı saldırılar sonucu; **Mehmet Büyüksevinç**, **Battal Mehetoğlu**, **Taylan Özgür**, **İlker Mansuroğlu** gibi *"devrimci"* öğrencilerin öldürülmesine karşılık; **Ruhi Kılıçkıran**, **Süleyman Özmen**, **Yusuf İmamoğlu** ve **Dursun Önkuzu** adlı *"ülkücü"* öğrenciler arka arkaya öldürüldüler.[80]

*"Ülkücü"* ve *"devrimciler"* birbirleriyle çatışırken siyasi iktidar, olaylara karışmıyor görünüyor ancak el altından hemen tüm olayları, dolaylı biçimde yönetiyordu. Her iki kesim için de, ilerde kullanılmak üzere raporlar hazırlatıyor, kışkırtıcı ajan kullanımını mükemmel sayılabilecek bir ustalıkla işletiyordu. Her iki kesim de, AP iktidarının politikalarını onaylamıyor, birbirleriyle çatışsalar da hükümete karşı eleştirilerini giderek arttırıyorlardı. Gençliğin iktidara yönelttiği eleştiriler, Türk halkının duygu ve isteğini önemli oranda yansıtıyor, giderek toplumsal muhalefeti temsil eden siyasi görüşler haline geliyordu. Bu durum üzerine, *"uzun vadeli ve çok aşamalı bir plan uygulamaya kondu."*[81]

Gençlik eylemlerini; önemsizmiş gibi göstererek başıboş bırakmak, gerektiğinde yönlendirmek, olabildiğince parçalara ayırmak, aykırı eylemlerle halkta tepki yaratmak, gençleri bu tür eylemler içine çekmek, hazırlanan planın ana hedefleriydi.[82]

Sosyal Psikolog ve *Eğitim Bilimci* (pedagog) **Tanzer Sülker Yılmaz**, *Türkiye'de Gençlik Hareketleri* adlı yapıtında, plan hakkında şunları söylemektedir: *"Önce üniversite ve yüksek okullardaki olaylara kayıtsız kalınarak öğrenci-öğretim üyesi bütünleşmesinin parçalanması yoluna gidildi. Sol hareket içine yerleştirilen kışkırtıcı ajanların görevi ise, öğrenci kitlesini, halkı sola karşı yabancılaştıracak eylemlere yöneltmekti."*[83]

*"Plan"* başarıyla uygulandı ve *"öğrenci olayları"* birdenbire yön değiştirdi. Şiddetli ve sürekli, silahlı bir çatışmaya dönüşerek ülkenin her yerine yayıldı. Kim olduğu, nereden geldiği, kime bağlı olduğu belirsiz silahlı kişiler, gençliğin her kesiminde, üstelik karar verici yerlere geliyor, çatışmaya dayalı bir siyaseti örgütlerde tek geçerli yöntem haline getiriyordu. Gençliğin akademik-demokratik istemleri ortadan kalkmış; onun yerini, halkın nedenini hiç anlamadığı, destek bir yana kaygıyla izlediği ve giderek tepki duyduğu kanlı bir çatışma almıştı. Bu ortamda, gençliğin halktan koparak yalnız kalmaması, giderek örselenip ezilmemesi ve halkın çatışmaların bitmesi için her şeyi kabullenir hale gelmemesi elbette olası değildi. Çatışmalarla, hem ülkenin *aydınları* yok ediliyor hem de ülke her türlü müdahaleye hazır hale getiriliyordu: *bir taşla iki kuş* birden vuruluyordu.

Çatışmalar sürecinin sonunda zarar görenler, doğal olarak çatışan taraflar, yani *"ülkücüler"* ve *"devrimciler"*di. Bu sonuç, yalnızca 1960 sonrası olaylarıyla da sınırlı değildir. Ülke sorunlarına duyarlı bir siyasi geleneğe sahip bu iki gurup, **Atatürk**'ten sonraki her dönemde baskı görmüş ve yurt yararına görerek giriştiği her eylem döneminden sonra, siyasi iktidarlarca cezalandırılmıştır. Örneğin, Cumhurbaşkanlığı döneminde *"solculara nefes aldırmayan"* 1946'da başlayan *"çok partililik"* döneminde kurulan tüm *"sosyalist"* partileri kapatan **İsmet İnönü**, o dönemin ülkücülerine yani *Türkçüler*'e de yoğun baskı uygulamıştı. 1944'de 19 Mayıs törenlerinde yaptığı konuşmalarda *Türkçüler*'i vatan hainliğiyle suçlayarak şunları söylemişti: *"Turancılar, Türk Milletini, bütün komşuları ile onarılmaz bir surette düşman yapmak için birer tılsım bulmuşlar. Bu kadar şuursuz ve densiz fesatçılara Türk Milleti'nin mukadderatını kaptırmamak için Cumhuriyet rejimi bütün tedbirlerini kullanacaktır. Vatandaşlarım! Bu yeni fesatçılara karşı, vatanımızı kudretle müdafaa edeceğiz"*[84]

**Süleyman Demirel**, *"ülkücüleri"* sokak çatışmalarında kullanmayı, yürüttüğü iç siyasetin neredeyse merkezine yerleştirmişti. Bir yandan, *"bana sağcılar adam öldürüyor dedirtemezsiniz"* diyerek *"ülkücüler"*e sahip çıkıyor, diğer yandan onlar hakkında suçlayıcı raporlar hazırlatıyordu. 1970 yılında Başbakanlık'ta yaptırdığı araştırma, **İnönü**'nün 1944 yılında ileri sürdüğü görüşlerin hemen aynısıydı. *"Başbakanlıkça hazırlanan MHP Raporu"* adını taşıyan araştırmada şu görüşler ileri sürülüyordu: *"Yurdumuzdaki Türkçü Turancılar, bilhassa 1961 Anayasası'nın geniş hak ve hürriyetlerinden istifade etmek suretiyle, Türk milliyetçiliği maskesi altında nasyonal sosyalist doktrini Türkiye'de uygulamak için... siyasi bir parti kurmuşlar ve son yıllarda yurdumuzun çeşitli il ve ilçelerinde gerektiğinde vurucu güç olarak kullanmak amacıyla komando kampları açmışlardır..."*[85]

\*

Türkiye'de, gençler üzerinden gerçekleştirilen çatışmalı siyasetin; uzun erimli bir program olduğu, bu programın dışarda hazırlandığı, ulusal varlığın en önemli unsuru olan *aydınları* hedef aldığı, artık bilinen bir gerçektir. Gençleri ve aydınları etkisizleştirmeye ve kimi zaman yok etmeye yönelen eylemler, durumu açıkça ortaya koymaktadır. Ancak, *aydın kırımının* amaç ve kapsamını gösteren kanıtlar, yalnızca olayların kendisi değildir. En yetkili kişiler, kimi zaman, durumu ortaya koyan açıklamalar yapmaktadırlar. *CIA Başkanı* **Helms** bunlardan biridir. **Helms**, 12 Mart'tan sonra yaptığı açıklamada, *"Evet, 12 Mart'ı ha-*

*zırlayan oluşumları* (çatışmaları diye okuyunuz y.n. ), *ajanlarımızın aracılığıyla biz düzenledik"* demiştir.[86] **Demirel** Hükümeti'nin Dışişleri Bakanı **İhsan Sabri Çağlayangil** ise 7 Şubat 1974'de şunları söylemiştir: *"12 Mart'ta CIA vardır. CIA benim altımı oymuş. Adamın elinde imkan var. Girmiş, enfilitre* (denetimsiz y.n) *benim içimde. Onun için hiç şaşırmam, aramam da. Çünkü bulamam... Bakınız, Amerika şuna aldırmaz: Bir ülkede demokrat yönetim olmuş, şoven yönetim olmuş, faşist yönetim olmuş ona hiç bakmaz. Amerika o ülkenin kendisine ne ölçüde bağlı olduğuna, kendi politikasına ne dereceye kadar satelit* (uydu y.n.) *haline getirildiğine bakar... 12 Mart'tan bir süre önceydi. Böyle bir hareketin olacağı bana, Amerikan Sefiri tarafından ihsas edilmişti."*[87]

"12 Mart Muhtırası"nın öncesi ve sonrasında gerçek darbe, Türkiye'nin gelecekteki aydınları olan üniversite gençliğine vuruldu. Ancak, yaşı ve konumu gözetilmeksizin ve olaylarla hiçbir ilişkisi olmamasına karşın Türkiye'nin en nitelikli aydınları da gözaltına alındı, tutuklandı ve fiziki ya da ruhsal işkenceye uğratıldı. Öğretim üyeleri, yazarlar, gazeteciler, sanatçılar, sendikacılar, subaylar, hatta generaller bile herhangi bir hukuksal dayanağa gerek duyulmadan gözaltına alındılar, tutuklandılar. Türk bilim dünyasının büyük isimlerinden Prof. **Tarık Zafer Tunaya** başta olmak üzere, Prof **İsmet Sungurbey**, Prof. **Mümtaz Sosyal**, Prof. **Muammer Aksoy**, Prof **Bahri Savcı**, Asis. **Bülent Tanör**, Asis. **Uğur Mumcu**, Yazar **Doğan Avcıoğlu**, Yazar **İlhan Selçuk**, **Samim Kocagöz**, **Yaşar Kemal**, **İlhami Sosyal**, **Demirtaş Ceyhun**, Sinema Sanatçısı **Yılmaz Güney**, Korgeneral **Cemal Madanoğlu**, Tuğgeneral **Celil Gürkan**, Albay **Osman Köksal**, Yarbay **Talat Turan**, Hava Üsteğmen **Mehmet Balaban**, Deniz Teğmen **Alp Kuran**, DİSK Başkanı **Kemal Türkler**, Genel Sekreteri **Kemal Sülker**, Maden-iş Genel Başkan Yard. **Şinasi Kaya**, Gıda-iş Genel Başkanı **Kemal Nebioğlu**, Mimarlar Odası Genel Sekreteri **Yavuz Önen**, TİP Genel Başkanı **Behice Boran**, Genel Sekreterler **Tarık Ekinci** ve **Şaban Erik**, Dr.

**Hikmet Kıvılcımlı, Mihri Belli** gözaltına alınan ya da tutuklanan aydınların yalnızca bir bölümüydü.

12 Mart 1971, toplu *aydın kırımı*'nın ikinci evresini oluşturan 1965-1971 döneminin, sonu ve üst noktasıdır. Uzun süreden beri uygulanan baskı yöntemleri, *12 Mart*'ın sert yöntemleriyle *aydınlara* büyük zarar verecek, ancak onları tümüyle sindiremeyecektir. Siyasi mücadele *12 Mart*'dan sonra, bölünmüş de olsa, üstelik kitlesel hale gelerek sürdürülecektir. *Aydın kırımı*'nın son ve kesin darbesi, dokuz yıl sonraki *12 Eylül* ile gerçekleştirilecektir.

\*

*68 Kuşağı* içinde yer alan geniş gençlik kesimlerinin hangi duygular ve özlemler içinde hareket ettiklerini, giriştikleri eylemde neyi hedeflediklerini anlamak için, gurupları temsil etme konumundaki önderlerin ve temsil ettikleri kuruluşların görüşlerine bakmak gerekir. Bu yapıldığında, o dönem gençliğinin ağırlıklı olarak; ülkenin çıkarları için hareket ettiği ve ulusal bağımsızlığa önem verdiği anlaşılacak, kullanılan siyasal söylemlerin benzer yaklaşımları içerdiği görülecektir.

Yirmi dört yaşında idam edilen ve kendisini *"baştan beri Mustafa Kemalci gören"*[88] **Deniz Gezmiş**, mahkemedeki savunmasında şunları söyler; *"Türkiye, Kurtuluş Savaşı'ndan 50 yıl sonra bugün yeniden yarı-sömürge durumundadır. Ve Kemalist Cumhuriyetin başına anti-Kemalist politikacılar geçmiştir. Bu koşullarda gençlik, emperyalizme ve anti-Kemalist gidişe karşı verilen savaşta, somut olarak ön saflarda bulunmak zorundadır... Amerikan emperyalizmi bugün, saldırganlık yolunu seçmiştir. Buna karşı biz de, tıpkı Mustafa Kemal gibi emperyalizme karşı mücadele yolunu seçtik... Türkiye'nin bağımsızlığından başka bir şey istemedik. Bu nedenle emperyalizme ve işbirlikçilerine karşı mücadele verdik... Haklı olarak şunu söylüyoruz: 19 Mayıs 1919, saldırgan emperyalistlere ve onların emrindeki iç düşmana karşı, Mustafa Kemal önderliğinde, Türk halkını örgütlemek için, Kurtuluş Savaşının politik anlamda başlangıcıdır. 19 Mayıs 1919, emperyalizme, padişahlığa, hükü-*

*mete ve köhnemiş devlet yapısına karşı Mustafa Kemal ve arkadaşları önderliğinde yürütülen devrimin başlangıcıdır. 19 Mayıs 1919, Ulusal Kurtuluş Mücadelesi için Mustafa Kemal ve arkadaşlarının, halkın silahlı gücü ve öncüsü olarak harekete geçişidir..."*[89]

**Deniz Gezmiş** mahkemede bunları dile getirirken, 1970 başında babasına yazdığı mektupta şunları söylemişti: *"Baba, sana her zaman teşekkür borçluyum. Çünkü Kemalist düşünceyle yetiştirdin beni. Küçüklüğümden beri evde sürekli Kurtuluş Savaşı anılarıyla büyüdüm. Ve o zamandan beri yabancılardan nefret ettim. Baba, biz Türkiye'nin ikinci kurtuluş savaşçılarıyız. Elbette ki hapislere atılacağız, kurşunlanacağız da. Tıpkı birinci Kurtuluş Savaşı'nda olduğu gibi. Ama bu toprakları yabancılara bırakmayacağız..."*[90]

Şubat 1970'de, Çapa Yüksek Öğretmen Okulu Milliyetçi Öğrencileri imzasıyla bir bildiri yayımlanır. Bildiri'de; *"ulusal sanayimiz yok ediliyor, montaj sanayi ile milletin gözü boyanıyor, Coca Cola, bira, şarap, paçavra fabrikaları ile Türk milleti az gelişmişlikten kurtulamaz"* deniyor ve *"ülkücüler"* in *"emperyalizmin yalnızca ekonomik olanına değil, her çeşidine; Amerikan, Çin, Rus, Yahudi emperyalistlerine"* de karşı olduğu söyleniyordu. Bildiri, ismi verilmeden **Atatürk'**ten alınan şu sözlerle sona eriyordu: *"Türkiye maymun değildir. Taklit etmeyecektir. Ne Amerikanlaşacak ne Batılaşacaktır. Yalnız ve yalnız özleşecektir."*[91]

**Ankara Ülkü Ocakları Birliği,** 19 Aralık 1969'da Amerikan 6.Filosu'nun İzmir'e gelişi nedeniyle ortaya çıkan olayları değerlendiren bir bildiri yayımladı. Bildiride, Türk Milleti'nin yararına olan her gelişmenin yanında, zararına olanların karşısında olunduğu belirtiliyor ve *"biz ülkücülerin milliyetçi-toplumcu görüşü ortadadır. Bu görüş, hiçbir emperyalist devletin ideolojisinin kopyası değildir. İthal edilmiş bir fikir sistemi de değildir. Yüzde yüz yerli, milli bir doktrindir. Biz ülkücüler olarak, ne Amerika'nın ne de Rusya'nın yanında olabiliriz. Biz, Türk Milleti'nin yanındayız"* deniyordu.[92]

*Ülkü Ocakları Birliği*, 1969 Aralığı'nda Avrupa Ekonomik Topluluğu'na (Avrupa Birliği'nin o zamanki adı), *Ortak Pazar*'a Türkiye'nin katılmasına karşı çıkarak *"Ortak Pazar'a Hayır"* haftası düzenledi. *İstanbul Ülkü Ocakları Birliği*, Ocak ayı sonuna dek süren yürüyüş, panel, basın açıklaması gibi eylemler düzenledi. Birlik Başkanı **Erol Kılıç**, 12 Ocak'ta yaptığı açıklamada, *Ortak Pazar* görüşmelerinin *"Türk Milleti'nden gizlediğini"* söyleyerek, *Ortak Pazar* girişimini *"emperyalist devletler lehine işleyen yeni bir kapitülasyon ve ikinci bir Sevr"* olarak nitelendirdi. [93] Aynı günlerde, *Ankara Ülkü Ocakları Birliği* bir bildiri yayımlayarak, Türkiye'nin sanayi gelişimi olarak Avrupa mallarıyla rekabet edecek durumda olmadığını, buna karşın yöneticilerin *"sevinçten göklere uçarak"* görüşmelere oturduğunu açıklar. Bildiride, milli sanayii korumasız kılacak bu girişim kınanarak şunlar söylenir: *"Gümrük duvarlarının indirilmesi ve miktar kısıtlamalarının kaldırılması, yerli sanayiyi yok edeceği gibi, zaten bozuk olan ödemeler dengesini büsbütün bozacaktır. Yurdumuza akacak olan yabancı sermaye kişi ve hizmet serbestisiyle birleşince, bütün kaynaklarımız yabancıların denetimi altına girecek, Türkiye, Ortak Pazar'ın sömürgesi haline gelecektir... Ortak Pazar fiyatlarını uygulamaya başladığımız an, tarım ve sanayi fiyatları arasındaki denge altüst olacak ve enflasyonist bir baskı doğacaktır... Kalkınma planlarımızdan, dış ticaret rejimimize, gümrük tarifelerimizden ulaşım sistemimize kadar her konuda Ortak Pazar'a uymak zorunda kalacağımız için, milli bağımsızlığımız zedelenecek, Başkentimiz Ankara yerine Brüksel olacaktır... Avrupa ile ekonomik ve siyasi birliğe gitmek, Türk Milleti'nin geleceğine kasdetmektir... Ortak Pazar'a hayır. Kültür emperyalizmine hayır. Montaj değil, ağır sanayi. Milli iktisat, milli iktisat, milli iktisat..."*[94]

## 1974-1980 Katliam ve Vahşet Dönemi

1970-1980 arasında savcılık yapan Prof.**Çetin Yetkin**, İstanbul'da (1978) soruşturmasını yaptığı bir çatışma olayı hakkında şunları anlatıyor: *"Mecidiyeköy'de bir çatışma olduğunu ve iki kişinin silahla vurulduğunu ilettiler. Olay yerine* *gittiğimde, daha önce gelmiş olan polislerin bazılarının ağladığını gördüm. İçlerinde karşıt görüşte olanlar olsa da, hepsi iyi polislerdi. Yerde, 20 yaşlarında uzun boylu sırım gibi iki genç yatıyordu. Ana caddeye çıkan çapraz durumdaki iki sokak başında karşılaşmışlar ve aynı anda silahlarını çekerek birbirlerini tek kurşunla öldürmüşlerdi. Biri ülkücü, diğeri devrimciydi. Okumak için İstanbul'a gelen Orta Anadolu çocuklarıydı. Gördüklerimden son derece etkilendim ve duyduğum acıyı hiç unutmadım, yaşamım boyunca unutacağımı da sanmıyorum."*[95]

1960 sonlarında üniversite gençliği içinde yaşanan çatışmalar, farklı bir boyut ve içerik kazanarak 1974'ten sonra yeniden başladı ve kısa bir süre içinde şiddetin her türünü içeren büyük bir çatışmaya dönüştü. Çatışmaların 1974'te başlaması boşuna değildi.Türkiye Kıbrıs'a askeri çıkarma yapmış ve Türk bölgelerini koruma altına almıştı.Bu girişimden sonra Türkiye, dışarda ekonomik ve askeri yasaklamalar (ambargo), içerde ise zamanla iç savaş halini alacak bir çatışmayla karşı karşıya kaldı, programlanmış bir terör karmaşası içine çekildi.

1974 sonrasında çatışmalar, bu kez gerçekten farklı bir nitelik kazanmış ve vahşi bir hal almıştı. Yeni örgütler ortaya çıkıyor, bunlar sınır tanımaz bir saldırganlık içinde, çatışmayı ülkenin her yanına yayıyordu. Yükselen yeni terör, öğrenci ağırlıklı *"ülkücü"*, *"devrimci"* çatışmasını gölgede bırakmış, profesyonel eylemlere dönüşmüştü. *"Sağ"* ve *"sol"* olarak adlandırılan bir kısım insanlar, hem birbirleriyle hem kendi içlerinde, silah kullanarak çatışma içine giriyordu. *Solcu sağcıyı sağcı solcuyu*, hatta *solcu solcuyu, sağcı sağcıyı* acımasızca öldürüyordu. 1975'te kurulan *ASALA*, Batı başkentlerinde Türk diplomatları öldürüyor, aynı yıl Türk devletiyle çatışmaya hazırlanmak üzere *PKK* kuruluyordu.

1974'ten sonra yalnızca öğrenciler değil, toplumun değişik kesimlerinden insanlar çatışma içine çekildi. Siyasetle ilgisi olsun ya da olmasın her sınıftan insan ayırım gözetilmeden saldırıya uğradı, yaralandı ya da öldürüldü. İşçiler, öğretmenler, doktor ve mühendisler, bilim adamları, sanatçılar, yazarlar, ozanlar, parti başkanları, milletvekilleri, savcılar, emniyet müdürleri, bakanlar, hatta başbakanlar bile artık terörün hedefiydi. İnsanlar tek tek ya da toplu olarak, acımasız yöntemlerle katlediliyordu. Topluluklar üzerine bombalar atılıyor, toplu taşım araçları, mitingler kurşunlanıyor, kaçırılan insanlar işkence edilerek öldürülüyordu. Bu iş için eğitildiği belli olan bir gurup insan çılgına döndürülmüş *yokediciler* gibi vurdular, kırdılar, öldürdüler. Kan dökerken kural tanımama ve dizginlenmeyen bir öldürme duygusu, sonsuz ve ilkel bir vahşete dönüştürülerek ülkenin her yerine yayıldı. Türkiye bu kez ikiye değil, belki de iki bin parçaya bölünmüştü.

\*

*"Devrimci"* kesimden üniversite öğrencisi **Rıfat Kurt**'un yakılmış cesedi, 27 Mart 1977'de sokakta bulundu. Adli tıp raporuna göre **Rıfat Kurt**, diri diri yakılmıştı. *Tüm Öğretmenler Birliği Dayanışma Derneği* (TOB-DER) üyesi **Mehmet Baş** adlı lise öğretmeni, İstanbul Çatalca'da; kolları ve boğazı kesilip, sağ gözü oyularak ve tam yirmisekiz yerinden bıçaklanarak öldürüldü. 25 Mayıs 1977'de Ordu'nun Kazgan İlçesi Tavacık Köyü İlkokulu öğretmeni **Münir Özsever**, dövülerek uçuruma atıldı, parçalanmış cesedini bir hafta sonra köylüler buldu. İstanbul Devlet Güzel Sanatlar Akademisi öğrencilerinden Kıbrıs uyruklu *"devrimci"* **Muharrem Özdemir**, 6 Aralık 1977'de işkence edildikten sonra ağzından kurşunlanarak öldürüldü.[96]

DİSK'e bağlı Genel-İş üyesi **Ali Şahin**, 6 Şubat 1978'de asılmış olarak bulundu. 9 Ekim'de Ankara Bahçelievler'de evleri basılan yedi üniversite öğrencisinden beşi evde kurşunlanarak ve havlu ile boğularak, ikisi Eskişehir yolun-da enselerinden tek kurşunla vurularak öldürüldü. 16 Mart 1978'de güvenlik kaygısıyla okullarından topluca çıkan İstanbul Üniversitesi öğrencilerinin üzerine bomba atıldı, biri kız yedi öğrenci öldü, kırk iki öğrenci yaralandı. Okmeydanı Motor Sanat Enstitüsü öğrencisi **Şakir Ay**, 4 Kasım 1976'da, vücuduna *"yüksek dozda uyuşturucu verile-*

*rek"*, Kayseri Fevzi Çakmak Lisesi öğrencisi **Mutad Karademir**, kaldığı evde kafası sopayla parçalanarak öldürüldü.[97]

Benzer cinayetler, *"ülkücü"* kesime yönelik olarak da işlendi. 15 Mayıs 1976'da Afyon Sandıklı Lisesi öğrencisi ve Ülkü Ocakları üyesi **İbrahim Türkeş**, 17 Mayıs'ta, Erzurum Tortum İlçesi'nde yine Ülkü Ocakları üyesi lise öğrencisi **Mustafa Ertaş** bıçakla öldürüldü. Milliyetçi Hareket Partisi, İstanbul İl Başkanı **Recep Haşatlı**'nın arabası 3 Ekim 1978'de tarandı ve **Haşatlı** yanındaki oğluyla birlikte öldürüldü. 12 Mart döneminde Maltepe'de **Hüseyin Cevahir**'i vuran Deniz Yarbay **Cihangir Erdeniz** emekli olduktan sonra açtığı av malzemeleri satan dükkanında tarandı, yanında çalışan gençle birlikte yaşamını yitirdi.[98]

1979 Ocağı'nda İstanbul Ümraniye'de beş *"ülkücü"* işçi, işkence edildikten sonra kurşunlanarak öldürüldü, MHP Genel Merkezi bombalanarak otomatik silahlarla tarandı. Bahçelievler Karakolu'na elli metre uzaklıkta gerçekleştirilen bu saldırıda **Ömer Yüce** ve **Alper Demir** adlı iki parti üyesi öldü. MHP yöneticilerine değişik tarihlerde yapılan saldırılarda, MHP Bingöl Belediye Başkanı **Hikmet Çetin**, Mardin İl Başkanı **Ata Pehlivanoğlu**, Uşak İl Başkanı **Ali Köleoğlu**, Kars İl Başkanı **Hüseyin Cahit Aküzüm**, Manisa İl Başkanı **Cemil Çöllü**, Tarsus eski İlçe Başkanı **Ali Düzenli** öldürüldü. Şişli İlçe Başkanı **Yusuf Bahri Genç**'in dükkanı tam on sekiz kez bombalandı, on dokuzuncu bomba arabasına kondu ve **Yusuf Bahri Genç** bu saldırıyla öldürüldü.[99]

CHP'liler ve herhangi bir siyasi hareket içinde yer almayan insanlar da öldürülüyordu. Denetim dışına çıkan saldırganlık, Türk toplumunun tarihinde ve töresinde olmayan bir vahşet dalgası halinde toplumun üzerine çökmüştü. Ölme ve öldürme günlük yaşamın bir parçası haline gelmiş, ülkenin binbir zorlukla yetişmiş *aydınları*, yani zaten kıt olan eğitimli insan kaynakları yok ediliyordu. Dehşet eylemleriyle şoka sokulan toplum, kendine güvenini yitiriyor; insanlar, sayıları hızla artan ve bulunduğu yörede etkinlik kuran örgütlerden birine katılmak ya da katılmış görünmek zorunda kalıyordu. Türk toplumu yalnızca insanlarını değil, en zor koşullarda bile ayakta kalmasını sağlayan, birlik ve dayanışma geleneklerini yitiriyordu. İşkence ve öldürmeye dayalı eylemler, kişisel ya da gurupsal çatışmadan çok, toplumu dehşete düşürmeyi ve ulusal dayanışma geleneklerini yok etmeyi amaçlıyordu. O nedenle, terörün kendi mantığı içinde bile var olması gereken eylem sınırlaması, bu saldırılarda görülmüyor, hiçbir nedeni olmadan adam öldürülüyordu. Üstelik bu utanç verici ve insanlık dışı eylemler, örgüt bildirileri ya da itiraflarla sahiplenilmekten çekinilmiyordu.

\*

1980 yılının ilk dokuz ayı içinde (1 Ocak-12 Eylül arası), aralarında bir milletvekilinin de bulunduğu 29 CHP yöneticisi öldürüldü. 14 Nisan 1978'de, Kahramanmaraş Pazarcık Postanesi'ne gönderilen bir paket, PTT görevlisini öldürdü. 3 gün sonra 17 Nisan'da, bu kez Malatya Belediye Başkanı **Hamit Fendoğlu,** yine paketli bomba ile gelini ve iki torunuyla birlikte katledildi. 4 Temmuz'da Antakya'da gerçekleştirilen öldürme olayı, duyanlara inanılmaz gibi geliyordu ama gerçekti. Bir evin alt katını boyayan işçi **Mehmet Çelik**, sigarası bitince üst katta kalan ve hiç tanımadığı kişilerden bir sigara istiyor. Kendisine fünyeli bir sigara verilen **Mehmet Çelik**, patlama sonucu yüzü parçalanarak ölüyordu. 27 Kasım 1978'de, Erzincan'da bir evin önüne patlayıcı koyduktan sonra zili çalıp kaçan kişiler, bir ev hanımının yaşamını yitirmesine yol açtılar. 18 Nisan 1978'de, Malatya'ya 8 km uzaklıktaki Beylerderesi Köprüsü yakınında, tren yoluna bağlanan üç genç, canlı canlı tren tarafından parçalandı. 1 Mayıs 1978'de, İstanbul Sarıyer'de bulunan erkek cesedinin kimliğinin saptanamamasının nedeni, yakılarak öldürülmesi ve kömür haline gelmesiydi. 3 Kasım'da, İstanbul Silivri'de bulunan erkek cesedinin kimliğinin saptanamamasının nedeni ise, ellerinin ve başının kesilmiş olmasıydı.[100]

1979 yılında gazetecilere işlediği cinayetlerle ilgili açıklamalarda bulunan **Veli Can Oduncu**, şunları söylemişti: *"Erkin Akın bana 'Fatih'te solcuların gittiği bir kahve var, orayı kurşunlayacağız' demişti. Sarhoşluğumuz devam ediyordu. Kahveye girdik, tabancalarımızı çektik. Erkin bana, aynı masada oturan yirmi yaşlarında iki kişiyi gösterdi. İkimiz birden iki metre mesafeden ateş ettik. Taksi tutup Zeytinburnu'na döndük. Eve gidip yattım. Ertesi gün, gazetelerde Fatih'te bir kahvede, iki ülkücünün kurşunlanarak öldürüldüğünü okuyunca şaşırdım. Erkin'e 'sen bana solcu dedin, vurduklarımız ülkücüymüş' diye söylenince, 'ben öyle biliyordum' dedi."*[101]

*Marksist-Leninist Silahlı Propaganda Birliği* (MLSPB) adlı örgüt tarafından MHP İstanbul İl Başkanı **Recep Haşatlı** ve oğlu'nun öldürülmesi olayıyla ilgili olarak bir bildiri yayımlanmış ve bu bildiride şunlar söylenmişti: *"Daha yolun başındayız. Bazı MHP yöneticilerini, devrimci kanı dökenleri AZALTTIK.. Kararlıyız. MHP'nin bütün kilit adamları azaltılacaktır.. Başbuğlarına da sıra gelecektir."*[102]

30 Temmuz 1978'de, Adana'nın Dumlupınar semtinde, *Halkın Sesi* ile *Halkın Kurtuluşu* adlı *"devrimci"* guruplar arasında çıkan çatışmada, *Halkın Kurtuluşu* gurubundan **Faysal Kelleci** ve **Oktay Çiğdemal** bıçaklanarak öldürüldü. Çatışma nedeni, aynı mahallede gazete satmaktı. 29 Eylül'de Kars'ta, bu kez *Devrimci Yol* ile *Halkın Kurtuluşu* arasında bir çatışma yaşanıyor, burada da *Halkın Kurtuluşu*'ndan Eğitim Enstitüsü öğrencisi **Vedat Yılmaz** kurşunlanarak öldürülüyordu. Aynı guruplar, 29 Eylül'de İstanbul Çağlayan'da bildiri dağıtma yüzünden birbirine giriyor, burada **Yüksel Bakır** adlı örgüt üyesi işçi, yaşamını yitiriyordu. 23 Kasım'da Urfa'da, **Ferit Uzun** adlı Ziraat Mühendisi, *"devrimci"* guruplar arasında slogan atma yüzünden çıkan çatışmada öldürülmüştü.[103]

Örneği çok olan bu tür öldürme olayları, *"ülkücüler"* le *"İslamcı"* gurup *"akıncılar"*, ya da bu gurupların kendi içlerinde de oluyordu. 10 Ocak 1978'de Elazığ'da, *"ülkücü"*-*"akıncı"* çatışmasında, *"akıncılar"* gurubundan **Selahattin Öndek** bıçaklanarak öldürüldü. 28 Temmuz'da, Rize'nin Güneysu Bucağı Yeşil Köyü'nde, *"akıncılar"* arası çatışmada tabancayla vurulan **Kaya Muradım**'ın katili, bir başka *"akıncı"*ydı. 26 Ekim'de Malatya Darende'de, *"ülkücü"* **İrfan Altaş**, *"ülkücü"* öğretmen adayı **Hacı Abdullah Köse**'yi, *"din konusundaki tartışma nedeniyle"* öldürmüştü.[104]

Öldürmelerdeki sınır tanımazlık o denli genişlemişti ki, siyasi cinayetlerde yalnızca erkekler değil, genç kızlar da öldürülüyordu. Böyle bir olay Türk tarihinin hiç-bir döneminde yaşanmamıştı; kadın, Türkler'de saygı gren bir varlıktı. Ankara Ziraat Fakültesi öğrencisi **Aynur Sertbudak**, Aralık 1976'da pusu kurularak; İstanbul'da İGMYO öğrencisi **Çiğdem Yıldır**, Mayıs 1977'de kurşunlanarak; Üniversite sınavı için Görele'den Trabzon'a gelen **Hatice Sefer** Haziran 1978'de kurşunla; Ankara'da öğretmen **İclal Akın** Temmuz 1978'de yine kurşunla öldürüldüler.[105]

## Kahramanmaraş'ta Ne Yapıldı?

Malatya'yla başlayan Sivas, Kahramanmaraş ve Çorum'la süren toplu öldürmeler, 1974-1980 karmaşası içinde, üzerinde fazla durulmayan önemli olaylardır. Alevi yurttaşlara yönelen ve çocuklardan yaşlılara kadınlardan korumasız hastalara dek çok sayıda insanı ayırımsız içine alan öldürme eylemleri, kendiliğinden gelişen çatışmalar değil; önceden hazırlanan, amacı belli, planlanmış eylemlerdi.

*Kahramanmaraş* olayları, gerçek boyutuyla o dönemde olduğu kadar, bugün de yeterince incelenmedi, amaç ve sonuçları sorgulanmadı ya da yeterince sorgulanmadı. İnsanlar nedenini bile anlamadan mahalleleri, işyerleri ve evleri basılarak neden öldürüldü? Türk toplumunun geleneğine ters insanlık dışı saldırıları kim planladı, uygulamaya nasıl soktu? Kolluk güçleri, olaylara neden katliam bittikten sonra ve etkisiz biçimde müdahale etti? Öldürmelerin gerçek amacı neydi? Olaylara yabancı etkisi var mıydı?

TÖB-DER, 15 Şubat 1975 tarihinde 52 ilde, yürüyüş ve miting düzenleme kararı almıştı. Tümü gerçekleştirilemeyen yürüyüş ve mitingler, izinleri alınmış yasal eylemlerdi. Eylem yapılan her yerde, öğretmenlere taş, sopa, demir çubuk, bıçak ve ateşli silahlarla saldırıldı. Çok sayıda insanın katıldığı saldırıların, ülke düzeyinde ve bir merkezden örgütlendiği açıkça belli oluyordu. Saldırının en yoğun olduğu yerler Malatya, Tokat, Amasya, Muş ve Kahramanmaraş gibi, Alevi yurttaşların yoğun olarak yaşadığı illerdi. Saldırganların hedefleri içinde yalnızca öğretmenler bulunmuyordu. CHP il binalarına, genellikle Alevilerden oluşan CHP'lilerin ev ve işyerlerine, kitapçılara, gazete bayilerine, kaymakam hatta vali lojmanlarına da saldırılmıştı.

Malatya'daki saldırıların görgü tanıklarından Avukat **Süleyman Efe,** yaşadıklarını şöyle anlatıyor: *"Allah Allah diyerek tekbir getiriyor, saldırıyor, kepenklerini kırabildikleri dükkanları yağmalıyorlardı. İki gün öncesinde camilerde vaazlar verilmiş, köylere mektuplar gönderilmişti. Malatya'da camilere bomba atılacağı, solcu komünistlerin bankalara saldırıp soyacağı bildirilmiş, tüm Müslümanlar din uğruna cihada davet edilmişti."* Bir başka, üstelik yetkili tanık; Muş valisi **Ömer Haliloğlu** ise şunları söylüyordu: *"Cumartesi günü, köy yolları karla kaplı olmasına karşın dört bine yakın bir topluluk il merkezine gelmişti. Ellerinde sopalar vardı. Rusya'dan gelen komünistleri arıyorlardı. Kendilerine böyle bir propaganda yapılmıştı; din, Kuran elden gidiyordu, camiler kapatılacaktı..."*[106]

Şubat 1975 olayları, gelecekte şiddeti arttırılarak yaygınlaştırılacak saldırıların, sanki bir ön denemesiydi. Malatya Belediye Başkanı **Hamit Fendoğlu**'nun, kim tarafından gönderildiği belli olmayan bombalı bir paketle öldürülmesi üzerine, Malatya'da iş yerleri ve evler yakıldı, Alevi yurttaşlar öldürüldü. Propaganda yine yalana dayalı dinsel kışkırtmaya dayandırılmış ve aynı yöntemler kullanılmıştı. Malatya'nın hemen ardından aynı oyun Sivas'ta oynandı ve orada da ölümle sonuçlanan saldırılar düzenlendi.

Aralık 1978 Kahramanmaraş ve Mayıs 1980 Çorum olayları, toplu öldürme eylemlerinde yeni bir aşamayı gösteriyordu. Yaptıkları işte iyi eğitilmiş olduğu belli olan bir gurup kışkırtıcı ajan; bağnazlığı, parayı ve mezhepsel kışkırtmayı kullanarak Alevi yurttaşlara karşı saldırılar düzenledi. Mahalleler basıldı, önceden belirlenen evlerde yaş ve cins farkı gözetmeden insanlar öldürüldü. Anlamsız gibi görünen vahşetin elbette bir nedeni vardı. Türk geleneklerini Anadolu'da hala yaşatan ve Cumhuriyete bağlı aydın bir kesim olan milyonlarca Aleviye, yurtlarını terk etmeleri için gözdağı veriliyordu; toplu göçe zorlamak için yıldırılmaya çalışılıyordu.

Kahramanmaraş olayları, *"ülkücüler"*in beğendiği bir filmi oynatan sinemadan çıkanlar üzerine, bir ses bombası atılmasıyla başladı. Yalnızca bir kişinin ayağından yaralanmasına karşın, bir gün içinde ve karşılıklı olmak üzere önce TÖB-DER üyesi iki öğretmen, ardından iki *"ülkücü"* öldürüldü.

22 Aralık'ta dört cenaze birden kaldırılacaktı. Kentin hemen her yerinde, halkı çatışmaya çağıran yalana ve dinsel kışkırtmaya dayanan propagandalar yapılıyor, ancak emniyet güçleri herhangi bir önlem almıyordu. Kahramanmaraş Müftüsü, resmi bir araçla kenti dolaşmış ve *"halkı kışkırtıcı konuşmalar yapmıştı"*. Vali **Tahsin Soylu** olaylardan sonra, bu müftü hakkında soruşturma başlatmıştı.[107] Kentte yönetim adeta ortadan kalkmış ve halk kendi haline bırakılmıştı. Bu koşullarda, başlatılacağı belli olan saldırı, çok geçmeden başladı ve konutlar, işyerleri özel araçlar yakılıp yıkıldı, denetimsiz bir katliam tüm kente yayıldı. En korkunç olaylar, *Aleviler*'in dağınık olarak yaşadığı *Sunni* mahallelerinde yaşandı. Olay yerine sonradan gelen yetkililer, emniyet görevlileri ve gazeteciler gördükleri manzara karşısında dehşete düşmüşlerdi. Üç-beş yaşında küçük çocuklar, hatta bebekler bile parça parça edilmiş, elden ayaktan düşmüş yaşlılar satırla doğranmış, hamile kadınlar karınlarına kurşun sıkılarak doğmamış çocuklarıyla birlikte öldürülmüştü.[108]

Resmi açıklama, olaylarda 136 kişinin yaşamını yitirdiği biçimindeydi. Ölü sayısının çok daha fazla olduğunu savlayanlar da vardı. Gazetelere yansıyan haberlere göre, kolluk kuvvetleri, Ağrı Dağı eteklerine, *"yaşları 16-40 arasında değişen, aralarında 4-5 yaşında çocukların da olduğu"* çok sayıda ölü gömmüştü.[109] Ayrıca sayısı tam olarak saptanamayan ağır ve hafif yaralı vardı. İki yüzü aşkın konut, yetmişin üzerinde işyeri tahrip edilmiş, büyük maddi zarar meydana gelmişti.

Çorum olayları, Kahramanmaraş'ın bir buçuk yıl sonraki yinelemesi gibiydi. 29 Mayıs 1980'de Cuma namazı sırasında bir caminin yakınında bomba patlamış, çevreye ateş açılmış ve bu garip olayın hemen ardından, *"komünistler camileri yakıp yıktılar"* biçiminde propaganda yapılmıştı. Yapılanlar, gerek propaganda ve gerekse saldırı yöntemi olarak Kahramanmaraş'ta olanların aynısıydı. Sonuçları da hemen aynı oldu. Yine yüzlerce ev ve işyeri yakıldı, 26 kişi öldürüldü, yüzlerce insan yaralandı. Çatışmalar Merzifon ve Amasya'ya da sıçradı ve yörede insana ürküntü veren olaylar yaşandı. *"Kadınların iç çamaşırları çıkarılıp sırıklara takılıp sokaklarda dolaştırılıyor"* ve *Aleviler*, *"kadın-erkek, yaşlı-genç, hatta çocuk demeden"* öldürülüyordu.[110]

\*

Malatya'da başlayıp Çorum'a dek yayılan planlı saldırı, siyasi ayrılıkların neden olduğu bir *iç sorun* değil, dış kaynaklı bir düzenlemeydi. Türkiye'ye yeni bir biçim vermek isteyen küresel güçler, gerekli dönüşümleri gerçekleştirecek, yaptırım gücü yüksek yeni bir yönetim istiyor; çatışmalarla, böyle bir yönetime gerekçe oluşturacak eylemler düzenliyordu. Ulus-devlet işleyişini yerelleşmeye götüren emperyalist uygulama; etnik, dinsel ve mezhepsel çatışmayı küresel siyasetin merkezine yerleştirmişti. *"Ilımlı İslam"* olarak ifade edilen siyasetin başarılı olabilmesi için, bu siyasete engel oluşturduğu düşünülen *Aleviler*'in sindirilmesi, bunun için de inanç ayrılıklarının çatışma aracı olarak kullanılması gerekiyordu. Ayrılıkçı Kürt hareketi ile birleşecek bir *Alevi-Sunni* çatışması, bu kullanım için *"verimli"* bir alan olabilirdi. *Kahramanmaraş*'ın üzerinde pek durulmayan ilk amacı buydu.

Türkler'in Anadolu'daki varlığının en eski ve ana bölgesi İç Anadolu'dur. Türklüğü burada yaşatan güç, yüzyıllar boyunca burada oluşmuş olan sosyal yapıya ve inanç dengelerine dayanmıştır. **Mustafa Kemal,** Kurtuluş Savaşı'nı bu bölgede başlatmış; Savaşı, *Alevi* ve *Sunni* halkın özverisine dayanarak ve Anadolu yaylasının içlerine çekilerek kazanmıştı. İç Anadolu, Türkler'in Anadolu'daki ana yaşam alanı, fetihler için insan kaynağı, gerektiğinde son ve güçlü direnme noktasıydı. Ve Batı, Anadolu'daki Türk egemenliğini, tarihin hiçbir döneminde içine sindirememişti. *Sevr*'le başarılamayan, farklı biçimde şimdi başarılmak istenen ve yoksullaşmaya bağlı göçlerle zaten sarsılmış olan dengeler, inanç gurupları arasına kin sokularak bozulmalıydı. Bunun için, Türk töresini *Araplaşma*'ya karşı yüzyıllardır koruyan *Aleviler* göçe zorlanmalı, nüfus olarak azaltılarak, güvensiz bir yalnızlık içinde, direnme gücünden yoksun, küçük bir topluluk haline getirilmeliydi. Türkiye ABD tarafından o denli teslim alınmıştı ki, Osmanlının başaramadığını Amerikalılar deneyecek ve işbirlikçileri aracılığıyla *Alevileri*, kendi ülkelerinde *eritmeye* çalışacaklardı. *Kahramanmaraş*'ın üzerinde durulmayan ikinci amacı buydu. Bu amaç, o denli açık yürütülüyordu ki, ABD Büyükelçiliğinde görevli bir gurup, olaylardan bir hafta önce kente gelmiş ve kendilerini gizlemeye gerek duymadan, değişik kişi ve guruplarla görüşmüştü. Aynı ekip Çorum Olayları'ndan önce, Çorum'da da görülmüştü.[111]

Kahramanmaraş ve Çorum olaylarında, sıradan insanların bile görüp sorguladığı gerçekler, yanıt aradığı sorular vardı. Ancak, hükümet elle tutulur bir açıklama yapmıyor, sessiz kalıyordu. O günlerde, yaygın olarak tartışılan ve basına da yansıyan şu görüşler ileri sürülüyordu: *"İçişleri Bakanı'nın daha önce hassas bölge ilan edilen bu kente, gerginliğin artmasına neden seyirci kalınmış, önlem alınma-*

mıştır? *Cumhurbaşkanı Fahri Korutürk, olaylar başlamadan 24 saat önce, etnik çatışma hazırlıklarının yapıldığını açıklarken, hükümet aynı bilgilere sahip değil miydi? Adalet Partisi Genel Başkanı Süleyman Demirel, hükümetin olayları önceden bildiğini söylemiştir, bu doğru mudur? Olaylardan 24 saat sonra toplanan Bakanlar Kurulu, neden o olayları değil de Ecevit'in gezi sonuçlarını görüşmüştür? Kente güvenlik güçleri neden geç gelmiştir? Aradan beş gün geçmesine karşın neden hala yeterli önlem alınmamaktadır?"*[112]

Ünlü tarihçi **Augustin Thierry**, *"Bir toplumsal eylemi kimin tasarlamış olduğunu doğru olarak bilmek istiyorsanız, bu olaylara özünde kimlerin gereksinmesi olduğunu araştırınız. 'Yapılan iş kimin yararına ise o işi yapan odur' yaklaşımı, hukukta olduğu gibi tarih için de geçerlidir"* demiştir.[113] Türkiye'de, giderek artan bir yoğunlukla yarım yüzyıldır uygulanan dışa bağımlı politikaların çok yönlü sonuçları içinde üç unsur öne çıkar: Cumhuriyetle gerçekleştirilen *ulus-devlet yapısının çözülmesi*, bu yapının öncüleri olan *ulusçu aydınların yok edilmesi* ve bu amaç için *ümmet yapılanmasının yönetim sistemi haline getirilmesi*. Bu üç unsur, ülkeyi emperyalist sömürüye karşı korumasız hale getirecek ve açık pazar durumuna sokulan ülke, parçalanma sürecine girecektir. Kahramanmaraş'ın ikinci amacı, başlatılmış olan bu sürecin, toplumsal çözülmeye yönelmesini hızlandırmaktı. Emperyalizmin gereksinimlerine yanıt veriyordu ve **Augustin Thierry**'in toplumsal eylemlerle ilgili yorumuna uygun olarak, arkasında o eylemlerden çıkarı olan güçler vardı.

CIA, sonu yönetim değişikliğiyle bitecek çatışmalar yaratma konusunda, kanıtlanmış yeteneklere sahip bir örgüttür. 1945'ten beri Türkiye'ye yerleşmiş ve bu uzun süre içinde hemen hiç denetlenmemiştir. Denetlenmek bir yana, arkasındaki devletin gücünden çekinen iktidarlarca çoğu zaman çalışmalarına göz yumulmuş, ya da desteklenmiştir. Türkiye'ye atanan ABD büyükelçilik görevlileri, büyükelçi başta olmak üzere genellikle CIA ile ilişkili kişilerdir. *Aydın kırımının* arttığı 1965-1980 arasındaki on beş yıl, CIA'nin Türkiye'deki çalışmalarının en yoğun dönemidir. CIA'nın darbe hazırlama konusundaki *"uzmanlığını"*, bu örgütte on bir yıl çalışmış olan **Philippe Agee**, *Kaçış* adlı kitabında şöyle açıklamaktadır: *"Darbe konusunda CIA kadar uzman başka bir örgüt bulunmaz. CIA istediği zaman istediği ülkede, büyük karışıklıklar çıkarır, bunları finanse eder.. Karışıklık, darbe yapmak için istenen ortamı sağlar..* (Darbe yapacak olanlar y.n. ), *ülkenin tam bir çıkmaz içinde olduğunu ve sorunu ancak kendilerinin çözebileceği bir ortamın yaratılmasını isterler. Bu da CIA'nın görevidir.. Darbe yapanlar.. genellikle CIA'nın adamlarıdır."*[114]

Kahramanmaraş ve Çorum olayları, bu bilgiler ışığında değerlendirilmelidir. Üstelik bu olaylar, amacı darbeyle sınırlı kalan eylemler değildir. Bu amaç için başlatılan katliamların, Anadolu'daki Türk varlığının geleceği ile ilgili, uzun erimli hesapları vardır. Toplu öldürmelerle yaratılan ürkütücü ortam, istenilen sonuçları önemli oranda sağlamıştır. Köy ya da kent, yaşadığı yerleri bırakıp göç eden *Alevi* yurttaşlar, yurt içinde büyük kent varoşlarına, yurt dışında ise dünyanın değişik ülkelerine gittiler. Toplum bilincine sahip yaşam gelenekleriyle ,Türk kimliğini Anadolu'da bin yıl yaşatan bu insanlar, küçük guruplar halinde yaşamak zorunda kaldıkları yabancı çevrelerde, kimlik sorunu yaşar hale geldiler. Yüzyıllar boyunca oluşan toplumsal dengeler önemli oranda bozuldu. Kalıcı kin ve düşmanlıklar yaratılarak, birlik ve dayanışma ruhuna büyük zarar verildi. Orta Anadolu, emperyalizmin dilediği zaman kullanacağı, *Arapcılık* akımlarının kol gezdiği bir bölge oldu. 1993'deki İkinci Sivas katliamında, insanlar yanarken *"Cumhuriyet Sivas'ta kuruldu, Sivas'ta yıkılacak"* diye bağırılıyordu. Kurtuluş Savaşı'na hayat veren Orta Anadolu'nun en duyarlı yöresi, bu hale getirilmişti.

Türk toplumuna ulusal birlik yönünden büyük zarar veren Kahramanmaraş olaylarına, yurt içi ve dışında değişik tepkiler gösterildi. Olaylar değişik kentlerde kitle gösterileriyle kınandı, üniversite öğrencileri derslere girmedi. Politikacılar, gelişmeleri siyasi malzeme olarak kullandı; **Demirel**, *"hükümet şimdi düşmezse ne zaman düşecek"* derken; **Türkeş** *"olayları komünistler çıkardı"* dedi.[115] Ancak, bugün de ders alınması gereken bir tepki, yurtdışından, Kıbrıs Rum Kesiminden geldi. Kıbrıs Rumlarının olaylardan duyduğu sevinç ve mutluluk, toplu öldürme olayları sürerken, televizyon ve gazete yayınlarına açık biçimde yansıtılıyordu. Günlerce baş haber yapılan yayınlarda şunlar söyleniyordu: *"Kahramanmaraş bize güzel bir yeni yıl armağanıdır. Türkiye, olaylar nedeniyle sarsılacak, Kıbrıs Türkleri yalnızlığa itilecektir. Olaylar nedeniyle Ecevit istifa edecek, asker yönetime el koyacak.. Kıbrıs'ı karıştıran Ecevit, gerekli dersi ülkesinde alıyor."*[116]

\*

Türkiye'deki terör eylemlerine yabancıların yön verdiğini gösteren bir başka önemli olay, 1 Mayıs 1977 İstanbul olaylarıdır. *1 Mayıs*'ı kutlamak için Taksim meydanında toplanan yaklaşık 500 bin kişinin üzerine ateş açılmış ve çıkan karışıklıklar sonucu 34 kişi yaşamını yitirmişti. **Uğur Mumcu**, *Cumhuriyet* gazetesindeki köşesinde, olayla ilgili olarak şunları yazmıştı: *"1 Mayıs günü İstanbul'da Taksim Alanı'nda yaşanan korkunç olayları, son yıllarda Türkiye'nin yaşamakta olduğu koşullardan soyutlamaya olanak yoktur. Sanki bir plan işliyor. Sanki görünmez bir el, bu planı adım adım uyguluyor. Birçok kişi, birçok gurup bu plan için ya figüran oluyor ya da alet olarak kullanılıyor. Olayların arkasında, CIA'nın kanlı elini görmemek için çok saf olmak gerekiyor."*[117]

1 Mayıs 1977, **Uğur Mumcu**'nun söylediği gibi CIA'nın düzenlediği kanıtlı eylemlerden biridir. Taksim Alanı'na hakim bir konumda olan Intercontinental Oteli'nin beş ve altıncı katlarına hiç kimse alınmamış, bu katlara yalnızca, müşteri olmadığı belli olan bazı kişiler girip çıkmıştı. Kurşunla ölüm ya da yaralanmaların çoğunluğu, bu yönden açılan ateş sonucu meydana gelmişti.[118] Sivil giyimli sekiz Amerikalı, *"ellerinde dikdörtgen ve oval çantalarıyla"*, Intercontinental'den çıkıp Taksim Gezisi merdi-

venlerinde incelemeler yapmışlar, daha sonra silah taşıdıkları belirgin olmasına karşın *"üzerleri ve çantaları aranmadan"* uçakla Ankara'ya gitmişlerdi.[119]

\*

1974'le 1980 arasında Türkiye'de binlerce insan öldürüldü, onbinlercesi yaralandı. Köylerini kentlerini, adeta kaçarak terk edip başka yerlere göçenlerin sayısı bilinmiyor. Terörün yoğunlaştığı 1978-1980 arasındaki yalnızca iki yıl içinde 5241 kişi öldürülmüş, pek çoğu sakat kalan, 14152 kişi yaralanmıştı.Emniyet Genel Müdürlüğü verilerine göre 1965-1980 arasındaki on beş yılda 45 bin tüfek, 150 bin tabanca ve 32 milyon mermi ele geçirilmişti. Emniyet yetkilileri aynı dönemde, bu miktarların en az iki-üç katının, yasadışı bir biçimde kişilerin elinde bulunduğunu tahmin ediyordu.[120]

Ülkeleri için yaşamlarını ortaya koyarak inançları doğrultusunda mücadeleye atılan genç insanlar, siyasi eğilim ve görüşlerine bakılmaksızın acımasızca ezildiler. Oysa bunlar, güçlüklerle yetişmiş yurtsever insanlar ve değişik görüşlerdeki *aydınlar*'dı. Türk ulusunun kültürel zenginliğiydiler. **Uğur Mumcu**'nun söylediği gibi, *"sanki görünmez bir el"* Türkiye'yi karıştırmış; ülke aydınlarını, özellikle topluma önderlik edebilecek aydınları yok etmişti.

Kimin kimi öldürdüğü, hangi saldırıyı hangi örgütün yaptığı belirsizdi.İstanbul basını, büyük bir çoğunlukla, ulusal birliği gözeten bir yayın politikası izlemiyor, ayrışma ve çatışmayı öne çıkaran gerçek dışı haberler yayıyordu. Gerçeği ortaya çıkarmaya yönelen gazetecilerin başına gelmedik kalmıyor; ya öldürülüyor ya da ölüm korkusuyla yaşayıp sıkça tutuklanıyorlardı. *"Basın"*ın o günlerdeki belirgin özelliği, terörün dışarıyla olan bağlantılarından hiç sözetmeden sürekli *"ülkücü"*-*"devrimci"* ya da *"sağcı"*-*"solcu"* ayırımını işleyerek bölünmüşlüğü öne çıkarmasıydı. Bu tutum o denli ısrarla sürdürülüyordu ki, herhangi bir kanıt olmasa da, eğer bir *"solcu"* öldürülmüşse katili hemen *"sağcı"*, *"sağcı"* öldürülmüşse suçlusu *"sol-*

*cu"* oluyordu. Bu yaklaşıma hak verdirecek çok olay oluyordu ama, öldürme olaylarının çoğunluğunun kaynağı belirlenemiyordu. Bir merkezden planlanmış gibi, zamanlamada *"ustalık"* isteyen, *öldürmeler* ve *misillemeler* yaşanıyordu. Örneğin, MHP Manisa İl Başkanı 25 Haziran 1979'da eczanesinde öldürülüyor, hemen ertesi gün yine Manisa'da CHP üyesi bir eczacı bayan işyerinde vuruluyordu. İstanbul Beyazıt'ta *"ülkücüler"*in gittiği bir kahve bombalanıyor, hemen arkasından Ortaköy'de *"devrimciler"*in gittiği bir kahvede bomba patlıyordu. Emniyet yetkilileri Kahramanmaraş'ta, hem *"ülkücü"* hem de *"devrimci"* öldüren silah ele geçirmişti. 27 Mayıs 1970'de Ankara Hukuk Fakültesi öğrencisi *"devrimci"* **Mustafa Kuseyri**, Basın Yayın Yüksek Okulu'nda, arkadaşları tarafından bir kaza kurşunu ile öldürülmüş; ancak cinayet *"ülkücülere"* yüklenerek cenaze *"anti-faşist!"* bir gösteriye dönüştürülmüştü.[121] Sanki *yeri yurdu, örgütü* belirsiz bir *ölüm makinesi* ortaya çıkmış, her görüşten insanı dilediği zaman dilediği biçimde öldürüyordu. Gazeteler, yaşanan katliam kargaşası içinde olaylara dilediği gibi *"fail"*ler buluyor ve bunları dilediği biçimde kamuoyuna sunuyordu.

    Herhangi bir siyasi cinayet bir kısım basın tarafından, *"ülkücüler"*ce işlenmiş gibi gösterilirken, bir kısım basın aynı cinayeti *"devrimciler"*in işlediğini ileri sürebiliyordu. *"Sağ"*, *"sol"* tanımları da aynı amaçla kullanılıyor, *"örgütler arası çatışma"*, *"sol içi hesaplaşma"* ya da *"davadan dönenin vurulması"* gibi söylemler, gerçek olup olmadığına bakılmaksızın gazete manşetlerinden eksik olmuyordu. Sayıları elliye varan küçüklü büyüklü her gurubun bir, kimisinin ise birden çok yayın organı vardı. Bunlar, son derece yanlı yayın yapıyor ve bilgilendirmekten çok etkilemeyi amaçlıyordu. Bu tür yayınların en büyüklerinden olan ve birbirleriyle *"uzlaşmaz"* bir siyasi mücadele yürüten *Devrimci Yol*, *Halkın Kurtuluşu*, *İleri* ve *Kurtuluş* gibi dergilerin tümü, Ankara'da faaliyet gösteren *Turkish Daily News* Web Ofset tesislerinde basılıyordu.[122]

Aynı cinayete birkaç örgüt birden sahip çıkabiliyor ya da herhangi bir örgütle ilişkisi olmayan kişiler, uydurma adlarla *"öldürme eylemini"* kendilerinin gerçekleştirdiğini bildirebiliyordu. Kitle tabanı olan kimi örgütler ise, sık sık kendilerine yakıştırılan cinayetlerle herhangi bir ilgilerinin olmadığını açıklamak zorunda kalıyordu. Örneğin, İTÜ öğretim üyelerinden Ord. Prof. **Bedri Karafakioğlu** öldürüldüğünde, eşine başsağlığı ziyaretinde bulunan MHP heyeti, kendilerine yöneltilen suçlamaların haksız olduğunu, cinayetle hiçbir ilişkilerinin bulunmadığını açıklamıştı.[123]

1974-1980 döneminde yitirilen ve yerleri hala doldurulamayan eğitimli insan birikimi, ulus olarak yitirilen değerler bütününün yalnızca bir bölümüdür. Gerçek yitik, toplum çıkarlarına gösterilen duyarlılıklarda ve haksızlığa karşı direnme geleneklerinde yaşanmış; özgür düşünce, düşünceyi eyleme dönüştürme girişkenliği ve Türkler'e özgü örgütlenme yeteneği büyük zarar görmüştü. Toplum üzerinde o denli yoğun bir baskı oluşturulmuştu ki, örgütlenmek ve örgütlü davranmak, halkın gözünde *en tehlikeli iş* haline gelmişti. Doğru ya da yanlış, ama ülke çıkarını düşünerek davranan herkes şiddetle cezalandırılmış, kitleler duyarsız ve edilgen kalabalıklar haline getirilerek bugünkü yoz ortamın oluşması sağlanmıştı.. Üstelik, ağır biçimde yaşanan entelektüel yıkım henüz bitmemişti ve *12 Eylül*'le birlikte, örneği az görülen bir şiddetle sürdürülecekti. Son ve en ağır *aydın kırımı*, *12 Eylül*'de gerçekleştirilecekti.

## 12 Eylül'ün Gerçek Yüzü

**Kenan Evren**, 12 Eylül için, 1983'de kaleme aldığı anılarında şu saptamayı yapıyor: *"12 Eylül harekatının başarılı olmaması demek, bir iç savaş sonucu Türkiye'nin parçalanması ve bin seneye yakın bir zamandır bizim olan bu toprakların değişik ellere geçmesi, başka bir deyişle Türklüğün ve Türklerin, Asya'daki diğer Türkler'in durumuna düşmesi demekti."*[124] Bu yargı, ne kadar gerçeği yansıtmaktadır? *"Harekat başarılı olmasa"* Türkiye nasıl ve kimler tarafından *"parçalanacak"*tır? Anadolu Türklüğünü *"Asya'daki Türkler'in durumuna"* kim düşürecektir? Türkiye'nin, 12 Eylül'ün başarılı olmaması halinde parçalanıp parçalanmayacağı bilinmez, ama aradan geçen çeyrek yüzyılın ortaya çıkardığı açık gerçek; Türkiye'nin bugün, parçalanma kaygıları yaşayan bir ülke haline gelmesi ve duruma gelişte *12 Eylül*'ün belirleyici düzeyde payının olmasıdır.

1980 yılı Türkiye için, ekonomi ve siyaset başta olmak üzere, toplumsal yaşamın her alanında büyük bir çöküşün yaşandığı bir kırılma noktasıdır. 1980'den söz edilince herkesin aklına, doğal ve haklı olarak, silahlı bir hareket yani *darbe* gelir. Bu, olayın gerçek boyutunu ortaya koymayan eksik bir yaklaşımdır. 1980 olayları, bir bütün olarak ve biraz dikkatlice ele alınacak olursa, yaklaşımın yetersizliği kolayca görülecektir. 12 Eylül sabahı uygulamaya sokulan eylem, söylendiği ya da uygulayıcılarının sandığı gibi *"terör olaylarının"* zorunlu kıldığı bir *sonuç* değil, ülkeyi küresel isteklere sınırsızca açan bir *başlangıçtır*. 1980'de, siyasi çatışmanın Türkiye'yi kan gölüne döndürdüğü doğrudur. *Darbe*'nin amacının, *"kardeş kanının akmasını ve terörü önlemek"* olarak açıklandığı da doğrudur. Ancak olay ve gelişmeler, Türkiye'ye yönelik küresel politikadan bağımsız, yalnızca yerel bir sorunmuş gibi ele alınacak olursa, *"doğru"*ların gerçekte ulusal varlık için tehdit oluşturan büyük bir *"yanlış"* a dönüştüğü görülecektir. *12 Eylül'le* gerçek *darbe;* Türkiye'nin *ekonomisine, siyasetine, aydınlarına* ve ifadesini Atatürkçülükte bulan ulusal bağımsızlık geleneklerine yapılmıştır. *Darbe*'nin tarihi, 12 Eylül değil, 24 Ocak 1980'dir. 12 Eylül, çalışan kesimlerin ve aydınların 24 Ocak Kararları'na tepki gösteremez hale getirilmesi eylemidir.

\*

1979'da Başbakan olan **Süleyman Demirel**, Başbakanlık Müsteşarlığına getirdiği **Turgut Özal**'a, yeni bir ekonomik istikrar programı hazırlama görevi verdi. Program kısa sürede hazırlandı; bir başka deyişle IMF tarafından hazırlanmış olan program, 24 Ocak 1980'de kamuoyuna açıklandı.

Tarihe *24 Ocak Kararları* olarak geçen ve IMF'nin daha önce yaptıramadığı isteklerini içeren program; *Türkiye'yi tek taraflı olarak yabancı sermayeye açıyor, tarım, ticaret ve sanayide ulusal hedeflerden vazgeçiliyor ve günlük kur uygulamasına geçilerek Türk lirasındaki değer yitimi sürekli hale getiriliyordu. Milli kambiyo rejiminden vazgeçiliyor, ithalat liberasyonu adıyla dışalım serbest kılınıyor, kotalar kaldırılıyor ve kamu yatırımları kısılıyordu. KİT'lerin özelleştirileceği, temel ürünlerde destek fiyatlarının kaldırılacağı, ücret artışlarının düşük tutulacağı, tarım ürünlerindeki taban fiyatlarının sınırlanacağı* açıklanıyordu.[125] Programın ön uygulamaları bile etkisini hemen gösteriyor; 1980 başında 47 TL olan 1 Amerikan Doları, yıl sonunda 90 liraya çıkıyor, programa karşı gösterilen tepki, *'iç savaş'* haline getirilen terör eylemleriyle birbirine karışıyordu.

*24 Ocak Kararları*, ancak 12 Eylül gibi, bir *"demir yumruk"*la uygulanabilirdi. Emek örgütleri başta olmak üzere mesleki kuruluşlar, dernekler ve partiler kapatılmalı, yasama ve yürütme gücü, tartışmasız bir ortamda, sınırsız yetkilerle donatılmış bir yönetime verilmeliydi. Nitekim öyle oldu ve ABD başta olmak üzere Avrupa Birliği'nin *"demokratik"* desteği altında; beş kişilik *Milli Güvenlik Konseyi*'nin her kararı *yasa* sayıldı. Tüm siyasi partiler, dernekler, meslek örgütleri kapatıldı, yüzbinlerce insan gözaltına alındı, 50 kişi idam edildi.

*12 Eylül*'ün Türk toplumunda yarattığı çöküntü, çok yönlü ve çok boyutludur. Ancak en büyük zarar; Cumhuriyet'le kurulan ulus-devlet yapısına, bu yapıya biçim veren yönetim anlayışına ve tümünü içine alan siyasi işleyişe verilmiştir. Bağımsız iç ve dış politika, sosyal devlet anlayışı ve ulusal hakları koruma istenci, hemen tümüyle yok edilmiştir. Siyasi bozulmanın partilere yansıyan etkisi, doğal olarak bölünme, parçalanma ve yabancılaşma oluşmuştur. CHP ve DP ya da CHP ve AP'den oluşan *iki partili düzen* bozulmuş, ortaya içinde yasallaştırılan *"İslamcı"* ve *"Kürtçü"* partilerin de olduğu bir parti karmaşası çıkmıştır. Bugün Türkiye'de 49 yasal parti bulunmaktadır. Bunların en büyükleri bile, yüzde onluk seçim barajını aşmayı başarı sayacak kadar küçülmüş ve etkisizleşmiştir. Hemen tümü denetim altındadır. Varlıklarını sürdürebilmek için, ulusal haklardan ödün vermeyi alışkanlık edinmişlerdir. Yoksullaşan halk siyaset dışında kaldığı için, Türkiye'de ulusal siyaset yapılamaz hale gelmiştir. *12 Eylül'*ün siyasi partilere yönelik en etkili sonucu, *etkisizleşme* ve *parçalanma* olmuştur.

### Darbe Hazırlamak

1980 öncesinde çatışmaları önlemede; Meclis'in, partilerin ve kolluk güçlerinin yaklaşımı, dikkat çekici bir ilgisizlik ve olağan olmayan bir başarısızlık içerir. Toplumu derinden etkileyen olaylar yaşanırken, yönetim gücünü elinde bulunduran politikacılar, çoğu kez olaylarda taraftırlar. Emniyet güçleri, siyasi iradeden olayları sona erdirmeyi amaçlayan bir davranış göremedikleri için, kararlı bir tutum içine girememektedirler. Görev sorumluluğu duyarak olayların üzerine giden kamu yöneticileri sahipsiz bırakılmakta, emniyet müdürleri ve savcılar öldürülmektedir. Bu koşullarda görev yapan emniyet görevlileri, yetkilerini tam olarak kullanamamakta ya da kullanmamaktadır. Çatışmaları önlemek için kullanılmayı bekleyen yasal yetki, özellikle sıkıyönetim bölgelerinde yeterince vardır, ama politikacılar, sürekli yetkisizlikten söz etmekte, yasama gücü ellerinde olmasına karşın, yetki verici yasa da çıkarmamaktadırlar. Örneğin Başbakan **Süleyman Demirel**, 1980'de yaptığı bir açıklamada, Başbakan değil de sıradan bir yurttaşmış gibi şunları söylüyordu: *"Olayları yapanları ve yaptıranları devlet olarak biliyoruz. Ancak, sıkıyönetim komutanlarının ne yazık ki yetkileri çok az."*[126] **Demirel**'in bu sözlerle neyi anlatmak istediğini düşünmek gerekir. Meclis çoğunluğuna sahip olmasına karşın, neden yasal düzenlemeler yapmamıştır. Bunu yaptırmayan güç nedir?

Ülke 12 Eylül'e doğru giderken **Kenan Evren**, Genel Kurmay Başkanı olarak, kamuoyuna sıkça açıklamalar yapmakta, Cumhurbaşkanı'na yazılı *"görüş"* ve *"öneriler"* sunmaktadır. Açıklamalarında, *"Devletin bekası"*ndan, *"terör ve bölücülüğe karşı parlamenter demokratik rejimin korunması gerektiği"* nden söz ediyor, siyasi partilerin soruna, *"Atatürkçü milli bir görüşle çareler araması"*nın *"kaçınılmaz bir zorunluluk"* olduğunu söylüyordu. 1980 başında Cumhurbaşkanı'na yazdığı mektupta *"Anayasal kuruluşlar ile siyasi partilerin bir kere daha uyarılmasına"* karar verildiğini bildiriyor, mektup ekinde gönderdiği raporda, *"Atatürk milliyetçiliğinden alınan ilham ve hızla, vatandaşlarımızı kederde, kıvançta ve tasada ortak bölünmez bir bütün halinde, milli şuur ve ülküler etrafında toplamanın, iç barış ve huzurun sağlanmasında temel unsur olduğu apaçık bir gerçektir"* diyordu.[127]

1980 Ocağı'nda yaşanan bir başka ilgi çekici gelişme, **Demirel**'in Başbakanlık Müsteşarlığı'na getirdiği **Turgut Özal**'ın, *24 Ocak Kararları*'ndaki *"ekonomik önlemler paketi"* ni, **Kenan Evren** ve Kuvvet Komutanlarına sunmasıydı. Türk Silahlı Kuvvetlerinde, hükümetlerin ekonomik uygulamalarına karışmak, onay vermek ya da hükümetlerden ekonomik *"birifing"* almak gibi bir gelenek yoktu. Bu tür işler, doğrusu ya da yanlışıyla hükümetlerin yetkisine bırakılmış, o güne dek taraf olunmamıştı. Ancak bu kez, CIA personel biyografisinde, *"gelmiş geçmiş en Amerikan yanlısı Türk lideri"* denilen[128] **Turgut Özal**'ın IMF isteklerinden oluşan programı dinleniyor ve onay veriliyordu. Kamu oyuna pek de duyurulmayan bu uygulamada alışılmadık bir durum vardı.

*"Alışılmadık durum"* un gerçekte, *küresel güçlerin isteklerini yerine getirecek* bir darbeye doğru gittiği, sekiz ay sonra ortaya çıkacaktır. Türkiye'nin Cumhuriyet'le kurulmuş ulus-devlet yapısını çökertecek olan bir sürece, onay

veriliyordu. Bu onay, gerçekte, onay sahiplerinin yönetime hazırlandığının göstergeleriydi. Nitekim **Evren**, üç ay sonra 24 Mayıs 1980'de, *"karargah etüdü istediği üç kişilik özel bir ekiple"* yaptığı toplantıdan sonra not defterine şunları yazıyordu: *"Birinci Ordu-Selimiye: Bugün görüştüğüm kuvvet komutanları, artık müdahale etmekten başka bir çare kalmadı dediler"*[129]

Amerikan Silahlı Kuvvetleri, yayın organı *U.S. Armed Forces*, **Evren**'in yazdığı bu nottan bir hafta sonra çıkan Haziran 1980 sayısında şunları yazıyordu: *"Türkiye'deki gelişmeler, öyle bir noktaya gelmiştir ki, Türk Silahlı Kuvvetleri'nin müdahalesinden başka bir çıkış yolu görülmemektedir. Ordu müdahale edecek, ancak gelişmeleri uzun vadede o da düzeltemeyecektir."*[130]

**Kenan Evren**, 12 Eylül'den önceki en sert ve son açıklamasını 30 Ağustos'ta yaptı. Bu konuşmada *"demokratik düzenin ve ülke bütünlüğünün yok edilmesini amaçlayan idrakten yoksun vatan hainleri"* nden söz ediyor, bunların *"tarihimizde bir zamanlar türemeye yeltenen benzerleri gibi"* ezileceğini söylüyor ve Türk ulusu *"sonsuza kadar daha birçok 30 Ağustosları, refah ve mutlulukla kutlayacaktır"* diyordu.[131]

\*

12 *Eylül*, Türk Ulusu'nu **Evren**'in söylediği gibi *"refah ve mutluluğa"* değil, yoksulluk ve karanlığa götürdü. **Turgut Özal**'ın başkanlığındaki ANAP tarafından geliştirilen ve sırasıyla DYP, SHP, RP, DSP, MHP ve AKP gibi partilerce ara vermeden sürdürülen ekonomik ve siyasi programlar; Türkiye'yi kendi gücüyle ayakta duramayan, dış karışmalara açık, rejim sorunu yaşayan bir ülke haline getirdi. Yalnızca ekonomide değil; siyasetten yönetim yapılanmasına, dilden kültüre, eğitimden sanata, toplumsal yaşamın hemen her alanında, büyük bozulmalar yaşandı. Ulusal değerlerin yaşatılmasında öncülük edecek *aydınlar* ayırımsız bir biçimde ve benzeri az görülen bir şiddetle ezildiler. *Ülkeyi ve ulusu sevmek, onun için bir şeyler yapmaya çalışmak, bağımsızlıktan yana olmak, örgütlenip halka öncülük*

*etmek*, en ağır cezaları göze almayı gerektiren eylem ve eğilimler haline geldi. Sonuçta ortada, ulusal hakları savunan, ülke sorunlarına duyarlı insan kalmadı. Çıkarcılar, işbirlikçiler ve vatan satıcılar, köşe başlarına yerleştiler. Türkiye, Cumhuriyet tarihinin en karanlık ve en sahipsiz dönemine girdi.

ABD Türkiye sorumlusu **Paul Henze** 11 Eylül gecesi, yani darbeden bir gün önce, dünyadaki önemli gelişmelerin anında bildirildiği *The White House Station* adlı birim tarafından arandı ve kendisine Türkiye'de beklenen darbenin o gece yapılacağı bildirildi.[132] Bir gün sonra ABD Dışişleri Bakanı **Muskie**, Başkan **Carter**'a, *"herhangi bir kaygıya gerek olmadığını, Türkiye'de müdahale yapması gerekenlerin müdahale ettiğini"* haber verdi.[133]

\*

12 *Eylül Darbesi*'yle yalnızca Amerikalılar ilgilenmediler. Başta Almanya olmak üzere *Avrupa Topluluğu* (Avrupa Birliği'nin o zamanki adı) ve *Ekonomik İşbirliği ve Kalkınma Örgütü* (OECD) içindeki gelişmiş ülkelerin tümü, Türkiye'deki gelişmelerle yakından ilgileniyordu. Birleştikleri temel nokta, yönetim yapısının değiştirilmesi ve Türkiye'nin küresel güçlerin kullanımına sınırsızca açılmasıydı. Batı başkentlerinde, *"Türkiye'nin çok tehlikeli bir yere doğru, hızlı adımlarla"* gittiği konuşuluyor, *"gidişi durduracak kesin çözümlerin gerektiğinden"* söz ediliyordu.[134] Sürekli olarak, seçilmiş yönetimlerin vazgeçilmezliğini ileri süren Batı'nın *"demokrat"* yöneticileri, konu Türkiye olduğunda *"kesin çözümler"* istemekten çekinmiyordu. Olaylara bakışları şöyleydi: *"Afganistan'a Rus müdahalesi olmuştu, İran'da durum kritikti, Şah gitti gidecekti.. Sırada Türkiye vardı. Acaba Türkiye de aynı duruma düşebilir mi? Türkiye'yi kurtarmak gerekmez mi?"*[135] Batı medyasında ve diplomatik çevrelerde bunlar tartışılıyordu.

Avrupa'da konunun bu biçimde işlenmesi doğal olarak tartışma düzeyinde kalmadı, somut uygulamalara dönüştü. Kamuoyu *"ikna"* edildi. Türkiye'nin ulusal haklarını zedeleyecek uygulamalar söz konusu olduğunda *"ödünsüz demokratlar"* haline gelen Avrupalılar, bir anda darbe destekleyen anti-demokratlar haline geldiler. 12 Eylül gerçekleştirildiğinde Bonn Büyükelçisi olan **Vahit Halefoğlu**, o günlerdeki siyasi yaklaşımlar konusunda şöyle söyler: *"12 Eylül'den önce Türkiye'deki hadiseleri gören tanıdıklarımız, arkadaşlarımız (Almanlar y.n.) 'Bu anarşiye asker neden müdahale edip son vermiyor? Bu böyle devam edemez' diye bir takım fikirler ortaya sürüyorlardı. Türkiye'deki olaylar o kadar çığrından çıkmıştı ki, Almanya'daki insanlar dahi bunun bir müdahale ile halledilmesinin doğru olacağına inanıyordu. Nitekim, 12 Eylül'den sonra Alman bakanlar, Alman halkı ve medyası, olup bitenlere karşı bir tepki göstermedi, anlayışla karşıladılar. Türkiye'nin yeniden demokrasiye dönmesini kolaylaştırmak için yardımcı olmaya çalıştılar... Türkiye'yi düştüğü badireden kurtarmanın, Batılılar'ın yararına bir hareket olacağına karar verdiler. OECD içinde bir konsorsiyum kurarak, Türkiye'ye her yıl 1 milyar dolardan fazla bir yardım yapma kararı aldılar. Yardım işini yürütmek için de Almanya'yı görevlendirdiler...."*[136]

Dönemin Almanya Başbakanı **Helmut Schmidt**, darbenin üzerinden henüz 48 saat bile geçmeden bir açıklama yapıyor, *"Türkiye artık dipsiz kuyu değil"*[137] diyerek duyduğu mutluluğu dile getiriyor ve Türkiye'ye yardıma devam edileceğini söylüyordu. **Schmidt**'in açıklamasından bir gün sonra, 15 Eylül'de *Avrupa Topluluğu*, Türkiye ile *"normal ilişkilerin sürdürüleceği"*ni açıklıyor, aynı gün *Frankfurter Allgemeine Zeitung*, Bonn'un Türkiye'ye açık destek vereceğini birinci sayfadan duyuruyordu. Gazetede yer alan haber-yorumda; *"Almanya'nın tutumunun her durumda Türkiye'nin iç işlerine etki yapacağı"* söyleniyor, *"yapılacak mali yardım ödemeleri, generalleri güçlendirecektir"* deniyordu.[138]

Almanya, 12 *Eylül*'ün sıkı biçimde uygulamaya soktuğu *24 Ocak Kararları*'nı, büyük bir dikkatle izledi, uygulamaları yönlendirdi. **Turgut Özal** sık sık Almanya'ya gidiyor, Alman hükümetiyle *"garantisiz ticari borçlar, kredi ertelemesi ve yeni ödeme kuralları"* gibi konularda görüşmeler yapıyordu. Almanya, **Halefoğlu**'nun söylemiyle *"Türkiye'ye karşı büyük bir anlayış"* gösteriyordu.[139] **Helmut Schmidt**'e çok yakın bir gazeteci olan ve Almanya'nın en etkili gazetelerinden *Die Zeit*'in başyazarlığını yapan **Theo Sommer**, 19 Eylül'deki yazısını Türkiye'deki gelişmelere ayırmış ve bu yazıda Almanya'nın *"siyasi ve mali angajmanlarla"* Türkiye'nin iç işlerine doğrudan karıştığını ileri sürmüştü. *"Boğaziçi'nde reform şansına yatırım yapıyoruz"* diyor, açıksözlü bu yaklaşımıyla, *12 Eylül'*ün ekonomiye dayanan ana hedefinin ne olduğunu, belki de en iyi anlatan Batılı oluyordu.[140]

## Son Ve Kesin Vuruş

*12 Eylül*'le başlayan ekonomik uygulamalar, ulusal pazarı küresel sermayenin kullanımına tümüyle açan süreci başlattı. Silahlı mücadele ile kazanılan ve tarihin her döneminde her ülkede gerektiğinde silahla korunan ulusal haklar, *küreselleşme* ya da *serbest ticaret* adına ve hemen hiçbir sınır konmadan yabancılara devredildi. Türkiye, Osmanlı'nın son döneminde olduğu gibi bir *açık pazar*, bir *yarı-sömürge* durumuna getirildi. Temelinde Kurtuluş Savaşı bulunan ulusal bağımsızlık, savaşsız ve çatışmasız bir biçimde yitirildi. Türkiye,silah gücüyle değil, ekonomi ve siyaset yoluyla egemenlik altına alınarak, silahlı işgalin yapacağı hemen tüm işler, işbirlikçiler aracılığıyla *"barış içinde"* gerçekleştirildi. Türkiye *gizli işgal* olgusuyla karşı karşıya kaldı. Türkiye Cumhuriyeti, ulus-devlet olarak varlığını, artık yalnızca görünüşte koruyan ve parçalanma riski yaşayan bir ülke durumundadır. Bütünlüğünü koruması, artık kendi gücüne değil, küresel güç merkezlerinin kararına bağlıdır. Günümüzde, üstelik yoğun biçimde sürmekte olan uygulamalar durdurulup bağımsızlık yönünde köklü dönüşümler gerçekleştirilmezse, görünüşte sürdürülmekte olan bugünkü ulusal varlık, uzun sürmeyen bir zaman içinde eylemsel olarak da yitirilecektir.

12 *Eylül* uygulamaları, karar yetkilerini dışarıyla paylaşan, bir bölümünü tümüyle devreden *"yeni"* bir düzen, daha doğrusu *düzensizlik* dönemi başlattı. Ulusal varlığı çözülmeye götüren bu *"düzen"*in kalıcı kılınması, kaçınılmaz olarak, uygulamalara karşı çıkacak *aydınlar*'ın susturulmasını ve ulusal örgütlerin ortadan kaldırılmasını gerektiriyordu. *Aydınlar, 12 Eylül*'e dek hemen her dönemde baskı altına alınmış, örgütleri kapatılmış, ancak bir türlü yok edilememişti. *12 Eylül* şimdi bunu yapacak ve *aydınlar*'ı yok edecekti. **Kenan Evren'**in deyimiyle, *"kahredici bir yumruk altında ezileceklerdi."*[141]

Türkiye'de *aydınlar* söylendiği gibi *"bir yumruk"* değil, belki de binlerce *"yumruk"* altında ezildiler. *12 Mart* öncesi ve sonrasında yoğunlaştırılmış olan sistemli şiddet, *12 Eylül*'le birlikte adeta *zincirlerinden boşandı* ve olağanüstü geniş bir boyuta ulaştı. Her meslek ve yaştan yüz-binlerce eğitimli insan; sorgular, hapisler, işkenceler ve direnilmesi olanaksız bir şiddetle karşılaştı. Kendileriyle birlik-te, aileleri ve yakın çevreleri de büyük acılar çeken bu insanlar, bedensel ve ruhsal sağlıklarını, okul ya da işlerini ve hepsinden önemlisi ülkelerine olan sahiplenme duygusunu yitirdiler. Pek çok *aydın*, doğrudan yaşamını yitirdi, pek çoğu bedensel ya da ruhsal olarak sakat kaldı. Türkiye, yalnızca *aydınlar*'ını değil, geleceğini de yitiriyordu. Bağımsızlıktan yana olan bilim adamları, yazarlar, gazeteciler sürekli olarak tehdit altındaydılar. *Aydınlar* azalıyor, toplumsal değerler yıpranıyor ve herşeyden önemlisi, ülkenin temel dayanağı orduyla aydınlar arasında bir yabancılaşma yaşanıyordu. 1960'da *"ordu-millet elele"* diyerek eyleme geçen genç *aydınlar*, artık çok farklı şeyler söylüyor, ülke eğitimsiz ve duyarsız insanların yaşadığı bir yer haline geliyordu.

*12 Eylül* uygulamalarıyla 650 bin kişi gözaltına alındı ve bunların büyük çoğunluğuna işkence yapıldı. İşkenceler, yalnızca konuşturmak, bilgi sağlamak amacıyla değil, kişilikleri ezmek, direnme gücünü yok etmek için herkese yapılıyordu. 1 milyon 683 bin kişi fişlendi, fişlenenler kamusal alanlar başta olmak üzere birçok haktan yoksun kılındı. Açılan 210 bin davada 230 bin kişi yargılandı, 7 bin kişinin idamı istendi, 517 kişiye idam cezası verildi, 259 idam dosyası Meclis'e gönderildi. *"Devrimci"* ve *"ülkücüler"* i de içeren 50 kişi idam edildi.[142]

Halkevleri, mühendis ve tabip odaları, sendikalar başta olmak üzere çalışanlara ait tüm kitle örgütleri kapatıldı; yöneticileri tutuklandı. 98 bin 404 kişi *"örgüt üyesi olmak"*, 71 bin kişi örgüt yönetmek suçlarından yargılandı. 23 bin 677 dernek kapatıldı. 388 bin kişiye pasaport verilmedi, 30 bin kişi *"sakıncalı"* olduğu için işten atıldı. 14 bin kişi yurttaşlıktan çıkarıldı, 30 bin kişi mülteci olarak yurtdışına kaçtı. 300 kişi kuşkulu biçimde öldü, 171 kişinin sorgu sırasında *"işkenceden öldüğü"* belgelendi. 299 kişi cezaevinde, 95 kişi "çatışmada" öldü, 43 kişi *"intihar"* etti.[143]

Öğretmen örgütlenmesinde görev alan, önder konumdaki 5 bin 854 öğretmenin işine birkaç ay içinde son verildi. Üniversitelerde 120 profesör ve doçent, Adalet Bakanlığı'ndan 47 hakim atıldı. 400 gazeteci için toplam 4 bin yıl hapis cezası istendi ve bunlara 315 yıl 6 ay hapis cezası verildi. 300 gazeteci saldırıya uğradı, üçü silahla öldürüldü. *"Zararlı"* görülen gazeteler, toplam 300 gün yayın yapamadı. 39 ton kitap ve dergi imha edildi. 937 film *"sakıncalı"* bulunduğu için yasaklandı, TRT'nin çektiği kimi belgeseller yakıldı.[144]

Cumhuriyet'in biçim verdiği okullar ve üniversiteler, geleneksel yurtsever çizgisinden uzaklaştırılırken, eğitim açık ve yoğun biçimde dinselleştirildi. **Kenan Evren**, *"imam-hatip okullarında iyi eğitim veriliyor. O çocuklardan zarar gelmez. Türkiye laikliği dinsizlik olarak anlamış, yanlış tatbikatlar yapmıştır. 1930'lardaki laiklik anlayışını yanlış olarak görüyorum"* diyordu.[145] 3 Mart 1924'te gerçekleştirilen *Öğretim Birliği* (Tevhid-i Tedrisat) ilkesi, imam-hatip okullarının yaygınlaştırılmasıyla; yasası korunan, ama kendisi uygulanmayan bir duruma düşürülerek, eylemsel olarak uygulamadan kaldırıldı. Din dersleri Anayasal bir zorunluluk haline getirilerek laiklik ilkesi çiğnendi. Üniversitelerde okuyan öğrencilerden, *harç* ve *eğitime katkı* adıyla para alınmaya başladı. Vakıf üniversiteleri kurulmasına izin verildi, devlet üniversitelerinin gelişmesi engellendi.[146]

12 *Mart* öncesinde başlayan, 12 Eylül öncesi ve sonrasında devam eden çatışma döneminde çok sayıda aydın öldürüldü. Çoğu *"faili meçhul"* kalan cinayetlerin hemen tümündeki ortak özellik, siyasi görüşü ne olursa olsun öldürülen insanların ülke sorunlarına duyarlı, Atatürkçü, yurtsever *aydınlar* olmasıydı. 1977'den sonra öldürülen *aydınlar*'ın bazılar şöyledir: Doçent Dr. **Orhan Yavuz**, Profesör Dr. **Necdet Bulut**, Cumhuriyet Savcısı **Doğan Öz**, Doçent Dr. **Bedrettin Cömert**, Avukat **Devrim Çelenk**, Ord. Profesör Dr. **Bedri Karafakioğlu**, Gazeteci **Abdi İpekçi**, Profesör Dr. **Ümit Yaşar Doğanay**, Adana Emniyet Müdürü **Cevat Yurdakul**, Profesör Dr. **Cavit Orhan Tütengil**, Sendikacı **Kemal Türkler**, Gazeteci **Ümit Kaftancıoğlu**, Askeri Doktor **Necdet Güçlü**, Yazar **İlhan Darendelioğlu**, Profesör Dr. **Fikret Ünsal**, Gazeteci **Ali İhsan Özgür**, CHP Genel Başkan Yardımcısı Doktor **Rauf Yılmazer**, Gümrük Bakanı **Gün Sazak**, Başbakan **Nihat Erim**, Gazeteci **Recai Ünal**, Profesör Dr. **Muammer Aksoy**, Gazeteci **Çetin Emeç**, Yazar **Turan Dursun**, Doçent Dr. **Bahriye Üçok**, Gazeteci **Uğur Mumcu**, Jandarma Genel Komutanı **Eşref Bitlis**, Profesör Dr. **Ahmet Taner Kışlalı**, Binbaşı **Cem Ersever**, Tuğgeneral **Bahtiyar Aydın**, Yazar **Necip Hablemitoğlu**.

\*

Atatürk'ün ölümünden bugüne dek süren *aydın kırımı*, Türkiye'ye çok büyük zararlar verdi. Eğitimli ve bilinçli insan olmadan, hiçbir şeyin olmayacağı açıktır. *Aydınlar*'ın ortadan kaldırılmasıyla, toplum kendisine öncülük edecek önderlerini yitirdi. Devlet kurumlarına başta olmak üzere hemen her alanda, yöneticilerin düzeyi düştü, yetersizlikler yaşandı. Düzey düşüklüğü en çok, politikada ve doğal olarak partilerde yaşandı. Parti etkinliği ülkenin ve halkın sorunlarını çözme gibi bir çaba olmaktan tümüyle çıktı, dışa bağlanmanın ve çıkar sağlamanın aracı haline geldi. Bu koşullarda yeni bir yurtsever örgütlenmenin ortaya çıkmaması ve yeni tür aydınların yetişmemesi olanaksızdır. Günümüz Türkiyesi, bu değişimin sancılarını yaşamakta, yeni bir uyanış ve ulusçu örgütlenme isteği yükselmektedir.

Bu uyanışın içinde yer alıp örgütlenmeye girişecek olanlar, özellikle parti örgütlenmesine yönelenler, kitapta uzun bölümler halinde ele alınan konuları herhalde inceleyeceklerdir. Geçmişin incelenmesinden ayrı olarak, gelecekte kurulacak ya da kurulmuş partilere katılacak olanlar, aşağıda yapılan kısa saptamaları da değerlendirmelidirler. *Aydın kırımı*'nın neden olduğu örgütsüz ortam, girişilecek yeni çabalarla ancak aşılabilecektir. Bu işe girişenler, örgütlenme çabalarını sürdürürken, bu saptamaların önemli olduğunu göreceklerdir.

### Türkiye Partilerinden Çıkarılacak Sonuçlar

**1.** Partilerin yönetim düzeni içinde yer alıp günümüzdeki konuma gelmesi, Batı'da başlayan ve son iki yüz yılı kapsayan bir süreç içinde olmuştur. Ortaya çıkışları, gelişip siyasete yön vermeleri, 19.yüzyıl Batı kapitalizminin gereksinimlerine ve gelişme isteğine uygun düşer. *"Demokrasi"*nin kurulup geliştirilmesi amacıyla değil, sınıf mücadelesini yürütmek için kurulmuşlardır. Batı Avrupa'da çok sert geçen sınıf çatışmalarının ürünüdürler. Türkiye partileri ise, Batı'dan farklı olarak, toplumsal düzenin doğal siyasi sonuçları olarak değil, Batı'ya benzeme isteğinin ürünleri olarak ortaya çıkmışlardır. Genel olarak yapay ve *öykünmecidirler* (taklitçi). Bu nedenle, genel bir özellik olarak, Türk toplumun gelişme isteklerine, gereksinimlerine yanıt verememişlerdir. Ne öykündükleri Batı partileri gibi olabilmişler ne de halk içinde güven duyulan bir güç olmuşlardır.

**2.** Türk toplumu, Batı'dan çok farklı bir tarihe ve hala yaşamakta olan geleneklere sahiptir. Her alanda var olan özgün yapısı, özellikle katılımcılığa dayanan *yönetim biçimi* için, belirgindir. Türkler, bozulma ve güçsüzlük dönemleri dışında, genellikle toplumun tümünü kapsayan bir katılımcılık ve dayanışma ilişkisi içinde olmuşlar, bu ilişkiyi yönetim sistemlerine yansıtabilmişlerdir. Türk tarihine ve geleneklerine uyum gösteren siyasi örgütlenmeler başarılı olmuş, başka toplumlara benzeme çabaları Türk halkı tarafından hiçbir dönemde kabul görmemiştir. 20.yüzyıl başında gerçekleştirilen *Müdafaa-i Hukuk örgütleri*, *Birinci Meclis* ve 1930 CHP'si, *halkla bütünleşen, özünü koruyarak gelişmeye ve katılımcılığa dayalı, yenileşmeci* örgütlerdir. Bu nedenle başarılı olmuşlardır.

**3.** Türkiye siyasi partileri, genel bir özellik olarak, kitleleri yeterince örgütleyememiş; parti çalışmaları, halktan kopuk, dar bir gurubun siyasi etkinliği olarak kalmıştır. Cumhuriyet'ten önce, ülkedeki parti etkinliklerinin hemen tümü, yalnızca İstanbul ve Selanik çevresinde toplanmış, özellikle Anadolu halkıyla herhangi bir bağ kurulmamıştır. 1919-1938 arası, halk örgütlenmesinin yaşanmış tek başarılı örneğidir. 1945 sonrasındaki *çok partililik* ise, denetim altında tutulan, halka kapalı *öykünmeci (taklitçi)* bir *parlamentoculuk* ve siyasi yabancılaşma dönemidir. Batı'ya bağlanırken halktan uzaklaşmayı, bağlı olarak siyasi çözülmeyi getiren bu dönem, üstelik yoğunlaşarak bugün de sürmektedir. Yaşanan siyasi çözülme ve yabancılaşma o denli yoğundur ki, Türkiye'de iktidara gelmek isteyen partiler artık, genel başkanlarını Washington ya da Brüksel'e yollamak ve Batı'ya kendilerini kabul ettirmek zorundadırlar. Partiler, meşruiyetlerini Türk ulusunun varlığında ve Kurtuluş Savaşı'nda değil, Batı merkezlerinde arar hale gelmişlerdir. Bu durumu ortaya koyan son ve en açık örnek, *Adalet ve Kalkınma Partisi (AKP)* Genel Başkanı **R. Tayyip Erdoğan**'ın başbakan olmadan önce 4 Kasım 2002'de, ABD Savunma Bakan Yardımcısı **Paul Wolfowitz**'e yazdığı mektuptur. **Erdoğan** basında yer alan ve yalanlanmayan bu mektupta; 3 Kasım seçimlerinin Türk Genel Kurmayı'nda rahatsızlık yaratmış olabileceğini, kendisinin ise Türkiye'nin *"Birinci Dünya topluluğunun güvenilir bir üyesi"* olmasını istediğini, bu amaçla *"Orgeneral Özkök'le gizli bir toplantı"* yapacağını söylemiş ve özel cep telefonu numarasını vererek **Wolfowitz**'ın yapacağı *"yardım"*a teşekkür etmişti.[147]

4. Türkiye'de siyaset artık, parası olmayan halk için yapılması olanaksız bir eylemdir. Küresel güçlerle bütünleşen büyük sermaye, mali ilişkiler ve medya gücüyle siyasete tümüyle egemen olmuş, ulusal devlet önemli oranda, kendisini yok edecek dış bağlantılı kadroların eline geçmiştir. Bu olumsuz süreçten, *demokratik kitle örgütleri* de *'payını'* almış ve önemli sayıda kitle örgütü, *sivil toplum* tanımlamasıyla anti-ulusçuların denetimine girmiş ya da yenileri oluşturulmuştur. Bu durum mali ve siyasi güç sahiplerine, üzerinde özgürce hareket edebilecekleri geniş bir alan yaratmaktadır. Küresel güç, işbirlikçi sermaye ve politikacı ekseninde sağlanan birliktelik, yoksul ve örgütsüz kılınan halkın politikadan uzak tutulmasını başarmaktadır. Politikanın işlevi, artık, halkın ve ulusun çıkarlarının savunulması değil, çıkar elde etme amacıyla uluslararası güç merkezleriyle kurulan yakınlık ve onlara verilen hizmettir. Burada söz konusu olan artık, siyasi demokrasinin bilinen işleyişi değil, paranın mutlak egemenliğidir.

5. Türkiye'de geçerli olan siyasi düzen, söylendiği gibi çok partili bir rejim değil, gerçekte bir tür tek parti düzenidir. İçişleri Bakanlığı'na dilekçe veren herkes parti kurabilir ve Türkiye'de kurulmuş çok sayıda parti vardır. Her partinin adı, genel merkezi, genel başkanı farklıdır. Ancak, bunlardan *"baraj"* geçip Meclis'e girenlerin tümü, hükümet kurduklarında dış istekleri yerine getirecekler ve IMF, Dünya Bankası ya da AB programlarından oluşan tek bir politikayı uygulayacaklardır. Bunu yapmadıklarında hükümette kalamazlar. Ekonomiyi ve iletişim gücünü ele geçiren

uluslararası sermaye, işbirlikçileri aracılığıyla siyasal düzeni denetim altına almış, partiler üzerinde kesin bir egemenlik kurmuştur. Parti yöneticilerinin pek çoğu, elde edilmiş *"elemanlar"* ya da sermaye gücüne karşı direnemeyecek, yetersiz kişilerdir. Bu nedenle; parti programlarında, seçim bildirgelerinde ne yazılırsa yazılsın, seçim meydanlarında ne söylenirse söylensin, iktidara geldiklerinde dışarda belirlenen programları uygulayacaklardır. Partiler artık, ülkenin ve halkın sorunlarını çözmenin değil, yönetimdeki bozulmanın araçları haline gelmiştir.

**6.** Türk halkı, her çeşit partiyi denemiş ve her dört ya da beş yılda bir önüne koyulan sandığa oy atarak bunları sırayla iktidara getirmiştir. Son yirmi yıl içinde ANAP, SHP, DYP, CHP, RP, MHP, DSP ve AKP; hükümetlerde yer almış ve hepsi aynı politikayı uygulayarak, halkın sorunlarını gidermek yerine daha da ağırlaştırmışlardır. Bu durum gerçekte, son yirmi yılla sınırlı da değildir. 1919-1938 dönemi dışında, *Tanzimat*'tan günümüze dek, Türkiye'de sürekli olarak Batı yanlısı politikalar uygulanmıştır. 19.yüzyıl sonundaki **Prens Sabahattin**'in *ademi merkeziyetçiliği* ile AKP'nin *Kamu Reformu Yasası* arasında hiçbir fark yoktur. 20.yüzyıl başındaki *Hürriyet ve İtilaf*'ın liberalizmiyle, bugünkü *Gümrük Birliği* uygulamaları aynıdır. Yaşananların doğal sonucu, ülke sorunlarının sürekli artmasıdır. Bu tür politikalar sonucu, Osmanlı İmparatorluğu dağıldı, Türkiye Cumhuriyeti büyük tehlike altında. Siyasi ve ekonomik sorunlar, giderek çözümü zor ulusal sorunlar haline geliyor. Siyasi partiler ve yöneticileri artık, halkın saygı duymadığı, çıkar peşinde koşan, güvenilmez kişilerdir. Toplum katında, sevgi ve güvene dayalı bir itibarları yoktur.

**7.** Partiler kendilerini, katılımcı işleyişe sahip, demokrasiye inanan örgütler olarak göstermek isterler. Farklı bir iktidar seçeneğini içinde barındırmayan, bu nedenle sonucu değiştirmeyen seçimler, bu tür partiler ve temsil ettikleri güçler için *"demokrasinin"* tek göstergesidir. Parti yöneticileri, sermaye sözcüleri ve medya, konuyu sürekli bu biçimde dile getirir. Ancak gerçekte hiçbir parti, demokratik işleyişin hiçbir kuralını, hiçbir zaman işletmez. İç-dış ilişkiler ağının açık ya da dolaylı desteğiyle bulunduğu yere gelen parti başkanı, *tek belirleyicidir*. Partinin milletvekili adaylarını o belirler. Bunu yaparken, kendisini bulunduğu yere getiren güçlerin önceliklerine uygun bir kadroyu seçer. Böylece yasama gücünü temsil eden milletvekillerini gerçekte halk değil, parti başkanları, bağlı olarak iç-dış sermaye gurupları belirlemiş olur. Bu tür ilişkiler yazılı ya da sözlü emirlerle yürütülmez. Parti başkanı, kendisinden beklenilenleri bilir ona göre hareket eder. Halk, önüne konulan sandığa oy atmaktan başka bir şey yapamayan edilgen bir kalabalık haline getirilmiştir. Kime oy verse sonuç değişmez ve sandıktan her zaman benzer nitelikte insanlar çıkar. Çünkü, iktidara gelebilecek tüm partilerin genel başkanları aynı şeyi yapmış ve *Batıcılığı* tek doğru kabul eden insanları aday göstermiştir. Halkın ya da onu temsil edecek *aydınlar*'ın Meclis'e girmesi olanaklı değildir. Birkaç aykırı örnek, durumu değiştirmemektedir.

8. Mutlak parti egemenleri olan genel başkanlar, *"demokratça"* açıklamalar yaparlar, her düşünceye saygı gösteriyor görünürler. Ancak bu yalnızca görünüşte böyledir. Gerçekte, en küçük bir eleştiri ve tartışmaya bile katlanamazlar. Bu tutum, yaptıkları işin niteliğinden kaynaklanan bir davranıştır. Halkın değil, *oligarşik* yapıların çıkarlarını savunmaları, onların, parti ve meclis gurubu üzerinde deliksiz bir egemenlik kurmasını zorunlu kılar. Bunu ne denli başarırlarsa, bağlantılı oldukları sermaye çevrelerinde, o denli değer kazanırlar. Ön seçimini yapıp, halka seçtirdikleri milletvekillerine söz geçiremediklerinde, hemen ortaya çıkan genel başkan adaylarından birine, koltuklarını kaptıracaklarını bilirler. Böyle bir ortamda katılımcılığın, düşünceye saygının, ilkeli çalışmanın ya da tartışmanın elbette yeri yoktur. Gösterişli kurultaylar, parti içi seçimler,

genel başkanın belirlediği kişilerin onaylanmasından başka bir değeri olmayan, göstermelik işlerdir. Bu nedenle, günümüz siyasi partileri, partiden çok aşiret ya da tarikat türünden feodal yapılara, parti başkanları da bu yapıların reislerine benzer. Küreselleşmeci ideologların, *yeni-feodalizm* adını vererek yücelttikleri böylesi bir ortam içinde, küresel egemenliğin ana hedefi olan ulus-devlet çıkarları, parti politikalarında doğal olarak yer almaz, tersine devlet, bilinçli bir biçimde etkisizleştirilir.

9. Türkiye'de ülke yararına siyaset yapmak isteyenler, toplumun tarihsel, sosyal, ekonomik ve kültürel özelliklerini tam olarak bilince çıkarıp, örgütlenmeli ve örgütlerini bu özelliklerle bütünleştirmeyi başarmalıdırlar. Gelişmiş ülkelerde iyi işleyen bir sistem, azgelişmiş ülkelerde tam tersi sonuçlar verebilir. Çağdaşlık, gelişkin olana benzemeğe çalışmak değil, kimliğini koruyarak günün gereklerine yanıt verecek biçimde geliştirmektir. Toplumu tanımak, koşullarını ve gelişimini bilmek, onu değiştirip geliştirmenin ön koşuludur. Topluma yabancı kalan bir siyasi örgüt, ne denli *"ileri"* ve *"çağdaş"* görünürse görünsün, etkili olma şansına sahip değildir.

10. Her toplum; yapısına, gelişim düzeyine ve geleneklerine uyum gösteren bir siyasi yapılanma içinde olmak zorundadır. Kişisel ya da gurupsal istekler, gerçeklerden kopuk zorlamalar ya da başka toplumlara özenmeler, başarı şansı olmayan girişimlerdir. Siyasetle uğraşanların yapması gereken, *iyi* olacağına inandığı kişisel yargılarını topluma kabul ettirmeğe çalışmak değil, toplumun gelişme isteklerini saptayıp, bu istekleri bütünlüğü olan bir program haline getirerek uygulamaktır. Bunun için kitleleri örgütlemek ve halktan kopmadan ona öncülük etmek gerekir. Hiçbir toplumsal düzen sonsuz değildir. Ortaya çıkar, gelişir ve karşıtına dönüşerek ortadan kalkar. Bu; nesnel, önlenemez ve yinelenemez evrensel bir süreçtir. Siyasetçinin görevi, hangi süreç yaşanıyorsa ona uygun hareket

etmek, toplumu, koşulları oluşmuş bir ilerleme yönünde geliştirmektir. Koşulları oluşmayan hiçbir toplumsal dönüşüm gerçekleştirilemez. Ancak, koşulları oluşan her toplumsal dönüşüm de kendiliğinden gerçekleşemez. Bunun için insan eylemine gereksinim vardır. İnsan eylemi, yani siyasi örgütlenme, toplumsal dönüşümler için gerek, fakat yetmez şarttır. Yeterlilik, doğal sürecin tamamlanmasıdır.

11. *Türk aydınları*, gördüğü ağır baskının sonucu olarak, toplumsal koşullara uygun ve ulusal gereksinimlere yanıt veren bir siyasi örgütlenmeyi gerçekleştirememiştir. Bir kısım *aydın* ise, Türk toplumunun özgün yapısını kavrayamamış, öznel yargılarla hareket ederek, yaşamdan kopuk bir siyasi davranış içine girmiştir. 18. yüzyıldan sonra Batı'nın artan gücü ve Osmanlı İmparatorluğu'nun çözülüşü, yaygın ve kalıcı bir kimliksizleşme sorunu yaratmış, kendine güven yitirilmiştir. Ekonomik ve kültürel çöküşe neden olan *Batı*, bilgisiz ve bilinçsiz bir ortam içinde, kurtuluş aracı olarak görülmüştür. Çağdaşlık adına *Batıcılığa*, din adına *Arapçılığa* ve özgürlük adına *etnik ayırımcılığa* dayanan siyasi guruplar, bu görüşün ortaya çıkardığı oluşumlardır. Tanzimat anlayışındaki partiler, tekke ve tarikatlar, Kürtçü örgütler, tümü birden Batı'yla uzlaşan, kimi zaman Batı tarafından kurulan ve Türkiye'ye karşı kullanılan yapılanmalardır. Bu tür yapıların kolayca ortaya çıkarılıp Türkiye karşıtlığında kullanılmasının ve Batı'nın Türk siyasi yaşamında bu denli etkili olabilmesinin temel nedeni, Türkiye'de ulusal sanayinin güçlenememesi ve ulusal pazarı koruyacak milli sermayenin gelişmemiş olmasıdır. Halk ve ulus yararına çalışacak partiler bu gerçeği bilmeli ve ulusal sermayenin korunup geliştirilmesi için her türlü önlemi almalıdır.

12. Türkiye'de partiler, mücadele öncelikleri ve temel hedefler bakımından, Batı partilerinden çok farklı özelliklere sahiptir. Örnek alma ya da benzemeğe çalışma, bu nedenle

başarılı olamaz. Gelişmiş ülke partileri, kendi aralarında benzer özelliklere sahiptir, çünkü benzer sosyal yapıların ürünüdürler. Oysa, azgelişmiş bir ülke olarak Türkiye'nin gelişmiş ülkelerle ilişkisi, sömüren-sömürülen ilişkisidir. Türkiye için yararlı olan, Batı için zararlıdır. Bunun tersi de geçerlidir. Batı için yararlı olan, Türkiye için zararlıdır. Emperyalizmin ekonomik ve siyasi *işgal*'i altında aşiret ve tarikat ilişkilerini içinde barındıran bir ülke olan Türkiye, *bağımsızlık* ve *uluslaşma* gereksinimi içindedir. Bu nedenle, emperyalizme ve *Orta Çağ* kalıntılarına karşıtlık, halkın ve ulusun sorunlarını çözmek isteyen örgüt ve partilerin temel ilkesi olmalıdır. Emperyalizme karşıtlık *tam bağımsızlık*, feodalizme karşıtlık ise *demokrasi* demektir. *Bağımsızlık* ve *demokrasi* için mücadeleyi, programının başına koyan partiler, başarılı olur ve kitlelere ulaşabilir. Çünkü işbirlikçi olmayan herkes, yani ulusun çok büyük bir bölümü, böyle bir mücadelenin özlemi içindedir. Bu özlemi giderecek parti, kaçınılmaz olarak **sınıfsal değil, ulusal bir partidir**. Türkiye gibi emperyalist boyunduruktan kurtulmak zorunda olan ülkelerde, geçerli parti türü budur.

13. *Ulusal bağımsızlık* mücadelesini temel almayan partiler, halkın ve ulusun sorunlarına çözüm getiremez, kitlelerle kaynaşıp onların desteğini alamaz. Bu partiler, *bağımsızlık* mücadelesinin yaratacağı ulusal bilinçten yoksun oldukları için ideolojik görünümleri ve amaçları ne olursa olsun, zamanla işbirlikçi örgütler haline geleceklerdir. Çünkü varlıklarını sürdürmek için, ulusal bağımsızlıkla işbirlikçilik arasında bir seçim yapmak, ya halka ya da küresel güçlüklere dayanmak zorundadırlar. Kendilerine; *Sağ, sol, islamcı, sosyalist, demokrat* ya da *sosyal demokrat* ne ad verirlerse versinler sonuç değişmeyecektir. Ayrıca, bu tür siyasi tanımlar Türk toplumuna yabancı, gerçeği yansıtmayan Batı kaynaklı tanımlardır. *Sosyalist, Komünist* ya da *sosyal demokrasi* sözcükleri, gelişkin sanayi toplumlarında, işçi sınıfı mücadelesinin siyasi amaçlarına denk düşen tanımlardır. Emperyalist hegemonya altında yarı-sömürge duru-

mundaki azgelişmiş ülkelerde bunlar geçerli olamaz. *"Siyasi İslam"* ya da *"İslamcı demokrat"* gibi tanımlar da ne Türk ne de İslam geleneklerinde karşılığı olan kavramlardır. Bu tür tanımları taşıyan partiler gerçekte, Türk toplumuna yabancıdır. Büyük çoğunluğuyla Batı tarafından kurulup yaşatılırlar. *Kürtçü* partilerin niteliği de bunlardan farklı değildir. *"Sosyalist" "İslamcı"* ve *Kürtçü* partilerin, görüşündeki ideolojik farklılıklarına karşın, kolayca bir araya gelmeleri ve dayanışma içinde bulunmalarını sağlayan ortak neden, Batı'yla *"yakın ilişkiler"* içinde olmalarıdır.

14. Türk toplumunda kamusal işleyişe büyük önem verilir. Bu önem, tarihin her döneminde geçerlidir ve diğer toplumlardan çok farklıdır. Devlet yalnızca toplum düzenini sağlayan bir aygıt değil, aynı zamanda bireyler arasında eşitliği amaçlayan ve tüm kesimlerce saygı duyulan dayanışmacı bir örgüttür. Sosyal ve ulusaldır. Devletin temel dayanağı ve koruyucu gücü olan ordu, bireylerin her şeyiyle bağlı olduğu ana kurumdur. Bu iki kurum, çok eski dönemlerden beri Türkler için her koşulda ve her ne pahasına olursa olsun, korunup güçlü tutulması gereken temel kurumlardır. Batı'nın bu iki kurum üzerine bugün yöneltmiş olduğu yoğun baskının nedeni budur. Onlar bilirler ki, devlet ve ordu çökertilmeden Türk toplumuna egemen olmak, olanaksızdır. Ulus yararına çalışma yapacak partiler, bu gerçeği bilmeli ve mücadelesini buna göre biçimlendirmelidir. Devlet ve orduyla uyumsuzluğu ya da çelişkisi olan partilerin, Türkiye'de başarılı olma şansları yoktur. Bunlar, ancak dış destekle ayakta kalabilir. Varlıkları, Türkiye'nin ulus olarak varlığıyla tam olarak çelişir. Bu tür partiler, devlet güçlendikçe zayıflar, devlet zayıfladıkça güçlenir.

15. Türk toplumunda *önder* önemlidir. Devlet ve ordu başkanlarına ya da halk içinden çıkan doğal önderlere büyük saygı gösterilir, buyruklarına istekle uyulur. Halk *önder*'e,

görevinde başarılı olması için her türlü desteği verir, ona son derece saygı gösterir. Ancak, *önder* de halkı düşünmek, sorunlarını çözmek zorundadır. Gösterilen saygı ve bağlılık içtendir, ancak sonsuz değildir. Halkın ve ulusun sorunlarını çözemeyen *önder*, gözden düşer ve görevden uzaklaştırılır. Siyasi, ekonomik, kültürel ve sosyal tüm örgütlerde, *önder* örgütle, örgüt de *önder*'le özdeşleşir. Devlette hakan, orduda komutan, tekkede şeyh, esnaflıkta *ahi* büyüğü ile topluma yerleşen *önder*'e saygı geleneği, etkisini önemli oranda bugün de sürdürmektedir. Bu gelenek, doğru biçimde kullanılırsa, toplum yararlarının korunması açısından önemli bir olanaktır. Türk halkı *önder*'e güven duyarsa, onun yetkilerini arttırır ve onu uzun süre görevde tutar, sık sık değiştirmez. Günümüz partilerinde, parti genel başkanları bu geleneği, genellikle olumsuz bir biçimde kullanmakta ve *buyrukçuluğu (despotizmi)* temel davranış haline getirmektedirler. Bunlara göre, yalnızca parti yöneticileri değil, millet adına görev yapması gereken milletvekilleri de, *"başkanlarının"* isteklerini sorgulamadan yerine getirmelidir. Bunu yapmayıp doğru bildiği yönde davrananlar, partide barındırılmazlar. *Buyrukçuluğa* en son ve iyi bir örnek AKP Genel Başkanı **Recep Tayyip Erdoğan**'ın, Kıbrıs konusunda Meclis'de yapılacak oylama ile ilgili davranışlardır. **Erdoğan**, 18 Nisan 2004'de Antalya'da yapılan toplantıda, *"milletvekillerine gözdağı verdi"* ve *"bazı fire ihtimalleri duyuyorum. Ayrılık gayrılık görmek istemiyorum. Ortak hareket istiyorum"* dedi.[148] Bu tür davranışları, daha önceki başbakan ve parti başkanları da yapmış, ancak hemen tümü ülkeye bir yarar sağlamadıkları gibi partileriyle birlikte siyasi olarak yok olup gitmişlerdi. Ülke sorunlarına çözüm bulmak isteyen partiler, Türk halkında yerleşik ve özgün bir yaklaşım olarak varlığını sürdüren *önderlik* anlayışını iyi değerlendirmek ve doğru yönde kullanmak durumundadırlar. Parti önderleri ise, yönetimde *katılımcılık* ve *danışmanın* devlet geleneği olduğu bir toplumda bulunduklarını asla unutmamalıdırlar.

**16.** Ülke sorunlarını çözmek isteyen parti yetkilileri, geleneklere ve ulusal onura önem vermeli tarihi bilmelidir. Çünkü Türk halkı, geleneklerine ve kimliğine karşı son derece duyarlıdır. Aynı duyarlılığı kendisini yönetenlerden de bekler. Beklentilerinin karşılanmaması durumunda, ciddi gördüğü bir başka önderlik altında her şeyi yapmaya hazırdır. Öz ve biçim olarak doğru yaklaşıldığında, hemen örgütlenir. İlerlemeden yana her türlü yeniliğe açıktır. Kendisine yapılan iyiliği, sağlanan gönenci asla unutmaz. Sabırlıdır, ancak kandırıldığını ya da oyalandığını anladığında, kendi olanakları içinde önlem almakta gecikmez. İnandığı harekete, yönetime ya da örgüte tüm benliğiyle katılır. Ulusal varlığa yönelen silahlı tehdit karşısında, toplumsal direnme gücü kendiliğinden devreye girer ve sıradışı bir dirence dönüşür. Başarılı olmak isteyen parti ve örgütler bu özelliği kesin olarak dikkate almalıdır.

**17.** Ulusa hizmet etmek isteyen partiler, *sosyal dayanışmaya, yardımlaşma ve katılımcılığa* özel önem vermelidir. Her tür inanca saygılı olmanın laiklikle mümkün olduğunu unutmamalıdır. Haksızlık ve sömürünün her türüne karşı çıkmalı, yoksul ve zayıfın yanında yer almalıdır. Türk kimliğine sahip çıkmalı, ama ırkçı olmamalıdır. *Etnik ayırımcılığa* karşı çıkmalı, ulusun bütünlüğünü savunmalı ve ayrılıkçılığa yol açacak olay ve gelişmelere izin vermemelidir. Eğitim, çocuk ve kadın sorunlarına öncelik vermeli, çözüm üretip uygulamalıdır. Yönetim işleyişinde adaletli, hukuka saygılı ve *meşruiyetçi* olmalıdır. Türkiye'de *meşruiyetin* ancak; ulusal bağımsızlıktan, Kurtuluş Savaşı'ndan ve Cumhuriyet Devrimlerinden alınabileceğini unutmamalıdır. Bunlar yapıldığı sürece, başarısızlık gibi bir sonuç, asla olmayacaktır. Çünkü, bu yaklaşımlar, Türkler'in yaşam biçiminde alçak gönüllükle, ama önemseyerek uyguladığı, doğal davranışlardır. Kurtuluş Savaşı ve *Türk Devrimi*, bu gerçekliğin en belirgin göstergesi, en açık kanıtıdır.

# DİPNOTLAR

## BİRİNCİ BÖLÜM DİPNOTLARI
## KÜRESELLEŞME VE SİYASET

1  "Global Paradoks" John Naisbitt, Sabah Kit., 1994 sf. 24
2  "Global Paradoks" J.Naisbitt, Sabah Kit., 1994 sf.13-19 ve "Küresel Düşler" R.J.Barnet-J.Cavanagh Sabah Kit., 1995, sf.264-276-330
3  "Küresel Düşler" R.J.Barnet-J.Cavanagh Sabah Kit., sf.276
4  a.g.e. sf. 280
5  a.g.e. sf. 330-331
6  a.g.e. sf. 3
7  "Piyasa Güçleri ve Küresel Kalkınma" Renee Prendergast-Frances Stewart, UNDP (1992-Tablo 3.1) Y.K.Y., 1995, sf. 56
8  "Küresel Düşler" R.J.Barnet-J.Cavanagh, Sabah K., 1995, sd. 1-2
9  Hürriyet 17.03.2000
10 "Kapitalizmin Gerçeği" Prof.Lester C.Thurow, Sabah K., 1997, sf. 208
11 "Herbert Spencer: A Renewed Appreciation" Jonathan H.Turner, (Beverly Hills, Clif.:Sage Publishers, 1985) s.11; ak. Prof. Lester C. Thurow, "Kapitalizmin Geleceği" Sabah Kit., 1997, sf.209
12 "Global Paradoks", John Naisbitt, Sabah Kit., 1994, sf. 120
13 "Global Paradoks", J.Naisbitt, Sabah Kit., 1994, sf. 12
14 a.g.e. sf. 215
15 "ABD Demokrat mı Faşist mi?" Prof. Dr. Türkkaya Ataöv Cumhuriyet, 13.03.2003
16 "The Allantic Monthly" 24.01.1997
17 "Who Will Tell Tehe People?", ak. R.J.Barnet-C.Cavanagh, "Küresel Düşler", Sabah Kit., 1995, sf. 271
18 La Figaro Magazin 24.07.1999
19 "Darbenin Çatlağından Bakınca" Ergin Yıldızoğlu, Cumhuriyet 17.04.2002
20 a.g.y.
21 "Gotha ve Erfurt Programının Eleştirisi" Karl Marx–Friedrich Engels, Sol Yay., 1 Bas., sf. 108
22 "Kapitalizmin Geleceği" Prof. L.C.Thurow, Sabah Kit., İst.-1997, sf. 115
23 "İktidar" Bernard Russel sf. 36-38, ak. Prof.Dr.Çetin Yetkin "İktidar" Süreç Yay., 1987, sf. 61-62
24 "Siyasi Partiler" Maurice Duverger, Bilgi Yay., 2.Bas., 1974, sf. 542
25 "Türkiye'de Siyasi Partiler", Prof.Dr. Tarık Zafer Tunaya, ARBA Araş.Yay.Tic. Kasım 1995, sf. 8
26 "Küresel Düşler" R.J.Barnet-J.Cavanagh, Sabah Kit., 1995, sf. 331
27 "Politika ve Propaganda" Jean-Marie Domenach Varlık Yay., İst. 1969, sf. 4; ak. Prof.Dr.Ç.Yetkin "İktidar" Süreç Yay. 1987, sf. 54
28 "İktidar" Bernard Russel, sf. 2; ak. a.g.e. sf. 54
29 "Politikaya Giriş" Maurice Duverger, sf. 131-135; ak. Prof. Dr. Ç. Yetkin "İktidar" Süreç Yay., 1987, sf. 60
30 a.g.e. sf. 95

| | |
|---|---|
| 31 | "The Creation of the American Republic 1776-1787" Gordon S. Wood (New York: Norton, 1969), sf. 67, 70, ak. J.E.Garten, "Soğuk Barış" Sarmal Yay., İst.-1994, sf. 95 |
| 32 | "A Survey of Multinationales" Economist, 27.03.1993, sf. 5-6; ak. "Küresel Düşler" R.J.Barnet-J.Cavanagh, Sabah Kit., 1995, sf. 331 |
| 33 | a.g.e. sf. 331 |
| 34 | "Yeni Dünya Düzeni, Kemalizm ve Türkiye" Metin Aydoğan, Umay Yay. İzmir-2004, 11.Bas. sf. 711 |
| 35 | "Regulation by Confrontation or Negotiation" Robert B.Reich, Harvard Business Review Mayıs-Haziran 1981, sf. 84; ak, R.J.Barnet -J.Cavanagh "Küresel Düşler" sf. 272 |
| 36 | "Global Paradoks" John Naisbitt, Sabah Kit., 1994, sf. 29 |
| 37 | "Petrol İmparatorluğu" H.O. Conner, Almanca Bas., sf. 275 ak., Emin Değer "Oltadaki Balık Türkiye" |
| 38 | "Emperyalizm Çağı" Harry Magdoff, Odak Yay. , sf 253 |
| 39 | "Haşarat" Prof Dr. İlhan Arsel, Cumhuriyet, 16.06.2001 |
| 40 | "Küresel Düşler" R.J.Barnet-J.Cavanagh, Sabah Kit., sf 271 |
| 41 | "Bitmeyen Oyun" M.Aydoğan, Otopsi Yay. 2000, 5.B., sf 23 |
| 42 | "Soğuk Barış" Jaffry E. Garten, Sarmal Yay. Sf.19 ve 231 |
| 43 | "Emperyalizm" V.İ. Lenin, Sol yay. Sf 78 |

## İKİNCİ BÖLÜM DİPNOTLARI
## KÜRESELLEŞMEYİ DOĞRU KAVRAMAK

| | |
|---|---|
| 1 | "Cenova'da Yaşanan Faşizm" N.Cerrahoğlu 28.07.2001 Cumhuriyet |
| 2 | "İtalyan Polisinin Vahşetine Tepki Yok" Cumhuriyet 01.09.2001 |
| 3 | "Sosyalizm ve Toplumsal Mücadeleler Ansiklopedisi" İletişim Yay., 3.C., sf. 824 |
| 4 | "Oltadaki Balık Türkiye" Emin Değer, Çınar Araş., sf. 161 |
| 5 | "Küresel Düşler" R.J.Barnet-J.Cavanagh, Sabah Kit., sf. 317 |
| 6 | "Yeni Dünya Düzeni mi Süper Emperyalizm mi?" Doç.Dr. Yıldız Serter, Cumhuriyet 06.02.1997 |
| 7 | "İtalyan Faşizm" Devrimler ve Karşı Devrimler Ansiklopedisi Gelişim Yay., 1975, II.Fasikül, sf. 253 |
| 8 | "Almanya'da Nazizm ve Sosyalist Hareket" Sos.ve Top.Müc.Ans., İletişim Yay., 3.Cilt, sf. 827 |
| 9 | CAROGCİ, sf. 60-61; ak. Çetin Özek "Direnen Faşizm 1" İzlem Yay. 1966, sf. 67-68 |
| 10 | "Devrimler ve Karşı Devrimler Ansiklopedisi" Gelişim Yay. 1975, II.Fasikül, sf. 288 |
| 11 | a.g.e. sf. 242 |
| 12 | "Direnen Faşizm 1" Çetin Özek 1966, İzlem Yay., sf. 188 |
| 13 | "Le Origini del Fascismo; İn Fascismo, anti Fascismo 1" L.Bosso Milano, 1962, sf. 10; ak.Çetin Özek, "Direnen Faşizm 1" 1966, İzlem Yay., sf.189 |
| 14 | "Direnen Faşizm 1" Çetin Özek, İzlem Yay., 1966, sf.242-243 |
| 15 | a.g.e. sf. 247 |

| | |
|---|---|
| 16 | "Devrimler ve Karşı Devrimler Ansiklopedisi" Gelişim Y, S:14, sf. 331 |
| 17 | "Almanya'da Nazizm ve Sosyalist Hareket", Sos.ve Top.Müc.Ans., İletişim Yay., 3.Cilt, sf. 82 |
| 18 | a.g.e. sf. 825 |
| 19 | "Devrimler ve Karşı Devrimler Anskilopedisi" Gelişim Yay., Sayı 14, sf. 333 |
| 20 | "Almanya'da Nazizm ve Sosyalist Hareket" Sos.ve Top. Müc.Ans., İletişim Yay., 3.Cilt, sf. 821 |
| 21 | "Devrimler ve Karşı Devrimler Ansiklopedisi" Gelişim Yay., Sayı 14, sf. 333 |
| 22 | "Almanya'da Nazizm ve Sosyalist Hareket" Sos.ve Top.Müc.Ans., İletişim Yay., 3.Cilt, sf. 82 |
| 23 | a.g.e. sf. 825 |
| 24 | Le Figaro Magazine, 24.07.1999 |
| 25 | Sosyalizm ve Toplumsal Mücadeleler Ans., İletişim Yay., 1.C., sf. 55 |
| 26 | a.g.e. sf. 102 ve 234 |
| 27 | a.g.e. sf. 192 |
| 28 | "19.Yüzyılda Fransa'da İşçi Kültürü" Ahmet İnsel, Sos.ve Top. Müc.Ans., İletişim Yay., sf. 78 |
| 29 | a.g.e. sf.78 |
| 30 | a.g.e. sf. 386 |
| 31 | a.g.e. sf. 405 |
| 32 | "Sovyetler Birliği Komünist Partisi Tarihi" Aydınlık Yay., sf. 82 |
| 33 | "1914'e Kadar Sanayi İlişkileri" Georges Lafrance "20.Yüzyıl Tarihi" Gelişim Yay. Sayı 15, sf. 292 |
| 34 | a.g.e. sf. 288 |
| 35 | a.g.e. sf. 288 |
| 36 | a.g.e. sf. 289 |
| 37 | "Küresel Düşler" R.J.Barnet-J.Cavanagh, Sabah Kit., sf.253-252 |
| 38 | Washington Post 05.07.1992; ak. R.J.Barnet-J.Cavanagh Sabah Kit., sf. 233 |
| 39 | "Deindustrialization" Barry Blvestone, sf. 31; ak. a.g.e.sf. 233 |
| 40 | "Küresel Düşler" R.J.Barnet-J.Cavanagh, Sabah Kit., sf.246-263 |
| 41 | a.g.e. sf. 219 |
| 42 | "Küreselleşme Avrupa'daki İşçiyi de Ezdi" Cumhuriyet 27.12.1997 |
| 43 | "Küresel Düşler" R.J.Barnet-J.Cavanagh, Sabah Kit., sf. 234 |
| 44 | a.g.e sf. 234 |
| 45 | Newsweek 10.09.1990, sf. 51 - 52; ak. a.g.e. sf. 261 |
| 46 | "Global Paradoks" J.Naisbitt, Sabah Kit., 1994, sf. 24-14 |
| 47 | "Dinsel Hareketlere Washington'dan Destek" Cumhuriyet, 12.09.1999 |
| 48 | "Amerika Bu Kez Din Özgürlüğüne El Attı" Semih İdiz, Star, 12.09.1999 |
| 49 | "İstanbul'un Doğusunda Bitmeyen Oyun" Peter Hopkirk, Sabah Kit., 1995, sf. 3 |
| 50 | "Şirket Yönetiminde GE Yaklaşımı, Jack Welch Yeni General Elektric'i Nasıl Yarattı?" Robert Slater, Sabah Kit. 1994 ve "Global Paradoks" J.Naisbitt, Sabah Kit., 1994, sf. 5 |

| | |
|---|---|
| 51 | "Global Paradoks" J.Naisbitt, Sabah Kit., 1994, sf. 5 |
| 52 | a.g.e. sf. 5 |
| 53 | "New Perspectives Quarterly (NPQ)" 2.C, Sayı 5; ak. Hıdır Göktaş-Metin Gölbay, "Soğuk Svaştan Sıcak Barışa" Alan Yay.1994, sf. 40 |

## ÜÇÜNCÜ BÖLÜM DİPNOTLARI
## PARTİ ÖRGÜTLENMESİNDE TEMEL KAVRAMLAR

| | |
|---|---|
| 1 | "Ailenin Özel Mülkiyetin ve Devletin Kökeni" Frederich Engels, sf. 226, 227; ak. George Politzer, "Felsefenin Temel İlkeleri" Sol Yay., 4.Bas., sf. 296 |
| 2 | "Türkiye'de Siyasi Partiler" Prof.Dr.T.Z.Tunaya ARBA Araş. Bas. Yay. Tic. Kasım 1995, sf. 2 |
| 3 | "Siyasi Partiler" Maurice Duverger, Bilgi Yay., 2.Bas., 1974, sf. 52 |
| 4 | "Siyasi Partiler" Maurice Duverger, Bilgi Yay., 2.Bas., 1974, sf. 9 |
| 5 | a.g.e. sf. 15-16 |
| 6 | "Türkiye'de Siyasi Partiler" Prof.Dr.Tarık Zafer Tunaya ARBA Araş.Bas.Yay.Tic.Kasım 1995, sf. 2-3 |
| 7 | "İktisat" Prof.Dr.Çetin Yetkin, Süreç Yay.ve Tan.Tic.Ltd.Şti. Sf. 29 |
| 8 | "Eskişehir-İzmir Konuşmaları" Kaynak Yay., 1.Bas. Haziran 1993, sf. 75 |
| 9 | a.g.e. sf. 233 |
| 10 | "Atatürk'ün Resmi Yayınlara Girmemiş Söylev, Demeç, Yazışma ve Söyleşileri" Kaynak Yay., 2.Bas.Şubat 1997, sf. 218 |
| 11 | "Sovyetler Birliği Komünist Partisi (Bolşevik) Tarihi", Aydınlak Y., 1975, sf. 54 |
| 12 | "Siyasi Partiler" Maurice Duverger, Bilgi Yay., 2.Bas., 1974, sf. 15 |
| 13 | "Devlet ve Demokrasi" Server Tanilli, Say Kit.Pazar., 2.Bas., sf. 220 |
| 14 | a.g.e. sf. 220-221 |
| 15 | "Türkiye'de Siyasi Partiler" Prof.Dr.T.Z.Tunaya ARBA Araş. Bas. Yay. Tic. Kasım 1995, sf. 28-29 |
| 16 | "Traité de Science Politique" Georges Burdeau, Paris 1948, 1.C., sf. 427; ak. T.Z.Tunaya "Türkiye'de Siyasi Partiler" ARBA Yay.Tic., Kasım 1995, sf. 29 |
| 17 | "Siyasi Partiler" Maurice Duverger, Bilgi Yay., 2.Bas., 1974, sf. 9 |
| 18 | "Gotha ve Erfurt Programlarının Eleştirisi" Sol Yay., I.Bas. 1969, sf. 61 |
| 19 | Les Partis Politiques et les Mouvemonts Sciauxla IV.e |
| 20 | "Hasta Adam, Avrupa" Nilgün Cerrahoğlu, Cumhuriyet, 29.04.2002 |
| 21 | "Gotha ve Erfurt Programlarının Eleştirisi" Sol Yay., I.Bas. 1969, sf. 61 |
| 22 | "Eskişehir-İzmir Konuşmaları" Kaynak Y., 1.Bas.Haziran 1993, sf. 77 ve 231 |
| 23 | "Atatürk'le Konuşalım" Mustafa Baydar 1964, sf. 78 |
| 24 | "Lenin'in Parti Öğretisi" Soren, Aşama Yay., 1.Bas., Kasım 1974, sf. 17 |
| 25 | "Erzurum'dan Ölümüne Kadar Atatürk'le Beraber" Mahzar Müfit Kansu, 1966; ak. Ş.S.Aydemir, "Tek Adam", Remzi Kit., 1981, 8.Bas., 2.Cilt, sf. 117 |
| 26 | "Siyasi Partiler" Maurice Duverger, Bilgi Yay., 2.Bas., 1974, sf. 33 |
| 27 | "Zabit ve Kumandan ile Hasbihal" M.K. Atatürk, 1981, Genel Kurmay Ateşe Başkanlığı ve "Atatürk ve Devrim", Ord. Prof. Enver Ziya Karal, TC.Zir. Ban.Kül.Yay., Ank.-1980, sf. 15 |
| 28 | "Atatürk'le Konuşmalar" Mustafa Baydar, 1964, sf. 42-43 |
| 29 | "Siyasi Partiler" Maurice Duverger, Bilgi Yay., 2.Baskı, 1974, sf. 52 |
| 30 | "Milli Kurtuluş Tarihi", D.Avcıoğlu, İstanbul Kit. 1974, 2.C., sf. 704 |

| | |
|---|---|
| 31 | "Atatürk'ün Söylev Ve Demeçleri" 2.C., 1952, Türk İnk.Tar.Ens. Yay., sf. 162 |
| 32 | "Siyasi Partiler" Maurice Duverger, Bilgi Yay., 2.B., 1974, sf.536-537 |
| 33 | "Türkiye'de Siyasi Partiler" Prof.Dr.T.Z.Tunaya ARBA Araş.Bası.Yay. Tic. Kasım 1995, sf. 7 |
| 34 | "Traité de Science Politique" Georges Burdeau, Paris 1948, 1.Cilt, sf. 427; ak. T.Z.Tunaya, "Türkiye'de Siyasi Partiler" ARBA Yay., 2.Bas. 1995, sf. 51 |
| 35 | "Tek Adam" Ş.S.Aydemir, 2 Cilt, Remzi Kit., 8 Basım. Sf. 113 |
| 36 | "Siyasi Partiler" M.Duverger, Bilgi Yay., 2.Bas., 1974, sf. 339-340 |
| 37 | "Atatürk'ün İzmit Basın Konferansı", İsmail Arar, 1969, sf. 32 ve "M.K.Atatürk'ün Karslbad Hatıraları" A.A.İnan, 1983, TTK. Yay., sf. 225 |
| 38 | "Siyasi Partiler" M.Duverger, Bilgi Yay., 2.Bas., 1974, sf. 537 |
| 39 | a.g.e. sf. 267 |
| 40 | a.g.e. sf. 271 |
| 41 | "Revve Politique et Parlementaire" 1910, sf.509; ak. M.Duverger "Siyasi Partiler" Bilgi Yay., 2.Bas. 1974, sf. 537 |
| 42 | "What is to be done?" Op.Glt. sf. 225; ak. a.g.e. sf. 214 |
| 43 | Iskra No: 1; ak. a.g.e. sf. 214 |
| 44 | "Selected Works London 1947", Cilt 1, sd. 240; ak. a.g.e. sf. 214 |
| 45 | "Political Parties" Roberto Michels London 1915, sf.34; ak. a.g.e. sf.215 |
| 46 | "Siyasi Partiler" Maurice Duverger, Bilgi Yay., 2.Bas., 1974, sf. 537 |
| 47 | Hearing, Washington D.C. 1962 Vol. 1, sf.359; ak. Harry Magdoff, "Emperyalizm Çağı", Odak Yay., 1974, sf. 155 |
| 48 | "Siyasi Partiler" Maurice Duverger, Bilgi Yay., 2.Bas., 1974, sf. 216 |
| 49 | a.g.e. sf. 217 |
| 50 | "Avrupa Sol Partilerde Örgüt Yapısına İlişkin Örnekler" Turhan Karataş, "Nasıl Bir Sol Parti" Sosyal Demokrat Hareket Yay., Ağustos 1999, sf. 98 |
| 51 | a.g.e. sf. 106 |
| 52 | "Demokrasi, Örgütlenme Özgürlüğü ve İsveç Örneği" Ahmet Erol, TC Kültür Bakanlığı Yayınları/1728, 1995, sf. 89 |
| 53 | "Örgütlenme Üzerine" Bora Yayınları 1975, sf. 17 |
| 54 | "Atatürk'te Konular Ansiklopedisi" S.Turhan, YKY, 1993, sf. 30 |
| 55 | "Anılar" Nadejda Krupskaya Odak Yay., 1974, Birinci Cilt, sf. 27 |
| 56 | "Eskişehir-İzmit Konuşmaları" Mustafa Kemal, Kaynak Yay. 1993, sf. 223 ve "Atatürk'ün İzmit Basın Toplantısı" İsmail Arar 1969, sf. 32 ve "Atatürkçülük" Hüseyin Cevizoğlu, UFUK Ajans Yay., sf. 59 |
| 57 | "Mustafa Kemal'den Yazdıklarım" A.İnan, Kül.Bak.Yay., sf.107-108 |
| 58 | "Atatürkçülük" Hüseyin Cevizoğlu, UFUK Ajans Yayınları, sf. 59 |
| 59 | "Mustafa Kemal Paşa ve Milli Mücadelenin İç Alemi" Enver Bahnan Sapolyo, İnkilap ve AKA Kitapevi 1967, sf. 106 |
| 60 | "Tek Başıma Kalsam da" E.Behnan Şapolyo, Türk Kültürü Sayı 49, sf. 27; ak. Reşit Üker, "Atatürk'ün Bursa Nutku" Cumhuriyet Kit. Şubat 1998, |

## DÖRDÜNCÜ BÖLÜM DİPNOTLAR
### BATI'DA SİYASİ PARTİLER

| | |
|---|---|
| 1 | "Siyasi Partiler" Niyazi Berkes, Yurt ve Dün.Y., İst. 1946, sf. 27-31-33 |
| 2 | "Hürriyet Bildirgeleri" Belge Yay., İstanbul 1983, sf. 61-62 |
| 3 | "Hürriyet Bildirgeleri-Magna Charta'dan Avrupa İnsan Hakları Sözleşmesine", Belge Yay. 1983, sf. 19 ve 34 |

# DİPNOTLAR

4 "Büyük Larousse" Gelişim Yay. 4.Cilt, sf. 2070 ve 2492
5 "Fazilet Partisi-Esas Hakkında Görüşler" Vural Savaş, sf. 57-58
6 "Civil Liberties : Coses and Materials" London 1991, sf. 261, ak. V.Savaş "Fazilet Partisi-Esas Hakkında Görüşler" sf. 27
7 a.g.e. sf. 57-58
8 "Siyasi Partiler" Maurice Duverger, Bilgi Yay., 2.Bas. 1974, sf. 417
9 "Siyasi Partiler" Niyazi Berkes, Yurt ve Dünya Yay., İst.-1946, sf. 37
10 a.g.e. sf. 60
11 "Democracy and the Organization of Political Parties, 2.London 1902", ak. Maurice Duverger "Siyasi Partiler", Bilgi Yay., 2.Bas. 1974, sf. 18-19
12 a.g.e. sf. 43
13 "Siyasi Partiler" Niyazi Berkes, Yurt ve Dünya Yay., İst. 1946, sf. 59
14 "Great Britain" J.M.Gaus, Chicago Univercity, sf. 215, ak. "Siyasi Partiler" N.Berkes, Yurt ve Dünya Yay., İst. 1946, sf. 73
15 "Hürriyet Bildirgeleri" Belge Yay., İstanbul 1983, sf. 76-77
16 "Büyük Larousse" Gelişim Yay. 1.Cilt, sf. 514
17 "Hürriyet Bildirgeleri" Belge Yay., İstanbul 1983, sf. 83
18 "Siyasi Partiler" Niyazi Berkes, Yurt ve Dünya Yay., İst. 1946, sf. 76
19 "Hükmeden Erkek Boyun Eğen Kadın" Tim Marshall, Altın Kit., İst.-1997, sf. 47
20 "The American Party System" Charles Merriam ve Harold F.Cosnel ak. "Siyasi Partiler" N.Berkes, Yurt ve Dünya Yay., İst. 1946, sf. 76-78
21 "Hürriyet Bildirgeleri" Belge Yay., İstanbul 1983, sf. 117
22 "Soğuk Barış" Jeffry E.Garten, Sürmeli Yay. İst.-1994, sf. 96
23 a.g.e. sf. 96
24 "American Myth, American Reality", James Oliver Robertson (New York: Hill & Wang, 1980, sf. 73; ak. J.EGarten, Sürmeli Y., İst.-1994, sf. 96
25 "Siyasi Partiler", Prof. Niyazi Berkes, Yurt ve Dünya Yay., İst.-1946, sf. 76
26 "Büyük Larousse" Gelişim Yay. 1.Cilt, sf. 517
27 "Siyasi Partiler" Niyazi Berkes, Yurt ve Dünya Yay., İst. 1946, sf. 110
28 a.g.e. sf. 83
29 "Kapitalizmin Geleceği" L.C.Thurow, Sabah Kit., İst.-1997, sf. 210
30 "ABD Demokrat mı Faşist mi?" Prof.Dr. Türkkaya Ataöv, Cum. 13.03.2003
31 "Siyasi Partiler" Niyazi Berkes, Yurt ve Dünya Yay., İst. 1946, sf. 107
32 "Siyasi Partiler", Maurice Duverger Bilgi Yay., 2.Bas. 1974, sf. 57
33 "Kapitalizmin Geleceği" Lester C.Thurow, Sabah Yay. İst.-1997, sf. 214
34 "Siyasi Partiler" Niyazi Berkes, Yurt ve Dünya Yay., İst. 1946, sf. 112-113
35 "Küresel Düşler" R.J.Barnet-J.Cavanagh, Sabah Yay. İst. 1995, sf. 271
36 a.g.e. sf. 272
37 "Light Kerkük ABD Kabinesi" Yalçın Doğan, Hürriyet 21.01.2003
38 "Yorumsuz" Deniz Som, Cumhuriyet 24.03.2002
39 "Siyasi Partiler" Niyazi Berkes, Yurt ve Dünya Yay., İst.-1946, sf. 112
40 "Türkiye'de Siyasi Partiler" T.Z.Tunaya, Arba Yay. 2.Bas., İst. 1995, sf. 33
41 "Siyasi Partiler" Maurice Duverger, Bilgi Yay., 2.Bas. 1974, sf. 254
42 "Büyük Larousse" Gelişim Yay. 1.Cilt, sf. 422
43 "Siyasi Partiler" Niyazi Berkes, Yurt ve Dünya Yay., İst.-1946, sf. 187
44 "Demokrasi Örgütlenme Özgürlüğü ve İsveç Örneği" Ahmet Erol, Kültür Bak. Yay., 1995, sf. 44
45 "Büyük Larousse" Gelişim Yay. 15.Cilt, sf. 8989

| | |
|---|---|
| 46 | "Siyasi Partiler" Niyazi Berkes, Yurt ve Dünya Yay., İst.-1946, sf. 162 |
| 47 | a.g.e. sf. 162 |
| 48 | a.g.e. sf. 164 |
| 49 | a.g.e. sf. 184 |
| 50 | a.g.e. sf. 168 |
| 51 | a.g.e. sf. 172 |
| 52 | "Sosyal Demokrasi Nedir Ne Değildir?" İsmail Cem, Cem Yay., 4.Bas. 1989, sf. 83 |
| 53 | "Devrimler Karşı Devrimler Ansiklopedisi" Gelişim Yay., 1975, sf. 317-321 |
| 54 | http : // www. electionworld. Org / election / germany. Htm |
| 55 | "Alman Sosyal Demokrat Partisi Programı" Türkiye Sos.Eko.Siy.Araş.Vak. Yay., İst.-1991, sf. 3 |
| 56 | "Büyük Larousse" Gelişim Yay. 14.Cilt, sf.8552 |
| 57 | "Nasıl Bir Sol Parti?" D.Kavukcuoğlu, Sos. Dem.Har.Yay., 1999, sf. 102-103 |
| 58 | a.g.e. sf. 102 |
| 59 | "Devlet ve Demokrasi" Prof. S.Tanilli, 2.Bas.-1981, Say Kit. Paz., sf. 237 |
| 60 | http : // www. electionworld.org / election / unitedstates-unitedkindom-germany-france-japan. htm |

## BEŞİNCİ BÖLÜM DİPNOTLAR
## TÜRKİYE'DE SİYASİ PARTİLER

| | |
|---|---|
| 1 | Büyük Larousse, Gelişim Yay. 13.Cilt, sf. 8059 |
| 2 | "Sosyalizm ve Toplumsal Mücadeleler Ansiklopedisi" İletişim Yay., 6.C., sf. 1800 |
| 3 | "L'Angleterre et la Russie en Orient" Cher buliez Revue d'histoire Diplomatique 1896; ak. S.Yerasimos, "Azgelişmişlik Sürecinde Türkiye" Belge Yay., 7.Bas., 2001, 2.C., sf. 243 |
| 4 | "Reform in the Ottoman Empire" Roderiç Davison, (Harward-1942) sf. 461; ak. Şerif Mardin, "Jön Türklerin Siyasi Fikirleri" İletişim Yay. 9.Basım-2002, sf. 202 |
| 5 | "Azgelişmişlik Sürecinde Türkiye" S.Yerasimos Belge Yay., 7.Bas.–2001, 2.Cilt, sf. 242 |
| 6 | a.g.e. sf. 248 |
| 7 | Büyük Larousse, Gelişim Yay. 10.Cilt, sf. 5869 |
| 8 | "The First Ottoman Constitutional Period", Robert Devereux, Baltimore, 1963, sf. 123; ak. Hasan Kayalı, "Jön Türkler ve Araplar" T.V.Y.Yay., 2.Bas.-2003, sf. 27 |
| 9 | "Meşrutiyetten Günümüze Gericilik" Çağlar Kırçak, İmge Kit. 2.Bas., sf. 24 |
| 10 | "Türk Direniş ve Devrimleri" Prof.Çetin Yetkin, Otopsi Yay., II.Cilt, İstanbul 2003, sf. 679-680 |
| 11 | a.g.e. sf. 681 |
| 12 | "Jön Türkler ve Araplar" Hasan Kayalı, T.V.Yurt Yay., 2.Baskı-2003, sf. 27 |
| 13 | "Türk Direniş ve Devrimleri" Prof.Çetin Yetkin, Otopsi Yay., II.C., İst. 2003, sf. 675 |
| 14 | Büyük Larousse, Gelişim Yay. 13.Cilt, sf. 8060 |
| 15 | a.g.e. 13.Cilt, sf. 8060 |
| 16 | "Jön Türkler ve Araplar" Hasan Kayalı, T.Vak.Yurt Yay., 2.Baskı-2003, sf. 4 |

| | |
|---|---|
| 17 | Büyük Larousse, Gelişim Yay. 10.Cilt, sf. 6114 |
| 18 | a.g.e. sf. 6114 |
| 19 | "Ali Suavi ve Çırağan Sarayı Vak'ası", İsmail Hakkı Uzunçarşılı, Belleten, VIII (1944) sf. 71 ve 111; ak. Prof Şerif Mardin, "Jön Türkler'in Siyasi Fikirleri" İletişim Yay., 9.Baskı-2002, sf. 32 |
| 20 | Büyük Larousse, Gelişim Yay. 1.Cilt, sf. 387 |
| 21 | a.g.e. 1.Cilt, sf. 387 |
| 22 | "Layiha" Ahmet Rıza, sf. 7; ak. Ş.Mardin, "Jön Türklerin Siyasi Fikirleri" İletişim Yay., 9.Baskı-2002, sf. 181, 213 |
| 23 | "Mukaddime" Meşveret, Ahmet Rıza, 13 Cemaziyulahir 1313, sf. 1; ak. a.g.e. sf. 190-191 |
| 24 | "La Constitution et le Peuple Ottoman" Halil Ganem, Mechveret, 15.09.1889, sf. 4; ak. a.g.e. sf. 212 |
| 25 | "L'Inaction des Jeunes Turces" Ahmet Rıza, Mechveret, 01.12.1902, sf. 1, a.g.e. sf. 213 |
| 26 | "Zum Geschictsbild der nationalen Erziehung in der Türkei" Fikret Adanır, İnternationale Schulbuchforschung, ed.Ernst Hinrichs, 10 (1988), Sf. 7-40, sf. 15; ak.Mustafa Gencer, "Jön Türk Modernizmi ve Alman Ruhu", İletişim Yay. 2003, sf. 50 |
| 27 | Auberet'in Fransa Dışişleri Bakanı Decazes'e 6 Ekim 1876 Tarihli Yazısı; ak. Bilal Şimşir "Rumeli'den Türk Göçleri"; Ankara 1971; ak. S.Yerasimos, "Azgelişmişlik Sürecinde Türkiye", Belge Yay., 7.Baskı-2001, 2.Cilt, sf. 258 |
| 28 | "V.A. Tcherkaskiy Grajdarıskoe Upravlenie Borgarli 1877-1878 99", D. Anutchin; ak. a.g.e. sf. 257 – 258 |
| 29 | Büyük Larousse, Gelişim Yayınları, 4.Cilt, sf. 1991-1992 |
| 30 | "Jön Türkler ve Araplar" Hasan Kayalı, Tarih Vakfı Yurt Yay., 1998, sf. 61 |
| 31 | "Jön Türk Modernizmi ve Alman Ruhu" Mustafa Gencer, iletişim Yay., sf. 57 |
| 32 | "Jön Türkler ve Araplar" Hasan Kayalı, Tar.Vak.Yurt Yay., 2.Bas.-2003, sf.2 |
| 33 | "Tek Adam" Şevket Süreyya Aydemir, Remzi Kit., İst.-1983, 9.B., 1.C., sf.127 |
| 34 | "Confession Publique", Ahmet Rıza, Mechveret, 1 Ocak 1906, sf. 1; ak. Prof. Ş.Mardin, "Jön Türklerin Siyasi Fikirleri" İletişim Yay., 9.Bas.-2002, sf. 209 |
| 35 | "The Young Turks" Ramsauer sf. 38; ak. a.g.e. sf. 117 |
| 36 | "Mebahis-i Edebiye" Mizan, 13.Sefer 1304; ak. a.g.e. sf. 114 |
| 37 | "Jön Türklerin Siyasi Fikirleri" Prof. Ş.Mardin, İletişim Yay., 9. Bas., sf. 109 |
| 38 | a.g.e. sf. 132 |
| 39 | "Müdahatât-ı Ecnebiyeyi Men İçin En Kısa Tarik" Mizan, 18 Ramazan 1304; ak. s.g.e. sf. 111 |
| 40 | "İmtiyazât-ı Ecnebiye" Mizan, 10 Recep 1305; ak. a.g.e. sf. 111 |
| 41 | "Avrupa'dan İlk Sadalar" Mizan, 12 Ramazan 1305; ak. a.g.e. sf. 111 |
| 42 | "Jön Türklerin Siyasi Fikirleri" Ş.Mardin, İletişim Yay., 9. Bas., sf. 111-112 |
| 43 | "Türk Düşüncesinde Halkçılık ve Atatürk" Doç. Cezmi Eraslan, Kum Saati Yayınları, İstanbul-2003, sf. 58 |
| 44 | "Jön Türklerin Siyasi Fikirleri" Prof. Ş.Mardin, İletişim Yay., 9. Bas., sf. 119 |
| 45 | a.g.e. sf. 119-120 |
| 46 | Büyük Larousse, Gelişim yay. 14.Cilt, sf. 8314 |
| 47 | "Taharr-i İstikbal" Mizancı Murat, II. S.310-311; ak. Ş.Mardin, "Jön Türklerin Siyasi Fikirleri" İletişim Yay., 9.Basım-2002, sf. 99 |
| 48 | "Jön Türklerin Siyasi Fikirleri" Prof. Ş.Mardin, İletişim Yay., 9. Bas., sf. 98 |

| | |
|---|---|
| 49 | a.g.e. sf. 98 |
| 50 | "La Force et la Faiblesse" Mourad, sf. 10; ak. a.g.e. sf. 129 |
| 51 | "Jön Türklerin Siyasi Fikirleri" Prof. Ş.Mardin, İletişim Yay., 9. Bas., sf. 287 |
| 52 | a.g.e. sf. 288 |
| 53 | Büyük larousse, Gelişim yay., 15.Cilt, sf. 9221 |
| 54 | a.g.e. 15.Cilt, sf. 9562 |
| 55 | a.g.e. 10.Cilt, sf. 6114 |
| 56 | a.g.e. 1.Cilt, sf. 96 |
| 57 | "The Young Turks" Ramsauer sf. 88; ak. Prof. Ş.Mardin "Jön Türkler'in Siyasi Fikirleri" İletişim Yay., 9.Basım-2002, sf. 289 |
| 58 | "Prince Sabaheddin" The Times 05.09.1908, sf. 5; ak. Aykut Kansu "1908 Devrimi" İletişim Yayınları, İstanbul-1995, sf. 262 |
| 59 | "Prince Sabaheddine" The Levant Herald and Eastern Express, 05.09.1908, sf. 1; ak. a.g.e. sf. 262 |
| 60 | "News Items" The Levant Herald and Eastern Express, 08.09.1908, sf. 2; ak. a.g.e. sf. 262 |
| 61 | "Le Prince Sabahaddine" The Levant Herald an Eastern Express, 09.09.1908, sf. 2; a.g.e. sf. 264 |
| 62 | "The Young Turks" Ernest Ramsauer, sf. 88; ak. Prof.Şerif Mardin "Jön Türklerin Siyasi Fikirleri" İletişim Yayınları, 9.Basım-2002, sf. 288 |
| 63 | "Sabahattin Bey'e Cevap" Şura-yı Ümmet, 01.06.1907, sf. 2; ak. a.g.e. sf. 289 |
| 64 | "Jön Türklerin Siyasi Fikirleri" Prof.Ş.Mardin İletişim Yay., 9.Bas., sf. 292 |
| 65 | "Terbiye-i Milliye" P.Sabahattin, Terakki, Haz. 1908, sf. 3; ak a.g.e. sf. 292 |
| 66 | "Milli Kurtuluş Tarihi" D.Avcıoğlu, İstanbul Mat., 1 Cilt, İst.-1974, sf. 214 |
| 67 | "1908 Devrimi'nin Halk Dinamiği" H.Zafer Kars, Kaynak Yay., 2.Bas.-1997, sf. |
| 68 | a.g.e. sf. 49 |
| 69 | "Jön Türkler ve 1908 İhtilali" E. Ramseur, İst.-1972, sf. 150; ak. a.g.e. sf. 45 |
| 70 | "Mechveret", 1 Mart 1908 no: 197, sf. 3; ak. a.g.e. sf. 45 |
| 71 | "İttihat ve Terakki" Taylan Sorgun, Kum Saati Yay., 2.Basım-2003, sf. 149 |
| 72 | "Meşrutiyetten Günümüze Gericilik" Çağlar Kırçak, 2.Baskı-1994, sf. 81 |
| 73 | "Enver Paşa" Ş.S.Aydemir, Remzi Kit., 2.Cilt, sf. 254; ak. a.g.e. sf. 81-82 |
| 74 | a.g.e. sf. 60 |
| 75 | Ecvet Güresin, Cumhuriyet 29.04.1968, a.g.e. sf. 60 |
| 76 | "Cemal Paşa Hatıraları" Cemal Paşa, sf. 112; ak. a.g.e. sf. 60 |
| 77 | "Jön Türk Modernizmi ve Alman Ruhu" M.Gencer, İletişim Y.-2003, sf. 45 |
| 78 | a.g.e. sf. 45 |
| 79 | "Jön Türk Modernizmi ve Alman Ruhu" M.Gencer, İletişim Y.- 2003, sf. 46 |
| 80 | a.g.e. sf. 46 |
| 81 | a.g.e. sf. 49 |
| 82 | Büyük Larousse, Gelişim Yayınları, 10.Cilt, sf. 6114 |
| 83 | "The Genesis" Prof. Şerif Mardin, sf. 28 - 63 |
| 84 | "İstikbal Hazırlıkları" Şura-yı Ümmet, 24.04.1902, sf. 3; ak. Prof. Ş.Mardin, "Jön Türklerin Siyasi Fikirleri" İletişim Yay. 9.Baskı - 2002, sf. 189 |
| 85 | "Milli Mücadelede İttihatçılık" E.Jan Zürcher, Bağlam Y., 2 Bas.-1995, sf. 41 |
| 86 | "İttihat ve Terakki Cemiyeti" Kazım Karabekir, Emre Yay., 2.Bas.-1995, sf. 486, 466 ve .... |

| | |
|---|---|
| 87 | "Young Turks" Ernest Edmondson Ramsauer, Prelude to the Revolution 1908, New York 1970; ak. E.J.Zürcher, "Milli Mücadelede İttihatçılık" Bağlam Yayınları, 2.Basım – 1995, sf. 42 |
| 88 | "Milli Mücadelede İttihatçılık", E.J.Zürcher, Bağlam Yay., 2.B..–1995, sf. 43 |
| 89 | Büyük Larousse, Gelişim Yay., 15.Cilt, sf. 8948 |
| 90 | a.g.e. 10.Cilt, sf. 5992 |
| 91 | "İttihat ve Terakki Cemiyeti" K.Karabekir, Emre Y., 2.B.–1995, sf. 518–519 |
| 92 | "Türk Direniş ve Devrimleri" Prof. Ç.Yetkin, Otopsi Yay., II.C.–2003, sf. 713 |
| 93 | a.g.e. sf. 713 – 714 |
| 94 | Büyük Britanya Dış İlişkiler Dairesi, Handbooks, no:96 a&b, sf. 67 ve 18; ak. Zeine N.Zeine "Türk Arap İlişkileri", Gelenek Yay., İstanbul 2003, sf. 81 |
| 95 | "The Rise of Nationality in the Balkans" R.W. Seton-Watson, (Londra .......) sf.135-136; ak, Z.N.Zeine, "Türk Arap İlişkileri", Gelenek Yay., İst.–2003 sf.. |
| 96 | a.g.e. sf. 82 |
| 97 | "Tek Adam" Şevket Süreyya Aydemir, Remzi Kitabevi 8.Baskı, sf. 106 |
| 98 | a.g.e. sf. 139 |
| 99 | a.g.e. 1.Cilt, sf. 146 |
| 100 | a.g.e. sf. 138 |
| 101 | "İttihat ve Terakki" Taylan Sorgun, Kum Saati Yay., 2.Bas.–2003, sf.136 |
| 102 | Büyük larousse, Gelişim Yay., 10.Cilt, sf. 5993 |
| 103 | "1908 Devrimi" Aykut Kansu, İletişim Yay., 1995, sf. 359 – 428 |
| 104 | "Enver Paşa" Şevket Süreyya Aydemir, Remzi Yay., 3.Basım, 2.Cilt, sf. 93 |
| 105 | "İttihat ve Terakki" Taylan Sorgun, Kum Saati Yay., 2.Bas. – 2003, sf. 223 |
| 106 | Büyük Larousse, Gelişim Yayınları, 10.Cilt, sf. 5993 |
| 107 | Büyük Larousse, Gelişim Yayınları, 10.Cilt, sf. 5993 |
| 108 | "Jön-Türk Modernizmi ve Alman Ruhu" M.Gencer, İletişim Yay., İst.-2003, sf. 54 |
| 109 | a.g.e. sf. 54 |
| 110 | "İttihat ve Terakki" Taylan Sorgun, Kum Saati Yay., 2.Basım– 2003, sf. 13 |
| 111 | "Atatürk'ün İstanbul'daki Çalışmaları" Sadi Borak, Kaynak Yay., 2.Baskı, İst.– 1998, sf. 243 |
| 112 | "Türk Direniş ve Devrimleri" Prof. Ç.Yetkin, Otopsi Y., II.C.–2003, sf. 717 – 718 |
| 113 | a.g.e. sf. 718 |
| 114 | Büyük Larousse, Gelişim Yay., 10.Cilt, sf. 5993 |
| 115 | a.g.e. 9.Cilt, sf. 5448 |
| 116 | "Meşrutiyetten Günümüze Gericilik" Çağlar Kırçak, İmge Yay., 2.Bas.-1994, sf. ... |
| 117 | "Türk Basını – Kuvayi Milliye'den Günümüze" Doğan Koloğlu, K.B. Yay., Ankara–1993; ak. Prof.Ç.Yetkin, "Türk Direniş ve Devrimleri" Otopsi Yay., 2003, 3.Cilt, sf. 809 |
| 118 | "Devrim Hareketleri İçinde Atatürkçülük" T.Z.Tunaya; ak. a.g.e. sf. 805 |
| 119 | "Mütareke Basını" Öncü Gençlik, Aralık 1999, Sayı 45, sf. 14 |
| 120 | "Türk Direniş ve Devrimleri" Prof. Ç.Yetkin, Otopsi Yay., III. C., sf. 812 |
| 121 | "150'likler" İlhami Soysal, Gür Yayınları, 3.Baskı – 1988, sf. 36, 57, 59 |
| 122 | NUTUK Türk Tarih Kurumu Yay., I.Cilt, 4.Basım – 1999, sf. 3, 9, 11 ve 15 |
| 123 | "Milli Kurtuluş Tarihi" D.Avcıoğlu, İstanbul Mat., 3.Cilt, İst., sf. 1207 |
| 124 | a.g.e. sf. 29 |
| 125 | Büyük Larousse, Gelişim yay., 1.Cilt, sf. 487 |

126 NUTUK, Türk Tarih Kurumu Yay., I.Cilt, 4.Basım – 1999, sf. 41, 43
127 "Tek Adam" Ş.S.Aydemir, Remzi Kitabevi, 8.Basım – 1981, 2.Cilt, sf. 37
128 a.g.e. sf. 38
129 "Hakimiye Milliye Yazıları" Kaynak Yay., 2.Baskı, Nisan 2004, sf. 73 ve 87
130 "Anadolu İnkılabı-Milli Mücadele Anıları" Miralay Mehmet Arif Bey, Arba Yay., İkinci Baskı – Tarihsiz, sf. 23
131 "Türkiye Tarihi–4, Çağdaş Türkiye (1908–1980)" Siyasal Tarih (1908 – 1923) Mete Tuncay Cem Yayınları, 4.Basım – 1995, sf. 60 – 63
132 "Anadolu İnkılabı-Milli Mücadele Anıları" M.M.Arif Bey, Arba Yay., İkinci Bas., sf. 20
133 "Müdafaa - i Hukuk Saati" Mustafa Kemal Palaoğlu, Bilgi Yay.–1998, Ankara, sf. 149
134 a.g.e. sf. 146
135 a.g.e. sf. 147 – 150
136 "Tarih – IV Kemalist Eğitimin Tarih Dersleri" Kaynak Yay., 3.Bas., 2001, sf. 319
137 "Tek Adam" Ş.S.Aydemir, Remzi Kitabevi, 1981, 8.Basım, 2.Cilt, sf. 101
138 a.g.e. 2.Cilt, sf. 139
139 "Sivas Kongresi" Vehbi Cem Aşkun, sf. 175 – 177; ak. a.g.e. sf. 140
140 "Tek Adam" Ş.S.Aydemir, Remzi Kitabevi, 1981, 8.Basım, 2.Cilt, sf. 140
141 "Atatürk'ün Bütün Eserleri" Kaynak Yay., 6.Cilt – 2001, sf. 30
142 "Tek Adam" Ş.S.Aydemir, Remzi Kitabevi, 8.Basım – 1981, 2.Cilt, sf. 154
143 "Erzurum'dan Ölümüne Kadar Atatürk'le Beraber" Mazhar Müfit Kansu, Türk Tarih Kurumu Yay., 1966, Cilt 1., sf. 12
144 "Milli Mücadelede Vilayetler ve Valiler" Kamil Erdeha 1975, sf. 145; ak. Mustafa Onar, "Atatürk'ün Kurtuluş Savaşı Yazışmaları" 1.Cilt, Kültür Bakanlığı Yayınları, 1995, sf. 71
145 "Atatürk'ün Kurtuluş Savaşı Yazışmaları", Mustafa Onar, Kültür Bakanlığı Yay., 1995, sf. 94
146 a.g.e. 1.Cilt, sf. 224
147 a.g.e. 2.Cilt, sf. 25
148 a.g.e. 2.Cilt, sf. 37
149 NUTUK, Türk Tarih Kurumu Yay., 1.Cilt, 4.Baskı – 1999, sf. 558
150 "Hakimiyeti Milliye Yazıları" Kaynak Yay., 2.Baskı, Nisan – 2004, sf. 76
151 TBMM Zabıt Ceridesi, Devre I, Cilt 1, sf. 8 – 3
152 "İlk Meclis" Prof.Hıfzı Veldet Velidedeoğlu, Çağdaş Yay., 2.Baskı, sf. 13
153 "Tamu Yelleri" Esat K.Ertur, T.T.K. Basımevi, 1994, sf. 168
154 Büyük Larousse, Gelişim Yay., 19.Cilt, sf. 11 873
155 "Tek Adam" Ş.S.Aydemir, Remzi Kitabevi, 2.Cilt, 8.Basım – 1981, sf. 339
156 "İlk Meclis" Prof.Hıfzı Veldet Velidedeoğlu, Çağdaş Yay., 2.Baskı, sf. 27
157 "Tek Adam" Ş.S.Aydemir, Remzi Kit., 8.Bas., İst. – 1981, 2.Cilt, sf. 546
158 "Kuvayı Milliye Ruhu" S.Ağaoğlu, Kül.Bak. Yay., 1981, sf. 24
159 a.g.e. sf. 25
160 "İlk Meclis" Prof. Hıfzı Veldet Velidedeoğlu, Çağdaş Yay., 2. Bası, sf. 15
161 "Kuvayı Milliye Ruhu" S.Ağaoğlu, Kültür Bakanlığı Yay., 1981, sf. 15 – 16
162 "Tek Adam" Ş.Süreyya Aydemir, Remzi Kitabevi, 8.Baskı, 2.Cilt, sf. 196
163 "Kuvayı Milliye Ruhu", Samet Ağaoğlu, Kültür Bak. Yay., 1981, sf. 246
164 "Kuvayı Milliye Ruhu" S.Ağaoğlu, Kül.Bak.Yay., Ankara – 1981, sf. 13 – 14
165 "İlk Meclis", Prof. H.V.Velidedeoğlu, Çağdaş Yay., 2.Bası, sf. 15

| | |
|---|---|
| 166 | a.g.e. sf. 12, 13, 15 |
| 167 | "Son Tanıklar" 15.12.2003, TRT 2 |
| 168 | "Kuvayı Milliye Ruhu" S.Ağaoğlu, Kültür Bakanlığı Yay., 1981, sf. 118 |
| 169 | a.g.e. sf. 55 |
| 170 | a.g.e. sf. 55 – 56 |
| 171 | Büyük Larousse, Gelişim Yay., 1.Cilt, sf. 588 |
| 172 | "İlk Meclis" Prof. Hıfzı Veldet Velidedeoğlu, Çağdaş Yay., 2. Bası, sf. 17 |
| 173 | "Kuvayı Milliye Ruhu" S.Ağaoğlu, Kül. Bak.Yay., 1981, sf. 31 ve a.g.e. sf. 18 |
| 174 | "Atatürk'ün Bütün Eserleri" Kaynak Yay., 8.Cilt–2002, sf.72 ve "Kuvayı Milliye Ruhu", Samet Ağaoğlu, Kültür Bakanlığı Yay., 1981, sf. 32 – 40 |
| 175 | "Kuvayı Milliye Ruhu", S.Ağaoğlu, Kül.Bak.Yay., 1981, sf. 152 – 153 |
| 176 | a.g.e. sf. 154 |
| 177 | "İlk Meclis" Prof. H.V.Velidedeoğlu, Çağdaş Yay., 2.Bası, sf. 61–63 ve "Kuvayi Milliye Ruhu" Samet Ağaoğlu, Kültür Bakanlığı Yay., 1981, sf. 135 |
| 178 | "Kuvayi Milliye Ruhu" Samet Ağaoğlu, Kültür Bakanlığı Yay., 1981, sf. 136 |
| 179 | "İlk Meclis" Prof. H.V.Velidedeoğlu, Çağdaş yay., 2.Bası, sf. 115 - 116 |
| 180 | "Kuvayi Milliye Ruhu" Samet Ağaoğlu, Kültür Bakanlığı Yay., 1981, sf. 91 |
| 181 | a.g.e. sf. 99 – 100 |
| 182 | a.g.e. sf. 121 – 122 |
| 183 | a.g.e. sf. 122 |
| 184 | a.g.e. sf. 286 |
| 185 | a.g.e. sf. 290 |
| 186 | "Tek Adam" Ş.S.Aydemir, 2.Cilt, Remzi Yay., İst.–1981, 8.Baskı, sf. 166 |
| 187 | "İlk Meclis" Prof. Hıfzı Veldet Velidedeoğlu, Çağdaş Yay., 2.Bası, sf. 239 |
| 188 | a.g.e. sf. 241 |
| 189 | "Kuvayi Milliye Ruhu" Samet Ağaoğlu, Kültür Bakanlığı Yay., 1981, sf. 292 |

## ALTINCI BÖLÜM DİPNOTLAR
### CUMHURİYET DÖNEMİ PARTİLERİ

| | |
|---|---|
| 1 | "Kaynakçalı Atatürk Günlüğü" Prof.U.Kocatürk Tür.İş Ban.Y., sf. 220 |
| 2 | "Atatürk'ün Resmi Yayınlara Girmemiş Söylev , Demeç, Yazışma ve Söyleşileri" Sadi Borak, Kaynak Yay., 2.Basım, 1997, sf. 217 |
| 3 | a.g.e. sf. 217–224 ve "Eskişehir ve İzmit Konuşmaları" Kaynak Yay., 1993, sf. 237, "Kemalist Eğitimin Tarih Dersleri–IV" Kaynak Yay., 3. Basım 2001, sf. 169 |
| 4 | "Eskişehir ve İzmit Konuşmaları" Kaynak Yay., 1993, sf. 237 – 239 |
| 5 | Büyük Larousse, Gelişim Yay., 6.Cilt, sf. 3251 |
| 6 | "Türkiye'de Siyasi Partiler" Prof.T.Z.Tunaya, Arba Y., 2.Bas., sf. 580 |
| 7 | a.g.e. sf. 580 – 582 |
| 8 | a.g.e. sf. 559 |
| 9 | Büyük Larousse, Gelişim Yay., 4.Cilt, sf. 2506 |
| 10 | "Kemalist Eğitimin Tarih Dersleri–IV" Kaynak Yay., 3 Bas., sf. 169 |
| 11 | a.g.e. sf. 170 |
| 12 | a.g.e. sf. 170 |
| 13 | a.g.e. sf. 171 |
| 14 | "Türkiye'de Siyasi Partiler" Prof.T.Z.Tunaya, Arba Yay., 2.B. sf. 568 |
| 15 | Büyük Larousse, Gelişim Yay., 4.Cilt, sf. 2506 |

| | |
|---|---|
| 16 | "**Türkiye'de Siyasi Partiler**" Prof.**T.Z.Tunaya**, Arba Yay., 2.B. sf. 569 |
| 17 | a.g.e. sf. 569 |
| 18 | "**CHP'nin Soyağacı**" **Rahmi Kumaş**, Çağdaş Yay., 1999, sf. 29 |
| 19 | "**Kemalist Eğitimin Tarih Dersleri-IV**" Kaynak Yay., 3 B. 2001, sf. 176 |
| 20 | a.g.e. sf. 179 |
| 21 | a.g.e. sf. 181 |
| 22 | "**Türkiye Cumhuriyeti'nde Tek Parti Yönetimi'nin Kurulması**" Mete Tuncay, Tarih Vakfı Yayınları 1999, sf. 16 |
| 23 | "**Politics in the Middle East**" James A.Bill ve Carl Leiden (Little, Brown and Co., Boston, 1979) ak; a.g.e. sf. 16 |
| 24 | "**Milli Mücadelede İttihatçılar**" **Erik Jan Zürcher**, Bağlam Yay., 2.Bas. İst.-1995, sf. 11 ve 8 |
| 25 | "**Siyasi Partiler**", **Maurice Duverger**, Bilgi Yay., 2Bas. 1974, sf. 358-359 |
| 26 | a.g.e. sf. 359 - 360 |
| 27 | "**Milli Kurtuluş Tarihi**" **D.Avcıoğlu**, İstanbul Mat. 1974, 3.Cilt, sf. 1366 |
| 28 | "**Türkiye'de Siyasi Partiler**" Prof.**T.Z.Tunaya**, Arba Yay., 2.Bas., sf. 570 |
| 29 | "**CHP'nin Soyağacı**" **Rahmi Kumaş**, Çağdaş Yay., 1999, sf. 35 ve 38 |
| 30 | "**Türkiye'de Siyasi Partiler**" Prof.**T.Z.Tunaya**, Arba Yay., 2.Bas., sf. 571 |
| 31 | a.g.e. sf. 571 |
| 32 | a.g.e. sf. 571 - 572 |
| 33 | "**Siyasi Hatıralar**" **Ali Fuat Cebesoy**, 2.Cilt, sf. 252 |
| 34 | "**Bozkırdan Doğan Uygarlık-Köy Enstitüleri**" **Yalçın Kaya**, Tiglat Matbaacılık - 2001, 2.Cilt, sf. 487 |
| 35 | "**Mustafa Kemal'le 1000 Gün**" **Nezihe Aras**, Apa Ofset Bas., sf. 180 |
| 36 | a.g.e. sf. 180 |
| 37 | "**Atatürk'ün Resmi Yayınlara Girmemiş Söylev , Demeç, Yazışma ve Söyleşileri**" **Sadi Borak**, Kaynak Yay., 2.Basım, 1997, sf. 217 |
| 38 | "**Kemalist Eğitimin Tarih Dersleri-IV**" Kaynak Yay., 3 Bas., sf. 174 |
| 39 | a.g.e. sf. 175 |
| 40 | "**Türkiye'de Çok Partili Düzene Geçişte Dış Etkenler**" Dr. **Necdet Ekinci**, Toplumsal Dönüşüm Yayınları - 1997, sf. 110 |
| 41 | "**Bozkırdan Doğan Uygarlık-Köy Enstitüleri**" **Yalçın Kaya**, Tiglat Matbaacılık - 2001, 2.Cilt, sf. 479 |
| 42 | "**Atatürkçülük Nedir?**" **F.Rıfkı Atay**, Bateş AŞ. Yay. İst., 1980, sf. 57 |
| 43 | "**Tek Adam**" **Ş.S.Aydemir**, Remzi Kitabevi 1983, 3.Cilt, sf. 441 |
| 44 | "**Atatürkçülük Nedir?**" **F.R.Atay**, Bates A.Ş. Yay. İstanbul, 1980, sf. 45 |
| 45 | "**Türkiye'de Çok Partili Düzene Geçişte Dış Etkenler**" Dr. **Necdet Ekinci**, Toplumsal Dönüşüm Yayınları-1997, sf. 127 |
| 46 | "**CHP'nin Soyağacı**" **Rahmi Kumaş**, Çağdaş Yay., 1999, sf. 37 |
| 47 | "**Tarihe Tanıklık Edenler**", **Arı İnan**, Çağdaş Yay., sf. 364 |
| 48 | "**Bayrak**" **Falih Rıfkı Atay**, Bates Yayınları, sf. 121 |
| 49 | "**Türkiye'de Siyasi Partiler**" Prof.**T.Z.Tunaya**, Arba Yay., 2.Bas. sf. 574 |
| 50 | a.g.e. sf. 574 |
| 51 | a.g.e. sf. 574 |
| 52 | a.g.e. sf. 575 |
| 53 | "**Çok Partili Hayata Geçiş**" Prof. **Tamer Timur**, İletişim Yayınları |
| 54 | Ulus, 10 May.1939, ak. **H.Bila**, "**CHP-1919-1999**" Doğan Kit., 1999, sf.89 |
| 55 | "**Milli Kurtuluş Tarihi**" **D.Avcıoğlu**, İst.Matbaası- 1974, 3.Cilt, sf. 1328 |

| | |
|---|---|
| 56 | "İkinci Dünya Savaşına Ait Gizli Belgeler" Cüneyt Arcayürek, Hürriyet 07.11.1972; ak. D.Avcıoğlu "Milli Kurtuluş Tarihi" İst. Bas.–1974, 2.Cilt, sf. 1472 |
| 57 | Numan Menemencioğlu'ndan aktaran Dündar Soyer, "AB Tartışmaları ve Atatürk'ten Bir Anı" Cumhuriyet 16.06.2002 |
| 58 | "Türkiye'de Çok Partili Düzene Geçişte Dış Etkenler" Dr. Necdet Ekinci, Toplumsal Dönüşüm Yayınları -- 1997, sf. 231 - 232 |
| 59 | a.g.e. sf. 242 |
| 60 | a.g.e. sf. 255 |
| 61 | a.g.e. sf. 256 |
| 62 | a.g.e. sf. 316 |
| 63 | "Menderes'in Dramı" Ş.S.Aydemir, Remzi Kit., İst. 1969, sf.331 ve "Türkiye Tarihi 4–Çağdaş Türkiye", "Siyasi Tarih 1950–1960" Mete Tuncay, Cem / Tarih Yay., 4.Basım 1995, sf. 185 |
| 64 | "İkinci Adam" Ş.S.Aydemir, Remzi Kit., 4.Bas., İst. 1983, 3.Cilt, sf. 417 |
| 65 | "Bozkırdan Doğan Uygarlık–Köy Enstitüleri" Yalçın Kaya Tiglat Matbaası 2001, 2.Cilt, sf. 510 |
| 66 | a.g.e. sf. 501 |
| 67 | "Türkiye'de Siyasi Partiler" Prof.T.Z.Tunaya, Arba Yay., 2.B. 1995, sf. 575 |
| 68 | Büyük Larousse, Gelişim Yay., 4.Cilt, sf. 2507 |
| 69 | "CHP'nin Soyağacı" Rahmi Kumaş, Çağdaş Yay., 1999, sf. 51 |
| 70 | "ABD Ziyareti ve İnönü" Prof. T.Ataöv, Cumhuriyet, 30.12.2003 |
| 71 | Büyük Larousse, Gelişim Yay., 4.Cilt, sf. 2507 |
| 72 | "Bozkırdan Doğan Uygarlık–Köy Enstitüleri" Yalçın Kaya, Tiglat Matbaacılık – 2001, 2.Cilt, sf. 503 - 504 |
| 73 | "Menderes'in Dramı" Ş.S.Aydemir, Remzi Kit. İstanbul 1969, sf. 165 |
| 74 | "CHP 1919 – 1999" Hikmet Bila, Doğan Kit.A.Ş. 2.Basım 1999, sf. 116 |
| 75 | a.g.e. sf. 127 ve 128 |
| 76 | a.g.e. sf. 133 |
| 77 | "Türkiye'de Siyasi Partiler" Prof.T.Z.Tunaya, Arba Y., 2.B., sf. 577–578 |
| 78 | Büyük Larousse, Gelişim Yay., 4.Cilt, sf. 2507 |
| 79 | "CHP'nin Soyağacı" Rahmi Kumaş, Çağdaş Yay., 1999, sf. 83 - 84 |
| 80 | a.g.e sf. 126 |
| 81 | "Sosyalizm ve Toplumsal Mücadeleler Ansiklopedisi" İletişim Yay., 6.Cilt, sf. 1941 |
| 82 | "İkinci Adam" Ş.S.Aydemir, Remzi Kit., 3.Cilt, 4.Bas., İst. 1983, sf. 478 |
| 83 | "CHP, Örgüt ve İdeoloji" Doç.Dr. A.Güneş Ayata, Gündoğan Yay.-1992, sf. 84 |
| 84 | "CHP'nin Soyağacı" Rahmi Kumaş, Çağdaş Yay., 1999, sf. 176 - 177 |
| 85 | a.g.e. sf. 177 ve 181 |
| 86 | a.g.e. sf. 204, 206 ve 208 |
| 87 | a.g.e. sf. 189, 201, 206 ve 256 |
| 88 | "CHP 1919–1999" Hikmet Bila, Doğan Kit. A.Ş. 2.Basım 1999, sf. 238 |
| 89 | "CHP'nin Soyağacı" Rahmi Kumaş, Çağdaş Yay., 1999, sf. 211 |
| 90 | a.g.e. sf. 194 |
| 91 | a.g.e. sf. 222 |
| 92 | a.g.e. sf. 223 ve 52 |
| 93 | "CHP 1919 – 1999" H.Bila, Doğan Kitapçılık A.Ş. 2.Basım 1999, sf. 221 |

| | |
|---|---|
| 94 | "CHP'nin Soyağacı" Rahmi Kumaş, Çağdaş Yay., 1999, sf. 223 ve 52 |
| 95 | "Baykal-Derviş Sentezi" Hürriyet, 22.08.2002 |
| 96 | "Ergenekon" Y.Kadri Karaosmanoğlu; ak. Ş.S.Aydemir, "Tek Adam" Remzi Yay., 8.Basım 1983, 3.Cilt, sf. 11 |
| 97 | "Milli Kurtuluş Tarihi" D.Avcıoğlu, İst.Matbaası 1974, 3.Cilt, sf. 1299 |
| 98 | a.g.e. sf. 1328 |
| 99 | "Türkiye'de Siyasi Partiler" Prof.T.Z.Tunaya, Arba Yay., 2.Bas. 1995, sf. 616 - 621 |
| 100 | "Milli Mücadelede İttihatçılık" E.J.Zürcher, Bağlam Yay., 2.B.1995, sf. 198 |
| 101 | "Tek Adam, Ş.S.Aydemir, Remzi Kit., İstanbul 1983, 3.Cilt, sf. 209 |
| 102 | "Türkiye Cumhuriyeti'nin Kuruluşu ve Terakkiperver Cumhuriyet Fırkası" Nevin Yurdsever Ateş, Sarmal Yayınevi 1994, sf. 122 |
| 103 | "Türkiye'de Siyasi Partiler" Prof.T.Z.Tunaya, Arba Yay., 2.B., sf. 607 |
| 104 | "Türkiye Cumhuriyeti'nin Kuruluşu ve Terakkiperver Cumhuriyet Fırkası" Nevin Yurdsever Ateş, Sarmal Yayınevi 1994, sf. 323 |
| 105 | a.g.e. sf. 319 |
| 106 | "Komintern Belgelerinde Türkiye-3" Kaynak Yay., 2.Bas. sf. 46 - 47 |
| 107 | "Türkiye'de Siyasi Partiler" Prof.T.Z.Tunaya, Arba Yay., 2.Bas., sf. 616 |
| 108 | a.g.e. sf. 617 |
| 109 | "Kaynakçalı Atatürk Günlüğü" Prof.U.Kocatürk T.İş.Ban. Yay., sf. 245 |
| 110 | "Türkiye'de Siyasi Partiler" Prof.T.Z.Tunaya, Arba Yay., 2.Bas. sf. 617 |
| 111 | "Türkiye Cumhuriyeti'nin Kuruluşu ve Terakkiperver Cumhuriyet Fırkası" Nevin Yurdsever Ateş, Sarmal Yayınevi 1994, sf. 233 |
| 112 | "Türkiye'de Siyasi Partiler" Prof.T.Z.Tunaya, Arba Yay., 2.Bas. sf. 617 |
| 113 | "Türkiye Cumhuriyeti'nin Kuruluşu ve Terakkiperver Cumhuriyet Fırkası" Nevin Yurdsever Ateş, Sarmal Yayınevi 1994, sf. 233 |
| 114 | "Türkiye'de Siyasi Partiler" Prof.T.Z.Tunaya, Arba Yay., 2.Bas. sf. 618 |
| 115 | "Türkiye Cumhuriyeti'nin Kuruluşu ve Terakkiperver Cumhuriyet Fırkası" Nevin Yurdsever Ateş, Sarmal Yayınevi 1994, sf. 127 - 128 |
| 116 | a.g.e. sf. 224 - 225 |
| 117 | Nutuk, Türk Tarih Kurumu, 2.Cilt, sf. 1185 - 1187 |
| 118 | Büyük Larousse, Gelişim Yayınları, 18.Cilt, sf. 11425 |
| 119 | "İsmet İnönü Yanılıyor" Özdemir İnce, Hürriyet, 20.05.2003 |
| 120 | "Türkiye'de Siyasi Partiler" Prof.T.Z.Tunaya, Arba Yay., 2.Bas., sf. 623 |
| 121 | a.g.e. sf. 624 |
| 122 | "Tek Adam, Ş.S.Aydemir, Remzi Kit., İst. 1983, 8.Bas. İst. 1983, 3.Cilt, sf. 386 - 387 |
| 123 | "Fethi Okyar'ın Anıları" Osman Okyar-Mehmet Seyitdanlıoğlu, Türkiye İş Bankası Yayınları, 2.Basım 1999, sf. 69 |
| 124 | "Serbest Fırka Hatıraları" Ahmet Ağaoğlu, İstanbul, sf. 65 - 67 |
| 125 | "Tek Adam, Ş.S.Aydemir, Remzi Kit., İst. 1983, 8.B. 1983, 3.Cilt, sf. 393 |
| 126 | "Fethi Okyar'ın Anıları" Osman Okyar-Mehmet Seyitdanlıoğlu, Türkiye İş Bankası Yayınları, 2.Basım 1999, sf. 70 |
| 127 | a.g.e. sf. 66 |
| 128 | a.g.e. sf. 70 - 71 ve 120 |
| 129 | "Türkiye'de Siyasi Partiler" Prof.T.Z.Tunaya, Arba Yay., 2.B., sf. 634 |
| 130 | "Fethi Okyar'ın Anıları" Osman Okyar-Mehmet Seyitdanlıoğlu, Türkiye İş Bankası Yayınları, 2.Basım 1999, sf. 138 |

| | |
|---|---|
| 131 | "**Tek Adam, Ş.S.Aydemir**, Remzi Kit., İst. 1983, 8.Bas. 1983, 3.C., sf. 395 |
| 132 | a.g.e. sf. 395 |
| 133 | "**Politikada 45 Yıl**" Y.K.Karaosmanoğlu, İletişim Yay., 2.Bas.1984, sf. 222 – 224 |
| 134 | "**Tek Partiden Çok Partiye**" Metin Toker, Milliyet Yay., ak. Y.Kaya, "**Bozkırdan Doğan Uygarlık–Köy Enstitüleri**" Tiglat Mat.2001, 2.Cilt, sf. 569 |
| 135 | "**Perde Arkası**" Nadir Nadi, sf 204; ak. Yalçın Kaya "**Bozkırdan Doğan Uygarlık–Köy Enstitüleri**" Tiglat Matbaacılık A.Ş. 2.Cilt, sf. 565 |
| 136 | "**Siyasi Hatıralarım ve Bizde Demokrasi**" Kenan Öner, 12.Bölüm, sf. 22; ak. Yalçın Kaya a.g.e. sf. 568 |
| 137 | "**İkinci Adam**" Ş.S.Aydemir, Remzi Kit., 4.Basım 1983, 3.Cilt, sf. 23 |
| 138 | a.g.e. sf. 23 |
| 139 | Büyük Larousse, Gelişim Yayınları, 5.Cilt, sf. 3008 |
| 140 | "**Menderes'in Dramı**" Ş.S.Aydemir, Remzi Kit. İst. 1969, sf. 198 |
| 141 | a.g.e. sf. 198 |
| 142 | "**Türkiye'de Siyasi Partiler**" Prof.T.Z.Tunaya, Arba Yay., 2.Bas. 1995, sf. 652 – 653 |
| 143 | a.g.e. sf. 653 |
| 144 | "**Menderes'in Dramı?**" Ş.S.Aydemir, Remzi Kit. İst. sf. 206, 207 ve 251 |
| 145 | a.g.e. sf. 205 |
| 146 | "**İkinci Adam**" Ş.S.Aydemir, Remzi Kit., 4.Bas., İst., 3.Cilt, sf. 34 - 35 |
| 147 | "**Menderes'in Dramı?**" Ş.S.Aydemir, Remzi Kit. İst. 1969, sf. 206, 207 |
| 148 | a.g.e. sf. 208 |
| 149 | "**İkinci Adam**" Ş.S.Aydemir, Remzi Kit. 4.Bas., İst. 1983, 3.C., sf. 37, 38 |
| 150 | "**Türkiye'de Siyasi Partiler**" Prof.T.Z.Tunaya, Arba Y., 2.Bas., sf. 664-665 |
| 151 | a.g.e. sf. 668 |
| 152 | a.g.e. sf. 668 |
| 153 | "**İkinci Adam**" Ş.S.Aydemir, Remzi Kit., 4.Bas. İst. 1983, 3.Cilt, sf. 31 |
| 154 | a.g.e. sf. 52 |
| 155 | "**Menderes'in Dramı?**" Ş.S.Aydemir, Remzi Kit. İst. 1969, sf. 218 |
| 156 | a.g.e. sf. 218 |
| 157 | a.g.e. sf. 219 |
| 158 | Büyük Larousse, Gelişim Yayınları, 11.Cilt, sf. 6984 |
| 159 | "**İkinci Adam**" Ş.S.Aydemir, Remzi Kit., 4.Bas., İst.1983, 3.Cilt, sf. 306 |
| 160 | "**Milli Kurtuluş Tarihi**" D.Avcıoğlu, İst.Mat.–1974, 3.Cilt, sf. 1605 |
| 161 | a.g.e. sf. 1606 |
| 162 | a.g.e. sf. 1607 |
| 163 | "**Menderes'in Dramı?**" Ş.S.Aydemir, Remzi Kit. İst. 1969, sf. 294 |
| 164 | a.g.e. sf. 331 |
| 165 | a.g.e. sf. 331 |

## YEDİNCİ BÖLÜM DİPNOTLAR
### TÜRKİYE'DE SİYASET VE PARTİ TÜRLERİ

| | |
|---|---|
| 1 | "**Türkiye'de Politika**", Süleyman Coşkun, Cem Yay. İst. – 1995, sf. 299 |
| 2 | "**Batılılaşma Hareketleri – I**" Prof.T.Z.Tunaya, Cumhuriyet Yay.–1999, sf.97 |

| | |
|---|---|
| 3 | a.g.e. sf. 97 |
| 4 | "Türkiye'de Siyasi Partiler" Prof.T.Z.Tunaya, Arba Yay., 2.Bas.İst.–1995, sf. 168 ve "Batılılaşma Hareketleri–I" Prof.T.Z.Tunaya, Cumhuriyet Yay.-1999, sf. 101, 102 |
| 5 | "Türk Siyasal Yaşamında Yer Almış Başlıca Siyasal Dernekler, Partiler ve Kurucuları" İlhami Sosyal, "Cumhuriyet Dönemi Türkiye Ansiklopedisi" İletişim Yay., 8.C., sf. 2010, 2018 ve "Türkiye'de Şeriatın Kısa Tarihi" Halil Nebiler, Ütay, 1994, sf.31 |
| 6 | "Kürtler II." Hıdır Göktaş, Alan Yayıncılık, 2.Baskı, 1991, sf. |
| 7 | "Ülkücü Hareket – I", Hakkı Öznur, Atik – 1996, sf. 70 |
| 8 | "Cumhuriyet Dönemi Türkiye Ansiklopedisi" İletişim Yay., 15.ilt, sf. 1201 |
| 9 | "Ülkücü Hareket – I", Hakkı Öznur, Atik – 1996, sf. 133 |
| 10 | "Cumhuriyet Dönemi Türkiye Ansiklopedisi" İletişim Yay., 7.Cilt, sf. 1983 |
| 11 | "12 Mart'a Beş Kala", Celil Gürkan, Tekin Yay. İst. – 1986, sf. 56 |
| 12 | "Darbenin Bilançosu" Cumhuriyet, 12 Eylül 2000 |
| 13 | "Türkiye Cumhuriyeti'nde Siyasal Düşünce Akımları" Mete Tuncay, "Cumhuriyet Dönemi Türkiye Ansiklopedisi" İleri Yay., 7.Cilt, sf. 1928 |
| 14 | "İslamcılık", Şerif Mardin, a.g.e. sf. 1936 |
| 15 | "İslamcılar ve Sistem", Ruşen Çakır, a.g.e.; 15.Cilt, sf. 1210 |
| 16 | "Türkiye'de İslamcılık Düşüncesi", İsmail Kara, Risale Yay.–1986; ak. Ruşen Çakır, a.g.e., 15.Cilt, sf. 1210 |
| 17 | "İslamcılık", Ahmet Çiğdem, a.g.e., 15.Cilt, sf. 1225 |
| 18 | a.g.e. sf. 1231 |
| 19 | "Türkiye'de Politika", Süleyman Coşkun, Cem Yay.–1995, sf. 351, 378ü |
| 20 | "Türkiye İşçi partisi (1961–1971)", Artun Ünsal, T.Vak.Yurt Y., İst.–2002, sf.3 |
| 21 | "Tip Olayı 1961 – 1971" Prof. Sadun Aren, Cem Yay., İst. 1993, Sf. 52 ve 59 |
| 22 | a.g.e. sf. 40, 41, 42 |
| 23 | a.g.e. sf. 142, 144 |
| 24 | "Ülkücü Hareket – I", Hakkı Öznur, Akik – 1996, sf. 148, 149 |
| 25 | a.g.e. sf. 147 |
| 26 | a.g.e. sf. 154 |
| 27 | "12 Eylül'de İrtica", Prof.Dr. Ç.Yetkin, Ümit Yay., Ankara – 1994, sf. 43 |
| 28 | "Ülkücü hareket – I", Hakkı Öznur, Akik – 1996, sf. 156 ve 227 |
| 29 | "Cumhuriyet Dönemi Türkiye Ansiklopedisi" İletişim Yay., 8.Cilt, sf. 2115 |
| 30 | "Fırtınalı Yıllarda Ülkücü Hareket", Turhan Feyizoğlu, Ozan Yay.–2000, sf. 65 ve 66 |
| 31 | "Ülkücü Hareket – I", Hakkı Öznur, Akik – 1996, sf. 106 |
| 32 | a.g.e. sf. 108 – 110 |
| 33 | "Cumhuriyet Dönemi Türkiye Ansiklopedisi" İletişim Yay., 15.C., sf. 1276 |
| 34 | Büyük Larousse, Gelişim yayınları, 13.Cilt, sf. 8185 |
| 35 | "Cumhuriyet Dönemi Türkiye Ansiklopedisi" İletişim Yay., 15.C., sf. 1276 |
| 36 | "Ülkücü Hareket – I", Hakkı Öznur, Akik – 1999, sf. 260 |
| 37 | "Bunalımdan Çıkış Yolu", Alparslan Türkeş, Yeni Y., 2.Bas.–1980, sf. 37-38 |
| 38 | "Cumparative Political Finance in the 1980s" Herbert E. Alexander, Cambridge : CUP, 1989; ak. Doç. Ömer Faruk Gençkaya "Türkiye'de Siyasi Partilerin Başlıca Gelir Kaynakları", Anadolu Stratejik Araş.Vakfı – 2002, sf. 7 |
| 39 | "Türkiye'de Siyasi Partilerin Başlıca Gelir Kaynakları" Doç. Ömer Faruk Gençkaya, Anadolu Araştırmalar Vakfı – 2002, sf. 16 ve 18 |
| 40 | Kanunlar, kasım 1999 (EK – 42) |

| | |
|---|---|
| 41 | **"Türkiye'de Siyasi Partilerin Başlıca Gelir Kaynakları"** Doç. **Ömer Faruk Gençkaya**, Anadolu Araştırmalar Vakfı – 2002, sf. 12 |
| 42 | a.g.e. sf. 12 |
| 43 | Kanunlar, Kasım 1999 (EK – 42) |
| 44 | Cumhuriyet 22.11.2002 |
| 45 | Cumhuriyet 15.01.2003 ve 22.11.2002, kıyasla hesaplanan |
| 46 | **"Türkiye'de Siyasi Partilerin Başlıca Gelir Kaynakları"** Doç. **Ömer Faruk Gençkaya**, Anadolu Araştırmalar Vakfı – 2002, sf. 12 |
| 47 | **"Suyu Arayan Adam", Ş.S.Aydemir,** Remzi Kitapevi İstanbul, sf. 445 |
| 48 | **"Lider ve Demegog", Ş.S.Aydemir,** Remzi Kitapevi, İstanbul – 1997, sf. 116 |
| 49 | **"Atatürk'ün 1 Mart 1922 Meclisi Açış Konuşması" , "Atatürk'ün Söylev ve Demeçleri", "1 Mart 1923 Meclisi Açış Konuşması"** 1.Cilt, sf. 216 – 217 |
| 50 | **"Milli Kurtuluş Tarihi" D.Avcıoğlu,** İst.Mat. – 1975, 3.Cilt, sf. 1232, 1233 |
| 51 | **"Atatürk'ün Söylev ve Demeçleri"** 3.Cilt; ak. **Hüseyin Cevizoğlu, "Atatürkçülük",** Ufuk Ajansı Yayınları, sf. 69 |
| 52 | **"Lider ve Demegog" Ş.S.Aydemir,** Remzi Kitapevi İstanbul – 1997, sf. 117 |
| 53 | **"Bozkırdan Doğan Uygarlık–Köy Enstitüleri", Yalçın Kaya,** 1.Cilt, Tiglat Matbaacılık A.Ş. – 2001, sf. 114 |
| 54 | **"Cumhuriyet Dönemi Türkiye Ansiklopedisi",** İletişim Yay., 4.Cilt, sf. 882 |
| 55 | **"Bozkırdan Doğan Uygarlık–Köy Enstitüleri" Y.Kaya,** 1.Cilt, sf. 452 – 453 |
| 56 | a.g.e. sf. 452 – 453 |
| 57 | a.g.e. sf. 404 |
| 58 | a.g.e. sf. 445 – 446 |
| 59 | **"Lider ve Demegog" Ş.S.Aydemir,** Remzi Kitapevi İstanbul – 1997, sf. 127 |
| 60 | **"Bozkırdan Doğan Uygarlık–Köy Enstitüleri", Yalçın Kaya,** 1.Cilt, Tiglat Matbaacılık A.Ş. İstanbul – 2001, sf. 436, 440 ve 476 |
| 61 | a.g.e. 2.Cilt, sf. 395 |
| 62 | **"Lider ve Demegog" Ş.S.Aydemir,** Remzi Kitapevi İstanbul – 1997, sf. 129 |
| 63 | **"Bozkırdan Doğan Uygarlık–Köy Enstitüleri", Yalçın Kaya,** 2.Cilt, Tiglat Matbaacılık A.Ş. İstanbul – 2001, sf. 402 |
| 64 | a.g.e. 2.Cilt, sf. 414 |
| 65 | **"12 Eylül'de İrtica",** Prof. **Çetin Yetkin,** Ümit Yay., Ankara – 1994, sf. 28 |
| 66 | **"İlköğretim Dergisi"** Yıl 1940, Sayı 61, sf. 721; ak. **Y.Kaya, "Bozkırdan Doan Uygarlık–Köy Enstitüleri"** Tiglat Mat. A.Ş., İst. 2001, 1.Cilt, sf. 38 – 39 |
| 67 | **"Bozkırdan Doğan Uygarlık–Köy Enstitüleri", Yalçın Kaya,** 1.Cilt, Tiglat Matbaacılık A.Ş. İstanbul – 2001, sf. 485 |
| 68 | **"Pazar Sohbeti", Emin Çölaşan,** Hürriyet 10.07.1988; ak. **Tanzer Sülker Yılmaz, "Türkiye'de Gençlik Hareketleri",** Top.Dön.Yay., İst.– 1997, sf. 126 |
| 69 | **"İki 1 Mayıs", Nail Güreli,** Gür Yay., 1979, sf. 175 – 176; ak. a.g.e. sf. 115 |
| 70 | a.g.e. sf. 110 |
| 71 | a.g.e. sf. 127 – 128 |
| 72 | a.g.e. sf. 168 |
| 73 | Milliyet 18.02.1969 ve 21.02.1969; ak. **"Türkiye'de Gençlik Hareketleri", T.Sülker Yılmaz,** Toplumsal Dönüşüm Yayınları, İstanbul – 1997, sf. 169 |
| 74 | **"Türkiye'de Gençlik Hareketleri", T.S.Yılmaz,** Top.Dön.Yay., İst. –1997, sf. 138 – 139 |
| 75 | a.g.e. sf. 237 |
| 76 | **"Fırtanalı Yıllarda Ülkücü Hareket"** Turhan Feyizoğlu, Ozan Yay., İst. 2000, sf. 121 |

| | |
|---|---|
| 77 | a.g.e. sf. 136 |
| 78 | a.g.e. sf. 301 |
| 79 | a.g.e. sf. 345 |
| 80 | "Ülkücü Hareket – I" Hakkı Öznur, Akik, Ankara – 1996, sf. 205 |
| 81 | "Türkiye'de Gençlik Hareketleri" T.S.Yılmaz, Top.Dön.Yay., İst.–1997, sf. 124 |
| 82 | a.g.e. sf. 124 |
| 83 | a.g.e. sf. 124 |
| 84 | "Ülkücü Hareket – I" Hakkı Öznur, Akik, Ankara 1996, sf. 69 |
| 85 | "Türkiye'de Gençlik Hareketleri" T.S.Yılmaz, Top.Dön.Yay., İst.–1997, sf. 125 |
| 86 | "Tarih Açısından 12 Mart" İsmail Cem, Cem Yay., 2.C., İst.–1977, sf. 72; ak. a.g.e. sf. 187 |
| 87 | "Türkiye'de Gençlik Hareketleri" T.S.Yılmaz, Top.Dön.Yay., İst.–1997, sf. 187 |
| 88 | "Deniz–Bir İsyancının İzleri" T.Feyizoğlu, Belge Yay., 2 Bas.–1992, sf. 203 |
| 89 | a.g.e. sf. 260, 261, 282 ve "I.THKO Davası" Yöntem Yay., 1.C. İst.–1974, sf. 415 |
| 90 | a.g.e. sf. 196, 197 |
| 91 | "Fırtınalı Yıllarda Ülkücü hareket" T.Feyizoğlu, Ozan Yay., İst.-2000, sf. 512, 513 |
| 92 | a.g.e. sf. 502, 503 |
| 93 | a.g.e. sf. 506 |
| 94 | a.g.e. sf. 503, 504 |
| 95 | Prof.Dr. Çetin Yetkin'le görüşmeden. |
| 96 | "Türkiye'de Gençlik Hareketleri" T.S.Yılmaz, Top.Dön.Yay., İst.–1997, sf. 325 |
| 97 | a.g.e. sf. 281, 291, 332, 353 |
| 98 | a.g.e. sf. 289, 341 |
| 99 | "Ülkücü Hareket–I (1908–1980)" Hakkı Öznur, Akik, Ank.1996, sf. 240, 256, 252 |
| 100 | "Türkiye'de Gençlik Hareketleri" T.S.Yılmaz, Top.Dön.Yay., İst.–1997, sf. 337 |
| 101 | a.g.e. sf. 284 |
| 102 | a.g.e. sf. 341 |
| 103 | a.g.e. sf. 339 |
| 104 | a.g.e. sf. 339 |
| 105 | İleri Dergisi, 27.12.1976, Sayı 3 ve 27.06.1978 Sayı 11; Devrimci Yol Dergisi 15.05.1977, Sayı 2 ve 31.07.1978, Sayı 20 |
| 106 | a.g.e. sf. 264 |
| 107 | Günaydın Gazetesi 26.12.1978 |
| 108 | a.g.e. sf. 354 |
| 109 | Günaydın Gazetesi 26.12.1978 |
| 110 | a.g.e. sf. 390 |
| 111 | Mehmet Ali Birant, 32.Gün Programı, CNN – Türk, Aralık 2003 |
| 112 | Günaydın Gazetesi, 26 Aralık 1978 |
| 113 | "Türkiye'de Gençlik Hareketleri", T.S.Yılmaz Top.Dön.Yay., İst.–1997, sf. 355 |

# DİPNOTLAR

114 **"Türkiye'de Gençlik Hareketleri"** T.S.Yılmaz, Top.Dön.Yay., İst.-1997, sf. 424
115 Günaydın Gazetesi 26.12.1978
116 a.g.g. 26.12.1978
117 Cumhuriyet 04.05.1977
118 **"İki Bir Mayıs", Nail Güreli**, Gür Yayınları, 1979, sf. 175, 176
119 Vatan 17.05.1977
120 **"Türkiye'de Gençlik Hareketleri"** T.S.Yılmaz, Top.Dön.Yay., İst.-2000, sf. 395, 379
121 **"Yarılma", Gün Zileli**, Ozan Yayıncılık, İstanbul – 2000, sf. 383 – 384
122 Adı geçen dergilerin değişik sayıları
123 a.g.e. sf. 352
124 **"Kenan Evren'in Anıları" Kenan Evren**, Milliyet Yay., 1.C., 4.Bas.-1990, sf. 19
125 Büyük Larousse, Gelişim Yayınları, 19.Cilt, sf. 11 827
126 a.g.e. sf. 392
127 a.g.e. sf. 382
128 **"Teksas – Malatya" Ufuk Güldemir**, sf. 87; ak. **Emin Deper "Oltadaki Balık Türkiye"** Çınar Araştırma, 5.Baskı, sf. 224
129 **"12 Eylül Saat 04:00" Mehmet Ali Birand**, Karacan Yayınları 1984, sf. 33
130 a.g.e. sf. 33
131 **"Türkiye'de Gençlik Hareketleri"** T.S.Yılmaz, Top.Dön.Yay., İst. 2000, sf. 393, 394
132 **"Ülkücü Hareket – I" Hakkı Öznur**, Akik, Ankara – 1996, sf. 267
133 **"12 Eylül Saat 04:00" Mehmet Ali Birand**, Karacan Yayınları 1984, sf. 34
134 **"Almanya Bize Yardımcı Oldu" Osman Çutsay**, Cumhuriyet 17.09.2000
135 a.g.g. 17.09.2000
136 **"Almanya Bize Yardımcı Oldu" Osman Çutsay**, Cumhuriyet 17.09.2000
137 **"Darbeye Sosyal Demokrat Destek" Osman Çutsay**, Cumhuriyet 20.09.2000
138 a.g.g. 20.09.2000
139 **"Almanya Bize Yardımcı Oldu" Osman Çutsay**, Cumhuriyet 17.09.2000
140 **"Darbeye Sosyal Demokrat Destek" O.Çutsay**, Cumhuriyet 20.09.2000
141 **"Türkiye'de Gençlik hareketleri"** T.S.Yılmaz, Top.Dön.Yay., İst.-1997, sf. 394
142 Darbenin Bilançosu, Cumhuriyet 12.09.2000
143 a.g.g. 12.09.2000
144 a.g.g. 12.09.2000
145 **"Haftaya Bakış" Ahmet Taner Kışlalı**, Cumhuriyet 03.03.1986
146 **"İlk Darbe Öğretim Birliğine"** Cumhuriyet 12.09.2000
147 Star Gazetesi, **Hayrullah Mahmud**, 17.01.2004
148 **"Vekillere Kıbrıs Uyarısı" Mustafa Çakır**, Cumhuriyet, 19.04.2004